# 2015
# 山东地税年鉴
## SHANDONG LOCAL TAXATION YEARBOOK

张洪军　主编

中国税务出版社

**图书在版编目（CIP）数据**

山东地税年鉴.2015 / 张洪军主编. -- 北京：中国税务出版社，2016.7
ISBN 978-7-5678-0446-3

Ⅰ.①山… Ⅱ.①张… Ⅲ.①地方税收—山东省—2015—年鉴 Ⅳ.①F812.752.042-54

中国版本图书馆 CIP 数据核字（2016）第 167104 号



**书　　名**：山东地税年鉴（2015）
**作　　者**：张洪军　主编
**责任编辑**：陈金艳　杨　鹤
**责任校对**：于　玲
**技术设计**：刘冬珂
**出版发行**：中国税务出版社
北京市丰台区广安路 9 号国投财富广场 1 号楼 11 层
邮编：100055
http: //www.taxation.cn
E-mail: swcb@taxation.cn
发行中心电话：(010) 83362083/86/89
传真：(010) 83362046/47/48/49
**经　　销**：各地新华书店
**印　　刷**：北京联兴盛业印刷股份有限公司
**规　　格**：787 毫米 ×1092 毫米　1/16
**印　　张**：34　　彩插　3.25 印张
**字　　数**：689000 字
**版　　次**：2016 年 7 月第 1 版　2016 年 7 月第 1 次印刷
**书　　号**：ISBN 978-7-5678-0446-3
**定　　价**：260.00 元

# 《山东地税年鉴（2015）》编辑委员会

**主　　任：**张洪军

**副主任：**韩奎祥　王莉莉　李　功　郭凤晓　李　亚
杨洁德　马奎升　于　波　杨丰仪　傅廷民

**委　　员：**（按姓氏笔画排序）
王发升　王志波　王纳纳　王建中　王胜超
王海军　尹　才　冉照坤　毕文敏　曲永生
刘键锋　刘筱庆　刘新建　汤永强　孙永秀
李广进　李崇西　杨　俊　杨永军　吴晓飞
张　辉　张　皓　张志明　张洪起　张期鹏
范廷祥　林桂军　郑卫星　宓东生　郝　玲
郝晓伟　段培真　姜亚南　祝洪溪　聂奎亮
徐夫田　高　虹　潘荣文

# 编 辑 人 员

**主　　编：**张洪军

**副主编：**郭凤晓

**编　　辑：**张期鹏　王荣跃　蔺　萍

▲2014 年 1 月 9 日，全省地方税务工作会议在济南召开。会议深入学习贯彻党的十八大和十八届三中全会、中央和全省经济工作会议以及全国税务工作会议、全省财税工作会议等一系列重要会议精神，总结 2013 年以来的地税工作，谋划全省地税系统中长期发展思路，安排部署 2014 年重点工作，动员系统上下进一步统一思想，振奋精神，不断开创全省地税工作新局面。

▲2014 年 1 月 9 日，山东省地方税务局局长、党组书记张洪军在全省地税工作会议上作重要讲话，要求全省地税系统深入贯彻省委、省政府和国家税务总局的部署要求，始终牢记为国聚财、为民收税的使命，围绕推进税收现代化这一主题，提升站位，积极作为，改革创新，协同发展，圆满完成各项地税工作任务，为促进经济持续健康发展、社会和谐稳定做出积极贡献。

▶2014年1月9日，山东省地方税务局副局长、党组成员韩奎祥在全省地税工作会议上指出，全省地税事业的发展要坚持解放思想和统一思想相结合、坚持立足当前与着眼长远相结合、坚持大胆探索与稳妥推进相结合、坚持计划部署与狠抓落实相结合。

◀2014年3月4日，山东省地方税务局巡视员王莉莉在全省地税系统党风廉政建设工作会议上指出，全省地税系统要严格标准抓纪律，持之以恒抓作风，齐心协力抓监督，加大力度抓惩处，多措并举抓预防，提升能力抓队伍，坚定不移地把全省地税系统党风廉政建设和反腐败工作推向深入。

◀2014 年 3 月 27 日，山东省地方税务局副局长、党组成员李功在全省地税稽查工作会议上强调，要高度重视稽查工作，明确工作任务，担起工作的重责；加大落实力度，确保工作高质量完成；齐抓共管，营造良好的执法环境。

▶ 山东省地方税务局副局长、党组成员郭凤晓

▶ 山东省地方税务局副局长、党组成员李亚在全省地税系统政策法规会议上要求，各级政策法规部门要全面落实省局总体部署，推进依法行政，完善法治制度，加强政策落实，强化政策支撑，夯实税收保障，提升法制素质，切实把全省地税系统的政策法规工作推上一个新台阶。

◀ 山东省地方税务局党组成员、纪检组长、监察专员杨洁德

◀ 山东省地方税务局
副巡视员杨殿国

▶ 山东省地方税务局
副巡视员马奎升

▲ 山东省地方税务局副巡视员于波

▲ 山东省地方税务局副巡视员杨丰仪

▲ 山东省地方税务局副巡视员傅廷民

▲ 山东省地方税务局总经济师张荣琳

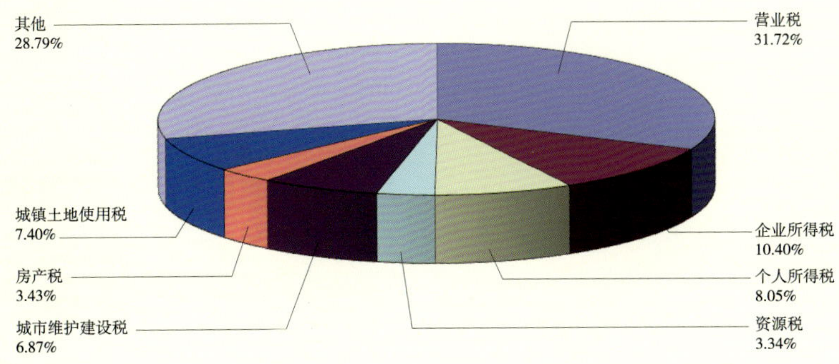


2014 年山东省地方税收收入分税种对比图

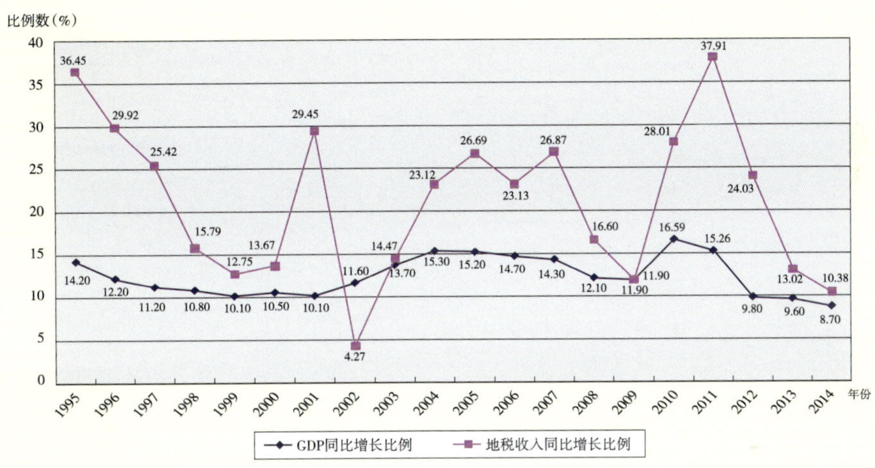


1995—2014 年山东省地方税收收入与地区生产总值(GDP)增长比例对比图

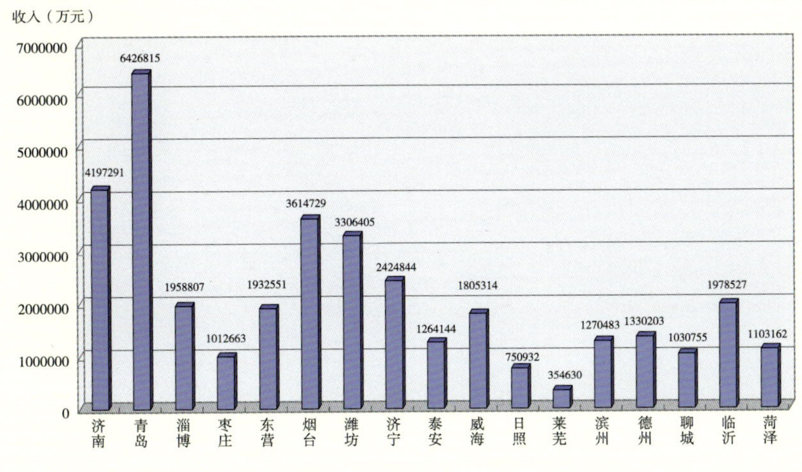


2014 年山东省地方税收收入分市统计图

# 编　辑　说　明

《山东地税年鉴》是山东省地方税务局组织编写的大型文献资料，记载山东省地税系统的主要工作，各级地税部门在贯彻落实税收法规政策、加强税收征收管理和队伍建设等方面所取得的重要成就，是社会各界了解山东地税情况，实施科学决策、查询获取地税信息资料的大型工具书。

《山东地税年鉴(2015)》主要收录2014年度山东地税系统大事要情，突出反映山东各级地税部门在税收管理、税收服务和队伍建设方面的新举措、新进展、新经验。本卷共分六篇：

第一篇　重要文献。主要收录山东省地税局领导的重要讲话及相关调研文章。

第二篇　全省地税工作。主要内容为全省地方税务工作综述、税收法治、营业税管理、企业所得税管理、个人所得税管理、财产行为税管理、土地房产税管理、国际税收管理、税收征收管理、税源管理、收入规划核算管理、财务管理、督察审计、人事管理与离退休干部工作、基层工作、纪检监察、税务稽查、重点企业税收管理、机关党建、信息化建设、纳税服务与社会综合治税、机关后勤服务等内容。

第三篇　各地地税工作。主要内容为各市、各县（市、区）的地税工作情况，包括经济概况、收入概况、工作概述等。

第四篇　统计资料。主要收录山东省各级地方税务机关组织税收收入、税收征管和计算机应用等方面的统计资料。

第五篇　机构和人员。主要收录山东省地方税务局处级以上领导名单、各市地税局领导成员名单，以及全省地税系统机构和人员构成情况。

第六篇　附录。主要收录山东省地方税务局大事记、山东地税系统获得省厅级以上荣誉称号的先进单位情况。

本年鉴的出版得到了山东省地税系统各级领导及有关部门的鼎力支持，中国税务出版社在编辑出版过程中给予了指导和协助，在此一并表示衷心感谢！

疏漏之处，敬请批评指正。

编　者

2016年7月

# 目　录

## 第一篇　重要文献



## 第二篇　全省地税工作

## 第三篇　各地地税工作

## 第四篇 统计资料

## 第五篇　机构和人员



## 第六篇　附　　录

# 第一篇　重要文献

山东地税年鉴·2015
SHANDONG LOCAL TAXATION YEARBOOK

# 在全省地税工作会议上的讲话

张洪军

（2014 年 1 月 9 日）

同志们：

这次全省地税工作会议，主要是深入学习贯彻党的十八大和十八届三中全会、中央和全省经济工作会议以及全国税务工作会议、全省财税工作会议等一系列重要会议精神，总结去年以来的工作，谋划全省地税系统中长期发展思路，安排部署 2014 年重点工作，动员系统上下进一步统一思想，振奋精神，不断开创全省地税工作新局面。根据省局研究的意见，讲三个方面的问题。

## 一、稳中求进，重点突破，2013 年全省地税工作取得新成效

2013 年，是全省地税工作平稳较快发展的一年。各级地税部门围绕贯彻落实山东省委、省政府和国家税务总局的一系列部署要求，以开展党的群众路线教育实践活动为动力，坚持以大局为重、以业务为先，注重抓重点、带全局，各项工作取得了新进展。

（一）发挥职能，搞好“三个服务”，助推经济社会发展的能力得到新提升。自觉把地税工作放到服务党委、政府中心工作的高度去谋划，放到支持经济社会科学发展大局的高度去推进，从税收看经济、看社会、看发展，以税咨政，服务决策。

1. 大力组织收入，服务国家治理基础。税收作为财政收入的主要来源，是国家治理的基础和重要支柱。2013 年是经济税收形势比较复杂的一年。各级地税部门积极应对组织收入工作面临的严峻挑战，加强税收分析，挖掘税源潜力，推进管理增收，付出了艰辛努力，促进了全省地税收入持续稳定增长。2013 年，全系统累计完成各项收入 3240 亿元，同比增长 13%，增收 373 亿元。其中税收收入 3029 亿元，同比增长 13.21%，增收 353 亿元。税收收入总量列广东、江苏、浙江、上海之后，居全国第 5 位，增幅高于全国平均水平 2.7 个百分点，高于全国地税税收收入增幅 1 个百分点。地税组织收入占地方财政的比重达到 60.6%，地税组织的地方级税收收入占财政收入中税收收入的比重达到 75.3%。

2. 抓好政策落实，服务经济社会发展。坚决执行国家宏观调控和结构性减

税政策，加大税收政策研究与落实力度，全年累计减免各项税收224亿元，有力地促进了经济结构调整、产业转型升级、生态文明建设和社会事业发展。一是充分发挥税收政策导向和杠杆调节作用。积极研究落实企业研发费加计扣除政策，从上到下加大政策宣传、辅导和培训力度，全年企业研发费加计扣除21.27亿元，比上年增长8.13%。认真抓好国家关于小微企业暂免征收营业税政策落实，自8月政策实施以来共减免小微企业营业税及附加3.6亿元。积极参与高新技术企业和有关项目免税资格审查认定工作，其中扶持高新技术企业减免税30.33亿元。落实企业重组改制契税减免32户、5700万元。促进金融资本市场、支持文化转制升级和节能环保等减免地方税收50亿元。二是加强政策督导落实，及时协调解决政策执行中存在的问题。制定完善旅行社行业、家政服务行业管理服务措施，《关于德州市宝丽洁家政服务公司税收优惠政策落实情况的汇报》得到了孙伟常务副省长的批示肯定。按照省政府要求完善契税税率调整机制，对济南等五市的国有土地使用权出让环节的契税税率进行了适当调整。立足我省实际积极推进煤炭资源税从价计征改革、卤水盐资源税和岩金资源税改革，争取财政部、国家税务总局明确了相关政策。三是积极发挥税收在促进社会和谐稳定中的作用。积极扶持下岗职工再就业、支持退伍军人创业、帮扶弱势群体等减免地方税收6亿元；落实公共交通、供水供暖等关系民生事业的土地、房产税收减免1.62亿元；支持其他事业发展减免地方税收132亿元。同时，按照省政府要求，认真做好有关税费代征代收工作，有力地支持了各项社会事业发展。

3. 抓好税收分析，服务党委政府决策。建立了固定的税收分析制度，按月组织开展分税种税收分析，按季组织开展征管及收入综合税收分析，积极为各级党委、政府当好参谋助手。制定落实《关于积极发挥税收职能作用服务全省经济社会发展的意见》《助推省会城市群经济圈建设与发展的10条税收服务措施》。围绕宏观经济调控和国家税制改革，加强重点课题研究，参与了总局组织的关于建立地方税体系的研究，开展了“营改增”后完善地方税体系增加地方税收收入的对策建议、提高税收服务水平优化营商环境以及税收促进金融业、服务业发展等方面的研究，形成了一批研究成果。省局作为总局环境税研究的核心成员参与立法起草工作，受到总局表彰。创办《税收调研与科研》内部资料，搭建系统内经济税收研究交流平台，形成了浓厚的研究氛围。2013年，省、市局共向地方党委、政府提交意见建议189份，得到领导批示97次，有不少意见建议进入了领导决策。

（二）齐心共进，打好“三场硬仗”，重点工作推进实现新突破。2013年，面对“营改增”试点、金税三期工程试点上线和提高收入质量防范执法风险三项事关全局的重大任务，我们努力打好“三场硬仗”，圆满完成了各项任务。

1. “营改增”试点工作平稳过渡。按照省政府统一部署，加强与财政、国税部门的协调配合，先后组织开展了试点行业纳税人税负变化调查测算、税务登记核查、试点纳税人排查认定等工作，7月底按计划完成了6.4万户试点纳税人移交，保证了“营改增”工作顺利进行。同时，扎实做好后续管理和纳税服务工作，下发了《关于加强“营改增”试点纳税人税收管理的通知》，全省共清理试点纳税人欠缴营业税9726万元；下发了《关于加强国税部门代开增值税发票环节附征税费管理工作的通知》，有79个县（市、区）采取国税、地税协作方式加强管理，附征税费3600万元。

2. 金税三期工程试点上线工作进展顺利。自2013年1月份国家税务总局确定山东地税为试点单位以来，从省局到各市、县（市、区）局和一线征收单位，抽调骨干力量，克服总局临时取消硬件补贴、岗位职责和工作流程配置复杂、历史数据量大、特色软件对接难度大等困难，系统上下共同努力，切实抓好基础环境部署、集成以及测试运维、数据整改、培训练习、宣传辅导和系统切换等工作，确保了金税三期系统于10月8日在全省上线运行，出色地完成了总局交给的艰巨任务。特别是试点工作自始至终，从分管领导到主管处室、项目组长展示的科学务实、勇于担当的精神，项目团队展示的攻坚克难、无私奉献的精神，全系统上下展示的团结协作、步调一致的精神，都是我们一笔宝贵的财富。这种“金三”精神，值得我们在各项工作中继续倡导和发扬。潍坊市局作为省局试点单位，提前研究，精心筹划，上线运行后网上报税率等各项业务办理指标均在全省名列前茅，为全省积累了经验、做出了贡献。

3. 提高收入质量防范执法风险工作扎实推进。2013年，是省局提出的提高收入质量防范执法风险重点工作的收官之年。各级地税机关在收入任务压力大、工作推进困难多的情况下，在原有工作基础上，积极探索建立长效机制，完善各项制度措施，严格考核项目及标准，综合利用征管、法规、征收、税管、稽查等数据资源和分析成果，不断加大收入质量检查、督察、考核和责任追究力度，有针对性地解决突出问题，促进了收入质量的提高，防范了税收执法风险。

（三）业务为先，强化“三项基础”，税收管理服务水平有了新提高。2013年以来，我们在全系统大力倡导以税收业务为中心的工作导向，全面提升税收征管、税收执法和纳税服务水平。

1. 强化税收征管取得新成果。认真落实郭树清省长关于“完善税源控管体系，减少税收跑冒滴漏”的要求，积极探索新的征管办法，加强分税种、分行业、分项目、分环节税收管理。一是推进征管改革。结合金税三期试点上线，同步推进以集中征收、专业化管理、业务事项前移、机关实体化运作等为主要内容的征管改革，凸显了山东地税特色。二是强化税源控管。搞好税收预警工作，依托税收预警系统发布预警信息10.54万条，核实税款16.89亿元。深化纳税评估，全系统共对19个行业门类的17686户次纳税人开展纳税评估，核实税款35.15亿元；组织编写的建筑陶瓷、物业管理、餐饮、建筑工程等4个行业评估模型被总局评为“全国百佳纳税评估模型”。做好大企业税收服务和管理，全省10户重点企业纳入省局重点企业税收管理局首批监管服务范围；完成对中国烟草、中国工商银行、大唐集团（电力）3户定点联系企业山东成员单位的税收风险管理专项工作，核实增加税款4400余万元。加强跨区域税源管理，协调山西中南部铁路通道工程项目涉及我省7个市、15个县（市、区）税款4.07亿元，孙伟常务副省长给予批示肯定。三是强化征收管理。积极加强建筑、房地产、金融保险、旅游等行业的税收管理，在部分行业“营改增”减少地税收入的情况下，全省营业税收入首次突破千亿，达到1062.6亿元，同比增长18.5%。积极推进以风险管理为导向的企业所得税专业化管理，认真搞好汇算清缴，全省参加汇缴企业户数比上年增加17%、汇缴面达96.79%、补缴税款26.66亿元。积极推进高收入行业和群体的管理，扎实开展年所得12万元以上个人自行申报工作，全省自行申报人数达到21.6万人，比上年增长15.7%，补缴税款1.4亿元。四是强化增收措施。明确农村信用社改制后自然人股东分红个人所得税征收政策问题，增收税款1.72亿元。大力推进以远程监控为代表的资源税源泉控管模式，实现管理性增收1.92亿元。全面推行存量房评估工作，开展商用房评估试点，税款调增率达到11.26%，增收4亿多元。加强土地增值税清算，补缴税款38.8亿元。积极推进以地控税、以税节地试点工作，增收土地使用税5.4亿元，孙绍骋副省长给予批示肯定。加强与公安交管、保监、海事部门协作，有效加强了车船税管理。依托信息管税加强跨境税源管理、企业集团反避税管理、外资企业和外籍个人税收管理，加强境外上市企业税收管理的做法得到总局推广。

2. 规范税收执法取得新进展。在强化内部执法检查监督、扎实推进依法治税的同时，积极争取省人大支持，对全省《山东省地方税收保障条例》实施情况进行了专项执法检查，省人大常委会专门听取了执法检查情况汇报，进一步优化了地方税收环境。各级地税部门依托《保障条例》加大第三方涉税信息采集广度深度，完善采集渠道和方式，全省共采集34个部门、74种涉税信息239万余条，新增税款50.2亿元。完善税收执法规范，规范地方税务处罚自由裁量基准，初步解决了基层执法中标准不统一、程序不规范、文书使用不严谨、处罚裁量不一致等问题。加强税收执法督察，完善工作规程，推进税收执法重点管理，落实税收执法督察约谈制度，认真抓好审计问题整改。强化税务稽查，组织开展了重点行业税收专项检查，严厉打击发票违法犯罪活动。深入推进电子查账工作，成功举办了全省地税系统电子查账技能竞赛。2013年全省实现稽查查补收入26.44亿元。

3. 优化纳税服务取得新成效。积极扩大党的群众路线教育实践活动整改成果，研究形成了关于深化纳税服务提高工作质效的16条具体措施，使纳税人普遍受惠。深化行政审批制度改革，适时取消和下放省级审批事项4项。创新行政审批方式，对能够在办税服务厅办结的审批事项，尽量当场办结。积极利用12366纳税服务热线、外部网站、办税服务厅和纳税人税法培训中心等平台开展税收政策宣传和辅导培训，12366系统全年受理热线电话102.7万起，全系统组织开展各类培训班865期，培训纳税人5.34万人次。开展“地税局长服务日”活动，全系统共接待纳税人3.88万人次。扎实开展“税收宣传月”活动，组织开展税法知识进机关、进乡村、进社区、进学校、进企业、进单位“六进”活动。汇编《现行地方税收优惠政策》，利用网站进行动态管理，为基层税务人员和纳税人提供税法知识支撑。组织开展第五次纳税信用等级评定工作，对评选出的4354户A级企业通过召开新闻发布会等形式广泛宣传。积极开展特色服务，针对不同重点税源企业研究制定差异化、个性化服务措施，受到纳税人普遍欢迎。

（四）统筹兼顾，巩固“三个保障”，干部队伍活力进一步增强。坚持不懈地抓好党风廉政建设、干部队伍建设和党建文化建设，不断巩固地税事业发展的基础保障。

1. 深化干部队伍建设。加强领导班子建设，制定出台《关于加强省局领导班子自身建设的意见》，严明政治纪律、组织纪律，发挥示范表率作用。采取转任交流、提拔任用等方式，调整9个市局14名处级领导干部。做好人员录用调配工作，面向社会公开招考203名地税基层单位公务员。积极推进事业单位改革，落实按照公务员的有关政策参照解决非公务员身份人员待遇办法和具体实施方案。搞好教育培训，做好人才培养工作，全省有28名同志进入了国家税务总局人才库。在总局领军人才选拔中，青岛市局有5名同志入选。加强干部作风建设，从省局机关做起，健全完善规章制度，抓好“四风”问题整改落实，修订省局工作规则，研究制定《关于进一步加强机关管理工作的意见》，提高了机关工作质效，减轻了基层工作负担。及时妥善做好对重大活动、重要会议、群体性上访事件的防范和应急处理工作。

2. 深化党风廉政建设。坚持把党风廉政建设贯穿于税收工作始终。加大对中央八项规定、省委常委会实施办法和省局党组贯彻意见的落实力度。深化廉政风险防控机制建设，在省政府第一次廉政工作会议上作了交流发言。扎实开展政风行风建设，省局在全省2012年度民主评议政风行风活动中获行政执法部门第四名，青岛、枣庄、东营、烟台、潍坊、威海、日照、临沂、德州9个市局获当地行政执法机关第一名。

3. 深化党建文化建设。组织召开了全系统文化建设现场推进会，认真抓好先进典型的培养和宣传，组织开展党建工作先进集体、先进个人和优秀党建品牌评选活动，涌现出了宁津县局的党建领航工程、聊城东昌府区局的党建标准化建设以及章丘市局“上善若水”文化管理、高青县局“和合家园”团队建设、曲阜市局“儒风润税”等一大批文化建设品牌。省委省直机关工委于2013年12月在宁津县局召开了全省机关党建课题研讨暨行业系统基层党建观摩会，充分肯定了宁津县局的做法，进一步推介了省局的“系统党建指导工作法”。发挥文学社、书画社、摄影社“三社”作用，组织文学社社员开展采风活动，总结宣传了一批爱岗敬业、无私奉献的先进典型。东营市地税局东营分局许中堂同志先进事迹得到总局领导充分肯定，并入选全国税务系统践行党的群众路线先进典型报告团，以许中堂事迹为原型拍摄的电影《红烛》在全国税务系统播映。积极开展创优争先活动，涌现出了一大批全国、全省先进单位和个人，全系统“省级文明单位”达到207个。

2013年，还有一件事关全局、影响深远的大事，就是深入开展党的群众路线教育实践活动。省局机关和济南、青岛地税系统作为参加第一批教育实践活动的单位，坚持以高度的政治责任感和使命感，以认真负责的态度落实中央和省委的部署要求，扎实深入地开展了学习教育、听取意见，查摆问题、开展批评，整改落实、建章立制等各个环节的工作。省局共召开各类座谈会51个，发放征求意见函62份、调查问卷1000多份，汇总解决各方面意见建议80条。活动开展中，各级地税机关、基层地税干部和广大纳税人给予了大力支持，第一批活动单位注重实效、边查边改、立说立行，使活动成果及时惠及基层、惠及纳税人，得到基层和纳税人的普遍好评。同时，着眼长效机制，狠抓建章立制，形成了一批制度成果，达到了狠抓整改树新风、凝聚共识促发展的目的，得到了省委第四督导组和总局第五督导组的充分肯定。

过去的一年，全省地税系统大事多、急事多、牵动全局的事多，大家心往一处想、劲往一处使，各项工作都取得了新的成绩。这是省委、省政府和国家税务总局正确领导的结果，是各级党委政府、有关部门和社会各界特别是广大纳税人大力支持的结果，更是凝聚着全体地税干部职工的心血和汗水。在此，我代表省局党组，向在座的同志们，并通过你们向全系统广大干部职工致以亲切的问候和衷心的感谢！向为山东地税事业发展做出积极贡献的地税系统老领导、老同志表示崇高的敬意！

## 二、认清形势，明确目标，大力推进税收现代化

党的十八大确立了全面建成小康社会和全面深化改革开放的目标。党的十八届三中全会对全面深化改革，完善和发展中国特色社会主义制度，推进国家治理体系和治理能力现代化作出了战略部署。省委十届八次全体会议对贯彻落实党的十八届三中全会精神、推进全面深化改革提出了明确要求。全国税务工作会议上，将三中全会《关于全面深化改革若干重大问题的决定》中对税制改革提出的要求，概括为“一个鲜明特点、五个重要方面”。“一个鲜明特点”，就是从推进国家治理体系和治理能力现代化的高度部署税制改革，强调财政是国家治理的基础和重要支柱，科学的财税体制是优化资源

配置、维护市场统一、促进社会公平、实现国家长治久安的制度保障。这凸显了税收在国家治理体系和治理能力现代化中的重要地位，使税收的职能作用超越了经济层面，成为治国理政的重要手段，丰富和发展了马克思主义税收理论。“五个重要方面”，就是保持税负稳定、现有中央和地方财力格局总体稳定，落实税收法定，优化税制结构，支持全面改革，完善征管体制。

关于今后一个时期的税收工作，国家税务总局提出：税收改革发展的总目标是：到2020年基本实现税收现代化。同时，从建立完备规范的税法体系、成熟定型的税制体系、优质便捷的服务体系、科学严密的征管体系、稳固强大的信息体系、高效清廉的组织体系六个方面描绘了税收现代化的蓝图。

从我省地税系统情况看，1994年地税机构组建以来，山东地税已经走过了二十年的发展历程，在历届省局党组的正确领导下，经过广大地税干部职工坚持不懈地努力奋斗，各项地税工作取得了显著成绩，为推进税收现代化打下了坚实的基础。前一阶段，围绕研究制定全省地税系统当前和今后一个时期发展思路目标，省局领导分组带队深入有关市、县（市、区）开展了调研，采取召开工作务虚会的形式，广泛征求了各市、县（市、区）局和一线地税干部的意见建议。大家在讨论中认为，与全国、全省发展形势相适应，我省地税事业发展已经站在了一个新的历史起点上。从山东在全国所处的地位和地税发展的基础、条件和水平来看，山东地税在到2020年基本实现税收现代化的进程中，应该走在全国税务系统前列。

为确保全省地税系统当前和今后一个时期发展目标实事求是、科学有效，省局研究，这次会上先不确定具体目标，会后，由省局领导分工负责，有关处室牵头，采取团队攻关的形式，分课题进行研究谋划。初步考虑，围绕推进税收现代化，重点从以下八个方面进行研究：

1. 深入研究治税理念问题。从推进国家治理体系和治理能力现代化的高度，弘扬法治理念，树立善治理念，增强共治理念，实现从税收管理向税收治理的转型。

2. 深入研究组织收入问题。适应经济工作的重点向以质量和效益为导向转变的大局，按照依法行政、依法治税的要求，努力实现税收持续、协调、健康增长。提升税源掌控能力，科学测算收入规模，建立分行业、分税种的税收能力计算模型，摸清税收底数，科学编制税收收入计划，合理确定税收增长目标；提升管理增收能力，通过堵漏增收、科技增收、打击违法增收，把潜在的税源转化为现实税收，提高税收征收率，减少税收流失；提升收入质量风险防范能力，建立完善收入质量预警体系，全程控管，实时预警，有效防范，切实把经济发展的成果真实、全面地反映到税收收入上来，有效防止各种违法违纪问题的发生。

3. 深入研究征管改革问题。积极探索建立与税制改革相促进、与税源状况相适应、与科技创新相协调，以促进纳税遵从为目标，以实施风险管理为主线，以推行专业化管理为基础，以重点税源管理为着力点，以强化质量管理为根本，以构建税源一体化管理机制为关键，以信息化为支撑，以征管资源合理配置为保障的现代税收征管体系，持续提高税收征管质量和效率。

4. 深入研究税收执法问题。围绕落实税收法定原则、提高税务部门公信力，坚守依法治税的生命线，对内规范执法行为，规范税收执法自由裁量权，规范税务行政审批，规范涉企税务检查，清晰界定征纳双方的权利和义务，有效解决政策性、制度性缺陷，有效防范执法风险；对外加大执法力度，强化法制保障，健全征信体系，维护税法公平，促进纳税遵从，为经济发展营造一个公平正义、有序竞争的税收法治环境。

5. 深入研究税收服务问题。坚持把提升站位、搞好服务作为地税机关履行职责、做好工作的基本要求，增强主动作为意识，发挥税收职能作用，服务经济社会发展。探索建立优质便捷的纳税服务机制，普遍树立以客户为导向的理念，有效满足纳税人正当需求，大幅减轻纳税人办税负担，充分保护纳税人合法权益，纳税人足不出户就能依法轻松办税，税法遵从度和纳税人满意度居于全国前列。

6. 深入研究班子队伍建设问题。满足税收治理能力现代化的需要，全面加强班子队伍建设，完善科学有效的选人用人机制，健全领军人才和业务能手培养、使用机制，构建全方位廉政风险防控体系，打造一支政治坚定、清正廉洁、能征善战的地税干部队伍。

7. 深入研究软实力问题。围绕提升系统软实力，全面加强先进文化建设，大力推进党建领航、文化铸魂、思想引导工作，培育地税核心价值观，凝聚精神力量，打牢思想基础，培育良好风尚，形成推动地税事业发展的巨大内在动力。

8. 深入研究体制机制保障问题。适应推进税收现代化的需要，全面加强管理体制、机制建设，积极探索与税收管理现代化目标相适应的运转顺畅、反应敏捷、优质高效的税收管理机制和行政运转机制。

各级地税部门都要重视和参与全省地税系统当前和今后一个时期发展思路目标的研究工作，既要坚持解放思想、改革创新，又要坚持从实际出发，与当地经济社会发展现代化进程相适应；既要有理论和实践创新，又要增强指导性、可操作性；既要有某个方面的系统性整体设计，又要有相互之间的协调性安排，力求使思路目标符合上级要求，符合山东地税实际，符合全系统广大干部职工的愿望和要求，更好地指导和推动今后一个时期全省地税工作的发展。各级要充分发挥主观能动性，坚持把改革创新贯穿于地税工作的各个方面、各个环节，力求经过系统上下的共同努力，使地税部门成为推动全省经济社会发展的主力军之一，使地税行业成为社会上形象良好、受人尊重、拥有较高满意度的行业，使地税机关成为每个地税干部展示人生精彩的舞台，全面提升地税工作水平、地位和形象。

## 三、凝心聚力，积极作为，努力完成 2014 年各项工作任务

2014 年是全面深化改革的第一年，是完成“十二五”规划目标任务的关键一年，也是开启迈向实现税收现代化征程的起步之年。根据省委、省政府和国家税务总局的要求，结合山东地税实际，2014 年全省地税工作的总体要求是：全面贯彻省委、省政府和国家税务总局部署要求，始终牢记为国聚财、为民收税的使命，围绕推进税收现代化这一主题，提升站位，积极作为，改革创新，协同发展，圆满完成各项地税工作任务，为促进经济持续健康发展、社会和谐稳定做出积极贡献。做好今年的地税工作，关键是要坚持稳中求进的工作总基调，把握好统筹当前和长远的关系，坚持继承与创新相结合，既要做好今年各项工作，又要为推进税收现代化打基础，增强工作部署的整体性、协调性、系统性。重点做好以下十个方面的工作：

（一）依法组织税收收入。总体分析，今年税收收入形势依然严峻复杂，机遇与挑战并存。十八届三中全会将财税工作的地位提到了前所未有的高度，税收在促进改革发展中的地位更加突出、作用更加重要，各级党委、政府对地税工作寄予了更高的期望，这将更加有利于我们工作开展。从经济发展形势看，全省经济工作会议确定，今年全省经济增长预期目标为 9% 左右。从政绩考核导向看，中央明确地方干部考核不再以 GDP 论英雄，不搞 GDP 及增长率排名，有利于增强各级政府的收入质量意识，实现税收与经济的协调增长。从税源情况看，随着“营改增”的不断扩围和所得税征管范围的调整，实施扶持小微企业发展等税收优惠政策的落实，一定程度上增加了组织收入的难度。对此，各级要认真把握，积极应对，切实抓好今年的组织收入工作，努力实现全年地税收入按可比口径增长 12% 的目标。

一是要加强收入形势预测。全面总结近几年收入预测工作规律，研究建立收入预测数学模型，根据经济发展、政策调整等因素变化，抓好收入形势研判，科学编制税收收入计划，科学制定组织收入预案，牢牢把握组织收入工作主动权。省局要进一步强化各地收入调度。二是要严格依法征税。严格落实组织收入原则，严肃组织收入工作纪律，探索建立事前、事中、事后的全过程收入质量风险防控机制，在年初进行税源调查测算的基础上，税源与税收任务差距大的县（市、区）局，纳入省、市局重点监控单位；对月度收入出现明显异常波动的，及时进行预警，并组织进行核查；对出现违规违纪行为的，依法进行责任追究。三是要加强沟通协调。积极主动向地方党委政府汇报组织收入工作等情况，争取对依法征税的理解和支持。当地方政府提出不切实际的税收收入指标时，要及时向上一级地税机关报告，上级地税机关要及时做好工作，努力为基层依法征税营造良好环境。

（二）提升站位服务大局。有为才能有位。我们只有提升站位、服务大局，才能有所作为。地税事业越是发展，站位越要向上靠前。各级各单位要善于把本部门工作摆在全省地税系统和地方党委政府中心工作的大坐标系中，找准位置，积极作为，既要跳出税收看税收，为经济社会发展大局服务，以实际行动赢得各级党委政府和社会各界对地税工作的支持；又要站在部门看全局，发扬敢于担当、奋勇争先的精神，在推进地税事业改革发展进程中争当排头兵，做出新贡献。

在服务经济社会发展方面，重点是建立经济税收分析常规机制，打造税收分析拳头产品。税收作为经济发展的“晴雨表”，税收数据能够较好地反映经济发展的质量和水平。各级要克服就税收论税收的惯性思维，在搞好税收征管状况分析的同时，研究建立科学有效的分析工具，建立能对宏观经济运行、税收收入走势和税收征管工作产生重要影响的税收指数，发挥管理优势、信息化优势、数据优势，把税收分析与经济结构、行业发展等相关数据进行横向、纵向的分析比对，及时准确反映经济运行中的趋势性、苗头性、倾向性问题，反映地区、行业、产业等发展态势，形成有特色、有深度、有分量、有价值的税收分析报告，积极为党委、政府出主意、想办法，更好地发挥参谋助手作用。要采取定期召开税收分析工作专题研讨会，开展税收分析专题培训，培养税收分析骨干人才，建立分析团队集中攻关等多种形式，提高全系统的税收分析能力和水平。要加强税收调研、科研工作，特别是要加强税收政策研究，围绕推进税制改革、完善地方税体系、落实税收政策调整措施等，加强调查研究，开展测算分析，组织效应评估，及时准确掌握税制改革和税收政策调整对经济、对地税收入、对纳税人的影响，为领导决策提供参考依据。

在推进全省地税工作开展方面，重点是提高系统上下协调配合、协同作战的能力，发挥地税系统整体效能。要坚持顶层设计与基层探索相结合，省局着重围绕税收工作的重点领域、关键环节、重大问题进行统一谋划，增强工作的前瞻性、科学性、协调性；省以下地税机关在贯彻执行省局决策部署的同时，着重结合实际大胆探索实践，积极创新工作，力争为全省地税工作开展积累经验、提供借鉴。要坚持抓机关、带基层，切实加强省、市局机关建设。一方面，切实提高工作能力。作为省、市局领导机关和机关工作人员，担负着领导和指导全省地税工作开展的重任，必须把提高工作能力和水平放在突出位置，提高学习能力、思考能力和感悟能力，提出好的思路，作出正确决策，制定科学措施，掌握推动工作的有效方法，以过硬的本领、良好的成效让基层信服。另一方面，切实发挥表率作用。在推进工作开展中，特别是在重点工作和困难问题面前，要积极承担责任，带头实践，带头实干，为基层作出表率，绝不能空喊口号、只说不练，遇事推托、浮在面上，更不能动辄就抽调基层人员帮助工作，要用自己的模范行动树立威信，赢得基层的认可。

（三）大力推进依法治税。依法治税是保证收入质量、防范税收风险的基本保障，各级地税机关一定要高度重视，从基础性工作抓起，完善制度机制，推进法治地税建设。一是扎实推进依法行政工作。深入落实《山东省地方税务局税收执法规范（试行）》，切实规范税收执法行为。推进税务行政审批制度改革，实行税务行政审批事项目录清单制度，继续推行审批事项办税服务厅集中受理、内部流转、限时办结，大力推进网上审批，做好取消和下放的税务行政审批项目的后续管理工作。修改完善重大税务案件审理制度，切实提高重大税务案件审理工作水平。加快建设地方税收政策法规知识库，编写《山东地税税收行政执法疑难问题解析》，为纳税人、地税人员和社会各界了解税收政策、用好税收政策提供便利。二是深入推进税收保障工作。深化落实《山东省地方税收保障条例》，建立省级地方税收保障联席会议制度，研究加强地方税收协助工作的机制措施。全面梳理地方税收工作中需要的第三方信息，建立地方税收协助信息目录。协调有关省直部门履行税收协助义务，以联合发文等方式，对提供目录信息的内容、标准、责任和奖惩措施进行规范。引导各级积极搭建完善信息交流平台，提高信息应用的时效性。三是探索推行“黑名单”制度。按照总局要求，将偷税、骗税、虚开发票税款超过一定数额的重大税收违法案件，纳入省局网站公告的“黑名单”，促进社会信用体系建设。四是强化税务稽查。认真抓好税收违法案件查处、税收专项检查和专项整治、重点税源企业检查、打击发票违法犯罪活动四项重点工作。探索实行市、区一级稽查管理体制，完善稽查工作运行机制，探索实施稽查执法能力考核，深化电子查账工作，加强稽查成果的增值利用，有力打击震慑涉税违法犯罪行为。

（四）全面强化税收征管。积极适应现代信息技术发展趋势，统筹抓好信息化建设与税收征管工作，充分运用科技创新成果，大力推进税收管理现代化。一是加快推动征管改革。统筹征管、纳税服务、法规、信息化、人事等相关资源，研究制定符合山东地税实际的征管改革具体指导意见，明确征管改革的总体方向，对看得准的具体改革举措，成熟一项推出一项；对一时拿不准的，确定原则、方向、框架，鼓励各地继续探索实践，进一步积累经验。二是强化信息管税。按照风险管理的要求，健全税收风险防控机制，抓好数据采集与管理、风险识别与排序、风险应对与评价各环节工作。推进税源一体化管理，建立健全层级间、部门间、内外之间的纵横结合、内外协作的税源管理运行机制，在深化分类分岗管理基础上，突出抓好重点税源分级管理。三是优化资源配置。适应金税三期要求，合理调整机构设置，明确职能划分，优化征管流程，科学有效配置人力资源。认真研究办税服务厅机构设置、岗责确认、职能分工、功能配备和系统管理，实现前后台有序衔接、运转顺畅。四是推进信息化建设。按照信息化建设一体化原则，坚持业务与技术的有机融合，提高自主开发、自我维护的水平，增强信息化支撑能力。切实抓好金税三期系统的完善改进工作，尽快建立完善运维体系，完善本地特色应用，加强部门协调配合，集中力量解决基层反映的运行不畅、效率不高等问题，不断提高金税三期系统质效。五是改进税收管理方式。继续探索加强分税种、分行业、分涉税事项管理，认真查找征管薄弱环节，不断完善征管办法，强化堵漏增收措施，形成加强征管的长效机制，提高税收的科学化、精细化管理水平。认真研究“营改增”试点纳税人后续管理，有效堵塞管理漏洞。加强国际税收管理，深化大企业税收管理，规范代收费收缴机制，严格涉税中介机构管理，整顿税务代理秩序。

（五）切实优化纳税服务。围绕提高纳税人满意度和税法遵从度，重点做好以下工作：一是提高纳税服务信息化水平。大力推行网上办税，规范、完善和提升外部网站的纳税服务功能，打造便捷高效的网上办税服务厅，让纳税人足不出户轻松办税。探索推广网开发票，加快实行电子发票的步伐。二是建立办税服务事项梳理机制。制定《山东省地税局关于建立办税服务事项梳理机制的意见》，结合地税工作实际和金税三期办税流程，彻底梳理由纳税人发起的各项涉税业务，在法律规定许可的范围内，能简化的环节简化，能优化的流程优化，能取消的审核审批取消，精简纳税人涉税资料和各类报表报送。三是建立纳税人诉求快速响应机制。制定《山东地税系统纳税人诉求快速响应管理办法》，强化需求征集、需求分析、需求处理和反馈管理，实现纳税人需求获取渠道日益畅通，纳税人合理合法需求得到有效满足。同时，强化税法宣传和纳税咨询，全面推行首问责任制，扎实做好纳税人满意度调查，持续抓好纳税人权益保护工作。

（六）不断加强干部队伍建设。围绕建制度、强班子、育人才，以人为本，善待严管，切实加强地税干部队伍建设。一是加强领导班子建设。全面推进各级领导班子思想建设、组织建设、制度建设、作风建设和反腐倡廉建设，切实提高依法行政的能力、科学管理的能力、抵御腐蚀的能力和总揽全局的能力，不断增强领导班子的创造力、凝聚力和战斗力，充分发挥领导班子的核心作用和领导干部的带头作用，更好地完成各项税收工作任务。加强县局班子的管理指导，重视“一把手”的培养选拔，选好配强“一把手”。二是深化干部人事制度改革。坚持党管干部原则，坚持正确用人导向，按照构建有效管用、简便易行的选人用人机制的要求，不断改革完善干部选拔任用、考核评价等一系列制度办法，促进干部人事管理制度化、规范化、科学化、常态化。三是加强人才培养选拔和使用力度。我们地税部门是一个业务性很强的部门，面对经济全球化，有些业务更加复杂，没有过硬的业务本领，很难胜任工作。要在全系统努力形成一种干业务就懂业务、懂业务就要学业务的浓厚氛围，争当行家里手、业务骨干、领军人才。在搞好干部教育培训工作的同时，制定全省地税系统人才培养计划，采取集中培训与在职学习相结合、理论提升与实践应用相结合、系统内培养与系统外培养相结合的模式，在系统内选拔培养一批各方面的领军人才。要重视人才的培养使用，发挥系统垂直管理的组织优势，建立团队攻关机制，以领军人才为依托，成立不同岗位人才骨干小组，承担重大任务，集中破解难题，突破重点工作，促进难点变亮点。四是做好离退休干部工作。离退休老同志为地税事业发展做出了突出贡献，留下了宝贵的精神财富。要从政治上尊重、生活上照顾、精神上关心离退休老同志，为老干部老有所乐、老有所养、老有所为创造良好条件。

（七）着力抓好党风廉政建设。党风廉政建设，事关地税形象，事关干部的政治生命，事关每名干部的家庭幸福。党的十八大以来，从中央到地方，党风廉政建设和反腐败工作力度不断加大。地税系统队伍大、战线长，又面对近 200 万纳税人，廉政风险比较高，反腐倡廉必须常抓不懈，拒腐防变必须警钟长鸣。各级要遵循“教育、制度、科技、问责”的思路，构建全方位风险防控体系，建设廉洁税务、平安税务。一是坚持教育倡廉。创新教育形式和方式方法，强化反面警示教育和正面示范教育，积极开展网上廉政教育，编辑发放廉政教育系列教材，深化廉政文化建设，提高教育的针对性和实效性。二是坚持科技助廉。以金税三期工程为基础，集中力量优化升级廉政风险防控平台，根据重点岗位和关键环节廉政风险的变化，加强对廉政风险点的排查和调整，实现对廉政风险与征管业务的一体防控、动态防控、实时防控，充分发挥科技防腐的作用。三是坚持制度保廉。以层层落实党风廉政建设责任制为重点，加强“两权”运行特别是领导班子和领导干部的监督和制约。健全完善各项制度，加强纪检监察部门与督察内审、税务稽查等业务部门的配合，整合监督资源，既要防止多头监督，更要防止监督真空，真正把权力关进制度的笼子里。四是坚持问责促廉。加大案件查办力度，坚持有案必查、有腐必惩，建立跟踪问责制度，对出现廉政问题的单位，按规定追究案源发生时相关责任人和主管领导的责任。

（八）全面加强作风纪律建设。认真总结第一批党的群众路线教育实践活动经验，深入开展第二批教育实践活动，以此为契机，把加强作风建设作为一项长期任务坚持下去，弘扬新风正气，以良好的作风树形象、促工作。一是要增强遵章守纪意识。强化党纪条规学习教育，认真贯彻执行中央八项规定和《党政机关厉行节约反对浪费条例》以及省委、省政府一系列部署要求，建立配套制度，狠抓督促落实，引导广大地税干部提高法纪意识，自觉养成依法依律依规办事的意识和习惯。省局将进一步加大监督、检查、通报、问责力度，确保各项规定执行落实到位。二是要增强岗位责任意识。履职尽责不仅是推动地税事业发展、更好地发挥税收职能作用的内在要求，也是个人成长进步的前提和基础，是衡量个人品行和能力的重要标准。每个岗位都是地税事业的重要组成部分，不可或缺，岗位尽责就是贡献大局。要教育引导广大地税干部强化责任使命，树立岗位就是责任的意识，增强做好工作的责任感和使命感。三是要增强工作落实意识。发扬“钉钉子”精神，真抓实干，雷厉风行，以“踏石留印、抓铁有痕”的劲头抓好各项工作任务的落实，确保善作善成、取得实效。

（九）全面加强先进文化建设。把加强先进文化建设、提升地税软实力作为机关和基层建设的主线，大力推进党建领航、文化铸魂、思想引导工作。一是党建领航凝聚正能量。切实加强党建工作，以党建引领队建，以先锋带动全局。从我们地税系统情况看，党员比例已经达到了85%以上，只要每个党员都能以党员标准要求自己，都能在工作中发挥表率作用，就能凝聚起加快发展的正能量。二是文化铸魂凝聚正能量。坚持文化与业务融合，传承与创新衔接，行业文化与地域文化结合，培育和践行山东地税核心价值理念，搭建有效管用的载体平台，注重发挥先进典型的示范带动作用，引领广大地税干部履职尽责，自觉承担起为国聚财、为民收税的神圣使命。三是思想引导凝聚正能量。建立完善思想政治工作形势分析制度，善于化解矛盾、理顺情绪、提振精神、鼓舞干劲，调动一切可以调动的积极性，汇聚成推进全面深化改革的正能量。

这里特别强调一下基层建设问题。经过几轮的基层建设，基层的基础建设发生了很大的变化，办公环境条件在当地可以说是较好的单位之一。面对新形势新要求，包括县（市、区）局在内，各基层单位同省、市局机关一样，迫切需要把软实力建设摆到重要位置上来。基层直接面对纳税人，展示着地税系统的形象，承担着直接组织收入的艰巨任务，精气神尤为重要。下一步，基层建设要以提升软实力作为工作主题和主线，进一步加强精神引领、文化引领，提升精气神，唱响主旋律，以先进文化引领干部职工的思想和行动。要注重文化引领、思想引领与业务工作融合，扎实推进基层工作规范化、标准化建设。

（十）有效规范内部管理。以扎实开展绩效管理为总抓手，全面规范内部管理工作。省局正在研究制定绩效管理办法，合理设定绩效考核指标，加大干部日常工作绩效考核力度，用业绩衡量，用事实说话，加强考核结果与职务晋升、教育培训和评优评先的衔接，反映价值导向，体现工作差异，让绩效管理在激发干部活力、促进管理创新中发挥重要推动作用。

同志们，新的一年已经开始，山东地税的改革与发展将翻开新的一页。新形势蕴含着新要求、新任务、新机遇、新挑战，系统上下要以更加饱满的工作热情，更加务实的工作作风，开创工作新局面，树立地税新形象，为全省经济社会发展做出新的贡献。

# 在省地税局党组中心组理论学习视频会议上的讲话

张洪军

（2014 年 8 月 28 日）

同志们：

这次会议专题研究部署全省地税系统党风廉政建设和反腐败工作。主要任务是：深入学习贯彻党的十八届三中全会和山东省委十届九次全体会议精神，按照中央、省委关于落实党风廉政建设责任制的新部署、新要求，进一步强化党组主体责任和纪检组监督责任，推进全省地税系统党风廉政建设和反腐败工作深入开展。上午，邀请了省委党校副校长孙黎海同志作了关于“两个责任”的专题辅导讲座。刚才，王莉莉同志传达了省委十届九次全体会议精神，大家要认真学习领会。下面，根据省局党组研究的意见，我讲三个问题。

## 一、认清形势，把握大势，坚决把思想认识统一到中央和省委关于党风廉政建设的新部署新要求上来

为应对当前世情、国情、党情发生的深刻变化，以习近平同志为总书记的党中央把党风廉政建设和反腐败工作提到新的高度，坚持不懈改进作风、坚定不移惩治腐败。十八届三中全会明确提出，落实党风廉政建设责任制，党委负主体责任，纪委负监督责任，这是推进反腐倡廉体制机制创新的重要举措。8 月 11 日至 12 日，山东省委十届九次全体会议专题研究部署党风廉政建设和反腐败工作，体现了省委自觉履行主体责任、严惩腐败的鲜明态度和坚定决心，是落实“两个责任”、推进党风廉政建设和反腐败斗争的再动员、再部署。同时，中央、省委也深刻分析了当前党风廉政建设面临的严峻形势和突出问题，指出在落实“两个责任”方面存在的各种不良倾向和薄弱环节。各级地税部门要深刻领会中央、省委的部署要求，进一步认清形势，提高思想认识，切实增强思想自觉和行动自觉，以落实“两个责任”为抓手，推动地税系统党风廉政建设和反腐败工作再上新台阶。

（一）充分认识当前反腐败形势的严峻性。党的十八大以来，中央不断出招亮剑，持续发力反腐倡廉，日益强化法纪约束，在各个领域进行规划部署和规范整

治。省委、国家税务总局也作出了一系列工作部署，相继出台了一系列改进作风、预防和惩治腐败的制度规范。全国上下以“零容忍”态度惩治腐败，坚持“老虎”“苍蝇”一起打，查处了一批重大案件，同时强化反腐败体制机制创新和制度保障，党风廉政建设和反腐败斗争取得新进展，极大地振奋了党心民心。但从查办的腐败案件、信访举报的线索和巡视发现的问题都可以看出，当前消极腐败现象依然多发，滋生腐败的土壤和条件依然存在，中央和省委都认为，反腐败斗争形势依然严峻复杂。

（二）充分认识地税系统廉政建设的复杂性。近年来，省局党组和系统上下坚决贯彻中央、省委的部署要求，认真落实反腐倡廉责任，狠抓作风建设，严明党的纪律，坚决查处违纪违法案件，党风廉政建设和反腐败工作不断取得新成效。但是，系统内某些领域和环节腐败问题和不正之风依然易发多发，地税干部违纪违法案件还时有发生，形式主义、官僚主义、享乐主义和奢靡之风问题还不同程度地存在，在党的群众路线教育实践活动期间征求到的意见、发现的问题仍需要进一步整改落实。从今年以来的案件查办、信访举报、明察暗访的情况来看，违反中央八项规定精神、违反工作纪律、失职渎职、吃空饷以及损害纳税人权益的问题仍然存在。上半年，系统内查处的违纪违法案件就有 7 件，8 人受到党纪政纪处分；地方纪委查办的地税系统违反中央八项规定精神的 4 件，给予 4 人党纪政纪处分，其中 1 件被《中国纪检监察报》登载。这些案例中，既有违反廉洁自律规定违规领取补贴、参与营利性经营活动的，也有违反中央八项规定精神，违反财经纪律、工作纪律，违反组织收入原则的问题。可见，系统内廉政风险不容忽视，隐忧远未消除，反腐倡廉依然是地税系统的一项长期的工作任务。

（三）充分认识“两个责任”的重要性。党的十八届三中全会提出的“两个责任”，是新形势下加强反腐败制度保障的重大举措，进一步丰富了中国特色反腐倡廉理论体系，完善了党风廉政建设和反腐败工作格局，对于深入推进党风廉政建设和反腐败工作，实现干部清正、政府清廉、政治清明，具有重大的现实意义和深远的历史影响。当前系统内在落实党风廉政建设责任制方面还存在一些亟待解决的问题。例如在履行主体责任方面，一些单位责任分解不够明确，检查考核不够深入，责任追究不够有力；有的领导干部认为抓业务工作才是主业，没有把廉政建设当成分内之事，开个会、签个责任书、表个态就算完成任务了；有的认为落实党风廉政建设责任制是纪检监察部门的事，当“甩手掌柜”，能推则推；有的认为只要自己不出问题就好，乐于当“老好人”，对干部疏于教育、管理和监督，失之于宽，失之于软。在履行监督责任方面，有的纪检监察部门存在着职能缺位、错位、不到位的问题，个别纪检部门负责人在纪检监察工作上用的精力少，分管其他工作用的精力多，种了别人的田，荒了自家的地；少数纪检监察干部存在不善监督、不敢监督、不想监督的问题，不敢拿起惩治的武器，出了问题就“捂盖子”。之所以存在这些问题，主要原因还是责任主体不清、责任意识不强、责任落实不到位、责任追究偏软偏宽等，该管的没有管好，很容易出现这样那样的问题。作为重要的经济执法部门，地税系统在落实好“两个责任”方面标准应该更高、要求应该更严。各级必须始终保持清醒头脑，深刻认识落实“两个责任”的极端重要性，并把它作为当前最突出的大事、要事来抓，以认真的精神、从严的态度，坚决抓好“两个责任”的落实。

## 二、发扬敢于担当、责无旁贷、履职尽责的精神，严格落实“两个责任”

“两个责任”的提出，既明确了党委和纪委在落实党风廉政建设责任制上的地位、职能和责任，又对如何履职尽责、发挥作用提出了新的明确要求。各级要进一步提高思想认识、强化政治自觉，认真贯彻落实中央、省委关于落实“两个责任”部署要求，以常抓不懈、持之以恒的精神，以踏石留印、抓铁有痕的劲头，切实履行好“两个责任”。

（一）以敢于担当的精神履行好主体责任。主体责任是各级党组（党委）必须履行的政治担当，主体责任落实得好不好，到位不到位，直接关系到本系统本部门的党风廉政建设和反腐败工作成效。各级党组（党委）要站在党要管党、从严治党的高度，牢固树立“抓好党风廉政建设是本职，不抓是失职，抓不好是不称职”的责任意识，充分认识落实主体责任的极端重要性，认真履行好用人、纠风、制权、支持、带头“五项责任”，不折不扣地落实好主体责任。一是履行好用人责任。真正发挥领导和把关作用，进一步完善干部选拔、培养、使用等一系列制度，严把标准，严格程序，严明纪律，严肃查处违规选人用人行为，树立正确用人导向，形成风清气正的用人环境。二是履行好纠风责任。严明党的纪律，强化正风肃纪，保证中央、省委的决策部署在地税系统得到贯彻落实。认真落实民主生活会制度，严格执行中央八项规定，既立足当前，解决好纳税人反映强烈的突出问题，又着眼长远，建立健全为民务实清廉的长效机制。三是履行好制权责任。抓住监督和制约权力运行这一核心，重点强化对“一把手”执行民主集中制、重大事项决策等方面的监督，认真执行领导干部报告个人有关事项等制度。党组（党委）及班子成员要主动接受纪检监察部门的监督，“一把手”要加强对班子其他成员的监督，班子其他成员要加强对“一把手”的监督，上级党组（党委）要加强对下一级党组（党委）特别是“一把手”的监督。四是履行好支持责任。各级党组（党委）要把支持纪检组（纪委）履行监督责任作为落实主体责任的重要内容，更加注重对执纪执法工作的领导，更加注重查办违纪违法案件，更加注重为纪检监察部门开展工作创造良好环境、提供坚实保障。五是履行好带头责任。党组（党委）

和班子成员要带头遵守廉政自律各项规定，带头树立良好作风，作廉洁从政和作风过硬的表率。作为党风廉政建设的第一责任人，党组（党委）书记应当负起全面的、直接的、首要的责任。党组（党委）书记把第一责任落实好了，其他班子成员的责任就好落实，就能形成齐抓党风廉政建设的合力。要真正从思想深处重视党风廉政建设，像抓业务工作、干部工作那样抓党风廉政建设，做到重要工作亲自部署、重大问题亲自过问、重点环节亲自协调、重要案件亲自督办。要做落实主体责任的表率，自觉遵守党的纪律，廉洁从政，管好自己、管好班子、带好队伍，以实际行动推动主体责任的落实。班子其他成员作为分管工作的负责人，要认真履行“一岗双责”，对承担的党风廉政建设责任进行“签字背书”，切实防止有权力无责任、有责任不落实的现象，坚决做到守土有责、守土负责、守土尽责，切实抓好职责范围内的党风廉政建设和反腐败工作。

（二）以责无旁贷的精神落实好监督责任。纪检监察部门对党风廉政建设负监督责任，要充分发挥职能，突出主业，抓住重点，把执纪、监督、问责作为落实监督责任的第一要求。一是执好纪。要严格执行党纪国法，切实把严明党的纪律特别是政治纪律放在首位，确保纪律刚性约束，对那些违反政治纪律、群众观念淡薄、把权力当作谋私工具的行为，对违反中央八项规定精神的行为，发现一起，查处一起，通报一起，坚决防止反弹，坚决克服组织涣散、纪律松弛现象，使纪律真正成为带电的高压线。坚持以“零容忍”态度惩治腐败，既要坚决查处领导机关和领导干部违纪违法案件，又要切实解决发生在群众身边的不正之风和腐败问题，切实增强执纪办案的震慑力。二是抓监督。加强对重大事项决策的监督检查，重点加强对执行民主集中制、“三重一大”事项决策、“三个不直接分管”、领导班子分工、执行议事程序和工作规则的监督检查，及时制止和纠正违规决策行为。加强对干部选拔任用工作的监督，坚决查处选人用人上的不正之风和腐败问题。加强对领导干部的监督，督促各级领导干部自觉执行廉政准则、个人有关事项报告等制度规定，促进廉洁自律。加强对税收执法权和行政管理权的监督，强化对经费分配使用、政府采购、基本建设等重要事项的监督检查，强化对坚持组织收入原则、税收政策、发票管理等重点部位的监督检查，切实维护纳税人权益。三是严问责。对党组（党委）和党员领导干部违反党风廉政建设责任制规定，不履行或不正确履行主体责任，对中央有关党风廉政建设决策部署传达贯彻不实、督促落实不紧，对分管范围内的党风廉政建设工作领导不力，致使明令禁止的行为得不到有效治理、造成恶劣影响的，要严格按照有关规定追究责任。

（三）以履职尽责的精神形成“两个责任”合力。“两个责任”是一个责任体系，既有党组（党委）与班子成员的责任分解，又有党组（党委）和纪检组（纪委）之间的责任分工。要确保“两个责任”

落实到位，就要建立健全上下贯通、层层负责的党风廉政建设责任体系。要建立明责、履责、问责的主体责任体系，各级党组（党委）、党组（党委）书记、每一位班子成员都要担负起党风廉政建设的主体责任，党组（党委）履行集体责任，党组（党委）书记履行第一责任人的责任，班子成员履行好职责范围内的主体责任，做到党风廉政建设主体责任“党组（党委）不松手，党组（党委）书记不甩手，班子成员不袖手，纪检组长（纪委书记）经常抓、长期抓、深入抓、不放手”。党组（党委）书记和其他班子成员，都要履行好“一岗双责”，对分管范围内的党风廉政建设负起主要责任，认真主动地参与党风廉政建设和反腐败工作，不能袖手旁观。否则，出了问题都负有责任。主体责任与监督责任是一个有机的统一体，主体责任是前提，监督责任是保障，二者相互作用，缺一不可。党组（党委）既要当好党风廉政建设的领导者，又要当好直接主抓的推动者，为纪检组（纪委）履行监督责任创造条件；纪检组（纪委）要强化监督责任，督促落实党组（党委）有关党风廉政建设的决策部署，保障和推动党组（党委）更好地履行主体责任。监督责任意味着纪检组（纪委）既是监督主体、执纪主体，也是问责主体、管理主体。要把主体责任与监督责任作为一个整体，共同发挥作用，既要划清“责任田”，明确各自在党风廉政建设和反腐败工作中的职责定位；又要加强协调配合，建立“横向到边、纵向到底”的责任网络，使“两个责任”形成强大合力，全面推进党风廉政建设责任制的落实。

## 三、切实把“两个责任”落到实处，深入推进全省地税系统党风廉政建设和反腐败工作

落实“两个责任”，是党章赋予的重要职责，是深入推进党风廉政建设和反腐败工作的“牛鼻子”。能不能落实好，直接关系到地税事业的发展，关系到税收现代化的进程。各级要深刻认识落实“两个责任”的极端重要性和现实紧迫性，自觉做到组织领导更有力，监督制约更到位，执纪查处更严格，作风整顿更有效，问责追究更严肃，坚持不懈地抓好抓实。

（一）着力强化组织领导，做到上下联动。各级党组（党委）要对职责范围内的党风廉政建设负全面领导责任，坚决贯彻落实中央、省委关于党风廉政建设的新部署新要求，将党风廉政建设和反腐败工作与税收工作一同部署、一同落实、一同检查。每年安排两次党组（党委）中心组反腐倡廉专题学习研讨，召开一次系统党风廉政建设工作会议。每年年初以适当形式听取各部门和下级党组（党委）上一年度落实党风廉政建设主体责任情况的汇报，指导和督促各级党组（党委）落实好主体责任。党组（党委）书记要切实履行第一责任人的职责，每年与各单位和下级机关主要负责同志进行廉政谈话不少于一次。党组（党委）成员对职责范围内的党风廉政建设负主要领导责任，要坚决履行“一岗双责”，定期研究、布置、检查和报告分管范围内

的党风廉政建设工作情况，把党风廉政建设要求融入分管业务工作中，做到既抓好工作，又带好队伍。每年至少一次参加分管部门的反腐倡廉主题教育活动，至少一次对分管部门领导干部进行廉政谈话。要对分管部门的廉政风险点进行集中排查，研究制定具有针对性、可操作性的应对措施，督促抓好落实。要加强对反腐倡廉工作的调研指导，深入了解当前地税系统党风廉政建设基本情况，听真话，察实情，找准问题所在，提出解决对策。近期省局要组织召开一次系统纪检组长座谈会，了解各市局党风廉政建设情况，征求意见建议，集思广益，把脉会诊，做到心中有数，有的放矢。

（二）着力强化监督制约，规范权力运行。权力不受监督制约，随时可能会被滥用。地税部门手中握有一定权力，面临很多考验诱惑，在落实“两个责任”的过程中，必须建立严密的制度笼子，强化监督制约，保证税收执法权和行政管理权依法规范行使。要突出领导班子和领导干部这个重点，着力发现是否存在违反党的纪律问题，是否存在权钱交易、以权谋私、贪污贿赂、腐化堕落等违纪违法问题，是否存在“四风”方面的突出问题。要突出掌握具体执法权等实权部门和人员这个重点，着力强化制约机制，规范权力运行，堵塞贪腐漏洞。要狠抓中央八项规定精神和廉洁自律各项规定的执行和落实，引导广大地税干部切实守好做人、处事、用权、交友的底线，保持清正廉洁的政治本色。要针对容易发生执法不严、为税不廉的重点岗位和关键环节，进一步建立健全岗位廉政教育、廉政风险防控、执法办案责任等制度，最大限度减少权力出轨、个人寻租的机会。

（三）着力强化案件查处，发挥震慑作用。查处和惩治是反腐倡廉的“撒手锏”，也是落实“两个责任”的重要手段。要坚决查办违纪违法案件，对发生重大腐败案件、窝案串案和不正之风长期滋生蔓延的单位，既要追究当事人的责任，又要倒查追究相关领导的责任。坚持抓早抓小，发现有苗头性、倾向性问题，早提醒、早制止，实施预警提醒，加强诫勉谈话，防止小问题变成大问题。开展经常性的明察暗访，及时发现和纠正税收执法和服务中存在的突出问题。要完善惩治腐败工作机制，对有案不查、瞒案不报的，要坚决纠正和通报，严肃追究领导干部和直接责任人的责任。对典型案件进行深刻剖析，研究发案特点和规律，查找原因，完善制度，堵塞漏洞，使纪律约束和法律制裁的警戒作用得到有效发挥，充分发挥办案的治本功能和综合效应。

（四）着力强化作风整治，确保善作善成。不正之风是滋生腐败的温床，也是群众最不满意的问题之一。作风问题具有顽固性、反复性，纠风之难，难在防止反弹。当前，要紧紧抓住巩固第一批教育实践活动成果和开展第二批教育实践活动的有利契机，对照理论理想、党章党纪、民心民声、先辈先进“四面镜子”，以补精神之“钙”、除“四风”之害、祛行为之垢为重点，持之以恒地打好改进作风的持久战。近日，中央纪委和省纪委相继召开了落实中央八项规定精神纠正“四风”工作电视电话会议，明确要求深入落实中央八项规定精神，防止“四风”问题反弹，特别是要做好中秋、国庆“两节”期间的纠风和监督工作。各级要加强对地税干部的教育、管理和监督，坚决防止公款送节礼、公款旅游、公款吃喝、公车私用以及乱发福利、补贴等违规违纪问题的发生。要坚持即知即改，立改力行，有什么问题就解决什么问题，坚决克服整肃不正之风方面存在的“失之于宽、失之于软”倾向，有一件改一件，改一件成一件，以严格的标准、严厉的措施、严明的纪律，落实好各级党组（党委）、领导班子和地税干部的整改责任。要坚持问题导向，以群众反映强烈的突出问题为切入点，集中开展专项整治，坚决纠正不作为、乱作为、敷衍塞责、拖延扯皮以及吃拿卡要报、慵懒散奢贪等损害纳税人利益的问题。要大力实施“扎根工程”，深入开展“便民办税春风行动”，持续解决“四风”问题，着力解决服务群众“最后一公里”问题。要增强全局观念，把服务大局作为重要的政治责任，紧紧围绕经济社会发展大局做工作。通过强化作风建设，全面落实“三个服务”，使地税系统“四风”问题得到有效治理，政风行风持续改进。

（五）着力强化责任追究，做到有责必问。有权就有责，权责要对等。不讲责任，不追究责任，再好的制度也会成为纸老虎、稻草人。要积极推进责任分解到人、落实到位，通过层层传导压力，切实增强各级党组（党委）和纪检监察部门抓好党风廉政建设的责任感和使命感。要结合实际研究制定党组（党委）落实主体责任、纪检组（纪委）落实监督责任的具体实施办法，明确各自应该做什么、怎么做、出了问题怎么追责，形成符合地税工作特点，可定义、易操作、能量化的责任追究机制，实现责任追究的制度化、常态化，确保党风廉政建设各项任务分工明确，落到实处。要充分发挥绩效管理在规范权力运行、激发干部活力、促进管理创新中的推动作用，把党风廉政建设作为重要考核内容纳入绩效管理，做到“一考双评”，既评价税收工作，又评价廉政建设。在绩效管理中，赋予党风廉政建设和反腐败工作重要权限，权力运行到哪里，党风廉政建设考评就延伸到哪里；问题和案件发生在哪里，责任追究就落实到哪里。要加强主体责任、监督责任履行情况的监督检查，特别是对问题不断、腐败频发的单位和部门，既要追究当事人的责任，又要倒查相关人员的领导责任和监管责任，坚持有错必纠，有责必问。对各级纪检组（纪委）协助党组（党委）加强党风廉政建设和组织协调反腐败工作不力，发生严重违纪违法案件查处不力的，要严肃追究纪检组（纪委）的责任，以严肃有力的责任追究推动责任落实。

同志们，严格落实党风廉政建设责任制是深入推进地税系统党风廉政建设和反腐败工作的有力抓手，认真履行“两个责任”是各级党组（党委）和纪检监察部门必须担负的重大政治责任，也是应对当前反腐败形势、推动税收现代化的客观需要。我们要以担当精神始终把“两个责任”放在心上、抓在手上、扛在肩上、落实在行动上，推动地税系统党风廉政建设和反腐败斗争深入开展，为加快建设经济文化强省提供坚强保障。

# 在全省地税工作会议结束时的讲话

韩奎祥

（2014 年 1 月 9 日）

同志们：

这次全省地税工作会议，是全面贯彻落实党的十八大和十八届三中全会以及全省经济工作会议、全国税务工作会议、全省财税工作会议精神的一次重要会议。会议书面传达了全省经济工作会议、全国税务工作会议精神，通报表彰了 2013 年度全省地税系统目标管理考核优秀单位、入选税务总局专业人才库人员和领军人才培养对象。省局局长、党组书记张洪军代表省局作了工作报告，这是指导当前和今后一个时期全省地税工作的纲领性文件，各级要组织认真学习领会，结合实际抓好贯彻落实。下面，对这次会议精神的贯彻落实讲四点意见。

## 一、坚持解放思想和统一思想相结合

思想大解放才会带来事业大发展。张洪军局长在讲话中，站在全省地税事业发展全局的高度，实事求是地总结了 2013 年工作成绩；围绕实现总局提出的“到 2020 年基本实现税收现代化”的目标，明确提出，从山东在全国所处的地位和地税发展的基础、条件和水平来看，在推进实现税收现代化进程中，山东地税应该走在全国税务系统前列，并从八个方面描绘了推进税收现代化进程的路径；结合对新一年面临形势的分析，提出了 2014 年全省地税工作的十项重点任务。这些思路、目标和措施，为今后一个时期全省地税工作开展指明了方向。各级要充分认识到，我省地税事业发展已经站在了一个新的历史起点上，推进各项工作实现新的发展和跨越，需要系统上下充分发挥主观能动性，在解放思想中统一思想，坚持把改革创新贯穿于地税工作的各个方面、各个环节，找准改革创新的主攻方向和着力点，用改革创新的精神、思路和办法来解决问题、应对挑战，推动各项地税工作深入开展。

要切实抓好会议精神的传达贯彻，用张洪军局长的讲话精神统一系统上下的思想和行动。各级地税部门在春节前把会议精神贯彻下去，按照全省财税工作会议和全省地税工作会议精神的要求，按照张洪军局长工作报告的部署，迅速统一思想，形成共识，明确方向和目标。同时，要积极向当地党委政府做好汇报协调。关于今年的组织收入目标，各级地税部门要严格落实组织收入原则，加强对组织收入工作的统筹规划指导，深入研究经济、政策和征管等因素对地税收入的影响，摸清税源底数，搞好与政府及相关部门的沟通协调，实事求是地衔接落实税收收入目标，使税收收入规模、计划与当地税源规模、结构相适应。

## 二、坚持立足当前与着眼长远相结合

张洪军局长在讲话中强调，要坚持稳中求进的工作总基调，把握好统筹当前和长远的关系。这实际上告诉我们，抓工作要坚持远近结合，既要立足当前谋长远，切实增强工作的前瞻性、预见性，又要着眼长远干当前，为推进税收现代化打好基础。各级地税部门要结合自身工作实际，多干对当前有用、对长远有利的事情，多做打基础、利长远的工作。

一是要加强制度建设。制度带有根本性、全局性、稳定性和长期性。要深刻认识加强制度建设的极端重要性，根据形势发展要求，对现有的制度进行全面梳理和认真审视，按照管用、实用、有用的原则，该废止的废止，该修订的修订，该重建的重建，增强制度的科学性、可操作性，尽快建立一整套覆盖各项税收工作的制度体系，着力形成推进税收现代化的制度保障。要在推进税制改革的过程中积极作为，主动参与地方税体系的研究与构建，不断完善信息管税机制，建立并完善经济税收分析常规机制，全面建立适应税收现代化的体制机制和流程等制度。

二是要弥补工作短板。张局长在讲话中，没有集中点问题，但这不说明我们工作中没有问题。第二批党的群众路线教育实践活动很快启动，各级要结合教育实践活动，自我反思、自我完善，把差距找准找实，把问题查深查透。针对查找出来的差距和问题，不回避，不遮掩，从思想认识、体制机制、能力水平、工作作风等多方面，认真剖析产生差距和问题的原因，结合各自实际，研究制定有效管用的措施，一项一项地整改，一件一件地落实，牢牢把握做好地税工作的主动权。

三是要强化干部队伍保障。干部队伍是地税事业发展的根本保障和关键所在。这次会议对抓好人才培养、完善选人用人机制、开展绩效管理、推进内控机制建设等提出了明确的要求，既提出了解决当前干部队伍存在问题的具体措施，又明确了激发队伍活力、优化队伍结构、提高干部素质的长远措施，大家一定要认真领会，深入落实，提振全系统地税队伍干事创业的精气神，形成人人向上、人人争先的浓厚氛围。

## 三、坚持大胆探索与稳妥推进相结合

在大力推进改革创新的过程中，我们既要增强信心和勇气，大胆探索，勇于开拓，破解税收改革发展面临的各种难题，又要坚持统筹考虑、全面论证、科学决策、稳妥推进。

一是要坚决贯彻执行国家出台的各项税制改革和税收政策措施。为确保政策落实到位、取得实效，要及时向地方党政领导汇报，主动与相关部门沟通，积极赢得各方面的支持；要加强宣传辅导和解读，使广大纳税人及时掌握和适应相关税收政策和办税流程的变化；要加强业务培训，让地税干部熟练掌握相关的业务和技术操作，准确答复纳税人的咨询；要密切关注舆情，及时回应社会关切的重大认识和热点问题，为顺利推进改革营造良好社会环境。

二是要稳妥推进税收征管改革。金税三期试点上线，对深化税收征管改革带来了机遇，也增加了难度、带来了挑战。要坚持顶层设计与摸着石头过河相结合，既要在制度层面上明确改革的总体方向，又要在具体实践中探索道路、积累经验，加强分类指导，科学化、系统化推进改革。对一些看得准、拿得稳的改革举措，成熟一项推出一项；对一时拿不准的，鼓励各地积极探索实践，先行试点，一边摸索一边总结，形成可复制、可推广的经验。

三是要坚持在继承的基础上开展创新。面对问题和挑战，我们必须用改革创新的精神、思路和办法来解决，而且必须保持争一流的精神面貌，努力走在全国前列。各级要充分汲取工作中积累的成功经验和规律性认识，大胆借鉴国内外、省内外税收同行以及各行各业的有效做法和经验，坚持革故鼎新、自我革命，不断以新的理念、新的思路、新的举措推动各项地税工作大踏步向前推进。

## 四、坚持计划部署与狠抓落实相结合

一分部署，九分落实。从中央、省委、省政府和国家税务总局的一系列会议部署要求来看，今后一个时期的发展蓝图已经绘就，2014 年工作部署和目标任务已经明确，关键是要抓好落实，切实提高执行力，确保各项决策部署事事有结果、件件有着落。要切实转变工作作风。倡导钉钉子的精神，看准了的事情，就要一抓到底，防止虎头蛇尾、有始无终；遇到问题和困难不能绕道走，要有“啃硬骨头”的精神，迎难而上、抓铁有痕，不见实效不罢手，不达目的不收兵；要通过试点单位引导、先进典型示范，推广抓落实的经验和方法。要分解目标任务，强化责任督查。对于这次全省地税工作会议的各项工作安排，特别是张洪军局长讲话中部署的各项工作，省局机关各单位要带头认真搞好目标任务分解，确保各项工作任务落到实处。各级地税机关要按照会议确定的目标和要求，分解任务，明确责任，按照分级负责的原则，加强督促检查，及时通报工作开展情况，做到有布置、有督促、有检查，确保有效推进工作落实。

省局要求，对全省地税工作会议精神的贯彻落实情况，各市局于会后根据各自工作进展随时报送省局办公室。

同志们，春节就要到了，各级地税机关要按照中央和省里的要求，加强领导，统筹安排，切实做好春节期间的各项工作。要始终加强节日期间的党风廉政建设，特别是要严格落实中央八项规定，提倡勤俭节约，做到廉洁自律。要做好关心干部职工工作、生活的各项工作，妥善解决好困难干部职工的生活问题，确保全体地税干部职工过一个欢乐、祥和、安定的节日。同时，各级地税机关要着力抓好各项安全防范工作，严格按照“安全第一、预防为主、综合治理”的方针，层层落实安全责任制，严密防范安全事故发生。要全力维护社会和谐稳定，积极防范和妥善处理各类突发事件，重点解决好突出信访问题，切实注意涉税舆情的引导和化解，严格执行重大情况、重大问题报告制度，并及时采取措施妥善应对。要认真做好节日期间的值班保密工作，严格落实24小时专人值班和领导带班制度，严防发生失密泄密事件。同时，要加强对本单位互联网站、内部办公网、“大集中”系统以及其他电子网络的安全保密管理，确保网络信息安全。

# 在全省地税收入分析会上的讲话

韩奎祥

（2014年6月13日）

同志们：

在6月召开全省地税收入分析会，以往年度基本没有。选择这个时间点、召开这次会议，主要有两个目的：一是为了及时应对当前不容乐观的收入形势、强化工作措施、完成好全年各项收入任务；二是深入分析税收背后的经济税源走势、发挥服务职能、为经济发展决策当好参谋助手。同时，召开这次会议，积极主动研究经济税收形势和抓好地税收入的措施，为省委、省政府当好参谋，也体现了省局党组的大局意识和责任意识。昨天下午和今天上午，各市局深入分析了当前收入增减和经济税源变化的原因，充分交流了组织收入工作中的措施、做法和下一步打算，有助于下一步省局和各市局更加准确把握收入形势，有利于各市相互学习借鉴，将更有针对性地促进组织收入工作开展。会后，办公室和收入规划核算处要根据当前组织收入工作的需要，牵头总结好各市抓收入的有效措施和经验做法，并针对当前税收管理的薄弱环节，会同有关业务处室，提出做好下一步组织收入工作的意见。另外，省局有关处室就一些具体的问题讲了意见，各市要抓好贯彻落实。下面我讲两个方面的问题。

## 一、1—5月份全省地税收入情况

1—5月份，全省地税收入完成1519.7亿元，增长8.4%，增收117.6亿元，可比口径增长12.9%。其中：税收收入完成1432亿元，增长8.6%，增收113亿元，可比口径增长13.3%。总的来看，1—5月份全省地税收入表现为增幅同比明显回落、环比波动下行、税种间和地区间不协调等几个明显的特点，增收难度和准确把握收入形势的难度增大。这几个特点与全国的税收收入形势基本吻合，只是回落、下行和不协调的程度有所不同。分析1—5月份收入增减变化的原因和特点，主要是经济下行、政策减收、部分市收入中积累的非正常因素较多、财税体制改革和各级不断强化税收管理等多方面因素共同作用的结果。

（一）总体收入增幅同比明显回落。1—5月份，全省地税收入8.4%的增幅比上年同期15.7%的增幅回落7.3个百分点，主要是经济增速放缓和政策调整减收两方面因素所致。

一季度全省GDP增长8.7%，同比回落1个百分点。1—4月份，全省社会消费品零售总额12.4%和固定资产投资总额17.2%的增幅同比分别回落0.5和2.8个百分点，规模以上工业增加值9.7%和利润6.9%的增幅同比分别回落1.8和6.2个百分点，商品房销售额2.7%的增幅同比回落38.9个百分点。一些与经济总量相关度较高税种的收入增幅回落，也反过来印证了经济增速有所放缓，如1—5月份城市维护建设税6.3%和印花税9.3%的增幅同比分别回落了2.7和5.7个百分点。经济的回落体现在主要行业地税收入上，房地产业收入21.5%的增幅同比下滑40个百分点，采矿业收入降幅从上年同期的15.6%扩大至今年的20.3%，金融业收入14.1%的增幅同比回落7个百分点，收入转降为升的制造业拉动作用依然很弱。

除了经济的因素，政策减收影响比较突出。受“营改增”政策影响，1—5月份“营改增”行业营业税减收55.3亿元，文化事业费减收1.2亿元，影响营业税收入增幅约12个百分点，影响总体收入增幅约4个百分点。另外，从上年8月1日起执行的小微企业税收优惠政策（对月营业额不超过2万元的小微企业，暂免征收增值税和营业税），从今年起小微企业减半征收企业所得税的利润上限标准由6万元提高到10万元，也造成了一定程度的减收。

（二）月度收入增幅环比波动下行。1—5月份，各月地税收入分别增长15%、13.6%、0.1%、8.6%和5%，分别完成389亿元、209.4亿元、284.6亿元、345亿元和291.7亿元，其中3月份收入同比基本持平，4 月份增幅比 3 月份明显回升，5 月份又继续下行，总体看各月收入增幅基本呈直线下行趋势，主要是受上年同期收入增幅呈上升走势、今年房地产等行业收入下行趋势明显和税收管理三方面因素的影响。

从同期收入走势看，2013 年 1—5 月份各月收入分别增长 20.1%、9.4%、10.3%、17.4% 和 18.8%，不考虑 1 月份，其他各月收入增幅在房地产等行业的强力拉动下呈明显上升趋势，是导致今年月度收入增幅环比下行的原因之一。今年 1—4 月份，全省商品房销售额增长 2.7%，比一季度的 7% 的增幅回落了 4.3 个百分点。反映到地税收入上，1—5 月份，房地产业地税收入分别增长 36.9%、29.4%、17.1%、11.3% 和 18.8%，销售不动产营业税分别增长 47.1%、25.3%、29.9%、5.8% 和 8.5%，契税分别增长 30.9%、76.3%、−26.6%、−14.9% 和 2.5%，与房地产行业相关的税收下行趋势明显。3、4、5 月份房地产业地税收入如果能够保持 1、2 月份合计 33.7% 的增长水平，3、4、5 月份各月地税收入增幅可以提高 5.1、4.4 和 3.9 个百分点，分别达到 5.3%、13% 和 8.9%，各月之间收入增长的稳定性明显增强。

从税收管理来看，1 月份和 4 月份是金融业营业税、部分企业所得税、部分房产税和城镇土地使用税的季度集中入库月份，税收绝对额较大；同时 1 月份因逐年承接上年部分结转收入，又要保持收入开门好，已经成为一年中收入增幅较高、收入数量最多的月份。2 月份由于受春节假期因素影响，收入总量较小，而且由于每一年的春节假期时间的差异，形成了 2 月份收入增幅基本呈现“一年高一年低”的规律。3 月份作为首季开门好的阶段性收入任务完成月份，一直以来收入总量较大，随着依法治税水平的提高，以及 1 月份收入保持较高增长水平和较大收入规模为首季开门好打下的基础，3 月份的收入数额逐步回归理性，收入增幅也相对偏低。一定程度上，3 月份收入的理性回归也相应使得 4 月份的组织收入工作略显轻松，促进了 4 月份收入的正常增长。5 月份是企业所得税汇算清缴工作的收尾月份，纳税人从资金成本的角度考虑，更愿意在法定的最后月份清缴企业所得税，因此 5 月份的收入增长受当前低增长水平的企业所得税影响相对多一些，同时由于不是季度集中入库月份，缺少了金融营业税稳定增长支撑的营业税增幅相对 4 月份更低，影响了 5 月份整体收入的增长水平。

（三）税种间、区域间收入增减差异较大。分税种看，1—5 月份，与经济发展相关度较高的税种增幅均回落至个位数。其中：受“营改增”政策减收 55.3 亿元影响，营业税仅增长 5.8%，但建筑业、金融保险业、销售不动产营业税增幅仍均在 20% 以上，分别为 23.5%、20.4% 和 22.4%。在“营改增”政策持续推进的前提下，加大欠税清缴力度，一定程度上促进了尚未“营改增”行业收入的增长。受企业效益增长水平不高等因素影响，企业所得税增长 3%，其中二产下降 16.6%、三产增长 33.5%，采矿业减收最多、降幅最大，减收 17.3 亿元、下降 42.9%；房地产业增收最多，增收 16 亿元、增长 56.6%。积极落实营业税起征点优惠政策、二手房交易明显下降、上年同期股权转让个人所得税基数高，导致个体工商户生产经营和财产转让所得个人所得税共减收 6.2 亿元，受此影响，个人所得税仅增长 7%，其中工资薪金所得个人所得税稳定增长 15.6%。

2013 年下半年省以下财政体制改革以来，原有的县区级地方税种收入增量部分改为省级财政共享收入，提高了各级夯实收入质量的积极性，一定程度上改变了以往地方税种高幅增长的态势。1—5 月份，房产税仅增长 3.7%，城镇土地使用税下降 1.1%，契税下降 2.1%。暂未实行省级共享的耕地占用税收入 80.8 亿元，大幅增长 37%，增收 21.8 亿元，拉动地税收入增长约 1.6 个百分点，收入额约占到同期全国总量的九分之一，相当于同期 6 个江苏、3 个浙江、4 个广东的收入额，增幅比全国 11.6% 的平均增长水平高出 25.4 个百分点。如此大的收入规模，在经济增速、固定资产投资放缓的情况下，竟然还能保持如此高的增长速度，很不正常。对此各市要引起重视，切实关注该税种畸高增长的问题，省局有关处室要深入调研检查，有效防范征收管理过程中可能存在的执法风险。土地增值税主要得益于预征比例的提高、清缴力度的加大，成为 1—5 月份增幅最高（48.4%）、增收最多（36.7 亿元）、增收贡献最大（31.2%）的税种，拉动地税收入增长 2.6 个百分点。讲到土地增值税，我强调一点。规范征收应该成为各级地税部门的重要任务，而一直以来土地增值税主要靠预征，系统内部真正精通土地增值税政策的人员很少，开展业务培训还需要从外省请老师，为此，今年以来省局、各市局也采取了行之有效的措施，逐步规范了管理，促进了收入较快增长，但我们税收管理的规范化和精细化程度还有不少差距，仍需要进一步提高。资源税增长 15.7%，在原油资源税因价格下降减收、煤炭资源税因产量稳定基本持平的情况下，资源税实现稳定增长，主要是得益于非金属矿和有色金属矿原矿、盐资源税的高幅增长，但有些税目的过高增长很不协调，有些地方资源不多，但税不少。车船税增长 14.5%，与当前机动车销售继续保持稳定增长、全省车购税增长 17.9% 的税源情况相符。总的来看，1—5 月份税种之间、各税种行业间和税目间增减差异较大。

分市看，1—5 月份，枣庄、莱芜、滨州、菏泽 4 市收入分别下降 3.2%、4%、3% 和 4.4%；淄博、济宁、泰安 3 市收入基本持平，分别增长 0.7%、0.6% 和 2.4%；临沂和日照增幅较高，分别增长 20.4% 和 19.9%，各市之间收入增幅差距较大。收入增幅相对较高的市除了自身经济结构的优势外，与收入任务压力较大不无关系，如部分市近几年一直在争取实现的经济总量、财税收入三年倍增目标。

（四）与全国地税税收的走势基本一致。1—5 月份，我省和全国地税税收分别增长 8.6% 和 9.3%，增幅同比分别回落 7.3 和 3.7 个百分点。地税税收各月增幅我省分别为15.5%、14.5%、-0.4%、8.7%和5.5%，全国分别为15%、13.6%、3.1%、7.6%、6.4%，我省地税税收的增长水平及月度收入增幅波动下行的走势与全国基本一致，说明了经济下行和政策减收等共性因素是今年以来税收增幅回落的主要原因。由于采矿业占比相对较高，且采矿业税收下降较大，导致我省相对全国收入增幅同比回落较大、收入增长水平相对偏低。同时由于我省税收收入中与经济发展相关的主体税种比重相对偏低，财产和行为税比重较高，在税收任务压力较大的情况下，一次性收入较多，税收增长的稳定性、协调性和规律性受到影响，造成了1—5月份我省税收增长波动相对较大。

虽然我省税收走势与全国基本一致，但增长和收入的结构性差异比较明显。1—5月份，全国地税营业税、企业所得税和个人所得税分别增长7.4%、6.5%和12.9%，我省营业税、企业所得税和个人所得税分别增长5.8%、3%和7%，我省均低于全国。财产行为税全国增长14%，我省增长12.7%，财产行为税占全部地税税收收入的比重我省为43.2%，全国地税为38.2%，虽然我省增幅低于全国，但财产行为税比重我省仍比全国高出5个百分点。

我省地税税收GDP弹性系数低于全国平均水平。一季度，我省GDP增长8.7%，全国GDP增长7.4%，地税税收GDP弹性系数（税收增幅与GDP增幅的比值）我省为0.69，全国为1.04。具体来看，与经济总量相关度较高的城市维护建设税和印花税增幅我省分别低于全国7.4%和13.7%的平均水平1.1和4.4个百分点，主体税种增幅也均低于全国平均水平。这也在一定程度上反映出我省经济创税能力和对税收增长的拉动能力的差距。

## 二、下一步组织收入工作措施

从6月上旬旬报预计情况看，6月份收入增幅有所上扬，预计为7.3%；上半年全省地税收入预计完成1881亿元，增长8.2%，可比口径增长12.7%，与总局分配的收入计划和年初确定的组织收入工作目标基本一致。但分级次看，上半年中央级收入预计仅增长2.4%，中央级收入（不含青岛）预计下降2.1%，与总局分配的8%的计划增幅相去甚远，中央级收入计划完成难度很大。从全年来看，影响地税收入稳定增长的不确定因素仍然较多，要实现同口径增长12%的全年收入目标，下半年仍需组织收入1629亿元、增长8.5%，压力非常大。为此，我们要切实贯彻落实好中央、省、总局关于经济税收工作的指示精神，继续坚持以组织收入工作为中心，认清形势，明确任务，强化措施，依法征收，努力实现全年组织收入工作目标。

（一）认清形势，明确收入任务。一是要领会好上级决策精神。6月6日，国务院总理李克强主持召开部分省市经济工作座谈会并作重要讲话。李克强总理强调，完成今年经济社会发展主要目标任务，是各级党委政府不可推卸的重大责任。国务院已作出部署，近期将开展全面督查，政策不落实、工作不到位的要问责。今年时间即将过半，要有大局意识和强烈紧迫感，抓紧推进各方面工作，不得拖延。通过共同努力，争取今年经济发展“上半场”表现不俗，“下半场”勇夺佳绩。对于李克强总理的讲话精神，省委、省政府、国家税务总局还要传达落实。最终落实到我局，落实到组织收入工作上，就是要努力完成好各项地税收入任务。随着各级地方党委、政府的共同努力，主要经济指标将如期完成，经济保持平稳增长，必然为税收的平稳增长奠定税源基础。

二是要把握好收入任务要求。年初，总局下达我局的税收计划是税收（不含青岛）增长7.5%、中央级收入增长8%，税收（含青岛）计划增幅约为8%。总局已将收入计划完成情况作为一项重要工作纳入绩效考核指标体系当中。今年全省公共财政预算收入计划是增长11%，年初省局据此提出的全省地税收入目标是同口径增长12%,若不扣除政策因素增长8%左右，与总局的税收计划增幅基本一致。虽然8%的增幅并不高，但从今年以来的收入情况看，要保持目前的增长水平，并完成既定的收入目标，难度不小。另外，省委、省政府今年出台了《关于改进完善17市科学发展综合考核工作的意见》，其中“税收占公共财政收入比重及提高幅度”指标成为分值权重最高的指标之一。当前形势下，如果年初确定的财政收入预算不作调整，财政收入结构上的考核、税收占比的提高必然要增加税务部门的压力，地税部门面临的压力尤其大。关于以上收入计划和有关要求，省局暂不对下进行具体的分配，下半年是否有新的安排，还将根据有关要求和收入情况而定。不过，各市要做到心中有数，要结合税源实际和地方政府的任务安排，定好自己的位置，采取有效措施，共同努力把以上全省各项收入任务完成好。

三是要掌控好经济税源状况。税源是税收的基础，对于税源在哪里、有多少能够做到心中有数，才能真正把握好组织收入工作主动权。今年以来，重点行业税源形势更加复杂多变，采矿业持续下跌，制造业徘徊不前，房地产业风云突变，建筑业异军突起，税源预测和把握的难度明显增大。为此，各级要更加重视税源调查工作，重点调查掌握纳税大户、主要行业的税源情况，测算好全部税源状况，分析好全年收入形势，同时对收入中的非正常因素要做到心中有数。在掌握税源的基础上，要向地方政府领导勤汇报、多沟通，争取理解支持，如有必要和可能，要积极协调、重新调整确定收入目标任务，为全年组织收入工作顺利开展以及收入与经济的协调增长打好基础。收入目标任务一旦确定，就要采取得力措施，强化责任落实，确保圆满完成。

（二）加强征管，挖掘收入潜力。税收征管是税务部门应常抓不懈、常抓常新的一项工作，只有更好，没有终点。从近几年省审计厅对部分市税收征管审计的情况看，管理不到位、不规范、有税不收、违规延缓、违规代开发票、税款私存等问题依然不同程度存在，基础性工作仍需进一步完善。在税源紧张的情况下，加强税收征管是实现挖潜增收、促进收入增长、完成好收入任务的主要措施。当前，收入任务压力大和漏征漏管两种情况并存，我们只有切实把该管的管到位，让地方党委政府承认我们确实努力了，地方党委政府才能充分相信和理解地税工作，才能增强我们在收入任务确定过程中的说服力。具体征管工作中，必须增强针对性，有的放矢，不能大而化之，重点要进一步加强各税种薄弱环节的管理。

一是在营业税管理上，要加强二手房和企事业改制清算重组营业税管理，加强对城镇化建设中的棚户区改造、公租房、廉租房等保障性住房，农村集体土地的流转、土地储备转让，地方政府、企事业单位转让土地使用权和对外出租、转让土地房产等营业税税源监控。要加强“营改增”纳税人跨期业务收入的营业税征收管理，加强对房地产、建筑业和金融保险业等尚未纳入“营改增”试点行业税款缴纳情况的检查。要加大差额征税管理办法落实力度，规范扣除凭证管理和差额征税的申报管理。要及时跟进营业税代扣代缴义务人规定取消后相关税收的管理。

二是在企业所得税管理上，要开展税种认定清理核查工作，加强对新增税源的税种认定，将该管的户全部管起来。要切实解决汇算清缴数据分析中发现的零申报和未进行汇缴调整户数较多、核定征收面过高、税收优惠落实力度不均衡等突出问题，努力提高汇缴质量和汇缴补税额。要抓住房地产业、建筑业、金融业等行业快速发展的有利时机，强化对这些行业的税收监管，将经济增长点转化为税收增长点。

三是在个人所得税管理上，要积极组织开展住房公积金涉及个人所得税专项核查工作，根据住房公积金管理部门提供的公积金缴存信息，重点对金融、保险、电力、烟草等高收入行业组织开展住房公积金涉及个人所得税专项核查工作。要对2013年度全省两处以上所得个人所得税纳税情况全面进行核查，对应补税款1000元以上的个人予以追缴。要对高收入群体组织一次拉网式检查，在增加收入的同时，也提高高收入群体自行申报的真实性和自觉性。

四是在财产行为税管理上，要积极推进国地税合作办税，强化“营改增”后零散税源管理的措施，加强对代开发票征收地方税费的管理，积极扩大个人、临商代开增值税发票环节的城市维护建设税及附加委托国税代征或联合办税工作的实现范围。要继续深化矿产品远程监控系统的推广和应用。要进一步密切部门协作，做好车船税缴税情况的查验。

五是在土地房产税管理上，要进一步加强部门协作，巩固强化先税后证、以地控税等工作，加强土地价值计入房产原值计征房产税工作，推进存量房评估工作，严格以项目为单位开展土地增值税预征和清算。要完善以电子地图为依托的图形化的宗地信息数据库，加强对纳税人土地申报信息的比对预警，对漏征漏管宗地及时补充到税源数据库中，深化宗地管理的增值应用。

（三）依法征收，保障收入质量。从近几年的审计情况看，个别地方仍然存在虚收空转税款、提前征收税款、转引税款、税收优惠政策执行不到位、私设小金库等问题，影响了正常的组织收入工作秩序，影响了地税部门的形象，必须下大力气、采取得力措施加以解决。

一方面，要坚持组织收入原则，积极主动化解收入质量风险。首先，要严格坚持组织收入工作基本原则，依法征收，这是税收工作的生命线，也是税务部门组织收入工作的底线，无论什么时候都不可逾越。其次，如果还有征管的潜力或者可以弥补的税源，就要千方百计强化管理、堵漏增收、弥补缺口。最后，在确实没有税源可以弥补的情况下，要顺势而为，抓住当前经济放缓、政策减收的难得机遇，该下的下，该减的减，不要让有些问题滚雪球一样越滚越大，目前有些市已经这样做了，相应的收入质量风险更小了，心里也更踏实了。

另一方面，要加强清理检查，切实落实好税收优惠政策。李克强总理指出，调结构，“主引擎”在市场，各级政府要发挥引导作用和当好“助推手”。要有扶有控，选准调结构的切入点和突破口，集中力量，更多支持新兴产业中成长型、创新型“领头羊”和充满活力的民营经济、小微企业，下决心淘汰落后产能。作为地税部门支持经济发展就是要落实好小微企业、高新技术企业等税收优惠政策，帮助企业减负，助力企业发展。下一步，国务院要组织检查组对各项改革和政策的执行情况开展检查，各市对此务必要高度重视，认真开展自查，切实将税收优惠政策落实到位，扶持、推动经济发展，切实发挥税收对经济发展的调节作用。

（四）夯实基础，强化收入分析。收入分析是组织收入工作掌握情况、明晰原因、把握规律的必要措施，是税收管理工作发现问题、明确方向、规范完善的有效手段，是税务部门反映工作、服务经济、促进发展的重要方式。2013年以来，省局对收入分析工作高度重视，洪军同志多次强调要强化收入分析工作，多从税收看经济，发挥好税收服务职能，服务经济发展决策，提升工作站位。省局自去年9月份以来，建立了按季召开省局有关处室参加的收入分析会的分析机制，促进了收入分析工作的开展。各市局也按照省局的有关要求，积极开展收入分析工作。但总的来看，当前收入分析工作开展还不平衡，在通过收入分析探索研究税收工作、争取良好的税收工作环境方面做得还不到位。

下一步推进税收分析工作关键还是要夯实基础。一方面，做好税收分析工作不是没有人才，而是没有良好的工作机制基础；税收分析工作开展也不是要单纯依靠收入规划核算部门，而是要整合有关业务处室的力量，打造分析团队，实行团队公关。另一方面，税收分析工作首先应该从基层税收管理人员做起，基层的每一名税收管理人员要能够对所辖纳税人的生产经营情况、财务情况、纳税情况了如指掌，要能够把纳税人的经济税收变化原因说清楚、分析透。也只有这样，层层上报的收入分析才能够客观真实反映全省的经济税收变化情况，才能打牢收入分析工作的基础。为此，各级要进一步研究和夯实分析的机制、手段和方法，充分运用基于数理统计理论建立的、经过实践检验可行的数学分析模型工具，上下一起努力，横向积极配合，共同推进全省收入分析工作向更高水平、更高层次推进。

同志们，今年的组织收入工作是近几年来面临压力较大的一年，也是受到关注程度较高的一年。各级地税部门要切实提高认识，不断强化措施，把握收入形势，增强驾驭能力，确保全省地税收入上半年平稳增长、下半年继续平稳增长，完成好全年各项收入任务。

# 在全省地税系统党风廉政建设工作会议上的讲话

王莉莉

（2014 年 3 月 4 日）

同志们：

下面，我代表省局党组作工作报告。认真回顾总结 2013 年全省地税系统党风廉政建设和反腐败工作，对 2014 年工作任务作出部署。省局局长、党组书记张洪军同志还将作重要讲话，对系统党风廉政建设和反腐败工作提出新要求，我们要认真学习领会，坚决贯彻落实。

## 一、2013 年全省地税系统党风廉政建设和反腐败工作回顾

过去的一年，省局党组认真贯彻中央、省委和总局的决策部署，高度重视党风廉政建设和反腐败工作，以旗帜鲜明的态度，围绕中心任务，聚焦作风建设，严格管理，严明纪律，强化监督检查，严肃查处违法违纪行为，营造清风正气，党风廉政建设和反腐败工作取得新成效，为地税事业健康发展提供了坚强的政治和纪律保障。

（一）强化责任落实和执纪监督，确保政令畅通。根据领导班子变化和任务要求，省局适时调整落实党风廉政建设工作领导小组，建立健全党风廉政建设责任制落实领导体制和工作机制。制定出台《关于加强省局领导班子自身建设的意见》，从省局领导班子做起，严明纪律、廉洁自律，发挥示范表率作用。各级党组（党委）主要负责人坚持负总责、亲自抓，领导班子其他成员认真履行“一岗双责”，部门协调配合、齐抓共管。2013 年，各级党组（党委）专题研究反腐倡廉工作 614 次，落实惩防体系建设任务 430 项，主要负责

人亲自部署重要工作任务660次，班子成员参与分管业务中的反腐倡廉工作1546次，职能部门牵头完成党风廉政建设和反腐败任务602项，县局以上主要负责人、纪检组长同下级主要负责人谈话933人次，领导干部任前廉政谈话556人次，领导干部述职述廉3138人次。

各级以发挥税收政策导向、杠杆调节、促进社会和谐稳定作用，遏制收“过头税”、空转虚增等重要事项和重大问题为重点，加强对税收职能转变、深化行政审批制度改革、税收收入质量、各项税收政策落实情况的监督检查，采取“统一部署、分级实施、省局抽查”、自查、互查、专项检查、督察约谈等形式，加大税收执法检查（监察）工作力度，及时化解和防控风险，确保重大部署推进、各项改革顺利实施、政策落实到位。省局领导班子成员先后三次分组带队深入基层实地督导检查，以上带下。各级自觉贯彻中央和省委的决策部署，严明纪律，令行禁止，保证了政令畅通。

（二）落实中央八项规定，切实转变作风。省局党组坚决贯彻落实中央八项规定和省委实施办法，制定具体意见，组织7个组对各市局及部分县（市、区）局贯彻落实八项规定情况进行督导检查，确保责任落实、工作到位。一年中，各级严格执行有关规定，加大查处“四风”和“庸懒散”问题工作力度，严肃查处并通报违反八项规定、“庸懒散”问题47起，对34人实施责任追究，其中党纪政纪处分3人，组织处理23人，诫勉谈话34人。

各级结合本系统本部门实际，制定制度措施，规范内部管理。修订和完善了公务接待、财务管理、车辆管理、会议调研等行政管理制度，坚决遏制公款吃喝、公款购买赠送节礼、土特产品、有价证券和贺卡等问题。省局机关和济南、青岛市局将贯彻落实中央八项规定和省委实施办法作为开展群众路线教育实践活动一项重要内容，聚焦“四风”，查摆问题，彻底整改，成效显著，赢得省委督导组的好评和系统上下的普遍认可。2013年，全系统全部停止新建楼堂馆所和办公楼房改造装修，腾出超标准办公用房75293.68平方米，清理违规使用公车94辆；省局机关公务接待费比上年减少29.69%，“三公”经费支出数额减少8.2%。

各级认真组织开展落实厉行节约、反对铺张浪费专项行动督导检查、“庸懒散”专项治理、会员卡专项清退，抓住中秋、国庆和元旦、春节等重要的时间节点，利用随机检查、明察暗访、信访受理等及时发现、防止和查处违规违纪行为。22692名地税干部职工在规定时间作出会员卡“零持有”报告。认真落实特邀监察员、税企联系制度，通过向纳税人述职述廉、廉情回访等活动，积极回应干部群众关心关注的热点难点问题。一年中，省局通过“阳光政务热线”“齐鲁民声”网，对受理的14个问题在第一时间内给予答复和解决，受到当事人的好评。

（三）加大惩处力度，严格执纪办案。各级高度重视信访和查办案件工作，坚持有错必改、有责必究、有腐必惩。不断完善信访举报、电话举报、网络举报受理机制，对群众举报情况和问题线索认真排查，加大自查、直查和督办工作力度。2013年，各级纪检监察部门共受理信访举报210件次，诫勉谈话61人次，函询7人次，立案6起，结案6起，给予党纪政纪处分14人，执纪监督作用得到较好发挥。坚持抓早抓小，防止小问题变成大问题，对干部苗头性问题教育提醒350人次。

（四）强化内控机制建设，有效防控廉政风险。省局党组始终把推行内控机制建设作为一项全局性工作去谋划部署和推进，先后出台了一系列措施和办法，并在全系统推广应用廉政和执法风险防控平台。实践证明，这是党风廉政建设的重要载体，也是防范廉政风险的重要抓手，又是具有山东地税特色的科学有效风险防控体系。一年中，各级共检索预警信息80358条，其中立项复核18258条，及时发现和处置重大风险信息1562条，累计查补入库税款15211.25万元；提出整改意见1795条，监察建议812个，责令限期整改问题545项；警示谈话132人次，通报批评8人次，责任追究259人次。全系统税收执法过错行为同比下降76.42%，违反执法程序、执法随意性问题得到有效防范。根据平台运行的实践，着眼于实用管用好用，做到与金税三期工程深度融合，省局成立了平台优化升级项目组，组织了三次调研，到外省市学习先进经验，进一步完善平台建设。4月份，在新一届省政府第一次廉政工作会议上，张洪军局长就廉政和执法风险防控工作作典型发言。省纪委近期将在我局召开廉政风险防控工作现场会。各级大胆探索，勇于实践，青岛地税创建的智慧地税防控平台，以鲜明的特色得到了省纪委领导和国家税务总局领导的充分肯定。

（五）加强反腐倡廉教育，营造清风正气。坚持用新思维新举措谋划反腐倡廉教育，积极推进廉政文化建设。组织开展群众路线、纪律作风、岗位勤廉学习教育活动，省局倡导的“习惯在监督的环境下工作、习惯在法制的轨道上用权”“两个习惯”正在养成，广大党员干部的纪律意识、风险意识、廉洁自律意识不断增强。各级党组（党委）理论中心组开展廉洁从政专题学习349次，部署廉洁从政教育活动863次，系统52名正县（处）级党员领导干部参加了全省德廉知识学习和测试，均以高分通过。全系统集中组织开展了以学习贯彻《税收违法违纪行为处分规定》为重点的纪律学习教育活动，承担试点任务的聊城市茌平县地税局提供了经验和做法，省局以现场会的形式加以推广。教育活动中，各级组织专题讲座、培训班179场次，受教育人员21630人次；组织考试116场次，参加考试人员13300人次；组织到监狱、看守所、检察院教育基地接受教育74次、累计23000人次；邀请各级领导和专家结合案例警示教育61场次，组织演讲、知识竞赛、征文比赛等活动168场次。网上廉政文化教育基地已覆盖到省、市、县局三级，形成了独具山东地税特色的廉政文化有效载体。以“清廉地税”为内容的书法、美术、摄影作品征集活动，得到各级积极响应，征集作品500余件。各级积极组织开展廉政文化示范点创建活动，省局机关和19个市、县（市、区）

局被省纪委评为廉政文化创建示范点。

（六）重视纪检监察职能发挥，加强队伍建设。各级党组（党委）高度重视纪检监察队伍建设，积极发挥职能作用。单位主要领导定期听取纪检监察工作汇报，亲自部署党风廉政建设重要工作，亲自阅批重要信件，亲自指导查处违纪违法案件，帮助解决实际问题。一批能力强、作风正、能干事的优秀干部走上各级纪检监察岗位。加大纪检监察干部培训力度，省局组织 30 人参加了中纪委的高端培训，626 人参加了省、市纪委培训班。各级纪检监察部门不辜负党组的期望，严格要求，忠实履职，带头执行和落实各项规定，较好地发挥了执纪监督作用，赢得了各级党组织的信任和广大干部的支持。

一年来，省局党组以坚定的决心和鲜明的态度，认真贯彻落实中央和省委的决策部署，对党风廉政建设和反腐败工作实施了有力的领导，各级税务机关求真务实，大胆创新，各项工作取得新进展，提供了重要启示：一是只有坚持从严治队，善待严管，发挥纪律保障作用，才能打造政治坚定、清正廉洁的干部队伍；二是只有牢牢地抓住作风建设这个根本，坚决纠正“四风”，才能营造为民务实清廉的行业新风；三是只有紧紧地抓住领导干部这个重点，强化权力运行的制约和监督，才能保证权力正确行使；四是只有不断加大案件查办力度，以零容忍态度惩治腐败，才能形成震慑，堵塞漏洞，发挥治本作用；五是只有坚持文化引领，依托信息化建设成果，多措施治，才能有效防控风险，不断提升反腐倡廉工作科学化水平；六是只有强化责任，严肃问责，才能真正形成齐抓共管、反腐倡廉工作格局。

在肯定工作成绩的同时，我们也要清醒地看到，系统内部仍然存在一些不容忽视的问题：有的领导班子和个别领导干部党风廉政建设工作主体意识不强，不敢管、不善管，责任落实不到位；个别单位和少数干部纠正“四风”不够坚决，顶风违纪问题时有发生；个别人滥用职权，为税不廉，失职渎职，随意执法，不正确履行职责，严重违纪违法；个别纪检监察部门定位不清，工作虚化，执纪监督问责缺乏力度，其职能作用未能充分发挥。对这些问题，我们要高度重视，认真研究解决。

## 二、2014 年党风廉政建设和反腐败工作主要任务

中央纪委三次全会指出，滋生腐败的土壤依然存在，反腐败形势依然严峻复杂。各级要把思想和行动统一到中央、省委对形势的判断和任务部署上来，更加自觉地承担党风廉政建设和反腐败斗争责任，不断推进党风廉政建设和反腐败工作深入开展，以明显成效取信于民。

2014 年系统党风廉政建设和反腐败工作总体要求是：深入贯彻落实党的十八大和十八届三中全会、十八届中央纪委三次全会、省纪委十届四次全会、省政府和全国税务系统党风廉政建设工作会议以及全省地税系统工作会议精神，严格标准抓纪律，持之以恒抓作风，齐心协力抓监督，加大力度抓惩处，多措并举抓预防，提升能力抓队伍，坚定不移地把全省地税系统

党风廉政建设和反腐败工作推向深入。

（一）严格标准抓纪律。实践证明，纪律松懈、作风散漫，事业一事无成。我们必须充分认识严格纪律的重要性，坚持用铁的纪律执行国家税收法律法规，用严格的纪律带好队伍，推进地税事业持续健康发展。

在严明政治纪律方面：重点解决贯彻执行上级决策部署打折扣、做选择、搞变通，有令不行、有禁不止等问题。对“上有政策、下有对策”，擅自发表与党中央、省委、总局党组、省局党组决定相违背的言论，在网络等媒介传播、散布谣言和不当言论等问题，要发现一起查处一起，确保系统维护政治纪律的严肃性和权威性，确保各项重大决策部署贯彻执行到位。在严明组织纪律方面：重点解决纪律松弛、自由主义、好人主义等问题。严格落实请示报告制度，绝不允许事前不请示，事后不报告，搞先斩后奏，边斩边奏。各级党组（党委）要把严格执行组织纪律的情况纳入对干部考核评价体系。在严明工作纪律方面：重点解决不履行职责，推诿扯皮，不作为、乱作为等问题。坚持依法依规办理行政审批和其他管理服务事项，及时解决群众的合理诉求，杜绝违反规定乱检查、乱收费、乱罚款。严格遵守工作纪律，严禁上班时间炒股、玩游戏、看网络视频、浏览购物网站、无故脱岗、迟到早退。在严明财经纪律方面：重点解决权钱交易、损公肥私、挥霍浪费国家资财等隐性腐败问题。严格落实国务院“约法三章”、总局“三个禁止”和省局一系列规定办法。严格管理“三公”经费，一切经费支出必须符合规定，审核把关，确保不出问题。严禁地税干部与税务师事务所发生经济利益联系，在税务师事务所投资入股、兼职取酬。对办公用房、公务用车、基本建设、“小金库”等开展专项治理。

落实纪律要求根本在于严格执纪问责，让纪律这条“高压线”带上电，人人敬畏，不能碰、不敢碰。各级要彻底改变执行纪律失之于软、失之于宽的问题。发现一般性违纪苗头，要批评教育、促其改正；对较严重的问题，要立案查处、严肃追责、给予党纪政纪处分，涉嫌违法犯罪的要移交司法部门处理。

（二）持之以恒抓作风。加强作风建设是端正党风、遏制腐败的根本。中央八规规定和省委实施办法是对每个党员干部的政治要求，必须坚决贯彻落实。从最近各级明察暗访和各方反馈的信息看，个别单位和少数人仍然心存侥幸，等待观望，还在搞变通规避约束，甚至顶风违纪。各级必须警觉起来，把贯彻落实八项规定和“约法三章”作为铁的政治纪律，持之以恒，一抓到底。

要认真落实中央八项规定和省委实施办法、省局“十条意见”，对申报和说明的事项，由本人、主要负责人和纪检组长“签字背书”；对发现的问题“零容忍”，不仅要严处当事人，通报全系统，情节严重的，还要追究领导责任。要将组织开展“三清三审三察”和明察暗访活动常态化、制度化，巩固和扩大作风建设成果。在第二批党的群众路线教育实践活动中，要着力解决基层领导干部“四风”方面存在的突出问题。坚决纠正领导干部利用婚丧喜庆、乔迁履新、就医出国等名义，收受下属以及有利害关系的单位和个人的礼金行为；严禁到风景名胜区开会，严禁党员领导干部出入私人会所；严禁用公款互相宴请、赠送节礼、违规消费；严禁滥发津贴、补贴、奖金和纪念品；严禁公车私用，不得使用公车从事任何非公务活动。

要继续深化“庸懒散”专项治理，整治“门难进、脸难看、事难办”，坚决纠正刁难纳税人，敷衍塞责、拖延扯皮、“吃拿卡要”行为，严禁收受、索取或变相索取纳税人和基层的礼品、礼金、会员卡等财物，严禁向纳税人和基层报销应由个人负担的费用。进一步畅通纳税人诉求表达和民主监督渠道，组织好“阳光政务热线”上线工作，充分利用好“齐鲁民声”网这一载体，及时受理、有效处理投诉和举报问题，不断提高纳税人满意度。积极参加各级组织的政风行风评议活动，巩固历年评议成果，力争进入当地行政执法部门前列。

（三）齐心协力抓监督。各级党组（党委）和纪检监察部门要在强化监督上狠下功夫，健全和完善相关制度，牢固树立监督是本职、不监督是失职、监督不到位是不尽职的观念，聚焦问题，强化措施，把监督工作抓细抓实，切实抓出成效。

要认真落实《党内监督条例》《廉政准则》《税务系统领导班子和领导干部监督管理办法》及其实施细则，进一步完善符合地税实际的领导体制和工作机制，创新组织制度和方式方法，发挥监督检查在党风廉政方面的震慑力。立项督察和专项检查党组（党委）履行主体责任、领导班子成员履行“一岗双责”情况。强化日常监督，对疏于监督管理、致使领导班子成员或者直接管辖的下属发生严重违纪违法问题的，要追究失职渎职责任。建立廉政诫勉谈话制度，对出现问题和风险较多的单位、存在问题的干部进行廉政诫勉谈话，早提醒、早纠正。坚持上级主要领导和纪检组长与下级单位主要负责人和领导班子成员廉政谈话制度。加强对民主集中制、民主生活会、廉洁自律、述职述廉、诫勉谈话和函询等制度执行情况的监督检查，对干部选拔任用、“三公”经费支出、基本建设、政府采购等实行全过程监督。要加强领导干部经济责任审计，坚持先审后离。要认真执行领导干部报告个人有关事项制度，积极配合各级开展的抽查核实工作。

要严格落实涉税审批、检查、处罚等法定权限和程序，推行权力清单制度，依法公开权力运行流程，保证权力正确行使。进一步规范执法督察和内部审计工作，使督察和审计作用发挥最大化。各级职能部门要认真履行监管职责，加强对下对口部门的业务监管。坚持严格监管与严肃问责并重，实现事前防范与事后追究并行，注重提升监督检查的实效性和震慑力。纪检监察部门要发挥再监督作用，强化对相关职能部门履行监管职责情况的监督，有针对性地开展廉政监察、执法监察和效能监察，既要严肃查处权力运行中的违规违纪行为，又要倒查追究日常监管中的失职渎职问题。

（四）加大力度抓惩处。各级要坚决落实上级要求，自觉坚持有错必纠、有案必查、有腐必惩，对违纪违法行为零容忍，坚决惩处，绝不姑息。严肃查办发生在领导机关和领导干部中贪污贿赂、买官卖官、权钱交易、腐化堕落、失职渎职案件，严肃查办发生在税收执法和行政管理重点领域、关键环节和侵害纳税人利益的腐败案件。建立健全案件线索集中统一管理和处理情况定期上报制度。凡是接到反映上级管理干部的群众来信，要在第一时间内向上一级纪检监察部门汇报，按照上级要求进行处理。凡是发现重要案件线索，在向同级党组（党委）报告的同时，要向上一级纪检监察部门报告。

要注意从舆情、督察内审、稽查、专项检查、外部审计、财政监督中发现案件线索，拓宽案件线索来源渠道，对反映的倾向性苗头性问题，及时采取约谈、函询等方式向本人和组织核实，关口前移，防止小错酿成大祸。凡是有具体线索的要认真核实，对反映失实的要及时澄清，对诬告陷害的要追究责任。对典型违纪违法案件要及时剖析通报，注重结果运用，发挥警示教育作用。加大办案人员专业培训和实践锻炼力度，提高自办案件能力和水平。鼓励各级主动办案，加大自查直查工作力度，把办案的起数、实施党纪政纪处分作为对各单位执纪考核的重要内容。

（五）多措并举抓预防。注重预防是党风廉政建设和反腐败斗争的一项基础性工作。各级要认真落实中央惩治和预防腐败体系建设2013—2017年工作规划和省纪委、总局实施办法，按照总体部署和要求，创新反腐败体制机制，建立健全惩治和预防腐败各项制度规定，从易出现问题的薄弱环节入手，清理、修订和完善党风廉政建设相关规定办法，构建起符合山东地税工作特色的体制机制和惩防体系。

第一，扎实开展反腐倡廉教育。进一步深化理想信念、宗旨教育、社会主义核心价值观教育，加强党纪国法、廉政法规、从税道德教育。结合地税工作实际，在全系统部署开展岗位廉政教育，省局将下发教育意见，通过分岗、分层、分类施教，突出差异化、个性化、长效化教育内容和实践，增强广大地税干部廉洁意识、法纪意识、依法履职能力。实现廉政教育常态化，系统举办的各类干部培训班要开设廉洁从税教学单元，在各类专题培训班安排廉洁从税教育内容。要继续发挥廉政教育基地和网上廉政文化教育基地的作用，提高利用率和接受教育的覆盖面。各级要积极探索创新廉政教育形式，提高教育针对性和实效性。

第二，深入推进廉政文化建设。在现有基础上，巩固和扩大廉政文化建设成果，继续推进廉政文化进机关、进办税场所、进家庭、进网络“四进”达标和示范点创建活动，进一步发挥廉政文化建设在促进税收各项工作和队伍建设中的作用，让廉政理念深入人心，塑造地税人员秉公执法、廉洁从税的优良品格。

第三，积极发挥廉政风险防控平台在科技防腐中的作用。进一步完善平台功能，优化流程，增强实用性，搞好与金税三期工程各类管理信息系统有效衔接，与日常管理、执法监督、绩效考核等工作协调运行，加大对重点部位、重点环节、重点人群的风险防控，实现对执法风险和廉政风险同步预防。年内省局将完成对平台的优化升级，各级要组织好推广应用，充分发挥作用。

（六）提升能力抓队伍。各级党组（党委）要高度重视和支持纪检监察工作，加强纪检监察干部队伍建设，健全纪检监察机构，配齐、配强纪检监察力量，加大对纪检监察干部的培养、交流、选拔、使用力度，优先选拔使用敢于坚持原则、踏实工作、公道正派、有所作为的复合型纪检监察干部。加强对新提拔纪检组长、监察室主任和基层纪检监察干部的培训，提高履职能力。

各级纪检监察部门要进一步转职能、转方式、转作风，突出主业，履好职、执好纪、问好责。按照中央、省委、总局、省纪委、省局党组的要求，搞好组织协调，把各项反腐倡廉工作落实到位。加强业务培训和实践锻炼，不断提高监督检查能力、纪律审查能力和组织协调能力，既要熟悉运用纪检监察业务，掌握工作程序和工作方法，又要做好与税收业务、征管服务、信息管税等项工作的紧密融合。广大纪检监察干部要进一步增强责任意识和担当精神，在作风上既要雷厉风行、提高效率，又要严谨、细致，做到情况明、数字准、责任清、作风正、工作实，避免出现工作纰漏。要带头落实中央八项规定精神和省委实施办法，严格执行廉洁自律各项规定，自觉接受组织和群众监督。

同志们，加强党风廉政建设和反腐败工作责任重大，使命光荣，任务艰巨。面对新形势新要求，我们要在省局党组的坚强领导下，坚定信心、扎实工作，深入推进地税系统党风廉政建设和反腐败斗争，为服务保障地税事业科学发展做出新贡献。

# 在山东地税“系统党建工作指导法”理论研讨暨现场观摩会上的讲话

王莉莉

（2014 年 9 月 11 日）

同志们：

我们这次“系统党建工作指导法”理论研讨现场观摩会，主要任务是：以习近平总书记重要讲话精神为指导，按照中央、省委和省直机关工委、省局党组关于加强行业系统党建工作的部署要求，进一步总结、完善、提升山东地税“系统党建工作指导法”。这既是一次系统理论研讨会，也是一次工作经验交流会。一天半的时间，我们实地观摩了岚山区地税局基层党建工作现场和日照市局“网上党支部”演示，10个市局和7个县（市、区）局进行了交流发言。应该说，这些观摩和交流。既有对过去几年工作的总结，也有理论层面的研讨；既有收获体会，又有未来的打算，特色鲜明，效果明显。特别是日照市地税局“网上党支部”的演示，体现了日照市地税局党建工作创新发展的成果。我觉得“网上党支部”比较好地解决了三个问题：第一，解决了党建工作的虚化问题。党建工作在基层、在系统到底应该做什么，通过这个“网”，把党建工作量化、细化、标准化，由虚变实；第二，解决了党建工作不落实的问题。日照市局把基层党建工作细分为8个模块，基层落实什么，是否落实，都能在网上一目了然，这是抓工作落实一个很好的抓手；第三，党建工作依托信息化，拓展了党建工作领域，增加了党建工作的科技含量，实现了党建工作从内容、形式和程序的规范化，提升了科学化水平。这些好的探索体现了日照市局党组对党建工作的重视，体现了日照市局机关党委不懈的探索和追求。长期以来，省委省直机关工委的领导对山东地税的党建工作给予了大力关心、支持和帮助。这次会议，省直机关工委赵森副书记、机关工委研究室寇任农主任、日照市直机关工委王泽光书记亲临会议，给予精心的指导，赵森书记刚才作了重要讲话，对我们系统党建工作给予肯定，对下一步工作提出了希望和要求。这既是鼓舞，也是鞭策，我们要认真贯彻落实。

当前，全面贯彻落实习近平总书记系列重要讲话精神，第二批党的群众路线教育实践活动正在深入地进行，“党要管党，从严治党”、加强作风建设提到了新的高度。新的形势和任务使系统党建工作面临新的机遇和挑战，进一步提高全省地税系统党建工作的科学化水平已成为十分重要而紧迫的任务。下面，我对山东地税“系统党建工作指导法”的形成和发展做一个简要的梳理，并结合实际，对下一步的工作谈几点意见。

## 一、“系统党建工作指导法”的形成和发展

地税系统实行省以下垂直管理体制，党的组织关系归属地方各级党委领导，党员占干部总数的85%以上。2009年年底，省局党组全面分析系统党建的现状，针对部分基层党组织管理不到位、党务工作组织机构不健全、经费保障不足、党员活动不经常、党组织和党员“两个作用”发挥不够的问题，决定充分发挥系统垂直管理优势，认真履行党建指导职责，对系统党建工作进行发展和创新。几年来，全系统各级党组织和专兼职党务干部，按照上级党组织的部署和要求，对系统党建工作进行了不懈的探索，逐步形成了“两创一建两加强”的“系统党建工作指导法”。

一是创新了系统党建工作组织体系。省局党组按照中央、省委和省直工委关于加强党建工作的要求，根据《中国共产党党和国家机关基层组织工作条例》，

成立了党组党建工作指导组，由党组书记任组长，分管局领导任副组长，局机关有关处室负责人为成员，党建工作指导组办公室设在机关党委。市、县（市、区）地税局党组相应成立由局主要负责同志任组长的党建工作指导组，办公室设在市、县局机关党委（或总支）。各级机关党委（或总支）在抓好本级机关党建的同时，承担党组党建指导组对系统党建工作的日常指导，落实党组对系统党建工作的部署和要求。党组对系统党建工作的指导从组织机构上落到了实处。

二是创新系统党建工作指导方法。制定办法，使系统党建指导有章可循。省局党组立足系统党建工作实际，以中央、省委以及省直工委关于加强党建工作的要求和《中国共产党党和国家机关基层组织工作条例》为指导，先后于2010年、2012年年初，研究制定了《关于加强和改进全省地税党建工作指导的意见》《关于进一步提高全省地税系统党建工作科学化水平的指导意见》，明确规定系统党建工作的任务、方式和方法，对系统党建工作提出新的目标要求。系统各级地税基层党组织自觉在地方党组织的领导下开展工作，认真做好“规定动作”。同时，又立足地税工作和队伍建设特点，对地税基层党组织实施指导，开展富有地税特点的“自选动作”。当地党组织的领导与地税党建工作指导组的指导实现了有机结合，有力地促进了地税系统党建工作整体水平的提升。2011年以来，全系统相继开展了“弘扬沂蒙精神、做好地税工作”的党性教育活动、优秀党员先进事迹巡回报告等富有地税特点的党建活动，借助临沂党性教育基地，先后举办党性教育培训班10期。全省地税绝大部分单位的基层党建工作得到地方党组织的充分肯定，被树立为标杆和榜样。

三是建立系统党建工作指导制度。党建工作指导的制度建设带有根本性。省局党组在系统党建工作中建立了三项制度。一是建立了系统党建分片协作交流制度。17个市地税局分成三个党建工作协作交流片组，各片组成员单位每年轮流主办、定期召开会议，市地税局分管领导、机关党委专职副书记、部分县地税局党务干部参加，交流党建经验，现场观摩党建工作成果，实现经验共享。这些片会，我几乎都参加过，并进行了现场点评，使点上的经验迅速推广为面上的做法。近年来分别在12个市地税局召开党建协作交流片组会议12次，400多名党务干部参加了现场的交流和观摩，大力推介了宁津县地税局“党建引领队建，先锋带动全局”等十余项先进党建工作的做法，充分发挥典型示范作用。每一次片会，每一次交流，都对成员单位党建工作水平带来一次新的提升。二是建立党组成员党建工作联系点制度。省、市地税局班子成员结合各自分工，在基层建立党建工作联系点，及时了解基层党建工作情况，总结经验，发现问题，帮助解决。三是建立经常性的创先争优制度。省局党组每两年评选一次全系统党建工作先进集体和先进个人。2011年、2013年省局党组从全系统评选出46个市、县（市、区）地税局党组和52名党务干部为全系统党建工作先进集体和先进个人，进行了隆重表彰。2012年，在全系统组织开展了“十佳党员先锋岗”“十佳党员示范窗口”和“十佳党务工作者”的推荐和评选活动。2013年，在全系统开展了优秀党建品牌推荐和评选活动。省局党组分别于“七一”前夕予以通报表彰，树立了标杆和榜样。

四是加强了系统党建工作的保障。对系统党建指导的各项保障作出了专门的规定，狠抓落实。人员保障方面，增加专职党务干部，省、市、县三级地税局机关党委配备专职副书记，党务干部分别配到5、3、2人；经费保障方面，各级地税局将党建工作经费列入了年度经费预算，为党务部门开展工作提供了必要的条件；工作条件保障方面，自2010年开始，建立和完善党建工作室、党员谈心室、党员活动室等400多个，做到了有房子、有牌子、有制度、有阵地、有资料；干部培训上保障，结合大规模干部教育培训，把党员干部特别是党务干部培训作为重点，通过设立“山东地税大讲堂”，组织党员干部到井冈山干部学院、清华大学等高等院校进行专题培训等措施，不断提高广大党员干部的思想政治业务素质。2012年8月，组织1500名基层党组织书记采取视频会议的形式集中进行培训，2013年4月举办了全系统处级干部党的十八大精神培训班，2014年6月举办了全系统处级干部学习习近平总书记重要讲话和十八届三中全会精神培训班。从2011年开始，每年年初对党务干部集中进行为期一周的脱产培训，邀请高层次的专家教授进行辅导，得到了学员的一致认同。

五是加强了系统党建典型经验的推介工作。运用多种形式和手段，在着力发现培养系统党建工作典型、总结党建工作经验做法的同时，大力推广先进典型经验做法，用先进典型经验引领带动全系统党建工作不断上台阶、提水平。一是从2011年开始，利用每年一次的全系统党务干部培训班，先后安排党建工作成绩突出的11名县（市、区）地税局的“一把手”介绍经验；二是利用每年三次的党建工作协作片会，先后组织观摩了20个先进单位的党建工作现场；三是利用系统党建网页，先后批转了系统党建工作经验62份。青岛市地税局的党建品牌建设、淄博市地税局的廉政教育基地建设等做法，已在全系统得到普遍推广。

我省地税的系统党建工作逐步得到中央、省委有关部门的关注，中组部副部长王秦丰、中组部二局副巡视员杨保平对我省地税的系统党建工作给予高度评价；省委省直机关工委更是给予了大力关心支持和帮助，2012年年底、2013年年底，省委省直机关工委分别在济宁、德州地税局召开行业系统党建工作现场会，推广山东地税系统党建工作的经验做法。卢得志书记从五个方面亲自总结提炼了“山东地税系统党建工作指导法”。这都是对我们党建工作的充分肯定。

## 二、系统党建工作带给我们的体会和收获

系统党建工作发挥了服务和保障作

用，实现了系统党建工作与税收业务工作的两促进、双丰收，系统党建工作在不断地进步和发展的实践中带给我们许多体会和收获。

一是领导重视是系统党建工作提升的关键所在。长期以来，基层党建工作是一个老大难问题。大家普遍感到，能不能破解这一难题，各级党组书记是否关心支持党建工作，是否履行第一责任、亲自部署、亲自参与对系统党建工作的发展至关重要。在实践中，各级地税局党组书记充分发挥总揽全局、协调各方的作用。在坚持民主集中制的基础上，把党的建设牢牢抓在手上，在党的思想、作风、制度建设等方面采取措施、开展工作，为党建工作搭建平台、提供保障、创造环境，切实推动了全系统党建工作的深化发展。

二是党建工作的创新和发展契合了地税工作的实际。系统党建工作既是一个永恒的主题，又是一项常抓常新的工作。全省地税系统党建工作在管理体制上，较好地处理了条与块的关系。各级地税自觉接受系统党建工作指导组指导的基础上，又主动向当地党委汇报党建工作，积极接受当地党组织的领导，积极参加地方党组织各种党性教育、争先创优、文化建设、“三型”党组织建设主题实践活动，在活动中，赢得了荣誉和信任，很多基层党组织以积极的作为赢得了党建工作排头兵的地位。此外，系统党建也较好地把握了全省地税的经络和脉搏。党组经过深入调研，深刻分析了地税系统党建工作存在的问题和产生问题的深层次原因，创新思维，形成了“属地管理、系统指导，抓机关、带系统”的与地方党组织齐抓共管的工作机制，从组织体制、工作指导、监督考核等各个方面进行了循序渐进的规范。

三是逐步形成和完善了“系统党建工作指导法”。在2012年11月省直机关工委组织的中央驻鲁、省垂管单位加强系统机关党建工作经验交流会上，省直机关工委卢书记从组织体系、指导办法、人员和制度保障等方面进行了高度概括。“系统党建工作指导法”有理论的指导性和工作的适应性等特征，从昨天和今天大家交流发言的体会也可以看出，“系统党建工作指导法”极大地提升了党务干部的信心和干劲，增强了基层党组织和广大党员的活力、向心力和竞争力，我相信，随着工作实践的深入，“系统党建工作指导法”也会不断地走向成熟，会更加完善。

四是树立了良好的社会形象。机关党建的根本任务是“服务中心、建设队伍”。近年来，全省地税系统各级党组认真践行“一岗双责”的职责，高度重视党建，坚持把党建工作摆在队伍建设的首要位置，为各级机关党委分任务，压担子，较好地实现了系统党建工作与税收业务工作的紧密融合，较好地发挥了基层党组织的战斗堡垒作用和广大党员的先锋模范作用，为完成税收收入任务，为经济发展做出了贡献。近年来，地税系统涌现出了一大批先进基层党组织，培养出了一批优秀共产党员。我们的工作也得到了各级党委政府的充分肯定。省局机关和13个市局被评为“全国文明单位”。所有这些都体现了抓党建、带队伍、促发展的成效，这些成效蕴含着各级分管领导和各位专职党务干部的辛勤工作和努力，在此，我代表省局党组对各位的工作表示感谢！

## 三、深化地税系统党建工作的方法和路径

按照中央、省委新部署和新要求，站在新的起点上，要进一步探索提升系统党建工作的科学化水平的方法和路径，用丰富的实践创新和发展系统党建工作。

一是进一步强化思想引领。思想引领是党组织的重要职责，对于打造一支有理想、有追求、向上向善的地税队伍至关重要。我们要通过强化思想引领，增强党员队伍的三种意识。第一，增强党员干部的政治意识。增强政治意识，就是要增强政治纪律和组织纪律意识。党的十八大提出了“党要管党、从严治党”的新要求，新一届党中央领导集体从出台八项规定到全党开展的群众路线教育实践活动，从高压惩治腐败、“老虎”“苍蝇”一起打，到深化改革一系列措施的出台，应该说，制度的笼子越编越密，要求越来越具体，监督越来越严。在这种大的环境下，各级党组织要切实加强对党员干部的教育管理，要发挥思想引领的作用，要纠正部分同志不愿意参加学习教育、单纯重视业务工作、不关心政治、不关心大局、不关心当前形势变化的错误思想倾向；讲政治就是把握大势，顺应大势，在思想行动上与中央保持一致，对中央出台的一系列新规定，要搞清弄懂哪些是明令禁止的硬杠杠，哪些是不能突破的红线。将纪律、规定内化于心外化于行，而不是麻木不仁甚至是顶风而上。思想认识上糊涂，行动上就会出偏差。要结合队伍实际，加强思想引导，从关心和爱护干部出发，把上级的精神讲透。传达上级精神，不能只是照本宣科，要多讲一些接地气的话，让干部职工从内心认同和接受。第二，增强大局意识。地税部门是政府的重要职能部门，既是经济管理部门，又是执法部门，担负着组织收入工作任务。增强大局意识，就要从部门职责出发，教育引导广大党员干部围绕组织收入献计献策，发挥聪明才智，搞好经济税收形势的分析，为党委政府提供有参考价值的意见建议；改善提升服务经济、服务企业、服务纳税人的服务措施，建立健全对纳税人需求的快速反应机制，落实好各项税收优惠政策。我们系统 85% 以上都是党员，如果每位党员都胸怀全局，立足岗位，扎实干好分内的工作，整体工作肯定还能上一个层次；从这个意义上说，党建工作不是空的，关键是要把党建工作与税收工作、与每位党员的工作职责结合来，发挥更大作用。第三，增强法治意识。地税部门是行政执法部门，要教育税务干部头脑中要有“法治”这根弦，法治是我们处理一切问题的依据和必须遵循的基本原则，离开了法治，工作就缺乏章法，就有乱作为的嫌疑。要教育引导干部职工理解、落实依法治税的组织收入原则，应收尽收，不收“过头税”，要把依法治税作为做好税收工作的武器。当前，受经济形势不稳定等因素的影响，收入任务压力非常大，基层一线的同志面临很高的执法风险。但是越是在这种形势

下，越要用好依法治税这个武器，坚决杜绝不依法组织收入行为的发生；同时，要克服经验主义，避免用过去的老思路、老经验来应对新形势和新要求；要教育税务干部一定要用法律保护自己，要有红线意识和责任意识。我们对党员思想的教育引领，不能空对空，一定要结合队伍实际和存在的突出的问题，有针对性地搞好教育和引导，确保地税队伍安全稳定，地税事业健康发展。

二是进一步强化文化建设。从系统的实践来看，凡是重视文化建设的，文化建设搞得好的单位，队伍的整体素质就比较高，单位的氛围就好，干部职工的精气神就比较足。很多基层的局长都谈到这方面的体会，加强文化建设确实是带队伍的一个很好的方式。文化的熏陶就是要把先进的理念植根于干部的内心深处，从内心的认同变成一种行动上的自觉。一个人只有从内心真正认同价值理念，才能做到从行动上自觉践行；抓好这项工作，对于牢固树立正确的世界观、人生观、价值观，具有不可替代的作用。各单位要结合岗位工作实际，以社会主义核心价值观为指导，提炼出各自的核心价值理念；文化建设包括理念、载体和开展丰富的文化活动等方面，理念是引领，对于提炼认可的理念，要让党员干部能够经常看到，时时想到，发挥潜移默化的作用；同时，通过丰富多彩文化活动吸引广大职工自觉参与，愿意参与，在参与中提升综合素质和软实力；加强文化建设还要有合适的载体，要通过内部网页、宣传橱窗专栏、道德讲堂，展示文化建设成果，树立榜样，促进培养良好的职业道德，树立地税系统的良好形象。

三是进一步强化典型带动。典型具有示范性、引导性，近些年来，开展创先争优活动，我们树立宣传了一批系统内的先进集体和先进个人典型，对凝聚队伍、促进组织收入任务完成发挥了重要作用。实践证明，典型带动是一种有效的工作方法，也是领导工作主要的方法。我们要高度重视、善于在党建工作方面的典型，运用多种形式，宣传、推广典型；特别是要高度重视基层党组织的创造和创新，基层的经验最鲜活，对于推动系统的工作具有很好的启发和借鉴意义。今天，我们就是在做这项工作，把点上的经验整合为面上的普遍做法，给予肯定和推广；身边的典型是最有说服力的，因为大家都生活在同一个环境，看得见，摸得着，实实在在、可信可学。下一步，各级都要抓好先进的集体典型和个人典型，典型不要求大而全，只要一个方面或者一个角度值得学习，就有总结推广的价值。

四是进一步强化机制创新。近年来，系统党建工作之所以能够取得新的发展和进步，就是坚持了持续的改进和不断的创新。下一步，我们要保持好这种势头。形势不断发展，任务不断变化，党建工作就必须适应新的变化。明年省局将逐步建立系统党建信息化平台，按照“一窗（党建之窗）、一库（党员教育资源库）、一台（党务工作平台）、一室（网上荣誉室）”的设想，在日照市局“网上党支部”的基础上，结合系统党建工作的实际，进一步完善、改进和提升，通过党建信息化平台，实现党建工作的实时反映、过程记录和工作规范。各单位要按照省局的统一部署有序推进，避免重复建设，浪费人力物力财力。

五是进一步强化制度创新。这次开展教育实践活动，各单位围绕集中学习、组织生活会、谈心、广泛征求意见等方面，都总结出了许多好的制度和做法，这也是教育实践活动的重要收获。这些好做法如何常态化、长效化，这是我们应该重点研究的问题，比如谈心活动，大家感到这次谈心的普遍性、有效性确实比过去好，如何把这种谈心活动坚持下去，如何在领导与被领导之间、新老之间、同事之间经常性地坚持下去，就要建立一种制度长期坚持下去。

六是进一步强化自身建设。打铁还须自身硬。当前，系统党建工作承担的任务很重，要胜任本职工作，必须强化自身建设。第一，要提升站位。机关党委职责来源于党章，机关党委委员会是通过党员大会选举产生的，所以我们要清醒认识自己所从事的工作，只有这样才能充满信心，增强干好工作的使命感；第二，要热爱党务工作。系统各级党组都非常重视党建工作，这几年党务干部队伍陆续充实进来一批年富力强、能干事、素质高的干部，机关党委或党办组织健全保障有力。大家一定要热爱本职工作，只有热爱，才能奉献，才能全身心投入，才能有所作为；同时，机关党委是一个与人打交道、与各部门打交道的综合、协调部门，也是一个能够全面锻炼人的地方，要珍惜这种工作经历。第三，党建工作要常抓常新。系统党建工作虽然取得了一些成绩，但是不能满足，不能止步不前。形势发展很快，党员队伍不断发生变化，队伍的思想和需求多元。因此，要把过去的经验与当前的形势紧密结合起来，要把贯彻上级部署与本单位实际结合起来，使各项工作既有时代感，又能够接地气，通过持续不断地改进和创新发展，为山东地税实现现代化提供强有力的思想组织保障。

# 在全省地税稽查工作会议上的讲话

李　功

（2014 年 3 月 27 日）

同志们：

这次全省地税稽查工作会议，是经省局批准召开的。会议的主要任务是：全面落实全国稽查工作会议、全省地税工作会议及张洪军局长重要批示精神，全面总结2013年稽查工作情况，研究部署2014年稽查工作任务。

长期以来，全省稽查工作在巡视员吕凤强同志的直接领导、带领下，在全省稽查系统干部职工的共同努力下，改革创新、砥砺奋进，充分发挥稽查职能作用，积极推进稽查现代化，取得了丰硕的成果，得到了上上下下、方方面面的高度认可，山东地税稽查工作一直是全国税务稽查的排头兵，位列全国税务稽查的第一方阵。根据党组安排，由我分管稽查工作，与大家一起共事，非常高兴，这也是一个非常好的学习的机会。有省局党组的正确领导，有全省地税稽查干部职工的精诚合作，我有信心、有决心，和大家一起将稽查工作抓紧做好，推动全省稽查各项工作在原有基础上继续向前发展，以实际行动努力开创稽查现代化建设新局面。刚才发升同志做的总结和部署的工作，我都同意，希望大家认真落实。下面我强调四点。

## 一、这次会议很重要，一定要高度重视

这次会议既是年度的工作总结会，又是专题部署会，更是全面落实全国稽查工作会议、全省地税工作会议以及张洪军局长重要批示精神，站在新起点、谋划好稽查各项工作的一次重要会议。通过传达学习全国、全省会议精神和张局长的批示，深感各级对新的一年及今后一个时期稽查工作的希望和要求都很高，可以用“高、新、严”来概括。各级一定要高度重视，认真学习好、领会好、落实好三个重要精神。

这次会议之所以重要，在于会议提出了更高的工作目标和工作要求。全国稽查工作会议认真落实总局工作部署和王军局长的指示精神，确定了加快推进税务稽查现代化建设、提高服务大局能力的工作方向，提出了实现“四个提高”“五个突破”的工作目标。全省会上，张洪军局长站在全省地税事业发展全局的高度，强调要通过系统上下的努力，使地税部门成为推动全省经济社会发展的主力军之一，使地税行业成为社会上形象良好、受人尊重、拥有较高满意度的行业，全面提升地税工作水平、地位和形象；在推进实现税收现代化进程中，山东地税应该走在全国税务系统前列，同时对稽查工作也提出了提高检查质量、业务能力建设、稽查体制机制建设等更高要求。这些要求既立足当前，更着眼长远，为全省地税稽查工作确立了更高的奋斗目标，充分体现了一个“高”字，我们必须提高认识、高点定位、全力以赴。

这次会议之所以重要，在于会议部署的新的工作、新的事项多，特别是破题的工作多。如总局、省局首次全面部署实现税收现代化任务，全国稽查会议强调要发挥先行优势，奋力开创税务稽查现代化建设新局面，力争走在税收现代化的前列，其中建设执法型、服务型、高效型、改革型、廉洁型税务稽查部门的理念，大力倡导“忠于职守、公正执法、不畏艰险、廉洁自律、严守秘密”稽查

职业道德等都是第一次提出，应好好体会；全省会要求各级要围绕税收现代化，在治税理念、组织收入、征管改革、税收执法、税收服务、班子队伍建设、体制机制保障等8个方面深入研究，其中前6个方面与稽查紧密相关。再如绩效考核的问题，实施绩效管理与领军人才建设是总局王军局长亲自挂帅主抓的两项重大工程，省局党组把绩效管理作为总抓手，全面规范内部管理、着力提高工作质效。因为是第一年组织实施，考核指标设定的科学性、过程管理的准确性和结果应用的合理性等都需要研究摸索。这些工作部署和要求，充分体现了一个"新"字，我们必须励志创新，用新的思路、新的办法去探索突破。

这次会议之所以重要，在于只有全面明确这次会议部署的各项任务，才能保障实现预定的各项工作目标。全国税务工作会议上，王军局长明确要求"不断强化税务稽查。推进稽查现代化建设，加大稽查执法力度，以打击虚开发票、偷骗税为重点，重拳出击、利剑出鞘，依法查处重大税务违法案件，并有序分批向社会曝光。继续开展税收专项检查和专项整治，规范税收秩序"。省局张局长的重要批示中，提出了刻苦钻研业务、苦练查账本领，不断提升稽查队伍的核心业务能力；改进稽查手段、创新稽查方法，持续提升稽查现代化水平；敢于亮剑、善于碰硬，不断提高查案办案水平的工作要求。可见，总局、省局对稽查工作的要求，既有整体要求指明方向，又在具体项目严格标准；既有清晰的任务部署，又有明细的落实措施，充分体现了一个"严"字。这次会议分管局长和稽查局长一起参加，要紧紧围绕省局、总局稽查局的部署，统一思想、提高认识，集思广益，聚精会神地研究问题，深入细致地理清思路、拟定措施，这样才能严格地把总局、省局的要求落到实处。

## 二、明确工作任务，担起工作的重责

明确任务是干好工作的基本前提。工作任务不明确，就找不到切入点，抓不住重点，干不出亮点，难以达到预期目的。抓一项工作，干什么、怎么干、实现哪些目标、想达到什么程度、取得什么位次，都必须心中有数。要紧盯任务不放、瞄准目标不乱，制定一个合理的工作计划，才能不偏不虚，使工作循序渐进、有条不紊。

为更好地明确各项工作任务，我做了个统计，全国稽查工作会议确定了两大方面27项工作任务，全省会确定了稽查有关的15项工作任务，张局长的批示明确了3个方面的主要任务。刚才发升同志全面总结了2013年全省稽查工作情况，客观分析了工作中存在的问题及成因，对2014年作出了7项部署，很实在、很具体。对于以往好的做法，要好好地坚持、不断丰富完善；对于存在的问题，要认真分析原因、找到症结，把不足的地方当做抓好今后工作的切入点。总之，这些部署要求既一脉相承又各有侧重，都很符合实际、都很重要，所以每一项都要严格落实。在这里我再重点强调一下各级部署的主要工作、提出的基本要求，不是简单的重复，而是要任务再强化、目标更清晰，好让每一级、每位同志对今年的工作任务心里有数、记住抓好，切实担负起工作的重责。

（一）重点抓好各项检查。重点之一，开展税收专项检查和专项整治工作。2014 年指令性检查项目为：房地产及建筑安装企业，股权转让的单位和个人，办理出口退（免）税的企业。指导性项目为：地方商业银行，“高污染、高能耗”及产能过剩企业，高收入者个人所得税。要集中力量安排好总局确定的重点行业专项检查，从指令性和指导性检查项目中的选案数量，应不低于总选案数量的60%。各市局要自行组织开展专项整治活动，重点关注虚开或非法代开发票、骗取税收优惠政策等税收违法行为易发、多发的区域；“营改增”试点企业较为集中的区域；涉及农产品收购、矿产品和成品油购销企业较为集中区域及相关专业市场。重点之二，开展重点税源企业检查工作。加大直接检查的比例，防止重点税源企业检查流于形式。各市要在完成总局安排检查任务的基础上，再结合本地管理现状选择一些重点税源企业进行检查。重点之三，打击发票违法犯罪活动。根据总局要求，重点检查石油石化、建筑安装、商业批发与零售、餐饮娱乐、营利性教育培训、中介机构等，我省确定房地产行业作为发票重点检查行业；我省应查处的违法受票企业为1000 户以上，其中济南、烟台、潍坊、临沂市局100 户以上，日照、莱芜市局40 户以上，其他市局60 户以上。会同公安部门继续保持打击发票违法犯罪活动的高压态势，摧毁发票犯罪网络；加大对假发票“买方市场”的查处力度；建立完善长效机制。重点之四，从检查的行业、企业中，抓住重大税收违法案件线索，查处一批大案要案。

（二）维护执法权威。一是关于自查工作。除了重点税源企业检查和行业性专项检查外，原则上不采取自查方法。二是关于“黑名单”工作。从今年 4 月份开始，省局、市局要同步开展“黑名单”曝光工作。要进一步完善案件公告的标准，统一案件公告的内容和格式，定期在本单位网站上公告重大税收违法案件。三是关于宣传曝光工作。及时曝光查处的重大税收违法案件，做到税务稽查的宣传和税收违法案件的曝光常流水不断线。主动向上级稽查部门提供宣传素材，及时按照上级要求提供案例、工作情况和重要成果。

（三）规范执法行为。推进稽查底稿工作办法，统一检查方式，实施痕迹化管理；严格案件审理工作，避免处理和处罚畸轻畸重。在案件查处过程中，要按照政府信息公开办法和程序，保护纳税人合法权益，规避稽查执法风险。落实总局《关于进一步规范税务机关进户执法工作的通知》要求，在同一年度内，除涉及税收违法案件检查和特殊调查事项外，对同一纳税人不得重复进户开展纳税评估、税务稽查、税务审计。积极应对和妥善处理好涉税检举工作，配齐配强检举管理人员；举办一次检举人员培训班，提高应对突发案件的能力；适时对各市涉税检举案件的受理及查处情况进行一次抽查。

（四）奋力开创稽查现代化新局面。一是着力提高“四个能力”、实现“五个突破”。“四个能力”是指为全面深化税制改革保驾护航的能力，保证税收职能作用充分发挥的能力，促收促管促改促廉的能力，改革创新不断迈向稽查现代化的能力。“五项突破”是指思想观念的突破、理论建设的突破、业务能力的突破、资源配置的突破和队伍素质的突破。二是抓好房地产业、餐饮服务业和工业制造业三个模板查账软件在检查中的应用。三是完善查管互动制度。对2007年下发的查管互动暂行办法进行修订，健全完善稽查与法规、税政、征管等方面的互动制度和运行机制。

（五）提高核心业务能力和队伍素质。一是落实好今年培养任务。制定好有针对性的稽查人才培养规划，分期实施。二是努力激发稽查干部的学习热情，提高自学的自觉性。继续搞好查前培训。积极参与省局组织的八个课题研究，重点围绕强化执法能力建设、增强稽查刚性开展研究。三是分级培训干部。明确赋予不同执法层级、不同层次的人才培训任务，快速提高省、市、县一线稽查人员的专项业务技能。四是实施有效的正反向激励。实施有针对性的奖勤罚懒、奖优罚劣的个性化措施，促使稽查干部奋发向上、争先创优。五是把好稽查队伍的入口和出口关。目前，全国税务稽查人员占全体税务人员的比例为12%。凡是低于这一比例的单位，尽快通过遴选方式把系统内高素质的人员吸引到稽查队伍中；达到或超过这一比例的单位，尽量保持稽查队伍的稳定。重视发挥稽查领军人才和骨干人才的作用，尽可能将他们安排在稽查岗位。六是完善稽查执法内控机制。结合稽查执法特点，建设执法“痕迹工程”，防范执法风险。

（六）强化绩效考核。充分运用绩效考核平台，通过细化和量化目标，明确标准和责任，制定有效措施，加大以重大案件查处和专项检查工作为重点的各项稽查工作的考核力度。对于考核结果，要适时予以通报。

## 三、加大落实力度，确保工作高质量完成

今年的稽查任务已经确定，要想取得预期的成效，得到上上下下的认可，取决于各级稽查部门抓落实的态度和力度。各级要切实强化落实观念，积极主动地把总局、省局的各项决策部署落到实处。

（一）振奋精神抓落实。面对稽查工作的新形势、上级的高要求和执法的高风险，各级一定要振奋精神，发扬稽查能吃苦、能奉献的优良传统，敢抓善管、敢拼善赢，推动稽查工作发展。一是坚定信心。总局王军局长要求稽查系统发扬亮剑精神、主动出击，省局张洪军局长多次对稽查工作给予坚定支持，这是开展稽查的很大动力。各级一定要把握好领导支持的有利形势，明确任务目标，加快工作节奏，加大工作力度，尽快将各项工作全面铺开，把重点难点工作强力推进。二是敢于亮剑。稽查负责的是高风险纳税人的

应对，要坚持原则、敢于执法，越是面对困难局面，越是要顶住压力，严格执法，树立稽查刚性形象，维护税法权威。对于一些工作难点，要有逢山开路的勇气，有思路、有办法、有措施，推动工作开展。三是要勇于负责。对工作负责就是对自己负责。对自己职责范围内的工作，要敢于担当，勇于负责，不推卸责任，不上交矛盾；落实上级的工作部署不打折扣、不搞变通，确保上下一盘棋，把各层次、各方面的积极性、创造性调动好、发挥好。

（二）转变作风抓落实。党的群众路线教育实践活动开展以来，系统上下狠抓转变作风，已经取得明显成效，下一步要乘势而上，更加牢固树立求真务实、真抓实干的作风，促进工作的落实。求真，就是实事求是，准确把握实际情况，注意探索工作规律；务实，就是脚踏实地，一步一个脚印，扎实推进各项工作；求真务实，就是要察实情、办实事、出实招、求实效。要坚持一切从实际出发，把上级的要求同具体的稽查实际相结合，制定切实可行的检查方案和工作指标，在推进各项工作时要实打实，避免空对空，不敷衍塞责，不搞形式主义。要增强工作责任感和紧迫感，坚持脚踏实地、埋头苦干，克服浮躁情绪，杜绝“庸懒散”行为，把心思用在干工作上，把精力投到抓落实中，用检查成果证明自身价值。要发扬钉钉子精神，持之以恒地抓好落实，一抓到底，确保干一项成一项，解决差一步的问题，真正实现检查管理上水平。

（三）强化管理抓落实。绩效考核是抓好工作落实、提高执行力的重要手段，各级要强化责任意识，以绩效管理为有力抓手，严抓严管、提质增效。一是要高点定位。要放眼省内外、市内外，在目标确定上适当提升工作标杆，“跳一跳、够得着”，以更好地挖掘潜能、激发内力。二是要层层落实主办负责制。要把每一项工作、每一项措施、每一个环节的责任逐一落实到人。无论是案件查处、税收专项检查还是重点税源企业检查，都要细分项目，提出质量要求和时限要求，实现项目化执法。三是要建立健全定期通报工作机制。对各项重点工作的开展情况，每个月要自查一次，每个季度要检查一次，半年和年终要进行全面总结，做到人人有责、适时问责、严格追责，更好地促进工作落实。四是严格考核结果。综合定量和定性指标，主要依据日常考核情况形成考核结果，使各地的工作质效得到客观地、如实地反映，真正体现出绩效管理的公正公平，树立良好的工作导向。

## 四、齐抓共管，营造良好的执法环境

稽查工作社会敏感度高，涉及纳税人的核心利益，各方面比较关注；业务综合性强，涉及政策法规、税收政策、征收管理、税源管理等业务，离不开各相关部门的支持。各级一定要跟进措施，更加主动地争取领导支持和部门配合，上下多沟通，左右多交流，内外多呼应，形成工作合力，为稽查工作的开展营造良好的执法环境。

（一）要积极争取领导支持。从近年来全省稽查执法的情况来看，依法行政的外部环境依然比较复杂，稽查执法面临的各种干扰比较多，各级稽查面临的执法压力比较大。各级稽查部门要完善定期汇报机制，积极主动地向领导汇报，汇报好上级领导部门的部署安排要求和稽查工作计划，汇报好检查中发现的涉税问题，汇报好检查项目的处理意见，真正使情况汇报和工作开展压茬进行，切实得到领导的理解和支持。各级领导要高度重视稽查工作，切实加强对稽查工作的组织领导，为稽查工作指明方向；针对稽查面临的现实瓶颈，为稽查排解执法压力，为捍卫执法刚性鼓劲撑腰；要真心爱护稽查干部，政治上予以关心，工作上给予支持，生活上帮助纾难，让稽查干部充满干劲、感到温暖。特别是各位分管局长承上启下，位置非常重要，一定要担起责任，敢抓真管善待，多争取、多协调，为稽查工作开展创造更加良好的氛围。

（二）要主动争取内部各部门的配合。搞好部门合作，是做好稽查工作的基础。要在明确职责分工的基础上，积极研究建立部门之间的良性互动机制和工作衔接机制，与部门紧密联手，攥紧拳头。要与法规部门共同研究完善重大案件审理办法的具体实施细则，积极配合推行税收执法责任制；与税政部门完善政策咨询和政策贯彻落实情况反馈机制；与税源管理部门建立健全税务稽查与纳税评估的有序运转机制；与征管部门完善查管互动机制；加强与重点税源管理部门的通气和合作等，防止孤军奋战，形成工作合力。

（三）要切实搞好与外部门的协作。密切与外部部门的协作，是开展稽查工作的重要保障。要健全和完善打击涉税违法行为的部门协调机制，拓宽与有关部门协作的深度和广度。要逐步健全完善与国税稽查部门的联合执法和信息共享制度；与公安部门探索建立健全联合办案长效机制、统一办案取证和情报交换制度；与法院、银行部门加强合作，解决查处偷税案件过程中定性、执行等环节的难题；主动加强与检察部门的联系，分析和把握职务犯罪在税务稽查执法中的界定标准，加强防范监督，避免职务犯罪的发生。

同志们，过去的一年里，各级稽查部门做了大量工作，取得了很多成绩，在全国会上作了典型发言，专项检查、发票检查等多项工作得到总局的肯定，是很不容易的。在此我代表省局党组对全体稽查干部表示诚挚地问候和感谢！新的一年，把各项任务拜托给各位，希望我们稽查系统在各级党组的正确领导下，凝心聚力、真抓实干，勇于担当、积极作为，更好地发挥稽查职能作用，为加快推进山东地税税收现代化做出新的贡献。

# 在全省地税系统基层工作培训班上的讲话

李　功

（2014 年 6 月 16 日）

同志们：

这次培训是根据全局年初培训计划，并紧密结合当前形势发展和一些重要工作部署来举办的，有着重要的现实意义。首先，我代表省局党组，对参加这次活动的各位同志，表示热烈欢迎。根据议程安排并受张洪军局长委托，我主要讲两个方面的意见，一是为什么在这个时期举办基层工作培训班，二是我们怎么遵照工作需要和培训要求，努力达到一个什么样的培训目标，实现哪些方面的提升。请大家参考。

## 一、充分认识这次培训的重要性和必要性，找准定位，勇于担当

第一，形势的需要。从当前地税工作形势发展，看省局党组对基层工作提出了什么样的要求，看我们的使命担当有多么重要。

新一届省局党组成立后，历次重大会议，每个重要的纲领性文件，几乎都要对基层工作特别是思想文化建设、软实力建设做出特别的强调和部署，截至目前，省局局长、党组书记张洪军同志至少已有 5 次非常明确的指示。其中，早在 2013 年 4 月份新一届省局党组成立后的第一次全省地税工作会议上，张局长就提出：要切实增强为基层服务、替基层着想的意识，怀着对基层干部职工的深厚感情，工作重心向基层倾斜，切实保障干部职工的切身利益和合理诉求，为基层办一些能够看得见、摸得着的实实在在的实事，减轻基层压力和负担，充分调动基层广大干部努力工作、开拓进取的积极性。要加强和改进思想政治工作，深入推进“四德”建设和文化建设，满足广大地税干部思想文化、情感交流、知识更新等精神需求。在 2013 年 7 月份省局新一届党组成立后的第一次全省地税局长会议上，张局长再次提出：要加强地税系统文化建设，着力提升精神引领作用。至今年年初的全省地税工作会议，党组和张洪军局长的这一论述进一步系统化，其要求更加明确和清晰：要深入研究软实力问题。围绕提升系统软实力，全面加强先进文化建设，大力推进党建领航、文化铸魂、思想引导工作，

培育地税核心价值观，凝聚精神力量，打牢思想基础，培育良好风尚，形成推动地税事业发展的巨大内在动力。张局长不但这样强调，而且对为什么要这样做，也作了深刻阐述：经过几轮的基层建设，基层的基础建设发生了很大变化，办公环境条件在当地可以说是较好的。面对新形势新要求，包括县（市、区）局在内，各基层单位同省、市局机关一样，迫切需要把软实力建设摆到重要位置上来。基层直接面对纳税人，展示着地税系统形象，承担着直接组织收入的艰巨任务，精气神尤为重要。下一步，基层建设要以提升软实力作为工作主题和主线，进一步加强精神引领、文化引领，提升精气神，唱响主旋律，以先进文化引领干部职工的思想和行动。要注重文化引领、思想引领与业务工作融合，扎实推进基层工作规范化、标准化建设。

省局党组和张局长的这一系列明确指示，符合党的十八大特别是十八届三中全会精神的相关要求，也是税收现代化建设所必然的内在要求，概括了新形势下基层管理工作主要内涵，指出了我们要以什么样的精神状态、什么样的工作态度、什么样的情怀，来为基层着想、为基层服务；指出了新形势下基层工作的工作主线、工作重心和工作重点，是新时期地税系统基层工作的纲领性指导意见。每次重温张局长的讲话，就感到肩上的担子沉甸甸的，但是我们有一支过硬的基层工作干部队伍，一定能凝心聚力，找准措施，完成使命。

深刻理解省局党组的一系列要求，不难看出，相对于既往各个历史时期，新形势下地税系统基层工作的任务和要求，明显体现出“新、高、实”三个特征：

一是“新”。就是工作重心有了新转移，工作面临新课题、新任务。近几年来，地税系统各级基层工作部门紧紧把握时代要求，围绕中心，面向基层，服务大局，在吕凤强局长的带领下，想了很多办法，做了大量艰苦细致的工作，得到了系统上下一致认可，既创造了一些重要的工作成果、工作经验，也很好地历练了干部，锤炼了一支敢打硬仗、善打硬仗的队伍，培育形成了“真心关注基层、倾心服务基层”的部门精神，也赢得了广大基层单位的信赖，对此，省局党组是充分认可的。但是，在新的形势下，特别是党的十八大之后，随着经济税收领域改革的全面深化，税收现代化建设各项目标的确立，山东地税工作的一系列新发展、新变化，我们基层管理工作的使命和重点，被赋予了许多新的内容，可以说既有新机遇，也有新挑战。比如，随着社会主义核心价值观的正式确立，以及建设社会主义文化强国、建设社会主义法治国家等国家战略目标的确立，干部队伍思想引领、文化引领工作，被提到了一个空前的高度。

在人们价值观和精神需求日趋多元化的情况下，如何围绕社会主义核心价值体系的价值取向，培育和践行税收领域的核心价值观，如何提升干部队伍的文化素养、法治精神，如何建立“自由、平等、公正、法治”的内外环境和工作机制，如何培育干部职工“爱国、敬业、诚信、友善”的健康人格，等等，已经成为一系列“极其重要”而又非常迫切的新课题;随着信息媒体日趋现代化、多样化、便捷化和人们维权意识的迅速提升，正确引导舆论和应对随时可能出现的负面信息，也就是税收宣传和舆情管理，也已经成为一项非常重要的、常态化的政务管理工作；全系统正在深入研究、广泛讨论、试点探索的“软实力”建设，正在逐步从理论研究推向实践探索、从单一侧面推向统筹整合、从具体工作推向体制机制建设，等等。这些重要的新变化、新课题、新要求，使基层工作的担当，比以往任何时期都更加重要，任务比以往任何时候都更加艰巨。

二是“高”。就是工作起点高，目标定位高，工作标准要求高。基层工作部门是一个有着很好传统的团队，也可以说，在既往的全省地税系统基层工作中屡有建树。从早期的基层“五小”基础建设，到后来“向素质建设转移、向现代化建设转移”的“六好创建”，到几年前以集中办公、税源专业化管理和强化机关服务职能为主要标志的“新一轮基层建设”，再到现在转向内涵更为深刻、更具时代性和引领性的软实力建设，这个发展过程本身，就是不断地从一个高度跃上另一个高度。从内涵上看，是不断地向纵深发展、不断向现代化科学管理发展；从本质上看，是一个逐步实践和强化“以人为本”理念的过程，逐步从业务建设转向体制建设、机制建设的过程。现在，工作重点则更是从业务形态塑造转化为队伍和事业灵魂锻造的过程。对内，就是培育和提升地税队伍的精气神，增强干部队伍的凝聚力、向心力、战斗力，凝聚正能量；对外，就是培养山东地税系统的公信力、吸引力、感召力，也可以简单地概括为：提升境界、营造氛围、优化机制、树立形象，激发正能量，推动新发展。如果还需要补充什么，那就是我们要推动的发展，是既要成就事业，也要成就人，是“人与事业共同发展”。因此，我们的责任不可谓不大，目标定位不可谓不高。非但如此，这些新的工作重点，无论是软实力建设，还是文化体系建设、品牌培养等，都没有太多现成的经验可以参照，这就对我们提出了更高的素质要求、工作要求。迫切需要我们有更高远的志向、更高的站位、更宽阔的视野、更丰富的知识面，并发挥更强的探索精神和开拓意识，才能把各项工作做好。

三是“实”。就是“虚功”要做“实”，作风要扎实，工作要求实。也就是要是实实在在为基层着想，为基层办一些看得见、摸得着的事情。怎么样才可以把一些看似抽象的事情做到实处，让工作的价值真正体现到对工作的推动、对基层的凝聚和提升、对基层干部职工健康成长的保障、对纳税人的服务上来，让大家特别是让基层，感受到实实在在的实际效果。

不妨先举个例子。我们积极倡导机关要有精神、部门要有理念、个人要有座右铭，其中包括积极倡导各级领导机关都要牢固树立“真心关爱基层、倾情服务基层”的机关理念、机关精神，这是不是一句空话、官话？如果只说这个理念，而没有实实在在的事情，肯定就是一句空话，越说越空。最近一段时间，东营市局东营分局作为全省软实力建设试点单位之一，在市局的指导下，初步研发了一个系统，可以分门别类全天候、常态化采集每一位干部职工、每个岗位的合理诉求和工作建议，凡是区局有权处理并得到诉求发起人满意回复的，就画个句号，凡是区局无权答复、无法承诺或者答复不满意的，就自动跳转到市局，市局处理不好或者答复不满意的，就自动跳转到省局。在这个系统中，所有诉求和建议的发起与反馈，都在公开透明的环境下运行，既可确保每位干部职工安全、完整地履行诉求权、建议权，也可以有效防止不合理诉求、同类诉求的重复发起，有利于提高反馈效率，上级局还可以随时查看任何下级平台的全部运行情况。大家想一想，这个事情，是不是就把“群众路线”“关爱基层”“民主管理”“亲情管理”“依法管理”等比较抽象的概念做实了？工作没有理念，就是没有方向；只有理念而没有行动，就是“虚”，就是空话。省局基层处目前还正在研究一个基层经验和基层典型展示平台，基层有什么好经验好典型好主意，不需要找到什么人推荐就可以推广介绍。

类似这种平台或者机制的建设，就是建立了一种公正、先进的正能量传递手段，是“虚功实做”的一个很好的切入点，也完全符合形势发展的需要、提升软实力的需要。一件一件地把这种实实在在的事情办好，自然就是引领，就是凝聚正能量，就是把事情做实了，自然会增强整个队伍的凝聚力、归属感。

“实”的要求，也包括情感要真实、作风要扎实、效果要求实。省局和各市局都是领导机关。“领导”的对应词是“群众”，“领导机关”的对应词是“基层部门”。机关工作做得好不好，尤其是服务基层好不好，基层最有评判权，群众最有发言权。

如果说省、市局的基层工作部门在服务基层这个方面有什么特殊，那就是：一方面，我们是基层的“代言人”，有义务、有责任把基层真实的、理性的声音及时传递到领导机关；另一方面，我们又是省局或市局派到基层的“特派员”，有义务、有责任及时、完整地把领导机关指导基层、服务基层的思路和决策落到实处、抓出实效。正如张洪军局长所明确要求的：“要切实增强为基层服务、替基层着想的意识，怀着对基层干部职工的深厚感情，工作重心向基层倾斜，切实保障干部职工的切身利益和合理诉求，为基层办一些能够看得见、摸得着的实实在在的实事，减轻基层压力和负担。”

第二，自身的需要。也就是从基层工作需要、个人发展需要出发，来看培训学习的重要性和必要性。

基层管理工作岗位上的同志“使命光荣，责任重大”。之所以这么说，这是因为，我们的全部工作，一头是组织的重托，另一头是基层的企盼和信赖。这是很值得自豪，但也更需要我们自我尊重、格外珍惜的一点，也是我们的人生价值所在。在正确的人生观、价值观里面，人生真正的价值，是一个人对家人、对他人、对他所在的群体乃至社会，起到了多少积极作用。我们要有这个自觉。不久前，省局机关党委组织省局机关各单位提炼上报“核心价值理念”，基层处初步确定的是“服务基层、代言基层、引领基层”，我感觉，这个定位既是各级基层工作部门固有的职能和使命，包含着广大基层的期待，也体现了我们基层管理岗位同志们普遍的、恒定的目标追求和价值追求，因此，应该就是基层管理工作的核心价值。在表述上可能还需要再推敲，但方向上没有问题。同志们能有这个“职业自觉”和“职业自信”，我感到非常有信心。

找准定位，有了正确的追求还不够，还必须有能力去践行、去实现。“服务基层”需要体贴观察、统筹协调的能力；“代言基层”需要科学调研、用心倾听、理性评判的能力，“引领基层”，则更需要把握时代要求、把握全局总体思路、把握基层客观实际、并能把思想文化与各项业务工作紧密融合起来的能力。使命崇高，责任重大，而且事物还会不断发展变化，我们只有不断加强自身的学习和锻炼，不断为自己加油充电，才可以确保自己、确保我们这支队伍，始终有足够的职业素养和履职能力。

也正因如此，这次培训在内容安排上，特别注重了服务基层管理艺术、文化引领、宣传与舆情管理以及党的十八大精神等方面的学习交流内容，还有“软实力”建设专题辅导讲座以及课题研究活动、“基层诉求平台”专题讨论、参观考察学习等活动，这些内容上的设计乃至培训形式上的安排充分考虑了我们岗位职责的现实需要，目的就是进一步全方位地增强我们服务基层的意识，提升自身素养增强引领基层的能力，并从工作机制和工作平台建设上寻求新的突破。

## 二、认真学习，认真思考，努力实现多方面的素质提升

知道了工作要干什么，要怎么干，要达到什么目标，也就知道了我们需要一支什么样的队伍，通过学习和实践锻炼，我们要具备什么样的素质和能力。

人类知识浩如烟海，科学进步更是日新月异。面对海量信息，一个人的精力是极其有限的，这就需要我们立足于自身的职业需要、岗位需要，有目标地去选择学习内容和学习方式。今天我们来参加培训的，有不少同志已经在基层工作岗位上工作多年，也有不少同志刚进入这个队伍不久。在这个岗位上应该学些什么、突出什么，我有这么几点体会，简单给大家作个交流：

一是要培养高度的政治敏感性和较强的大局意识、把握好工作导向、舆论导向、价值导向。意识形态就是方向和旗帜。体现在我们的工作上，就是建设和坚守山东地税的文化阵地、舆论喉舌、核心价值体系。也就是培养什么人、什么风气、什么典型、什么内外环境的问题。这些工作都带有全局性、方向性、根本性、长远性。认真地说，在这些问题上，差之毫厘，就会谬以千里。因此，首先要认真学习好、准确把握好党和国家一系列重大决策决定，学习好党和国家领导人一系列重要讲话，特别是要深刻领会和坚守社会主义核心价值体系的价值取向，这是我们这个国家前进的方向、文化

的灵魂。在最根本的问题上不要出偏差。其次，认真学习、深刻领会国家税务总局、省局关于全国税收工作、全省地税工作的一系列重要部署文件，牢固树立大局意识，准确把握好全局、全系统的工作导向、舆论导向和价值导向。

二是培养强烈的责任感和事业心，学会用心做事、用心做人，率先垂范，做好榜样。我们各项教育培训工作的目的，无非就是提升素质、提升境界。而责任感和事业心，是第一素质、第一能力。这个道理不需要多讲，我们就是做这项工作的，因而有义务、有责任率先垂范，做全系统干部职工尤其是做好基层干部职工的榜样，堂堂正正做人，兢兢业业做事，为自己培养一种开朗、谦和、公道、理性的健康人格，培养一种勇于担当、求实、求善、求美的工作精神和生活态度。

三是学会与基层交朋友，发现、培养和推广基层典型，实现价值追求、精神追求。实现“服务基层、代言基层、引领基层”的职能定位和价值追求，重要的途径之一，就是能够摸到基层的真实情况，听到基层真实声音；重要的手段之一，就是推广基层单位创造的经验和典型。要想做好这些工作，没有一大批基层朋友的真心支持，办不到；没有一大批基层经验的支撑，也做不好。因此，必须注重亲近基层的同志，学习好基层的精神，及时发现好、培养好、宣传好基层各方面的典型，发挥其对全系统工作的引领和示范带动作用。

四是学会与媒体打交道，善用媒体。这是各级领导干部应有的一个基本素质，更是宣传文化岗位同志的基本功。有人主张“防火防盗防记者”，这非常浅见。没有系统内外媒体的支撑和支持，意识形态就既无“形”也无“态”。媒体是我们的朋友，而不是我们的敌人。工作不是为了宣传，但宣传可以推动工作。在当今“媒体到处是，消息漫天飞”的信息时代，我们不及时发出正确的声音，就会冒出五花八门的杂音。特别是恶意的负面消息，一旦失去正确的应对和引导，轻可毁掉一个人，重可毁掉一个部门。另外，充分利用好各大媒体，大力宣传好各种正面典型，对内可鼓舞士气促进交流，对外可传播文明树立形象。因此，我们必须学会与媒体打交道、做朋友，及时、主动、客观、准确甚至有时还需要生动、形象地向他们传递地税工作的各种非涉密信息，传递有利于纳税人的“好声音”、有利于推动社会进步的“好声音”，让媒体成为地税形象的明亮窗口，成为地税软实力的社会见证。

具备了上述几点，我们就会打造出基层工作队伍的形象和素质，就会不辱使命，高效履行好我们的神圣使命，我们个人的价值追求和人生进取目标，也会得到更好实现。

最后，希望大家珍惜好这次培训机会，严格遵守培训期间的各项规定和要求，力争通过这次培训与相互交流切磋，学有所获并能学以致用，承担起新形势下党组交付给我们的新任务、新使命，勇于担当，开拓进取，为山东地税事业持续健康发展做出新的更大贡献。

# 在全省地税政策法规工作会议上的讲话

李　亚

（2014 年 4 月 17 日）

同志们：

这次全省地税政策法规工作会议，主要是深入学习贯彻全国税收政策法规工作会议、全省法制工作会议和全省地税工作会议精神，总结 2012 年以来的工作，安排部署今后一段时间的重点工作。下面，我讲三个方面的问题，供大家参考。

## 一、2012 年以来全省地税政策法规工作回顾

2012 年以来，全省地税各级政策法规部门按照省局党组依法治税、从严带队、科学管理、共建和谐的要求，落实政策、完善制度、规范执法、提升素质，各项工作取得新成效。总结起来，主要有以下几个方面：

（一）大力推动《山东省地方税收保障条例》（以下简称《条例》）落实，地方税收保障工作机制已见雏形。一是建立完善《条例》落实机制。指导督促各地建立完善了地方税收保障体系和依托政府网络搭建信息交换平台，推动各级建立涉税信息共享机制、部门税收协助机制、税收绩效考核机制和税源保障措施落实机制。目前，地税部门能够采集到的涉税信息涉及 30 多个部门、70 多类、近 800 个数据项，覆盖了省、市、县、乡镇、村（居）五级，全省地方税收保障工作得到较大提升，有效地促进了地税收入的不断增长。二是依托人大督导检查扩大《条例》影响。2012 年，配合省人大对青岛、烟台、泰安、济宁四市贯彻执行《条例》情况进行执法调研。2013 年，积极促成省人大对各级政府贯彻《条例》情况进行执法检查并配合完成检查报告。该报告在省人大常委会议上审议通过。郭树清省长对报告中反映问题的整改工作作出批示。2013 年 12 月，我局向省政府报送整改工作情况汇报。整改工作在省人大主任办公会上得到一致好评。通过调研和执法检查，提升了地税部门形象，对推动解决当前地税工作中的一些棘手问题产生了深远的影响，各级政府更加重视地方税收保障工作，各相关部门（单位）更加积极履行税收协助义务，地方税收预算的编制也更加科学，同时，也为建立省级税收保障联席会议制度奠定了基础。

（二）大力推动税收法治制度建设完善，依法行政工作得到进一步推进。一是修订完善法治制度。制发了《关于发挥社会涉税中介机构作用提高税收管理质效的意见》和《聘用社会涉税中介机构参与税收管理办法》，引导各级充分利用和发挥社会涉税中介机构的作用；对《山东省税务行政处罚裁量权实施办法》和《山东省税务行政处罚裁量基准》进行修订，并联合省国税局统一定稿，将在分别报批和征求社会意见后联合发布公告实施，为各级国税、地税部门统一标准、规范处罚奠定基础；对《山东地税系统重大税务案件审理办法（试行）》和《山东省地税系统税收涉嫌犯罪案件移送工作规程》提出初步修改意见，拟对重大税务案件审理范围进一步明确并下放拟移送案件复核权限，为提高重大税务案件审理工作效率和水平提供制度基础。二是推行税收执法规范化管理。在德州和威海市局试行“税收执法标准化管理”的基础上，依据现行有关规定，组织编写了《山东地税税收执法规范》，有利于解决目前存在的执法标准不统一、执法程序不规范、文书使用不严谨、处罚裁量不一致等现实问题，也为后续推行“规范执法年”活动提供了基本依据。三是规范税务行政审批事项管理。对省级行政审批事项进行第六次集中清理，取消和下放了省级审批事项5项。对现行有效的审批事项，实行目录化管理，坚决杜绝擅自扩大审批范围、越权设定审批权限、以各种名义进行变相审批现象的发生。对审批程序进行了进一步规范，为推行网上审批奠定基础。四是立足新形势做好复议应诉工作。2012年，《山东省人民政府办公厅关于推进行政复议委员会试点工作的意见》（鲁政办发〔2012〕2号）下发，明确要逐步在县级以上人民政府设立一个行政复议委员会，实行集中受理、集中审理。目前，有13个市及以下政府试点推行。这对地税部门产生的影响有三个：一个是13个市及以下地税部门不再直接受理复议，这与《行政复议法》的规定不符，存在违法风险；第二个是有些属于有复议前置条件的案件在未完税条件下被受理，与《税收征收管理法》的规定不符；第三个是市以下地税部门使用的执法文书中对复议权的告知内容需要修订。这些问题，在全国税收政策法规工作会议期间已向总局政策法规司反馈，待有明确意见后执行。两年来，各级地税部门共办理复议案件5起，均已办结；办理省局作为被申请人的复议案件1起，应对因政府信息公开申请引起的诉讼案件1起，均已依法按程序办理。此外，承办信访案件12起，牵头组织复核拟移送案件2起，有效化解了相关涉税争议和纠纷，维护了税法秩序。

（三）积极研究落实税收政策的措施，综合税收政策管理工作取得新成果。一是加强税收规范性文件管理。制发了《关于进一步加强税收规范性文件管理的通知》，对税收规范性文件的制定、解读、备案、发布等问题进行规范和明确；落实统一登记、统一编制登记号、统一公布制度、税收规范性文件有效期制度和备案制度，对省局制发的8份公告进行合法性审核，依程序发布并备案。编辑并印发2011年和2012年的《地方税收规范性文件汇编》和9期《地方税收法规公告》。二是积极研究落实税收政策的措施办法。梳理现行优惠政策。对截至2013年底的现行地方税收优惠政策进行了认真梳理，形成含41类、600余条、37万余字的《现行地方税收优惠政策》（2013版），为满足基层税务干部和有关方面快速查询现行地方税收优惠政策提供了方便。加强优惠政策落实管理。大力支持新泰市局开展税收优惠政策落实情况监控管理系统的研发。探索建立地方税收法规知识库，目前已形成初步方案且预算已获批。编辑《山东地税税收执法案例集》，为基层以案释法、照例办事提供了参考。三是加强税收政策研究。按期高质量完成税务总局《中小企业公共服务平台税收政策研究》课题调研任务。牵头完成省政府重点课题“提高税收服务水平，优化营商环境的途径和措施”的调研工作；组织开展了结构性减税政策和促改革、调结构政策措施落实情况自查；对节能环保和促进就业等税收优惠政策进行评估，结合实际提出了调整完善的意见建议；组织开展了涉税优惠文件自查，对涉及的有关问题提出了整改意见。引导部分市局开展高新技术企业、银行业、小微企业等税收政策落实情况的调研并形成报告。四是充分发挥政策把关作用。两年来研究或会签外部门文件146份，提出修改建议100余条。办理省政府督察督办工作6件。牵头办理人大代表建议和政协委员提案答复工作14件。多次参加省级促进行业发展、区域发展和保障民生等各类会议，就相关涉税政策的落实、争取国家层面政策扶持等提出意见建议，对外提供综合性材料38份。按照要求组织完成美对华多层木地板、硬木装饰胶合板、尿酸反补贴调查和澳热轧钢双反调查政府问卷涉税信息的填写工作。

（四）开拓法治素质建设渠道，法治工作队伍水平得到进一步提升。一是拓宽渠道，提升法制员业务素质。两年来，举办法制骨干培训班4期，先后有各市、县（市、区）局和中心所的法制员400多人参训，培训内容涉及依法行政、行政程序、防范风险、复议救济等多个方面。2013年底，依托“山东地税网络教育学院”，组织了法制员在线业务考试。1841人参加考试，平均得分98.2分。通过组织培训和考试，基本达到了以训促学、以考促学的目的，提高了法制员队伍的业务素质，为更好地完成各项工作提供了支撑。二是认真开展群众路线教育实践活动。按照边听、边学、边查、边改的思路，开展了横向和纵向的征求意见活动，开展了多种形式的学习讨论活动，围绕查找出的问题特别是“四风”方面的问题撰写了对照检查材料，认真开展批评与自我批评。在查找问题、深入整改过程中，敞开思想、相互批评、加深理解，增强了团结，坚定了信心，为开创政策法规事业新局面奠定了良好基础。三是克服“庸懒散”，提高办事效率。为克服人力紧张矛盾，努力改进工作方法，调动基层积极性。一方面开展协同办公，利用信息化手段，加强内部沟通，提高办事效率；

另一方面，把年初确定的重点工作，与相关市局的配合挂钩，每一项工作都有3个以上市局协助省局抓落实，既调动了市局的工作积极性，又使省局安排的工作直接与基层实际结合，对提高办事效率，创造经验，树立典型，带动全局工作的开展，产生了积极的效果。

## 二、税收政策法规工作面临的新形势和新问题

党的十八大确立了全面建成小康社会和全面深化改革开放的目标。十八届三中全会对全面深化改革、完善和发展中国特色社会主义制度、推进国家治理体系和治理能力现代化作出了战略部署。国家税务总局提出税收改革发展的总目标是到2020年基本实现税收现代化。税收政策法规工作面临着许多新的形势和问题，主要有：

（一）治理理念要转变。党的十八届三中全会对推进国家治理体系和治理能力现代化作出了战略部署。税务机关要深入研究治税理念问题。从推进国家治理体系和治理能力现代化的高度，弘扬法治理念，树立善治理念，增强共治理念，实现从税收管理向税收治理的转型。

（二）税收收入增速将减缓。经济工作的重点正逐步转向重视质量和效益，税收收入形势也将发生相应的变化。适应这种变化，我们组织收入的方式方法和具体措施也要相应地进行调整。随着我国经济增长进入换挡期，税收收入的增长也将进入换挡期，这一点从2013年的税收收入完成情况和2014年的增长目标已经体现出来。全省地税系统1994年组织各项收入72.11亿元，2012年组织各项收入2866.81亿元，是1994年的39.76倍，年均增长22.70%。2013年组织各项收入3240亿元，同比增长13%。2014年的增长目标为12%。以后税收增幅还将随着经济增幅的降低而降低，并长期维持比较低的增长幅度。

在收入增速放缓的同时，收入任务压力将减轻。从政绩考核导向看，中央明确地方干部考核不再以GDP论英雄，不搞GDP增长率排名，有利于增强各级政府的收入质量意识，实现税收与经济的协调增长。从改革的趋势看，党的十八届三中全会决定明确“建立跨年度预算平衡机制”，这从客观上减轻了因当年财政收支不平衡造成的税收收入压力。从长期看，以上因素将减轻税收收入压力。但从短期看，收入压力仍不容乐观。一是多年来形成的思维和行为定式很难一时改变。二是必须有具体的实施办法出台施行，这些减轻收入压力的因素才能真正发挥作用。三是财政收入增幅降低已成定局，但财政支出刚性增长的需求却不断增加，政府债务还必须控制，财政无论当年平衡还是跨年度平衡，压力都比较大。四是地税部门因“营改增”等政策调整的减收压力较大。

在这种形势下，税收法规工作仍然面临着依法征税的考验。一是要坚持依法组织收入。严格依法征税，严肃组织收入工作纪律，继续开展税收收入质量检查，坚决防止和查处收“过头税”、空转等

违规行为。继续堵漏增收，认真查找征管薄弱环节，分税种、分管理事项逐一研究堵漏增收措施，逐步形成加强征管长效机制。二是要把握组织收入主动权。探索建立税收指数。抓好税收分析，探索建立能对宏观经济运行、税收收入走势和税收征管工作产生重要影响的税收指数。准确预测收入形势。按照依法行政、依法治税的要求，努力实现税收持续协调健康增长。提升税源掌控能力，科学测算收入规模，建立分行业、分税种的税收能力计算模型，摸清税收底数，科学编制税收收入计划，合理确定税收增长目标。三是要加强沟通协调。积极主动向地方党委政府汇报组织收入工作等情况，争取对依法征税的理解和支持。当地方提出不切实际的税收收入指标时，上级地税机关要及时做好工作，努力为基层依法征税营造良好环境。继续做好提高收入质量防范执法风险工作。提升收入质量风险防范能力，建立完善收入质量预警体系，全程控管，实时预警，有效防范，切实把经济发展的成果真实全面地反映到税收收入上来，有效防止各种违法违纪问题的发生。

（三）抽象行政行为将进一步上收，具体行政行为将进一步规范透明。按照《中国共产党十八届三中全会全面深化改革决定》要求，税收法制工作有两大趋势。

落实税收法定原则。十八届三中全会决定要求：“按照统一税制、公平税负、促进公平竞争的原则，加强对税收优惠特别是区域税收优惠政策的规范管理。税收优惠政策统一由专门税收法律法规规定，清理规范税收优惠政策。”按以上要求，税收立法层次要提高。税收优惠要规范，全面实行法定优惠。

深化税收执法体制改革。十八届三中全会决定要求：“完善行政执法程序，规范执法自由裁量权，加强对行政执法的监督，全面落实行政执法责任制和执法经费由财政保障制度，做到严格规范公正文明执法。完善行政执法与刑事司法衔接机制。”按以上要求，一要规范税务行政处罚裁量权，防止自由裁量权的滥用。省国税局、地税局已经基本达成一致意见。二要规范税务行政审批，实行税务行政审批事项目录清单制度，继续推行审批事项办税服务厅集中受理、内部流转、限时办结，做好取消和下放的税务行政审批项目的后续管理工作。三要推进公开办税。大力推进网上办税、网上审批，提高办税的公开透明度，便于社会各界监督。四要加强税收执法监督。结合金税三期工程上线，全面深化和落实税收执法责任制，加强税收执法的事前、事中、事后监督。

（四）对税务机关的监督将进一步严格和规范。税收监督总的趋势是越来越严格、越来越规范。一是外部监督多元化，目前对税收执法权的外部监督主要有：司法机关的监督，主要是检查机关（反贪机关、反渎职机关）和法院；行政机关的监督，主要是审计、财政、监察机关和上级税务机关；管理相对人的监督，主要是纳税人、扣缴义务人、代征单位、中介机构，中介机构的监督很专业；媒体的监督，分为传统媒体和新媒体。新媒体，特别是通过网络的监督往往引起社会的高度关注。税务机关应注意对舆情的研究和应对。二是监督内容越来越清晰。随着税收信息化的发展，税收执法的一切活动都记入了信息系统，使监督者对监督对象一目了然，违法违规的执法行为越来越难隐瞒。三是监督手段越来越专业。无论是外部监督还是内部监督，都运用了信息化手段，开发使用了相应软件，监督效率大大提高。

## 三、今后一段时间全省地税政策法规工作部署

2014年各级政策法规部门要以党的十八届三中全会精神为指导，认真落实全国税收政策法规工作会议、全省政府法制工作会议和全省地税工作会议精神，按照省局“提升站位、服务大局、上下协调、协同作战”的基本要求，全面落实省局总体部署，推进依法行政，完善法制制度，加强政策落实，强化政策支撑，夯实税收保障，提升法制素质，切实把全省地税系统的政策法规工作推上一个新台阶。

（一）围绕中心，深化改革，深入研究税收执法问题。围绕落实税收法定原则、提高税务部门公信力，坚守依法治税的生命线，对内规范执法行为，规范税收执法自由裁量权，规范税务行政审批，规范涉企税务检查，清晰界定征纳双方的权利和义务，有效解决政策性、制度性缺陷，有效防范执法风险；对外加大执法力度，强化法制保障，健全征信体系，维护税法公平，促进纳税遵从，为经济发展营造一个公平正义、有序竞争的税收法治环境。

（二）完善制度，规范管理，扎实推进依法行政工作。依法行政是落实依法治国方略的具体要求，是地税部门必须长期坚持的工作准则。围绕依法行政，今年着重抓好以下工作：一是完善法制制度。在税务总局下发修订的重大税务案件审理办法后，修改完善我局的审理办法，调整审理委员会组成人员，建立起更加符合新形势、新情况的重大税务案件集体审理工作制度，切实提高审理工作水平。修订《税收涉嫌犯罪案件移送工作规程》，下放拟移送涉税案件报审权限，将报审制改为备案制。加强执法案卷管理，推行案卷评查制度，强化证据采集等行政程序的合法性。探索建立税务系统法律顾问和公职律师管理制度，为更好发挥公职律师作用创造条件。在税务总局明确相关问题后，制定《关于加强行政复议、应诉工作的通知》，指导基层依法开展复议、应诉工作，积极化解涉税争议。二是开展“税收执法规范化管理年”活动。以《山东地税税收执法规范（试行）》为依据，在全系统开展“税收执法规范化管理年活动”。省局拟定实施意见并根据需要召开现场会，推动面上工作开展，同时，将工作进展情况向税务总局、省政府汇报，取得支持，形成具有山东地税特色的依法行政工作亮点。各相关市局根据实际制订工作方案，认真组织实施并及时总结经验，同时，结合展开依法行政综合绩效考评指标体系建设的探索与尝试。三是进一步清理规范税务行政审批工作。严格落实国务院和省政府规定，按要求对省及省以下地税系统行政审批事项进行

全面清理，实行审批事项目录清单制度。适时取消和下放审批事项，同时加强后续管理工作。牵头组织各相关部门编写审批工作流程，推行网上审批，方便纳税人的同时尽可能减少执法风险。四是修改发布税务行政处罚裁量基准。协调省国税局，在充分征求系统内外部意见后，共同发布《山东省税务行政处罚裁量权实施办法》和《山东省税务行政处罚裁量基准》，规范税务执法尺度，实现国税、地税标准一致，满足基层执法需要，规避执法风险。五是继续加强规范性文件审核、备查、备案及清理工作。做好省局公告的审核、备案工作，做好各类会签文件的审核把关工作。依据总局安排和我省实际情况，及时做好规范性文件清理工作。

（三）深入研究，强化措施，切实加强税收政策落实工作。全面、准确、及时地落实税收优惠政策，是各级地税部门的重要职责。从实际出发，当前应着重做好以下工作：一是制发《关于进一步落实税收优惠政策的意见》。理顺税收优惠政策的管理落实机制，进一步明确各级地税部门的工作责任，建立必要的考核评价及效应分析评估办法，创新管理手段和措施，准确把握和反映税收优惠政策的落实效果，更好地服务地方经济社会发展。二是印发《现行地方税收优惠政策》(2013版)，并编写《山东地税税收行政执法疑难问题解析》。在梳理完善的基础上，印发《现行地方税收优惠政策》(2013版)，供各级参照使用。对政策执行情况反馈或其他渠道发现的问题，以及现行税收政策法规规定中不明确、不全面、操作性差或容易造成理解偏差的问题进行研究梳理，取得税务总局支持，形成《山东地税税收行政执法疑难问题解析》，促进基层执行税法和政策的一致性，提高基层执法服务水平。三是加强税收政策管理，全面清理税收优惠政策。对税收优惠政策进行全面梳理和甄别分析，根据不同情况作出处理。对现行有效的政策，要分析判断是否落实到位，是否存有不足，并提出改进建议；对省及省以下政府制定的，明显与国家现行法律法规不一致的政策，要抓紧清理并停止执行；对上级制定的，与现实情况明显不符的政策，形成政策评估反馈报告，建议有关方面作出清理或调整。四是充分发挥政策支撑作用。加强与相关部门的沟通和联络；按要求参加各部门召集的涉税会议，认真研究提供材料，做好会议精神专报；履行政府各类小组成员职责，牵头落实具体工作并做好反馈工作，树立地税部门良好形象。

（四）夯实基础，科学设计，加快建设地方税收政策法规知识库。充分利用信息化手段，建立地方税收政策法规知识库，是完善政策法规管理、优化税收服务的一项重要的基础性工作。一是及时提出建设思路框架。根据新形势下纳税人和税务人员对税收政策法规知识快速了解的需要，在现有税收法规库基础上，按问题索引建立知识库，综合解答纳税人和税务人员提出的涉税问题，提高办事准确性，提升办事效率。二是编写业务需求。牵头组织有关方面，对《现行地方税收优惠政策》《山东地税税收执法规范》《山东地税执法案例集》以及其他相关内容进行拆分和抽取，按问题进行组合，形成问题库，并逐项作出准确解答。在此基础上着手编写税收法规知识库业务需求。三是配合做好开发维护工作。根据信息化项目建设要求，与有关方面密切配合做好配套软件开发、测试、培训和应用及维护工作，建立法规知识库日常维护制度。

（五）继续做好《山东省地方税收保障条例》的贯彻落实工作。一是促成建立省级地方税收保障工作联席会议制度。主动配合省财政厅，做好筹备工作，拟定相关制度，尽早完成组建任务，为更好地发挥《条例》督促各级政府、相关部门重视地方税收保障工作创造条件。二是进一步发挥《条例》督促有关方面切实履行税收协助义务的作用。与局内有关方面紧密配合，将地方税收协助工作的具体需求内容，如所需要的第三方信息，税收协助的具体方式等，及时提供给联席会议研究安排。协助省财政部门积极探索和推动搭建完善省级信息交流平台，提高信息应用的时效性。

（六）加强调查研究，当好参谋助手。切实发挥政策法规作为综合部门的职能作用，进一步做好调查研究工作。一是做好省局分派重点课题的调研工作。围绕深入研究税收执法问题，组织配合单位和基层业务骨干，认真学习相关法律政策，及时把握国家改革动向，拟订具体研究方案，按计划组织调研讨论，撰写课题报告，高质量完成研究任务。同时，引导各市局做好派生课题的调查研究并形成报告。二是做好省局税收调研分析课题的研究落实工作。依工作方案要求，牵头组织《促进民营经济发展的意见建议》和《减免税政策效应分析》专题调研分析工作，制订工作方案，分解工作任务，及时组织人员按规定时限完成任务。三是做好总局安排等相关调研工作。按照税务总局要求，做好3项综合性税收政策专题研究课题的研究工作，即“支持资源型城市转型和结构调整税收政策研究”“扶持小微企业发展税收优惠政策效应分析和对策研究”和“扶持创业税收问题研究”。组织各地挖掘基层工作经验，编发业务简报和调研材料，丰富内网栏目内容，促进工作交流。

（七）切实提升税收法制人员队伍素质。一是以考促学，切实提高税收法制人员队伍素质。制定常规化税收法制人员业务考试方案，3季度组织第二次应知应会内容在线考试。根据成绩选拔出部分优秀人员，进行通报表彰，并组织依法行政业务骨干研讨组，进行重点培训，为全面提高山东地税的依法行政水平奠定基础。二是以训促学，提升税收法制人员应对实际问题的能力。按计划组织两期法制业务专题培训。培训将根据实际需要，改进方式，突出重点，提升层次，聘请省内外税收法律专家，适当扩大案例教学比例，注重法制理念、应对策略及实战能力的培养，切实锻炼出一支能够快速反应、准确应对复杂的税收法制工作形势的骨干力量。

同志们，今后一段时期，是我国深入推进依法治国、依法行政的重要时期，法制理念将更加深入人心，监督环境将更加透明公开，地税工作面临的新形势、新情况将更加突出，各方对政策法规部门的期许和要求也将达到新的高度。我们必须认清政策法规工作面临的新形势，分析依法行政所处的新环境，解决制约税收法制工作的新矛盾、新问题，提升站位，服务大局，开拓进取，锐意创新，为税收中心工作服好务，共同开创山东地税法治工作更加美好的明天。

# 在全省地税政策法规工作座谈会上的讲话

李 亚

（2014 年 11 月 18 日）

同志们：

这次全省地税政策法规工作座谈会，主要是深入学习贯彻党的十八届四中全会精神，学习贯彻省委十届十次全会和依法治省的意见，简要总结今年以来的政策法规工作，深入研究 2015 年的政策法规工作思路。下面，我讲三个方面的问题，供大家参考。

## 一、今年以来全省地税政策法规工作回顾

今年以来，全省地税各级政策法规部门按照省局党组提升站位，积极作为，改革创新，协同发展的要求，积极开拓思路，创新工作方法，狠抓工作落实，在落实政策、完善制度、规范执法、提升素质上下功夫，各项工作取得新成效。总结起来，主要有以下几个方面：

（一）积极推进税务行政审批制度改革，建立税务行政权力清单制度。一是组织开展税务行政审批事项清理。先后取消、下放省级税务审批事项 5 项，保留 5 项审批事项并向社会公告了《山东省地方税务局行政审批事项公开目录》。二是建立税务行政权力清单制度。对省级地方税务行政职权进行了梳理，填写了权力事项表，编制了权力运行流程图，初步形成了山东地税行政权力清单，待省编办审核后即可向社会公布。各市、县（市、区）地税局也在按当地政府部署要求，推进行政权力清单制度。三是省局加强对系统行政权力事项清理的指导。组织对市、县局行政权力进行汇集审理，形成统一口径后由各级地税机关提交本级政府予以公告。审批目录和权力清单制度的推行，有利于明确各级地税机关及其部门的职责、权力和义务，有利于杜绝“推

诿扯皮”现象，提高行政效率，有利于方便纳税人办事并进行监督，真正实现“让权力在阳光下运行”。

（二）完善行政处罚制度，推行税收执法规范化管理。一是修订税务行政处罚实施办法和裁量基准。经过一年多时间的调研、起草、论证和完善，与省国税局联合制定并发布了《山东省税务行政处罚裁量权实施办法》和《山东省税务行政处罚裁量基准》，将于2015年1月1日起施行。两个文件的出台，符合党的十八届四中全会关于“建立健全行政裁量权基准制度”相关要求，将有效解决国税、地税部门行政处罚标准不统一、程序不规范、文书不严谨、裁量不一致等问题。二是推行税收执法规范化管理。组织编写了《山东地税系统税收执法规范》（以下简称《规范》），内容涵盖发票管理、税款征收、税收优惠、税务处罚、行政复议等11个执法环节，对每项执法行为从政策依据、执法标准、风险提示和模板示范4个方面进行具体规范，同时，探索开发税收执法规范化管理信息系统，对执法风险进行过程要点提示和差错抓取。以《规范》和规范化管理信息系统为依托，在济南、烟台、德州的部分市、县局试点推行税收执法规范化管理。从试点情况看，可有效解决目前系统内存在的执法标准不清、执法能力不足、执法效率不高、执法风险难防、执法质量难控、执法考核不准等一系列问题，为落实依法行政、降低执法风险开辟了新路，奠定了基础。三是开展“法治地税示范基地”创建活动。在莱阳等部分县（市、区）局进行试点，指导其制定创建工作目标、落实岗位分工、量化工作标准、完善考核办法、强化保障措施，效果良好。

（三）加强综合税收政策管理，积极推进税收优惠政策落实。一是加强税收规范性文件管理。严格执行税收规范性文件的制定、解读、备案、发布等相关规定，顺利完成《山东省2013年地方税收规范性文件汇编》和5期《山东省地方税收法规公告》的编印工作。按税务总局要求组织完成两次双反调查问卷涉税信息的填写工作。二是建立税收优惠政策动态管理机制。对截至2014年9月底的优惠政策进行全面梳理，形成了《现行地方税收优惠政策》（2014版），在印发的同时制作了电子动态管理版本，以电子文件下发基层人员对照执行，为基层干部快速查询政策、及时落实政策提供了方便。三是加强税收优惠政策落实情况的跟踪反馈。先后开展了扶持小微企业发展、促进民营经济发展、支持资源型城市发展、促进创业就业和促进职业教育发展等专题调研和相关优惠政策落实情况跟踪调研活动，提出改进工作建议，推动了税收优惠政策的落实。四是加大对特殊群体就业创业的扶持力度，配合省财政厅报经省政府批准，将扶持自主就业退役士兵、重点群体创业就业税收优惠政策限额标准，上浮至国家准许的最高线。五是通过会签文件、联合调研等方式，积极配合相关部门研究落实税收对各项经济社会事业发展的具体优惠政策，有效促进了全省各项事业发展。

（四）夯实税收法治工作基础，积极做好复议应诉工作。一是深入开展税收执法问题研究。对目前税收执法中存在的问题进行了深入剖析，从多个角度对强化执法监督、创新管理机制提出了意见建议，形成了高质量的调研报告，为推进税收执法现代化建设提供了参考。二是探索建立地方税收政策法规服务支撑平台。将法规库、问题库、案例库、自主考试题库等功能纳入统一规划建设范围，并与12366纳税服务平台进行有效整合，一体化建设。平台建成后，将实现综合涉税问题快速答复、复杂执法案例引导、干部学习自我测试等多种功能，将为各级严格依法行政、提升服务水平创造条件。三是加强复议应诉工作。及时、妥善处理税务复议应诉案件。截至目前，省局已办理复议案件2起、应对诉讼案件1起、承办信访案件12起、牵头组织复核拟移送案件2起。各地也承办了一些行政复议、应诉、信访案件，有效化解了一些税务行政争议。

（五）开拓法治素质建设渠道，法治工作队伍水平得到进一步提升。一是认真开展党的群众路线教育实践活动。按照边听、边学、边查、边改的思路，开展了横向和纵向的征求意见活动，开展了多种形式的学习讨论活动，围绕查找出的问题撰写了对照检查材料，认真开展批评与自我批评。在查找问题、深入整改过程中，敞开思想、相互批评、加深理解，增强了团结，坚定了信心，为开创政策法规事业新局面奠定了良好基础。二是拓宽渠道，提升法制员业务素质。举办法制骨干培训班2期，先后有各市、县（市、区）局和中心所的法制员150多人参训，培训内容涉及依法行政、税收业务、行政程序、防范风险、复议救济等多个方面。依托“山东地税网络教育学院”，组织了法制员在线业务考试。1841人参加考试，平均得分98.2分。三是克服“庸懒散”，提高办事效率。为克服人力紧张矛盾，努力改进工作方法，调动基层积极性，一方面开展协同办公，利用“QQ群”等信息化手段，加强内部沟通，提高办事效率；另一方面，把年初确定的重点工作，与相关市局的配合挂钩，既调动了市局的工作积极性，又使省局安排的工作直接与基层实际结合，对提高办事效率，创造经验，树立典型，带动全局工作的开展，产生了积极的效果。

同志们，一年来，在省局党组的领导下，我们勇于负责，敢于担当，为推动全省地税各项工作顺利开展做出了积极贡献。但是，也应该认识到，我们的工作中还存在一些问题，如职责定位不准，人手少、工作力量不足，一般事务繁多，部分重点工作应对乏力，法律专业素质与解决棘手问题的要求还有差距，上下沟通不够，等等。这些问题，需要我们在今后的工作中加以改进和克服。

## 二、税收政策法规工作面临的新形势和新挑战

党的十八届四中全会以依法行政为主题，吹响了全面推进依法治国的号角。

依法治税是依法治国的有机组成部分，就是要把整个税收工作纳入法治轨道，做到税收立法、执法、救济等都由法律法规来进行规范和调节，这是税收工作的立足点和灵魂，也是依法行政要求在税务系统落地的具体体现。面对这样的新形势，政策法规部门要立足本职，为推进全系统的依法行政工作积极作为。但是，我们也应该清醒地认识到，从山东地税现实来看，当前推进依法治税工作仍面临许多不容乐观的现实考验，历史形成的体制等问题也制约着法治化的全面实现，这就要求我们坚定无畏，勇接挑战，开拓出一条符合山东地税实际的建设路径，推动山东地税始终向着法治化的目标稳步前进。

（一）法治观念淡漠形成了制约依法行政的瓶颈。依法治税的基础是有法必依，即纳税人依法纳税，税务机关依法征税。目前，偷逃税现象还比较普遍，由于受我国税收文化历史、纳税人的思想观念、文化业务素质及税收法律环境建设等因素的影响，纳税人自觉守法纳税的意识还比较淡薄，税收法治观念不强，依法治税难以形成深厚的社会基础。同时，从税务机关角度来说，同样存在法制观念淡薄、有法不依、执法不严的现象。有的执法人员不学法、不懂法，有的甚至执法犯法，不认真履行职责、滥用职权，甚至违法犯罪，直接影响税收执法的公平和效率，抹黑税务机关的形象。有的税务干部虽然有做好工作的愿望，但对税收法律法规掌握不精、运用不熟、理解不深，难以适应依法行政的要求，影响税收执法水平。

（二）执法中重实体而轻程序与有法必依的要求存在差距。长期以来，税务系统内重视实体法而轻视程序法的观念一直存在，据统计，税务行政诉讼案件的败诉有 90% 以上是因程序上的不合法而造成的。广义来说，保证税务执法程序的合法应从执法主体资格的合法、依法行使执法权、执法程序严密规范、证据确凿有效和法律适用准确等方面把好关。从系统内现状来看，税务人员对各税种的税收政策法规掌握得比较熟练，但对征管法、处罚法、强制法、行政程序规定、信息公开条例等法律法规的运用重视程度却相对不够，不能正确行使行政处罚权、税收保全权和税收强制执行权等法律法规赋予我们的权力，有时因程序问题引发执法风险，弱化了税法的刚性。具体表现如：有的代开发票内容不符合要求，有的检查不发通知、不亮检查证，有的税收保全或强制执行存在程序瑕疵，有的行政处罚裁量过于随意，有的执法文书制作不严谨、不规范，有的复议、应诉、信访、举报查处、信息公开等未按规定答复或违反时限要求，等等。

（三）坚守依法征税底线仍面临严峻形势的考验。随着我国经济增长进入换挡期，税收收入的增长也将进入低缓期，这一点从 2013 年的税收收入完成情况和 2014 年的增长目标已经体现出来。但是收入压力仍不容乐观。从近年审计结果来看，目前仍有税务机关迫于各方面压力，不顾税法的严肃性，为了追求税收任务的完成，出现提前征收、收“过头税”、虚收空转、不落实税收优惠政策等问题。这显然与依法征税的要求是相违背的。但是，由于多年来形成的惯性思维和行为定式很难一时改变，以及财政支出刚性增长的需求仍在不断增加等原因，组织收入的压力仍比较大，而且，在未来很长一段时期这一矛盾都将存在。

在这种形势下，依法征税工作将面临很大考验。督促基层严守组织收入工作纪律，防止和避免收“过头税”、空转、不依法落实优惠政策等违规行为，努力为基层依法征税营造良好环境，不再只是单个部门的研究课题，而是全局性的应重点研究和解决的课题，政策法规部门在其中要把好法律关口。

（四）税务机关将面临更加严格和规范的监督。税收监督总的趋势是越来越严格、越来越规范。一是外部监督多元化，目前对税收执法权的外部监督主要有：司法机关的监督，主要是检查机关（反贪机关、反渎职机关）和法院；行政机关的监督，主要是审计、财政、监察机关和上级税务机关；管理相对人的监督，主要是纳税人、扣缴义务人、代征单位、中介机构，中介机构的监督很专业；媒体的监督，分为传统媒体和新媒体。新媒体，特别是通过网络的监督往往引起社会的高度关注。税务机关应注意对舆情的研究和应对。二是监督内容越来越清晰。随着税收信息化的发展，税收执法的一切活动都记入了信息系统，使监督者对监督对象一目了然，违法违规的执法行为越来越难隐瞒。三是监督手段越来越专业。无论是外部监督还是内部监督，都运用了信息化手段，开发使用了相应软件，监督效率大大提高。

## 三、深入研究2015年全省地税政策法规工作思路

党的十八届四中全会作出了全面推进依法治若干重大问题的决定，为今后一个时期的依法行政、依法治税工作指明了方向，提出了要求。全体税务干部，特别是领导干部和政策法规部门的同志们，要结合党的十八大和十八届三中全会精神认真学习，联系实际认真贯彻，努力开创依法治税工作的新局面。各级政策法规部门都要重视和参与全省地税系统2015年工作思路和措施的研究，力求使其适应依法治税新形势，符合依法行政新要求，立足山东地税实际，更好地指导和推动今后一个时期全省地税依法行政工作的开展。建议从以下几个方面进行思考和完善。

（一）增强法治观念。近日，总局王军局长提出要“让依法治税生命线深深扎根全系统”，这就要求我们从思维习惯、观念信仰入手，站在推进依法治税体系建立和提高依法行政能力的高度，弘扬法治理念，严守“法无授权不可为”的底线，在税法及相关法律规定的范围内治税，做到“法有授权不滥为”，做一名税收法治的忠实崇尚者、自觉遵守者和坚定捍卫者。具体到措施，一是按照“谁执法谁普法”的要求，深入开展税法宣传教育，引导纳税人自觉遵守税法，履行纳税义务，出现涉税分歧依法解决问题。二是

加强法制教育培训，提高税务干部特别是领导干部的法治思维和依法办事能力，从思想根源上减少有法不依、执法不严、违法不究甚至徇私枉法等问题的产生。三是按照“严格实行行政执法人员持证上岗和资格管理制度”的要求，组织符合条件人员参加2015年全国税务系统税收执法资格统一考试，未经考试合格，不得授予执法资格，不得从事执法活动。

（二）加强法治工作队伍建设。全面推进依法治税，必须大力加强法治工作队伍建设，着力建设一支法治观念强，工作能力高的法治工作队伍，为加快建设法治化的山东地税提供强有力的人才保障。一是建设高素质法治工作队伍。全面推进依法治税，基础在基层，工作重点也在基层。要加强基层法制机构建设，特别是推动县（市、区）级政策法规专门机构的建立，改善基层法制工作环境，强化基层法治队伍，让法治在基层扎根。省、市级政策法规部门应充实法律专业人员，提高专业化水平，锻炼出一支能够快速反应、准确应对复杂的税收法治工作形势的骨干力量，为各级地税机关执法行为始终在法律法规的规范和调整范围内保驾护航。二是推行公职律师制度。按照统一要求，尽快建立起公职律师队伍，充分发挥系统内现有法律人才既懂法律又熟悉税收业务的优势。三是完善法律顾问制度，探索实行“坐班制”法律顾问模式，充分发挥其提供法律咨询意见、合法性审核和配合开展法制宣传教育等作用。

（三）依法全面履行工作职能。全省各级政策法规部门应在省局党组的领导下，在法治轨道上开展工作，为建设职能科学、权责法定、执法严明、公开公正、廉洁高效、守法诚信的山东地税勇于担当，敢于实践。结合2015年工作打算，主要应做好以下几项工作：一是全面清理税收优惠政策。对现行有效的政策，要分析判断是否落实到位，是否存有不足，并提出改进建议；对省及省以下政府制定的，明显与国家现行法律法规不一致的政策，要抓紧清理并停止执行；对上级制定的，在执行中发现问题的，形成政策评估反馈报告，建议有关方面作出清理或调整。二是加快建设法规服务支撑平台。三是健全完善法治制度。修改完善《重大税务案件审理办法》，建立起更加符合新形势、新情况的重大税务案件集体审理工作制度，切实提高审理工作水平。修订《税收涉嫌犯罪案件移送工作规程》，完善案件移送标准和程序，加强税收执法与司法的衔接。加强执法案卷管理，推行案卷评查制度，强化证据采集等行政程序的合法性。四是全面推行审批目录和权力清单制度，规范各项税务行政权力的运行。五是推行税收执法规范化管理。以《山东地税税收执法规范（试行）》为依据，在全系统开展“税收执法规范化管理年活动”，形成具有山东地税特色的依法行政工作亮点。六是强化合法性审核。加强规范性文件合法性审核工作，探索开展重大税收业务决策、重大执法决定、个案批复等的合法性审核，规避税收执法风险。七是全面推进“法治地税示范单位创建”活动。按照“深入开展多层次多形式法治创建活动”的要求，通过自我约束、自我管理，提高法治化水平。八是有效化解税务行政争议。按照“健全依法维权和化解纠纷机制”的要求，健全矛盾纠纷预防化解机制，严格执行信访、复议、诉讼、信息公开相关法律法规规定，保障纳税人的合理合法诉求依照法律规定和程序都能得到合理合法的结果。

同志们，今后一段时期，是我国深入推进依法治国、依法行政的重要时期，法治理念将更加深入人心，监督环境将更加透明公开，地税工作面临的新形势、新情况将更加突出，各方对政策法规部门的期许和要求也将达到新的高度。我们必须认清政策法规工作面临的新形势，分析依法行政所处的新环境，解决制约税收法治工作的新矛盾、新问题，提升站位，服务大局，真抓实干、主动作为，为税收中心工作服好务，为山东地税事业的发展做出更大贡献。

# 关于创新施行土地增值税“三控一促”管理的探索与思考

马奎升

近年来，山东省地税局积极贯彻依法治税、便民办税工作思路，坚持以问题为导向，针对土地增值税管理薄弱环节和政策执行尺度不统一等问题，在全国地税系统率先探索施行了《土地增值税“三控一促”管理办法》(以下简称《办法》)，通过加强源头监控、成本管控、风险防控，有效促进了土地增值税管理规范化，提高了税收征管质量和效率。

## 一、施行《办法》的主要目的和指导思想

近几年来，山东省土地增值税管理和清算工作取得了不小的成效，但仍存在一些薄弱环节和亟待解决的问题。主要表现在：管理基础比较薄弱，相关涉税信息在各环节的采集、归集、流转、应用机制不够健全；清算职责和操作流程不够明晰，不便于基层贯彻执行；清算政策不够明晰，基层执行口径不够统一，易引发税企争议，执法风险、廉政风险比较大，等等。基层税务机关和纳税人反映较为强烈。为进一步规范和加强土地增值税管理，山东省地税局党组高度重视，委托有关负责同志先后5次召集全省各级业务骨干进行专题座谈和学习研讨，并邀请国内土地增值税知名专家参与指导，

逐一梳理土地增值税管理每个环节，面对面具体商讨基层实际管理工作中的困惑问题、管理难点和规范需求，还专门请示请教了国家税务总局、山东省人民政府法制办公室及单位法律顾问等方面的相关领导、专家。经过激烈讨论和统一思想，我们认为应当针对房地产开发周期长、涉税资料繁多以及土地增值税税制顶层设计复杂的特点，运用系统思维和数据信息管税理念，以房地产开发项目为单位，以信息流管理为核心，做到项目开发进程、信息采集流转、税源风险管控同步进行，努力实现土地增值税一体化管理。

基于上述总体思路，本着既要避免重复报送资料、减轻纳税人负担，又要统一政策执行尺度、防止税源流失，防范执法风险和廉政风险，还要明晰操作流程，便于基层执行的原则，经过反复推敲，几易其稿，最终形成了《土地增值税“三控一促”管理办法（试行）》（以下简称《办法》），以山东省地方税务局公告向社会公布。国家税务总局财产和行为税司给予具体指导和支持，并将此《办法》作为模板和参照，逐个税种规范完善全国的地方税种。

## 二、土地增值税“三控一促”管理办法的主要内容

“三控一促”管理的内涵为：源头监控、成本管控、风险防控，力促土地增值税管理规范化。一是源头监控，化整为零。针对房地产开发周期长、涉税资料多、税制设计复杂等特点，对土地增值税实施分段跟踪管理，将大量烦琐的工作分散前置到各环节之中。从“立项、施工、销售、保有”四个环节分项目、分阶段建档跟进，切实加强管理。二是成本管控，化繁为简。制订《办法》，率先在全省范围内实现口径统一、标准统一、流程统一，既方便纳税人清算，方便中介机构鉴证，又有利于主管税务机关审核，实现互动共赢。三是风险防控，化难为易。一方面还权还责于纳税人，加大纳税人培训力度，提升纳税遵从，做到“清算不越位”；另一方面运用互联网技术手段，实施风险识别和风险应对，通过建立风险指标和模型，降低执法风险，努力做到“审核不缺位”。同时，明确参与土地增值税清算的中介机构的责任追究措施，施行清算鉴证质量评价和责任追究，规范中介鉴证行为。

## 三、加强综合保障，促进《办法》落地生根

土地增值税管理尤其是对房地产开发纳税人的清算管理，开发时间跨度长、成本核算复杂，涉及税务人员、纳税人、税务师事务所等多个方面。在推进过程中，我们重点采取了三个方面的综合保障。

（一）对税务人员开展需求型互动式培训与实战。山东省地税局组织了为期两周的全省土地增值税“三控一促”管理办法培训班。事先，请受训人员提出培训需求和培训方式方法、推荐培训老师，并将培训需求提前提供推送给授课老师，让老师有的放矢备课，增强培训针对性

和实效性。培训日程包括开课前的测试摸底、破冰活动、案例分析、学教对话、答疑互动、学员上讲台、考试评估等项目。培训结束后，全体学员分成17个组，赶赴17个市地税局开展实战演练，对部分主管地税机关已经进行初审但未出具清算结论的34个土地增值税清算项目进行复核。通过实战演练，促进了学以致用，以用促学，解决了工作中的一些实际问题，使学员业务水平和处理问题的能力有了明显提高，为各市地税局开展相关培训培养了师资，同时，也为各市地税局打造了土地增值税清算审核样板和模本，具有“孵化效应”。

（二）引入互联网思维，加强税企良性互动。随同《办法》的发布，一并印发了《办法》解读，充分运用已经上线的“山东土地增值税APP”等快餐媒体和多媒体平台，实现“三个加强”，即加强政策宣传和信息共享力度，加强税企平等沟通，加强税企良性互动，注意正面引导，防止个别媒体、纳税人等方面误读，指导纳税人准确掌握政策执行口径，提醒督促财务人员按照“成本管控”中的具体要求规范账务核算，避免因手续不齐全、凭证不规范、核算不正确而引发不必要的成本。自“山东土地增值税”APP开通以来，全年已累计发布26期，推送文章208篇，解答纳税人提问139个，累计关注人数736人，阅读次数达13329次。

（三）加强对税务师事务所的宣传辅导。充分发挥税务师事务所在土地增值税管理中的重要作用，定期组织税务师事务所开展土地增值税政策宣传辅导，不断提高税务师事务所执业水平，帮助纳税人正确履行纳税义务，降低纳税风险，提高办税质量和效率。

## 四、几点体会

实践证明，推行《办法》取得了实实在在的成效，也带给我们许多启迪和思考。一是源头监控是基础。任何一个税种的管理，都需要完整、真实的税源数据信息为基础。土地增值税管理特别是房地产开发自身的特点，决定了税务机关必须立足实际，从房地产开发“立项、施工、销售、保有”四个环节分项目建立档案，切实做到管、建同步，这是获取完整、真实税源数据信息的有效途径。实践证明，项目档案资料不仅是加强土地增值税管理的基础，更是推进房地产税收一体化管理，加强房地产项目立项环节耕地占用税、契税，施工环节建筑业营业税、城镇土地使用税，销售环节销售不动产营业税、契税，保有环节房产税、城镇土地使用税的税收管理的基础。二是成本管控是关键。现行土地增值税政策对扣除项目主要采取的是正列举的方法，房地产开发成本形式多样、名目繁多，情况复杂，正列举难免会有遗漏，且文字表述容易引起歧义，这就需要不断对政策进行完善、规范，统一执行口径，提高可操作性，减少执法风险。《办法》对当前争议的部分政策执行口径进行了明确，但受权限限制，有些政策尚需财政部、国家税务总局进一步明确和解读。三是风险防控是保障。通过建立风险指标和模型，实施风险识别和应对，促使税务机关清算审核工作更专业、更深入，对风险点的调查拿得准、查得实，迫使纳税人清算申报资料趋于完整、真实，逐步形成申报规范、审核高效的良好局面，起到了一举多得的效果。

## 五、土地增值税管理的难点分析与改进建议

（一）难点分析。纳税人方面的问题。一是预缴不到位。有的房地产企业财务人员存在因不懂业务未按规定预缴申报现象。有的房地产企业为拖逃税款，故意曲解规定，对既开发普通住宅也开发其他类型房地产的项目，全部按照普通住宅的低预征率申报缴纳。二是规避清算申报。房地产项目由于经常跨年度开发，且以预售为主。因此，开发商想方设法拖延纳税时点，规避清算。例如，将项目销售比例控制在85%以内，导致不符合土地增值税清算条件，一直不进行清算申报。三是清算申报不够规范。由于土地增值税的顶层设计等原因，存在一些“避税空间”，房地产企业在进行清算时会采用少计收入、虚列成本等多种方法规避，甚至偷骗税款。

税务部门方面的困难。一是涉税信息采集困难。加强土地增值税管理，迫切需要房产、国土、建设等部门的协同配合与第三方涉税信息支撑。目前，国家法律层面缺乏相关职能部门提供涉税数据信息的责任义务方面的规定。二是税务干部能力与力量不够适应。土地增值税管理和清算工作异常复杂，有些地税主管机关业务人员配备不足，管理土地增值税的专业人才较少，有些干部的业务素质不够匹配、不够适应，甚至存在廉洁从税风险。

税收政策方面的困惑。目前涉及土地增值税的政策依据主要为《中华人民共和国土地增值税暂行条例》及其实施细则，条例及其实施细则对土地增值税的预征、清算、核定及稽查均未作出细致规定。尽管财政部、国家税务总局多次开会、多次下发文件，各级地税机关也相应出台了相关的清算管理办法，但实际工作中仍然面临着许多实际问题，一些具体事项及操作没有准确的依据，政策执行起来也存在一定的差异。比如，清算单位的确定未统一标准、房地产类型的分类弹性较大，等等。

执法风险方面的担忧。一是清算主体错位。土地增值税清算的主体是纳税人，地税机关的职责是督促其清算和审核其资料。但实际工作中，有的主管地税机关却对“清算”与“清算审核”两个概念模糊不清，劳心费力地代纳税人收集资料、代为清算。二是清算审核机构不规范。清算审核人员的流动，往往造成政策执行口径的不一致，导致清算审核结果前后矛盾，进而给纳税人造成地税机关随意执法的误解。三是税收政策理解“不统一”。地税业务人员对土地增值税清算的相关政策在理解上存在差异。例如，纳税人按照销售收入计算缴纳的营业税等税金是可以扣除的。但实际操作中，有些税金在清算时仍未足额缴纳的部分，也一同计入成本中，直接造成了成本费

用扣除的不可靠、不准确。

（二）改进建议。尽快明确和统一政策。当前，建议财政部、国家税务总局等相关部委尽快加强政策解读，对土地增值税相关税收政策进行明确和完善，避免政策执行的理解偏差和随意性，降低执法风险。建议国家有关部委对基层反映的政策方面困难问题，尽快从顶层设计上进行改革、改进、完善、优化，便于基层税务机关和税务干部正确理解和遵照执行。

加强互联互通和信息共享。建议从国家层面发文，明确要求各级发展和改革、国土、建设、规划、房管等部门与同级税务机关实现互联互通，恒联恒通，建立健全信息交换和共享机制。

当前应进一步加强鉴证质量管理。可学习借鉴国外的成功做法，探索政府购买服务和服务外包，建立归属政府的专业性的鉴证机构、评估机构，对房地产项目进行专业化的评估、鉴证。专业报告规范提供给税务机关。应加强房地产开发项目土地增值税清算鉴证工作管理，提升鉴证业务质量，促使第三方鉴证机构更好地向委托人提供优质高效的鉴证服务。主管地税机关要从鉴证报告规范度、鉴证报告差异率、鉴证报告认可度三方面开展土地增值税清算鉴证工作质量的评价、监督和管理，促进土地增值税管理规范和优化，推动房地产经济税收健康发展。

# 第二篇 全省地税工作

山东地税年鉴·2015
SHANDONG LOCAL TAXATION YEARBOOK

# 全省地方税务工作综述

## 经济概况

2014年，全省实现生产总值59426.6亿元，按可比价格计算，比上年增长8.7%。其中，第一产业增加值4798.4亿元，增长3.8%；第二产业增加值28788.1亿元，增长9.2%；第三产业增加值25840.1亿元，增长8.9%。产业结构调整优化，三次产业比例由上年的8.3∶49.7∶42.0调整为8.1∶48.4∶43.5。人均生产总值60879元，增长8.1%，按年均汇率折算为9911美元。区域经济融合发展。半岛蓝色经济区实现生产总值27715.4亿元，对全省经济增长的贡献率为46%，青岛西海岸新区成为第九个国家级新区。黄河三角洲高效生态经济区、西部经济隆起带发展加快，分别实现生产总值8512亿元、17386亿元，增速分别超过全省0.6、1.1个百分点。工业生产平稳增长。全部工业增加值25340.9亿元，比上年增长9.3%。固定资产投资较快增长。重点领域投资增长较快。工业技术改造投资12221.2亿元，增长24.1%；高新技术产业投资6724.5亿元，增长18.2%；基础设施投资5130.7亿元，增长18.2%。

## 收入概况

**【税收收入】** 2014年，全省地税收入累计完成3576.2亿元，增长10.4%，可比口径增长13.9%。其中，税收收入3354.9亿元，增长10.8%，可比口径增长14.5%，税收增幅比全国地税系统平均水平高2.3个百分点，税收总量列广东、江苏、上海之后位居全国第四。提供的地方税收收入占地方财政收入中税收收入的近75%，为全省经济社会发展和民生保障做出了突出贡献。

**【税收收入特点与分析】** 一是第二、三产业税收协调增长。2014年，二、三产业地税收入分别完成1404亿元和2156亿元，分别增长11.9%和9%，三产收入扣除“营改增”因素增长14.8%，相对于上年二、三产业的2.4%和21.1%的增长格局，产业之间地税收入增长的协调性明显增强。二是重点经济区收入协调增长。山东半岛蓝色经济区、黄河三角洲高效生态经济区、省会城市经济圈、西部经济隆起带地税收入全年分别完成1800亿元、469亿元、1141亿元和909亿元，分别增长10.9%、6.8%、10.7%、10%。三是对经济发展的支持力度大。2014年，随着小微企业等税收优惠力度的进一步加大和政策的落实到位，全系统共减免各项税收230亿元，优化了税收服务，改善了营商环境，支持了经济发展。

## 工 作 概 述

**【税收法治】** 结合实际，研究制定了《关于加快建设法治地税的意见》，引导各级坚持用法治思维和法律手段处理税收问题、抓好税收工作。积极推行行政权力清单制度，编制并公开了权力清单及流程图，实行税务行政审批目录化管理，统一编制了市、县级税务行政审批目录，按上级要求取消行政审批事项10余项，简政放权，适时取消和下放省级审批事项5项；推进网上审批，推行审批事项办税服务厅集中受理、内部流转、限时办结、窗口出件，提高办税效率。规范税务行政处罚自由裁量权，编写了《山东地税系统税收执法规范》，提升了税收执法规范化水平。

**【税收政策落实】** 大力推进“营改增”工作，主动加强与财政、国税部门配合，共同做好试点纳税人认定和征管信息移交工作，保证了“营改增”工作顺利进行。认真做好煤炭资源税改革，联合财政部门对落实资源税改革措施进行了安排部署。积极争取税务总局调整了黄金等部分资源税税额标准，调整了契税、城镇土地使用税税率或税额标准。引导各级加大税收政策研究与落实力度，全年累计减免各项税收230亿元。其中，全省支持高新技术企业发展减免税收26.7亿元。落实企业研发费加计扣除31.07亿元，同比增长46.06%；落实小微企业税收优惠政策，全省减免营业税及附加16.57亿元，减免小微企业所得税1.65亿元。

**【税种管理】** 强化企业所得税税基管理，组织开展纳税人年度申报后续审核和横向、纵向分析比对，全省补缴税款52.98亿元，同比增长50.32%。认真抓好年所得12万元以上个人所得税自行申报工作，全省受理申报25.26万人，增长17.12%；补缴税款1.72亿元，增长22%。推进海事部门协助加强船舶车船税管理工作，青岛、枣庄在全市范围内实现了船舶车船税委托代征；扩展行业印花税管理范围，依托信息管税强化资源税源泉控管，实现管理性增收5.6亿元；强化房地产业税收管理，扎实推进存量房评估工作，开展商用房评估试点，全省评估调增税款3.24亿元。加大土地增值税清算力度，全省清算项目997个，入库税收35.37亿元。做好税收预警后续管理，处理“附加税费与增值税入库额比对”等信息1.2万条，核实税款2.26亿元。

**【纳税服务】** 积极试点推进《全国县级税务机关纳税服务规范》，大力开展“便民办税春风行动”，不断创新税收服务和管理机制，在税务登记、纳税申报、税款缴纳、发票领用、进户执法等方面，最大限度地为纳税人提供便利。在税务总局组织的全国税务系统纳税人满意度调查中，山东地税综合得分列第6位。完善纳税服务平台建设，强化12366纳税服务热线的业务咨询、税法宣传、政策传递能力。利用各级“纳税人学堂”培训纳税人4万多人次。拓展多元化办税渠道，开通网上申报、网上缴税、网上开票等业务，全省90%以上的纳税人实现了足不出户网络办税。减轻纳税人负担，全省共减少、简并涉税文书、表单32种，精简涉税业务报送资料151项，减少50%以上，实行“免填单”项目扩大至42项；合并、取消13项进户执法项目。

**【税收征管】** 大力推行分级分类管理，积极探索分税种、分行业、分项目、分环节税收管理办法；探索推进税收风险管理，构建7个实体类税收风险指标，税收风险管理体系成功上线运行；研究财务报表涉税风险分析方法，最大限度地使“死数据”变成“活税收”；开展纳税评估，部署实施建筑业等“营改增”行业的专项评估，共评估纳税人1.4万多户，核实税款37.27亿元。有效改进征管方式。认真落实《山东省地方税收保障条例》，积极推进涉税信息共享利用工作，先后与人民银行、国土、财政等部门，达成按需提供企业银行账号、非税收入、土地权属等信息的约定，提高了源头控税水平。优化国地税联合办税方式，因地制宜采取联合办税、委托代征等方式加强国税部门代开发票环节附征税费控管，全省有111个县（市、区）局实现国地税协作办税。联合国土资源部门深化“以地控税、以税节地”工作，全年新获取国土部门宗地信息8万余条，查增应税土地面积1.2亿平方米，查增土地使用税6亿元。

**【大企业税收服务与管理】** 强化大企业税收管理，协同国税部门对中国石油等8户企业集团进行专项审计，核实税款2.38亿元。建立冶金矿产、建筑安装、电子机械和技术服务四个行业风险特征库，梳理出1630个风险特征。与省国税局联合编写110户税务总局定点联系企业山东成员单位税务遵从报告和税收遵从合作协议执行报告。

**【国际税收管理】** 强化国际税收管理，优化非居民税收源泉扣缴和信息管税措施，全省入库非居民税收5.7亿元；加大反避税工作力度，指导滨州市地税局运用受控外国企业措施对“走出去”企业实施反避税调查，作为全国首个案例，得到税务总局充分肯定。加大重点税源控管力度，全省实现涉外各项收入266.11亿元，同比增收11.73亿元，增长4.61％。与省人力资源和社会保障厅建立定期信息交换机制，获取数据13588条，涉及外籍人员12182人，已纳入管理10911人。加强外籍人员个人所得税申报管理，共5820名外籍人员进行了年所得12万元自行申报，补缴税款295.18万元。

**【税务稽查】** 全年全系统查处各类税收违法案件1.45万件，查补收入55.14亿元，增长73.67%，位居全国第5位，查补收入占全省地税收入的1.64%。电子查账工作深入推进，有效提升了稽查工作质效。

**【电子税务管理】** 坚持业务与技术的有机融合，抓好金税三期系统的完善改进工作，主动承担了税务总局80%的优化升级任务，有效解决运维中发现的问题4.7万多个，提高了信息技术支撑能力。推广网络发票，在济南、淄博、东营开展先期试点的基础上，租用云计算中心进行推广，并在全国率先与金税三期系统对接，实现了网络开具发票和发票数据的即时传输、明细查询，全省推广用户5.3万户。在办税服务厅全部推广使用POS机刷卡缴税，实现了税款缴纳与国库直联。

**【政务管理】** 认真落实中央八项规定及省委省政府实施办法，制定落实关于加强机关管理工作的相关意见，完善规范了会议、接待、财务、信访、应急、安全、督查考核等一系列管理制度。依照有关规定开展了规范办公用房、公务用车等专项治理工作，规范了会议、培训、差旅、出国等行政经费管理以及政府采购、“三公”经费支出，提高了行政效能。

**【绩效管理】** 强化组织领导。成立省、市、县三级领导小组和办公室，确定绩效联络员244名。积极组织承接指标，开展模拟考评、试运行、个人绩效试点等，全省地税系统188个县（市、区）局均已全面推开绩效管理。完善制度体系。全面梳理岗责体系，清晰界定各岗位工作职责，努力建立标准化岗责体系。省局准确划分设置机关两大类145个工作岗位，并按照岗责对口原则，将指标细化分解，落实责任到人。同时，针对每项指标建立工作台账，细致研究配套措施和办法，确保指标有效落实。2014年底，基本实现了范围上全面覆盖、体系上形成框架、工作上平稳运行的目标。

**【财务管理】** 建立健全规章制度，提升财务管理工作水平。制定了《山东省地方税务局机关差旅费管理办法》《山东省地方税务局机关经费预算管理办法》等管理办法，与省财政厅研究制定《山东省地方税收保障专项资金管理办法》，对全省地税事业发展的重点工作在资金上予以支持和倾斜。同时，联合制定下发《山东省地方税收保障专项资金绩效评价办法》，全面加强资金管理和监督。进一步完善和提升信息化管理手段，开发了财务管理软件二期，突出了对财务数据的分析和风险预警功能，对加强系统财务管理，防范财务管理风险起到较好效果。

**【政府采购】** 强化政府采购预算的编制和实施。编准、编实、编细政府采购项目，完成全系统换发税务制服、稽查局聘请中介机构查账服务等7个项目的招标采购，为信息中心完成了行业应用软件开发、运维服务和办公自动化设备采购等18个项目的招标采购工作，为机关服务中心完成了物业管理服务、办公楼维保服务和办公家具等16个项目的采购工作。提高政府采购预算执行率。2014年共上报采购计划41条，完成采购预算3081.10万元，节约资金225.22万元，政府采购预算执行率达89.44%。

**【人事管理】** 规范干部人事管理，严格落实政策。组织开展干部超配和提前离岗问题整改，开展各项人事统计汇总和数据分析，对全系统机构编制和人员进行核查并公示，积极推进事业单位人事制度改革，提报并审核批复了省局所属3个事业单位及市以下地税系统108个事业单位的岗位设置方案。

**【教育培训】** 各级广泛开展多层次培训，加强人才培养选拔和使用力度。2014年，省局和青岛市局共有6人被选为全国税务领军人才培养对象，全系统有38人入选税务总局专业人才库。同时，向税务总局干部进修学院、山东省税务干部学校、山东大学经济学院等院校输送了一批兼职教师和税务硕士兼职导师。

【执法督察与内部审计】 采取省、市局“统一确定督察项目，分别实施督察，统一抽查督导”的组织形式，将税收执法督察与“小金库”治理、国务院政策措施落实、培训中心清理整顿和县级纳税服务规范实施等工作督导检查有机结合，共享督察成果，提升了督察成效。围绕落实中央八项规定“庸懒散”专项治理、“便民办税春风行动”、纳税服务效能及服务水平等四个方面，省局组织开展了两次明察暗访活动，取得了较好效果。

【党的群众路线教育实践活动】 认真总结省局和济南、青岛市局第一批教育实践活动经验，在全系统深入开展第二批教育实践活动。一是走好上下联动“一盘棋”。坚持以上率下、以下促上，省局成立领导小组及办公室，从系统内抽调骨干力量组成督导组，省、市两级建立督导组45个，全系统建立基层联系点302个。注重发挥垂直管理优势，对一些自身基层难以解决，或症状在基层、病根在省局的问题，省局机关主动认领、认真研究解决。二是打好整改落实“主动仗”。各级聚焦“四风”问题，坚持把分类限时全面整改与专项整治重点整改结合起来，确定整改任务3935项，推出便民服务措施1837项，建立完善制度2625项，精简会议1453个，压缩“三公”经费3651万元。三是保持作风建设“新常态”。对落实中央八项规定精神、纠治“四风”情况，采取“月报告”“零报告”、市局主要负责人和纪检组长双签字背书以及通知提醒、明察暗访、集中抽查、受理举报等方式，大力开展专项治理，并严肃执纪。

【纪检监察】 严格落实“一岗双责”。始终坚持党风廉政建设工作与地税业务工作同部署、同落实、同检查、同考核，围绕地税权力运行的重点领域和关键环节，对决策权、执法权、管理权等进行规范。不断强化内控机制建设。继续深化科技防腐，完善廉政风险内控机制建设，优化升级廉政风险防控平台，加大了对重点部位、重点环节、重点人群的风险防控，强化了反腐倡廉建设与税收业务工作的有机结合。

【巡视工作】 将巡视与内审工作相结合，组织开展了领导干部离任经济责任审计，配合审计机关开展税收征管和延伸审计等相关工作，认真落实审计意见，建立整改台账，跟踪督导，完善了管理措施。被省内部审计师协会评为内审机构先进单位。切实强化执纪问责和案件查办工作。认真落实中央纪委、省纪委关于深化“三转”、落实监督责任的要求，明确纪检组长不参与业务分工，集中精力聚焦主责主业，不折不扣落实好监督责任。各级纪检监察部门认真开展执纪监督、查处案件和问责追究工作，坚持以零容忍态度惩治腐败。全系统查办案件14起，党纪政纪处分15人。

【后勤管理】 深入开展全省地税系统安全管理大检查，定期对办公楼相关设施进行维护；认真开展省局机关无房干部职工一次性经济补偿工作；加强车辆和消防安全工作，将其纳入系统绩效考核范围，进行严格考核。

【税收科研】 参与省政府重大调研课题《全面深化财税体制改革研究》，并围绕“健全地方税体系”提交了专题研究报告。联合省政府研究室起草了《关于进一步推进政府系统涉税信息平台建设的调研报告》，采取团队攻关的形式，组织相关处室开展税收促进区域经济发展的意见建议、税收现代化建设、建立完善税收分析机制等课题研究，形成了一批研究成果。加强与省宏观经济研究院的协作，建立了调研基地和科研基地，为调研科研工作提供了新的高层次平台。

【税务文化】 深化机关文化建设，在省局机关建设文化走廊，悬挂处室理念、廉政格言，定期制作文化展板。扎实推进地税软实力建设，组织开展“提升基层软实力大讨论”和“山东地税价值理念”征集活动，并在部分市、县局进行软实力建设试点。抓好先进典型的培养和宣传，组织开展寻找“最美税务人”活动，总结推介了53位党员干部的先进事迹。唱响“健康和谐、快乐工作”主旋律，先后组织了机关干部职工拓展训练、财税机关运动会、迎国庆书画比赛等文体活动，增强了干部职工的沟通交流和身心健康。

（蔺　萍）

# 税收法治

【审批制度改革】 积极推进税务行政审批制度改革，通过《山东省地方税务局关于公开省级行政审批事项的公告》（山东省地方税务局公告2014年第4号），向社会公布山东省级地方税务行政审批目录及承诺办理时限；编制市、县级行政审批目录，保证了市县行政审批目录的规范、统一；依法取消和下放税务行政审批事项，先后取消“享受小型微利企业所得税优惠的核准”等10余项税务行政审批事项；将“城镇土地使用税困难减免审批”下放至设区的市级地方税务机关。建立税务行政权力清单制度，组织对山东省级地方税务行政职权进行梳理，填写权力事项表，编制权力运行流程图，形成权力清单，并向社会公布；对市、县级地税机关实施的权力事项进行全面梳理，整理形成山东地税统一的行政权力事项目录，印发各市县局参照上报各级政府，由当地政府公布施行。

【制度机制建设】 完善行政处罚裁量制度，联合山东省国税局共同制定《山东省税务系统规范行政处罚裁量权实施办法》（以下简称《实施办法》）及《山东省税务系统行政处罚裁量基准》（以下简称《载量基准》）并向社会公告。《实施办法》共30条，内容主要涉及法律依据、适用范围、基本原则和法定程序等，对从重、从轻、减轻和不予处罚情节进行了明确规定，特别对简易程序、一般程序、听证程序的适用进行了规范。《裁量基准》共涉及52项、7大类税收违法行为，每条由违法行为、法定依据、裁量阶次、适用条件、具体标准5部分组成，违法程度分为“轻微”“一般”“较重”和“严重”4个档次，并明确了相应的处罚标准。该公告的发布，可有效解决山东省内各级国税、地税系统内部以及国税、地税部门之间的处罚标准不统一、处罚程序不规范、处罚裁量差别较大等问题，破解了多年来困扰基层税务执法的一大难题，使税务部门的行政处罚裁量管理实现了制度透明规范、标准掌控科学规范的目标，增加了税务执法的公信力，在山东省税收管理史上，具有标志性意义。编写《山东地税系统税收执法规范》，将税务登记、发票管理、纳税申报、税款征等11个执法环节上的执法事项进行梳理，规范统一了执法标准；以此为依据，先后在德州、济南市地税局进行税收执法规范化建设试点。这一举措，有效解决了目前山东省地税系统税收执法标准不统一、执法程序不规范、文书使用不严谨、执法考核不真实等一系列问题，为落实依法行政、提高税收收入质量、降低执法风险开辟了新路，奠定了基础。

【综合税收政策管理】 积极推进税收优惠政策落实，建立税收优惠政策动态管理机制，对截至2014年9月底的地方税收优惠政策进行全面梳理，编印《现行地方税收优惠政策》（2014版），同时发布电子版，为各方面快速查询了解政策，准确及时落实优惠政策提供了方便；加大优惠政策落实力度，树立“不落实优惠政策也是收过头税”理念，围绕促进小微企业发展、民营经济发展、资源型城市转型、创业就业、职业教育发展、城镇化建设和现代农业发展等税收政策落实情况，组织专题调研和跟踪反馈，发现问题并提出改进意见，完善管理措施；加大对特殊群体就业创业扶持力度，配合山东省财政厅报经山东省政府批准，将扶持自主就业退役士兵、重点群体创业就业税收优惠政策限额标准，上浮至国家准许的最高线；通过会签文件、联合调研、常规沟通等方式，主动配合山东省直有关部门研究落实税收对各项经济社会事业发展的具体优惠政策，促进了山东省各项事业发展，得到了相关单位的一致认可。组织完成两次美对华双反调查问卷涉税信息的填写工作。加强税收规范性文件管理，严格执行相关制定、解读、备案、发布等规定；完成《2013年地方税收规范性文件汇编》和5期《地方税收法规公告》的编印工作。

【税收法治工作】 开展推进地方税收现代化专题研究，就税收执法问题进行专题深入调研，剖析当前税收执法中存在的突出问题和原因，从多个角度对强化执法监督、创新管理机制提出了意见建议，形成调研报告。探索建立地方税收政策法规服务支撑平台，将法规库、问题库、案例库、税法学习自主考试题库等功能纳入统一规划，并与12366纳税服务平台有效整合，推行一体化建设，为解决税法知识查询不便、法律法规管理滞后、综合涉税问题不能快速答复、复杂执法案例缺乏指引、干部学习测试缺乏支撑手段等问题创造条件。健全复议、应诉应对机制，畅通行政复议渠道，运用法治思维和法治方式依法及时化解税务争议，切实提高行政复议的公信力；全年及时、妥善处理税务复议应诉案件，办理复议案件2起、应对诉讼案件1起、承办信访案件12起、牵头组织复核拟移送案件2起。

**【队伍管理】** 全年举办山东地税法制骨干培训班2期，各市、县（市、区）局和中心所的法制员150多人参加培训。依托山东地税网络教育学院，组织人员编写考试题库，制作考题1300余道，首次组织了法制员在线业务考试，督促系统人员自觉学习税法。利用内外网的"QQ群"等信息化手段，建立法规部门内部沟通交流平台，及时交流工作情况，提高办事效率。把年初确定的重点工作，根据基层情况进行分解，由市局配合共同完成，既调动了市局的工作积极性，又使省局安排的工作直接与基层实际结合，取得了较好效果。

（焦 琴）

# 营业税管理

**【税制改革】** 一是"营改增"试点工作在全省顺利实施。根据国家统一部署，全省各级营业税管理部门深入贯彻全国"营改增"试点工作视频会议精神和省委、省政府决策部署，积极配合国税和财政等部门，省市县三级联动，准确及时地将符合试点条件纳税人数据传给国税部门。2014年，全省共移交铁路运输业36户、邮政服务业985户和电信业890户，确保了"营改增"试点的顺利平稳运行。2014年全省地税系统累计完成营业税1134亿元，同比增长6.74%，增收71亿元，占地税收入总额的33.8%。二是"营改增"试点后续管理工作扎实有效。针对"营改增"后地方税源减少、地方税费征管难度加大等问题，及时下发了《山东省地方税务局关于加强"营改增"试点纳税人税收管理的通知》和《关于落实好"营改增"后地税部门试点收入任务调整工作的通知》，组织各市认真开展"营改增"工作回头看活动，加大税款清理清查工作。截至2014年12月，全省对交通运输、现代服务业、铁路运输和邮政业四个行业共清理欠缴营业税13790万元，确保税款应收尽收。同时，积极探索建立与"营改增"等税制改革相适应、与税源状况相协调的征管模式，完善与国税部门的信息交换机制等加强"营改增"后地方税收管理的应对措施，并向省政府上报了《关于进一步加强“营改增”后地方税收管理工作的报告》。三是切实落实好小微企业税收优惠政策。自国家出台新一轮小微企业税收优惠政策以来，全省各级营业税管理部门积极作为，通过简化办税程序、汇总解答问题、召开企业座谈会等手段，确保小微企业税收优惠政策及时落地。据统计，自2013年8月该政策执行以来，全省小微企业纳税人受益减免营业税及附加15.53亿元，惠及全省31.3万户营业税纳税人，惠及面达到80%以上。同时，向国家工信部、国家税务总局推荐了21家中小企业信用担保机构，更好地支持和引导中小企业信用担保机构为中小企业特别是小企业提供贷款担保和融资服务，缓解了中小企业贷款难融资难问题。

**【税收管理】** 一是有效解决跨区域重大建设项目税源管理问题。为有效防范税务执法风险和税收流失，切实解决各地争抢跨区域重大建设项目税源问题，本着执法与服务并重、努力降低纳税人纳税成本和纳税风险的原则，通过实地调研，就山西中南部铁路通道“四电”工程项目下发了《关于山西中南部铁路通道“四电”工程项目税收管理有关问题的通知》，有效解决了济宁、泰安、淄博、莱芜、临沂、日照6市15个县（市、区）税源划分不清问题，促进了跨地区重大建设项目的税收管理，取得明显实效。二是及时解决铁路通道压矿补偿税收问题。经多次调查研究后，就山西中南部铁路通道压覆矿产补偿款征收营业税问题提出了解决意见和办法，并在莱芜和济宁市及时落实到位，化解了矛盾，既确保了铁路建设重点项目的顺利开展，也保障了纳税人的合法权益。三是规范债券开放式回购营业税管理问题。根据泰安市地税局上报的《关于债券开放式回购业务是否征收营业税问题的请示》，针对银行业以债券开放式回购形式进行融资的行为日益增多的实际，经调研和多方咨询，明确逆回购方从事买断式回购行为，应按照“金融保险业——转让金融商品”征收营业税，为进一步规范全省金融业营业税税收管理打下基础。四是妥善解决“旧城改造”税收问题。根据各地请示的个案，如淄博的新区建设、日照的城区改造等，及时逐一对所反映的问题进行调查和研究，在明确相关税收政策的前提下，提出了妥善解决的意见和办法，避免了群体性上访事件发生。同时，把各地“旧城改造”好的经验做法梳理汇总成册，在全省进行推广，起到较好的示范带动作用。五是稳妥提出全国首例石油分成合同权益转让税收问题方案。据东营市地税局反映，其在能源开发公司转让石油分成合同权益取得的收益涉税问题上与能源开发公司存有较大分歧，因该项涉税问题涉及国外企业和国家利益，为慎重起见，工作人员先后到东营市地税局和省国土资源厅就相关问题进行详细了解、咨询和研究，并根据营业税现行规定，明确能源开发公司转让石油分成权益行为属于营业税征收范围，根据其转让价格，应征收营业税及附加约7000万元。鉴于能源开发公司在东营市办理税务登记，主要经营地也在东营市，并且该公司一直未按规定向注册地北京市地税部门申报纳税的实际情况，建议东营市地税局报东营市政府批准后，向纳税人按规定征收营业税。六是积极为“三联彩石山庄房地产项目处置”案提供税收政策支持。为妥善解决三联彩石项目购房人和债权人的合法诉求，维护社会稳定，经认真调研后，根据现行税法规定，对三联彩石山庄项目处置涉税人提出解决意见和方法，并及时与相关部门沟通落实。截至2014年底,法院执行扣缴税款1.7亿元，避免了税收流失。

**【税收分析调研】** 一是切实抓好收入质量问题。根据审计和日常管理工作中所列举和发现的营业税收入及其质量问题，共筛选疑点1577条，案头评估195条，组织精干力量重点对营业税收入增幅较高的潍坊、菏泽、临沂、威海等地的8个县市区进行实地调研和工作督导，认真分析查找产生问题的深层次原因，约谈指导相关市地逐一整改落实，提出重视和强化营业税收入质量工作的具体工作要求，促进了全省营业税收入的健康增长。二是认真开展对行政事业单位资产处置税收调研。针对行政事业单位的土地使用权和房屋产权在无偿划转中，因政策不明确、执法不统一和纳税意识淡薄而造成的税收管理问题，组织全省开展对行政事业单位资产转让现状和存在的税收管理问题摸底调查，并对土地使用权和房屋产权无偿划转有关营业税问题进行深入探讨。向税务总局上报了《关于行政事业单位资产权属转移环节营业税问题的调研报告》，为税务总局研究解决资产划转有关营业税问题提供了翔实的基础资料。三是积极开展房地产交易政策调研。按照国家税务总局通知要求，对全省房地产登记管理中有关办理个人赠与不动产情况进行了调查，并将该项政策执行中存在的问题和建议等相关情况整理后，形成《关于个人向他人无偿赠与不动产办理登记手续调查情况报告》，并及时向总局报告。四是扎实开展金融业调研工作。为进一步规范和堵塞税收漏洞，促进全省县域金融业快速健康发展，在全省范围内组织开展对各类金融机构在县（市）和重点乡镇的分支机构设置、业务开展情况、税收征管等情况进行调研。同时，为详细掌握目前县域金融业营业税管理情况，组织精干力量，分别到青岛、东营、滨州和泰安等地深入征管第一线，充分听取基层征收单位和纳税人的意见和建议，并形成了《税收视角的我省县域金融发展分析》调研报告，为全面加强和规范金融业管理打下基础。五是积极参与省委、省政府和省局的重点调研工作。2014年以来，根据省局的工作安排，先后参与了省政府安排地税局的重大调研课题《全面深化财税体制改革》分课题“建立地方税体系”的研究，还与办公室、企业所得税处联合承担了省政府《发挥税收职能促进小微企业发展》等两个专项课题的研究。牵头开展了《“营改增”对我省地方税收的影响》课题研究。另外，还积极配合收规处、法规处、纳税服务中心等处室做好税收现代化分课题研究，并提出意见和建议。

【营业税日常管理】　一是扎实开展绩效管理工作。按照税务总局的总体部署和省局绩效办的要求，统一思想，提高认识，切实领会推行绩效管理是行政管理体制改革的大势趋，更是山东地税科学发展的重要保障。根据年初全省地税会议精神以及总局的重点工作部署，在绩效内容设计上突出导向性、公正性和激励性，经多次提炼、修改，科学制定本处室和各市地的绩效考评指标，确保绩效管理顺利推进。二是强化第三方信息采集和利用工作。与省发改委、省统计局等部门加强联系沟通，建立重大跨区域建设项目信息、营业税相关行业经济运行数据的交换机制。充分利用从省发改委获悉的全省重点建设项目108个，总投资2060亿元和年度计划投资630亿元等信息，重点对“青荣城铁”等重大建设项目开展税收对经济发展效应分析和调研，并为协调各市重大跨区域建设项目的税收管理提供了充分的外部数据支持。三是加强与相关处室的配合工作。根据省局工作安排，多次配合收入规划核算处对全年营业税收入进行统计分析，对税收优惠政策落实情况、2013年减免税统计调查数据以及2015年营业税收入进行核实和预测。同时，还对《山东省地方税务局税收分析工作规程》提出意见和建议；积极配合法规处开展行政权力审批清理工作，对《现行地方税收优惠政策》进行审核，完成法规处安排的《一年期以上返还性人身保险业务的保费收入免征营业税政策效应分析》工作。同时，配合纳税服务中心对《全国县级税务机关纳税服务规范》提出意见和建议。四是认真完成交办件回复工作。及时做好省人大调研、省政府和省直有关部门的交办件回复工作，积极解答或解决具体涉税问题，努力为地方经济社会发展服务。全年共办理38个交办件和会签文件，其中对16份会签文件提出了修改意见和建议，有效发挥了营业税的职能作用。

（王　涛）

# 企业所得税管理

【税收政策落实】　一是全面落实小型微利企业所得税优惠政策。制定下发《关于小型微利企业所得税优惠政策管理有关事项的公告》《关于进一步加大小型微利企业所得税优惠政策落实力度的函》等文件，明确省内相关政策的具体执行标准和口径。在此基础上，先后两次召开专门会议，对各地落实税收优惠政策工作提出了明确要求。编印《支持小型微型企业发展税收优惠政策汇编》10万册，免费发放给纳税人。与省中小企业局一起对全省9003户重点企业办税人员进行了小微企业优惠政策视频培训。全省地税系统45604户纳税人享受小型微利企业所得税优惠，受惠面达99.47%，减免企业所得税2.11亿元。关于小微企业政策落实情况的汇报，先后得到山东省副省长张超超和省地税局局长张洪军的批示表扬。二是扎实做好税收优惠资格认定。积极加强与科技、经信、民政、文化等部门配合，参与高新技术企业、综合利用资源、动漫企业、非营利组织及公益性捐赠等项目免税资格的审查认定。2014年，省局共对516户高新技术企业、243户企业的276套环保设备、5户动漫企业、51户社会团体的公益性捐赠税前扣除资格和10户非营利组织免税资格进行了审查认定。三是积极落实各项惠民生促发展的税收优惠政策。认真贯彻落实国家支持科技创新、节能环保、循环经济等各项税收优惠政策，积极促进产业结构调整，加快经济发展方式转变。2013年，全省共直接减免企业所得税28.27亿元。四是开展税收政策落实专项调研分析。为进一步加大研发费加计扣除优惠落实，对2014年参加专题视频培训的3526户企业进行跟踪逐户调查，对企业享受该项政策情况和未申请该项优惠政策原因进行分类分析，进一步加强了政策落实力度。结合近几年全省企业所得税政策落实情况，陆续在全省范围内开展了小型微利企业所得税优惠政策落实、棚户区改造政策落实、企业重组事项所得税政策执行情况的调研，开展政策效应分析，并形成调研报告报省委和国家税务总局，为领导决策和政策完善提供有力依据。其中，围绕省政府《关于加快文化产业发展的意见》，制定下发了《促进文化产业发展的8条税收服务措施》，从加强税收优惠政策宣传、落实、管理和服务等八个方面，提出了具体措施和要求，山东省常务副省长孙伟、省委宣传部部长孙守刚、副省长季缃绮和省局局长张洪军给予批示表扬。

**【企业所得税管理】** 一是加强企业所得税征收管理。加强预缴管理，将预缴管理纳入绩效目标考核，确保了预缴税款及时足额入库。加强汇算清缴管理，指导各地统筹安排好汇算清缴宣传培训、申报受理、汇缴审核、分析总结等各阶段工作；协调做好企业所得税汇算清缴系统和金税三期工程软件的衔接，确保汇算清缴数据汇总和总结工作顺利完成。全省汇缴入库企业所得税52.98亿元，比上年增长98.72%，增收26.32亿元。二是规范企业所得税优惠事项管理。根据《国家税务总局关于公开行政审批事项等相关工作的公告》要求，制定下发《山东省地方税务局关于2013年度企业所得税优惠事项申报工作的通知》（鲁地税函〔2014〕14号），规范明确“金三”系统企业所得税优惠事项的工作流程及附列资料；举办金税三期工程企业所得税业务师资培训班，讲解金税三期工程应用系统企业所得税体系；按企业所得税优惠事项对金税三期工程应用系统表、证、单、书（企业所得税部分）进行详细讲解。三是企业所得税专业化管理初见成效。坚持风险管理理念，对企业所得税管理各环节进行梳理，排查管理中的风险点，依托“信息管税”，分析比对风险疑点，制定完善管理制度，促进风险管理规范化。制定加强股权转让企业所得税征管措施，着力构建企业股权转让所得税征管长效机制。研究完善非营利组织认定和企业重组所得税管理办法，强化特殊事项企业所得税管理。建立后续管理事项的电子台账，实现对企业申报征收各环节、各税基要素的有效管理，促进了企业所得税管理质效的全面提升。其中，省局深化信息管税，规范税基管理的经验做法，在全国所得税工作会议上作了专项经验交流。四是做好企业所得税收入预测分析工作。加强经济税收研究分析，建立了企业所得税收入分析制度，收入分析工作得到国家税务总局3次通报表扬。经过系统上下的共同努力，2014年，全省企业所得税入库372亿元，同比增收19.5亿元，增长5.53%。

**【所得税纳税服务】**　将优化企业所得税纳税服务作为“便民办税春风行动”和“三个三”（国家税务总局提出的“三个服务”“三个实在”“三个禁止”）主题活动的重要内容进行积极推进，提升了企业所得税服务水平。按照税务总局关于开展清理行政权力审批事项的要求，对保留的行政审批事项确定审批程序和时间，对非行政许可审批事项结合金税三期系统进行全部梳理规范，明确了纳税人申报的程序、附报资料和流程，并正式发文对外公开。创新优惠政策服务方式，首次在全省范围内开展“税收优惠政策直通车”活动，先后对山东能源集团和山东黄金集团有限公司开展研发费加计扣除等企业所得税优惠政策的专题培训，对9003户小型微利企业办税人员进行优惠政策视频培训。对未享受小微企业、固定资产加速折旧税收优惠的企业，发放税收优惠政策告知函，告知其享受优惠的政策、条件及流程，提高纳税人享受优惠政策的及时性和便捷性。

（孙　振）

# 个人所得税管理

**【收入情况】**　2014年，全省共组织个人所得税收入287.93亿元，同比增加26.57亿元，增长10.17%，是地税收入第三大税种。

**【收入分析】**　一是坚持开展月度税种分析。树立“既要管好政策，又要抓好收入”思想，将收入分析作为个人所得税管理的日常内容，按月分析个人所得税收入增减变化及相关因素，结合个人所得税特点及经济发展状况，开展预测分析，受到国家税务总局通报表扬。二是积极加强政策效应分析。针对国家“新三板”公司派息分红差别化征收政策出台，撰写《中小企业股份转让系统挂牌公司股息红利差别化个人所得税政策的影响分析》；积极研究全省农村信息社派息分红恢复征税政策的税源影响情况，促进政策性增收。三是贯彻落实收入分析制度。根据省局收入分析会议制度要求，统一开展相关税收和经济分析，并结合全省经济发展状况和个人收入特点以及日常征管等情况，进行全面分析，为领导决策提供依据。

【全员全额扣缴申报和自行申报】 一是继续推进全员全额扣缴申报工作。通过完善申报软件、加大辅导力度等措施，不断夯实扣缴申报基础。全省全员全额扣缴申报面达90%以上。二是认真抓好2013年度年所得12万元以上个人所得税自行申报工作。全省受理申报25.26万人，同比增加3.69万人，增长17.12%，补缴税款1.72亿元，同比增加3108万元，增长22%。三是做好个人完税证明集中打印工作。为明细申报纳税人集中打印、邮寄完税证明650余万份，确保了纳税人的合法权益，在全国所得税工作会议上，受到税务总局领导表扬。

【重点所得项目管理】 一是研究制定高收入行业税收管理措施。召开个人所得税管理现场会，分析高收入群体分布及收入特点，制定具体工作措施，规范重点税源管理。二是认真开展了两处以上所得比对、核查工作。专门召开会议布置全省两处以上所得核查工作，并下发文件，明确工作目标任务和要求，全省共核查纳税人11.03万人，补征税款6423万元。三是切实加强股息红利、财产转让、财产租赁等非劳动所得项目的管理。引入综合治税措施，积极获取第三方涉税信息，强化非劳动所得税源监管，工作经验得到税务总局认可，在全国所得税工作会议上进行交流。

【征收管理及政策调研】 一是参与税务总局个人所得税制改革研究。作为总局个人所得税制度课题研究小组成员，承担并完成了“综合分类税制下所得项目设计”课题研究任务，为税制改革提供基础参考。二是主动做好新出台政策调研。针对企业年金、职业年金和“新三板”企业股息红利个人所得税政策，深入相关企业和单位进行了专题调研，归集、整理政策执行存在的问题，研究处理意见和信息化业务需求。三是组织开展前瞻性调研。积极探索个人股权转让个人所得税管理措施，研究提出链条式管理方法和实施内容；组织开展了建筑安装业异地施工作业和非货币性资产对外投资个人所得税调研，向税务总局上报了政策完善意见和建议。

【业务交流培训及信息化建设】 一是及时总结各市局好经验、好做法。为各地提供经验交流平台，提倡相互学习、相互交流，共转发各市局好经验、好做法19篇，推广了多项管理措施。二是深入基层解决政策中的实际问题。了解和掌握基层税务部门政策执行中遇到的问题，对相关政策及管理实际进行深入分析研究，及时明确相关政策，解决执行难题。三是组织举办2014年度全省个人所得税业务培训班。培训内容涵盖个人所得税政策法规、税制改革以及个人所得税管理形势和任务等多项内容，培训业务骨干135名，丰富了基层征管人员业务知识，收到了良好的培训效果。四是加强信息化建设。针对金税三期工程上线运行中存在的问题，认真分析、调研，先后对税务机关开具发票扣缴个人所得税税征收、明细申报模板、相关账证表单等，进行了修订和完善，确保了金税三期工程的正常运转，满足了基层税收管理和纳税人申报的需要。

（张 倩）

# 财产行为税管理

【收入情况】 2014年，全省共组织财产行为税收入705.57亿元，同比增长10.72%，增收68.31亿元，占全省地税各项收入的19.73%。

【煤炭资源税改革研究】 一是全程参与煤炭资源税费改革方案设计工作。采集分析数据1万余条，论证了7套改革方案；提出改革建议20余条，多项建议被国家税务总局采纳，争取了运费扣除方法等3项省级权限。二是协调多部门，与省财政厅共同完成全省煤炭资源税税率测算。经省政府批准后报财政部、国家税务总局备案。三是做好改革动员、培训及纳税服务工作。采取以会代训等形式两次对全省地税系统业务骨干50余人进行了改革精神传达和政策培训；对山东能源集团等大型煤企120名财务人员进行了政策讲解与纳税辅导。四是制定征管措施，确保改革顺利实施。联合省财政厅下发《山东省煤炭资源税从价计征实施办法》，指导11个产煤市合理制定地区洗选煤折算率。

【资源税政策调整】 一是积极争取国家税务总局调整岩金矿石税额标准和等级标准。调研测算、合理确定山东省未列入《岩金矿资源等级表》的66户岩金矿资源等级，报省政府批准后与省财政厅联合下文明确，促进了资源节约利用，增加了地方收入，比上年增收1.6亿元。二是利用省级权限，联合省财政厅将花岗岩、大理石单位税额由6元提高到10元，规范了开采秩序，每年可增收2亿元。

【税种管理】 一是加强附征税费管理工作。因地制宜采取联合办税、委托代征等方式加强国税部门代开发票环节附征税费控管，全省有111个县（市、区）局实现国地税协作办税。枣庄、泰安、济宁、日照、莱芜、东营、淄博等已涵盖全市范围，2014年全省实现收入8000万元；协同税源管理部门做好利用增值税、消费税信息加强附征税费预警，发送预警信息1.2万条，核实税款2.26亿元。二是实施信息化管税。扩展行业印花税管理范围，在外出施工、政府采购、土地出让等领域实现拓展，依托信息管税强化“以远程监控为突破，以代扣代缴为抓手，以科学核定为补充”的资源税零散税收管理新模式，两项实现同比增收5.6亿元；有效推进海事部门协助加强船舶车船税管理工作，青岛、枣庄在全市范围内实现了船舶车船税委托代征；下发了《关于规范车船税征收管理工作的通知》，严格规范及落实车辆车船税代收代缴工作。三是制定《山东省车船税联网征收上线工作方案》。与征管、信息中心等部门共同做好启动联网上线的准备工作。

**【调研科研】** 一是参与国家税务总局地方税改革研究任务，山东省地税局为多项改革研究任务的核心成员单位。仅煤炭资源税改革先后撰写8篇调研报告，上报4篇共计2万字；作为核心成员单位全程参与环境税立法起草及税制研究；与省局办公室联合完成地方税体系研究课题报告被收录进《中国税务发展报告》。二是承接省政府重点调研课题。与省局办公室联合完成《煤炭资源税费改革对我省影响及政策分析》入选省政府《决策参阅》，同时被国家税务总局《税收经济调研》专题和国家税务总局税收科学研究所《研究报告》专题刊载。三是完成国家税务总局调研任务9项。先后完成车船税网络申报、财产行为税征管信息化、综合治税建设等调研，全省范围内自主开展印花税票代售、行业印花税管理、工会经费代收、车船税等征管调研，对岩金资源税征管效应、代收费管理进行重点分析。其中《地热资源税开征研究》在调研专刊发表；岩金矿资源税、金融保险业印花税管理等已经转化为管理创新成果，分别上报国家税务总局收入规划核算司和财产行为税司并被肯定。四是加强收入分析工作。国家税务总局以税总函〔2014〕144号文件对省局收入分析工作予以表扬。

**【规范代收费管理】** 依法做好地方教育附加、残疾人就业保障金、地方水利建设基金、工会经费等非税收入的代收工作，下发《关于进一步加强代收规费（基金）管理工作的通知》，规范基层收费服务，扩大地税部门的影响力，得到工会、残联等相关部门及纳税人的认可。省人大常委会副主任尹慧敏对工会经费代收工作作出批示给予肯定。财产和行为税处被省委、省政府表彰为山东省助残先进集体。

（毕丽辉）

# 土地房产税管理

**【“以地控税、以税节地”工作】** 与省国土资源厅紧密配合，继续推动两部门“以地控税、以税节地”制度办法的贯彻落实。2014年全省各级地税部门新获取国土部门宗地信息8万余条，通过以地控税查增应税土地面积1.2亿平方米，查增城镇土地使用税6亿元。联合省财政厅、省国土资源厅研究提出了《盘活企业低效用地的指导意见》，共同加强土地集约节约利用。大力宣传推广山东省“以地控税、以税节地”经验做法，先后分别被《新华社〈山东参考〉清样》《人民日报》《光明日报》宣传报道。“以地控税、以税节地”项目还被列为省地税局2014年度工作创新项目上报国家税务总局，并被国家税务总局评选为一等创新项目。

**【土地增值税征管】** 举办全省土地增值税业务培训班，培训全省业务骨干100余人。制定下发《山东省地方税务局关于深入开展土地增值税清算工作的意见》《2014年土地增值税清算工作计划》《转发〈国家税务总局关于建立土地增值税工作情况通报制度的通知〉的通知》，切实加强土地增值税清算管理。2014年，山东省（不含青岛）共完成土地增值税清算项目875个，清算补缴税款14.4亿元。加强对清算工作的督导。帮助基层剖析、处理有关清算成本扣除、项目划分、收入确认等棘手问题，及时总结基层工作经验，促进了各地清算工作水平的提高。

**【存量房评估】** 转发《国家税务总局关于进一步加强存量房交易税收征管工作的通知》，继续深化存量房评估管理长效机制。制定《存量房评估工作督导检查实施方案》，通过评估系统后台调取数据进行案头分析，并赴部分市局开展督导。审核枣庄存量房交易价格评估系统升级改造预案，进一步完善系统，促进存量房评估管理的科学化、规范化，为下一步全省系统升级积累经验。继续推进淄博市淄川区、临淄区两地商用房评估试点，两地评估系统评估商用房交易91套，评估申报价格4228万元，累计入库各项税款470万元。按月调度存量房评估数据，分析全省存量房评估效果。2014年，全省存量房评估系统累计受理二手住房交易15.78万套，评估调增计税金额68.95亿元，调增税款3.24亿元，调增率11.32%。

**【耕契两税管理】** 制定《关于耕地占用税、契税征收管理有关问题的通知》《关于明确通过法院判决承受房地产权属有关契税问题的通知》等相关政策口径。自2014年7月1日起，对淄博、枣庄、东营、烟台、潍坊、济宁、威海、日照、莱芜、德州、聊城、菏泽等12市的国有土地使用权出让契税适用税率由3%调整为4%，全年同比增收契税17亿元。开展对部分市局重点税源企业耕地占用税征管情况的督查，化解执法风险。认真落实房地产交易环节“先税后证”制度，在“二手房”契税计税依据确定环节全面应用存量房计税价格评估结果。总结推广“先税后备案”办法，破解商品房契税征管难题。加强与国土部门信息共享，及时获取2013年度、2014年度用地审批信息。

**【政策管理】** 结合山东省近几年城镇土地使用税税额调整情况和有关省市税额标准设置情况，与省财政厅联合向省政府提出了土地使用税税额标准调整意见。《山东省人民政府关于调整城镇土地使用税税额标准的通知》下发后，及时协调做好金税三期工程核心征管系统中相关调整事项，并对税负变化情况进行深入测算分析。进一步加强土地价值计入房产原值计征房产税工作，开展地价计入房产原值征收房产税清查。认真执行《关于调整淄博等市契税适用税率的通知》，探索建立业务请示、答复登记制度，据统计，全年答复各级地税部门、政协提案反映的问题和纳税人政策咨询1500多人次。将城镇土地使用税审批权限下放至设区的市级地税机关，提高减免税办税效率，方便纳税人。开展了房地产税制改革等13项政策调研。梳理土地房产税收减免税政策，形成了5个税种9个大类共计127项减免税事项及报备资料清单。整理历年来土地房产税优惠政策文件，筛选现行有效规定，编印了《土地房产税优惠文件汇编》。2014年，房产税、城镇土地使用税、土地增值税、耕地占用税、契税五税累计完成1085.69亿元，同比增收154.91亿元，增长16.64%，超过全省收入增幅5.88个百分点，占全省地税总收入的32.36%，土地房产税收入在地方税收总量中的比重不断提升，对全省地方税收收入增长的贡献率持续提高。

（侯文燕）

# 国际税收管理

**【非居民税收管理】** 通过以居民企业控管非居民税收，加强跨境税源信息分析监控，强化非居民税收管理。2014年全省实现非居民税收收入5.7亿元。一是为进一步加强国税、地税部门配合，提高全省国际税务管理工作整体水平，与省国税局联合下发《关于进一步加强国际税收征管协作的通知》（鲁国税发〔2014〕74号），为各地加强非居民税收管理提供了保障机制。二是对国际税务事项进户执法项目进行梳理、简并，取消了非居民享受协定待遇事项的核实、非居民享受税收协定（包括港澳台安排、协议）待遇审批和备案的核查、非居民享受税收协定待遇日常审验、非居民企业间接转让股权审核、特别纳税调整跟踪管理等5项进户执法项目。三是指导淄博、临沂、潍坊等市局对非居民企业收取的特许权使用费、租金、限售股转让收入等征收企业所得税、营业税，征收税款5000余万元。

**【“走出去”税收服务与管理】** 一是开展“走出去”企业调研。为摸清底数、完善政策、优化服务、加强管理，对全省“走出去”企业开展调查工作，了解“走出去”企业存在的问题、困难以及对纳税服务的意见建议。截至2013年底，全省对外投资企业所得税在地税管理的企业为269户，涉及境外企业403户，投资金额176亿元。二是加强宣传辅导引导纳税遵从。为帮助企业提高税收遵从意识、防范和规避税收风险，组织编写了《山东省境外投资企业及个人境外所得地方税收纳税遵从与境外税收争议处理指引》，在省局外网、内网登载，以小册子、纳税人明白纸、税收公告等形式，免费发送到每一户“走出去”企业，并进行一对一辅导讲解。三是规范流程明确纳税服务内容及方向。在了解“走出去”企业服务需求，梳理相关政策的基础上，与省国税局联合下发《关于优化“走出去”企业税收服务和意见》，向纳税人明确和细化服务事项和重点、服务方式方法、风险防范和服务保障等制度，初步形成“走出去”服务和管理的规范化、精细化新格局。《中国税务报》2014 年 11 月 17 日在头版刊登山东省地税局为“走出去”企业服务的做法。

**【反避税管理】**　一是做好特别纳税调整立案和结案工作，将全省 11 户达到立案标准的案例上报税务总局，共计调增应纳税所得额 13.6 亿元，调增税款 1.83 亿元。二是组织召开反避税案例交流会议，开展反避税案例交流，对案例充分分析和研究，发挥示范引导作用，推动全省反避税工作向纵深发展。三是完成对外支付大额费用调查，全省共计调查 2004—2013 年对外支付大额费用 1002 笔，涉及 176 户企业，总计对外支付金额 109.43 亿元，代扣代缴税款 5.5 亿元。

**【协定执行和情报交换】**　一是受税务总局委托，起草《国家税务总局关于委托投资情况下认定受益所有人问题的公告》（国家税务税局公告 2014 年第 24 号）。二是下发根据税收协定进行常设机构判定征收个人所得税、外籍运动员奖金征收个人所得税、准确判定特许权使用费与劳务费征收营业税等案例，供全省学习借鉴，正确执行税收协定，切实提高国际税务管理水平。三是深入核查税务总局转来的外来税收情报，核查日本自发情报 1 份、专项情报 1 份，补缴税款 109 万元；积极提供对外自动税收情报，组织收集制作美国、日本、韩国、澳大利亚、加拿大等五国自动税收情报 410 份，认真履行情报交换义务。

**【外资企业和外籍个人税收管理】**　一是与省商务厅等部门合作，扎实开展外商投资企业联合申报工作，联合申报企业 14432 户，投资总额 1604.44 亿美元，实收外资 603.75 亿美元；做好收入质量分析工作，每月调度收入完成情况，按季进行税收收入分析，及时掌握税收增减变动因素，增强组织收入工作主动权；加大重点税源控管力度，确保涉外税收收入稳定增长。2014 年，全省实现涉外各项收入 266.11 亿元，同比增收 11.73 亿元，增长 4.61 %。二是与省人力资源和社会保障厅签订合作备忘录，建立定期信息交换机制，获取数据 13588 条，涉及外籍人员 12182 人，已纳入管理 10911 人，为掌握外国人来鲁就业信息强化个人所得税收管理奠定基础。三是加强 2013 年度年所得 12 万元以上外籍人员个人所得税申报管理，全省共 5820 名外籍人员进行了年所得 12 万元以上自行申报，补缴税款 295.18 万元。

**【工作推动及国际税收培训】**　一是通过召开片区工作座谈会及反避税案例交流会，发挥典型带动作用，推动各地工作开展；二是在内网腾讯通建立“国际税收交流群”，为省、市、县三级从事国际税收工作人员搭建探讨、交流国际税收业务的平台；三是指导各市局对县市区开展巡回业务辅导，通过实地指导、面对面辅导，发现跨境税源线索，提升基层识别国际税收风险和处理国际税收业务的能力；四是组织举办全省地税系统国际税收业务培训班，对非居民、反避税、税收协定、情报交换、“走出去”企业等重点税收业务及企业资本运作、外汇管理等相关知识进行培训。

（李　哲）

# 税收征收管理

**【征管调研】** 完成现代税收征管改革课题研究，全面系统地论述了改革的必要性和紧迫性，客观分析了国内外征管改革的基本经验，进一步论证了现代税收征管改革的基本思路，并结合山东省实际，明确了下一步改革的基本路径。完成征管基础工作调研报告，总结了影响税收征管基础的基本要素，深入剖析了当前存在的问题，进一步明确了工作目标以及实现目标的措施和建议。完成税务登记管理调研报告，针对“营改增”和工商登记制度改革对地税征收管理带来的一系列变化进行调研，对目前地方税收征管状况进行了系统评估，分析改革造成的影响，就如何搞好税务登记、发票管理和国地税协作等工作提出意见和建议。

**【规范制度】** 围绕服务经济发展新常态，以基本实现税收现代化为目标，立足工作实际，坚持问题导向，严格依法治税，创新工作机制，强化基础管理，优化纳税服务，规范与征管改革发展相匹配的基础环境，持续推进税收征管的程序化、标准化、规范化建设。在充分调研论证的基础上，制定了《关于全面加强税收征管工作的意见》，围绕规范征管制度建设、强化数据管理与应用、建立专业化管理格局、构建集约高效的税源控管机制、提升纳税服务水平、充分发挥信息化引擎作用、强化内控机制建设、构建税收征管综合治理机制、强化组织人才保障等方面提出了加强征管能力建设的措施和意见。

**【联合办税】** 优化联合办证流程。进一步完善了国地税联合办证业务，全面实行“一家受理、联合审批、限时办结”的联合办证制度。简化新办和变更登记流程。对新办登记实行“即时受理、即时办证、事后流转”的方式，对变更登记采取“即时提出、即时办结”的方式。推行简并申报征期。对于个体工商户、小型微型企业和长期不经营的纳税人，可以按照法律、法规规定采取合并征期、调整申报期限等方式，简并申报纳税周期。探索试行国地税联合办税的新模式。提出了联合办税、委托代征、国税直接征收三种合作方式，在泰安、淄博等地试点推行国地税联合办税模式，统一办理税务登记和申报纳税事项，得到税务总局领导的肯定和表扬。

**【推广网络发票】** 规范发票管理相关制度。修订完善了《代开发票管理暂行办法》，进一步规范发票代开工作的操作流程；针对发票管理方面存在的问题，下发《关于进一步加强发票管理的通知》，明晰征纳权责，健全制约机制，强化过程监控，严格责任追究。简化发票领购程序。适当放宽高信用等级纳税人的发票领用数量限制，取消审批核准流程，将事前监控调整为事后监督，实现即时发放。大力推行网络发票。为解决新办业户使用机打发票问题，缓解前台压力，构建了“运用先进技术、整合现有资源、兼容开票方式、实施分开部署”的网络发票新模式，使税务机关能够及时、完整、准确地获取发票电子数据，实现了从“以票管税”到“信息管税”的转变。

**【统筹规划设计】** 加快业务和系统融合步伐，统筹设计山东地税信息化发展架构。按照整体设计、分类管理、自主建设的原则，继承原有系统的成功经验，借鉴先进省市的创新做法，提出下一步信息化发展的初步意见，争取在两年的时间内，打造出具有领先水平的征收、管理和服务系统。搭建征收、管理和服务三个平台。在分析“金三”系统发展规划的基础上，统筹设计山东地税信息化建设总体框架，明确了征收平台、管理平台、服务平台的建设内容和业务边界，制定了管理平台和服务平台的建设实施方案，并启动部分业务需求的编写工作。

**【运维保障】** 加强内部沟通协调，构建良性运维机制。针对“金三”系统上线初期，系统稳定性差，各地上报问题很多，精心组建运维团队，畅通内外沟通渠道，认真核实验证问题，及时与公司进行问题对接，必要时深入公司开发基地，找准问题根源，共同研究解决办法。规范版本发布告知流程，对“金三”系统做出的优化调整事项，及时通知到基层一线。强化师资培训，举办了3次“金三”系统培训会，培训师资260人次；召开“金三”系统答疑会18次；通过山东地税杂志发表答疑文章5篇。提高办税效率，改善用户体验，积极进行系统优化。持续优化核心征管系统，压缩后台数据修改，认真研究系统优化方案，从根本上解决系统问题；优化网上报税系统，着力解决网报缓存问题，并进一步扩展网报功能，提高系统的兼容性和便捷性；开发“客户端”系统，支持纳税人离线填写申报表，批量上传申报，提供多元化申报方式；为解决大厅收取现金问题，开发了直连POS机缴税系统，并根据市级集中征收的需要，开发升级版的缴税通，实现了跨县市区划款，减轻前台的工作量，提高工作效率；优化决策查询系统，着力解决多个数据源、业务口径不一致等方面的问题，提高查询结果的准确度。

（于华龙）

# 税源管理

**【落实全局性工作】** 制定《全省地税系统税源管理工作重点任务》，将全年工作任务分为5项常规性工作和3项突破性工作。其中，在人才培养方面，税源管理系统有3名同志进入税务总局人才库，有10名同志进入系统兼职教师队伍；组织开展全系统税源管理培训班，对60名业务骨干开展税收风险管理等方面的培训。在绩效管理方面，认真完成承接税务总局的8个指标和机关考核的6个指标工作，严格督导落实考核市局的10个指标。征管和科技发展处（税源管理处）在“处室理念、个人愿景大家谈”活动中，获得优秀处室奖。

**【税收风险管理】** 按照“目标明确、统一分析、分类应对、监控评价”的思路，牵头起草《税收风险管理实施办法（试行）》。组织成立省局税收风险管理工作领导小组及其办公室，明确工作职责。编写《税收风险管理系统业务需求》，牵头完成税收风险管理系统的改造和上线运行。确定税收风险指标内容及格式，征集734个实体类税收风险指标，初步确定涵盖税种、财务等类型的102个风险指标。依托上线运行的税收风险管理系统，运用8个指标扫描纳税人1938173户次，发现风险纳税人20513户（63443户次），风险识别率3.27%。2014年1至5月，依托税收预警系统处理“附加税费与增值税入库额比对”等信息11844条，核实税款2.26亿元。

**【行业纳税评估】** 全系统共评估14435户纳税人，核实税款37.27亿元。其中，针对“营改增”涉及行业，部署全省建筑业专项评估，重点抓好建筑业异地代开发票等风险点的核实，评估纳税人2019户，核实税款7.59亿元。联合国家税务总局税务干部进修学院，深入研究财务报表涉税风险分析，形成《向企业财务报表要税收》调研报告及落实情况，得到省局局长张洪军两次批示肯定。统筹规划各市局纳税评估模型和案例开发计划，评选全省优秀模型及案例20个。

**【税源分析】** 组织业务骨干开展全省房地产业经济税源分析，形成《从地税收入分析全省房地产业发展现状及趋势》报告，对全省房地产业近5年的经济政策、税源状况、影响因素及发展趋势进行研判分析，提出税源管理合理化建议。开展上半年和前三季度全省税源状况分析，涉及全省经济税收形势、税收政策影响，涵盖税务登记、税收收入、重点税源、企业集团等方面，并对税收情况进行预测，对典型企业进行剖析。

**【大企业税收服务和管理】** 按照税务总局统一部署，继续做好中国烟草等3户企业集团的风险管理专项工作，共核实税款1.19亿元。与省国税局协作开展中国石油等8户企业集团的全流程税收风险管理工作，对98户成员单位开展风险内控调查，对68户成员单位开展风险识别，经案头审计、现场审计核实税款2.38亿元。对中粮集团等3户企业集团股权转让、跨境投资和关联交易等事项开展分事项税收风险管理工作，形成风险管理报告。建立冶金矿产、建筑安装、电子机械和技术服务四个行业风险特征库，梳理出1630个风险特征。组织完成企业集团管理系统（二期）与“金三”返还数据对接测试，分析解决44个关键问题，并对企业集团的数量和层级进行了扩展。与省国税局联合编写110户税务总局定点联系企业山东成员单位税务遵从报告和税收遵从合作协议执行报告。

（张 琪）

# 收入规划核算管理

**【规划全年收入目标】** 深入分析2014年全省经济走势和税收政策变化，与省财政积极协调沟通，合理确定全年地税收入目标为同口径增长12%，直比约增长8%，将此目标正式在全省地税工作会上予以明确，较好地指导和促进了全系统组织收入工作的顺利开展。年初，积极协调税务总局，将总局分配的税收任务从增长8.5%下调至增长7.5%，中央级收入从增长9%下调至增长8%。年中，根据中央级收入的实际完成情况，与两个所得税处反复分析测算全年中央级收入预计数，据此在总局组织召开的多次收入形势分析会上，实事求是地向总局分析汇报，反映山东省中央级收入形势，争取总局的理解支持。

**【指导组织收入工作】** 针对2014年“营改增”减收因素影响大的特点，积极引导各级开展好政策减收因素的分析，并要求各级积极向地方党委政府分析汇报好，据此调整地税收入基数后，更加合理地确定全年地税收入预算。针对经济下行趋势明显、地方政府对地税部门的收入期望值较高的情况，组织各市局多次从实际税源、政府任务、预计完成等不同角度测算全年地税收入预计完成情况，引导各级地税机关更加清晰地认识所面临的组织收入工作形势。针对部分地方收入预测波动较大的问题，要求各市局及时向省局分析汇报波动的原因，促使其更加重视和关注收入预测的准确性，更好地把握组织收入工作主动权，进一步提高组织收入工作驾驭能力。

**【税收分析】** 根据税务总局建立税收分析机制的要求，结合系统税收分析工作实际，在反复讨论和征询意见的基础上，研究制定了《山东省地税系统税收分析工作办法》和《山东省地方税务局机关税收分析工作办法》，为下一步税收分析工作的开展奠定了制度基础。根据组织收入工作需要，分别在2、4、6、9月，先后牵头组织和配合参与4次收入形势分析会，及时把握组织收入工作形势，形成了不定期召开税收分析联席会的工作机制。为提高系统税收分析水平，于8月底至9月初举办了为期一周的全系统税收分析专题培训班，参训人员普遍反映培训层次高、培训效果好。积极组织开展税收专题分析，先后牵头组织有关处室撰写专题分析报告7篇，先后在《中国税务报》、总局内部刊物、山东地税杂志、省局税收调研与科研发表税收分析文章。

**【税收核算调查】** 针对“营改增”等政策性因素导致的收入口径不可比问题，在税收电月报中增加同口径增幅栏次，从不同角度反映组织收入实际情况和工作成果。进一步细化税收会统报表工作，根据税收分析和组织收入工作决策需要，及时制作、发布、提供各类税收统计报表。不断加强重点税源监控工作，提高监控数据质量，同时及时开展重点税源企业税收风险管理工作，调查部分企业税收管理过程中存在的问题。根据税务总局要求，细化减免税统计和调查工作，全面反映系统落实税收优惠政策、支持经济发展的有关减免税情况。积极开展税收调查工作，分析营业税税源状况和税收增减变化原因，为有关税收管理和政策改革提供数据支持。与省国税部门一起，开展全省纳税百强企业统计发布工作，总结宣传纳税百强的税收缴纳情况，进一步营造了依法纳税光荣的氛围。

**【改革创新】** 积极推进绩效管理改革，认真研究和主动推进绩效管理工作，将有关工作内容全部纳入绩效考核，并结合实际优化考核指标，保证和提高考核效果。积极研究组织收入工作现代化课题，按照现代、科学、高效、务实的基本原则，深入研究和设计规划了下一步组织收入工作现代化改革的努力方向和实现路径。积极研究税收会计监督办法，为强化和发挥税收会计监督职能，真正形成对税收执法监督的有效的制度机制奠定基础。研究制定新的系统税收票证管理办法，进一步加强了税收票证管理。在深入调研、积极探索的基础上，对金税三期工程应用系统上线后实行的单点POS刷卡缴税进行优化，推行银行端COM-POS刷卡缴税，该模式简化了操作流程、缩短了办税时间、提高了工作效率、确保了税款安全，实现了缴税方式新突破。研发了税收票证网上真伪识别系统，在强化税务部门税收票证管理的同时，以多种方式为纳税人提供票证信息真伪识别查询渠道。

（宋书敏）

# 财务管理

【系统财务服务与指导】 一是与省财政厅研究制定《山东省地方税收保障专项资金管理办法》，《办法》紧密结合当前形势和实际，对全省地税事业发展的重点工作在资金上予以支持和倾斜。为保证资金落实到位和资金使用效益，与省财政厅联合制定下发了《山东省地方税收保障专项资金绩效评价办法》，对地方税收保障专项资金的分配和使用整个环节进行考评，全面加强资金管理和监督。二是全面做好系统地方税收保障专项资金的管理和分配工作。举办财务管理人员培训班，对办法内容和有关上报要求进行了详细讲解和部署；与省财政厅联合对地方税收保障专项资金进行测算和切块下达，在限额内根据系统实际上报细化项目，做到项目的科学论证；对专项资金项目进行了认真的审核，并配合省财政厅对专项资金进行了批复下达，2014年全年共下达地方税收专项保障资金1.55亿元，加大对基层倾斜力度，重点支持省局重点工作。此外，对基层测算安排了水利建设基金征管补助经费5633万元，与省财政厅清算2013年发票工本费和资金处置收入559.85万元。三是进一步完善和提升信息化管理手段。开发了财务管理软件二期，突出了对财务数据的分析和风险预警功能，对加强系统财务管理，防范财务管理风险起到较好的效果。四是提高服务和指导基层财务管理水平。为了及时了解和发现财务管理中存在的问题，特别是为摸清经费管理体制调整后基层财务管理现状，赴烟台、威海、滨州、潍坊、聊城、日照等市局进行了调研；根据省里有关规定，结合地税部门实际，及时下发了《关于认真落实〈关于加强财务管理严肃财经纪律的意见〉的意见》；通过山东地税财务管理专刊和处室内网等平台，介绍各地财务部门在加强培训、建章立制、厉行节约、创新管理方面的先进经验和做法；组织系统内财务管理人员参加财政部举办的会计内控知识竞赛，共组织全省地税系统财务人员740人参赛，其中95分以上的703人，占参赛人数的95%。

【机关财务工作】 一是建立健全规章制度。制定了《山东省地方税务局机关差旅费管理办法》《山东省地方税务局机关经费预算管理办法》《山东省地方税务局机关因公临时出国经费管理实施办法》《山东省地方税务局机关因公短期出国培训费用管理实施办法》。二是按时完成2015年机关部门预算“一上”阶段编制工作。完成了人员信息库的录入和审核，对各处室上报的预算项目进行审核、汇总。三是扎实做好机关财务各项日常管理工作。加强日常财务监管，严格财务审批程序，及时编制用款计划，确保各项资金及时到位；加强公务卡使用管理，认真审核把关，完成了机关财务日常报销、审核、核算，按时计提、上缴个人所得税和公积金、发放工资；完成了资产季度报表的填报工作。四是强化预算分析，加大预算执行力度。每月对预算执行情况进行统计分析，及时对各处室预算执行情况进行调度，对年初预算进行细致的梳理和分析，并向财政厅上报详细的预算执行情况和分析。

**【政府采购工作】** 一是强化政府采购预算的编制和实施。根据省财政厅政府采购预算编制要求，结合省局机关工作需要，编准、编实、编细政府采购项目。局机关完成全系统换发税务制服、稽查局聘请中介机构查账服务等7个项目的招标采购，为信息中心完成了行业应用软件开发、运维服务和办公自动化设备采购等18个项目的招标采购工作，为机关服务中心完成了物业管理服务、办公楼维保服务和办公家具等16个项目的采购工作。二是提高政府采购预算执行率。根据各单位上报的政府采购项目和工作需要，及时上报采购计划。2014年共上报采购计划41条，完成采购预算3081.10万元，节约资金225.22万元，政府采购预算执行率达89.44%。

（姜　水）

# 督察审计

**【健全完善制度】** 制定下发了税收专案执法督察实施办法、税收执法督察（审计）整改办法和配合审计工作规定；起草了督察内审质量控制办法、督察内审人才库管理办法和督察内审工作保密规定等。进一步充实完善了督察内审工作制度体系，为保障全省地税系统督察内审工作规范、有序开展奠定了良好的制度基础。

**【税收执法督察】** 根据税务总局的统一部署和要求，省局下发了《关于开展2014年全省地税系统税收执法督察工作的通知》，对执法督察工作进行了安排部署。采取“统一确定督察项目，分别实施督察，统一抽查督导”的组织形式。具体做法：一是统一确定督察项目。依托“金三”系统，按照统一标准，省局确定了2069户执法督察延伸对象，分别由各市局、县（市、区）局实施督察。二是分别实施督察。各市、县（市、区）局按照省、市局确定的项目分别实施督察，各市局不仅要对所属的直属征收单位、派出单位开展执法督察，还要在各县（市、区）局自行组织督察的基础上，抽查2个县（市、区）局的执法督察情况。三是统一抽查督导。省局组织54名抽查人员分9个督导组对有关县（市、区）局的执法督察情况进行抽查和复核，延伸抽查了197户纳税人。通过开展税收执法督察，各级共发现问题7874户次，提出建议49条，制定整改措施33条，完善制度11项。

【领导干部离任经济责任审计】 根据省局干部任免决定和领导干部离任审计工作要求，依据《山东省地税系统领导干部经济责任审计工作规程（试行）》有关规定，制定审计实施方案，组成审计组分别对泰安、聊城、淄博等8个市局的14名领导干部进行了离任经济责任审计，并撰写了审计报告，其中，市局局长7人，市局直属征收局、稽查局局长3人，开发区局局长4人。

【配合审计机关对地税的相关审计工作】 一是牵头配合省审计厅对省局和3个市局及其12个县（市、区）局的2013年度税收征管情况审计和延伸调查工作，协调并处理了有关问题；对省审计厅《审计报告征求意见书》进行了意见征集，经全面征求意见和积极反馈，统计的审计整改数据得到了审计部门的认可；将审计厅《审计报告》中涉及相关市局的问题进行转发，并提出处理意见；对审计发现的主要情况进行了全省通报，建立了以市局为单位按户分税种整改台账，跟踪落实，督促整改；责成有关市局对符合税收执法重点管理条件的中心税务所实行重点管理。二是牵头配合省审计厅做好相关经济责任审计工作，对《审计报告征求意见书》进行了意见征集、反馈，并按时报送了审计整改情况。三是按照省政府和审计署要求，按时报送有关电子数据及相关报表。四是配合审计署驻济南特派员办事处对国务院出台的稳增长、促改革、调结构、惠民生政策措施落实情况跟踪审计工作，协调有关处室按要求及时提供审计所需资料。

【完成上级交办的工作任务】 一是完成税务总局督察内审司交办的编写2014年执法督察指引大纲任务。二是按照省局要求，制定了《深入开展“小金库”专项治理工作方案》，采取先自查、再承诺，最后进行抽查、问责的方式，在全省地税系统开展了“小金库”专项治理工作。三是复印下发税务总局办公厅《关于认真落实清理整顿培训中心要求防范舆情风险的紧急通知》，成立全省地税系统清理整顿培训中心工作领导小组及办公室，组织开展了培训中心清理整顿工作。四是按照税务总局关于严格执行《税收个案批复工作规程（试行）》工作的通知要求，对2012年3月以来的有关税收个案批复情况进行全面清查，重点梳理，并提出了税收个案批复的督察方法发放省局各业务处室、各市局、县（市、区）局。2014年上半年，省局个案批复事项2个，市局（不含青岛）个案批复事项3个，县（市、区）局没有个案批复事项。

【督察内审队伍建设】 一是举办了全省地税系统督察内审业务培训班。各市局督察内审办公室全体人员、部分县（市、区）局业务骨干等共计100余人全程参加了培训。二是积极参加税务总局在广西税校、扬州税院举办的督察内审业务培训班，进一步提高了工作人员业务素质和工作技能。

**【组织召开督察内审工作会议】** 4月25日，在潍坊组织召开了全省地税系统督察内审工作会议。会议传达了全国税务系统督察内审工作会议精神，总结回顾了省局督察内审工作，分析形势，明确任务，研究部署督察内审工作，有力推进了山东地税系统督察内审工作的深入开展。

（秦 勇）

# 人事管理与离退休干部工作

**【党的群众路线教育实践活动】** 一是扎实推进，有序开展。牵头组织开展15个市局（除济南、青岛市局）参加的第二批党的群众路线教育实践活动。成立第二批教育实践活动领导小组及办公室，组织召开部署会议。组成5个督导组，参加15个市局及省局领导县级局联系点的专题民主生活会。二是充分发挥教育实践活动作用。梳理汇总针对市局领导班子的意见建议374条，对相关处级单位领导班子、处级党员领导干部和县（市、区）局领导班子、主要负责同志的400多份对照检查材料进行了3轮审核。指导市县两级制定整改任务3935项并督促抓好落实。三是切实整改活动中发现的问题。认真梳理需要上下联动协调整改的事项，对需要省局牵头解决的70条问题合并归类后形成36条，协调有关处室制定了整改措施和完成时限。按照上级有关要求，围绕干部日常管理监督中的突出问题，集中开展了规范工资关系和清理“吃空饷”“裸官”、干部兼职专项行动等。

**【干部管理】** 一是认真学习新修订的《干部选拔任用工作条例》。把《条例》学习作为省局党组中心组学习内容、主要领导干部任职培训的必学内容。在全系统人事工作会议培训期间，结合工作实际，组织对《条例》的深入学习研讨。二是严格落实干部超配和提前离岗问题整改工作。通过自查、分析，掌握全系统超职数配备干部和提前离岗情况，制定整改方案，做好回岗安置前期工作。汇总编制了《干部配备情况统计表》《超职数配备干部情况统计表》《2010年8月以来提前离岗人员情况统计表》，涉及所有列编单位共计3000余条信息。三是扎实开展干部选拔任用工作。按照省局党组部署，遵照新修订的《党政领导干部选拔任用工作条例》，严把选人用人关。根据工作需要，提拔了省局8名正处级干部；提拔任用了泰安、聊城2名市局局长；省局4名处长（主任）进行了交流轮岗；省局和市局3名副处级干部进行了上下交流。对新调入省局的8名同志和3名科级干部按照要求进行民主推荐和谈话考察，向省局党组提出调入和任职意见。四是全面落实领导干部报告个人有关事项制度。组织省局管理的340多名处级干部13600余条信息的填制和录入，首次汇总建成了系统处级干部个人事项数据库，并开展了抽查核实工作。同时，配合省委组织部做好省委管理的13名厅级干部个人有关事项填报工作。五是进一步加大干部监督力度。全年共调查处理干部人事管理方面的来信来访30余件次。按照省委组织部部署，对照《选人用人工作自查问题清单》5个方面20条问题，对近年来干部选拔任用档案、干部管理档案等进行了集中自查。组织开展“双向约谈”，共约谈228人次。六是认真做好“第一书记”选派帮包工作。确定了第三批5名“第一书记”人选，召开“第一书记”欢送会和欢迎会，积极协调驻村帮包工作，保证了“第一书记”帮包工作有序开展。七是扎实开展干部人事工作调研。承担了税收现代化研究课题之一“山东地税队伍建设课题研究”，采取团队攻关形式，完成2万余字的《山东地税队伍建设课题研究报告》，完成了课题任务。

**【人事管理】** 一是加强人事管理信息化建设。做好系统干部人事信息统计工作，组织开展年度各项人事统计和数据分析工作。二是组织开展机构编制核查。对全系统机关和事业单位机构编制和人员情况逐项梳理核查，新补充未入库人员、调减离退人员、调整人员及岗位信息等7000余人次并公示。三是做好全系统基层单位工人身份参照执行公务员有关待遇准备工作。统计、分析全系统非公务员身份人员情况，继续与相关部门就工作方案等进行沟通协调。四是积极推进事业单位人事制度改革。向有关部门提报省局所属3个事业单位及市以下地税系统108个事业单位岗位设置方案。初步完成市以下地税系统事业单位在职人员的首次聘用登记的审核及工资套改入库等工作。五是在全系统部署开展“吃空饷”专项治理工作。通过核查机构编制及人员信息、查阅干部人事档案、查看工资福利发放材料等，形成自查结果，填报15套表格，及时对自查结果进行公示，依据各单位上报的公示信息、群众举报信息和统计数据进行汇总核查。六是做好工资医保等管理工作。严格执行工资、年休假、医保等各项政策，按时完成晋级晋档、调入调出、职务调整等人员的工资业务核定和审批工作。完成2014年住宅物业补贴、工作性津贴和生活性补贴、退休人员补贴的调整工作。七是做好干部职工人事档案管理工作。全面审核整理历年来的干部人事档案，严把档案管理入口环节，对缺少的材料进行收集补充。八是严格履行出国（境）管理工作职责。及时收缴因私出国（境）证照，切实加强管理。承办60名干部因私出国（境）的审批备案手续和7名干部因公出国（境）的审批手续。

**【教育培训】** 一是制定年度教育培训工作实施意见和计划。制定全系统2014年教育培训实施意见和培训计划，认真抓好各类培训项目的组织实施。二是加强教育培训制度建设。分别拟定《2015—2017年全省地税系统教育培训规划》，修订《全省地税系统干部教育培训管理办法》，拟定《全省地税系统兼职教师管理办法》。三是认真完成调训任务。根据国家税务总局、省委组织部、省人社厅等调训计划，确定116名参训人员，按要求组织参训。省局机关41名同志参加了总局税务干部进修学院专业化培训班次。四是组织实施税务领军人才培养对象和专业人才库入库人员的选拔。认真组织全国税务领军人才培养对象的选拔，全系统（不含青岛）有6名同志被选拔为全国税务领军人才培养对象。按照国家税务总局部署，组织对税收法律政策、货物劳务税、土地增值税等10个专业人才库入库人员的选拔，全系统（不含青岛）有38人入选国家税务总局文秘综合等10个专业人才库。五是圆满举办各类培训班。组织举办全系统领导干部党的十八届三中全会精神视频专题培训、领军人才培养对象报考人员培训班、地税中心所长培训班、师资培训班，协调省局各单位抓好业务培训项目的落实，省局列入年度计划的37个培训项目除4个有特殊情况推迟举办外，33个项目全部圆满完成。

**【离退休干部工作】** 一是坚持政治上关心老干部，针对新形势、新要求，贯彻落实好中央八项规定和厉行节约反对浪费条例等相关政策规定，继续做好认真细致的宣传解释工作，化解矛盾，引导老干部积极拥护执行省局党组有关部署决定。二是改进老干部服务方式，及时组织各类健康有益的活动。定期开展读书活动，搜集时事政治、家庭生活、养生保健等有关资料供老干部传阅学习；联系参观省委老干部活动中心，并为老干部办理活动证；联系旅行专业人员，上门讲解外出旅游的知识。三是充分发挥离退休党支部的作用，认真落实“两个待遇”要求。春节期间开展节前走访慰问，召开老干部迎春座谈会，广泛交流并认真听取老干部的意见和建议。

（林　健）

# 基层工作

**【基层软实力建设试点】** 为稳妥开展基层软实力建设，根据全系统实际和省局要求，确立了“先试点、后全面”的推进思路，分别在东部、中部、西部选取青岛市地税局市南分局、东营市地税局东营分局、宁津县地税局，作为全系统基层软实力建设的试点单位，先行先试。下发了《关于试点开展基层软实力建设的通知》，要求三单位试点工作由青岛市地税局、东营市地税局、德州市地税局主导开展。试点工作分调查研究、推进实施、总结提高三个阶段，试点时间为2014年

4月至2015年2月。试点时间将根据试点情况适当顺延或提前。

**【组织“提升基层软实力大讨论”活动】** 下发《关于开展“提升基层软实力大讨论”活动的通知》，围绕“基层如何参与软实力建设”这个主题，以“软实力”应有的基本内涵和建设路径为重点，通过讨论，进一步明确基层软实力建设的工作方向、工作重点和推进措施。全系统分级组织不同层次干部职工座谈210余次，演讲比赛18次，辅导培训21期次，研讨活动11次，15000余名干部职工直接或间接参与了大讨论活动，280余名干部职工撰写的软实力体会文章在各级报刊、信息刊发。

**【税务价值理念征集】** 以践行社会主义核心价值观为主题，组织开展“山东地税价值理念”征集活动，下发《关于开展“山东地税价值理念”征集活动的通知》，引导各级紧紧围绕中国特色社会主义核心价值体系的价值取向，紧密贴近山东地税工作的实际，培育“山东地税价值理念”。征集、提炼活动分宣传发动、征集讨论、评审论证三个阶段进行。征集活动中，共收到省、市（市、区）局报送的价值理念1258条，其中省局处室15条次，各市局136条次；各级自行组织研讨、提炼活动120余次，1680余名干部职工参与了征集活动。

**【税收宣传】** 2014年，税收宣传工作紧贴形势需要，紧贴中心任务，紧贴工作实际，成效比较明显。全年直接撰稿或组织在中央级媒体发稿67篇，在省级媒体发稿54篇，山东电视台综艺频道《地税时空》播放57期。《人民日报》《光明日报》、新华社《国内动态清样》对山东地税“以地控税、以税节地”工作进行了报道。在宣传形式上，注重发挥好党报党刊、广播电视主流媒体的主导作用，充分利用好微博、微信和网络平台等新兴媒体传播范围广的辅助作用。在宣传内容上，突出抓好税务形象宣传、税收新闻宣传、税收法制宣传、税收文化宣传等重点工作，着力宣传报道了税制改革、便民办税、税收优惠和落实小微企业政策等工作。认真抓好先进典型的培养和宣传，组织开展了寻找“最美税务人”活动，总结推介了53位党员干部的先进事迹，举办了地税系统先进典型事迹报告会，用身边人、身边事教育感召地税干部。

**【舆情管理引导】** 牢固树立舆情管理的底线意识，坚持预防为主，健全各种机制，做到早抓、常抓、抓到位。下发了《山东省地方税务局办公室关于进一步加强舆情管理工作的通知》，建立了舆情督办机制。制作了税务舆情转办函和督办函，并形成了转办和督办制度，建立健全舆情管理领导机制、通报机制、宣传教育机制、联络机制和处理机制，形成了立体防控的局面。

**【《山东地税》工作】** 2014年，《山东地税》出刊12期，编辑文字80万字，图片860余幅。紧紧把握省局党组明确的刊物定位，围绕中心工作，致力于系统业务建设、文明建设和文化建设，弘扬时代旋律，凝聚地税精神。在设计风格上，强化对四封、卷首、版式、美编风格的规范和锤炼，初步形成了既简约大气又力求饱满，严谨大方但不呆板、独具风格但不标新立异的风格取向，始终强化精品意识，力求打造精品杂志。

（潘其峰）

# 纪检监察

**【“两个责任”落实】** 严格贯彻落实中央“两个责任”要求，督促省地税局党组落实主体责任，认真履行派驻纪检组监督责任。组织省局局长与各市局局长签订党风廉政建设责任书，召开全省地税系统党风廉政建设工作会议部署推动各级党组（党委）落实主体责任。省局党组制定出台《山东省地税系统各级党组（党委）落实党风廉政建设主体责任实施意见（试行）》《山东省地税系统纪检监察部门落实党风廉政建设监督责任实施意见》，省局局长、党组书记张洪军同志在省局党组扩大会议上作了关于“两个责任”的重要讲话，在省政府组织的落实“一岗双责”加强党风廉政建设座谈会上进行了专题发言。各市、县（市、区）局党组（党委）按照“谁主管、谁负责”的要求，把责任落实与推进工作、深化改革、规范权力运行结合起来，切实做到党风廉政建设与税收工作同部署、同落实、同检查。深入完善廉政风险防控机制建设，重点以“金税三期工程”为基础，对廉政风险防控平台进行了优化升级，实现了反腐倡廉建设与税收业务工作的有机结合，源头预防腐败的能力和水平不断提升。举办了廉政风险防控平台优化升级培训班，对全系统206名业务骨干进行了集中应用培训。督促党员领导干部廉洁从政，召开系统处以上干部视频会议，集体观看刘贞坚案件警示片；组织9名省管干部和192名县（处）级党员干部参加全省德廉知识学习测试。认真履行派驻纪检组监督责任，迅速贯彻省纪委书记李法泉同志在省直派驻纪检组长专题培训班上的讲话要求，明确纪检组长不参与业务分工，并将廉政教育、风险防控、制度建设等工作交由省局党组承担，集中精力抓好主责主业。召开全省地税系统纪检监察落实监督责任工作座谈会，对纪检监察部门切实转变观念，推进“三转”，突出主责主业，不折不扣落实好监督责任作出部署，提出要求。

**【作风建设监督】** 对系统贯彻落实中央八项规定精神和省委实施办法、纠治“四风”情况进行常态化监督，严格落实“月报告”“零报告”“市局主要负责人和纪检组长双签字背书”等制度。突出监督重点，紧盯重要节点、关键环节和重点场所，通过通知提醒、通报警示、不定期明察暗访等方式教育系统党员干部时刻绷紧弦、上紧发条。加强举报受理，强化问题督办，坚持严肃执纪，发现一起，查处一起，全系统共处理违反中央八项规定精神典型问题12起，诫勉谈话4人，组织处理9人，党纪政纪处分5人，其中6人属于被追究领导责任。及时处理和解决群众通过“阳光政务热线”直播节目、“齐鲁民生”网等渠道反映的问题21个。对行风评议反映的突出问题逐项分解到部门和责任人员，扎实整改问题61个，系统行风建设进一步加强。

**【严肃执纪办案】** 坚持有腐必反，有贪必肃，加强群众信访举报线索受理工作，加大初核和直查力度，严格审查和处置党员干部违反党纪政纪和涉嫌违法行为。2014年，全省地税系统纪检监察部门共接受信访举报225件（次），立案查处14件，给予党纪政纪处分15人。省局纪检组全年共受理群众信访举报68件（不含重复件），省局纪检组直接初核6件，转市局调查处理并报结果19件，函询6件，诫勉谈话1人，组织处理1人。加大涉税违法案件“一案双查”力度，严肃查处失职渎职、内外勾结、以税谋私等违纪违法问题，对4起税收违法案件进行了“一案双查”，给予党纪政纪处分2人。积极承担全省查办腐败案件体制机制改革试点工作，以落实“双报告”制度为抓手，建立完善地税系统信访案件逐级汇总报告、重要案件线索集中统一管理的体制机制，制定出台了《驻省地税局纪检组关于做好重要信访举报和案件情况报告工作的通知》。坚持抓早抓小抓苗头，加大函询、诫勉谈话力度，制定出台了《中共山东省地税局党组关于加强廉政谈话的意见》，组织对7名市局局长、2名省局机关处室主要负责人进行了任期廉政谈话。

**【监督检查】** 突出监督重点，加强监督检查，通过会议部署、听取汇报、廉政谈话、领导班子和领导干部述职述廉、明察暗访等方式，对党组、党员领导干部和市局履行党风廉政建设责任情况开展专项督查，特别是加强对权力集中、廉政风险较大、群众关注度高的重点事项的监督检查。坚持严字当头，把各级各部门党风廉政建设工作同2014年地税系统重点开展的绩效考核结合起来，出现问题相应进行扣分、甚至“一票否决”，取消年度评先树优资格，暂缓提拔使用等。严格问责追究，督促各级党组和机关认真落实《山东省地税系统违纪违法案件责任追究暂行规定》等责任追究办法。

**【加强自身建设】** 按照打铁还须自身硬的要求，坚持以更高的标准、更严的纪律教育管理干部，认真学习党的十八届三中、四中全会精神，深刻领会中央、省委关于党风廉政建设的新判断、新部署、新要求，以思想观念的自觉转变主动适应派驻机构监督工作的新常态，切实提高思想政治素质和业务工作能力。坚持把积极完成省纪委监察厅交办的任务作为锻炼干部的重要途径，多人次参加了省纪委监察厅安排的教育实践活动督导、省委专项巡视、案件调查、“四风”问题明察暗访等工作，多次为省纪委监察厅有关案件室和省委巡视组调查了解有关问题提供协助。加强工作调研，全年编辑纪检监察信息19期，向省纪委监察厅、税务总局上报信息简报40余件，被上级采用20余件。加大纪检监察干部教育培训力度，组织系统20名纪检监察干部参加了中纪委的高端培训，队伍素质能力进一步提高。

（丘　晴）

# 税务稽查

【概述】 2014年，全省稽查部门共查补收入55.14亿元，同比增长73.65%，稽查查补入库占全省地税组织收入的比重为1.66%；选案准确率达到100%、入库率达到99.93%、平均处罚率达到21.27%，实现了稽查查补总量、增量、质量“三量齐升”，稽查查补入库总额位列全国地税第5名，较好地发挥了“以查促收、以查促管、以查促改、以查促查”的职能作用，得到了各级领导的充分肯定和表彰。

【税收专项检查】 2014年，全省专项检查共查补收入53.1亿元。其中，组织自查10559户，自查查补收入32.85亿元；重点检查3906户，重点检查查补收入22.29亿元，实现重点检查查补收入占比40.42 %，重点检查平均处罚率21.27%。全年共立案查处百万元以上案件154件，比上年增加60起，查补税款11.7亿元，比上年增加5.71亿元。行业税收专项检查方面，主要对房地产及建筑安装业、股权转让交易企业及个人等3个指令性项目以及地方商业银行、高污染高能耗及产能过剩企业等3个指导性项目开展检查。对房地产及建筑安装企业实行“链条式”检查，延伸至承揽被查房地产企业开发项目工程的建筑安装企业、建筑材料生产供应企业，确保问题查深查透。并结合地税征管现状，突出对土地增值税清算、耕契两税清理、企业所得税成本结转和取得票据核实。在股权转让检查项目方面，加强与省工商局、省产权交易中心等部门的沟通协调，有效破解股权转让信息不对称等难题。以上行业税收专项检查共计实现查补收入21.53亿元，比上年增长55%。其中，指令性项目查补19.95亿元，占92.66%；指导性项目查补1.58亿元，占7.34%。区域税收专项整治方面，重点对虚开或非法代开发票、骗取税收优惠政策，“营改增”试点企业较为集中的区域，涉及农产品收购、矿产品和成品油购销企业较为集中区域及相关专业市场进行了专项整治，共检查384户，实现查补收入3.15亿元。重点税源企业检查方面，全年，全省各级共实现查补收入28.42亿元。其中，组织企业自查4758户，补缴税款19.54亿元；组织重点检查1423户，查补税款8.88亿元。一是税务总局安排的对中国航天科工集团公司等重点税源企业驻鲁成员单位开展的税收专项检查工作。共检查 37 户，实现查补收入 346.44 万元。其中，自查补缴收入 87.53 万元，重点检查查补收入 258.91 万元。二是结合工作实际科学选案，自行组织开展的对辖区内重点税源企业的检查工作，全年实现查补收入 23.1 亿元。其中，组织企业自查 4717 户，自查补缴收入 19.53 亿元；重点检查企业 1023 户，查补收入 3.57 亿元。三是开展税务总局部署的对高风险重点税源企业 2011 年至 2013 年 3 个年度的风险分析检查工作，共查补收入 5.65 亿元。其中，全省各级共锁定待查对象 2400 户，实际完成自查企业 2400 户，自查补缴税款 5.23 亿元；重点检查 141 户，重点检查实现查补收入 4245 万元。

**【打击发票违法犯罪活动】** 与省国税局联合，提请省政府召开了由 19 个成员单位组成的山东打击发票违法犯罪活动工作协调小组会议，省政府办公厅下发了《关于进一步开展打击发票违法犯罪活动工作的通知》（鲁政办字〔2014〕70 号），对打击发票违法犯罪活动工作作出统一部署，形成了全省打击发票违法犯罪活动工作“党政领导、部门联动、齐抓共管、综合治理”的新格局，2014 年，全省地税系统共查处发票违法犯罪案件 5048 起，抓获犯罪嫌疑人 821 人，缴获非法发票 146.9 万份；治理发票类违法短信 21 万条，关停整顿登载发票违法信息网站 54 个，违法受票企业 4133 户，涉及非法发票 26.8 万份，查补收入 3.18 亿元，有效维护了税收秩序，促进了全省经济社会的持续健康发展。在对建筑安装、房地产、石油石化、餐饮娱乐、商业批发与零售、营利性教育培训、中介机构等行业发票使用情况的检查中，工作质效位居全国前列。因工作突出，山东省地税系统的打击发票违法犯罪活动工作获全国打击发票违法犯罪活动工作协调小组办公室通报表扬。全年全省地税系统共有 35 家单位和 40 名稽查干部受到省国税局、省地税局和省公安厅联合下文表彰。

**【税收违法行为检举管理】** 全省共受理涉税检举案件 639 件，同比增长 14%；查结 449 户，同比增长 6%。其中，税务总局交办、省局收到 180 件，同比增加 80 件，市县级受理 459 件，同比减少 4 件，查补各项收入 5013.48 万元，入库 4274.14 万元。

**【电子查账】** 对自主研发推广的具有山东地税特色的电子查账软件进一步优化升级，成功开发电子查账软件单机版，并与金税三期工程成功对接，做到涉税数据的无缝衔接，实现了信息化稽查手段和稽查业务的有机融合，有效增进了电子查账软件的智能化水平。全年全省使用电子查账软件检查纳税人 2860 户，比上年增加 27.74%；实现查补收入 15.85 亿元，比上年增长 61.9 %。12 月 25 日，《新华社内部参考》（2014 年第 99 期）以《山东地税探索“电子查账”提升工作质效》为题，报导了山东地税电子查账的经验做法；税务总局稽查局下发了《关于山东省地方税务局推行信息化检查提升稽查工作质效情况的通报》（税总稽便函〔2015〕1 号），对山东省地税电子查账工作进行了专门表彰；电子查账获省局创新项目一等奖。

【稽查培训】 结合全年专项检查工作重点，采取院校教授和系统内兼职教师相结合的授课方式，在山东财经大学东方学院举办了一期为期7天、培训人数100人的全省稽查骨干人才培训班，进一步提升了参训人员的稽查核心业务能力和稽查实战水平，并为各市局培训了稽查师资力量。

（张建明 吴姝虹）

# 重点企业税收管理

【机关绩效考评指标体系建设】 根据全省地税会议精神，结合重点企业税收管理局的工作实际，在反复征求意见的基础上，从明晰监管与服务工作事项、强化日常税收监管、探索实施风险管理、做好个性化纳税服务、打造高素质人才队伍、加强重点企业税收管理课题调研等六个方面制定《2014年重点企业税收管理局工作要点》。按照省局机关绩效考核办公室的要求，结合重点企业税收管理的工作实际，分日常监管、纳税评估、税务审计和反避税调查、纳税服务、业务培训等五个方面制定考核指标体系，有力地促进了重点企业税收管理局各项工作的落实。

【制定税企联络员工作制度】 在征求各地和省局有关处室意见的基础上，制定了《省局监管与服务企业税企联络员工作制度》，明确税企联络员的工作目的、工作内容、工作流程，以及各层级重点企业税收管理部门的工作协调机制，为畅通税企沟通渠道、进一步提高重点企业纳税服务水平提供了依据。通过金税三期工程对所辖重点企业的税款入库情况进行汇总，探索建立了“分级负责、重点监控、定期分析”的常态化分析机制，按季对所辖重点企业税收政策执行、税收增减变化和发展趋势情况进行分析，根据存在的问题，查找原因，提出改进措施。

【落实“便民办税春风行动”】 按照税务总局开展“便民办税春风行动”的部署，对省局监管与服务的山东高速、青岛海信、万华化学、潍柴动力、兖州煤业等10户重点企业进行了问卷调查、走访和座谈，了解他们的主要涉税诉求，寻求满足重点企业正当涉税诉求的有效途径。同时，与魏桥铝电举行了税企高层对话活动，通过交流沟通，了解企业生产经营情况，增加税务机关对企业的认知与了解，提升企业高层对税务工作及税务风险内控体系建设的重视程度，促进了税企互信和合作。重点企业涉税诉求调研报告分别在新华社《山东参考》

和《山东地税情况》上刊登，省局局长、党组书记张洪军做出批示。通过个性化纳税服务工作，解决了兖州煤业股份有限公司榆林能化供应部企业所得税纳税问题、高速传媒有限公司往年企业所得税超缴退税问题、全省各地高速服务区城镇土地使用税和房产税纳税不统一问题、齐鲁建设集团海阳蔚蓝项目所得税纳税问题。对山东魏桥铝电有限公司提出修改《环境保护专用设备企业所得税优惠目录（2008年版）》的要求，通过省局企业所得税处向国家税务总局所得税司进行了书面请示。

**【税务审计】** 为做好对部分重点企业税务审计工作，积极协助省政府招标办，完成了公开招标中介机构参与税务审计工作。如期开展了对山东华鲁恒升化工股份有限公司的税务审计工作。本次审计按照“一家进户，各税统查”的原则，对审计对象除增值税以外的，由地方税务机关负责征管的各项税（费）的申报缴纳及税收政策执行情况，逐年度、逐税种、逐项目进行审计。一方面进行税种审计，主要涉及地税征管的营业税及附加、企业所得税、个人所得税、城镇土地使用税、土地增值税、契税、耕地占用税、房产税、印花税等税种。另一方面进行发票审计，主要对被审计企业的发票领购、开具、取得、保管、缴销等使用情况进行检查。

**【课题调研】** 结合省局推进税收现代化重点研究的八个方面问题，开展了大企业税收管理模式、个性化纳税服务等方面的调研。其中，《关于地方税收对房地产业过度依赖的税收风险分析与对策建议》在省政府《决策参考》上刊登。《从魏桥铝电看国内铝电市场行情、行业发展和税收趋势》《从兖州煤业看我省2014年煤炭行业经济税收形势》在《山东地税情况》上刊登。下半年，根据省局领导的要求，分别对枣庄、东营市重点企业税收监管与服务工作开展了深入的调研，形成《关于枣庄、东营市地税局大企业税收监管与服务的调研报告》。同时，完成了税务总局布置的课题任务，形成了《关于我省大企业税收管理的现状、存在问题及对策研究》。同时，在广泛征求培训需求的基础上，举办了重点企业财务人员培训班和重点企业风险管理培训班，开展了“金税三期工程”有关业务问题答疑。培训内容为：大企业内部控制与风险管理、走出去企业税收管理与服务、企业财务分析、“营改增”税收政策解读、税收风险管理、纳税评估分析指标设计、反避税调查、税务审计等，收到良好效果。

**【与新华网山东频道战略合作】** 积极参加各类主题实践活动。为更好地做好山东省地方税务局大企业税收监管与服务的宣传工作，与新华网山东频道签订战略合作协议，运用新华网的优势资源，营造良好的舆论氛围。2014年底，在新华网山东频道网站显著位置，以通栏旗帜形式，链接山东省地方税务局官方网站。

（吕晋生）

# 机关党建

**【服务省局党组理论中心组理论学习活动】** 根据省局党组安排，拟制省局党组中心组理论学习实施方案、学习计划、阶段性学习计划和专题学习计划。8月28日，省局党组理论学习中心组读书会在省局机关举办，邀请省委党校副校长孙黎海就落实反腐倡廉“两个责任”作专题辅导。在省委召开的“党委（党组）中心组深入学习贯彻习近平总书记系列讲话精神座谈会”上，省局党组的《加强机关思想建设，凝聚促进地税事业发展的正能量》经验材料在会上做了交流。在“全省机关专职党务干部深入学习习近平总书记系列讲话精神培训班”上，机关党委做了《切实发挥参谋助手作用 努力服务党组中心组学习》的典型发言。

**【机关党员思想建设】** 采取多种形式，组织省局机关党员干部深入学习习近平总书记系列重要讲话和党的十八大、十八届三中、四中全会精神，以统一思想，指导实践。利用“山东地税大讲堂”，邀请山东省委党校副校长孙黎海、教授钟丽娟，于3月13日、12月8日分别为全系统作了党的十八届三中全会、四中全会精神辅导报告。组织机关处以上干部观看党内参考片《较量》，在局机关开展“我（们）能为推进深化改革和转型发展做什么”学习实践活动，组织机关干部职工开展警示教育。

**【机关文化建设】** 印发了《关于加强省局机关文化建设的实施意见》，组织省局机关各党支部开展学习讨论、支部书记赴章丘市地税局学习观摩活动，统一局机关干部职工关于文化建设的思想认识。建设文化走廊，在机关大厅、办公室走廊悬挂处室理念、廉政格言等。在一楼大厅制作文化展板，宣传机关工作，营造文化氛围。组织党员干部开展核心价值观大讨论活动。10月10日，举办了“处室理念个人愿景大家谈”报告会。部分处室及个人在报告会上汇报了处室理念和描绘了个人愿景。省局党组成员、纪检组长王莉莉进行点评，提出了“知行合一、敢于担当、点滴做起、以上带下”四点要求。按照机关文化建设方案，制作机关文化手册，集中展现机关文化建设风采。深入开展“好书荐读 书香地税”活动。在初选15本侯选图书的基础上，汇总各支部意见，购置了《大清相国》《男儿无悔》《极限人生》《软实力》《最受欢迎的沟通方式和技巧》5本图书发放机关干部职工学习。

**【文体活动】** 充分发挥机关文体活动兴趣小组作用。以“美在地税”为主题，“三八”妇女节组织机关妇女同志开展活动。4月，组织参加山东省财税机关暨山东财经大学春季运动会。9月，组织了省局机关羽毛球比赛，组队参加了省直机关乒乓球比赛，分两批组织局机关干部职工开展拓展训练活动。组织开展了迎国庆书画比赛、乒乓球和台球比赛活动，干部职工增强了沟通交流，释放了工作生活压力，促进了身心健康。

**【和谐地税建设】** 积极开展“慈心一日捐”活动。探索建立干部职工家庭困难援助机制，积极向省慈善总会申请，5名困难干部职工及家属获4.9万元慈善救助。

**【创先争优活动】** 发挥党建工作激励作用，加大对典型事迹和人物宣传力度，切实发挥典型示范的带动作用。转发了济南市局、青岛市局、日照市岚山分局等单位的党建先进经验。坚持把创先争优活动作为深化机关建设的重要途径，积极参与文明争创活动。省局机关通过了全国文明单位复查，并获“省富民兴鲁劳动奖状”“山东省理论大众化示范点”等荣誉称号。

**【系统党建工作】** 年初制定下发系统党建工作要点，明确系统党建工作的重点和方向，并纳入绩效考核体系。加强系统党务干部能力建设，5月，在山东财经大学东方学院对各市地税局机关党委专职副书记、部分县（市、区）地税局机关党务干部近100人进行了培训，通过专家授课、现场观摩、经验交流等方式，提升了党务干部的工作积极性和工作能力。9月，在日照市地税局举办了全省地税“系统党建工作指导法”理论研讨暨现场观摩会议，省直机关工委副书记赵森，省局党组成员、纪检组长王莉莉出席会议并讲话，会议推广了日照市局“网上党支部”经验做法，8个市地税局、9个县（市、区）地税局在会上交流发言。落实系统党建工作制度，分别在滨州、莱芜、枣庄市地税局召开系统党建协作片组会，进行了党建工作现场观摩、工作思路交流和重点工作研讨。认真做好系统党建网页维护工作，促进系统党建工作开展。

（刘键锋　王明杰）

# 信息化建设

**【概述】** 2014年，信息中心紧紧围绕税收现代化建设工作，认真落实各项工作要求，全面巩固金税三期工程上线成果，不断提升信息化保障能力，持续深化信息化应用效果，进一步强化网络信息安全管理，较好地完成了各项工作任务。先后荣获2014年度省局机关绩效管理考评先进单位、山东省网络信息管理先进单位、全省信息安全先进单位等称号。

**【信息化管理】** 一是加强顶层设计，完善信息化工作机制。根据国家税务总局要求和省政府关于网络安全和信息化管理的相关规定，将前期成立的山东地税信息化领导小组和信息安全领导小组合并为山东地税网络和信息化领导小组，并对其人员组成进行了调整，由省局局长张洪军担任领导小组组长，将整个信息化工作纳入全局战略。同时明确了领导小组及其办公室相关职责，明确全省地税网络安全和信息化办公室作为全省地税网络安全和信息化领导小组办事结构，分管信息化工作的副局长任办公室主任，机构设在省局信息中心。同时，对信息办工作规则进行了修订，制定了《山东省地税局机关信息化建设管理办法》《山东省地税局系统信息化建设管理办法》，明确工作规则和相关制度。依托网信领导小组和网信办，加强了信息化工作的顶层设计能力，将全局信息化工作纳入归口管理，实现了全省地税信息化统筹规划和协调管控。二是加强内控机制，推进规范化管理。根据山东地税信息化工作实际，制定了《山东省地方税务局信息中心风险防范内控机制》，包括信息化沟通联络、项目采购、设备管理、档案管理、外来技术服务人员管理等15个内部工作规程，7个工作流程，24个工作模板，内容涵盖岗位流程、责任分工、风险点及防控措施等内容，对山东地税信息化建设业务流程进行全过程的介入和监控，采取流程分解、相互制衡的方式，促生内在制约力，形成科学有效的管理机制。通过内控机制建设，全省地税信息化工作质量和效能得到了进一步提升，实现了信息工作的科学化、规范化、制度化，达到了责任明晰、流程规范、制度完备、监督到位的预期目标。信息化内控机制建设的经验做法上报国家税务总局，受到总局电税中心领导肯定。三是持续加强信息化团队建设，队伍建设开花结果。信息中心重视加强团队建设，努力建设和谐团队和学习型团队，积极引导健康向上的工作氛围，在省局举行的处室理念征集中，获得优秀奖励。坚持以人为本，加大对信息化技术人才的培训力度，特别是加强全系统关键技术岗位人员的知识更新培训，重点向基层倾斜，重点培养一批资深技术型的高端领军人才，全年以来共组织信息安全技术管理等各类培训6次。加强信息技术人才，特别是高级技术人才的培养和选拔，结出了丰硕的成果，信息中心齐艳红等5名同志入选税务总局信息技术人才库，入选人数在全国税务系统名列前茅。王心慧作为信息中心优秀信息技术人员的代表，先进事迹登上了《中国税务报》，多名同志被总局电税中心通报表扬。

**【巩固金税三期工程上线成果】** 一是全力做好金税三期工程各软件系统优化工作。加大同税务总局和各应用系统开发商的协调力度，结合山东地税实际，进一步做好核心征管、网上报税、个人所得税、管理决策一包等金税三期工程应用系统的适应性改造和扩充开发工作，不断优化系统，完善功能、优化架构，确保稳定高效运行，提高纳税人和基层一线的用户体验。针对金税三期工程决策一包的查询统计数据不准确的情况，信息中心组建数据分析攻坚小组，对后台关键主题数据进行校验核对，分析省局端统一视图加工规则，确定数据问题处理机制。历时一个月时间，分析数据表1000多个，梳理出来80多个问题，并提出整改意见，将发现的数据问题推送给开发商，帮助税务总局对系统进行整改，总局项目组多次来山东地税召开现场会，对山东地税工作表示了肯定。金税三期工程征收平台已经实现平稳运行，基本满足基层和纳税人的征纳业务需求。此项工作获得山东地税2014年创新项目一等奖。二是做好金税三期工程数据返还工作。为促进全省地税系统数据应用迅速启动，组织系统骨干力量确定复制技术手段，制定省、市两级数据返还方案，并指导各市做好基础环境准备工作，完成全省1376张表的数据返还环境搭建工作。并结合总局数据结构调整，进一步优化和统一返还实现技术，重建各市数据返还环境。做好数据返还环境的日常运维和监控，全年共处理各种问题约60余次，并指导各市做好本地环境的日常管理。三是扎实做好金税三期工程各系统环境搭建和基础运维工作。配合总局完成金税三期工程核心业务系统省局测试环境和金税三期工程行政办公系统搭建工作，提供基础资源，准备相关网络环境。在完成“金税三期工程”试点上线基础环境搭建工作后，根据系统实际运行情况，对基础环境和网络设备进行优化调整，密切关注核心系统运行状况，金税三期应用系统上线运行一年来，未因基础环境和网络设备故障影响系统正常运转。在机关大楼停电检修期间，首次尝试租用柴油发电机供电，为今后应对停电突发事件积累了宝贵经验。升级机房现有环境监控设备，并计划改造现有运维监控平台实时监控金税三期工程各业务系统运行状况，确保各业务系统稳定运行。

**【各类系统开发】**　在金税三期工程系统上线运行的基础上，根据各业务处室的管理要求，开发各类应用系统，做好技术支撑工作。一是研究开发数据资源平台。数据资源平台以金税三期工程核心征管和山东地税原大集中系统、山东地税保留特色软件采集的数据为基础，广泛采集外部门涉税数据，通过对海量原始业务数据的归集清洗、数据标准化整理、数据管理监控、数据加工发布、自定义查询等功能，实现业务数据的统一存储和管理，为后续的业务分析应用打好数据基础，并作为有效补充，满足个性化数据加工和自定义查询统计的需要。按照工作计划，确定山东地税数据资源平台建设目的、内容及项目边界等关键内容，完成数据资源平台建设方案的编写，并向分管局领导进行汇报。二是开发风险防控平台。利用先进的主流技术手段，强化对海量数据的分析利用和过程管理，为税收征管、风险管控、决策制定等提供真实有效的信息化支撑，税收风险管理系统建设稳步推进，2014年底完成了系统一期上线。三是开发纳税服务平台。构建、整合涵盖纳税人所有涉税业务为主要内容的纳税服务平台，以高度集成的电子税务局、12366语音服务、税收法规知识库等为主要渠道载体，向基层一线税务人员和纳税人提供全面及时的3A服务（即任何时间、任何地点、任何途径），其中12366系统已完成系统方案制定、预算制定等工作，预计2015年初完成建设并投入上线运行。四是完成省局绩效管理系统开发工作。绩效管理是山东地税2014年重点工作，信息中心积极配合绩效办，做好需求技术评审、软件招标、原型设计等工作，顺利实现全省上线，有效支持了绩效管理工作。

**【基础环境建设和维护】** 一是完成机房资源调配和监控系统升级改造工作。将主机房内部分空闲资源搬迁至备份机房，充分利用现有资源。同时，为了加强基础环境监控，通过现场实地勘查，实施方案讨论，最终确定项目实施方案，严格按照项目要求开展实施工作，并做到严格把关，保障工程质量，顺利完成了机房环境监控系统升级改造工作。二是进一步探索虚拟化技术应用，整合现有资源。为减少硬件设备资金投入，提高设备利用率，信息中心进一步探索虚拟化技术，逐步整合现有硬件资源。利用47台服务器搭建起核心业务虚拟化应用平台，承载138个虚拟服务器运行，涵盖金税三期工程所有省级节点服务器及部分省局自有应用服务器。利用虚拟化技术搭建起山东地税培训应用平台，多次完成省局业务培训工作。三是配合做好基础环境安全加固工作，杜绝各类安全隐患。2014年全球爆出影响多个大范围主机安全漏洞，为保障系统安全运行，在接到安全预警后，信息中心立即组织人员针对问题制定解决方案，经过反复论证，组织相关人员进行升级，及时消除潜在隐患，并配合安全基线扫描工作，对发现问题的主机按要求进行整改，杜绝各类安全隐患。

**【网络与信息安全管理】** 一是完成金税三期工程市县级网络安全项目实施工作。组织完成区县级骨干网升级改造实施工作和市级防火墙设备升级替换工作，完成市局32台防火墙的升级替换，为全省158个区县级单位重新部署路由器、交换机和防火墙共计948台，提高了广域网络运行的安全稳定性。二是组织完成各类安全自查和整改工作。按照年度计划及国家税务总局和有关部门要求，完成网上办税系统、部分市局安全自查及抽查、安全自查和整改工作的要求，按时上报相关工作要求、工作情况和整改计划，取得较好效果。三是组织完成对省局应用系统的安全评估工作。年初制定工作计划，对省局机房全部资产进行了逐一核实核对，对省局在用的主要应用系统进行了逐一访谈调研，明确系统功能、范围、框架等，并进行了漏洞扫描和渗透测试，逐一形成了安全评估报告，明确发现的主要问题，及时提出整改措施。四是配合税务总局完成金税三期工程已上线系统风险评估与等保测评在山东地税的现场实施和检查工作。积极配合税务总局金税三期工程应用系统分析评估和等保测评组的现场实施工作，在省局和部分市局开展管理访谈和技术核查，对全网进行了网络检测、漏洞扫描和渗透测试，取得了较好的效果。同时，配合税务总局顺利完成了年度网络安全检查工作。五是组织进行应急演练工作，完善应急预案和安全管理制度。选择公文系统按照标准规范组织进行应急演练，详细记录演练情况，并根据演练实际完善相关应急预案。根据工作需要，整理完成安全制度体系框架以及部分制度的编制工作。

（黄云峰）

## 纳税服务与社会综合治税

**【概述】** 2014年，纳税服务中心认真贯彻党的十八大精神，以开展“便民办税春风行动”和实施《全国县级税务机关纳税服务规范》为统领，以减负增效为主线，着力简化办税流程、拓宽服务渠道、强化服务措施，纳税服务工作质效进一步提升。

**【“便民办税春风行动”】** 研究制定《开展“便民办税春风行动”实施方案》，与山东省国税局联合在《大众日报》刊登《致全省纳税人的公开信》。全省共减少及简并涉税文书、表单32种，占纳税人报送资料总数的35%；合并、取消13项进户执法工作，进户执法比例减少30%；着力解决行政审批、办事效率、服务意识、办税负担等方面存在的2412个问题，召开税企座谈会1831次，发放税收政策资料34315份，得到了社会各界和纳税人的普遍认可和好评。

**【落实纳税服务规范】** 研究制定全省地税系统贯彻《全国县级税务机关纳税服务规范》实施方案，明确了工作安排、任务分工和时间要求等。结合税收政策和金税三期工程流程进行逐条逐项比对，编写山东地税纳税服务规范，与税务总局纳税服务“无缝对接”。全面实施与先行试点相结合，选择8个单位作为纳税服务规范升级版本的试点，为全省地税系统全面推行规范探索路径，积累经验。

**【纳税平台建设】** 加大政策宣传力度。充分利用宣传栏、公告栏、办税服务厅显示屏、税务网站、微信平台等媒介及时发布政策信息。充分利用12366纳税服务热线，强化其业务咨询、税法宣传、政策传递能力。共受理纳税人各类涉税咨询81万次，较上年同比增长6.5%，回复率100%。积极开展税法培训。利用网上和实体纳税人税法培训中心开展新办企业、小微企业税收优惠、办税流程等培训716期，培训纳税人41632人次。

**【减轻纳税人办税负担】** 减轻纳税人上门办税负担。开通网上申报、网上缴税、网上开票等业务，最大限度便利纳税人办税。减轻纳税人资料报送负担。对各类涉税业务报送资料进行清理检查，精简报送资料151项，对经常性申报资料实行数字化留存、一次报送、多方共享。减轻纳税人表单填写负担。建立导税辅导台，加强对纳税人填报各类表证单书的指导。拓展“免填单”服务范围，实行“免填单”项目扩大至42项。

**【“两个”满意度调查活动】** 组织开展纳税人满意度调查活动，制作《纳税服务满意度调查表》，在全省纳税人中筛选了11000户企业作为调查对象，了解税收服务现状和纳税人诉求，及时改进和规范办税服务事项。组织开展基层满意度调查活动。选取工作指导、精简会议、减轻基层负担等14个指标，制作《基层满意度调查表》，印发各市县和部分基层地税干部，听取基层意见和建议。在2014年税务总局组织的全国税务系统纳税人满意度调查评比中，山东地税综合得分第6名。

**【纳税服务队伍建设】** 组织全省地税系统纳税服务培训班。围绕纳税服务现状与发展、国际比较与借鉴、办税服务厅绩效考核和纳税人权益保护等内容进行讲授，各市局纳税服务中心主任、部分县（市、区）局办税服务厅负责人共52人参加了培训。举办纳税服务规范培训班。9月、11月，分别组织纳税服务规范师资培训班和提升培训班，对纳税服务规范授课人员、市局纳税服务中心主任和办税服务厅业务骨干进行集中培训。

**【社会综合治税】** 为进一步加强税源控管，做到堵漏增收，先后与省国土资源厅、省公安厅、发改委等34个部门建立了信息共享机制，实现72类涉税信息的采集和交换。利用山东省社会综合治税平台，共采集涉税信息214万余条，通过分析、比对，增加地税税收32亿元。6月，就涉税信息平台建设的情况向省政府提交了调研报告，得到山东省副省长孙伟的批示。

（国　风）

# 机关后勤服务

**【行政管理】** 认真落实中央八项规定和山东省委《实施办法》，落实公务用车专项治理工作要求，按照规定和要求清理上交了超编、借用车辆；重新制定了《省局机关车辆管理暂行办法》，对公车清理后在编的28辆车实行了集中管理、统一派遣使用。在加强日常管理的同时，严格落实节假日、八小时以外的车辆管理和停放制度，杜绝公车私用。实行车辆值班制度，科学合理调配车辆，提高公车使用效率。按照《党政机关办公用房建设标准》和中央、省关于党政机关办公用房清理整改的有关规定，根据省局党组的统一部署和要求，及时与省有关部门进行请示汇报和沟通，对整个局机关办公楼所有房间进行全面清理、规划、压缩、调整，并按省督导组检查督导的意见进行整改。

【服务保障】　坚持定点采购绿色蔬菜和副食品，让大家吃得安全放心。根据季节变化科学合理确定食谱，开展营养食品厨艺交流，努力改善伙食花色品种。为节省开支，自行制作无公害豆芽、豆腐、咸菜等，确保食品物价相对稳定。贯彻《党政机关厉行节约反对浪费条例》，做到饭菜数量适中，减少浪费。积极做好办公楼房屋修缮及水、电、暖、通信费用的收缴工作，定期对办公楼空调系统和旋转门、电梯、配电室、高压设备等进行维护，对办公楼外墙进行清洗。按照上级要求，开展了全省地税系统处级以上干部个人住房调查工作，按时上报厅级干部住房统计结果。按照有关规定，在省局党组统一部署和亲自关怀督导下，认真开展省局机关无房干部职工一次性经济补偿的宣传发动、统计汇总、审核把关和上报工作。对办公楼所有房间橱柜进行修缮维护，更换部分办公桌椅，按程序对无法使用且无法修复的办公家具进行了处理。对全省地税会议视频系统进行了升级改造，为享受最低工资的临时用工人员提高了工资标准，为全体委托管理人员补缴了住房公积金。针对公车清理之后需要辞退部分驾驶员的实际，反复与委托管理部门咨询商讨提前辞退的相关政策规定，并多次征求省局法律顾问及其所在律师事务所的意见。在此基础上，本着人随车走的原则，按政策规定辞退了18名委托管理人员。完成了局机关干部职工及委托管理人员320人的查体工作；完成了客房及会议室卫生清理和管理使用，完成了会议、学习等印刷任务。

【安全保卫】　制定下发了《山东省地方税务局关于切实加强火灾防控严防发生重大火灾事故的通知》，对系统安全消防工作提出了明确要求；将车辆行车安全作为安全防事故的重点，纳入系统绩效考核范围，制定工作完成的标准和要求，做到按时严格考核。行车安全方面，组织人员学习交通法规和安全行车知识，全年共开展了12次安全教育，6次车辆安全检查，全年未发生交通责任事故。严格落实饮食卫生规定，严把食物采购、储存、制作、销售关，做到餐具按要求消毒，杜绝了食物中毒事故发生。认真落实设施设备操作规程，按时对供水、供电及厨房设施进行安全检查，及时更换了老化损坏的设施配件，对办公楼大院周边护栏进行了改造。对办公楼消防监控系统进行了维护，及时更换了过期失效的消防栓、灭火器，对消防、电梯等重要设备进行了维护，使设施设备始终处于良好的运行状态。对消防、安保监控系统进行了全面升级改造，更换了部分老旧消防器材。严格落实安全保卫工作责任制，落实日常检查、定期检查和临时抽查制度，加大门卫值班、巡逻值勤检查力度，将检查结果及时汇总上报，全年在坚持不定期检查、抽查的基础上，先后集中组织了4次安全大检查，对发现的问题及时进行了整改。积极协调公安派出所多次对重大活动、会议、群体性上访事件等进行了防范和应急处理，有效保障了机关工作的安全运行。

（赵风国）

# 第三篇 各地地税工作

山东地税年鉴·2015
SHANDONG LOCAL TAXATION YEARBOOK

# 济南市地方税务局

近年来，在山东省地税局党组和济南市委、市政府的正确领导下，济南市地方税务局始终牢记“为国聚财、为民收税”的使命，持续推进“依法治税、信息管税、服务兴税、人才强税”四大战略，攻坚克难、锐意创新，勇挑重担、担当前行，以组织收入为中心的各项工作实现了新的发展和突破。积极应对国际金融危机冲击，有效化解“营改增”等结构性减税不利影响，加强税收征管，落实税收政策，努力保持地税收入持续稳定增长。地税收入从 2010 年突破 200 亿元、2012 年突破 300 亿元到 2014 年突破 400 亿元，四年实现了两连跳；2014 年组织收入达到 419.73 亿元，同比增长 11.5%，同口径（剔除“营改增”因素）增长 17.39%，为济南经济社会发展提供了财力保障。同时，规范税收执法，收入质量和执法水平稳步提高；优化纳税服务，积极为经济和社会发展服务，精神文明创建工作也取得丰硕成果。市局先后荣获“全国五一劳动奖状”“全国税务系统先进集体”“山东省富民兴鲁劳动奖状”“全国文明单位”等荣誉称号，涌现出了“全国工人先锋号”“全国先进工作者”等一大批先进集体和先进个人。省局和市五大班子领导多次作出重要批示，对全市地税工作给予了充分肯定和认可。

◀ 加强政务公开，济南市地税局局长、党委书记张志明做客 12345 市民服务热线，解答相关问题。

▶ 加强纳税服务，组织全市地税系统纳税服务人员进行集中培训，不断提高服务水平。

▶ 加强房地产业税收征管，税务干部到企业进行实地税收调研。

◀ 加强精神文明建设，开展“书香地税”读书活动。

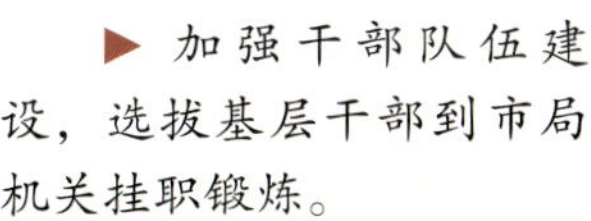

▶ 加强干部队伍建设，选拔基层干部到市局机关挂职锻炼。

# 青岛市地方税务局

近年来，青岛市地方税务局在山东省地税局党组和市委、市政府的正确领导下，紧紧围绕“率先基本实现税收现代化”的工作目标，牢牢把握“稳中求进、改革创新”的工作主题，不断提升税收科学化、专业化、规范化、标准化水平，各项工作不断取得新进展。先后荣获“全国文明单位”“全国职工教育培训示范点”“全国税务系统绩效管理工作先进单位”等称号。连续17年荣获“省级文明单位”，连续8年在全市绩效考核中夺优。

面对经济增速放缓、结构性减税力度加大等不利因素，立足眼睛向内，坚持管理增收不动摇、堵漏增收不松懈、依法征收不放松，2014年完成各项收入642.7亿元，同比增长12%，收入总量首次突破600亿元大关。完善风险管理，构建了179个税收风险预警指标，全年识别、派发风险任务30842户，通过风险应对组织税收18.5亿元，增长56.4%。深化信息管税，坚持以问题为导向，持续优化完善“智慧地税”管理平台，实现自动关联分析、自动税源监控、自动绩效考评。“智慧地税”管理平台被评为国家税务总局、山东省地税局2014年度优秀创新项目和青岛市科技进步奖二等奖。深入开展“便民办税春风行动”，落实县级纳税服务规范，全心全意为纳税人解难题，推出了33条便民服务举措。聚焦“四风”，以“钉钉子”精神抓好“四风问题”整改，加强制度建设，规范内部管理，精简会议19.6%，减少文件13.5%。加强干部队伍建设，开展全员、全年不间断培训，继2013年5人入选首批全国税务领军人才后，2014年又有5人入选，录取人数位列全国税务系统第二名。落实“两个责任”，按照“教育+制度+科技+问责”模式，完善内控机制。2014年，在全国税务系统内控机制信息化建设推进会上，青岛市地税局作了大会演示交流。

▲ 加强政务公开，组织开展“便民办税 春风送暖 机关开放日活动”，邀请社会各界走进市局机关。

▶进一步加强税收管理，税务人员深入企业进行走访调研。

◀不断创新税收工作，组织召开创新示范项目评审展示会，汇报全年亮点税收工作。

▲深入开展地税局长服务日活动，听取纳税人心声。

▲采取多种形式进行税法宣传。

# 淄博市地方税务局

近年来，淄博市地方税务局在山东省地税局党组和淄博市委、市政府的正确领导下，全市各级地税部门坚持以邓小平理论、“三个代表”重要思想和科学发展观为指导，深入学习习近平总书记系列讲话精神，积极落实党的十八大和十八届三中、四中全会精神，按照省局和市委、市政府的工作部署，积极发扬“务实创新、勇争一流”的淄博地税精神，切实树立“依法征税、科学管税、文明办税、廉洁从税”的淄博地税核心价值观，坚持以组织收入为中心，不断创新、深化、完善各项工作，实现了地税事业的又好又快发展。淄博地税年组织收入总量从建局之初的4.9亿元跃升至2014年的195.88亿元，连年超额完成税收任务，为全市经济和社会发展提供了强有力的税收财力保障。各项工作走在了全省、全国的前列。税收执法责任制等7项工作在全国税务系统推广或得到税务总局领导肯定，以地控税、网开发票管理等61项工作在全省地税系统推广或认可。荣获“全国文明单位”“全国五一劳动奖状”“全国税务系统先进集体”“全国‘四五’及‘五五’普法法制宣传教育先进集体”“全省先进基层党组织”“全省富民兴鲁劳动奖状”等国家级和省级荣誉称号。连续十五年被省局表彰为全省地税系统目标管理考核优秀单位，连续十年被市委、市政府表彰为市直部门目标管理考核优秀单位。

▲举办全市地税系统“为经济发展作贡献　为地税事业添光彩”主题争创活动，充分发挥税收职能作用，助推经济社会发展。

◀ 加强税收征管，全省地税系统发票网开管理系统推广工作会议在淄博召开。

▶ 加强税源管理，税务人员深入企业开展土地增值税清算工作。

▲ 举办全市地税系统区县局领导班子成员培训班，不断提升领导干部综合素质。

▲ 不断加强纳税服务，实行国地税联合办税，进一步方便纳税人。

# 枣庄市地方税务局

枣庄市地方税务局成立于1994年8月。市局机关内设15个职能科室，下设2个直属单位，辖1个开发区分局、5个区分局和1个市局，共设置33个中心税务所。全系统共有在职干部职工901人，中共党员772人，占86%；大专以上文化程度880人，占98%，其中，研究生（含在读）81人，注册税务师、注册会计师、律师80人。承担全市53837户纳税人的地方税收征管工作，2014年，全市地税系统共组织各项收入102.16亿元，同比增长5.46%，增收5.29亿元，占全市财政收入比重达到66.63%，为全市转型发展提供了充足财力支撑。

近年来，枣庄市地税局在山东省地税局党组和枣庄市委、市政府的正确领导下，坚持把“培育一流的干部素质、实施一流的税务执法、打造一流的纳税服务、营造一流的纳税环境、创造一流的工作业绩、树立一流的社会形象”作为枣庄地税系统的共同愿景，把“厚德载物、海纳百川，艰苦创业、无私奉献”作为枣庄地税系统的核心文化理念，以加强地税文化建设提升凝聚力为总目标，以提高税收收入质量为中心，以深化完善税收管理新模式为重点，以持续推动基层建设为着力点，以盘活人力资源、激发队伍活力为保障，统一思想、凝聚力量，创新发展、拼搏勇进，系统上下形成了风清、气正、心顺、人和的良好局面。经过党的群众路线教育实践活动的洗礼，干部职工精神面貌更加奋发昂扬。2014年，市局先后荣获全省先进党组中心组、全省地税系统党建工作先进集体、服务基层优秀单位、税收宣传月活动先进单位、文化事业建设费征收先进单位、全省地税系统廉政文化教育基地建设先进单位、全省档案管理特级单位、全省理论宣讲工作先进单位、全市目标管理考核先进集体、全市工业转型振兴工作先进集体、全市思想政治工作先进单位、全市服务业工作先进集体等荣誉称号，连续4年保持了全国文明单位称号，连续3年荣获全省地税系统目标管理考核优秀单位。2014年4月，市局机关被省工会授予“山东省五一劳动奖状”。

▲ 全面推进机关党建，切实提高机关党建工作的科学化水平。

◀ 加强税收管理，税务人员深入企业进行税源调查。

▲ 传承税法精神，税收宣传从娃娃做起。

▲ 开设纳税人学校，进一步提高纳税服务水平。

▶ 加强干部队伍建设，组织纳税服务人员进行业务测试，提升纳税服务水平。

# 东营市地方税务局

近年来，东营市地方税务局在山东省地税局党组和东营市委、市政府的正确领导下，始终牢记为国聚财、为民收税的使命，坚持以依法组织收入为中心，以深入践行党的群众路线为抓手，以树清风正气、夯征管基础、抓收入质量、重科学管理、强队伍建设为重点，内聚合力，外优环境，迎难而上，积极作为，实现了税收征管、执法服务、部门风气、单位形象和综合实力的多点突破。建局以来，连年超额完成上级下达的各项税收任务，累计组织各项收入1200余亿元，为全市经济建设和社会发展提供强大的财力保障。

东营市地税局被授予“全国文明单位”“全国五一劳动奖状”等荣誉称号，多次在省地税局年度考核中被评为优秀单位，连年在市委、市政府年度目标管理综合考核中获“一等奖”，多次荣立集体二等功。全系统共涌现出国家级青年文明号和巾帼文明岗6个，全国五四红旗团支部、“三八”红旗集体、女职工建功立业示范岗和五一巾帼标兵岗各1个；省级文明单位7个、青年文明号18个、巾帼文明岗20个；受到省以上表彰奖励300多人次。

▲全面加强税收管理，东营市地税局局长、党组书记潘荣文（右一）带队到胜利油田就加强油田税源控管、优化税收服务、支持油田企业重组改制、开展双方和谐共建等工作进行专题调研。

▶ 坚持依法治税，加强税收征管，依托综合治税足额扣缴马拉松比赛获奖人员个人所得税。

▲ 加强机关党建，在党员中广泛开展“一个党员一面旗 争创党员先锋岗”活动。

▲ 加大税收宣传力度，采取多种形式宣传税收政策。

◀ 不断加强党风廉政建设，开展岗位廉政试点工作。

# 烟台市地方税务局

近年来，烟台市地方税务局大力弘扬“从严从细从小，认真扎实负责”的理念，突出重点，强化管理，统筹推进省市局各项重大决策部署，依法组织税收收入，大力实施税收征管改革，深入推进依法行政，不断优化税收服务，各项工作取得明显成效，市局近三年有提高税收征管能力、股权转让税收管理、房地产税收管理等 14 项经验做法得到山东省地税局相关处室的发文推广。

坚持服务经济、服务大局的理念，积极开展经济税收调研，2014 年有 2 篇调研报告被烟台市市长孟凡利批示转发，1 篇调研报告荣获烟台市政府系统优秀调研成果一等奖，《小微企业优惠政策落实情况分析》被国务院办公厅内部信息采用。2014 年一季度，开展百户企业走访活动，为企业提供上门服务，相关做法被省地税局张洪军局长批示肯定。2007—2014 年连续 8 年获得烟台发展突出贡献奖。

强化税务文化建设和干部队伍建设，开展“十佳烟台好人”“最美税务人”等先进典型评选活动和“团队文化建设”“社会主义核心价值观”等宣传教育活动，推动书画、文学、登山、球类等兴趣小组的发展，2014 年通过全国文明单位复查。

▲ 加强政务公开，烟台市地税局参加烟台市“民生热线”直播栏目。

▲进一步开展“便民办税春风行动”，税务人员深入企业进行税收政策宣传，帮助企业解决涉税难题。

▲在税收宣传月活动中开展互动式税法宣传。

▶组织纳税服务中心人员在线考试，不断提高干部素质和服务水平。

◀加强党风廉政建设，组织党员领导干部参观反腐倡廉警示教育基地。

# 潍坊市地方税务局

潍坊市地方税务局成立于1994年7月，内设13个职能科室，下辖3个直属分局、12个县市区局、5个开发区分局、2个直属单位。全系统在职干部职工1980人，担负着全市17万多户纳税业户的地方税收征管和纳税服务等工作。

近年来，在山东省地税局党组和潍坊市委、市政府的正确领导下，潍坊地税求真务实，开拓进取，各项工作取得了显著成效。2014年，全市共组织地税收入330.64亿元，同比增长11.37%。其中，地方级地税收入总量达到302.88亿元，同比增长10.9%。地税收入占全市公共财政预算收入的68.1%。市局先后被授予全国文明单位、全国五一劳动奖状、全国文明行业示范点、全国青年文明号、山东省政风行风考核先进单位、山东省富民兴鲁劳动奖状、山东省学习型组织标兵单位、全省地税系统目标管理优秀单位、全省地税系统服务基层优秀单位、全省地税系统“征纳共盈”纳税服务品牌创建先进单位等荣誉称号，在市委市政府组织评比的全市社会服务综合排名中位居前列。

▲ 山东省地税局副局长、党组成员韩奎祥（前排中）到寿光市地税局就党的群众路线教育实践活动进行专题调研指导。

◀ 深入小微企业宣传辅导税收优惠政策，帮助小微企业及时掌握政策，充分享受税收优惠。

▲ 举办税收检查业务骨干培训班，深化落实“培训应用一体化”思路，进一步提高全市税收检查人员的业务素质和税收专业化技能。

▲ 在第三十一届潍坊国际风筝会放飞场开展税收宣传，提升税收宣传质效。

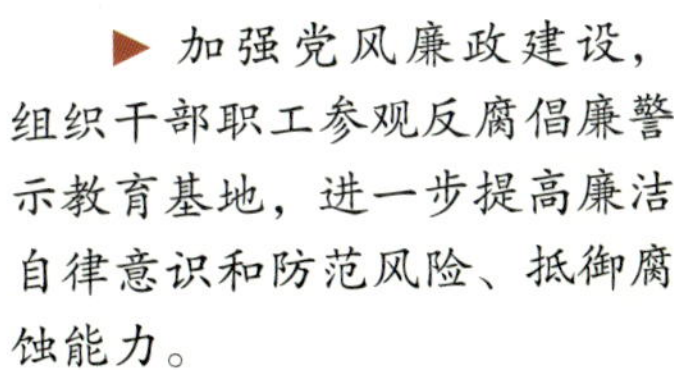

▶ 加强党风廉政建设，组织干部职工参观反腐倡廉警示教育基地，进一步提高廉洁自律意识和防范风险、抵御腐蚀能力。

# 济宁市地方税务局

近年来，在山东省地税局党组和济宁市委、市政府的正确领导下，济宁市地方税务局紧紧围绕建设法治、服务、务实、清廉“四型地税”的总体思路，牢牢把握“税收现代化进程中走在山东地税前列”的目标要求，努力克服经济下行压力大、结构性减税因素多的共性困难，积极应对煤炭效益下滑、金融潜在风险较多的特殊压力，加大征管力度，创新管理举措，全力挖潜增收，保持了地税收入的持续稳定增长，为地方经济社会发展提供了坚强的财力保障。不断提升站位，做到以税资政，制定出台《关于支持全民创业的 60 条实施意见》，营造良好的营商环境；提报《关于“营改增”对济宁经济税收的影响及应对策略的报告》《煤炭资源税改革对经济税收的影响及对策》《发挥税收职能支持济宁在西部崛起中率先突破的报告》等系列调研报告，进入了全市决策，服务了科学发展。严格落实中央八项规定，扎实开展党的群众路线教育实践活动，持之以恒纠正“四风”，深入打造“儒风地税”文化品牌，不断深化绩效管理，在中央、省属驻济单位中连续 3 年以群众满意度随机测评第一名的成绩荣获“群众满意先进单位”称号，连续第 10 年被授予“支持济宁发展突出贡献单位”称号，得到省地税局局长张洪军及济宁市委书记马平昌、市长梅永红等领导的批示肯定和高度评价。

▲认真开展党的群众路线教育实践活动，组织参观图片展。

▲ 不断加强税收征管，税务干部深入企业进行税收调研。

▲ 进一步加强党建工作，定期召开党建工作经验交流会。

▶ 进一步加强干部队伍建设，举办全市地税系统文秘人员培训班。

◀ 加强精神文明建设，获得"全国五一劳动奖状"等多项荣誉。

# 泰安市地方税务局

近年来，泰安市地税系统在山东省地税局党组和泰安市委、市政府的坚强领导下，以邓小平理论、“三个代表”重要思想、科学发展观为指导，深入贯彻落实党的十八大、十八届三中、四中全会精神，围绕中心，服务大局，务实创新，扎实奋进，收入质量、征管质效、执法服务、行政保障等均持实现续提升。2014年开始，大力实施“作风兴局”战略，以全面加强作风建设为突破口和着力点，跳出税务看税务，跳出税收抓税收，围绕中心、服务发展，引导广大干部职工认真践行讲政治、讲学习、讲实干、讲创新、讲廉政、讲正气的“六讲”要求，瞄准“全省有位次，全国有影响”的目标，大力强化人本、法治、创新、品牌“四项驱动”，倾力打造活力地税、法治地税、创新地税、形象地税，力争在全省地税系统率先实现现代化。

截至2014年底，市局机关先后被评为全国文明单位、全国税务系统纪检监察先进集体、全国学习型组织创建优秀单位、省级文明单位、山东地税管理创新明星单位、山东地税系统党建工作先进集体等，所属7个县级局全部被评为省级文明单位。

2015年，全市地税系统将继续深化“作风兴局”战略部署，全面贯彻中央、省委、省局以及市委、市政府决策部署，瞄准“全省有位次，全国有影响”目标定位，深入实施“作风兴局”战略，深刻认识、主动适应、积极服务税收新常态，围绕组织收入这个中心，提升依法治税、征管基础、纳税服务三个水平，强化队伍、作风、文化、廉政四项建设，加快税收现代化进程，全面推进泰安地税跨越发展。

▲国家税务总局党组副书记、副局长解学智（左三）在山东省地税局局长、党组书记张洪军（前排右一）陪同下，到宁阳县地税局检查督导党的群众路线教育实践活动。

▶ 不断加强税收征管，税务干部深入企业开展调研活动。

◀ 扎实开展绩效管理工作，组织相关人员研发绩效管理信息系统。

▲ 加强地税文化品牌建设，举行"泰山魂 地税情"品牌建设推进会，不断增强凝聚力，提升软实力。

▲ 采取多种形式进行税法宣传，不断提高纳税意识。

# 威海市地方税务局

近年来，在山东省地税局党组和威海市委、市政府的正确领导下，威海市地方税务局紧紧围绕服务改革发展大局，按照税收现代化建设总要求，以组织收入为中心，大力强化依法治税，深入推进征管改革，不断创新服务举措，扎实抓好队伍建设，地税各项工作实现了新发展、取得了新成绩。地税收入由 1994 年的 3.41 亿元增加到 2014 年的 180.53 亿元，为服务地方经济社会发展做出了巨大贡献。

威海市地方税务局先后获得了“全国税务系统先进集体”“全国创建文明行业活动示范点”“全国精神文明建设工作先进单位”“全国五一劳动奖状”“全国文明单位”“中国特色社会主义理论体系宣教基地”“全国群众体育先进单位”“省级文明单位”“山东省理论大众化示范点”等省级以上荣誉称号 268 个。2014 年，被中共山东省委宣传部评为“2013—2014 年度理论教育工作先进单位”，被省地税局、省财政厅评为“全省地方税收调查工作先进单位”。坚持体制创新与科技创新相结合推进税务稽查现代化的做法，获得国家税务总局稽查局高度评价，并被省地税局评为创新项目二等奖。被威海市委、市政府评为“2014 年度工作优秀单位”“机关作风建设年活动示范单位”，在全市行风评议中获得行政执法部门第 3 名，纳税服务中心被授予“2014 年度部门行政审批服务先进办事大厅”。

▲山东省地税局局长、党组书记张洪军（左二）到威海市地税局调研指导工作。

◀ 不断加强纳税服务，开展地税局长服务日活动，与纳税人面对面沟通，现场解决纳税人的涉税问题。

▲ 加强政务公开，参加“学理论 懂政策 做明白人——威海市政民互动平台”微访谈活动，围绕“便民办税春风行动”主题与网友进行在线交流。

▲ 进一步加强干部教育培训，提高基层领导干部的综合素质和管理能力。

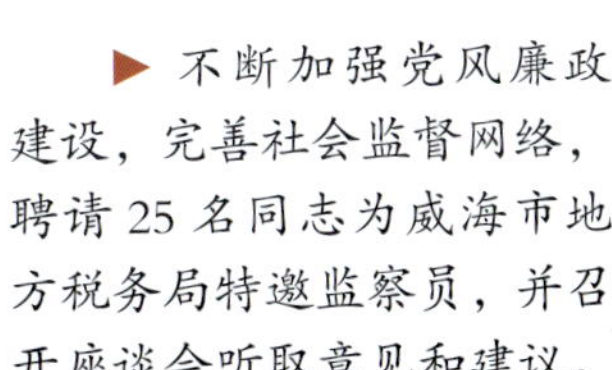

▶ 不断加强党风廉政建设，完善社会监督网络，聘请25名同志为威海市地方税务局特邀监察员，并召开座谈会听取意见和建议。

# 日照市地方税务局

近年来，全市各级地税部门牢固树立收入质量意识，全力做好提高收入质量、防范执法风险各项工作，进一步加强税收管理，优化纳税服务，促进了地税收入平稳增长。2014 年，全市地税系统共组织各项收入 75.09 亿元，同比增长 13.62%，增收 9 亿元；其中完成市县级公共财政预算收入 64.48 亿元，同比增长 13.02%，增收 7.43 亿元。全市地税收入增幅高于全省地税平均水平 3.24 个百分点，地税组织收入占地方财政的比重达到 58.05%，地税组织的地方级税收收入占财政收入中税收收入的比重达到 73.51%。其中：第一产业地税收入完成 249 万元，同比减收 16.16%；第二产业地税收入完成 28.70 亿元，同比增长 32.74%；第三产业地税收入完成 46.37 亿元，同比增长 4.35%。

近年来，市局机关荣获“全国文明单位”“全国精神文明建设先进单位”“全省创建文明行业示范点”“省级文明单位”等荣誉称号；连续荣获全省“三五”“四五”“五五”普法依法治理先进单位；自 2007 年以来，连年被市委、市政府表彰为“全市目标管理绩效考核先进单位”；连续 11 年被市委、市政府表彰为“市直部门政风行风建设先进单位”，并连续 7 年在市直部门执法组中名列第一。全系统所有区县局均为“省级文明单位”，所有基层中心税务所均为“市级文明单位”；3 个单位分别荣获“全国税务系统文明单位”称号，3 个单位分别荣获“全国青年文明号”称号，4 个单位分别荣获“全国巾帼文明岗”称号。

▲不断加强税收管理，同日照市商务局、国税局举行三部门协同管理《合作备忘录》签字仪式。

▶ 进一步加强税源管理，税务干部深入重点税源企业进行税收调研活动。

◀ 税收宣传从娃娃抓起，组织开展税收基础知识进学堂活动。

▲ 不断加强机关党建建设，全省地税“系统党建工作指导法”理论研讨暨现场观摩会议在日照召开。

▲ 不断加强党风廉政建设，组织干部职工到鲁南监狱开展廉政警示教育活动。

# 莱芜市地方税务局

多年来，莱芜市地方税务局在山东省地税局党组和莱芜市委、市政府的正确领导下，坚持“聚财为国、执法为民”的宗旨，以组织收入为中心，不断提升税收征管和执法服务水平，以基层建设和队伍建设为根本，抓素质，树形象，地税事业实现了快速健康发展，一年来，全系统多个单位被授予山东省“巾帼文明示范岗”“青年文明号示范集体”等荣誉称号，多名同志分获“富民兴鲁”劳动奖章、“山东省助残先进个人”“最美税务人”“优秀草根志愿者”等荣誉称号，树立了地税部门的良好形象。

**税收管理实现新跨越**。牢固树立收入质量观，时刻绷紧防范执法风险这根弦，不断强化措施，创新管理，取得了收入“质”和“量”的双提升。2014 年，全市地税系统组织税收收入 35.46 亿元，同比增收 1.05 亿元，增长 3.06%，剔除“营改增”按可比口径增长 6.47%。其中：组织地方财政收入 30.59 亿元，同比增收 1.73 亿元，增长 5.98%，剔除“营改增”按可比口径增长 10.18%，实现了与全市经济发展的同步较快增长，为地方经济发展提供了稳定的财力支持。

**干部队伍素质显著提升**。通过开展党的群众路线教育实践活动，各级领导班子的组织生活更加规范，领导决策机制更加科学；加大科技防腐力度，深化党风廉政教育和廉政文化建设，积极开展廉政谈话，抓好专项治理和廉洁自律各项规定的落实；积极开展《赤诚地税 真情奉献》党建品牌创建活动，以地税文化建设为平台，开展“我们的价值观大讨论”“百姓舞台”展演和“我与中国梦”宣讲等活动，系统软实力全面提升。

**执法服务实现新提升**。积极开展行政审批事项改革，主动简政放权，市局仅保留城镇土地使用税困难减免等 4 项审批。积极推行行政权力清单制度，编制并公开权力清单及流程图，进一步明确了执法主体、依据及标准。大力开展“便民办税春风行动”，认真落实《全国县级税务机关纳税服务规范》，办税服务厅即办事项达到 87 项，占全部涉税事项比例达到 72%；完善纳税服务平台建设，制定实施《12366 纳税服务热线咨询专家支持制度》，纳税服务更加优化。

▲强化税源管理，税务干部深入企业进行税收情况调研。

▲ 加强税收法制建设，市局举行“税法春风进万家”有奖竞答抽奖仪式。

▲ 进一步深化“便民办税春风行动”，不断提高纳税服务水平，切实减轻纳税人负担，解决服务纳税人“最后一公里”问题。

▶ 采取多种形式进行税法宣传。

◀ 不断加强系统党建，全省地税系统党建工作第一协作片组观摩会议在莱芜市地税局莱城分局召开。

# 临沂市地方税务局

近年来，在山东省地税局党组和临沂市委、市政府的正确领导下，临沂市地方税务局按照“积极作为、扎实推进、稳步提升、全面发展”的工作基调，紧紧围绕实现税收现代化的主题，以服务经济社会发展为使命，以组织税收收入为中心，以开展党的群众路线教育实践活动为动力，同心协力，开拓进取，圆满完成各项工作任务，全市地税工作呈现“稳中前行、持续发展”的良好态势。2014 年，全市地税系统累计组织入库各项地税收入 197.85 亿元，增收 29.95 亿元，同比增长 17.84%。其中市县级收入 182.05 亿元，增收 27.21 亿元，增长 17.58%。收入总量和市县级收入均跃居全省第 6 位，增幅均居全省第 2 位，分别高于全省平均增幅 7.46 个、6.57 个百分点，为全市经济社会发展提供了重要的财力保障。按照省局统一部署，市局紧扣“为民务实清廉”主题，聚焦“四风”问题，扎实有序开展教育实践活动，得到了省局局长张洪军、巡视员王莉莉等领导和税务总局第五督导组、省局第四督导组的充分肯定。市局先后荣获“山东省助残先进集体”“全市服务经济发展先进单位”“全市依法行政先进集体”“山东省法制宣传教育示范基地”“全省‘六五’普法中期工作先进单位”等荣誉称号。市局和 12 个县区局被表彰为“全市行风建设先进单位”。

▲ 山东省地税局局长、党组书记张洪军（右二）到蒙阴县地税局调研指导党的群众路线教育实践活动。

▶ 结合“便民办税春风行动”，积极开展“税企心连心换位大体验”活动。

◀ 到蒙阴孟良崮和沂南马牧池党性教育基地开展群众路线党性教育。

▲ 采取多种形式进行税收宣传，开展税宣春风进校园活动。

▲ 加强廉政教育，组织干部职工到廉政教育基地接受反腐倡廉警示教育。

# 德州市地方税务局

近年来，在山东省地税局党组和德州市委、市政府的正确领导下，德州市地方税务局以“幸福德州、活力地税”建设为总抓手，抓收入，提质量，严管理，强队伍，激活力，工作水平不断提升。牢固树立经济税收观、科学管理观、税收职能观和税收质量观，把握经济增长点，弥补管理薄弱点，挖掘政策潜力点，地税收入实现持续稳定增长，2014 年，全市地税系统共完成收入 133 亿元。不断完善“以风险管理为导向、以专业化管理为基础、以重点税源管理为着力点、以信息化为支撑”的征管格局，税收管理水平持续提升。加强执法规范化建设，完善“事前遵循、事中监督、事后追究”三位一体执法规范化体系，税收执法水平全面提升。主动融入全市科学发展大局，在服务决策、调控经济、促进公平、推动发展等方面发挥了积极作用。深入开展“便民办税春风行动”，全面落实《全国县级税务机关纳税服务规范》，提高办税效率，减轻纳税人负担，纳税服务水平不断提高。大力推行“两化同建”，加强规范化县局和标准化中心所建设，地税工作规范化水平不断提高。深化“活力地税”建设，提升队伍素质、激发队伍活力，为地税事业和谐健康发展奠定了坚实的基础。近年来，市局先后荣获“全国五一劳动奖状”“全国文明单位”“全国模范职工之家”等多项国家级荣誉，富民兴鲁劳动奖状、全省地税系统先进集体等荣誉 10 余项，各类市级荣誉 100 余项。

▲ 认真开展党的群众路线教育实践活动，图为山东省地税局局长、党组书记张洪军（右二）到德州市地税局调研指导教育实践活动。

◀ 不断加强税收征管，进一步提高管理水平。图为德州市地税局召开推进税收征管现代化工作经验交流会。

▶ 深入开展“便民办税春风活动”，建立纳税服务微信公共平台，进一步方便纳税人。

▲ 加大宣传力度，采取多种形式进行小微企业政策宣传。

▲ 加强党风廉政建设，广泛开展“一对一”廉政谈话。

# 聊城市地方税务局

近年来，聊城市地方税务局在山东省地税局党组和聊城市委、市政府的正确领导下，紧紧围绕“聚力发展、提升站位，谱写聊城地税事业新篇章”的工作基调，充分发挥税收职能作用，圆满完成了各项工作任务。2014 年，全市地税系统共组织入库各项收入 103.1 亿元，收入总量首次突破 100 亿元大关，比上年同口径增长 16.9%，增收 14.9 亿元，其中：市县级公共预算收入 87.4 亿元，同口径增长 19.1%，增收 14 亿元，占全市财政公共预算总收入的 56%，占地方财政收入中税收收入的 73.5%，为聊城市经济社会发展做出了积极贡献。全系统先后有 791 个单位和个人被省（厅）级以上单位授予各类先进荣誉称号。市局先后被中央文明委评为“全国文明单位”，被人力资源和社会保障部、国家税务总局联合授予“全国税务系统先进集体”荣誉称号，被省文明委评为“省级文明机关”。连续多年被聊城市委、市政府授予“支持地方经济发展贡献奖”和全市“目标管理综合考核优秀单位”称号。省局及聊城市委、市政府等领导先后多次作出重要批示，对聊城地税工作给予了充分肯定。

▲ 开展“一对一”纳税服务活动，深入企业为纳税人排忧解难。

◀ 加强队伍素质建设，与聊城市总工会联合开展了“全员岗位练兵，争当业务标兵”活动。

▲ 扎实开展绩效管理工作，激发队伍活力。

▲ 采取多种形式进行税收宣传，树立良好的部门形象。

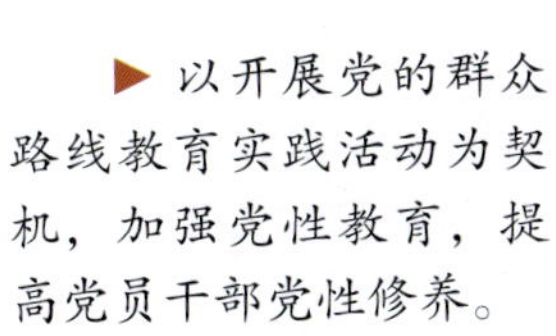

▶ 以开展党的群众路线教育实践活动为契机，加强党性教育，提高党员干部党性修养。

# 滨州市地方税务局

近年来，在山东省地税局党组和滨州市委、市政府的坚强领导下，滨州市地方税务局坚持以科学发展观为指导，牢记“为国聚财、为民收税”的神圣使命，严格落实“抓执法、提素质、强基础、上水平”的工作思路，深入贯彻“阳光、公平、正义”的工作理念，大力倡导“认真深入具体”“用心用脑用力”的工作作风，大胆探索，勇于创新，实现了地税事业新的发展和跨越，特别是连年超额完成组织收入工作任务，2012 年地税总收入实现 104 亿元，首次突破百亿元大关；2013 年，组织地方财政收入 100 亿元；2014 年，共组织各项收入 127.05 亿元，同比增长 5.37%，增收 6.47 亿元，为全市经济社会发展做出了积极贡献。近年来开展的地方税源普查、二三产业分离、抓企业带行业、中心税务所建设等多项创新工作得到了省委、省政府和省局的充分肯定。先后获得了“全国精神文明建设工作先进单位”“全国军民共建社会主义精神文明先进单位”“全国五一劳动奖状”“全国职工职业道德建设先进单位”“全国巾帼文明示范岗”“全国青年文明号”“山东省思想政治工作先进单位”、全市“行风评议先进单位”等 200 多项国家、省、市级荣誉称号，连续多次被市委、市政府荣记集体二等功。

▲ 严格依法治税，防范税收风险，滨州市地税局持续开展“学法纪、转作风、提素质、防风险”集中学习教育活动。

▲进一步加强税收管理，组织税务干部深入重点税源企业开展税收调研工作，为企业提质增效办实事、解难题。

▲积极开展"局长服务日活动"，现场处理涉税事宜。

▶不断加强干部队伍建设，举办全市地税系统青年职工税务业务知识竞赛。

◀参观廉政教育基地，以反面典型为警示，提高预防职务犯罪的能力。

# 菏泽市地方税务局

近年来，在山东省地税局党组和菏泽市委、市政府的正确领导下，全市地税系统以组织收入为中心，以依法治税为灵魂，以税源管理为重点，以队伍建设为保障，以信息化建设为支撑，团结拼搏，锐意进取，各项工作均取得了显著成绩。所有县区局及12个基层中心税务所先后被评为省级文明单位，市地税局先后被评为全国文明单位，全国精神文明建设先进单位、全国五五普法中期先进单位、山东省思想政治工作先进单位、山东省再就业工作先进单位、山东省富民兴鲁劳动奖状、山东省扶残助残先进集体、山东省四五普法依法治理先进集体、山东省政务公开示范点、山东省地税系统服务基层优秀单位、菏泽市民主评议优化经济发展环境优秀单位、菏泽市职业道德建设先进单位、菏泽市行风评议优秀单位、菏泽市依法行政先进单位、菏泽市服务业先进单位、菏泽市行政程序年活动先进单位等。菏泽市国际税收研究会被评为全国先进学会，菏泽市地税系统被菏泽市委评为市级文明行业，行风评议连年被评为前两名，2014年被评为第一名。1994—2014年，全市地税系统共组织各项收入654.06亿元，年均增长23.87%，年均增收5.44亿元；其中：市县级收入570.13亿元，年均增长24.9%，年均增收5.12亿元。组织收入、税收征管等160多项单项工作先后被市委、市政府和省地税局以会议典型发言、信息专刊等形式予以肯定和推广。市委、人大、政府、政协、纪委和省地税局主要领导同志均专门作出批示，对地税工作给予高度评价和表扬。

▲不断加强政务公开，菏泽市地税局局长、党组书记刘新建（左二）参加市长热线，为纳税人答疑解惑。

▲全面加强税收征管，积极落实税收优惠政策，图为税务干部职工深入企业进行税收政策调研。

▲进一步加强纳税服务，提高征管质效，图为税务干部到企业开展“为企业服务专项治理”大走访活动。

◀重视干部队伍建设，举办全市地税系统骨干人才选拔考试。

▶采取多种形式进行税收宣传，增强公民纳税意识。

# 济南市地方税务局

## 经济概况

2014年，济南市实现生产总值5770.6亿元，同比增长8.8%。三次产业比例由上年的5.4∶39.3∶55.3调整为5.2∶38.4∶56.4。公共财政预算收入543.1亿元，同比增长12.7%，其中税收收入434亿元，同比增长13.7%；占公共财政预算收入的比重为79.9%，比上年提高0.7个百分点。

## 收入概况

2014年，济南市地税局共组织各项收入419.73亿元，同比增长11.5%，同口径（剔除“营改增”因素）增长17.39%，其中，市以下级公共财政收入完成344.84亿元，同比增长10.33%，同口径（剔除“营改增”因素）增长16.48%。2014年地税收入主要呈现以下特点：一是各月收入增幅普遍回落，税收走势总体呈现稳中有升态势。受“营改增”因素影响，各月累计地税收入增幅较2013年普遍回落6～8个百分点，基本在8%上下微幅震荡，9月以后，随着“营改增”因素影响减弱，地税收入增幅有所回升，年终累计增幅突破11%，较前三季度提高3.79个百分点。二是中央级收入增幅较高，市以下级收入对地方财政贡献突出。中央级收入在企业所得税和个人所得税增长带动下，完成55.82亿元、同比增长23.27%，省级收入受铁路运输业“营改增”等因素影响，完成4.23亿元，同比下降32.6%；市以下级收入受“营改增”试点范围扩大和房地产业收入回落等综合因素影响，完成359.68亿元，仅同比增长10.71%，但其增量占全部税收增量的80.39%，对地方财政的贡献率达66.22%，有力保障了地方财政收入的稳定增长。三是房地产业增速大幅回落，其他支柱行业增速有所回升。房地产业完成138.15亿元，同比增收15.38亿元，增长12.53%，增幅较上年回落37.65个百分点，其增收额对总收入增收的贡献率由上年的97.2%降至35.53%；金融业完成69.34亿元，同比增收9.91亿元，增长16.68%，较年初提高14.82个百分点，呈现回升态势；制造业和建筑业分别完成54.31亿元和44.53亿元，分别同比增长10.56%、32.89%。上述四个支柱行业占全部收入总量的七成以上，占全部收入增量的九成以上。

## 工作概述

**【依法治税】** 一是规范税收执法。积极开展税收收入运行监控分析，确保收入质量；强化重大案件集体审理制度，规范税收执法自由裁量权，促进公平执法、严格执法；开展执法督察，对分局、县（市）局税收执法情况进行重点抽查，进一步规范了基层执法秩序。二是落实税收执法权力清单制度。通过新闻媒体和地税网站向社会公开56项执法权力清单、44项税务行政审批事项、45项办税流程，推进税收执法公开化、透明化。三是强化清欠稽查和土地增值税清算。全年清理入库欠税2.88亿元，稽查查补税款4.01亿元，纳税评估税款2.16亿元。引入中介机构，抽调系统骨干组成攻关团队，进行集中清算审核，加大土地增值税清算力度，共完成77个项目的清算，清算应补缴税款5.54亿元。四是落实税收优惠政策。出台《济南市地方税务局关于发挥税收职能作用支持民营经济加快发展的意见》，下放房产税困难减免审批权。全年共为各类企业减免各项税收56.88亿元。

**【纳税服务】** 针对党的群众路线教育实践活动征求的意见，积极回应纳税人需求，组织开展了以“省心、省时、省事、省力”为目标导向，以“简政放权，提速增效，优化营商环境”为主题的“四省”便民办税主题活动。在“省心”方面，引入酒店“星级管理”理念，建立星级办税服务厅，强化纳税辅导、办税引导，建立绿色服务通道。在“省时”方面，探索实行“先办后审”服务新模式，对发票领用、小微企业认定等49项审批项目实行“先办后审”，精简20多项办税流程。在“省事”方面，完善和提升网上报税功能，全市超过95%的私营以上企业采取网上报税；在全省率先推行网络发票，纳税人足不出户即可办理发票授权、读卡、缴销等事宜；拓展应用自助办税终端，推出“掌税通”手机服务平台，为纳税人提供“全天候”自助办税服务。在“省力”方面，开发应用税收征管电子影像管理系统，对9大类、51项工作事项、130余项资料进行电子化采集应用，有效避免纳税人资料重复报送；深化国地税协作，与国税部门联合推出45项便民办税服务举措。这些做法得到了社会各界和省局、市委市政府的高度关注和充分认可，省局发文在全省地税系统进行推介，市委、市政府内部信息刊物刊发了经验做法，中央人民广播电台、新华社《内部参考》《中国税务报》《山东新闻联播》《济南日报》等40多家新闻媒体予以重点报道，产生了良好的社会反响。

**【干部队伍建设】** 一是大力加强教育培训。针对不同类型的人才特点实施分层次培养。依托中央财经大学、山东大学、山东财经大学等专业高等院校，先后举办领军人才培养对象培训班、基层税务所长培训班、处级干部知识更新培训班、基础业务培训班等各类培训30班次，累计培训2650人次。二是持续加强党的建设。深入开展学习型党组织建设，组织党的十八届三中、四中全会精神的专题辅导；利用移动互联网手机微信平台，开通设立了“济南地税微支部”，开辟了党员教育和党建理论宣传的新阵地，得到了各级领导及广大党员干部的积极支持和广泛参与。三是积极推动软实力建设。在全系统开展了“德润四季”主题活动，提振精气神，凝聚正能量；积极开展济南市地税系统建功立业“双十佳”评选活动，进一步发挥好典型示范带动作用；深入开展“树身边典型，学身边典型”活动，大力宣扬典型模范的先进事迹，在全系统形成学、比、赶、超的良好氛围。四是不断深化党风廉政建设。自觉履行“两个责任”，狠抓党风廉政建设责任分解、责任考核、责任追究三个环节，不断增强党风廉政建设的刚性约束；组织开展了“一把手”上党课、预防渎职犯罪宣讲团作报告、检察院领导授课等活动，不断深化党风廉政教育；及时制定出台公务接待、公务用车、机关会议费管理办法，进一步加强行政和经费管理，严格落实中央八项规定，切实改进了工作作风。全市地税系统共获得市级以上荣誉100余项，10项工作经验做法被省地税局转发推广，市局在全省地税系统2014年度绩效管理考评中名列前茅。

（于光远）

# 济南市地方税务局<br>高新技术产业开发区分局

## 经济概况

2014年，济南高新技术产业开发区实现生产总值548亿元，列全市第5位，同比增长10%，增幅高于全市平均水平1.2个百分点。其中，第二产业增加值完成309.4亿元，同比增长9.2%，第三产业增加值完成238.6亿元，同比增长11.2%。实现地方财政一般预算收入72.4亿元，同比增长13.0%。

## 收入概况

2014年，济南市地税局高新区分局组织各项收入57.31亿元，同比增长22.04%，增收10.35亿元。其中，公共预算市以下级收入完成45.25亿元，同比增长18.96%，增收7.21亿元，完成高新区管委会年度计划44亿元的102.84%，占全区财政收入的62.54%。组织收入工作得到上级领导的充分肯定和高度评价。

## 工作概述

**【税收征管】** 抓好重点项目管理，提前对全市项目建设三年行动计划中涉及高新区的14个实体经济项目和2014年度4个重点预备项目进行逐一梳理和测算，将建设项目与施工企业纳入系统监管，重点加强土地使用权转让、不动产投资等资产处置环节的税款清缴工作，闭合管理缺口，全年重点税源企业共计入库税款49.43亿元。加强征管绩效考核，通过按月传达考核指标数据、强化进度通报等方法，及时跟踪监控整改落实情况。全年共制发20期进度表，登记指标未达标数据总量由3039条降低为0条，共清理欠税入库880万元。扎实开展税收执法检查，对贯彻落实组织收入原则、税收优惠政策等九个方面情况分职责、分阶段实施了自查，共纠正违规税收执法行为280户次，补收税款3180万元，加收滞纳金47万元。

**【税源管理】** 开展税源清查，向2400余家企业发放了《入户调查表》，对发现申报异常及异地纳税的95户企业进行了及时处理，查补税款2913万元。开展税收核查，先后两次对区内99户企业进行了检查，查补税款1172万元。积极开展土地增值税清算，探索实践“财政支持、中介参与、有偿服务”的新型管理模式，实现了税收管理质效、中介业务拓展的共进双赢。全年共对符合条件的10户企业进行了土地增值税清算，清算税款6300余万元。推广应用网络发票开具系统，采取分批通知、单独写卡、集中培训的方式，先后4次对400余户企业开展了培训，并积极利用多种网络平台进行宣传，提升纳税人认可度。全年共认定网络开具平推式发票188户，开具发票1.3万份，开具金额4.2亿元，卷式发票130户，开具469万份，开票金额3.9亿元。

加强外籍人员个人所得税管理与服务。

**【纳税服务】** 创新科技办税平台，研发推出“掌税通”手机纳税服务软件，进一步满足了纳税人对移动办税、科技办税的服务需求。全年共有5000余户纳税人注册使用，软件共计发送法规政策150余条、分局资讯90余条、办税指南65条，在线问答互动400余条。构建星级办税场所，通过优化窗口资源配置、开展“7+7服务流程”培训、简化办税环节等措施，突出星级服务的专业化和简捷化。全年共为2000余户纳税人办理了免填单业务7000余份，对三大类13小类业务实现了“先办后审”，办理“一表通”业务1139户。办税服务厅荣获全市地税系统“四星级办税服务厅”称号。开展特色办税宣传，组织了“我的公开课”“我的上市故事”和“我的地税梦”等系列宣传，针对不同企业需求，举办了涉及小微企业、所得税优惠企业、上市企业等6场共计千余人的专题培训。全年受理企业所得税优惠158户次，减免税款60711万元；受理契税减免1户，减免税款19万元。

**【干部队伍建设】** 实施绩效考评，参照省、市局绩效管理考核办法，科学制定了5大类129项考核指标，及时跟进督促，严格考评问责，顺利完成了全年考核任务。深化廉政教育，坚持用好“税香荷苑”、《税企快线》等宣传阵地，组织开展检察院领导授课、“一把手”上党课和“廉洁从税”主题演讲比赛等活动。狠抓作风改进，定期邀请特邀监察员、企业代表等，通过召开座谈会和述职述廉会等形式征求对地税工作的意见和建议，并有针对性地抓好整改。在高新区公布的2014年度全区派出机构年度考核及行风评议满意度测评中，分局均获得了第一名的好成绩。

（董燕云）

# 济南市地方税务局历下分局

## 经济概况

2014年，济南市历下区实现生产总值1011.0亿元，同比增长8.8%，其中，第二产业增加值151.1亿元，同比增长10.6%；第三产业增加值859.5亿元，同比增长8.4%。二、三产业结构比为15∶85。地方公共财政预算收入实现117.0亿元，同比增长15.8%。

## 收入概况

2014年，济南市地税局历下分局共组织各项收入116.99亿元，同比增收13.58亿元，增幅为13.13%，剔除"营改增"影响，增收19.1亿元，增幅为19.51%。其中区级一般预算收入完成92.35亿元，同比增收9.35亿元，增幅为11.26%。剔除"营改增"因素后，区级一般预算收入同比增收13.92亿元，增幅为17.74%，税收收入在全省各区县（市）中居第二位。

## 工作概述

【税收征管】 一是每月对税收执行情况分产业、分行业、分重点企业进行深入细致的分析，准确反映税收增减变化情况和存在的问题；加强对新形势、新政策的前瞻性分析，科学分析区域内经济税收增减变化的原因和趋势，为领导决策服务。二是结合工作实际制定了重点税源管理办法，将年纳税额100万元以上的企业全部纳入监控范围，有效保证了收入总量的整体稳定增长。2014年历下区纳税过百万元企业共计750户，缴纳税款103.31亿元，比上年增加82户，同比增收16.39亿元，重点税源入库税款占总收入的比重达到88.53%。三是积极推进土地增值税清算工作。摸清了全区房地产项目底数。编写了土地增值税清算工作手册，为土地增值税清算工作总结出一套规范的、固定化的模式。全年清算房地产企业15户，清算税款1.02亿元。四是对往年陈欠及本年新欠企业进行了统计分析，对主要欠税企业欠税情况进行统计和归类分析，共清缴欠税7474万元。五是依托"六位一体"综合治税，抓好一次性税收入库工作，全年入库税款1.20亿元。

【税收执法】 一是全面加大执法检查力度，进一步挖潜增收。连续组织了建筑业、股权转让、医疗机构等专项检查，做到以查促管，以查增收，共组织收入693万元。二是积极借助市稽查局力量，对50户重点税源企业实施了税务稽查，共查补入库各项税款1.20亿元。三是利用历下区部分房地产在售项目的网签信息，与其纳税情况比对展开纳税评估。通过评估入库税款合计1533万元。四是创新服务手段，将优质服务资源向小微企业倾斜，及时回应纳税人相关诉求，及时解决纳税人反映的相关问题和意见。全年共对969户企业减免税额6.50亿元，个体工商户减免税额2.30亿元。

【纳税服务】 一是增强服务意识。组织全体干部、职工认真学习税务总局"便民办税春风行动"视频会议精神，教育和引导地税干部提高政治敏锐性，增强责任意识、大局意识、服务意识、做到令行禁止。二是开展好税收宣传月活动。借助“便民办税春风行动”，进企业、社区、景区广泛宣传税收政策，共解答各类涉税问题320件，发送税收宣传资料3500份。三是从细节入手，打造星级办税服务厅。按照“一厅四区”的建设标准，塑造整齐、美观、统一的办税服务形象，被市局评为四星级办税服务厅。

进街道社区宣传重点群体创业就业税收优惠政策。

**【干部队伍建设】** 一是着力构建专业人才队伍。确立了“因人而异、分类施教，着力构建专业干部队伍培养中长期规划”的总体思路，并详细研究制定了《历下分局人才梯次培养总体规划》，积极与山东大学经济学院进行洽谈合作，2014年11月正式开班上课，取得了阶段性成果。二是组织干部职工过好“三八”妇女节、“五四”青年节等节日，激发同志们的工作活力。三是开展“德润四季”主题教育活动。以“四德”建设为主要内容，组织开展鲜活生动、干部职工乐于参与的教育活动，积极培育知荣辱、讲正气、作奉献、促和谐的良好风尚。

**【党风廉政建设】** 一是坚决反对“四风”。结合工作实际，在全局集中开展以整顿“人员思想、工作纪律、办事效率”，结合“税收业务、廉政教育、行评回头看”为主要内容的“三整顿、三结合”活动。二是强化权力监督。层层签订了《党风廉政建设责任书》，形成党组统一领导，“一把手”负总责，纪检组长具体负责，分管领导分工负责，纪检监察部门组织协调，职能部门各司其责，依靠广大干部职工全面参与的党风廉政责任制工作体系。三是筑牢反腐防线。先后组织了岗位廉政教育和党风廉政警示教育活动，营造了廉荣贪耻、风清气正的浓厚氛围。在行风评议中历下分局连续四年排名第一，被山东省总工会授予“富民兴鲁劳动奖状”。

（徐晓晨）

## 济南市地方税务局市中分局

### 经济概况

2014年，济南市市中区实现生产总值687.2亿元，同比增长8.9%。三次产业比例由2013年的0.7∶16.6∶82.7调整为0.6∶15.7∶83.7。全区全部税收收入159.3亿元，同比增长4.6%；地方公共财政预算收入82亿元，同比增长13.1%。

### 收入概况

2014年，济南市地税局市中分局完成收入总量69.77亿元，同比增收4.9亿元，增幅7.55%，剔除“营改增”因素同比增收7.81亿元，增幅为12.6%。税收收入主要呈现以下特点：一是所得税收入实现较大增幅。企业所得税和个人所得税增幅达到37.95%。二是地方小税稳步增长。资源税、城市建设维护税等地方小税合计完成18.97亿元，同比增收1.33亿元，增长7.55%。三是金融业税收主体拉动作用凸显。金融业共计完成税收19.75亿元，同比增收3.39亿元，增长20.68%。

## 工作概述

【税政管理】 以摸底掌握市政建设配套费为突破口，加强土地出让环节契税、商品房销售合同印花税管理，对辖区21家房地产企业开展集体约谈，查补税款1555.36万元。联合各街道办事处、区楼宇办对大型写字楼进行了清理整顿，清理面积12000余平方米，查补税款500余万元。同时，将清理欠税作为挖潜增收的重要环节。全年共清理欠税2834万元，往年陈欠1384万元，本年新欠1450万元，滞纳金320.23万元。对注销工作进行优化升级，全年共清算私营以上企业12户，提高了办税效率，防范了执法风险。积极做好税收减免工作，全年累计减免各项税收10.96亿元。

【纳税服务】 根据办税服务厅现状，对办税服务厅的硬件和软件进行升级改造。将办税大厅划分为“两片、七区”，大厅区域设置更加科学合理；实施科所进厅，对中心税务所和办税服务厅的职能，进行了界定和划分，提高办税效率30%；推行一人多能、一人多岗制度；设立VIP办税服务区，为纳税信用等级高以及重点税源企业提供高品质的服务。通过升级改造，提高了纳税服务质效，得到了各级领导以及广大纳税人的认可和高度评价。办税服务厅被市局评为全市地税系统“四星级”办税服务厅，被省人力资源和社会保障厅、省公务员管理局评为“人民满意的公务员示范岗”，被全国总工会授予全国“工人先锋号”荣誉称号。

开展上门税收咨询服务活动。

【信息化建设】 为大力提高信息管税能力，提高移动办税水平，实现税务机关和纳税人移动在线办税和即时互动交流，立足金税三期工程应用系统平台，根据移动信息化设备的特点，研制开发了移动办税系统，为全区2万余户纳税人、150余名税务人员，提供实时在线数据查询、消息提醒、服务推送、执法痕迹保留等功能服务，顺应了提速增效的发展趋势，方便了税务机关、管理人员和纳税人，防范了执法风险，也为纳税人带来更加高效、便捷、多渠道的税收服务。

【干部队伍建设】 大力加强教育培训，举办税收知识培训2期，80余名一线人员进行了系统培训，20多名干部参加了上级机关组织的业务培训，全年干部脱产培训率达到76%。采取在岗培训方式，组织了4次专项培训。3月底，按照省局技术骨干选拔分类方法，组织全体工作人员进行了岗位专业考试。

**【基层建设】** 分局党组注重贴近群众，积极畅通群众反馈渠道，根据群众意见和建议，建立自行车棚，丰富工作用餐。开展评选爱岗敬业、学习钻研、孝老爱亲等典型人物活动，张金波同志被评为全省地税系统“最美税务人”。全年看望慰问干部职工40余人次。积极开展群众性文化活动，取得全市地税系统乒乓球比赛团体第二名，在市直机关组织的“体彩杯”广播体操比赛中，荣获一等奖。

**【党风廉政建设】** 围绕“八个严禁”“52个不准”以及《关于领导干部报告个人有关事项的规定》，组织分局副科级以上领导干部逐项对照，进行了自查自纠。借助地税网络平台、飞信等渠道，全年群发廉政信息1000余条，绘制《市中分局岗位职责和风险点图》，参观检察机关和市局举办的惩治和预防渎职侵权犯罪展览。2014年，市中分局在全区党风政风行风评议中获得第一名的好成绩。

（孙志国）

# 济南市地方税务局槐荫分局

## 经济概况

2014年，济南市槐荫区实现生产总值357.7亿元，同比增长8.7%，全区一、二、三产增加值分别完成4亿元、94.4亿元、259.3亿元，分别增长-1.5%、6.3%、9.9%。地方公共财政预算收入39亿元，同比增长18.2%。

## 收入概况

2014年，济南市地税局槐荫分局共组织各项收入38.21亿元，同比增收6.28亿元，增长19.68%。其中，市以下级公共预算收入完成33.69亿元，同比增收7.07亿元，增长26.57%。

## 工作概述

**【税收征管】** 一是从土地增值税清算工作入手，紧抓大项目税收管理。积极探索创新，自主研发了土地增值税清算辅助审核系统，对符合条件的6个项目进行了初步审核清算。其中，有3个项目由退税调整为补税，3个项目由申请补缴税款275万元增加到应补缴税款4897万元，普通住房平均土地增值率由原来6.17%提高到25.39%，清算质效显著提升。二是从堵塞征管漏洞入手，加强个体零散税源管理。根据上年定额情况，对辖区内8000余户个体工商户全面进行重新定税，并对达到起征点的324户单管户，结合房租、地段、发票使用等情况逐户进行定税；同时对广友茶城等4个专业市场实行市场管理机构与市场内个体经营业户一体化管理，有效堵塞监管不到位的漏洞。三是强化征管绩效考核工作。通过按月传达绩效考核指标数据，定期进行进度通报等方法，及时跟踪监控整改落实情况。未达标数据总量由1869条降低为12条，考核居于全市前列。

【纳税服务】 一是紧抓税收优惠政策的执行落实。全年为企业办理减免税2.6亿元，对小微企业认定等49项审批项目实行“先办后审”，大大节省了纳税人的办税时间和成本。对符合条件的500余户小微企业落实税收优惠政策，依法减免各类税款1000余万元，为槐荫区“保增长、保稳定、保民生”做出了积极贡献。二是深入开展税收宣传。重点开展了“精灵传税法，春风进万家——蓝精灵志愿服务活动”，共发放宣传资料2000余份，走访纳税人1500余户次，在齐鲁晚报、舜网等媒体刊发专文7篇，山东电视台、济南电视台专题播出报道2次，取得良好的宣传效果。三是大力加强党风政风行风建设。坚持“开门纳谏”，通过召开税企恳谈会、特约监察员座谈会、走访纳税人等方式，虚心征求来自社会各界的意见及建议，自觉接受监督；全年对6000余户行评服务对象进行了电话回访，深入了解纳税人诉求；印发《槐荫分局致广大纳税人和社会各界朋友的一封信》30000余册，“涉税事项一次性告知卡”1600本，便民服务监督卡20000张，有力地促进了行评工作的开展。在2014年度民主评议党风政风行风评比中，分局在38个行政执法类参评单位中位列第一名。

【干部队伍建设】 一是党组班子战斗堡垒作用发挥明显。分局党组带头学习贯彻党的十八大、十八届三中、四中全会精神，以身作则，从精简文山会海、杜绝公车私用、减少公务接待、规范经费开支等方面，带头严格落实中央八项规定以及廉洁自律各项规定要求，自觉遵守廉洁自律的各项规定，正确行使手中的权力，做到为公用足权，为私不动权。二是强化绩效管理。在总结两年来开展绩效管理工作实践的基础上，重点参照了省、市局新的绩效管理考核办法，进一步完善考核与督导体系，重新制定了6大类131项考核指标，考核指标设定更加科学、完善，顺利完成全年考核任务。三是注重廉政风险防控。积极开展廉政风险预警试点工作，在分局内网开辟了廉政风险预警专栏，按照事前预防、信息监测、过程监控、预警响应4大板块进行细化，并将相关内容上传内网，累计上传信息30余条，促进了廉政风险防控工作的开展。

（刘　晨）

## 济南市地方税务局天桥分局

### 经济概况

2014年，济南市天桥区实现生产总值373.19亿元，同比增长8.6%。全区一、二、三产业增加值分别完成3.85亿元、95.24亿元、274.1亿元，同比分别增长–0.6%、7.0%、9.3%。地方财政一般预算收入实现34.77亿元，同比增长13.03%。

### 收入概况

2014年，济南市地税局天桥分局共组织各项收入27.91亿元，同比增收0.2亿元，增长0.73%，剔除“营改增”因素，同比增长5.94%。其中，中央级完成4.14

亿元，同比增收 0.38 亿元；省级完成 50 万元，同比增收 6 万元；市以下级完成 23.77 亿元，同比增收 1.19 亿元。市以下级公共财政预算收入完成 23.14 元，剔除“营改增”因素，同比增收 1.2 亿元。

## 工作概述

**【税收征管】** 一是加强专业市场管理，创新市场管理新思路，建立三级市场综合治税网络和涉税信息共享、“共管户”联管、税法宣传同办的联合管税新机制，省、市级多家媒体给予宣传报道。二是按照“始于契税，止于契税”的链条式一体化管理思路，大力推进项目管理，组织税源调查，强化项目管理，实现税收 4.1 亿元。三是推进土地增值税清算，开展房地产项目核查，清算率 100%，入库税款 3913 万元。四是推进票税比对、房产土地信息数据和税收收入比对，从总体宏观税源变化、税种和行业结构全面剖析，有针对性地制定增收措施，增强了组织收入主动性。

**【税收执法】** 一是全面落实税收优惠政策，加强减免税管理，受理审核税收优惠备案事项 80 余户次，退税报告 46 件、退税金额 300 余万元，减免企业所得税 1053 万元，契税减免 1610 户次、657 万元。二是严格规范税收执法行为，强化税收执法风险防控，构建执法风险预警防控机制，杜绝了执法随意性。三是积极开展税法宣传，在省、市主流媒体开展一系列有影响力的宣传活动，取得良好效果，被市局评为“税收宣传月活动先进单位”。

**【纳税服务】** 开展“便民办税春风行动”和“四省”活动，简化审批程序，减少资料报送、表单填写和税务检查，取消涉税文书报表 26 项，3 大类 12 项税收业务实现“免填单”，办税业务全面提速；将小微企业所得税优惠等由事前审批改为事后备案，提高了税户满意度；试行纳税服务标准化，推行首问负责制，提供延时服务 1100 多小时，近万户次纳税人受益。纳税服务厅被市局评为三星级办税服务大厅。

**【信息化建设】** 改造分局机房，增加了防火墙，征收科机房完成无缝搬迁，药山中心税务所宽带升级为百兆光纤，为基层配备新打印一体机 17 台，信息化建设基础进一步夯实。

**【干部队伍建设】** 加强人才培养选拔和使用力度，创建骨干人才管理机制，制定骨干人才管理办法，选拔 34 名基础理论好、业务能力强的骨干人才，充实税收各个岗位，在土地增值税清算、重点项目管理、市场专业化管理等重点工作中发挥了带头示范作用。继续强化教育培训，不断更新拓宽了税务干部知识面。

**【党建文化建设】** 加强基层党支部建设，规范“三会一课”制度，邀请市局机关党委进行党支部工作知识培训。启动“好书荐读，学习先行”和“德润四季”主题活动，为干部职工购买学习书籍，提振精气神，凝聚正能量。推进软实力建设，开展“提升软实力讨论”和“地税价值理念”征集活动，涌现出一批先进集体和个人。

【党风廉政建设】　落实领导干部党风廉政建设“一岗双责”和干部教育管理制度，通过领导干部上廉政课、举办预防职务犯罪报告、观看警示片等，增强干部党性观念和纪律意识。突出“两权”监督，完善执法、人事、财务等制度。认真遵守廉洁从政各项规定，严格执行公务接待、办公用房、车辆管理规定，开展会员卡、有价证券清理和出入会所检查，杜绝了违规违纪现象。

【精神文明建设】　分局连续11年保持“省级精神文明单位”称号，被天桥区委、区政府评为“科学发展标兵单位”，被评为济南市“文明服务窗口”“巾帼文明岗”“职工建功立业先进集体”，23名同志受到省、市、区各级表彰，2名同志记三等功。

（段永顺）

## 济南市地方税务局历城分局

### 经济概况

2014年，济南市历城区实现生产总值740亿元，同比增长9.1%。一、二、三次产业比重由上年的6.6 ∶ 39 ∶ 54.4调整为6.3 ∶ 37.8 ∶ 55.9，经济结构更趋优化。完成公共财政预算收入60.2亿元。城镇居民人均可支配收入和农民人均纯收入分别增长11.5%和12.5%。

### 收入概况

2014年，济南市地税局历城分局累计组织各项收入41.96亿元，同比增长10.6%，剔除“营改增”因素，增长17.4%。其中，区级公共财政预算收入36.23亿元，同比增长11.4%，剔除“营改增”因素，增长19.3%，占区人代会计划的103.5%，超收1.23亿元。

### 工作概述

【税收征管】　一是强化税收分析服务领导决策。深入分析“营改增”政策以及重点企业、重点行业等因素对组织收入工作的影响，科学研判收入形势；定期编制《收入简报》上报区委、区政府等几大班子，积极争取党委政府对地税工作的支持；大力开展区域税源调研，先后完成南部山区旅游业、济钢系列企业、华山片区开发税收情况等多项专题调研，其中2篇得到市政府领导的批示，有力发挥了税收服务政府决策的职能。二是夯实基础，提高精细化征管水平。加大重点行业、重点企业税收管理力度，对重点项目实施跟踪管理，积极推广税控网络开具发票，探索实施税务审计，降低纳税人涉税风险。三是加大稽查力度以查促收，对27户企业实施税收专项检查，查补入库税款、罚款282万元；组织30户企业申报入库自查税款425万元；开展打击发票违法行为专项活动，检查企业253户，查补税款399万元。

【税收执法】　严格落实依法治税，对督察审计中发现的征管薄弱环节和执法风险点进行了规范和完善，进一步细化了土地增值税核定征收、代开发票等工作流程。全面落实各项税收优惠政策，突出抓好小型微利企业税收优惠扩围政策的落实，确保纳税人得到实实在在的实惠。

【税源管理】 开展全方位税源调查，累计完成576户重点税源、236户中型税源、110户个体工商户的调查工作。通过对税源调查数据的汇总分析和增值应用，进一步摸清了大、中、小三类税源的底数，切实增强了组织收入工作的主动性和预见性。该项工作经验做法先后在省局《税收调研与科研》《大众日报》《中国税务报》刊发，并入选“全市地税系统2014年十大亮点工作”。

大力开展经济税收调研，召开南部山区旅游产业税收调研座谈会。

【纳税服务】 深入开展“便民办税春风活动”，认真做好星级办税服务厅评选工作，坚持局领导带班制、科所长进厅值班制，继续推行免填单、先办后审、延时服务、导税服务、定制服务、上门服务等一系列便民措施，真心实意为纳税人做实事、办好事。

【基层党建】 认真落实“三会一课”制度，不断加强基层党组织建设，积极投身创建全国卫生城市活动，广泛参与社会实践活动，组织志愿者开展绿化活动、女税官关爱留守儿童活动以及包村帮扶活动，连续14年保持了“省级文明单位”称号。

【干部队伍建设】 持续加强领导干部党性教育，组织开展了处级干部学习贯彻党的十八届三中全会精神和习近平总书记系列讲话精神专题培训班。注重教育培训，先后选派40余名干部职工参加了各类培训班，有效促进了干部职工综合素质和履职能力的提升。1名同志入围全国税务系统领军人才面试阶段，刷新了该局领军人才选拔工作的最好成绩。

【党风廉政建设】 严格落实“两个责任”，突出抓好日常教育，开展警示教育学习10期，下发廉政提醒95期，组织151名在岗职工开展了全员廉政谈话，按规定申报重大事项10人次。积极开展税检共建，定期与区直部门、重点税源企业特邀监察员开展座谈，强化外部监督。进一步优化党风政风行风建设，深入开展行风评议“大走访”活动，认真征求社会各界意见和建议，积极回应群众诉求，切实优化地税形象。

（杨育青）

# 济南市地方税务局长清分局

## 经济概况

2014年，济南市长清区实现生产总值251亿元，同比增长8.9%，其中，第一产业实现增加值31.8亿元，同比增长9.7%，占生产总值12.7%；第二产业实现增加值105.2亿元，同比增长10.6%，占生产总值41.9%；第三产业实现增加值114亿元，同比增长7.1%，占生产总值

45.4%。

## 收入概况

2013年，济南市地税局长清分局共组织各项收入13.37亿元，同比增收2.10亿元，增长18.71%，剔除“营改增”因素，增长20.76%。公共财政预算收入完成11.84亿元，同比增收1.80亿元，增长17.91%，剔除“营改增”因素，增长20.20%。

## 工作概述

【税收征管】 一是稳妥推进土地增值税清算工作，聘请有实力的中介机构进行土地增值税清算审核，全年累计清算税款2225万元。二是加强建筑房地产业税收管理，建立了项目管理、甲方供料管理、集中与属地管理、调研与专项检查相结合的综合管理方式，全年共入库税款73059万元。三是强化个体税收管理，建立国地税协作工作机制，对个体纳税人定税信息进行了比对核实，实现个体税收5434万元，同比增长63.72%。四是狠抓税种精细管理，深入挖潜，印花税、个人所得税、企业所得税分别实现2274万元、13763万元、4722万元，同比增长51.06%、68.82%、44.89%。

【纳税服务】 一是积极向党委政府建言献策，得到党委、政府的高度肯定。连续四年荣获全区“服务地方经济科学发展标兵单位”。二是按照“积极主动、不折不扣”的原则，将各项税收优惠政策落实到位，全年总计落实高新技术、资源综合利用及小型微利企业税收减免1500万元，为企业持续发展提供了后劲。三是对办税服务厅进行升级改造，增设外网办税设备，实现与纳税人“面对面”“零距离”“敞开式”的办税服务。四是认真落实“一站式”服务要求，先后推出免填单、一次性告知、二次优先、延时帮办、双屏显示等人性化服务措施，提高了纳税人对纳税服务工作的综合满意度。

开设办税服务微信公众平台，进一步方便纳税人。

【绩效管理】 结合分局实际，对全局工作按重要性程度进行科学分类，将重点工作纳入督导，实行周调度、月排名、季分析，以少而精的指标有效指导工作开展。同时，全面启用绩效管理信息系统，科学设定标准、细化工作节点、动态监控内容、严格落实责任、深化结果运用，并以“三诺”（承诺、践诺、评诺）主题实践活动为载体，探索形成区局个人绩效管理试行办法，建立了符合基层税务机关实际的绩效管理督办工作体系，得到了各级领导的高度认同，荣获了全市地税系统“十大亮点工作”称号，《中国税务报》、新华社《山东参考》《山东地税》杂志、《济南日报》、联合网财经专栏等新闻媒体均对分局绩效管理的先进做法进行了专题报道。

**【党风廉政建设】** 一是加强两权监督，认真组织全员进行个人收入申报、重大事项报告以及领导干部述职述廉和廉政谈话工作，并让每位同志郑重书写了《廉洁从税承诺书》。二是严肃工作纪律，坚持开展不定期明察暗访，着重检查上下班纪律、着装上岗、环境卫生等情况。同时，委托专业暗访机构对全局人员作风纪律、公车使用等六项内容进行明察暗访并形成录像，定期向全体人员播放，发现问题，一律严肃问责。三是开展廉政教育，通过组织干部职工开展“摆放全家福，守望和谐家庭”活动、观看《廉政中国》系列教育片和参观警示教育基地等方式，进一步增强法纪观念和廉政意识，提高抵御廉政风险的能力。

**【干部队伍建设】** 积极贯彻年初“抓落实、讲规范、树正气、促廉政”十二字方针，开展以“德润四季·和谐地税”为主题的正能量教育，持之以恒地进行心灵话语短信、正能量微故事、专家讲座、工作作风纪律检查等活动，号召全体职工向党组看齐，培育正能量成果显著，抓工作落实的力度大幅提升，全局涌现了一批真抓实干的优秀干部，有力推动全局各项工作取得好成绩。分局连续5年荣获全区行风评议第一名，获得了全区科学发展标兵单位、财政工作先进单位、“四德”建设标兵单位、“五型”机关创新成果奖等多项荣誉。

（曲彦梅）

## 章丘市地方税务局

### 经济概况

2014年，章丘市实现生产总值833.9亿元，同比增长9.7%。全市一、二、三产业增加值分别完成81.3亿元、502.6亿元、250亿元，同比分别增长4.3%、11.0%、8.8%。地方公共财政预算收入实现43.4亿元，同比增长10.1%。城镇居民人均可支配收入2.82万元，农民人均纯收入1.70万元。

### 收入概况

2014年，章丘市地税局共组织各项收入27.62亿元，同比增收2.06亿元，增长8.07%。其中，中央级收入完成2.65亿元，同比减收1033万元，下降3.75%；省级收入完成28万元，同比减收46万元，下降62.53%；市本级完成1125万元，同比增收59万元，增长5.55%；区县级完成24.86亿元，同比增收2.16亿元，增长9.54%。

### 工作概述

**【税收征管】** 一是探索实践税收一体化管理模式，抽调骨干力量成立重点行业和纳税评估专业化管理所，共评估企业85家，评估税款1.05亿元；通过房地产税收一体化管理入库房地产业税收7.04亿元，占总收入的比重为25.49%。集约型一体化管理模式被省局作为基层先进经验推广。二是加强土地使用税税源基数清查，利用GPS面积测量仪等先进手段，对章丘城区土地使用税税源进行全面清查，查补入库土地使用税1000余万元，新增应税土地面积60余万平方米。三是加强欠税纳税人的动态管理，追缴欠税1200余万元。

【税收执法】　一是对医疗卫生、教育、房地产等重点行业开展专项检查，共检查企业120余家，查补入库税款3500余万元。医疗机构税法执行情况核查工作被省局作为典型经验推广。二是加强土地增值税清算，调查房地产开发项目110个，土地增值税累计征收2.49亿元。三是加强金融机构委托贷款业务手续费税收核查工作，获取22户纳税人委托贷款信息，查补税款1000余万元。

加强纳税服务，积极为纳税人提供涉税知识辅导。

【纳税服务】　把2014年确定为“纳税服务年”，主要实行了“四零”服务。一是“零缺位”片区服务，将税源管理单位划分为8大服务片区，25个服务小区，形成全面、系统、清晰的纳税服务网络体系；二是“零死角”代办服务，明确了税务登记、申报征收、发票等共6大类24小类代办服务内容，在规定时限内无偿为纳税人代为办理涉税业务；三是“零距离”沟通服务，建立章丘地税微信公众平台、短信服务平台、涉税服务QQ群等，确保纳税人的涉税服务需求得到快速响应；四是“零误差”政策服务，建立优惠政策审批备案提醒、审批备案集中审理、执行过程跟踪、落实质量反馈四项机制，累计为纳税人落实各项税收优惠8000余万元。

【信息化建设】　一是建立税收征管电子影像系统。设置纸质资料影像采集、使用、业务推送管理、档案资料管理等功能，明晰了征纳权责，规范统一了资料标准，缓解了档案资料存储压力，提升了资料传递和利用的效率，实现了征管数据的网络化、实时化和信息化共享。二是配备了20台执法记录仪，制定《章丘市地方税务局执法记录仪使用管理规定》，对日常使用、管理维护、监督管理等环节做了相关要求，规范执法行为，降低执法风险。三是配备了10台GPS面积测量仪，利用GPS的定位功能，自动计算出需测量土地的面积，提高土地税源数据的真实可靠性。

【干部队伍建设】　一是大力开展业务培训，共落实省、济南市地税局集中培训15期，培训人员46人；利用每周五下午学习日组织全体人员学习，累计培训1200余人次。二是推进绩效管理工作，形成绩效管理领导小组统一领导、绩效管理办公室沟通协调、机关各科室各负其责的工作机制。三是加强干部选拔任用工作，严格执行选人用人制度，坚持公平、竞争、择优原则，组织了股级干部竞争上岗，共有12名同志走上中层领导岗位。

【精神文明建设】 加强道德讲堂建设，共举办四期讲堂，让干部职工净化心灵、陶冶情操；正式成立《税月华章》编辑部，完成《章丘地税志》编纂工作，不断充实文化建设的载体。省局机关文化建设观摩会在章丘市地税局召开，并在全省地税系统党务工作会议上介绍了文化建设的有关经验。章丘市地税局被授予全国税务系统先进集体、济南市“五一”劳动奖状等多项荣誉称号。

（郑洪树）

## 平阴县地方税务局

### 经济概况

2014年，平阴县实现生产总值214.70亿元，同比增长11.1%。其中，一、二、三产业增加值分别为31.16亿元、122.07亿元和61.47亿元，分别同比增长4.9%、12.1%和11.1%，三次产业比例由上年的15.3：56.7：28.0调整为14.5：56.9：28.6；实现地方公共财政预算收入13.60亿元，同比增长16.3%；完成全社会固定资产投资201.92亿元，同比增长21.5%。

### 收入概况

2014年，平阴县地税局共组织各项收入9.35亿元，同比增长14.02%。其中，县级公共财政预算收入完成7.27亿元，同口径增长17.59%，占全县公共财政预算收入的53.5%。

### 工作概述

【税源管理】 一是分级控管重点税源。组织重点税源税收7.55亿元，同比增长37%，占总收入的81%。二是持续深化行业管理。组织开展了建筑房地产行业的调查、评估与管理工作，评查70个建设单位48个项目各项经济税源8194万元，征缴入库各项税收收入6000余万元。三是建立税务稽查与税源监控、税收分析、纳税评估、纳税服务、效能监察的“六位一体”查管互动机制。“以查促收、以查促管”增加税收收入2383万元。四是做好民间融资及利息股息红利所得税源控管工作，组织民间融资及利息股息红利所得各项税收1.5亿元，同比增长15.93%，占总收入的16.04%。五是推行建材业集中征缴管理，适时调整税负，组织山石资源税等收入3941万元，同比增收2418万元，增长1.59倍。六是加强部门协作配合，组织住房交易及耕契两税等税收收入7204万元，代开发票税收7413万元。

【税收执法】 一是强化依法治税意识、风险环节排查、执法素质建设、税收执法监督和日常执法管理，严把执法关口，建立排查、监控、问责“三位一体”的风险防范机制。二是组织“走出去”企业税源调查、医疗机构和企业转增股本税法执行情况的清理核查。三是做好土地增值税清算审核的重大税收案件审理。四是落实土地等级税额调整政策，加强配套费契税和土地使用税等税收管理。五是开展“营改增”、分税种管理及炭素等行业政策调研活动，提高政策和执法管理水平。

【税收征管】　一是抓好金税三期工程平台应用，提高办税效率。重新梳理岗位流程，组织分岗分类培训，完善立体运维机制，加强网络、设备安全运行评估。二是积极推广网开发票，规范发票管理。三是规范税务登记，夯实征管基础。简化办证资料，优化审核流程，核查补录登记信息，修改异常数据，办结注销登记，规范委托代征管理。四是统筹指标管理，动态跟踪落实。强化信息采集、催报催缴、欠税清理等征管考核指标管理。

加强税收执法，召开“规范进户执法、深化查管互动”专项检查和税收宣传工作会议。

【纳税服务】　一是实行“先办后审”，缩短办税时限，简化登记、《外管证》、发票及审批（备案）等工作程序。二是推行“快审速办”，受理并落实50项高新技术、小微企业等税收优惠政策，减免相关税收5959万元。三是提高自助办税水平，做好网开发票升级和推广，减轻办税负担。四是协调做好联合办税、住房土地交易、自查补税等综合业务。五是贯彻落实《全国县级税务机关纳税服务规范》，开展人性化服务、阳光办税、提速增效、便民办税、提醒服务和征纳沟通等“六心”便民办税服务活动。

【干部队伍建设】　一是落实“两个责任”，深化党风廉政建设。强化县局党组的主体领导责任，落实纪检组的监督责任，推进廉政风险防控，构建一体化风险防范机制。开展预防职务犯罪、警示教育、税检共建、廉政文化、自律教育和“双向约谈”“我为您服务，您为我评价”服务回访纳税人等活动。取得了行风评议第二名的优异成绩。二是开展党性教育，加强作风建设。强化学习教育，提高党性修养。严守中央八项规定，改进工作作风。强化素质培训，打造专业人才。强化责任意识，稳步推进绩效管理。三是开展创建活动，加强精神文明建设。强化工作宣传，开展丰富多彩的职工文体活动，开展争先创优活动，充分激发干部队伍活力。

（张树恒）

# 济阳县地方税务局

## 经济概况

2014年，济阳县实现生产总值259.6亿元，可比增长11.0%。其中，一、二、三产业增加值分别完成50.9亿元、138.4亿元和70.3亿元，分别增长4.1%、13.2%和9.6%。全社会固定资产投资完成208.67亿元，增长18.1%。实现地方财政收入16.88亿元，同比增长14.82%。农民人均纯收入13540元，增长11.7%。

## 税收概况

2014年，济阳县地税局共组织各项收入11.2亿元，增收2.4亿元，同比增长27.12%。其中县级收入9.3亿元，增收1.5亿元，同比增长19.55%。

## 工作概述

**【税收征管】** 一是认真开展建筑市场集中清理。由县政府牵头，县局联合住建委，对全县144个重点建筑项目开展了集中清理检查，清查税款335万余元。二是认真开展土地增值税清算工作。在中介机构协助下，分别完成了对雅居园北苑等项目的清算审核任务，清算入库税款285万元。三是全面加强台资企业税收管理与服务。2014年，57家台资企业实现地方税收收入6928万元，同比增收1617万元，增长30.45%。其经验做法分别被《大众日报》《济南日报》《山东地税》等予以宣传报道。

**【税收执法】** 一是加强执法督察。县局成立税收执法督察小组，将省、市局选定的11户存有疑点的企业列入督察范围，对发现的税务登记、委托代征、减免税等方面的问题深究原因，严肃整改。二是强化税务稽查。2014年，组织辅导企业自查自纠231户，入库税款、滞纳金780万元；专项检查、日常检查和注销检查73户，查补税款、滞纳金、罚款510万元。三是强化欠税清理。不断加大催缴力度，对经催缴仍未缴纳的2户纳税人采取了强制执行措施。全年清理入库欠税1258万元。四是强化减免税管理。落实税收优惠政策，对福利企业、小微企业等减免各项税收760万元。

税收宣传小分队走上街头，开展税收宣传活动。

**【纳税服务】** 一是认真开展“便民办税春风行动”。完善便民办税服务设施，办税服务大厅新增了银行划款终端机和POS机，实现了纳税人自助办税、自助查询、转账还款等多项自助式服务。对税务登记、纳税申报、发票领购等涉税业务开辟“绿色通道”，实行全程引导服务。设立7个全职能服务窗口，实现了“一窗全能”、办审一体化。成立便民办税服务小组，在办税服务厅为纳税人讲解现行税收政策，及时帮助纳税人解决相关涉税问题。二是认真贯彻落实《全国县级税务机关纳税服务规范》。在广泛宣传的基础上，结合市地税局星级办税服务厅管理要求，新设置帮办岗、延时服务岗、值班服务岗，建立了工作日中午值班制度。同时，认真执行纳税服务标准，严守各项服务承诺，加强了对纳税服务人员的操作技能、服务技巧、应急处理等业务培训，提升了纳税服务质效。三是认真开展税收宣传活动。认真开展了“税法政策送万家”活动，借助济阳电视台、县政务宣传屏等媒介，滚动宣传税法知识，增强了税收宣传效果。

【干部队伍建设】 一是认真开展教育培训。年内确定了土地增值税清算和财务会计两项内容，分两批组织55名业务骨干，赴山东财经大学东方学院开展集中培训，提高了干部队伍综合业务素质。二是加强廉政教育。全局层层签订《党风廉政建设责任书》，县局局长和各分局、中心所负责人家属分别签订了《家属助廉责任书》。每月制发一期《廉政月刊》，包括廉政漫画、廉政名言、警示故事和廉政文学等四个模块内容，以寓教于乐的形式开展廉政教育。认真执行重大事项报告制度。组织全体人员定期上报《重大事项报告表》，及时督促有大额现金收支、婚丧嫁娶事宜的干部职工如实申报。县局超过1万元的经费支出，均按规定及时向县纪检委第四纪检组报告。县局代表省、市局，迎接了国家税务总局第五巡回督导组的督导检查，督导组组长桑珉一行对县局群众路线教育实践活动开展情况给予了高度评价。

（王桥政）

## 商河县地方税务局

### 经 济 概 况

2014年，商河县实现生产总值159.68亿元，比上年增长10.0%，三次产业比重调整为28.8∶38.3∶32.9。第一产业实现增加值45.92亿元，同比增长4.6%；第二产业实现增加值61.22亿元，同比增长13.4%；第三产业实现增加值52.54亿元，同比增长10.5%。

### 收 入 概 况

2014年，商河县地税局累计组织各项收入6亿元，比上年增收1.2亿元，增长25.08%。其中，中央级收入完成3614万元，同比增收1216万元，增长50.71%；省级完成5万元，同比减收9万元，下降64.29%；县级收入完成5.64亿元，同比增收1.08亿元，增长23.76%。县级公共预算收入完成5.45亿元，完成县政府计划的101.88%，同比增长23.85%，超收1008万元，剔除“营改增”因素，增长27.85%。

### 工 作 概 述

【税收征管】 强化重点税源企业和重点行业的跟踪管理，强化收入动态监控；同时对房地产业及建筑业开展专项税源调查，施工企业按规定进行报验登记并及时反馈经营、收入情况，从源头上控制应征税款跑冒滴漏。积极开展税收分析和纳税评估，加强企业异常指标分析和排查，2014年共评估企业25户，累计评估税款28.98万元。充分利用综合治税工作机制，依托综合治税信息网络交流平台，拓展信息共享渠道，提高了涉税信息利用率；强化节点控制，规范税务登记管理。整顿个体征管，制定《商河县个体工商户规范管理的实施方案》，并将符合条件的全部纳入“双委托”管理，2014年全县签约双委托个体户3805户。

【税收执法】 健全税务稽查、日常检查与企业自查相结合的工作机制，深入开展税收违法案件查处、税收专项检查和专项整治、重点税源企业检查、打击发票违法犯罪活动四项重点工作，加大稽查力度，强化税务稽查震慑力，2014年共检查户数69户，查补入库税款、滞纳金、罚款合计1857万元。严格欠税管理，对纳税人历年来形成的欠税进行集中清理，对有欠税发生的企业进行重点监控，严防新欠发生，2014年清理欠税共计2260万元。通过不断深化执法工作机制，加强执法督查，进一步提高了依法行政水平，切实降低了执法风险。

不断提高纳税服务水平，启用“全民付”方便纳税人。

【纳税服务】 建立健全纳税服务长效机制，在纳税服务大厅设立涉税事项审批和税收优惠两个专业审批窗口，实现办审一体服务。整合业务窗口，在办税服务大厅设置7个全职能综合服务窗口，实现一人多岗、一窗多能、一窗通办。探索实施办税服务厅“二次审核、双重把关”，完善确认签字制度和台账备案制度，明确各环节工作责任。开展个性化提醒，搭建商河地税征纳共赢QQ群、微信群和短信提醒平台，督促纳税人及时依法纳税。

【干部队伍建设】 深化考试推动学习进步的良性机制，拓展全方位、多层次、宽领域的培训格局，通过考试选拔出32名基层业务骨干，参加在山东省税务干部学校举办的业务骨干培训班，为推动全员主动学习打下良好基础；组织全局层层签订《党风廉政建设责任书》，通过上廉政教育课、看廉政教育片、参观警示教育基地等多种形式，深入开展纪律教育、警示教育、“主题教育”和预防职务犯罪教育。深入推进廉政风险防控平台的应用工作，全面落实税收执法责任制，加大执法过错追究力度，认真处理各类投诉举报，规范税务人员执法行为，提高依法行政水平，树立良好地税形象。

（赵　敏）

# 青岛市地方税务局

## 经济概况

2014年，青岛市实现生产总值8692.1亿元，同比增长8%。其中，第一产业增加值362.6亿元，增长3.9%；第二产业增加值3882.4亿元，增长8.4%；第三产业增加值4447.1亿元，增长7.9%。全市完成固定资产投资5766亿元，增长16.1%。实现外贸进出口总额798.9亿美元，增长2.5%。城市居民人均可支配收入38294元，增长8.7%；农村居民人均纯收入17461元，增长11%。

## 收入概况

2014年，青岛市地税局累计组织各项收入642.7亿元，同比增长12%，收入总量首次突破600亿元大关。其中，税收收入完成599亿元，增长12.7%地方公共财政预算收入完成512.3亿元，增长10.9%。主要有五个特点：一是从级次看，中央级增长较快，地方级收入增长平稳。中央级收入完成99.2亿元，增长23%。除地方公共财政预算收入外，组织基金收入22.3亿元，组织地方级收入合计534.6亿元，增长10.6%，占各项收入的比重为83.2%。二是从税种看，所得税类税收增幅较快，财产行为税增幅稳定，流转税增幅放缓。所得类税收完成165亿元，增长23.4%，占税收收入的比重由2013年的25.1%提高至27.5%。财产行为税收完成228.3亿元，增长14.3%，占税收收入的38.1%。受“营改增”政策性减收和房地产销售额下降等影响，营业税完成205.7亿元，增长3.8%。三是从产业看，第二、三产业税收增速相当。第二产业税收完成193.6亿元，增长11.3%，占各项收入的比重为30.1%。第三产业税收完成448.2亿元，增长12.3%，占各项收入的比重为69.7%。四是从行业看，建筑业高速增长，房地产业税收大幅回落。通过强化税收管理，建筑业税收完成75.6亿元，增长18.1%，高居各主要行业首位。房地产业税收完成208.2亿元，增长8.8%，增幅较2013年回落33.7个百分点，占各项收入总量的32.4%，仍是地税收入第一大行业。金融业税收受2013年保险业大额退税等影响，全年完成74.9亿元，增长14.1%。制造业完成110.6亿元，增长5.6%；批发零售业完成30.7亿元，增长7.2%。五是从规模看，重点企业贡献度进一步提高。年纳税百万元以上重点企业达到5115户，比2013年增加363户，占全部纳税户数的比重为1.1%；入库税收505.4亿元，占各项收入的比重由2013年的75.5%提高到78.6%。

## 工作概述

【税收法治】 牢固树立“法定职责必须为、法无授权不可为”的理念，把税收法律法规作为一条红线贯穿税收工作始终。推进行政审批改革，取消和下放小微企业税收优惠等行政审批事项8项；梳理完成8个类别64个项目的税收执法权力清单，实行目录化管理，接受社会监督。规范税收执法行为，制定了《税务案件定性处理若干问题的工作指引》，新增发票违法行为认定标准，规范自由裁量权。

【税种管理】 推广应用房产税、土地使用税动态管理软件，组织土地出让契税税源核查，拉动房产税、土地使用税和土地契税同比增长18.5%；开展船舶车船税委托代征，车船税增长15%；强化企业所得税后续管理，开展了股权转让等非劳务所得税源核查，企业所得税和个人所得税分别增长25.2%和21.4%；加大清理欠税力度，落实了欠税公告、强制扣款和新建商品房监管资金缴税等措施，清理欠税6.4亿元，增长23.5%。

【风险防控】 优化税收风险管理系统，风险分析指标由原有的140个拓展到182个；改进风险管理流程，两级风控中心筛选，定期定量推送。全年派发预警和评估任务30869户，入库税款12.7亿元。其中，纳税评估有效率达92%，提高了26个百分点；加强大企业税收风险管理，11户企业集团补缴税款及滞纳金6796万元。

【增值应用第三方信息】 深入贯彻落实《青岛市税收征收协助条例》，与市财政、国税部门联合发布《涉税信息采集目录》，利用第三方信息智能应用平台，采集涉税信息478万条，入库税款35.6亿元，增长64.8%。其中，通过互联网涉税信息监控平台，增加税收4.1亿元；应用电子影像系统，采集24.3万户纳税人电子档案251万份。

【税务稽查】 开展税收专项检查、重点税源检查、发票整治和积案清理，推行房地产、建筑安装业联动式检查，银行业调研式检查和疑难案件团队式稽查，全年检查纳税人1339户，稽查入库9.75亿元，同比增长27.6%。其中，查处百万元以上案件54户，增长69%。税警联合破获2起虚开发票案件，检查受票单位3314户，查处税款等合计6462万元。

【纳税服务】 深入开展“便民办税春风行动”，推出便民服务29条举措，把纳税人的期待和希望，变为地税部门的实际行动。推行办税服务规范化。落实税务总局《全国县级税务机关纳税服务规范》，整合岗位职责，简化办税流程，办税效率提升27%。在西海岸经济新区试行“三证合一”。地税、工商、质检三部门信息共享，实现一表申请、一窗受理、三证联办。扩大网上办税。新增38项网上办税业务，网上申报率达97%，提前两年实现税务总局下达的目标。VPN移动办税。配合房产交易部门，通过移动税务办公系统，在李沧区售楼处现场办理房产证。推行房地产交易大厅POS刷卡直接缴库，试点单位平均办税时间由15分钟降至5分钟。深化国地税联合办税。协作事项扩大到税务登记、委托代征等，让纳税人“进一家门、办两家事”。维护纳税人权益。建立纳税人权益保护中心和纳税服务联系点，及时接访维权纳税人。免费政策辅导。举办了25期税收政策大讲堂，免费培训纳税人13000多人次。

【减税惠民】 创新减免税申报和核算方式，全年减免税收55亿元。其中，小微企业优惠覆盖面达99%以上；为家庭唯一住房者自然人减税10亿元；为高新技术企业减税6.8亿元，充分发挥了税收对“转方式、调结构、惠民生”的促进作用。

【绩效管理】 借鉴目标管理考核的经验做法，按照税务总局绩效管理部署和要求，全力打造“决策下达—执行实施—绩效考评—持续改进”的管理链条，把重点工作和考评指标、工作执行落实情况和过程管理、绩效考评有机融合，建立起持续发现问题、解决问题、改进提升的工作常态，有力推动了整体工作提质增效。2014年度，绩效考评成绩在全国税务系统34个省级地税部门位列第二名。

【作风建设】 组织开展了作风建设巩固深化扩展主题活动，对党的群众路线教育实践活动整改落实情况进行“回头看”；加强对中央八项规定落实情况的检查监督，聚焦“四风”问题，先后出台了《政府采购工作暂行规定》和《重大财务事项管理办法》等制度，精简会议19.6%，减少文件13.5%，公务接待费用下降67%。

【教育培训】 实施了大规模脱产培训和联合培训，举办脱产培训班19期、培训900余人。继2013年5人入选首批全国税务领军人才培养对象后，2014年又有5人入选，录取人数位列全国税务系统第二名，税务总局专业人才库和省局业务能手达100人。

【党的建设】 建立了党支部联合上党课制度和党建工作考核办法，夯实党建工作基础；组织开展了学习型、服务型、创新型党组织创建活动，市局机关“税徽闪烁党旗红”获得省级优秀党建品牌；深入开展“软实力”建设和精神文明创建，全市地税系统16个单位全部跨入省级文明单位行列，市局机关被评为全国文明单位。

【行政管理】 围绕税收中心工作，不断提升参谋水平。积极建言献策，2014年撰写综合材料33篇、45万字，得到各级领导批示肯定；加大督查督办力度，编发督办专报18期、督办通报35期，督办事项349件；扩大宣传力度，编发地税动态29期、信息18期、调研25期、信息调研采用情况通报4期。政务信息调研积分位列全国地税系统第2名，全市105个市直、中央和省辖部门第15名。

【党风廉政建设】 制定了市局党委落实主体责任实施意见和纪委落实监督责任实施意见，明确责任分工、完善制度保障、强化责任追究。加强干部廉政教育，自行录制了《税案释法》警示教育片，组织干部参观反腐倡廉教育基地，用身边事教育身边人；严格监督检查，对15个单位税收执法情况进行了督察，补缴税款1.16亿元。对4个单位主要负责人进行了离任和任期财务审计，及时堵塞管理漏洞。打造内控机制信息化建设升级版，升级风险防控平台，依托33个风险防控指标，对税收执法各环节自动扫描、风险预警和跟踪核查，在全国税务系统内控机制信息化建设推进会上作了大会交流。

（徐　涛）

## 青岛市地方税务局稽查局

**【概况】** 2014年，青岛市地方税务局稽查局认真贯彻全国税务、全省地税稽查工作会议精神，围绕中心，服务大局，依法稽查，规范执法，开拓创新，攻坚克难，积极发挥稽查职能作用，全面完成了税务总局、省局下达的各项任务目标。年内获得了全国打击发票违法犯罪活动工作成绩突出单位。

**【稽查收入】** 2014年，青岛市地税累计检查纳税人1339户，稽查入库9.75亿元，同比增长27.6%，达到全市地税税收总额的1.62%；入库率100%、选案准确率100%。

**【稽查执法】** 建立高风险任务甄别的“链条式”选案机制，提高检查针对性和执法质效。强化稽查执法过程管理，推行“靶向性”稽查方式，增强精确查账能力。积极发挥审理环节“质量管理中心”的枢纽作用，完善落实规范化稽查案件审理制度、大要案“审前介入”制度，针对大要、疑难、争议案件，实行“开放式”审理，邀请纳税人列席集体审理会议。全年组织两级集体审理会20次，审理大要案件177户次。开展执行攻坚，通过实施财产调查前置，提高有效执行效率；全年清理积案40户，清缴入库5052万元。推进税警联动，破获2起文化传媒公司涉嫌虚开发票案件；加强发票检查力度，全市累计检查“受票单位”2197户，涉案发票6249份，涉票金额超过4.8亿元，查处税款6036万元，保持了打击整治发票违法犯罪活动工作的高压态势。

**【税收专项检查】** 立足青岛市征管实际，以税务总局指令性项目为重点，在全市牵头组织完成了房地产、建筑安装、金融、制造、批发与零售、服务等行业的检查工作。其中，突出房地产与建筑安装两个关联度高行业的联动检查，稽查入库6.5亿元，占稽查入库总额的67.1%。

**【重点税源检查】** 以自查为先导，重点检查为保障，围绕税务总局指定企业、银行及三年未查的重点税源企业，组织税收自查入库4.8亿元。实施重点抽查，查处百万元以上案件54户，同比增长69%。检查“农行、建行、华能”3家税务总局指定企业，查处税款3800万元。

**【查管互动】** 加强信息交流和数据深度挖掘与应用，落实稽查建议书、稽查案件集体审理会议等制度；根据阶段性检查情况，每季形成分析报告；围绕典型涉税事项，及时编报稽查专报，服务上级决策；针对查处问题，及时向税源管理局传递征管建议书59件，发送内部执法协助函38份。

**【内控管理】** 优化升级审计式电子查账软件和“税务稽查智能管理系统”，

将举报案源受理程序纳入稽查智能管理平台，设置举报案源管理模块，将举报案源按标准分类，实施动态管理和风险预警，实现了自案件受理、检查实施至执行入库的举报案件全过程信息化管理。

【绩效管理】 立足稽查各个环节、全部岗位，将税务总局、省局和青岛市地税稽查共42个评价与考核指标，全部植入智能管理平台，推行“人机结合、实时在线”、全覆盖式的绩效管理、分析评价与考核机制，层层钻取，自动计算，实时取数，动态变化，实现稽查绩效自动评价、风险应对全面考量和稽查行为的有效控管，促进了各项工作及时落实和稽查质效全面提升。

【业务培训】 制定了年度教育培训计划，针对重点税种，完成了个人所得税、企业所得税政策培训；围绕重点事项，开展了稽查文书、智能平台、查账软件的应用讲解；实施以查促查，从源头培植案例，做好典型案例编写工作，不断充实稽查案例库。全年组织集中培训14次、1500余人次；参加外出培训17期、85人次。组织脱产培训班1期、52人次。

【干部队伍建设】 积极开展“稽查先锋”党建品牌创建活动；完善“制度+科技+教育+监督”具有稽查特色的内控机制，实现了廉政与执法风险的节点防控和实时监控；以此为引领，狠抓行风建设和作风建设，克服在部分干部身上存在的“庸懒散”现象，形成了和谐向上的良好氛围和团队形象。年内评选出24名“稽查先锋岗”予以表彰，并挂牌上岗。

（李 凯）

## 青岛市地方税务局直属征收局

【概况】 2014年，青岛市地方税务局直属征收局组织各项收入50.57亿元，同口径较上年增长2%。其中，地方公共财政预算收入完成41.57亿元，与上年持平。各税种收入中，营业税23.18亿元，下降6.3%；城建税2.44亿元，增长4.5%；企业所得税1.9亿元，增长48.3%；个人所得税10.37亿元，增长1.7%；房产税1.34亿元，增长5.2%；土地使用税1243万元，增长1.5%；土地增值税3057万元，增长19.1%；车船税3.87亿元，增长4.8%；印花税4526万元，下降13%。

【税收征管】 不断夯实征管基础，切实提高税收征管水平。加强纳税评估工作，2014年，评估45户，评估税款、滞纳金5420万元。加强重点税源管理，做好银行业营业税代征工作，2014年签订委托银行代征营业税67户，代征税款977万元，同比增长88.6%。做好12万元个人所得税申报工作，全年受理申报14645人，其中28人补税17.2万元。加强车船税征管，实地核查21户保险公司，共核补车船税22万元。规范保险业营销员税收代征工作，与42家保险公司签订了委托代征协议，共代征营业税1580万元。抓好企业所得税征管，2014年，共汇缴282户，入库税款1.25亿元，同比增收5693万元，增长60.3%。加强对税收贡献率低、连续多年亏损等企业后续管理，核查有问题户10户，补缴税款437

万元，调整计税所得额2200余万元。抓好土地增值税清算工作，清算入库税款1177万元。

【纳税服务】 以“便民办税春风行动”为契机，深入优化纳税服务。精简纳税申报程序，取消了纳税人税务登记类及新建商品房申报等6类业务纸质资料的报送。将纳税人需提报的13类67项涉税资料精简为27项，办税时间平均减少30%以上，极大地方便了纳税人。在征收大厅设立预审理导税咨询台，建立健全了“牵头负责”和“AB角”制度、“首问负责制”“一次性告知”“限时办结”“延时服务”“预约服务”“免填单服务”“二次优先服务”“局长服务日”等工作制度。牢固树立“最大限度便利纳税人，最大限度规范纳税人”的理念，不断提升纳税人的满意度和税收遵从度。全年通过纳税人培训学校开展培训12期，组织视频培训2期80人次，利用外网发布税收热点问题9次。在房产交易中心开通了“微信服务平台”，推行了“纳税提醒告知”服务；在税务登记、纳税申报、发票管理、涉税事项受理等环节全面使用电子影像系统，全年扫描纳税资料21326份，方便了纳税人，减轻了纳税人负担。落实税收优惠政策，全年共为26户保险企业办理了一年期人身保险免税手续，办理营业税退库5803万元；为文化改制等3户企业办理免税退库811万元，为20名残疾人办理免税退库17万元。

【干部队伍建设】 坚持“内强素质、外树形象”目标，全面加强干部队伍建设。加强干部教育培训，参加各级各类培训25期39人次，举办联合脱产培训1期11人次。认真推行绩效管理，制订绩效计划，分解细化125项《绩效指标》。印发《绩效管理办法》，落实了考评处室和绩效联络员，建立了《市局指标监控台账》及《绩效监控台账》，2014年共对114项绩效指标进行了考评。落实“两个责任”，努力做好党风廉政工作，召开了党风廉政建设工作会议、逐级签订《党风廉政建设责任书》。全年召开8次党委会、5次党委理论中心组学习会，开展廉政谈心32人次。局党委会研究大额资金使用3次，涉税集体审议会26次，涉税事项91项。组织干部参观了市反腐倡廉教育基地。完善内控机制，依托全省地税系统“廉政风险防控平台”，核查风险信息52条。抽查房产交易涉税资料152份，纠正问题5个，提出整改建议5条。重视人文关怀，为干部多做好事、办实事。每季召开工会小组长会议，全年共采纳工会建议35条。探望生病住院的干部职工及家属38人次，组织干部进行了体检。开展扶贫帮困、为社会奉献爱心活动，11名同志参与了无偿献血活动。

（齐砚伟）

## 青岛市地方税务局<br>黄岛（经济技术开发区）分局

### 经济概况

2014年，青岛市黄岛区实现生产总值2338.54亿元，比上年增长9.5%。其中，第一产业增加值62.67亿元，增长3.8%，第二产业增加值1421.50亿元，增长 7.8%，第三产业增加值 854.37 亿元，增长 13.3%。实现地方财政一般预算收入 167.3 亿元，增长 13.46%。2014 年实现利税总额 435.4 亿元，同比下降 3.13%，其中利润 193.4 亿元，下降 11.49%。全社会完成固定资产投资 1440.5 亿元，增长 17.8%。全年实现社会消费品零售额 402.05 亿元，增长 11%。实现外贸进出口总额 135.08 亿美元；全年共批准利用外资项目 80（新增）个，实际利用外资达到 15.5 亿美元，增长 0.1%。年末全区总人口（常住）为 146.52 人，城镇居民人均可支配收入 37704 元，增长 8.77%，农民人均纯收入 17301 元，增长 11.05%。

## 收入概况

2014 年，青岛市地税局黄岛（经济技术开发区）分局累计组织各项收入 80.6 亿元，比 2013 年增长 12.7%，其中税收收入 71.5 亿元，同比增长 15.8%。税收收入中，中央级完成 11.5 亿元，增长 26%；青岛市级完成 0.3 亿元，增长 34%；（区）以下级完成 64.5 亿元，增长 11.8%。各税种收入中，营业税完成 20.6 亿元，增长 8.9%；企业所得税完成 10.8 亿元，增长 26%；个人所得税完成 8.3 亿元，增长 27%。

## 工作概述

**【税收征管】** 依托第三方信息智能应用平台和区财源建设平台，新增税收 3.39 亿元；建立土地增值税清算审核指标体系，全年清算土地增值税 1.34 亿元，同比增长 221.58%；推进村庄改造安置房和农民安置房税收管理，全年入库税收 3.8 亿元；加强外籍个人所得税警戒线管理，建立多元化信息网络；建立关联企业申报信息数据库，不断深化关联企业反避税管理；构建物业行业收入预警和评估模型，规范了行业管理秩序；推进大企业专业化管理，促使企业建立健全税收风险内控体系。

**【税收执法】** 评估工作方面，专项评估和综合评估相结合，专业评估同日常评估相结合，全年评估税款近 1.2 亿元；稽查工作方面，以房地产和建筑安装行业为重点，运用“三步排除法”加强案源筛查，加强审计式查账软件的应用，全年入库各项税款、罚款、滞纳金共计 1.1 亿元；开展了欠税全面梳理，规范了清欠流程，欠税清理更加严厉，全年累计清理欠税 1.14 亿元。

开通微信公众平台，提高纳税服务水平。

**【纳税服务】** 强力推进落实《全国县级税务机关纳税服务规范》的实施；和工商、质检三部门联合试点推行“三证合一”，受到了青岛市委书记李群的批示肯定；充分发挥网站作用，引导纳税人网上办税，网上申报率达到99.2%；继续推行专家咨询岗、午间值班制等工作创新举措；创新推行电子影像系统，建立了完整的影像档案管理模式；汇集形成纳税人合理诉求综合分析库，建立起三级递进的争议化解处置体系。

【干部队伍建设】 建立了新一年三级愿景目标；进一步拓展了干部教育培训；依托风险防控平台，打造廉政风险防控体系；制定了分局绩效管理工作办法和干部绩效管理办法，形成了分局—处室—个人三级考核体系；扎实开展党建工作；广泛开展文体活动，加强精神文明建设；重视人文关怀，增强队伍凝聚力。

（孔德政）

## 青岛市地方税务局<br>前湾保税港区分局

### 经济概况

2014年，青岛市保税港区实现生产总值114.23亿元，同比增长7.9%（可比价增长5.4%）。其中，第二产业增加值21.94亿元，同比增长2.1%，第三产业增加值92.29亿元，同比增长6.3%。全区实现地方财政一般预算收入8.01亿元，增长24.21%。全区完成固定资产投资6.06亿元，增长0.68%。全区实现外贸进出口总额75.78亿美元，降低10.8%；全年共批准利用外资项目20个，实际利用外资达到16048万美元，增长59.51%。

### 收入概况

2014年，青岛市地税局保税港区分局组织各项收入5.43亿元，比2013年增长6.38%，其中税收收入4.96亿元，同比增长4.12%。税收收入中，中央级完成1.01亿元，下降16.53%；地方级完成3.94亿元，增长11.24%。各税种收入中，营业税完成1.72亿元，增长9.80%；企业所得税完成9874万元，下降28.49%；个人所得税完成7108万元，增长8.75%。

### 工作概述

【税收征管】 一是创新税收分析架构。主动适应新形势的发展要求，通过理顺机制、加强协调和提升水平三个方面加以推进实施，构建起一套行之有效的综合预测分析体系。从实施的效果看，管理增收超过亿元，收入质量不断提高。二是推进一手房转让反避税工作。针对区内房产项目关联方交易的问题，全面搜集房地产项目购、建、销三个环节的信息，建立全区房产数据库，集中排查利用关联交易进行避税的行为，其中1户企业实现税款92万元。三是深化风险管理。设立风险控制中心，将风险点查找、一户式查询、第三方信息应用有机结合，提升数据分析能力，并根据不同行业企业的风险指标赋值，有效加以应对，通过各种执法手段，查补税款明显增加。

【税收执法】 加大对高风险涉税案件的检查力度，全年通过预警、评估、稽查，共计查补收入1320万元，同比增长2.3倍。加大清理欠税力度，共清理欠税及呆账700余万元。严格审核法人股权转让的协议、财务报表等相关资料，核实转让价格的公允性、合理性，征收入库税款403万元，同比增长35.7%。

【纳税服务】　在服务决策上，顺应形势发展先后形成了《对基层地税部门文化现代化建设的几点思考》《从税收政策看自由贸易区》《加快推动融资租赁业发展的税收政策探讨》等13篇高质量的调研报告，提出合理化建议50余条，部分专题报告得到上级领导的高度评价。在政策服务上，牢固树立"不落实税收优惠就是收过头税"的理念，采用"实体+网络"的"双通道"模式，积极宣传并落实国家出台的一系列减税惠民政策。全年减免税款达到1.24亿元，占全部应收收入的22.1%，有力助推了地方产业结构的调整升级。在管理服务上，以开展"便民服务春风行动"为切入点，不断丰富和改进服务措施，推行自助办税、拓展联合办税范围，落实电子影像档案扫描和POS机刷卡缴税等措施，办税效率显著提高。组织了"地税开放日"活动，提升了部门形象。

【干部队伍建设】　一是加大业务培训力度。在浦东干部培训学院、江苏税务干部学校等组织了自贸区政策、税收业务等12期培训班，培训干部90多人次。使干部队伍更新了知识，开阔了视野。二是深入推进绩效管理。分别制定了部门和个人的绩效管理办法，构建起"三纵两横"考评格局，实现了对绩效管理的全覆盖。与此同时，绩效管理平台全面启用升级，8大类、176项指标任务的考评指标实现自动派发，按期归集，并辅之以"大督办"工作机制，促使工作任务进度和指标完成情况得到全面掌控。

【党风廉政建设】　遵循全方位风险防控思路，狠抓党风廉政建设不放松。通过强化教育引导、加强廉政文化建设，以及强化制度执行和监督等措施，全面落实党总支的主体责任、监察部门的监督责任和中层干部的具体责任，不断增强勤廉从税意识。实施岗位廉政风险防控。

（高　进）

# 青岛市地方税务局<br>高新技术产业开发区分局

## 经济概况

2014年，青岛市高新技术产业开发区实现生产总值101.42亿元，比上年增长12.11%。其中，第一产业增加值10.71亿元，增长11.25%，第二产业增加值50.78亿元，增长10.87%，第三产业增加值39.93亿元，增长12.37%。全区实现地方财政一般预算收13.39亿元，增长10.28%。2014年实现利税总额21.27亿元，增长10.74%，其中利润7.22亿元，增长11.25%。全社会完成固定资产投资149.68亿元，增长23.40%。全区实现外贸进出口总额10.38亿美元，增长24.67%。

## 收入概况

2014年，青岛市地税局高新区分局累计组织各项收入10.21亿元，比2013年增长9.60%，其中税收收入9.61亿元，同比增长9.5%。各税种收入中，营业税完成3.02亿元，增长1.37%；企业所得税完成5991万元，增长30.84%；个人所得税完成1.06亿元，增长16.73%；房产税完成6445万元，增长15.81%；印花税完成2669万元，增长9.13%；城镇土地使用税完成9688万元，增长8.46%；城市维护建设税完成6445万元，增长15.81%；土地增值税完成5966万元，增长16.03%；契税完成1.29亿元，增长-19.28%；教育费附加完成2749万元，增长15.47%；地方教育附加完成1835万元，增长15.47%。

## 工作概述

【税收征管】 完善纳税申报信息评定，夯实信息管税基础。2014年，共评定任务927条，涉税金额3785万元，补充申报会计报表186次，补充纳税申报457户次，增收2736万余元。通过深入开展纳税申报信息评定工作，纳税人税法遵从度明显提升，按期申报率达到98%，纳税申报重复性错误问题得到了根本改进，有效减少了申报期后风险预警任务的出现。加强户籍管理，打牢征管基础。全年发布户源分析报告12期，对分局所辖4078户纳税人进行了户源分析，为户籍管理工作奠定了基础。对新办业户进行基础资料的核实，确保新办业户全部达到“信息实、资料全”标准。对原有的存量业户，建立不定期的巡查制度，以确保原有的存量业户“联得上、找得着”。

【税收执法】 创新开展纳税评估工作，提高纳税人税法遵从度。采取检查型评估、约谈型评估、辅导型评估三种评估方式对纳税人开展评估工作。2014年，检查型评估46户，结合市局派发任务加强疑点分析，共分析出疑点问题96笔，评估税款600余万元，调增企业所得税应纳税所得额370余万元；约谈型评估154户，对存在共性问题的纳税人采取约谈型评估方式，召集纳税人开展集体约谈，由点到面，对涉税问题分税种、分行业逐项进行分析解剖，由纳税人进行自查，有问题率100%。

召开权力清单发布会，主动接受纳税人监督。

【纳税服务】 加强办税人员管理。与办税人员签订了办税服务承诺书，制定发布了高新区分局办税人员工作标准。2014年4月后，办税人网上办税服务厅应用率提高12%。上门办理业务的纳税人携带资料齐全度明显提高，表格填写更加规范。持续加强宣传咨询辅导。办好纳税人培训学校、“纳税人之家”；开展好“走进地税”“局长服务日”等特色活动；建立咨询答复政策支持小组；进一步细化“热点答疑影音资料”“税企互动邮箱”

等宣传沟通方式，实行多元化税收宣传模式。

**【干部队伍建设】** 建立“四册三表”，实现“三融”目标。精心设计、统一印制了《目标绩效管理手册》《科务管理手册》《会议记录本》《工作手册》和《每周重点工作汇总表》《工作事项布置表》《下户审批表》，统一了记录标准、要求，并纳入绩效考评。通过“四册三表”，落实“七有”（有工作就要有部署，有部署就要有要求，有要求就要有标准，有标准就要有指标，有指标就要有计划，有计划就要有控制，有控制就要有考评）工作标准，做到“目标明确，指标量化，方便操作，过程可控，结果可考”，实现“融于日常管理、融于习惯养成、融于自觉提升”等“三融”目标。加强人才培养，实施人才强税战略。制定《人才选拔培养方案》，实行“每周一讲”暨“每周一小考”“每月一中考”“每季一大考”“半年验收考”“年终总评选”，评选领军人才10名，优秀科所长2名。注册税务师、律师、业务能手比例在全市地税系统名列前茅。加强团队建设，打造活力团队。制定《团队建设方案》，成立各种文体活动小组，定期开展团队建设活动，不断增强干部队伍的凝聚力、战斗力。先后开展了登山比赛、趣味运动会、庆祝“三八”节、摄影比赛、健步行等团队建设活动。2014年10月，荣获红岛经济区第一届趣味运动会团体总分特等奖，在青岛市地税系统篮球赛中，荣获第四名。

**【党风廉政建设】** 针对一人多岗的实际情况，打破部门壁垒，整合税收执法风险防控与廉政风险防控，实施一体化风险防控，把风险防控贯穿于各项业务环节，加强过程控制和绩效考评，并加大责任追究力度。进一步完善风险防控制度，建立起以“落实问责”为抓手，以“长效防范”为目标的税收、廉政一体化风险化解机制。2014年，累计派发市局预警信息223条，通过纳税风险评价等创新措施，补缴税款5076万元，派发廉政预警信息12条，对1名干部进行了提醒谈话。

（马仁山）

# 青岛市地方税务局市南分局

## 经济概况

2014年，青岛市市南区实现生产总值873.72亿元，比上年增长7.9%。其中，第二产业增加值77.73亿元，增长5.0%，第三产业增加值795.99亿元，增长8.2%。全市（区）实现地方财政一般预算收入116.02亿元，增长7.5%。2014年实现利税总额163.55亿元，增长0.01%。全社会完成固定资产投资148.55亿元，增长11.1%。全年实现社会消费品零售额450.66亿元，增长10.1%。全市（区）实现外贸进出口总额150.7亿美元，下降2.2%；全年共批准利用外资项目72个，实际利用外资达到3.15亿美元，增长5%。年末全市（区）总人口为56.74万人。

## 收入概况

2014年，青岛市地税局市南分局累计组织各项收入51.04亿元，比2013年增长0.97%，其中税收收入48.46亿元，同比增长0.8%。税收收入中，中央级完成12.14亿元，增长3.94%；市（区）级以下完成36.32亿元，增长-0.02%。各税种收入中，营业税完成13.72亿元，增长22.04%；企业所得税完成11.87亿元，增长0.77%；个人所得税完成8.36亿元，增长8.84%；土地增值税完成6.76亿元，增长80.11%。

## 工作概述

**【税收征管】** 加强税收管理，规范行业行为，加大对重点行业、重点企业的监控，做到抓大不放小，使税收管理不断适应经济发展新形态，实现税收收入的有效增长。一是推进土地增值税清算。完善工作流程，建立审查、审理、审议梯次工作结构，全面设计启用“清算工作日志”，做到全程留痕。建立定期公示通报制，加强对清算的监督考核。针对项目成本计算准确问题，引入中介机构进行造价审核，完善了造价审核数据与税收取证的转换。成功实施了青岛市首例清算造价审核项目。二是深化评估预警工作。进一步推行模板化、电子化评估模式，实施在线评估集体审议，通过对资料电子保全和在线进行证据展示以及数据查询，提高了评估效率。三是完善房地产行业管理链条。加强房地产网签数据信息的收集，每月比对房地产企业专用收据与网签数据信息，完善营业税、土地增值税、印花税比对机制，规范房地产业管理。四是加强欠税清缴力度。不断完善欠税管理制度，细化工作流程，对欠税实行分类管理，降低新欠产生率；加大强制执行力度，对涉及的文书进行统一规范，探索采取报刊公告、查封资产等措施，丰富清欠手段。五是规范企业所得税的管理。持续加强对企业所得税的管理，采取分类型、分行业风险提醒的工作模式，以关联申报为突破，通过采取短信提醒等有效措施手段，进一步提高了大数据时代的数据有效性和关联性。六是个人所得税管理寻求新突破。完善高收入人群个人所得税管理，通过落实“重点企业提醒、建立应急预案、及时跟踪管理”的工作要求，大大提高了工作效率。加强对外籍人士个人所得税的管理力度，通过尝试设置警戒线等方式，提高外籍人员个人所得税申报率。七是建立对外佣金核查工作制度。制定了“统一宣传提醒、纳税人自查为主、做好跟踪管理”的工作要求，分别采取网站、远程点对点、短信等多种提醒方式，明确了对不遵从税务规定纳税人“立案检查”的标准，打消了部分纳税人等靠、逃避的心理。

**【税收执法】** 坚持依法治税，努力抓好组织收入工作。牢牢抓住组织收入中心工作，坚持依法征收、应收尽收，坚决不收过头税，圆满完成税收任务。一是培树证据意识。针对婚宴中存在不开发票的行为，实施了专项检查，对具备婚宴条件的餐饮企业进行全面核查，在核查中实施重点约谈及全程录音录像，强化证据意识，确保执法到位有效。建立高科技约谈室，实现清算、检查、评估等约谈的全程电子可视监控及录音录像，实现了证据的实时保全。二是规范涉税文书的使用。对各类涉税文书的使用进行了规范，建立模板，大力推进对涉税文书的规范使用，使干部职工建立起了以文书推进工作开展和证据收集的意识，培树依法治税的法制意识。针对文书编号不规范的问题，自行开发了文书编号系统，对文书的使用和发放进行了统一规范。

**【纳税服务】** 积极探索还权、还责于纳税人的新型纳税服务模式，实现在刚性执法下的柔性服务，促进征纳双方和谐共赢。一是完善“E导税”服务平台。在“电子导税平台”的基础上，开发完成网页版“E导税”服务平台，实现了业务咨询的网络化、无纸化服务。同时，提供了“明白纸”的二维码服务，纳税人通过手机扫一扫，即可查看，明确了“在哪办、由谁办、如何办、何时办、能否办”五个纳税人最关心的问题。二是推行网上预约服务。针对市南区纳税人多的特点，开发了网上预约功能，并与网上办税厅无缝衔接，纳税人可自主选择时间段进行预约。通过涉税事项提报资料核对功能，实现了纳税人的自行核对。此系统的上线既提高了纳税人办税的自主性，改被动接受服务为主动选择服务，又实现了自助预审功能，提高一次性办结率，提高了办税效率，减少纳税人等候时间。三是拓展税宣新阵地。一方面巩固传统税收宣传阵地，开展丰富多彩的税收宣传活动，全年累计在各级媒体和报刊发表稿件共39篇；另一方面，积极开拓税宣新阵地，以微电影的形式，拍摄了第一期“税收小故事”——《老张，您好》，将发生在办税服务厅的好人好事、便民举措进行了情景再现，并投放到网站，受到纳税人的好评。

**【干部队伍建设】** 以人为本，文化引领，增加队伍凝聚力。将人的管理作为做好工作的基础，不断加强队伍建设，树立地税大家庭的观念，培树廉洁意识，确保干部队伍稳定。一是丰富培训类型，优化干部培训。注重与实际工作相结合，按缺什么补什么的原则，加强培训的针对性。开展评估案例式教学增强实战经验，提高了干部业务水平。积极整合培训资源，提倡系统内联合培训，使培训资源得以共享，提供了高层次的培训平台，促使干部能力得到持续提升。二是落实“两个责任”，夯实廉政基础。持续完善廉政风险防控指标的应用与完善，通过对风险指标进行监控，及时发现，及早介入，防微杜渐。持续开展廉政教育学习，落实“一岗双责”，将“两个责任”贯彻到位，坚持党风廉政责任制不动摇，层层签订廉政责任书，严格落实反“四风”各项规定，巩固党的群众路线教育实践成果，筑牢廉政风险防线。三是巩固党的群众路线教育实践活动成果。教育实践活动永远在路上，通过开展回头看活动，确保分局党委班子整改任务书、制度建设计划和专项整治任务等工作得到贯彻落实，分局各项征管工作得到全面梳理，《党员先锋岗评比办法》等10项管理制度得到修订完善。通过加强纪律检查、作风教育、软实力建设等，分局干部整体面貌有了极大改进。四是开展软实力建设，强化党建工作。通过开展系列讲座、文化沙龙、大讨论等活动，提炼蕴含地税精神的文化内核，实现软实力建设与税收工作的有效结合。实施开展党建“三问”活动，问情、问计、问需于党员干部，对收集到的意见和建议及时落实反馈，做到件件有回复，促进了各项工作的提高。

（邢珊珊）

## 青岛市地方税务局市北分局

### 经济概况

2014年，青岛市市北区实现生产总值598.75亿元，比上年增长9%。其中，第二产业增加值161.77亿元，增长8.3%，第三产业增加值436.98亿元，增长9.3%。实现地方财政一般预算收入92.3亿元，增长13%。全社会完成固定资产投资324.48亿元，增长16.1%。实现社会消费品零售额583.09亿元，增长13.2%。实现外贸进出口总额32.42亿美元，增长-18.9%；全年实际利用外资达到4亿美元，增长33.3%。年末全区常驻人口为106.9万人。

### 收入概况

2014年，青岛市地税局市北分局累计组织各项收入51.08亿元，比2013年增收2.58亿元，增长5.3%，其中税收收入48.33亿元，同比增长5.87%。税收收入中，中央级完成11.22亿元，增长19.57%；青岛市级完成0.39亿元，增长8.87%；市北区以下级完成36.72亿元，增长2.26%。各税种收入中，营业税完成13.71亿元，减收12.35%；企业所得税完成14.14亿元，增长25.7%；个人所得税完成4.44亿元，增长17.65%；城建税完成2.94亿元，减收1.88%；房产税完成1.82亿元，增长3.39%；土地税完成0.58亿元，减收18.2%；土地增值税税完成6.33亿元，增长53.7%。

### 工作概述

**【税收征管】** 科学开展税收分析。注重事前预测、过程监管和事后分析，全面掌握重点企业税源变化状况；加强分区域、分行业、分税种税收分析，预测准确率均达到98.5%以上。加强涉税信息应用。按月开展纳税人数据信息分析并撰写分析报告，全年采集利用第三方信息6586条，增收税款1.49亿元。对207家企业310余条涉税信息开展核查，补缴税款660余万元。确保重点税源管理到位。把投资额超过1000万元的107个项目重点建设项目分类监控；全面掌握企业税源结构、税源变化、政策影响等情况；把年纳税额超过100万元的338家企业开展逐户分析，实施重点监控、动态网络化管理。

**【税收执法】** 组织房产税、土地使用税核查。对纳税人不确认、未确认的房产、土地以及对房屋缴纳土地出让金、契税计入房产原值交税进行核查，追缴税款380余万元。加强税收风险管理。准确识别、定期梳理和科学分析税收风险。全年共计完成税收预警任务1315条，问题率13.84%，补缴税款273万元；纳税评估168户，评估税款6644万元。加大清理欠税力度。采取限制出境、扣压财产等措施，形成打击欠税行为的合力。

全年共清理欠税 7992 余万元，约占年初全部欠税的 49%。

【纳税服务】 纳税服务更贴心。对涉税业务 13 大类 67 小类进行梳理整合；实现了涉税信息“一次性报送，多次使用”。落实政策更严格。严格落实《全国县级税务机关纳税服务规范》，使纳税人办税时间平均减少 30% 以上，80% 的涉税事项实现当场办结；全年累计为 545 家企业减免税款 6500 万元、为 1.9 万户个体减免税款 1500 万元。

深入开展“便民办税春风行动”，最大限度便利纳税人，切实减轻纳税人负担。

【干部队伍建设】 深入推进绩效管理。在 132 项指标体系基础上，重新修订 37 项考评指标，自建了 3 项考评指标，初步搭建起一个全方位的绩效责任链条，实现了对象、目标、链条和过程的全覆盖。狠抓干部教育和监督。坚持每年开展一次警示教育、每季度推荐一篇廉政文章、每月学习一个典型案例，使廉政教育常态化。注重地税文化建设。重视干部职工文化生活，举办了书画、摄影、诗歌作品展览；重视生病住院及家庭生活困难的干部职工的生活，全年共走访慰问 62 人次，发放补助金 6.3 万元。

【党风廉政建设】 严格落实“一岗双责”。坚持“谁主管、谁负责”和“一级抓一级、层层抓落实”的原则，建立起“按制度办事、靠制度管人、用制度控权”的长效机制。不断加强风险防控。全年共检查风险信息 10 条，比上年同期减少 30 条，对 2 条有问题的风险信息及时作了提醒，有效降低了执法风险。着重抓好政风行风。定期深入企业调查研究，拓宽民主监督渠道，促进征纳双方良性互动。分局在连续三年在市北区行风评议中名列执法单位第一名的基础上，2014 年再次蝉联第一名。

（王金玲）

## 青岛市地方税务局四方分局

### 收入概况

2014 年，青岛市地税局四方分局组织各项收入 31.08 亿元，比 2013 年增长 13.69%，其中，税收收入 29.58 亿元，同比增长 13.99%。税收收入中，中央级完成 3.98 亿元，下降 8.82%；区以下级完成 26.66 亿元，增长 17.85%。各税种收入中，营业税完成 12.07 亿元，增长 28.28%；企业所得税完成 4.02 亿元，下降 22.64%；个人所得税完成 2.57 亿元，增长 24.39%。

### 工作概述

【税收征管】 积极向区委、区政府建言献策，争取相关部门支持配合，入库拆迁安置营业税 1.85 亿元；抽调科室业务骨干成立 9 个核查小组，对辖区 110

个建筑业项目进行实地核查，核查出71个项目应补税款2775万元；对一个售价偏高的项目进行土地增值税预征率匡算，并按规定调整其预征率，入库税款4013万元；以房产土地为突破口，对辖区农工商公司进行全面梳理核实，清理入库房产税、土地使用税500余万元；积极协调区发改部门，提前介入农工商公司改制，入库某工贸有限公司改制中涉及的个人所得税1400余万元。

**【税收执法】** 通过摸清欠税底数、建立健全欠税档案以及采取强制执行措施，清理欠税及滞纳金1.5亿元，其中清理呆账50余万元，通过银行强制扣款23户；通过推行“3+N”风险应对，完成预警任务1485户，有效率41.8%，入库税款677万元，完成评估任务142户，有效率高达99.3%，入库税款1.05亿元；探索推进外籍人员个人所得税警戒线管理，入库个人所得税989万元，同比增长49.2%，人均纳税同比增收2725元；以印花税、房产税、土地使用税为突破口集中布置开展汽车销售行业专项治理，查补税款200余万元。

**【纳税服务】** 本着为民、便民、利民原则，在辖区办事处设立便民税收服务站，定期派驻干部宣传解读涉及百姓生活的各类税收政策，把税收宣传普及到百姓日常生活中；探索建立劳务派遣人员风险防控机制，对风险指数高的工作“定人、定期、定量”开展核查，年度核查代开发票业务300户；通过普遍培训和个性培训相结合、在线培训和面对面培训相结合，大力推行网上办税，年度开通网上办税户2303户，网上申报率达99%；通过编发告知事项“明白纸”、认真抓好自查比对，全面落实《全国县级税务机关纳税服务规范》，有效解决服务纳税人“最后一公里”问题。

**【干部队伍建设】** 通过推行绩效考核，将考核指标落实到每一个科室和个人，进一步增强干部职工的责任意识；结合各级明察暗访问题及时自查自纠，加大日常督促检查力度，进一步增强干部职工纪律意识。在分局党委力所能及的范围内，继续为干部职工办实事、解难题，年内对分局用电线路、院内防滑道等进行了改造，进一步改善了办公条件；在顺利完成第一批住房补贴的基础上，又为40余名干部做好了后续核实工作；按月开展羽毛球、沙狐球、棋牌比赛等喜闻乐见的文体活动，进一步丰富干部职工业余文化生活，增强队伍凝聚力。

**【党风廉政建设】** 严格落实述廉、考廉、评廉“三廉”监督管理办法，及时组织中层干部公开述职述廉，并接受现场民主评议；抽调科室骨干成立4个核查小组，专门对风险防控平台上发生的预警任务进行核查，2014年核查预警信息19条，同比减少37条，下降66%；对工作中发现的苗头性、倾向性问题及时进行廉政提醒谈话，2014年警示谈话10人次。连续6年位居辖区政风行风测评第一名。

（展永福）

## 青岛市地方税务局李沧分局

### 经济概况

2014年，青岛市李沧区实现生产总值276.5亿元（不含一汽），同比增长9.5%。其中，第二产业增加值100亿元，增长7.3%，第三产业增加值176.5亿元，增长11%。实现区级财政收入52.3亿元，增长18.2%。完成固定资产投资372.3亿元，增长16.4%。实现社会消费品零售额289.3亿元，增长13.1%。

### 收入概况

2014年，青岛市地税局李沧分局完成各项收入50.6亿元，同比增收7.3亿元，增长16.8%。其中，营业税为第一大税种，共完成20.9亿元，增长12.3%，占分局全部收入41.3%。地方公共预算收入完成44.7亿元，同比增收6.2亿元，增长16%。

### 工作概述

**【税收征管】** 加强营业税核查，实行建筑业与房地产业联动管理“双向核查”，查补3666万元；加强所得税后续管理，核查入库5155万元；强化土地增值税管理，完成清算项目20个，清算审核后补缴税款7945万元；加强欠税清理，采取银行强制扣税等措施，合计清理税款7740万元；强化评估预警。完成纳税评估125户，查补税款1900万元，评估入库税款1743万元。评估户数、评估税款、应加收滞纳金分别增长100%、136%、350%。

**【税收执法】** 严格落实依法征收的组织原则，按照各项指标进行考核。加强税收执法检查，重点对票证管理、企业所得税政策执行、减免税审批等情况进行检查，做到应收尽收。依据《青岛市地税局税收执法风险监督管理办法》，进行税收执法风险监督管理责任分解。

联合市房产交易中心首次将“移动税务办公室”和房地产登记“流动服务车”开进社区，百姓不出社区就可以办理房产证。

**【纳税服务】** 努力打造“三心”服务品牌。营造“舒心”氛围。开展“七走进”税法宣传活动，制作《税法宣传手册》，推进“网上办税”平台的应用，网上办税的纳税人由1.1万户增加至1.5万户。提供“贴心”服务。在李沧区二手房交易中心全市首推POS机刷卡交税，使业务办理时间由15分钟缩短为1分钟。首次将“移动税务办公室”用于房产交易的征收。深化“省心”办税。推进审核事项前置，使纳税人平均等待时间始终保持在3分钟以内。创建四个初始类别“二维码”平台，纳税人通过手机便可实现对分局网站的访问。

【党的建设】 以“青莲融党情”品牌引领，各支部广泛开展品牌党支部活动，规范各支部“三会一课”记录内容。充分发挥党员先锋模范作用，以典型引路，推举一名优秀党员参加市局“十佳党员先锋岗”评选活动，参加市局以“身边人讲身边事，榜样的力量”为主题的演讲比赛。

【干部队伍建设】 构建干部能力素质提升“五大工程”。构建“聚心工程”。开展“明形势、树信心、定决心”为主题的教育培训活动。构建“品牌工程”。以“青莲融党情”党建品牌为引领，发挥党支部堡垒作用和党员表率作用。构建“暖心工程”。开展“家庭亲情、同事友情、社会(纳税人)真情”为主要内容的“三情”活动，以“情”带队。构建“素质工程”。安排1次外出培训、2次专家讲座和3次专题讲座、4次集中学习。构建“质量工程”。开发干部“智能教育培训系统”，挑选16名业务骨干，上《地税讲堂》电视栏目、上讲台授课。

【精神文明建设】 积极开展文体活动，组织趣味台球比赛、够级比赛和羽毛球比赛。围绕“同住一个蓝天、共建一个家园”的主题，与驻军共同庆祝建军87周年。开展学雷锋、迎世园志愿服务行动。弘扬中华民族传统美德，“慈善一日捐”捐款18300元，帮扶困难学生26名。分局被青岛市评为“军警民先进集体”“军转干部先进单位”，被青岛市工会授予“工人先锋号”，征收科被市妇联授予“三八红旗集体”。

【党风廉政建设】 认真贯彻落实党的十八届三中、四中全会精神，落实党风廉政建设“两个责任”。邀请区检察院开展预防职务犯罪和风险防控知识讲座。创建“青莲网苑廉政教育平台”。纵向抓好“宣传教育、制定措施、分级核查、责任追究”四个关键环节，横向抓好“消化吸收、联手防控、时时回头”三个关键环节，促进效能和行风建设。分局被评为青岛市地税系统“纪检监察先进单位”，连续4年取得李沧区民主评议政风行风活动第一名。

（罗树金）

## 青岛市地方税务局崂山分局

### 经济概况

2014年，青岛市崂山区实现生产总值479.98亿元，比上年增长8.1%。其中，第一产业增加值6.13亿元，增长6.2%，第二产业增加值254.15亿元，增长6.7%，第三产业增加值218.70亿元，增长10.1%。实现地方财政一般预算收入103.73亿元，增长15.9%。规模以上工业企业（不含山东中烟青岛卷烟厂）实现利税70.85亿元，增长17.9%，其中利润50.51亿元，增长15.9%。完成固定资产投资202.12亿元，增长13.5%。实现社会消费品零售额169.92亿元，增长18.4%。实现外贸进出口总额69.59亿美元，增长15.4%；全年共批准利用外资项目26个，实际利用外资达到3.28亿美元，增长48.8%。年末全区总人口为42.75人，城镇居民人均可支配收入42122元，增长8.7%。

## 收入概况

2014年，青岛市地税局崂山分局累计组织各项收入88.98亿元，比2013年增长22.82%，其中税收收入81.31亿元，同比增长24.31%。税收收入中，中央级完成19.73亿元，增长54.75%；市级完成0.53亿元，增长89.29%；区级完成61.05亿元，增长16.55%。各税种收入中，营业税完成21.53亿元，增长10.12%；企业所得税完成14.68亿元，增长24.87%；个人所得税完成18.13亿元，增长92.48%；资源税完成45万元，增长12.50%；城市维护建设税完成8.39亿元，增长7.79%；房产税完成2.35亿元，增长8.56%；印花税完成1.15亿元，增长31.43%；土地使用税完成0.98亿元，增长5.62%；土地增值税完成8.15亿元，增长5.88%；车船税完成0.53亿元，增长87.92%；契税完成5.24亿元，增长9.23%；耕地占用税完成0.18亿元，增长16.45%；教育费附加完成3.58亿元，增长7.63%；文化事业建设费完成64万元，下降92.58%；地方教育附加完成2.39亿元，增长7.63%；残疾人就业保障金完成0.41亿元，增长21.93%；税务部门罚没收入完成0.11亿元，增长808.80%；地方水利建设基金完成1.17亿元，增长11.13%。

## 工作概述

**【税收征管】** 强化管理增收，努力挖潜堵漏。一是欠税清理工作不手软。共清理欠税1186笔1.4亿元。二是增值利用第三方信息。共通过第三方信息征收税款1.37亿元。其中通过积极推进崂山区财源建设平台的上线运作采集到各类信息5000多条，涉及税款近2.4亿元。利用地楼房一体化软件核查商品房销售信息4287条，补征契税2350万元。与崂山国税全面协作实现信息数据的自动化流转近8万条，涉及税款近千万元。三是强化金融聚集区等重点项目的监控。及时获取辖区各重点经济项目的涉税信息，据此共追征税款1.6亿元。四是积极与法院联动掌控涉税信息。分局主动与山东省各地7～8家法院进行接洽，共执行代扣征税近亿元。其中对淦豪实业首例涉黑刑事判决代扣税款7437万元具有指导性意义。五是强化土地增值税清算。通过率先开展土地增值税预清算和提高预征率等措施，入库税款近2亿元。六是加强风险应对管理。通过完善纳税评估报告模板、强化培训等措施不断提高评估质量。评估有问题率达到了93%，评估税款入库5674万元。加强对预警反馈信息的审核和复核，共核查出税款486万元。

**【税收执法】** 通过完善工作机制、实行精细管理、采取分类执行、开展查管互动等措施不断提升税收稽查执法水平。重点开展了针对房地产业、契税、欠税大户等专项检查。全年共查结案件71户，审结案件71件，审结税款、罚款合计8363万元，执行结案65户，入库各类收入1.28亿元。查补金额和入库金额均创历史新高，查补税款总数、人均查补户数、户均查补税款等指标均名列各区市前茅。

【纳税服务】 树立智能化、信息化、现代化、亲民化的办税理念。不断加强办税服务厅建设、优化办税流程、深化信息技术应用，促进纳税服务方式不断创新，进一步提高工作质效，树立地税部门良好形象。一是全面升级“一站式”服务，办税更便捷。大多数业务可以做到当场办结，纳税人无须在多头递送资料，大大缩短了业务办理时间。二是开发“微信服务号”，沟通更便利。纳税人可足不出户实现法规、税率、发票真伪等信息查询，并能通过办税助手自助计算应纳税额，还可通过微信同税务机关进行即时交流。三是坚持组织具有分局特色的“局长服务日”“走进地税”“税企海尔工作站”等活动，互动更多元。

【干部队伍建设】 积极解决队伍建设中的问题和困难，充分发挥干部职工的主观能动性和创造力，努力建设一支高素质的团队。一是深化文化引领。弘扬“至诚立人、至公立税”的崂山地税精神，对全体干部职工及助征人员加强教育、培养，通过文化激发队伍活力。二是注重教育培训。倡导开展实用性强的“研讨式”培训学习，在网上开辟了“学习园地”。共组织专题培训9期，优秀课件展示20余次，岗位练兵考试3次。三是提升综合素质。每月组织“我行我秀”干部上讲台活动，提高干部自身独立思考意识和参与分局整体工作的积极性，发挥活动锻炼干部、交流学习的重要作用。四是重视人文关怀。关注干部的身心健康，保障干部福利待遇，组织丰富多彩的文体活动，积极解决干部的后顾之忧，增强向心力和凝聚力。

【党风廉政建设】 重视党风廉政建设，将问题扼杀在萌芽状态，确保了全年未发生廉政违纪违法问题。一是充分发挥绩效考核的制约作用。每月通报落实考核项目，强化对考核结果的运用，对违反制度的及时严肃处理，决不姑息迁就。二是完善并落实各项规章制度。推行请休假考核软件，发布办公室管理规范，不定期进行巡视，做到令行禁止。三是加大廉政风险核查力度。进行警示谈话8人次，处理和反馈各类投诉举报4起，发现和纠正征管工作中存在的问题和风险隐患22项。

（刘　阳）

# 青岛市地方税务局城阳分局

## 经济概况

2014年，青岛市城阳区实现生产总值888.09亿元，比上年增长10.2%。其中，第一产业增加值3.46亿元，增长7.1%，第二产业增加值511.88亿元，增长9.3%，第三产业增加值372.75亿元，增长11.7%。实现一般公共预算收入76.6亿元，增长14.0%。完成固定资产投资522.5亿元，增长17.8%。实现社会消费品零售额186.1亿元，增长18.5%。实现外贸进出口总额100.07亿美元，增长18.0%；新批准外资项目234个，到账外资达到8.64亿美元，增长21.6%。年末全区常住人口为68.8万人，城镇居民人均可支配收入41732元，增长8.71%，农民人均纯收入18318元，增长11.03%。

## 收入概况

2014年，青岛市地税局城阳分局累计组织各项收入56.56亿元，比2013年增长8.68%，其中税收收入52.2亿元，同比增长17.3%。税收收入中，中央级完成5.2亿元，增长7.3%；青岛市级完成0.16亿元，增长14.3%；市以下级完成46.86亿元，增长18.5%。地方公共财政预算收入完成49.06亿元，增长19%。各税种收入中，营业税完成21.4亿元，增长26.2%；个人所得税完成4.86亿元，增长17.8%；土地增值税5.54亿元，增长6.2%。

## 工作概述

**【税收征管】** 坚持“科学化、规范化、专业化、标准化”工作思路，各项重点工作取得新突破。2014年通过加强管理，百万元重点税源户数为529户，其中管理新增227户，净增长99户，户源占比1.3%，实现税款42.8亿元，收入占比75.7%，同比增长26.6%，为收入完成奠定了基础。重点行业专业化管理。成立八个专项核查小组集中拉网清查建筑项目304个，通过追查控好财政拨款、房地产企业付款、建设项目立项企业付款等三个资金源头，入库税款3272万元。梳理完善建筑业管理，与区建管局联动，实行源头把关、两头监控，防止了税源流失。全年建筑行业入库税款7.2亿元，同比增长29.6%。重点事项团队协作，集体攻关，确保增收。全面摸底旧村改造税源180个，测算税款11.98亿元，积极落实入库税款5.37亿元，拉动增长11个百分点。土地增值税清算快速有效。完成了全年18个项目清算目标，清算税款5.54亿元，综合税负率5.18%。对收入偏低、成本偏高的7家企业，提请物价部门和工程造价部门认定核实，调增计税价格13676万元，增收税款4103万元。“三方信息”增值应用，挖潜增收。完成核查任务共582条，涵盖土地出让、配套费缴纳、法院拍卖等六大类政府部门信息，涉及契税、土地使用税、个人所得税等税种，核实补税11190万元，其中核查土地出让配套费征收契税核实配套费信息192条，增收契税6100万元；借助“点对点”联动机制，成功跨区域执行法院拍卖入库3660万元；开展养老保障金自查入库359万元；与国税部门联系，取得售付汇企业信息入库193万元；推进第三方信息公积金核查99条任务入库124万元。深入排查涉税风险，加强涉税数据采集，提高风险分析和应对水平。完成预警核实3944条，核查任务量是上年的7.3倍，核实补税1588万元，增长5.3倍，有效率为25.89%。完成评估149户，应用一户式信息关联比对，评估税款11491万元，评估应对有效率98.6%；取得良好成效。

**【税收执法】** 规范执法，做到公开、公平、公正。准确选案、优化办案，探索实施组合式检查，2014年查结61户，百万元以上大要案5户，稽查入库5221万元，同比增长183%，增幅全市第一。维护公平公正执法环境，主动开展执法督察自查、抽查，发现了7户问题并及时纠正。规范行政处罚，作出处罚事项1094起，罚款金额29.6万元。清理欠税防范风险，通过采取分类清欠、“双十”考核、银行扣款、查封财产等措施共清理欠税16243万元。坚持“分类、分级、分岗”的专业化注销检查模式，提高了工作效率，堵塞税收漏洞；全年查结注销税务登记387户，查补税款滞纳金181.68万元，同比增长2.2倍。关联审查，两级把关。针对股权、土地转让，预警评估等重大事项，实施专人专项审核把关，加速审理，提升质效，审结入库税款5.7亿元；其中办结股权转让486户次，溢价申报比重35.1%，入库税款共计2965万元，同比增长2686万元；存量房办理转让38笔，入库税款5862万元，同比增长62%。

**【纳税服务】** 推行全局一体化纳税服务。做到简化、规范、统一、预防风险。局长值班制度化，分局领导轮流走进办税厅，帮助解决工作中遇到的困难。落实首问负责制、一次告知制，实行预审分流。召开纳税服务联席会议，及时沟通解决存在的问题，确保纳税服务提速增效。开展国地税合作，拟定了委托国税代征协议。全年累计办理业务量14余万笔，窗口日均业务量52笔，平均办理时间3分17秒，平均等待时间下降了65%。“便民办税春风行动”提升服务质效。梳理了全局93项涉税审批事项，进行了分类处理，其中下放审批20项，优化简并38项，降低了纳税人办税和税务机关征税成本，纳税服务更加集约化和扁平化。房产交易建立“预审、初审、复审”制度，严格执行日清周查，避免了差错，完成28970笔，实现税收20232.1万元。落实优惠政策。审查小微企业、高新企业、福利企业等518户，减免税款6201万元，有效支持了企业发展。创新“税贷通”服务品牌。与农商行联合推出了“税贷通”服务项目，主要解决小企业融资难问题，落实对小企业的服务。已有20余家信用高的企业从银行获得发展资金1.6亿元。此服务项目为全省首家，全国先行，《中国税务报》《青岛财经日报》《半岛都市报》等媒体予以报道；青岛市政府信息专刊给予连载两次。上报的创新项目，经团队共同努力，多次改进完善，获得了各分局系列第一。

**【干部队伍建设】** 扎实推行绩效管理。梳理出符合工作实际的323项绩效指标，树立正向引导，激励为主的绩效管理理念，应用市局绩效管理平台，使考核评价更合理民主，采取“展、点、评、考”的在线考核方式。抓好干部教育培训。制订全年《业务培训计划》，明确培训内容方法，开展了行政保障、纪检监察、税收业务等各类培训19期，开设税法直通车、每周一题、优秀课件、以案代训等“网络学习平台”。加强税务文化建设。发挥税务文化引导作用，更新文化墙，巩固“道德讲堂”建设，继续开设《转作风、树新风》专刊8期，传播地税正能量；举办了“榜样的力量”主题演讲比赛和“我为税收现代化献良策”征文比赛，引导分局形成积极向上的工作氛围。实施人文关怀，营造快乐工作氛围。关心干部及亲属身心健康，看望干部职工及疾患亲属25人次，慰问困难党员12人；改善办公、伙房、健身环境，增发了班车，开设图书室、电疗室、理发室，提高了伙食标准和后勤保障。落实“两个责任”，深入推进党风廉政建设，与税收业务工作同部署、同落实、同检查，做到“两手抓、两手硬”。构筑了廉政防范机制，依托廉政风险防控平台，根据风险防控指标，建立防范为主、监督为辅、惩戒为末的廉政风险防控机制。深化作风建设，坚持纠正“四风”不放松，党风、政风、行风明显好转。厉行节俭，办公经费下降29.2%。及时发现和化解廉政苗头，约谈干部6人，处理投诉案件5期。与区检察院建立长期联系机制，开设“廉政讲堂”，层层签订《不入私人会所承诺书》和《八小时以外廉洁自律承诺书》。开展了反腐倡廉自我警示活动。坚持了制度化、常态化的明察暗访，行风测评连续八年第一。先后荣获了青岛市“工人先锋号”、全市地税系统绩效管理工作先进单位、全市地税系统纪检监察工作先进集体、全市地税系统2014年度数据质量管理工作先进单位、五星级办税服务厅等荣誉称号。

（张　革）

## 即墨市地方税务局

### 经济概况

2014年，即墨市实现生产总值1000.27亿元，比上年增长10.9%。其中，第一产业增加值62.49亿元，增长0.7%，第二产业增加值518.71亿元，增长10.4%，第三产业增加值419.07亿元，增长13.2%。实现地方财政一般预算收入79.04亿元，增长21.9%。实现利税总额192.07亿元，增长14.9%。完成（规模以上）固定资产投资767.96亿元，增长19.1%。实现社会消费品零售额337.02亿元，增长11.8%。实现外贸进出口总额52.46亿美元，增长5.9%；全年共批准利用外资项目76个，实际利用外资达到8亿美元，增长12.7%。年末全市（区）总人口为119.42万人，居民人均可支配收入34099元，增长8.7%。

### 收入概况

2014年，即墨市地税局累计组织各项收入40.07亿元，比2013年增长23.21%，其中税收收入37.83亿元，同比增长23.91%。税收收入中，中央级完成3.13亿元，增长9.39%；青岛市级完成0.35亿元，增长20.41%；即墨市（区）以下级完成34.35亿元，增长25.46%。各税种收入中，营业税完成14.18亿元，增长21.65%；企业所得税完成3.04亿元，增长29.26%；个人所得税完成2.18亿元，增长–9.97%。

### 工作概述

**【税收征管】** 一是规范数据采集和完善数据质量。2014年成功处理征管疑点数据13000多条，在有效提升征管数据质量的同时，征管基础工作加以完善。二是深化国地税协作机制，加强第三方信息的分析应用。通过与市国税局签订《涉税信息交换协议》，加强国地税的涉税信息交换，建立综合治税长效工作机制，提高工作效率和纳税遵从度，降低征纳双方成本，形成专业化的税收征管体系。三是加强税务登记和外管证明管理。进一步强化规范税务登记管理，堵塞征管漏洞，2014年共办结注销税务登记778户，外埠报验登记核销3388户，外管证核销2084户次。四是加强发票管理，实现以票控税。进一步提高税收征管水平，认真落实发票管理制度，验旧换新制度、存根联缴销制度、管理期限制度、发票填开制度、填开发票登记备查制度。切实做好发票的日常检查和专项检查，以查促管。五是加强信息化建设，提高技能水平。各单位配置计算机管理员工作完成到位，并就计算机软硬件的管理维护、软硬件系统的安装配置等方面进行指导和培训，提高了全系统信息化运维水平，为税收工作提供保障。

【税收执法】 一是做好土地增值税清算工作。全年共清算项目18个，清算土地增值税0.88亿元。二是所得税管理质效明显提升。对企业所得税应纳税企业加强政策辅导，全年实际参与汇算清缴申报的查账征收企业1603户，汇算清缴预缴税款1.98亿元，汇算清缴补缴税款7269万元；对个人所得税，以高收入者及非劳动所得为总抓手，加强全员全额扣缴明细申报和相关信息比对，从源头上抓好申报质量的提高。三是财产行为税税收政策贯彻到位。通过加强与国土、国税等职能部门的配合与协作，采集并认真比对利用相关涉税信息，全年查补土地使用税2145万元，耕契两税1946万元。

【税源管理】 一是纳税评估工作进一步规范。借青岛地税智慧地税系统上线契机，进一步规范工作流程，促进该项工作有序开展，完成纳税评估290户，评估入库税款13183万元。二是税收预警能力显著提高。按照“风险介入，各税统管”的原则，积极开展税收预警工作，共完成税收预警2768户次，补缴税款滞纳金798万元，修改错误数据信息或错误申报信息627条。三是第三方信息增值应用、与法院联动工作成效显著。2014年累计与即墨法院、青岛中级人民法院联动22次，交换信息46次，合计入库税款14046万元；累计通过相关部门获取第三方信息515条。四是积极开展大企业管理工作，解决涉税疑难问题16个，发现2处中等涉税风险，补征企业漏缴税款53万元。

【纳税服务】 以纳税人合理需求为导向，以持续提高纳税人满意度和税法遵从度为目标，拓展功能，全面提升办税需求。一是规范和加强导税服务，设立预审台，明确预审内容和标准，减少了纳税人的无效等待时间。二是全面推行免填单业务和同城通办服务，对可以实行免填单服务或同城通办的事项全面实行免填单和同城通办。三是积极推行网上办税和网络发票，引导纳税人广泛应用自助办税机进行涉税事项的自助办理，引导税控纳税人使用网络发票。四是全面使用POS机刷卡缴税，降低了征纳双方资金管理的风险，极大方便了纳税人。五是加强政策宣传和辅导力度，积极发挥纳税人权益保护职能，2014年共组织4期税收大讲堂培训会，解答纳税人政策咨询2万余次，通过“走出去请进来”宣传税收政策26次；解决纳税人反映的历史遗留问题9件，情况反映及其他事件151件，纳税人满意度达100%。

【基层建设】 围绕“打造团结和谐共谋发展的领导班子、凝心聚力干事创业的地税队伍”的目标，一是做好党的群众路线教育实践活动有关工作。按要求组织开展了教育实践活动整改落实“回头看”活动，完成了自查自纠等工作，对群众路线教育实践活动整改落实情况，进行梳理和总结，制定了整改方案和制度建设计划，确保教育实践活动取得真正实效。二是科学选人用人，激发队伍活力。按照民主、公开、竞争、择优的原则，选拔优秀人才走上领导岗位，体现了人尽其才的用人导向。三是强化教育培训，提升整体素质。按照注重综合素质、提升岗位技能、促进全员学习的思路，通过集中培训、个人自学、岗位竞赛等多种形式，全面提升干部业务素质和实际工作能力。四是完善绩效管理，促进持续改进。通过制定《目标管理绩效考核暂行办法》，逐月考核，定期通报，有效推动了各项工作顺利实施。五是实施“人文关怀”，充分调动积极性。定期召开民主生活会和广泛谈心等活动，征求广大干部职工的意见和建议，对合理化建议认真研究解决，积极办实事、办好事。认真了解掌握在职干部、退休老同志的工作生活情况，解决干部群众工作生活上存在的实际问题。

【党风廉政建设】 一是建立健全党风廉政建设领导体制和工作机制。制定《党风廉政建设和反腐败工作实施意见》，将全年六方面9项工作以《重点任务分解表》的形式加以细化量化；签订《党风廉政建设责任书》，在全局真正形成了横向到边、纵向到底、上下联动的责任机制。二是持续推进廉政风险防控机制建设，通过加大应用“廉政风险防控平台”工作力度，加强风险预警自查，在省、市两级平台共立项复核风险信息51条，预警信息核查对提高征管质量、防范执法风险起到积极作用。三是以行风政风建设为引导提升机关效能，通过参加“直通百姓——行风在线”直播节目，就工作职能、税收政策等向听众做了详细介绍，就3个税收疑难问题进行详细解答和电话回访，2014年政风行风建设工作取得了历史最好成绩。

（赵 勇）

# 胶州市地方税务局

## 经济概况

2014年，胶州市实现生产总值919.6亿元，比上年增长10.3%。其中，第一产业增加值51.5亿元，增长1.9%，第二产业增加值497.3亿元，增长9.8%，第三产业增加值370.8亿元，增长12.3%。全市实现地方财政一般预算收入67.5亿元，增长18.2%。全社会完成固定资产投资765.6亿元，增长16.4%。全年实现社会消费品零售额285.7亿元，增长12.5%。全市实现外贸进出口总额64.2亿美元，增长17.7%；全年共批准利用外资项目69个，实际利用外资达到8.4亿美元，增长23.3%。年末全市总人口为82万人，城镇居民人均可支配收入3.4万元，增长8.7%。

## 收入概况

2014年，胶州市地税局累计组织各项收入40.8亿元，比2013年增长12.37%，其中，税收收入38.9亿元，同比增长13.6%。税收收入中，中央级完成7.3亿元，增长26.67%；青岛市级完成0.21亿元，增长41.13%；胶州市以下级完成32.33亿元，增长9.63%。各税种收入中，营业税完成12.5亿元，增长10.89%；企业所得税完成5.5亿元，增长48.58%；个人所得税完成6.6亿元，增长12.42%；房产税完成1.22亿元，增长9.5%；车船税完成0.21亿元，增长41.13%；印花税完成0.56亿元，增长8.93%；土地使用税完成4.15亿元，增长36.41%；土地增值税完成2.96亿元，下降0.64%；城市维护建设税完成2.23亿元，增长7.1%；耕地占用税完成0.61亿元，下降29.73%；契税完成2.34亿元，下降10.83%；教育费附加完成0.93亿元，增长5.45%；地方教育附加完成0.62亿元，增长5.3%；地方水利建设基金完成0.27亿元；工会经费完成0.13亿元。

## 工作概述

**【税收征管】** 牢牢把握管理增收主线，扎实做好挖潜增收、堵漏增收。其中，以建筑业、房地产业为突破口，全面加强营业税管理，核实拆迁安置项目49个、安置收入24.5亿元，入库税款1.37亿元；核查建筑业工程项目94个，入库税款1301万元；积极宣传《青岛市税收征收协助条例》，依托政府力量，推动政策落实，累计采集各类信息14054条，入库税款9906万元；科学比对房产、土地信息，分区域逐户调查核实房土两税，入库税款1840万元；加快推进土地增值税清算，入库税款9906万元；有序开展欠税清理，完成清欠4945万元。同时，积极稳妥推进税收征管改革，全力构建以风险管理为导向的现代化税收征管体系，全年通过风险应对入库税款5806万元，同比增长43%。

**【税收执法】** 把遵守法律法规作为开展工作的前提和根本，定期开展执法检查，促进权力依法、规范、合理行使。不断加强在政策依据、办理标准、办税流程等方面的信息公开力度，全面接受内外监督，增强执法和服务透明度。坚守“依法征收”底线，采取针对性措施，提高收入质量。收入预测准确率保持在98%左右，征期入库率超过97%，重点企业税收占比达到75%，比年初提高3个百分点。

**【纳税服务】** 以最大限度满足纳税人合理需求为导向，对“一厅全能”服务模式进行了新一轮优化调整，办税服务厅岗位由18个增加到20个，办理事项由81项增加到91项，除个别业务需向厅外流转外，基本实现了“厅进厅出、一厅办结”。以落实《全国县级税务机关纳税服务规范》为契机，对所有服务事项进行全面梳理整合，审核审批事项调减至11项，即时办结事项所占比例超过了90%，涉税事项平均办理时间缩短50%以上，纳税人满意度实现了大幅提升。

**【干部队伍建设】** 在提升干部业务能力的同时，注重干部职业素质和道德情操培养，深入挖掘典型，发现身边感动，涌现出一批以“省劳模”周荣华同志为代表的先进人物。积极开展“全员读书”活动，下发养生课件，传播健康快乐的生活理念。努力将廉政文化融入地税文化之中，出台廉政文化建设“六项制度”，落实廉政“十个一”教育，开辟廉政文化长廊，新建廉政文化活动室，先后组织18批次干部进行了参观学习，进一步提高了干部的风险意识、责任意识和担当精神。

（张　帅）

# 胶南市地方税务局

## 收入概况

2014年，胶南市地税局累计组织各项收入49.2亿元，比2013年增长25.9%，其中税收收入47.1亿元，同比增长26.3%。税收收入中，中央级完成5.6亿元，增长34.9%；青岛市级完成0.2亿元，增长11.4%；市（区）以下级完成41.3亿元，增长25.3%。各税种收入中，营业税完成17.2亿元，增长25.7%；企业所得税完成6.3亿元，增长74.6%；个人所得税完成3.0亿元，下降8.5%；土地增值税完成5.0亿元，增长51.7%；城建税完成2.3亿元，增长20.7%；车船税完成0.2亿元，增长11.4%；房产税完成1.1亿元，增长15.5%；资源税完成0.04亿元，增长12.7%；土地使用税完成4.4亿元，增长50.7%；印花税完成0.7亿元，增长30.1%；烟叶税完成0.03亿元，下降72.2%；耕地占用税完成1.4亿元，下降19.4%；契税完成5.4亿元，增长7.1%；教育费附加完成1.0亿元，增长20.6%；地方教育附加完成0.7亿元，增长20.3%。

## 工作概述

**【税收征管】** 探索建立了《重点企业税源监控管理工作规范指引》，推行重点税源精细化管理，334户重点税源企业实现税收27.43亿元，增收4.53亿元。强化建筑业营业税核查，控管建筑项目845个，建筑业营业税入库税收2.6亿元，同比增长32%。严格土地增值税清算管理，清算税款7193万元，综合税负率达4.08%。加大依法清欠力度，查询账户信息96户，查封抵税财产2.6亿元，清欠入库5230万元。制定《中介机构房地产估价报告审核工作指引》，深化中介机构评估报告审核应用，对49份疑点报告进行约谈调整，增加各项税款1337万元。推行退税分类管理，办理退税1108笔，税款1425万元，充分发挥了税收对转方式、调结构、惠民生的促进作用。

**【税收执法】** 制定《税收风险分析与应对操作实施方案》，构建二级税源控管和风险分析防控中心，累计完成预警评估核查2617户，入库税款8780万元。开发新的财源建设信息平台，实现智能平台“派发—反馈—监管”的全流程监控，核查落实第三方信息15023条，入库地方各税57602万元。加强与法院的执法联动，监控拍卖信息11户，入库税款滞纳金635万元。开展税收专项检查，推行深层次的查管互动模式，组织各类稽查收入6384万元。

【纳税服务】 与工商、质监等部门联合，在全省范围内率先推出“三证合一”登记制度。开通胶南地税微信平台，及时发布涉税信息，方便纳税人快捷完成多项涉税业务。严格落实《纳税服务规范》，制定《纳税服务规范工作指引》，不断提升服务质效。2014年单笔业务平均办理时间2分30秒，较2013年提速60%，纳税人平均等待时间4分26秒，较2013年减少27分钟，投诉率下降75%，办税服务厅被评为五星级办税服务厅和黄岛区首批“文明服务示范窗口”。

联合国税、质监、工商等部门推出“三证合一”登记制度，图为纳税人拿到新办理的集营业执照、组织机构代码、税务登记为一体的新式证件。

【干部队伍建设】 以绩效管理为抓手，严格二级考核，深化成果应用，有力推动了各项工作高效开展。制定《监控重点执法风险指标管理办法》，明确3大类24小类高风险指标，完善风险责任追究制度，有效防范执法风险，全年未发生一起廉政效能投诉，在2014年的政风行风社会评议中取得第一名。通过谈心月等多种形式，广泛征求意见和建议，认真回应诉求，落实“五必谈十必访”及困难干部职工帮扶制度，组织开展了多种有益身心的活动，增强干部职工的归属感和自豪感，展现了队伍团结向上、勇创一流的精神风貌和活力。

（张　弛）

## 平度市地方税务局

### 经济概况

2014年，平度市实现生产总值845.51亿元，比上年增长7.62%。其中，第一产业增加值102.22亿元，增长5.61%，第二产业增加值413.72亿元，增长8.23%，第三产业增加值329.51亿元，增长7.42%。全市实现地方财政一般预算收入44.81亿元，增长0.22%。2014年全市工业实现利税总额201.52亿元，增长8.71%，其中利润119.21亿元，增长8.12%。全社会完成固定资产投资583.21亿元，增长12.32%。全年实现社会消费品零售额306.13亿元，增长11.23%。全市实现外贸进出口总额19.49亿美元，增长10.91%；全年实际利用外资达到5.51亿美元，增长7.02%。城镇居民人均可支配收入30288元，增长8.71%；农民人均纯收入16948元，增长11.03%。

### 收入概况

2014年，平度市地税局累计组织各项收入22.77亿元，比2013年增长13.72%，其中，税收收入21.52亿元，同比增长14.42%。各项收入中，中央级完成4.15亿元，增长84.82%；青岛市级完成4084万元，增长42.43%；平度市以下级完成18.21亿元，增长4.11%。各税种收入中，营业税完成6.82亿元，增长12.21%；企业所得税完成5.62亿元，增长119.83%；个人所得税完成1.30亿元，增长9.52%；土地增值税完成1.14亿元，增长0.81%；城建税完成1.43亿元，增长0.21%；房产税完成6804.21万元，增长14.52%；土地使用税完成1.64亿元，增长8.82%；耕地占用税完成7578.13万元，减少36.32%；契税完成1.31亿元，减少44.71%；资源税完成1743.13万元，减少23.61%；印花税完成3183.21万元，增长3.52%。

## 工作概述

【税收征管】 制定并实施了《管理增收及考核办法》，对日常管理增收、风险管理增收、信息比对增收、其他管理增收等四大类35个方面的管理增收内容及认定标准进行了统一明确，纳入绩效考核管理，按年进行考核，按季进行通报。全年通过管理增收，增加税款26825万元，占总收入的11.9%。

【管理创新】 针对房地产业建筑业结合度高、关联性强的特点，积极探索两行业税收征管中存在的内在联系，以项目开发经营为主线，以日常征管、预警分析、纳税评估、税务稽查、土地增值税清算等五个环节为重点，分别编写操作手册，规范管理流程，提高房地产业、建筑业项目联体式管理质效。全年两行业通过项目联体式管理共堵漏增收12785万元，占全局税收的5.6%。这一管理模式被青岛市地税局评为创新项目三等奖。

【税收执法】 全年共立案检查各类纳税人61户，查补入库地方各税3283万元。其中查处百万元以上大案要案2起，查补入库税款1642万元。强制执行17户次，执行税款2523万元。针对房地产业欠税普遍的现状，在青岛市地税系统率先实行通过“政府监管账户”扣缴税款，共对欠税数额较大的6户房地产企业通过“资金监管账户”强制扣缴税款及滞纳金1528万元，这一做法被青岛市地税局在全系统进行了推广。

【纳税服务】 利用互联网VPN技术，研发运行“虚拟桌面系统”，成功开出了全国第一张“移动税票”，于5月在青岛市地税系统率先开通了常态化流动办税服务车，《中国税务报》《青岛日报》先后作了宣传报道；全面落实税收优惠政策，为符合条件的纳税人，依法减免税款2646万元；向市委市政府提报了《“营改增”对地方财政收入的影响及应对建议》的报告。

【干部队伍建设】 组织干部职工开展了“岗位借贷”大讨论活动，运用会计借贷的方法，通过付出（借）与收获（贷）的对比，激发干部爱岗敬业积极性。深入落实中央八项规定和各项廉政制度，按规定对超标办公用房和公务用车进行了腾退、清理。坚持业务工作与廉政建设并重，抓好党委主体责任和纪委监督责任“两个责任”的落实到位，狠抓责任、制度、检查、处罚四个落实，社会形象进一步提升，行风评议再获行政执法部门第一名。

（胡晓军）

## 莱西市地方税务局

### 经济概况

2014年，莱西市实现生产总值651.7亿元，比上年增长8.6%。其中，第一产业增加值61.05亿元，增长5.40%，第二产业增加值309.55亿元，增长8.5%，第三产业增加值281.10亿元，增长9.40%。实现地方财政一般预算收入41.99亿元，增长19.80%。实现利税总额82.08亿元，增长11.50%，其中利润61.72亿元，增长5.60%。全社会完成固定资产投资51.68亿元，增长16.10%。全年实现社会消费品零售额23.22亿元，增长12.40%。全市（区）实现外贸进出口总额32.77亿美元，增长11.20%；全年共批准利用外资项目19个，实际利用外资达到6.52亿美元，增长30.72%。年末全市总人口为74.20万人，城镇居民人均可支配收入32881元，增长8.71%。

### 收入概况

2014年，莱西市地税局累计组织各项收入13.25亿元，比2013年增长2.62%，其中税收收入12.46亿元，同比增长2.56%。税收收入中，中央级完成1.25亿元，增长3.80%；莱西市级完成11.06亿元，增长2.13%；青岛市（区）以下级完成11.21亿元，增长2.42%。各税种收入中，营业税完成4.05亿元，下降2.03%；企业所得税完成1.05亿元，增长30.37%；个人所得税完成1.03亿元，下降13.99%；土地使用税完成2.38亿元，增长27.45%。

### 工作概述

【税收征管】 立足基础数据质量，全年修订补充完善各类数据11000余项；对无证照户、临时登记户、报验登记户、外出经营证明进行了专项清理，注销、变更处理不符合规定的登记户181户、核销过期的报验登记户、外出经营证明1100余户；围绕管理增收，建立健全征管评查良性互动管理机制，并不断强化重点税种、重点项目、重点行业以及欠税管理等工作举措，用行之有效的征管手段实现了组织收入质量稳步提高，风险防范能力不断增强。

【税收执法】 把税收专项检查、举报案件和发票协查有机结合起来，加大对涉税违法案件的查处力度。2014年，共对78户纳税人实施立案专项检查，查补入库税款、滞纳金及罚款1430.6万元；规范税务行政裁量权，坚持“处罚与教育相结合”的原则，严格规范行政处罚自由裁量权，2014年共实施行政处罚608户次；全面落实结构性减税和各项税收优惠政策，规范税收备案、审批减免流程，落实税收优惠政策，累计减免地方各税6600余万元；认真开展执法督察，将执法督察与税源改革、风险管理、收入质量、绩效管理相结合，打破执法督察一次性、专业性和阶段性的局限，做到执法监督工作常态化、规范化。

【纳税服务】 将党的群众路线教育实践活动与“便民办税春风行动”紧密融合，全面落实《全国县级税务机关纳税服务规范》1.0版，实行集中前台受理、集中政策咨询、集中催报催缴、集中行政处罚的“四集中”纳税服务新格局，办税环节、办税次数、办税时间等平均减少了30%以上，即办事项增加了50%以上；积极应用“VPN”技术，开启流动办税，为“世休会”（世界休闲体育大会）开通绿色办税渠道，成功上线移动POS系统，在全系统范围内首次实现了流动办税POS刷卡直接入库；畅通涉税维权渠道，落实举报投诉处理规定，规范举报投诉处理流转操作规程，2014年共推进解决了万福公寓、豪帝商城、工商新村、农副产品交易市场等历史遗留小区800余户业主的办证难问题，受到纳税人称赞。

加强税收管理，开展打击假发票违法犯罪规范税收秩序宣传活动。

【干部队伍建设】　深入开展党的群众路线教育实践活动整改落实和作风建设“巩固深化拓展”主题活动，推进制度建设，深化“四风”整治，让干部始终保持作风建设永远在路上的精神状态；按照“人岗相适、能岗相适、德岗相适”的原则，进一步优化干部队伍结构，增强活力；以能力建设为主线，以基层一线干部培训和骨干人才培养为重点，发挥各科室教育培训主体作用，采取多种方式，实施分岗位、分类型培训，大力提升干部职工的业务水平和岗位技能，为稳步推进税收现代化提供人才保障和智力支持。

【党风廉政建设】　成立绩效监督中心，强化劳动纪律考核，实现效能监督；组织参观反腐倡廉教育基地，开展职务犯罪讲座，观看廉政警示教育片，加强重要节点、重大节日的监督检查力度；创建廉政文化品牌，打造集成果展示和教育为一体的“廉政文化走廊”，营造“以廉为荣、以贪为耻”的良好氛围；签订《家庭助廉承诺书》，通过评选优秀“廉内助”、召开座谈会，筑牢家庭廉政防线；建立婚丧喜庆等事项备案制度，杜绝借机敛财等不良现象；围绕关键环节和重点岗位，进行风险排查，强化程序观念和风险意识，提高廉政防控能力；召开座谈会，开展实地走访、网络公开举报投诉电话和邮箱等，强化社会监督。2014年度获青岛市地税系统纪检监察先进单位及莱西市行政执法类政风行风评议第一名。

（张鸿凤）

# 淄博市地方税务局

## 经济概况

2014年，淄博市实现生产总值4029.8亿元，按可比价格计算，同比增长7.4%，增幅较2012年下降2.1个百分点。其中，第一产业增加值143.8亿元，增长4.0%；第二产业增加值2251.5亿元，增长8.4%；第三产业增加值1634.5亿元，增长5.8%。三次产业比例由2013年的3.6∶57.1∶39.3调整为3.5∶55.9∶40.6。人均生产总值87531元，增长6.9%。全年规模以上工业企业增加值同比增长8.6%；实现主营业务收入11264.9亿元，增长4.3%；实现利税1183.4亿元，下降7.3%。全年规模以上固定资产投资累计完成2404.6亿元，增长15.7%。实现公共财政预算收入292.5亿元，增长7.1%。完成税收总额452.4亿元，增长5.3%。

## 收入概况

2014年，淄博市地税局组织各项收入195.88亿元，同比增长9.97%，增收17.76亿元。其中，中央级收入完成19.25亿元，下降8.36%，减收1.76亿元；省级收入完成272万元，下降63.73%，减收478万元；市县级收入完成176.61亿元，增长12.46%，增收19.56亿元。一是全市第二产业、第三产业分别增收1.65亿元、16.12亿元，第三产业增收额占全部增收额的90.76%，继续成为拉动税收增长的主要因素。第三产业中，金融业、租赁和商务服务业增长显著，增幅分别为16.25%和67.96%。二是受2013年基数和2014年一次性因素的影响，各个税种呈现出畸高畸低的状况。耕地占用税（144.13%）、土地增值税（54.38%）、资源税（34.75%）和印花税（21.66%）增幅较高；烟叶税高幅下降45.67%，企业所得税和个人所得税分别下降14.05%和1.40%；房产税（17.28%）、车船税（13.38%）平稳增长；营业税（1.63%）、城建税（2.08%）、城镇土地使用税（6.4%）增幅较低。

## 工作概述

【税政管理】　加大土地增值税清算力度，全市共完成清算项目54个，清算入库土地增值税1.01亿元，查补入库其他各项税款3748万元。开展企业所得税汇算清缴专项评估，共评估企业946户，入库税款1840万元。抓好高收入者个人所得税管理工作，受理年所得12万元以上个人所得税自行申报14284人次，申报税款超过8亿元，非劳动所得成为个人所得税的重要来源。联合国土资源部门深化“以地控税、以税节地”工作。探索建立“走出去”企业税源监控机制，进一步强化反避税工作。出台《关于发挥税收职能作用促进全市工业经济平稳健康发展的意见》和《关于支持全市小型微型企业健康发展的意见》，较好地服务了全市工业经济转型升级和小微企业发展。积极落实各项税收优惠政策，全年累计减免各项税收6.86亿元。

【征收管理】 积极采取团队评估、延伸评估等形式，重点开展金融业、建筑业和房地产企业的纳税评估，全年评估入库税款1.73亿元。制定《办税服务厅、业务科室（含稽查局）、税务所业务衔接工作规范》和《中心税务所（管理科）税源管理工作规范》，为明晰基层岗位职责、密切内部协调、强化税收征管提供了有力指导。全市共推广网开发票和税控用户3746户，网开发票约117万份，网开发票金额达到30.53亿元，较好地发挥了以票控税的作用。

【税收执法】 认真开展税务行政审批事项清理，共清理现行市级税务行政审批事项10大项20小项并向社会公布。积极推行权力清单制度，共清理出各类行政权力101项，权力运行有了明确规范。探索推行了稽查主辅查制、案中复审制等制度办法。组织开展了全市地方税收专项检查和高风险重点税源企业检查，全市共检查（含企业自查）453户，查补收入2.01亿元，加收滞纳金、罚款3286万元。

【绩效管理】 根据省局总体部署，在全系统推行了绩效管理工作，各级分别建立了绩效管理机构，制定了相关制度办法和指标体系。在较短的时间内实现了市局、县局和中心税务所的三级覆盖，绩效管理工作收到了良好成效。

【纳税服务】 开展了全市房地产业税收调研、与省内相关地市经济税收分析等调研工作，形成了多篇有一定价值的调研分析报告，全年共10次得到市四大班子和省局主要领导的批示肯定。深入开展“便民办税春风行动”，通过开辟办税绿色通道，缩短办税时间、搭建“淄博12366纳税微服务”微信公共平台等措施，让纳税人感受到实实在在的办税便利。开展了办税服务事项的梳理工作，梳理后提供资料的业务事项减少13.62%。

【信息化建设】 深化云计算试点成果应用，数据的安全性和应用的便捷性得到增强。搭建了较为完善的地税大数据平台，可以为地税工作提供统一的大数据处理服务。地税大数据平台作为市局推荐的创新项目，在年终全省地税系统创新项目评选中被评为“一等创新项目”。

【党建工作】 深入开展党的群众路线教育实践活动，系统上下高度重视，党员干部积极参与，按照“照镜子、正衣冠、洗洗澡、治治病”的活动总要求，持续聚焦“四风”，着力改进作风，既扎扎实实做好“规定动作”，又积极主动地做好“自选动作”，工作作风得到较大改进。认真落实市委部署，开展各类帮扶工作，加大对第一书记村和扶贫帮包村的帮扶力度，得到了当地党委政府及村两委和干部群众的好评。市局“地税风华”志愿者服务队被表彰为全市第二届志愿服务先进集体。

【党风廉政建设】 全面落实党风廉政建设责任制，严格落实各级党组的主体责任和纪检组的监督责任，严格落实机关各职能部门的具体工作责任，强化“一岗双责”，形成了齐抓共管的强大合力和鲜明的工作导向，建立起明责、履责、问责的责任体系。

【精神文明建设】 联合市总工会在全市地税系统开展了“为经济发展作贡献，为地税事业添光彩，争当敬业奉献好税官，争创服务发展先进集体”主题争创活动。在全系统营造了“讲学习、比业务、亮素质，讲服务、比效能、亮形象，讲责任、比贡献、亮业绩”的“三讲三比三亮”良好工作氛围，涌现出了一批系统内外有一定影响的模范人物。市局举办了朱彦夫同志先进事迹报告会，朱彦夫的女儿朱向欣等5名同志分别从不同角度讲述了朱彦夫同志的先进事迹，极大地激发了全体干部职工爱岗敬业、干事创业的工作热情。

（张 静）

## 淄博市地方税务局张店分局

### 经济概况

2014年，淄博市张店区实现生产总值865.8亿元，同比增长8.1%。其中，第一产业实现1.41亿元，同比下降0.7%；第二产业实现383.63亿元，增长10.15%；第三产业实现480.79亿元，增长6.05%。第一产业、第二产业、第三产业结构比例为0.16∶44.31∶55.53。

### 收入概况

2014年，淄博市地税局张店分局组织各项收入19.93亿元，同比减少6.56%，减收1.4亿元。其中，中央级收入1.39亿元，同比增收14.74%，增收1783万元；省级收入103万元，同比减少28.76%，减收41万元；市级收入6.13亿元，同比减少17.18%，减收1.27亿元；区级收入12.4亿元，同比减少2.39%，减收3034万元。政府口径市区级收入18.02亿元，同比减少8.04%，减收1.58亿元。

### 工作概述

【税政管理】 2014年度，全年共受理所得税12万元以上个人所得税申报1230人，完成汇缴企业所得税纳税人2291户，补缴入库税款1927万元；加强非居民税收管理工作，全年共代扣代缴、代收代缴税款142.72万元；持续跟进境外上市企业涉税情况调查，申报高管境外所得个人所得税税款及滞纳金共125.71万元；认真贯彻落实各项税收优惠政策，办理各类减免税1.2亿元，其中，4户高新技术企业减免税收1553.75万元，小型微利企业减免263.76万元。

【税收征管】 加强房地产、建筑安装行业税收管理，实行房地产开发项目数据动态监控，年内共入库房地产行业各项税收5.48亿元；积极开展土地增值税清算，入库土地增值税929.16万元；大力实施“以地控税”，核实增加土地面积11.6万平方米，年增加税额84.93万元；成功进行网络发票推广试点，经验做法在全省地税系统推广；大力强化纳税评估，共完成纳税评估242户，累计入库2121万元。

**【税收执法】** 加强对税收执法行为的全程监控，综合运用试点运行的新考核指标，强化税收执法过错追究，提高执法质量，预防执法风险发生；以“查户”和“查税”为重点，对重点行业、重点税源企业进行全面清查，共检查356户，查补税款1784万元；强化税务稽查，努力实现税务稽查由收入型向执法型转变，共检查企业47户，入库税款2146万元。

**【纳税服务】** 通过合理分区、科学设置窗口及首问责任制、绿色通道、延时服务、预约服务、开办纳税人学校等多种服务方式，将办税大厅合理划分6个办税区域、20个服务窗口，软硬件建设齐头并进，实现了办税服务的规范化、标准化、人性化；实行了《前台工作人员纳税服务工作绩效考核办法》，改变了过去“干多干少一个样”的不合理现象，提高了前台工作人员的积极性；积极协调国税部门，在国税局7个办税厅设立地税征收窗口，实现了税务登记、税费种认定、代开发票环节代征税费等事项的联合办理，既方便了纳税人，也节约了税收成本。

**【信息化建设】** 对分局机房的交换机进行了升级改造，重新招标了信息化建设运维公司，针对目前“金三”系统运行中存在的问题，指定专人继续做好各项保障工作，积极配合省局完成“金三”系统各项优化、升级工作任务。

**【干部队伍建设】** 扎实开展党的群众路线教育实践活动，按照“四个到位”“五个结合”的总体要求，着力做好与组织收入、党建工作、业务建设、办税服务、队伍建设的“五个结合”，搭配好“规定动作”和“自选动作”，实现了“规定动作”到位、“自选动作”精彩的既定目标。

**【党风廉政建设】** 推广应用廉政风险防控平台，全年共处理税收预警风险信息45户次，有效防范了廉政和执法风险；深入贯彻落实中央八项规定精神，切实加强监督检查，确保中央精神落到实处；通过“上门问廉”的形式，主动到各镇、办事处向人大代表、政协委员和纳税人汇报工作、征求意见。在执法部门行风评议中取得第一名的好成绩。

开展税收宣传进校园活动。

**【精神文明建设】** 与区总工会联合开展了“双为双创”活动，通过典型引路和示范带动，在全系统营造了争创服务发展先进集体和敬业奉献好税官的热潮；举办了“秀我所爱”干部职工才艺展，全员参与，共征集摄影、书画、十字绣、剪纸等作品209件，增强了干部职工之间的文化交流、兴趣交流，增强了自豪感、团队感和归属感。

（刘　海）

## 淄博市地方税务局淄川分局

### 经济概况

2014年，淄博市淄川区实现生产总值568.9亿元，累计规模以上固定资产投资330.3亿元，社会消费品零售总额226.57亿元，进出口总额12.78亿美元，地方财政收入26.01亿元，金融机构各项存贷款余额分别达到435.94亿元和188.39亿元；城镇居民人均可支配收入和农民人均纯收入达到32858元、15710元。

### 收入概况

2014年，淄博市地税局淄川分局累计入库各项收入17.62亿元，同比增收2.56亿元，增长16.98%。其中，中央级入库1.68亿元，下降4.75%；省级入库22万元，下降31.23%；市级入库22万元，同期持平；区县级入库15.93亿元，增长19.88%。

### 工作概述

**【税政管理】** 完善企业所得税管理，年内汇算清缴680户，入库税款1.7亿元，同比增长50.35%。年收入12万元以上个人所得税自行纳税申报1122人，入库申报税款4412万元，实现征收股权转让个人所得税1258万元。集中开展两处及两处以上所得（工资薪金）个人所得税核查工作，补缴税款13万元。贯彻落实各项结构性减税政策和惠及纳税人的税收优惠政策，减免各项税款近2700万元。

**【征收管理】** 规范非正常户认定程序，对650户非正常户认定、96户责令限改通知书、13户税务登记证件失效情况进行社会公告。加强外出经营活动税收管理，年内开具外管证697份，入库税款511万元。加强委托代征管理，重新修订《委托代征实施办法》，重新签订委托代征协议书55户，取消代征资格48户，实现入库税款2022万元。开展了金融业专项评估、建筑项目专项评估及第三方信息应用专项评估，累计评估入库税款1569万元。做好“营改增”工作，向国税部门移交电信业试点纳税人6户。

**【税收执法】** 梳理行政审批事项，形成41项内容的税务行政审批目录。制订《2014年税收执法督察工作方案》，重点做好税收执法督察、“小金库”治理、《纳税服务规范》实施及稳增长促改革调结构惠民生政策措施落实等省局重点工作的专项检查。积极发挥税务稽查“以查促收、以查促管”的作用，组织开展高风险重点税源企业检查，实施税务稽查69户，累计查补入库税款2725万元。

**【纳税服务】** 推进《全国县级税务机关纳税服务规范》落实，大力开展“便民办税春风行动”，在税务登记、纳税申报、税款缴纳、发票领用、进户执法等各方面为纳税人提供便利。根据纳税人的规模、特点及不同需求，对重点行业、重点税源和弱势群体、特殊群体等纳税人提供个性化服务。

【干部队伍建设】 强化思想建设，组织学习贯彻党的十八届四中全会精神与习近平总书记系列讲话。强化教育培训，自主开发“税苑在线”网络教育平台，重点培养干部职工应用政策解决实际问题能力，增强教育培训的针对性和实效性。强化软实力建设，组织开展寻找“最美税务人”活动，举办“七一”地税系统先进典型事迹报告会，突出先进典型的教育引导。

【基层建设】 提升基层党建水平，做好党建工作规范化建设，开展“示范党支部创建”主题活动，全面增强基层党组织战斗堡垒作用。积极推进“道德讲堂”建设，实行分局主办、各基层单位承办的方式，使基层干部职工全部参与其中，打造地税文化新亮点。

【党风廉政建设】 深入开展党的群众路线教育实践活动。坚持领导带头、学习教育、整改落实、强化督导四个“贯彻始终”，做到问题整改件件有督导，件件有落实。对照中央八项规定，扎实开展“作风建设深化年”活动，深化“庸懒散奢”专项治理，着力纠治“四风”问题。全面强化党风廉政建设责任制，严格落实各级党组的主体责任和纪检组的监督责任，强化“一岗双责”，积极开展廉政讲座、廉政征文、参观教育基地、“一把手”讲党课等多种教育活动。

【精神文明建设】 分局连续13年保持省级文明单位荣誉称号，4个省市级文明称号顺利通过复查验收。2014年，全局新获得32项区级以上荣誉及表彰。其中，分局荣获山东省幸福进家活动先进单位、淄博市五四红旗团支部；稽查局被市总工会授予全市女职工建功立业标兵岗；松龄中心所被市总工会评为全市职业道德建设十佳单位，并同时授予振兴淄博劳动奖状荣誉称号。

（司志珂）

# 淄博市地方税务局博山分局

## 经济概况

2014年，淄博市博山区实现生产总值339.15亿元，按可比价格计算增长6%，其中第一产业实现11.14亿元，增长1.6%；第二产业实现190.3亿元，增长9%；第三产业实现137.71亿元，增长1.4%。产业结构由上年的3.28：56.79：39.93调整为3.28：56.12：40.6，第一产业比重同比持平，第二产业下降0.67个百分点，第三产业上升0.67个百分点。

## 收入概况

2014年，淄博市地税局博山分局累计完成各项税收收入11.16亿元，同比增收2.93亿元，增长35.6%。其中：中央级完成9529万元，同比增收570万元，增长6.36%；省级完成5万元，同比减收13万元，下降72.22%；市级完成3万元，同比减收5万元，下降62.5%；区级完成10.21亿元，同比增收2.87亿元，增长39.1%。

## 工作概述

【税收征管】 一是加强基础管理，促进规范征管。与区国税、区工商登记信息数据进行核实比对，对不匹配数据及时做出清理，严把登记数据质量关；按照《个体工商户税收定期定额征收管理办法》，加强对重点行业、重点区域的个体税收管理，共对营业税临界点及达到起征点业户核实排查98户，年增加各项税收收入135万元；加大欠税清理力度，从多环节保障欠税清理工作的落实，全年清缴各项欠税3082万元；制定《博山区发票专项检查实施方案》，对全区使用地税发票特别是餐饮业纳税人进行专项检查，促进了发票规范管理。二是加强分税种管理，促进税种管理规范高效。连续四年开展土地使用税清理工作，取得了较好成效，2014年又加强了土地使用税税额标准提升后的首季税收控管，净增收1127万元，全年入库土地使用税9440万元；加强年所得12万元以上个人所得税申报工作，2014年有530名纳税人进行了申报，补缴税款41.7万元，同比增长32.5%；及时进行审核和汇缴，2014年共822户企业参加了企业所得税汇算清缴，汇缴面达98%，补缴所得税867万元。三是加强部门配合，推进综合治税。与国税对接，强化对出口业务附征税费的管理，全年取得出口货物增值税免抵信息454条，涉及地税收入839万元；联合区财政局开发财源信息管理系统，建立覆盖全区的部门涉税信息采集平台，实现了对34个部门上报涉税信息的即时查询；派员入驻国税办税服务厅，加强国地税联合办税，实行4个月内，累计入库地方各税近50万元；联合区财政局、房管局招聘房产评估机构对博山区的存量房产进行评估调整，自10月新计税价格实行以来至年底，存量房交易330套，征收税款488万元，税收增长10%。

【税收执法】 强化执法意识，规范执法程序和标准，深入推进内控机制建设，充分发挥税收执法风险防控机制的作用，做到事前预警、事中控制，降低执法风险。强化税收分析与税务稽查相结合，充分发挥税务稽查打击震慑、教育引导、促管增收的职能作用，全年稽查查补入库税款3028万元。

【纳税服务】 实施每周一次业务知识交流，每月一次新业务集中学习，每季度一次业务测试的“三个一”活动，前台人员业务素质明显提高；认真落实“首问责任制”“服务承诺制”“培训公告制”“自问律己制”“责任追究制”五项制度，逐步实现了由人管人向制度管人的转变；深入贯彻实施《全国县级税务机关纳税服务规范》，积极开展“便民办税春风行动”，以务实的服务风格，切实提升纳税服务水平。

【信息化建设】 对多媒体会议室进行了升级改造，更换了灯光，增配了数字液晶拼接系统配套设备、高清视频终端等。

【干部队伍建设】 紧紧围绕“为民务实清廉”主题，扎实开展党的群众路线教育实践活动，努力做到学习教育贯穿始终，查摆问题贯穿始终，整改落实贯穿始终，先后制定完善了《财务管理办法》《公务用车使用管理办法》《调研工作制度》《领导谈心谈话制度》等多项制度，形成了作风建设的长效机制，全局党员干部思想进一步提高，作风进一步转变。

【基层建设】 对山头、北博山、源泉3个中心所的办税服务厅进行了升级改造，维修空调、锅炉等办公设备，安装配备了LED显示屏及叫号机等便民服务设施，优化了办税服务厅环境硬件建设，完善了办税服务区域和窗口设置。

【党风廉政建设】 一方面，通过开展参观区廉政教育基地、“一季一堂廉政课”教育活动、焦裕禄主题活动、网络教育、德廉考试等活动，丰富了廉政教育内容。另一方面，积极做好风险防控工作，切实预防税收失职、渎职现象的发生。

加强党风廉政建设，分局班子成员签订《廉洁节俭文明过节承诺书》。

【精神文明建设】 积极培养推荐“敬业奉献模范”等先进典型，参评荣获“振兴淄博劳动奖状”“淄博市职工职业道德建设先进单位”。充分挖掘动人事迹和鲜活事例，撰写的《裕禄故乡地税人》得到省地税局认可，并在《山东地税》予以刊登。撰写的《弘扬传统文化 促进和谐地税建设》在省地税局组织的“中国梦 税之魂”论文比赛中获得一等奖。

（陈 腾）

# 淄博市地方税务局临淄分局

## 经济概况

2014年，淄博市临淄区实现生产总值823.5亿元，地方财政收入完成52.96亿元，各项存款余额达642.3亿元，农业总产值实现59.24亿元，规模以上工业企业发展到495家，工业总产值实现2776.49亿元，实现利税252.72亿元、利润107.3亿元，全社会消费品零售总额实现218.53亿元。综合实力稳步提升，国民经济保持了平稳较快发展的良好态势。

## 收入概况

2014年，淄博市地税局临淄分局累计入库各项税费收入31.18亿元，同比增收4.59亿元，增长17.29%，再创历史新高；其中，中央级入库4亿元，同比增收0.32亿元，增长8.76%；区乡级入库26.36亿元，同比增收4.3亿元，增长19.58%。同时，代征工会经费813万元，残保金683.82万元，为全区社会经济持续平稳较快发展提供了坚实的财力保障。

## 工作概述

【税政管理】 根据税务总局要求，梳理填写了《地方税务局单独实施的行政审批事项目录》，并对现有行政许可等事项进行了梳理核对。定期开展税收政策执行效果分析，掌握政策执行情况。严格按照《税收执法督察规则》开展工作，从案头分析开始，分析查找疑点和问题，提高执行税收政策的水平。进一步强化税务稽查作用，全年共下达稽查计划17户，入库查补收入7361万元。全面开展打击发票违法犯罪活动，圆满完成了淄博德海房地产开发有限公司偷逃税款等一批在全区社会造成重大影响的案件处理工作。积极落实各项税收优惠政策，全年累计办理减免税1.40亿元。

【征收管理】 密切关注省市局数据综合平台发布的预警信息，对新上线数据及时进行处理。精心组织完成了年所得12万元以上个人所得税申报工作，自行申报1857人，补缴税款547万元，同比增幅213%，列全市第一。狠抓土地增值税清算管理，共查补土地增值税税款2320万元。先后组织开展了六个批次的纳税评估，评估企业130户，入库税款滞纳金7086万元。依托综合治税，加大了欠缴税款催缴力度，全年共追缴欠税3797万元。

加强纳税服务，与淄博国税局齐鲁石化分局联合召开纳税服务规范联席会议。

【纳税服务】 逐项梳理税务登记、发票管理、税收优惠等办税程序和环节，本着能简化的环节简化、能优化的流程优化、能取消的审核审批取消的原则，最大限度减轻纳税人办税负担。从纳税人需求出发，为纳税人量身定制一般纳税人经常办理涉税事项的所需附报资料，并形成一次性告知的内容，使全区1000多户纳税人受益。先后出台了以《办税服务大厅税容风纪制度》《办税大厅绩效考核管理办法》等多项制度为内容的制度体系，从文明礼仪、服务质量考评、工作量考核等方面全方位规范办税服务工作，为实现高效服务提供体制保障。

【信息化建设】 拨出专款，添置了2台路由器、2台交换机和2台防火墙，依托市局技术力量对全系统主干网进行了升级改造，降低了网络安全隐患。先后分两批购置了100台笔记本电脑、30台PC机和打印机等设备，对老旧设备进行了大规模更换，有效满足了干部职工的办公需要。

【干部队伍建设】 把开展党的群众路线实践教育活动作为首要政治任务，在全体党员中开展党的知识学习教育，通过不同形式的实践活动进一步巩固学习成果。针对机关作风效能、贯彻执行力等方面存在的薄弱环节和突出问题，先后在全局下发了《关于进一步严肃工作纪律改进工作作风的通知》等文件。

【党风廉政建设】 进一步加大了税容风纪、工作纪律、民主理财等方面的日常检查和监督，定期不定期组织开展明察暗访，确保各项要求执行到位。同时，大力开展第三方的廉政评价监督，委托市统计局社情调查中心，通过电话随机抽访征集群众反映问题及意见建议，通过“一对一”约谈的方式对反馈问题逐条落实，促进了廉洁勤政意识的进一步增强。

【精神文明建设】 结合“青春志愿行、共筑中国梦”学习雷锋志愿服务活动，开展了“三关爱”进社区税法宣传活动。以“五个一”活动和帮助“五个群体”为主线，开展了为贫困学生捐款，看望慰问困难群众和敬老院孤寡老人等一系列爱心扶贫活动。2014年，先后荣获“淄博市女职工建功先进单位”等10余项称号，同时系统内有四个单位通过了国家级和省“文明单位”“青年文明号”复查。

（孙卫国）

## 淄博市地方税务局周村分局

### 经济概况

2014年，淄博市周村区实现生产总值291.03亿元，按可比价格计算，同比增长6.6%，其中，第一、二、三产业增加值分别完成9.34亿元、141.68亿元、140亿元，同比分别增长2.8%、8.7%和4.1%，三次产业比例由上年的3.3：49.6：47.1调整为3.2：48.7：48.1；全年财政收入达到15.24亿元，同口径增长0.21%；规模以上项目完成投资236.93亿元，增长14.61%；社会消费品零售总额完成173.05亿元，增长12.54%；居民消费价格总指数为101.5%；城镇居民人均可支配收入和农民人均纯收入达到2.88万元、1.52万元，分别增长8.3%、11.0%。

### 收入概况

2014年，淄博市地税局周村分局共组织各项收入9.32亿元，比上年增长5.78%。其中，中央级完成6434万元，同比减收2724万元、下降29.74%；省级完成9万元，同比减收14万元、下降61.52%；区县级完成9.26亿元，同比增收0.82亿元、增长9.65%。

### 工作概述

【税政管理】 严格落实各项税收优惠政策和《关于认真贯彻落实促进工业经济发展和小微企业发展意见的通知》，年内对符合条件的351户小微企业减免营业税20余万元、406户小微企业减免企业所得税70余万元、个体及其他1763户减免税款300余万元，发挥了税收优惠政策在调结构、转方式中的引导和促进作用。

【征收管理】 对税源管辖范围进行了调整规范，解决了过去部分税源交叉管理、权属不清、征纳负担重的问题。集中开展了税务登记信息核实整改工作，税务登记信息的完整率和准确率明显提升。强化了对未申报、未缴款行为的催报催缴，纳税人正常申报和缴款率明显提高。对部分个体单管户定额进行了核实调整，维护了税收公平。加强了国地税联合办税，从2014年6月开始在国税局设置了附征税费窗口，共征收税款114万元，杜绝了附征税款的遗漏。聚焦“建筑业、房地产业、金融业、旧村改造、房屋租赁、耕契两税”六大项目，成立6个课题团队攻关组，实行背课题、背任务、背责任、背荣誉的“四背”检查管理模式，集中攻坚，定向挖潜，重点突破。共查结68户企业，入库区级税款2238万元，精准查找了各项目税收管理漏洞，有力保障了全年税收任务的完成。

【税收执法】 加强执法教育，邀请市局业务骨干就防范执法风险课题进行专题讲座，坚持逢会必讲，重申规定，浸润涵养，常抓不懈。开展风险排查，共确定133个执法业务风险点。建立预防机制，研究形成《风险防控办法》，为提升规范、防范风险提供指南。

【纳税服务】 服务社会发展，全面完成残保金、工会经费和各类附加的代征附征工作；积极落实“便民办税春风行动”和《全国县级税务机关纳税服务规范》，全面完成办税厅和契税厅搬迁入驻周村市民之家工作，开展纳税500强企业集中服务活动，推行办税员绩效管理考评，办税效率和纳税人满意度不断提高。

【干部队伍建设】 围绕作风改进和活力提升，全面加强干部队伍建设。在作风建设上，研究推行了《周村分局纪律作风建设积分警示制考核办法》和“传达、部署、落实、反馈、跟踪”五步闭环工作法。在活力建设上，确定建设“周村地税大家庭”的建设总目标，健全落实谈心交流制度，公平公正地推树典型，开展丰富多彩的集体活动，积极为干部职工创造优良工作生活环境，加强工会组织建设打造服务平台，完成了多媒体多功能会议厅（纳税人培训中心）的建设改造，创造性地制定推行了针对单位负责人个人的绩效考评办法，为推动绩效管理深入实施奠定了基础。

【精神文明建设】 加强精神文明建设，分局及下属三个单位分别通过省级文明单位和国家级、省级青年文明号复查验收，分局获“振兴淄博劳动奖状”“服务发展先进集体”两项市级荣誉，青年路中心税务所获市级“工人先锋号”荣誉称号，有1人获得“振兴淄博劳动奖章”荣誉称号。

【党风廉政建设】 全面落实“两个责任”，认真履行“一岗双责”；加强警示教育，先后三次组织基地警示教育；加大明察暗访、执纪问责的频度力度，培养干部职工“心有敬畏，行有分寸”的良性心态和举止；加强政风行风建设，在全区2014年度政风行风评议中，获得行政执法类单位第4名，比上年提升11个位次。

（李树才）

# 淄博市地方税务局<br>高新技术产业开发区分局

## 经济概况

2014年，淄博市高新技术产业开发区实现生产总值205.8亿元，比上年增长8.6%。其中，第一产业增加值完成0.94亿元，比上年下降0.7%；第二产业增加值完成135.62亿元，比上年增长9.7%；第三产业增加值完成69.24亿元，比上年增长6.14%。全区实现地方财政收入28.91亿元，比上年增长7.16%。

## 收入概况

2014年，淄博市地税局高新区分局共组织各项收入20.2亿元，比上年增长

15.97%，增收2.78亿元。其中，中央级收入完成2.17亿元，增长10.42%，增收2046万元；省级收入完成20万元，下降92.12%，减收234万元；市级收入完成205万元，下降8.07%，减收18万元；区县级收入完成18.01亿元，增长16.89%，增收2.6亿元。

## 工作概述

【税政管理】 全面落实税收优惠政策，其中小微企业69户，减免税收80.26万元；高新技术企业10户，减免企业所得税2964万元；企业所得税研发费加计扣除2222万元，减免营业税154万元；转制文化机构企业所得税减免576万元；税收优惠政策的落实，促进了企业的发展和税源的培植。

【征收管理】 梳理规范征收管理制度和流程，出台《高新区分局减免税管理办法》《高新区分局举报案件查处工作管理办法》《高新区分局关于规范发票管理的几点要求》《高新区分局纳税评估（日常检查）工作实施意见》《高新区分局发票缴销工作流程》《高新区分局代开发票管理办法》等，优化业务流程，促进工作顺利开展。

【税收执法】 加大税收检查力度，检查企业12户，查补税款156.83万元，罚款45.38万元，滞纳金37.72万元。强化清缴欠税力度，对82户欠缴企业进行欠税确认，对24户欠税企业进行欠税公告，查封10户企业共计88个账户，共计扣缴税款滞纳金入库1372.3万元，全年共清理欠税4913.4万元，震慑作用明显，有力弥补了正常税源的不足。

【纳税服务】 认真落实“便民办税春风行动”的要求，以“贴近群众、贴近纳税人”为出发点，紧紧抓住“微笑在窗口、效率在窗口、形象在窗口”的服务宗旨，深入开展纳税“六比”服务，进一步贴近纳税人需求。全面落实《全国县级税务机关纳税服务规范》，纳税服务工作更加规范有序。

加强纳税服务工作，税务干部为纳税人提供涉税咨询。

【信息化建设】 先后完成了软件运维、硬件运维、骨干网升级改造、网络与信息安全检查、规范终端接入等各项工作，确保了全年计算机、网络安全平稳运行。

【干部队伍建设】 认真组织开展党的群众路线教育实践活动，采取集体学习、集中研讨、专家授课等方式，组织分局全体党员进行学习。开展传统教育和敬业奉献教育，学习焦裕禄、朱彦夫和系统内的先进模范人物。深入推进“为经济发展作贡献，为地税事业添光彩”主题争创活动落实，制定活动实施方案，开展主题争创活动大讨论，扎实推进主题争创活动的深入开展。

**【基层建设】** 认真执行会议制度，严格控制会议数量、规模及会议接待标准。加强公车使用管理，实行公车定点加油、定点维修和在指定地点停放的管理制度。认真清理办公用房，实行科室集中办公、合署办公等方式。关心干部职工的身心健康，积极改善干部职工用餐环境，提高伙食质量。

**【党风廉政建设】** 认真履行“一岗双责”和落实党风廉政建设责任制的要求，签订《党风廉政建设责任书》。将反腐倡廉教育纳入干部教育培训规划，制定下发了廉政教育工作方案，明确了廉政教育的内容、方法和时间。不断深化“庸懒散”专项治理，理顺工作流程，规范办税要求，提高办税效率。

**【精神文明建设】** 积极落实文明单位助推乡村文明行动，开展志愿服务活动和青年文明号送温暖活动，做好全国文明城市文明程度指数测评材料提报以及省级文明单位和省级青年文明号复查工作。

（巩媛媛）

# 淄博市地方税务局文昌湖分局

## 经济概况

2014年，淄博市文昌湖旅游度假区实现生产总值26.4亿元，同比增长7.6%；规模以上工业总产值、主营业务收入、利润总额、利税总额分别为83.2亿元、80.19亿元、3.57亿元、5.02亿元，同比分别增长6.6%、7.5%、1.2%、1.5%；实现外贸进出口3998万美元，同比增长56.8%，其中出口1521万美元，同比下降3.2%，进口2477万美元，同比增长153.3%；规模以上固定资产投资15.27亿元，同比增长15.5%；社会消费品零售总额17.37亿元，同比增长11.32%；人均纯收入达到12072元，同比增长10.5%。

## 收入概况

2014年，淄博市地税局文昌湖分局全年组织各项收入8539万元，其中，区级收入7363万元，区级税收6709万元。剔除上年同期一次性入库耕契两税因素，区级税收同比增长12.64%。

## 工作概述

**【税政管理】** 积极开展重点税源调查工作，对占税收总比重80%以上纳税企业进行了逐户调查，为加强重点税源管理和领导决策提供了依据。制定税收收入预测管理办法，创新报送渠道，通过QQ群、ITIL预测平台等方式上报税款收入预计数，为准确掌握下月税收收入情况提供了可靠依据，提高了收入预测准确率。认真贯彻落实税收优惠政策，对高新技术企业、福利企业、小微企业建立减免税台账。积极开展税收调研，形成《资源税零星税源调研》《印花税调研》等调研报告。

**【征收管理】** 积极开展综合治税工作，与财政、工商、国税、国土建立信息共享机制，获取涉税信息。开展清理欠税工作，对存在欠税信息的纳税人，进行了集中清理，实现分局无新欠税信息。强化征管绩效管理，取得了税务登记差错率6个指标均为零、登记完整率3个指标均为100%、未申报催报率为100%、未缴款催报率为100%的成绩。积极推行网开发票工作，克服机构设置的问题，顺利实现网开发票。积极开展纳税评估，通过外购服务方式聘请专家协助对企业开展企业所得税汇缴评估和建筑业专项评估，开展房地产业“其他应付款”专项评估。开展了2处以上取得收入的个人所得税疑点信息核实工作，对存在疑点的纳税人的收入情况进行核实，堵塞了征管漏洞。

**【税收执法】** 规范执法流程，对违法行为处罚力度进行了规范，处理违反税法行为71户次。强化执法刚性，先后启动两次强制执法流程，查封企业账户1次，通过处理违法行为入库税款130余万元。

**【纳税服务】** 优化了办税厅规范化建设，对涉税业务窗口进行了重新划分，设置了双屏显示器，配备便民服务箱，制作了填表流程和表格填报说明、表样，对外网申报电脑设备进行了更换。深化行政审批制度改革，对现行审批工作流程进行了优化，为纳税人办理涉税业务提供了更多便利。严格落实《全国县级税务机关纳税服务规范》工作，对大厅办税人员进行了业务培训。开展税收宣传活动，向纳税人免费赠送《纳税人之友》《小型微型企业税收优惠政策》《土地定额调整》等宣传资料。开展“便民纳税春风行动”活动，组织分局干部职工开展税法进校园活动。

**【信息化建设】** 开展税收预测软件、ITIL税收服务运维平台试点工作，召开税收预测软件推广会、ITIL税收服务运维平台试点培训会，现场演示税收预测软件、ITIL税收运维服务平台的安装、使用等具体操作程序，完成了税收管理软件试点工作。组织“金税三期税收征管系统”运行后期处置工作，向省、市局反馈“金三”系统运行问题11个，对系统后期维护升级提供了数据支持。加强信息安全保密工作，建立了安全制度，对分局内外网全部实行物理隔离，对机房进行定期巡查，确保网络畅通，对UPS设备进行扩容增配，确保税收业务不因用电原因出现信息中断。

**【干部队伍建设】** 积极开展业务交流，采取“走出去”的办法组织干部职工先后赴4个兄弟区县学习纳税服务规范、税收执法流程、契税办理等业务知识，为今后工作的开展打下了良好基础。积极参与各类培训，2014年共参加市各类培训50余次，涉及领导班子建设、内部管理、信息写作、税源管控、税收征管、纳税服务等各个方面。开设文昌湖地税周五讲坛，每周组织干部职工学习税收知识，以集体讨论、共同研究、专人讲解的方式提高分局年轻干部的综合素养。应用了分局机构编制管理系统，对分局干部职工人员信息进行了录入和维护。

**【基层建设】** 开展“为经济发展做贡献，为地税事业添光彩”主题争创活动，分局被评为服务经济建设先进单位，分局1位同志被评为全市地税系统最美税务人。建立和完善了一套行政管理制度，相继建立了《公章使用办法》《着装规定》《餐厅值日》《差旅费管理办法》等制度。加强了公文运行管理，组织专人学习了公文处理办法、行政公文管理系统的应用、信息写作、图片新闻写作要点等，制定了分局公文处理单，电子公文运转流程。安排专人参加档案管理培训，分局档案管理开始起步。建立季度报告报送制度，分局按季度向政府报送工作报告。积极参与宣传工作，在政府网站建立了工作动态信息发布平台，与区宣传中心合作拍摄了“税收宣传进校园”“文昌湖精神大家谈”等视频短片。开展了绩效管理工作，编制了2014年绩效管理工作考核表、实施意见等文件，绩效管理系统在分局全面推广。机关财务工作逐步规范，实行了重大事项备案制度，规范了接待办法、会议制度、培训规定、差旅费标准、车辆管理等制度。

召开税务干部述职述廉暨纳税人座谈会。

**【党风廉政建设】** 成立了机关党支部、机关团支部，并积极开展工作，分局党支部被区党工委授予先进基层党组织，党支部书记被授予优秀党支部书记称号。积极开展党的群众路线教育实践活动，分局牢牢把握“照镜子、正衣冠、洗洗澡、治治病”的总要求和“为民务实清廉”主题，积极响应，认真组织，活动有序开展，活动得到了市局领导的充分肯定，认真做好制度的废改立工作，分局共修改制度5项，新建制度12项。签订了廉政责任书，落实责任，建立了“一岗双责”管理体制。开展向纳税人述职述廉活动，听取纳税人对税务人员的意见建议，及时发现和纠正行风建设中存在的问题。公开管理事项，每季度公开公车油耗、用电量等详单，在纳税服务厅向纳税人公开行政审批清单。

**【精神文明建设】** 积极争创市级文明单位，将硬件、软件建设一起抓，逐项分解落实。建立道德讲堂、图书室；规划运动场地、建立工间操制度。规范干部着装，设置政务公开栏等，营造了良好的争创氛围。参与网络文明传播活动，开展“地税风华志愿服务队”活动，确定帮扶村、制定帮扶计划，开展帮扶共建工作。2014年分局被团市委授予“市级青年文明号”。

（桑　军）

# 桓台县地方税务局

## 经济概况

2014年，桓台县实现生产总值486.56亿元，比上年增长7.8%；固定资产投资334.93亿元，比上年增长13.2%；国地税收入39.54亿元，比上年增长

5.19%；公共财政预算收入 28.27 亿元，比上年增长 7.16%。

## 收入概况

2014 年，桓台县地税局共组织各项收入 19.18 亿元，比上年增长 7.3%，增收 1.31 亿元。其中，中央级收入 1.90 亿元，下降 32.05%；省级收入 23.67 万元，下降 22.58%；市县级收入 17.28 亿元，增长 14.61%。

## 工作概述

**【税政管理】** 着重强化建筑、房地产、金融保险等行业营业税管理，在部分行业实行“营改增”的背景下，2014 年征收入库营业税 5.18 亿元，比上年增长 2.24%。加大税收政策研究与落实力度，提请县政府在全县范围内集中开展了一次耕地占用税清理工作，清理入库耕地占用税 1.32 亿元。认真落实各项税收优惠政策，2014 年累计减免各项税收 2745 万元，有力地促进了经济结构调整、产业转型升级和社会事业发展。

**【征收管理】** 突出抓好土地增值税清算工作。对全县范围内符合清算条件的 7 个房地产开发项目进行了集中清算，共清算应补缴土地增值税 4900 万元。2014 年共征收入库土地增值税 3.27 亿元，比上年增长 65.22%，增收 1.29 亿元。突出加大零散税收清理力度。集中开展了城建税、房产税、土地使用税、契税和印花税“五税清查”活动，共清查补缴税款 1070 万元，堵塞了征管漏洞。

**【税收执法】** 切实强化纳税评估和税务稽查工作。2014 年累计评估企业 12 户，评估入库税款 1080 万元。查结纳税人 31 户，稽查查补入库税款、滞纳金及罚款 1451 万元。

**【纳税服务】** 深入开展“便民办税春风行动”，全面推行纳税服务规范，大力实施同城通办服务、“涉税资料一次性备案制”等服务举措，密切了征纳关系。强力推进国地税联合办税工作，最大限度地为纳税人提供便利。积极撰写上报调研材料和税收分析，为县委、县政府当好参谋。2014 年在省市局刊发调研（科研）专刊 12 篇。《桓台调研》第 1 期专门推介了县局创新服务载体助推经济发展的做法，受到各级好评。

深入开展“便民办税春风行动”，上门进行纳税辅导。

**【信息化建设】** 按照省市局要求，积极做好金税三期工程应用系统的日常维护和数据使用管理，最大限度地提高工作效率。

**【机构人员】** 截至 2014 年底，县局内设 8 个科室，下属 1 个稽查局、1 个直属征收局、6 个中心税务所。在职干部职工 134 人，全部达到大专以上学历，其中本科以上学历 123 人，占 91.79%。党员 110 人，占 82%。

【干部队伍建设】 加大教育培训力度，先后举办三期更新知识培训班，提高了干部业务素质。积极开展“双为双创”、道德讲堂、红色教育、全员健身等主题实践活动，着力培育和践行社会主义核心价值观，凝聚了正能量，提振了精气神。创新实行“积分警示制”管理，促进了机关作风效能建设常态化，干部作风有了新转变。

【基层建设】 坚持人财物向基层倾斜，加强对新进人员的传帮带，让其尽快成才，尽快成长。注重加强对基层单位的硬件改造，进一步优化了基层工作生活环境。

【党风廉政建设】 在县局内网创建“网上廉政文化教育基地”，时时进行廉政警示教育。紧抓重大节日、重要时间节点的廉政教育，较好地防范了过节走访以及“吃拿卡要”等为税不廉问题。利用各种会议，组织学习上级典型案例通报，从中吸取教训，认清当前反腐倡廉的高压态势，严格落实中央八项规定。向社会各界聘请 76 名特邀监察员暨执法监督员，主动接受社会监督。在 2014 年度全县政风行风评议中，县局名列执法部门第一名。

【精神文明建设】 积极开展精神文明争创工作。县局被淄博市政府表彰为全市助残先进集体。1 人荣获“山东省富民兴鲁劳动奖章”和全省地税系统“十佳最美税务人”，一个家庭荣获首届“全国书香之家”，一个家庭荣获“山东省五好文明家庭”。

（张成领）

# 高青县地方税务局

## 经济概况

2014 年，高青县实现生产总值 180.3 亿元，比上年增长 6.9%；其中，第一产业完成 24.72 亿元，比上年增长 5.3%；第二产业完成 90.75 亿元，比上年增长 7.5%；第三产业完成 64.84 亿元，比上年增长 6.3%；三次产业比例为 13.7∶50.3∶36。

## 收入概况

2014 年，高青县地税局累计组织各项收入 8.01 亿元，同比增长 4.14%，增收 3185 万元。其中政府口径县级收入完成 7.14 亿元，同比增长 7.04%，增收 4698 万元。扣除“营改增”因素后，可比口径增长 15.07%，增收 9351 万元。

## 工作概述

【税政管理】 全面开展全县建筑项目清算工作，共核查项目 150 个，核实建设项目单位 61 个，共查处建设项目应补开发票 2.67 亿元，补缴税款 1154 万元；深入开展土地增值税清算工作；完成企业所得税汇算清缴工作，汇缴面达 100%，应补税额 686.57 万元；完成年所得 12 万元以上人员个人所得税自行申报工作；开展个人两处及两处以上所得个人所得税核查工作，共核查纳税人 313 人，核实补缴税款 106 人，入库税款 27.78 万元。

【税收征管】 进驻国税局办税大厅

设立窗口，征收代开增值税发票、交通运输业应附征的零星税收。针对保险条例修改后机动车挂车不再购买交强险的政策调整，交警队在车辆注册、审验时查验车船税，对于漏缴的税款委托交警队代收。两项共入库税款96万元；青城中心税务所针对黑里寨镇、木李镇收粮行业已形成规模，但针对申报缴纳税款很少的实际，积极进行调研分析，争取乡镇的意见和建议，委托乡镇政府对该行业的房产税、土地使用税等零星地方税种进行代征，实行农村税收社会化管理新模式。共委托代征入库税款96.78万元；建立财政、地税、法院执行联动机制。针对通过法院处理破产、执行案件涉及土地、房产拍卖逐渐增多，而拍卖房产、土地环节应缴营业税等地方税收无法向法院追缴的情形，建立财政、地税、法院执行联动机制，有效地解决了这一征管难题。法院协助地税部门控制税款2300万元。年底以创新项目形式上报省市局，获得全市地税系统创新项目一等奖。相关经验做法在《山东地税》《淄博地税》进行了专刊登载。协调落实“股权变更税收协助”制度。工商部门由于机构人员调整，加之工商注册变更制度发生变化，暂停了“股权变更税收协助”，为此积极和工商部门对接，及时向政府汇报，县政府下发《关于加强税务工商合作做好股权转让税源管理的通知》解决了该问题，共计入库税款280万元。

**【税收执法】**　层层签订执法责任书，实现执法“零”过错；结合基层执法实际，对“网上执法检查管理系统”进行持续改进和补充完善，提高了税收执法监督的针对性和可操作性，有效规范了干部职工的执法行为；继续推行征管、稽查与法规互动机制，同时加强了稽查过程控管，有效防范稽查环节的执法风险。

**【纳税服务】**　深入开展了“便民办税春风行动”，开辟办税绿色通道、税务登记窗口进驻县行政服务大厅。认真抓好《全国县级税务机关纳税服务规范》的宣传和贯彻落实，实现了规范的平稳落地和与本地实际的有序对接。市局在高青试点“免填单”服务，“免填单”服务推行以来，单笔业务受理时间平均缩短3～5分钟；打造新办证培训长效机制，每个月的第一个星期五举办一期新办证纳税人税法培训班。共计开展培训30期，培训纳税人3000余人。

**【信息化建设】**　深入开展了“金三”系统日常运维、各类应用软件开发维护、后台技术优化维护、硬件及视频设备保养维护等工作。对信息化设备各类故障进行了集中式应急处理，对各项信息化性能进行了跟踪问效，各项设备实现正常运转，保证了各项业务工作的顺利进行。

**【干部队伍建设】**　认真组织开展全员培训活动，联合淄川区局、沂源县局分2批成功举办了浙大干部素质能力提升培训班。同时圆满完成了省市局组织部署的培训任务，共组织17人次参加。按照市局开展“双为双创”活动的指导要求，联合县总工会在全县地税系统开展了“双为双创”主题争创活动。在全局营造了良好工作氛围，涌现出一批在系统内外有一定影响的模范人物。

【基层建设】 大力加强税务文化建设。制定职工思想修养提升方案，利用每周一上午1小时的时间，就政治理论、职业道德、廉政规定等内容，县局10个党支部轮流自行组织全体干部职工集中学习，共举办15期。深入开展党的群众路线教育实践活动，确保活动扎实推进，达到了预期目的。

【党风廉政建设】 层层签订党风廉政建设责任书64份；坚持每周一句廉政警言、一个廉政案例在内网发放；严格落实各级党组的主体责任和纪检组的监督责任，制定《高青县地税局纪律作风建设警示制管理办法》。加大岗位廉政教育力度，持续推进廉政文化建设，积极做好科技防腐工作，认真落实“一岗双责”。连续14年在全县政风行风评议活动中获得优秀单位称号。

【精神文明建设】 全局共获得省部级荣誉1项、县处级荣誉3项。在全国首个宪法日，获得“全市法制宣传教育示范基地”荣誉称号。获得全市地税系统绩效管理考核第一名，持续保持省级文明单位、全国巾帼文明示范岗称号。

（李海明）

## 沂源县地方税务局

### 经济概况

2014年，沂源县实现生产总值242亿元，同比增长8.1%，其中一、二、三产业增加值分别达到29.6亿元、111亿元、101.4亿元，增长4.7%、8.5%、8.5%；境内财政总收入26.3亿元，其中公共财政预算收入17.5亿元，增长7.6%。

### 收入概况

2014年，沂源县地税局共组织入库各项收入11.78亿元，同比增长18.31%，增收1.82亿元；其中县级收入完成9.31亿元，同比增长18.43％，增收1.45亿元。

### 工作概述

【税收征管】 深化社会综合治税，特别是借县纪委“百村财务”检查之机，加大检查力度，组织入库村委会税收收入4476万元，加强村委会税收管理做法得到省市局充分肯定，省局局长张洪军专门做出批示，转发全省地税系统供各地借鉴，被市局评为一等创新项目。规范行业税收管理秩序，开展楼宇经济税收清理检查和餐饮业税负调整，加强重点工程税收管理，入库重点工程税收4230.18万元。认真开展税收专项检查和打击发票违法犯罪活动，共查补入库各项税款、滞纳金、罚款1117.54万元。开展房地产业、建筑业、金融业、悦庄工业园地方税收专项评估，共评估税款614.48万元。加强重点行业和重点税种管理，房地产业、建筑业税收管理水平进一步提升，税收增幅实现较大提高。加强所得税管理，开展2013年度企业所得税汇算清缴，补缴税款3400万元；两处以上工资薪金所得个人所得税管理工作得到省局肯定并转发做法。扎实做好城镇土地使用税税额调整工作，2014年城镇土地使用税实现增收348万元。首例外籍个人转让境外股权个人所得税扣缴案例被省市局关注，国际税收管理工作迈出新步伐。

**【执法服务】** 制定并落实《关于进一步规范进户执法工作的意见》，规范清理简并进户执法项目，实行归口管理，统筹规划，避免重复进户执法，严控进户执法次数。认真开展执法督察工作，有效防范执法风险。充分发挥职能作用，共落实税收优惠 7427 万元，大力支持企业发展。为方便纳税人，堵塞税收征管漏洞，提升税收管理效能，积极向县政府建议，国地税联合办税工作在全县城乡全面实施，成为全市首个实现联合办税的区县，在社会上引起较大反响。认真开展税收宣传月和“便民办税春风行动”活动，实行首问责任制，落实各项服务措施，满足各类纳税人不同服务需求。认真开展调研，向县政府报送强化土地增值税、土地使用税、房产税管理等建议报告多件，为领导科学决策提供重要参考，沂源县委书记苏星、县长谭秀中先后 4 次做出批示给予充分肯定，连续第三年被县委县政府表彰为“服务经济建设十佳单位”。

**【干部队伍建设】** 认真开展党的群众路线教育实践活动，紧紧围绕“为民务实清廉”主题，按照“照镜子、正衣冠、洗洗澡、治治病”总要求，坚持问题导向，边学边改，边查边改，周密安排部署，扎实推进实施，完成全部环节活动任务，较好解决了“四风”问题。深化教育培训工作，选派 33 人参加省市局组织的统一调训，联合其他兄弟区县局举办 2 期浙江大学岗位更新知识培训班，干部职工素质能力得到提升。开展“双为双创”主题争创活动，举办职工素质讲座，建设职工书屋，开展全员读书活动，培养选树先进典型，积极参加志愿服务，组织和承办书画展，举办趣味运动会，各项创先争优工作扎实推进。

**【党风廉政建设和作风建设】** 认真执行党风廉政建设责任制，严格遵守作风建设各项规定，加大督导检查力度，狠抓作风日常养成，认真落实各项整改要求，在各级检查中均未发现问题。健全和完善廉政谈话制度，加强教育引导和经常性提醒，做到廉政建设常抓不懈。积极参与政风行风热线节目，组织征管一线人员开展向纳税人述职述廉活动，认真为广大纳税人解疑释惑，自觉接受社会监督，得到一致好评。全面实施绩效管理，科学分解工作指标，明确工作责任，严格工作过程管理，狠抓各项工作落实，在全市地税系统绩效管理考核中取得第二名。

（刘长鹏）

# 枣庄市地方税务局

## 经 济 概 况

2014年，枣庄市实现生产总值1980.13亿元，比上年增长9.0%。三次产业结构由2013年的8.2：56.7：35.1调整为7.9：55.5：36.6。公共财政预算收入137.88亿元，增长5.5%。公共财政预算收入占GDP的比重为7.0%，比上年下降0.1个百分点。公共财政预算支出217.21亿元，增长4.5%。国地税收入177.50亿元，增长6.9%。其中，国税收入76.24亿元，增长8.2%；地税收入101.27亿元，增长6.0%。税收占GDP的比重9.0%，比上年下降0.1个点；进出口总额144041万美元，增长15.1%。城镇居民人均可支配收入27596元，增长9.3%；人均消费性支出17587元，增长8.6%。农民人均纯收入12145元，增长11.6 %；人均生活消费支出7473元，增长10.1%。

## 收 入 概 况

2014年，枣庄市地税局共组织各项收入102.16亿元，同比增长5.46%，增收5.29亿元。其中，市级以下地方级公共预算收入完成91.87亿元，同比增长6.95%，增收5.97亿元，占全市财政收入比重达到66.63%，实现历史性突破，为财税体制改革顺利推进赢得时间和空间，有力地支持了全市经济社会事业的健康发展。

## 工 作 概 述

**【税政管理】** 围绕财税体制改革，撰写新一轮税制改革影响系列分析报告，在市直各部门和各区（市）产生良好反响；及时开展财税改革巡回讲座，释疑解惑、增强信心，营造了主动参与改革、主动谋划改革的良好氛围，市委主要领导给予批示肯定。围绕破解民营经济体制机制难题，出台促进全市民营经济加快发展20条具体措施，被枣庄市委常委、常务副市长王邵军批示肯定。全年落实税收优惠政策减免各项税收2.51亿元，有力地促进了全市小微企业和个体业户发展壮大。全面下放房产税困难减免审批权限，极大方便了纳税企业。省局张洪军局长对推进船舶车船税委托代征管理、不断加强税收调研等做法提出表扬，并推荐枣庄地税参加山东省孙伟常务副省长召集的全省财税工作座谈会。

**【税收征管】** 运用风险管理系统全面开展税收风险识别，对高风险业户、重点行业、重点税源户开展纳税评估任务推送，特别是2014年底对10户金融企业开展的团队式专项评估，入库4500万元，成效十分明显，为加强行业管理积累宝贵经验。深化重大复杂事项管理，大力开展事前备案类税收优惠、资产损失以及地方税费缴纳情况的专项评审，组织骨干力量对融通资金关联交易开展反避税调查，得到税务总局和省局充分肯定，合计补缴入库各项税款6000余万元。深入研究棚改项目管理规律，引入价值链理论对其实施动态全过程管理的创新做法，在省局会议上作典型发言。对全市584户企业开展自查和专项检查，合计查补入库税款、罚款及滞纳金3.07亿元，以查促管、以查促收作用有效发挥。

**【税收执法】**　不断弘扬法治理念，坚持依法行政。选拔系统内兼职教师，举办税务基层执法人员法制培训班，努力提升执法水平和依法行政能力。积极参与扶持小微企业发展调研，了解企业发展情况和面临的困难，印发《支持小型微型企业发展税收优惠政策汇编》，为扶持企业发展献计献策。建立健全税收政策反馈机制，深入企业、基层分局开展调研，了解掌握税收政策执行中存在的新问题、新情况，积极研究提出改进建议，推动税收政策在动态评价中不断优化。同时，研究开发三方信息平台，与工商、国土、公安等部门建立联席工作会议制度，不定期召开会议。截至2014年底，已有2个单位由区政府专门成立地方税收保障办公室，为副科级单位，单独编制。

**【纳税服务】**　开设纳税人学校，先后举办纳税人培训26期，帮助纳税人及时、完整、准确地掌握税法信息。完善纳税人银行端查询缴税、POS机刷卡纳税、银行批量划转税款、网开发票等多种自助办税服务方式；签订网上报税协议单位纳税人14514户，占单位纳税人的比重为88.04%；9月在全市地税业务范围内全面推行“免填单”办税服务，不断减轻纳税人负担，进一步规范、明确涉税事项通办范围，成为全省唯一实现全市涉税业务同城通办的单位。联合省局征管和科技发展处举办金税三期业务答疑会议，响应纳税人的需求。香港华辰集团30亿元“人人健康城”项目落户台儿庄古城，成为服务地方经济发展的又一体现。“便民办税春风行动”得到省局充分认可，经验做法在全省地税系统转发，新华网进行专门报导。

**【信息化建设】**　通过RTX群、微信群等方式及时帮助基层税务人员解决业务办理过程中遇到的问题，不断提高对金税三期工程数据查询的分析应用能力和操作水平。做好服务器操作系统、网络设备、安全设备的系统加固工作，完成内网终端接入设备整改任务，并对网络安全监控管理系统和诺顿防病毒系统客户端安装和升级，对全市在用服务器、PC、网络设备、安全设备进行了全面扫描，深层次排查安全隐患。完成市区局网络与信息安全设备安装调试，启用市至区骨干网备份线路，对区（市）局的网络按照区域进行了VLAN划分，完善防火墙安全策略，提高了系统网络的安全性。积极推动税收风险管理平台、征管数据质量检测和存量房交易价格评估系统升级改造项目的开发、上线、验收工作，满足各类数据加工和分析需求，不断提升信息管税水平。

**【基层建设】** 聚焦“四风”问题，开展党的群众路线教育实践活动，规定动作扎实到位，自选动作富有特色，提出枣庄地税特色群众观，举行“践行群众路线、争做岗位标兵”等主题演讲会和学习讲评、学教测试等，营造了浓厚的活动氛围，得到省局的高度认可，市局党组被省委宣传部授予“学习型先进党组（中心组）”，市局机关被省工会授予“富民兴鲁劳动奖状”。扎实推进问题整改，滕州市局团购住房本息返还问题司法解决进展顺利，市中分局办税服务厅和职工食堂投入使用，薛城分局职工住房公积金欠缴部分补齐，峄城分局养老保险金纳入区财政预算。通过教育实践活动，系统全体党员干部受到一次深刻的马克思主义群众观和党的群众路线教育，“四风”问题得到有效整治，党员干部作风明显转变。

**【干部队伍建设】** 认真落实干部任职交流制度，有计划、有步骤地开展中心税务所所长交流；对7个区（市）局进行了副科级以上领导干部考核测评工作。针对干部教育培训工作面临的新情况、新问题，统筹制定干部教育培训三年规划和2014年教育培训实施意见，对培训目标、方式、机制等进行科学安排，保证整个培训工作沿着正确轨道扎实推进。5月27—29日，在枣庄市委党校举办科级干部任职培训班；9月9—29日，在山东科技大学（泰安校区）先后举办税收征管业务培训班和法规税政业务培训班，共有134名系统干部职工参加培训。

**【党风廉政建设】** 以“筑牢惩防体系、建设阳光地税”为目标，加强作风纪律建设，深化党风廉政教育、廉政风险防控和监督检查，参加全市“百千百”评议活动的科室均名列前茅。按照中央八项规定精神和《党政机关厉行节约反对浪费条例》要求，修订公务出差、公务接待等相关制度，将改进作风纳入制度化、具体化。清退超标车6辆，退还借用车6辆，清退办公用房5544.87平方米；70%的会议采用视频模式，控制了会议规模、简化了形式；启用电子考勤系统，加强上下班考勤；大力控制日常费用支出，从简安排办公事项，经费支出同比下降20%以上。组织科级以上干部参加全市党员干部德廉知识考试，70名参考人员全部顺利通过，平均90分以上，其中12人取得满分。

**【精神文明建设】** 把精神文明创建作为一项长期性、综合性的系统工程来抓，不断丰富创建平台，强化机制保障，坚持文化引领，激发队伍活力，连续4年保持“全国文明单位”称号，连续3年保持全省地税系统“目标管理考核优秀单位”称号。枣庄地税核心理念、地税精神、团队使命和共同愿景进一步系统化，形成“品行文化”体系和“厚德铸品，大爱兴税”品牌，市局廉政教育基地、滕州局“善文化”基地和运河税史馆获得全省地税系统“软实力建设示范基地”。“我们的故事——地税成立二十周年征文”活动，“幸福枣庄，大爱地税”先进事迹报告会，获得系统内外一致好评。开展“寻找最美税务人”活动，1名同志当选全省地税系统“十佳最美税务人”，3名同志当选“50佳最美税务人”；孙晓红同志被市委宣传部推荐至省委宣传部参加齐鲁最美人物评选，并成功当选 “2013 年度枣庄十大新闻人物” 。

（马灿国 ）

# 枣庄市地方税务局市中分局

## 经 济 概 况

2014 年，枣庄市市中区实现生产总值 209.79 亿元，同比增长 7.80%；地方财政收入实现 21.13 亿元，增长 0.5%；规模以上工业增加值增长 6.5%；三产业比例调整到 4.6 : 54.1 : 41.3。

## 收 入 概 况

2014 年，枣庄地税市中分局共组织入库各项收入 16.44 亿元，同比增长 1.74%，增收 2820 万元，按可比口径同比增长 2.96%；区级公共财政预算收入完成 15.10 万元，同比增长 1.93%，增收 2859 万元，占全区财政收入比重达 71.45%，较上年提高 1.59 个百分点。

## 工 作 概 述

**【税政管理】** 进一步梳理税收行政许可、行政审批备案等执法事项，坚持法治理念，强化依法行政。开展“法制惠民实事”活动，全区享受税收优惠政策户数 13971 户次，所占比重达 81.31%。对企业境外投资，强化源头控管。拓宽情报交换渠道，向韩国主动提供情报 12 份。稳步推进代征工作，代征残保金 128.30 万元，代征市区两级工会经费 780.19 万元。

**【征收管理】** 开展零申报户、漏征漏管户、非正常户专项核查，借助地方税收保障部门力量，实施“跟进式管理”，夯实征管基础。积极参与“税源清查和税收专项整治”活动，查补入库税款 3575 万元。依托全区网格化社会管理平台加强零散税收社会化管理，实施源头控制，委托代征税款入库 5082 万元。通过建模找点，做强纳税评估，《橡胶轮胎制造行业纳税评估案例》《铁矿采选业纳税评估模型》分别被省、市局评为优秀纳税评估案例、优秀纳税评估模型。

**【税收执法】** 完善税收执法内控机制，坚持“每日监控，即时反馈，按月通报，即时整改”制度，规范税务行政处罚自由裁量权的行使，加大以考促管的力度，将执法预警错误信息及时整改、修正。开展了税务稽查专项检查、发票整治和税收案件举报受理等工作，查补入库税款、滞纳金 4305 万元，发挥了以查促管的打击震慑作用。

**【纳税服务】** 以新的办税服务厅启用为契机，推行“一站式”全职能窗口服务；设置“便民办税免费 wifi”，使业务办理更便捷、办税等待更松轻，同时将各类办税流程、纳税宣传材料转化成二维码，为纳税人提供数字化办税服务；成立了纳税人学校，开展了 14 次专题政策培训和“便民办税春风行动”，累计查摆并整改问题 23 条；实行领导带班和业务能手轮流值班制度，现场解答纳税人遇到的问题，提高了纳税人满意度和遵从度。

**【信息化建设】** 充分依托运维平台，做好税务系统和纳税人端软件的技术支持，快速响应运维需求，及时处理系统问题，规避运维管理风险。认真排查安全隐患和安全漏洞，有针对性地采取管理和技术防护措施，保障了应用系统的网络与信息安全。

【干部队伍建设】 以党的群众路线教育实践活动为契机，以品行文化为引领，通过价值体系的全员化植入、文化品牌的立体化构建、人才培育的舞台化运行、征管共赢的满意化服务、我爱我家的亲情化管理、多姿多彩的星光化品牌，提升了干部队伍的精气神。这一做法被《大众日报》以《六化模式成就多彩地税》为题进行了报道。对基层税务所长和机关各科室负责人16名同志进行了轮岗交流，交流面达到中层干部总人数的70.58%，优化了干部队伍结构和人力资源配置。

【基层建设】 在改造加固分局办公危楼的基础上，改建了办税服务厅、职工食堂、纳税人学校等，优化了内外部办税环境，为各项工作的深入开展提供了良好的平台。以"赢在中层 地税讲堂"和纳税评估岗位为阵地，有针对性积极开展"岗位练兵"活动，提高了一线干部的法律政策实际运用能力。

【党风廉政建设】 狠抓反对"四风"和落实中央八项规定，开展了为期3个月的作风纪律整顿活动，达到了正风肃纪、转变作风的目的。通过典型带动、搭建教育学习平台，实施"活力市中 多彩地税"工程等，增强了党组织的向心力、战斗力、凝聚力，在全省地税系统党建工作现场会上作了典型发言。

【精神文明建设】 在评选"五星风采人物"的基础上，开展了"为党旗增辉 展五星风采"教育学习活动，把"风采人物"打造成了风采集体，30位先进个人代表脱颖而出。全区四德建设现场会在分局召开，纳税服务中心被授予全国"巾帼文明岗"荣誉称号。在全市地税系统绩效管理年度考评中，分局连续两年在全市地税系统第一方阵中名列前茅。

（孔祥雷）

## 枣庄市地方税务局薛城分局

### 经济概况

2014年，枣庄市薛城区实现生产总值280.4亿元，同比增长9%；固定资产投资209.5亿元，增长15.8%；地方财政收入14.9亿元，增长6%；实现社会消费品零售总额82.9亿元，增长12.9%；城镇居民人均可支配收入、农民人均纯收入分别达27758元、12073元。三产增加值增长12.2%，制造业产值占工业产值的比重达到66%，非煤产业产值占工业产值的比重提高7.5个百分点、达到79%。

### 收入概况

2014年，枣庄市地税局薛城分局各项收入累计完成12.04亿元，其中税收收入11.36亿元，其他收入6766万元。中央、省、市、区县级收入分别为6410万元、3万元、136万元、11.38亿元，区县级税收收入10.72亿元，同比增长7.7%，增收0.77亿元，首次突破十亿元大关。

### 工作概述

【税政管理】 积极开展企业所得税汇算清缴，对辖区114户纳税人进行辅导，汇算清缴入库企业所得税1200余万元。对35户纳税人进行所得税核定，其中30户核定定额21.04万元，5户为按应税所得率核定。对辖区纳税人进行印花税核定，提高了印花税管理质效。辅导年所得12万元以上个人所得税纳税人800余人次，入库税款1169万元。积极推进土地增值税清算申报和清算审核工作，清算符合条件的8户房地产企业，共补交税款78.55万元。严格减、免、退税审核、审批，强化事中、事后监督管理。

**【税收征管】** 深化征管改革，通过委托代征等形式，规范零散税源征管秩序，共清理长期零申报280余户，查补入库税款300余万元。强化税源监控，扎实做好高新区划转税源管理，强化重点项目、重点行业税收征管，全年共办理开业登记纳税人900户、普查企业2340户、评估重点税源户61家。组织开展了税收专项检查暨“百日攻坚”活动，检查企业170余户，查补入库税款3300余万元；清理规范房地产业建筑业126家，清理入库税款5700万元，有力地规范了税收秩序。坚持税收收入月分析、征管季度讲评制度，加强国地税信息比对，提高了征管质量。

**【税收执法】** 全面实施税收执法责任制，对“金三”系统责任体系和征管流程全面梳理，每月编写执预警报告，严格落实执法考核通报和执法工作例会制度。认真开展执法督察，在落实市局6项规定内容的同时，结合实际增加3项督察内容，重点对8户疑点企业采取案头分析和实地核查，及时化解执法风险，实现了全年税收执法零过错。

**【纳税服务】** 围绕财税体制改革，开办纳税人学校，举办两期纳税人培训班，培训600人次，印制各类宣传单1000余份。扎实做好税控装置及网开发票推广应用工作，能自主网开发票企业达60户，新上税控机31台，陈旧税控机全部升级改造。打造纳税服务升级版，QQ群提醒服务、“免填单”服务、“微信扫一扫”得到纳税人的一致好评。

**【信息化建设】** 抓好金税三期工程应用系统的运维工作，完善运维机制，加强“金三”系统、网络安全、设备管理等技术培训，强化网络与信息日常管理，保障了系统安全。深化应用支持，做好征管理质量、收入质量、政策效应和税源管理等工作分析，为税收工作提供了有力地技术支撑和保障。

**【干部队伍建设】** 认真组织开展党的群众路线教育实践活动，注重学习教育，围绕活动中梳理的10大类33个具体问题着力抓整改，党员干部作风明显转变。副科级以上干部个人出资，帮扶十户困难群众的做法，受到普遍好评。加强教育培训，全年共进行各类培训20余次，参训人员达300人次。组织开展“落实规定动作　实现争先进位”大讨论、“我与地税同行　共筑美好明天”有奖征文活动，编印《难忘20年　跨越新发展》画册，激发了内部活力。

**【基层建设】** 加强新财税综合服务中心办公楼后续配套建设，预计2015年可投入使用。全年改造办公办税场所12处，基层配备空调26个，完善图书室、阅览室9个。为加强高新区划转企业的服务和管理，挂牌成立巨山税收管理办公室。基层面貌焕然一新。

**【党风廉政建设】** 严格落实党风廉政建设责任制，加强廉政教育，完成廉政作业，观看警示教育片，编发内部刊物《清风地税》，拓展教育平台。推进廉政风险防控平台有序运行，跟踪排查廉政风险点，平台学习率、处置风险点任务完成率达到100%。大力加强机关效能建设和政风行风建设，严格落实中央八项规定，聚焦“四风”问题抓督导、抓整改，促进了党风政风转变。

**【精神文明建设】** 致力精神文明建设，大力开展争先创优活动，区局连续9年保持省级文明单位称号，陶庄所荣获省级文明单位称号，区局纳税服务大厅被授予市级青年文明号、邹坞所和常庄办税所被评为市级工人先锋号荣誉，成功捐献造血干细胞的孙晓红同志，荣获全省地税系统“最美税务人”和枣庄市“十大新闻人物”称号。

（谢化军）

## 枣庄市地方税务局峄城分局

### 经济概况

2014年，枣庄市峄城区实现生产总值156.62亿元，同比增长7.9%；其中第一、二、三产业增加值分别实现18.67亿元、82.95亿元和55.00亿元，分别增长3.8%、7.7%和9.6%。全区固定资产投资完成169.63亿元，增长14.6%。全社会用电量累计10.01亿千瓦时，下降1.4%。全区地方公共预算财政收入实现8.46亿元，增长10.0%，其中税收收入完成70753万元，增长12.0%，税收收入占财政收入比重为83.7%。

### 收入概况

2014年，枣庄市地税局峄城分局共组织各项收入7.14亿元，同比增长19.65%，增收1.17亿元。其中，中央完成1.6亿元，区级完成5.67亿元，同比增长4.9%，增收2648万元。

### 工作概述

**【税政管理】** 认真落实国家出台的税制改革政策措施，开展“营改增”扩围和煤炭资源税从价计征改革准备工作；强化存量房评估征收管理，“二手房”交易税收共计入库262万元。加强宗地信息关联比对，推行以地控税。完善税种优惠政策后续管理，送达税收优惠政策告知函，为409户次营业税纳税人减免税收140万元。加强所得税管理，汇缴补缴企业所得税2.12亿元。全区226人进行年所得12万元以上个人所得税申报，申报应纳税额1098万元。加强印花税核定征收管理，单位纳税人核定征收率达到25.7%。借助中介力量参与土地增值税清算审核，实现房地产项目土地增值税清算历史性突破。

**【征收管理】** 强化户籍管理，严格非正常户认定，对97户纳税人依法进行公告、注销；单位纳税人从年初的580户增加到1050户。全面开展单位纳税人税源普查，普查入库地方税收777.9万元。

成立区税收保障办公室，通过委托代征、国地税联合办公、发票代开等措施，加强零散税源监控。规范代征协议，设立代征台账，实施备案管理。梳理营业税、房产税、土地使用税等10个税种管理薄弱环节，从政策执行中查找税源。开展欠税清查，全年清理欠税1.06亿元。采取“点线面”相结合的方式，提高纳税评估风险管理能力和应对能力，全年共评估61户，入库税款1115万元，加收滞纳金23万元。推行征管绩效考核工作项目化、项目指标化、指标责任化，运用绩效考评倒逼职能转变、工作改进。

加强税收管理，认真开展税源调查。

**【税收执法】** 采取联合办公的方式，加强国税部门代开增值税发票环节附征税费的管理，堵塞征管漏洞，入库附征税费41.84万元。与公安、国税建立大要案协办机制，明确规范涉税案件的移送程序，召开联席会2次，信息交流6次，入库税款7.2万元。组织税收专项检查，查补各类税款1753万元，发挥了稽查“以查促收”“以查促管”的作用。

**【干部队伍建设】** 深入开展党的群众路线教育实践活动，领导班子带头查摆“四风”问题，建立联系点制度、谈话制度、调研制度。通过学习、征求意见、谈心谈话、查摆“四风”、问题整改、民主生活会等活动，使党员干部深受教育，普遍接受了一次党风政风的大洗礼，提高了践行党的宗旨意识和群众路线的自觉性。为群众办实事，将欠缴养老保险金列入政府部门年度预算，合同制人员月增资300元。完善学习制度，制定下发《领导班子集体学习制度》《政治业务学习制度》《领导干部轮流讲课制度》。坚持学习与练兵互动促进，开展岗位练兵和院校培训。组织开展兼职清理、在编不在岗“吃空饷”清理清查。推进绩效考评系统上线运行，完善考核指标，强化绩效管理运用，发挥绩效考核激励约束作用，促进了年度目标任务的圆满完成。

**【党风廉政建设】** 组织全员参观拘留所、市局教育基地，观看廉政电教片、开展廉政教育讲座；更新维护廉政教育基地内容；开展“每天一承诺，早晚两提醒”活动；运用廉政风险防控平台加强信息核查，对9名责任人进行工作体醒；开展财政资金返还专项检查，落实风险责任，对90人进行廉政提醒谈话。采取通知提醒、明察暗访等方式，对落实中央八项规定精神、纠治“四风”情况进行执纪检查，从严控制“三公”经费支出。在峄城区重点部门百个科室“作风建设大家评活动”中，分局参评部门连续两年名列第一。

**【纳税服务】** 强化岗位培训，全年参加各级业务培训班9期共78人次；推广网开发票管理系统、“免填单”服务系统、电子档案系统，实行网络报税、

POS机刷卡缴税；设立导税台和专家坐席，依托公共邮箱、短信平台等网络交流工具，向纳税人发布提醒信息、税收政策和问题解答5120条；开展“我做一天纳税人”主题活动；推行“菜单式”培训，纳税人学校共举办9期培训，参加人员962人次。

【精神文明建设】 实施文化铸魂工程，积聚正能量。在全局党员中开展“四德教育”“党员三问”“双承诺、双提升”和党组送书活动，征集“四德模范”和“峄城好人”先进事迹，挖掘系统内部的好人、善事；成立乒羽、篮球、歌舞、自行车、摄影书画等五个兴趣活动小组；举办“欢乐峄城·多彩地税”文艺晚会；组织团员青年参加文明交通志愿服务和网络宣传；建立义工协会，募集善款和衣服，帮扶特困家庭；开展“党员结对帮扶”主题实践活动，打造“忠诚、厚德、敬业、奉献”的价值理念，涌现“立足岗位做标兵，我为地税添光彩”全市劳动模范，“峄城好人”，优秀服务志愿者和拾金不昧等先进典型和事迹。分局先后被评为全市助残先进集体和职业道德先进单位。

（王善楼）

## 枣庄市地方税务局台儿庄分局

### 经济概况

2014年，枣庄市台儿庄区实现生产总值159.7亿元，同比增长9%；地方财政收入完成7.7亿元，增长8.1%；三产增加值占比34.5%，同比提高2.1个百分点，三产税收占地税收入比重为57.8%；全年接待游客361万人次，增长37.8%，营业收入1.4亿元，增长30.8%，服务业成为最具活力的经济增长点。

### 收入概况

2014年，枣庄市地税局台儿庄分局共组织各项地税收入5.27亿元，同比增长8.28%，增收4032.7万元，收入增长的主要原因是全区经济的稳定发展和旅游服务业的持续推进。

### 工作概述

【税收征管】 在机关实体化建设上，实施机关业务科室下沉到办税厅坐班办公，面对面解决纳税人需求；在零散税源上，大力推行社会化管理，对33家区直部门和镇办上报的涉税信息每月通报、年终总评，全年共采集涉税信息6500多条，入库税款760多万元；在纳税评估上，运用评估模型，开展了房地产、建筑业、金融、电力等行业专项评估检查，共入库税款2790万元；在税务稽查上，推行电子查账提高稽查效率，与国税局开展一案一户联合稽查，全年通过税务稽查共入库税款903万元。在车船使用税征收管理上，与海事部门签订了《车船税代征协议书》，并将开票软件直接与海事部门船舶信息数据连接，在入籍、年检时进行代征，实现了船舶年检、缴纳税款合二为一。在资源税管理上，通过强化征管措施，走出了一条“以药控税、合理核定、集中征收、规范管理”的社会化征管的新路子，共入库资源税5797万元，增收413万元。

【纳税服务】 全面开展了“便民办

税春风行动”，组织税务人员下企业、走商家，进社区开展面对面、点对点的服务，积极营造征纳共盈和谐氛围。结合贯彻落实《全国县级税务机关纳税服务规范》，推行免填单、简化办税流程和提速办理三措并举，93%的税收业务在办税服务厅即日即时办结。与国税部门开展联合办税，既有效降低税收流失率和税收征纳成本，又实现纳税人进一家门办两家事。

**【机构人员】** 截至2014年底，全局内设9个科室，2个直属单位，3个中心税务所。共有正式在职干部职工115人，大专以上学历104人，占90.6%，党员84人，占73%。

**【干部队伍建设】** 局班子成员以身作则，叫响了“从我做起，向我看齐”的口号，在工作和生活中，带头竖标杆；在培育典型中，用身边的人、身边的事教育干部，形成示范效应；针对干部职工反映的诉求，成立了4个文体小组，定期开展各类文体活动；在队伍建设上，调整人员22人，其中机关科室人员减少7人，增强了基层一线干部队伍生机；在绩效管理上，制定了实施方案，确立了考核指标，组织开展了专项考核，建立起绩效管理各项制度指标体系和运行体系。

**【地税文化建设】** 大力开展“省级文明城市”创建、“学雷锋我为创城添风采”志愿服务、“创文明城文明交通我先行”志愿服务、纪念青年文明号二十周年“团旗接力”等活动。在省局开展的寻找“最美税务人”活动中，1名同志被省局评为“最美税务人”和“十佳最美税务人”。中国运河税史馆被省局评为“软实力建设示范基地”。区局连续14年被评为省级文明单位，7个基层单位被评为市级文明单位。

**【党风廉政建设】** 局党组严格落实“一岗双责”，始终坚持党风廉政建设工作与地税业务工作同部署、同落实、同检查，围绕地税权力运行的重点领域和关键环节，对决策权、执法权、管理权等进行规范，把权力关进制度的笼子里。同时，利用系统内的廉政风险防控平台，加大了对重点部位、重点环节、重点人群的风险防控，并不定期开展明察暗访等活动，查作风、查纪律。结合党的群众路线教育活动的开展，集中清理超标办公用房、公务用车，对班子查找出来的16个问题，制定了整改方案，建立完善《公务用车管理制度》《问题销号制度》等11项制度，全面抓好整改落实，全局上下树立了新风正气。

（吴敬文）

## 枣庄市地方税务局山亭分局

### 经 济 概 况

2014年，枣庄市山亭区实现生产总值125亿元，同比增长10.2%；地方财政收入实现5.02亿元，增长10.4%；固定资产投资完成100亿元，增长16%；城镇居民人均可支配收入2.72万元，增长9.3%，农民人均纯收入9800元，增长14%。

### 收 入 概 况

2014年，枣庄市地税局山亭分局共组织入库各项收入4.55亿元，同比增长

18.34%，增收7054万元，其中，税收收入完成4.36亿元，同比增长17.91%，增收6637万元，其他收入完成1840万元，同比增长29.49%，增收419万元。

## 工作概述

【税政管理】 严格执行上级各项税收政策，同时大力做好政策的宣传解释工作。顺利完成上一年度企业所得税汇算清缴，个人所得税年所得12万元以上人员自行申报和两处以上取得收入个人所得税清理核查等工作。积极开展土地增值税清算工作，确保应收尽收。严格落实各项税收优惠政策，让纳税人享受到真正的税收优惠政策。

【征收管理】 积极推进征管改革，夯实税收征管基础。加强临时户和零申报管理，提升征管档案电子化管理，提高数据的利用率；积极依托委托代征（非市场）系统，扩大推行零散税源社会化管理经验做法，较好地实现了零散税源管控的目标。深化纳税评估专业化，探索征、管、评、查良性互动的工作机制，深入解剖评估对象，发挥评估一个企业、规范一个行业、辐射相关产业的作用。

【税收执法】 严格税收执法责任制，切实推进依法治税。年初与各税收执法岗位签订目标管理责任书，责任到人、职责到岗，具体到每一项工作，防止出现税收执法程序错误。制定年度税收执法督察工作实施方案，严格对照督察重点内容开展督察，查找问题、分析原因、认真整改，提高了税收征管质量。

【纳税服务】 推进纳税服务现代化，着力打造特色亮点便民办税服务。在全市地税系统率先实行涉税事项免填单办税服务，开通山亭地税微信公众平台，实现了征纳双方互动；成立纳税人学校，开展了土地增值税清算等六期培训；认真学习贯彻《全国县级税务机关纳税服务规范》，组织了纳税服务能手选拨。被省局确定为纳税服务规范升级示范点。

开通税收微信公众号，进一步方便纳税人。

【干部队伍建设】 高度重视干部队伍素质建设。制定年度《干部教育培训计划》，坚持每周五下午地税大讲堂活动，开展“每季一考”，评选出10名学习标兵。强化激励机制，形成重视学习、重视人才、重视能力的良好风气。加强地税软实力建设，经验做法在全省地税系统推广。组织参加了山亭区“财税杯”篮球友谊赛，“庆五一”登山比赛等文体活动，凝聚了干事创业的热情与活力。

【基层建设】 坚持重心下移思想，不断加强基层建设。先后投资20余万元，为各基层所集中购置了26台空调；为全局更新置换台式电脑32台，购买笔记本电脑20台，极大提高了信息化办税水平，改善了办公条件；强化人文关怀，实施机关建设“温馨工程”，购置了体育健身器材，办好食堂“暖心工程”，营造了拴心留人的良好工作环境。

**【党风廉政建设】** 严格落实党风廉政建设责任制，坚决贯彻落实中央八项规定精神。对全局作风纪律从严要求，严格上下班考勤管理和请销假制度。对公务接待、公务车辆、办公用房等，进行了全面的清理规范。高度重视廉洁从税教育，建立了区纪委、检察院专家领导授课常态化制度，定期组织参观市局廉政教育展厅、区检察院预防职务犯罪警示基地，构筑了地税干部廉洁从税的“防火墙”。

**【精神文明建设】** 2014 年，被区委、区政府通令嘉奖，成为全区首家获此殊荣的机关单位。荣获“全市地税系统绩效考核优秀单位”。此外，还获得“山东省工人先锋号”“枣庄市人民满意示范单位”“枣庄市敬老文明号”“全区政风行风评议免评单位”等荣誉称号，张正佳同志荣获“枣庄市十大新闻人物”。

（崔加平）

# 枣庄市地方税务局<br>高新技术产业开发区分局

## 经济概况

2014 年，枣庄市高新区实现生产总值 72.25 亿元，同比增长 12.9%。第一、二、三产业分别实现增加值 2.08 亿元、47.86 亿元和 22.31 亿元，分别增长 2.4%、15% 和 7.4%。全社会固定资产投资达到 128.85 亿元，增长 15.4%。地方财政收入累计完成 6.4 亿元，同比增长 6.9%。

## 收入概况

2014 年，枣庄市地税局高新区分局共组织各项收入 4.57 亿元，同比增长 16.74%，增收 6550 万元。其中，税收入库 5.14 亿元，同比增长 16.80%，增收 6284 万元。教育费附加累计入库 994 万元，同比增长 14.38%，增收 125 万元；地方教育附加费累计入库 652 万元，同比增长 16.22%，增收 91 万元。

## 工作概述

**【征收管理】** 根据高新区经济发展的新特点，加强税源管理，努力涵养培植税源，不断加大征收清缴力度。一是强化收入预测，把握工作主动，理清总体税源情况和走势；二是强化税收分析，加强级次间、税种间、行业间的收入差异分析，找准薄弱环节；三是加强收入调度，保证各时期阶段性收入目标的完成，确保收入均衡增长；四是强化重点税源和重大项目管理，力促重点增收；五是大力推进税收征管“精细化管理”，以抓好关键环节、重点细节为着力点，以计算机管理为依托，以过程控制为手段，以全面提高征管质量和执法水平为目标，融岗责体系、操作规程、业务考核、责任追究为一体，切实提高整体管理水平。

**【纳税服务】** 筑牢“最大限度便利纳税人、最大限度规范纳税人”的服务理念和“三个三”工作要求，开展税务干部换位大体验，切实转变职能改进作风，积极落实各项措施，进一步优化制度安排、简化办税流程、拓展服务方式。开展了一系列服务活动，纳税人培训学校有计划地举办了12期培训，开通新浪微博实现税企指尖对话，通过减流程、提速度全方位提高办税效率。

**【干部队伍建设】** 干部轮岗交流工作平稳顺利，以实施税收管理新模式为契机，从机关选派业务骨干充实基层，共交流轮岗23人，占职工人数的85%。注重加强班子理论学习和民主集中制教育，认真执行领导班子议事决策规则；坚持一季度一考试制度，以考促学，组织各类培训，开展形式多样的岗位练兵活动，不断提高干部队伍的业务水平，营造浓厚学习氛围。

**【党风廉政建设】** 全面贯彻落实中央八项规定和《党政机关厉行节约反对浪费条例》。坚决治理“庸懒散”不良作风，按照省、市局高新区党委、管委有关要求，认真做好办公用房整改和公务用车整改，扎实推进节约型机关建设。不断丰富廉政教育形式，开展多种形式的教育活动，加强日常教育监督，不断增强干部勤廉意识。

**【文化建设】** 培育文化理念、开展“四家建设”活动、打造文化精品为切入点，将精神文化和思想政治建设、队伍建设、风气建设紧密结合起来，先后组织开展全员述职活动、领导干部讲党课、机关科室轮训、摄影、读书会、笔画书会等活动，通过文化载体推动作用，进一步提炼治税理念、人才理念、职业理念、服务理念等地税文化，培养干部职工对地税事业的认同感和归属感。

**【基层建设】** 继续加大基层建设投入力度，严格实施规范化建设标准，为基层干部职工提供舒适的工作和生活环境；展示廉政文化走廊，烘托浓厚的文化氛围；建设文化教育阵地，建立起了图书阅览、党建文化、警示教育室等一体的多功能展室，在内部网站开辟“网上廉政教育基地”，为干部职工提供感悟文化、学习升华的教育平台。

**【精神文明建设】** 分局高度重视精神文明建设，获得了国家级、省级、市级多项表彰，其中获得国家级“模范职工小家”、省级精神文明单位、省局基层建设优秀单位、市级精神文明单位、市局优秀办税服务厅、高新区管委会优秀单位等荣誉称号。

（张　源）

# 滕州市地方税务局

## 经济概况

2014年，滕州市实现生产总值981.75亿元，地方财政收入完成64.07亿元，三次产业比例调整到7.6：52.5：39.9。在2014年全国县域经济基本竞争力百强县中列第18位，比上年提升4个位次，跨入全国县域经济“第一方阵”。

## 收入概况

2014年，滕州市地税局共组织各项收入48.85亿元，同比增长5.41%，增收2.51亿元。其中，地方级收入完成44.60亿元，同比增长6.6%，占财政收入中税收收入的比重达到69.62%，比2013年提高 1.03 个百分点。

## 工作概述

**【税政管理】** 加强新一轮税制改革对滕州经济发展的测算分析和煤炭资源税的改革应对，积极撰写调研报告，为领导决策当好参谋；认真落实小微企业、高新技术企业等各项税收优惠政策，发挥了政策的导向作用；依法代征工会经费、残保金、水利基金等规费，推动了社会各项事业的发展。

认真落实税收优惠政策，深入企业进行调研，助力企业发展。

**【征收管理】** 以社区、办事处为基本单位，逐街逐巷开展拉网式税源普查，为建立税源管理长效机制奠定了坚实基础；围绕“金三”系统的全面应用，扎实开展数据清理整改，进一步夯实了征管基础；推进“征管评查”联动机制建设，形成了税收工作的整体合力；推进《基层税收业务管理工作规范》，建立了完整的闭环式业务办理链条；对联想集团、微山湖古镇等重大建设项目实施团队化专项评估，推进了纳税评估专业化管理；扎实开展对房地产、建筑、化工、建材等行业和市直重点税源企业的检查。认真清理邮政业“营改增”户和非学历教育机构营业税的征收管理。开展企业所得税汇缴培训辅导和两处及两处以上个税核查工作。抓好土地使用税政策调整和资源税改革的宣传、辅导。引入中介机构开展土地增值税清算。加强存量房和采煤塌陷地耕契税的征收管理。

**【纳税服务】** 开展“便民办税春风行动”，落实《全国县级税务机关纳税服务规范》，推进全市域同城通办，实行免填单服务，减轻了纳税人负担。组建纳税人学校和网上税校，实体课堂与网络课堂并行推进，培训纳税人达 1500 余人（次）。围绕税收宣传月，开展税法进校园、善国讲坛讲税法等税收宣传活动，提高了税法宣传的深度和广度。

**【信息化建设】** 认真做好系统运维及网络安全管理和信息化各项日常管理工作，开发征管评查、重点企业直报系统、地方税收委托代征系统等软件，充分发挥了信息化支撑作用。

**【干部队伍建设】** 强化日常的专题业务培训，在山东科技大学举办了基础会计知识培训班，提高了干部职工的业务能力。制定了机关和系统绩效管理办法及考评指标，扎实推进绩效管理工作。将党建工作融入地税文化建设的体系中，建立“支部建在所上，党旗插在岗上”党建示范点，为文化建设提供了新平台。开展寻找“最美地税人”和庆新春拔河比赛、“三八”节游艺等活动，营造了和谐向上的浓厚氛围。围绕党的群众路线教育实践活动主题，聚焦“四风”问题，通过“三对照三思问”“访民意、聚民心、倾情地税增活力”“创新基层、文化基层、规范基层、活力基层”等系列活动的开展，促进了教育实践活动与税收工作的紧密结合。同时，对梳理的“四风”问题，建立台账，销号管理，建章立制，固化了活动的成果。

**【党风廉政建设】** 深入开展反腐倡廉“六个一”警示教育活动，引导干部职工自觉抵制各种不良风气和腐败现象的侵蚀，筑牢拒腐防变思想道德防线，营造了风清气正的税收环境。开展基层负责人任期廉政谈话，促进了“一岗双责”的履行。加强效能监察，组织明察暗访，促进了纪律作风建设。

**【精神文明建设】** 加强与文明办、工、青、团、妇等部门的沟通联系，有目的地引导各基层单位开展文明创建活动。积极参加社会公益活动，热心帮助社会弱势群体，展现了地税部门良好的社会形象。先后荣获“省工会经费代收先进单位”“枣庄市人民满意示范单位”和“枣庄市职工职业道德建设先进单位”等荣誉称号。

（孔德高）

# 东营市地方税务局

## 经济概况

2014年，东营市实现生产总值3500亿元，同比增长10%；全社会固定资产投资2690亿元，同比增长15.8%；高新技术产业占工业产值比重达34.1%；城市居民人均可支配收入37000元，同比增长8.9%；农民人均纯收入14530元，同比增长11.8%；实现公共财政预算收入206.2亿元。

## 收入概况

2014年，东营市地税局共组织各项收入193.26亿元，同比增收14.84亿元，增长8.32%。其中，中央级收入13.16亿元，同比增收0.94亿元，增长7.67%；省级收入41.16亿元，同比增收0.39亿元，增长0.95%；市级以下收入138.94亿元，同比增收13.51亿元，增长10.78%。

## 工作概述

**【税政管理】** 开展全市建筑业、房地产业、移动通信业和金融保险业等"营改增"行业纳税人拉网式评估检查。加强土地使用税管理，"以地控税、以税节地"工作经《人民日报》《光明日报》和《新华社山东参考》等主流媒体报道后，得到省政府主要领导的高度关注，并被写入《2015年山东省政府工作报告》；相关工作做法分别荣获税务总局、省地税局一等创新项目。简化企业所得税汇缴流程，规范鉴证审核，加强催报催缴，引入淘汰机制，汇缴入库税款同比增收1.04亿元，增长35%。推进个人收入明细申报，将全市1.2万户扣缴单位、35万多人纳入监控；探索加强两处以上所得个人所得税管理的新路子，核查信息8145条，补交税款839万元。

**【征收管理】** 注重夯实征管基础，完善相关制度，制定《征收管理具体问题指南》；根据油田企业生产经营特点，将胜利油田改为油田、石化两个分局管理，实现税源管理的专业化；加强户籍管理，开展全市漏征漏管户专项清理，新增纳税人890余户；严格非正常户认定程序，强化纳税人停歇业审核；加强征管档案管理，升级电子影像系统，为全市1900多户重点企业建立"一户式"电子档案；强化发票管理，圆满完成省局网开发票试点任务；深化社会综合治税，围绕工商登记制度改革对税源管理的影响加强研究，调研报告得到省地税局局长和东营市委、市政府领导的批示肯定。

**【税收执法】** 按照简政放权的相关要求，编制《行政审批及备案项目操作指导手册》，全面梳理市县两级的10类行政权力，清理权力事项123项；注重政策执行情况的及时评价反馈，《对石油开采企业生产建设用地恢复征收土地使用税政策反馈报告》被税务总局政策法规司采用，列入总局政策研究修改计划。

**【纳税服务】** 主动站在经济社会发展全局的高度认识和分析问题，开展市本级税源结构分析、全市餐饮业和金融业调研、主辅分离调研、黄河三角洲高效生态经济区税收经济调研等专题调研，《胜利油田税收现状分析及政策建议》的调研报告被税务总局《税收分析报告》刊发。减免31232户纳税人税收70.3亿元，减免额居全省第一。制定出台《关于服务重点税源企业 促进经济发展的实施意见》，开展以“纳税300强企业”为对象的“大走访、大调研、大服务”活动，工作做法被税务总局《大企业税收管理专刊》刊发。

**【信息化建设】** 自主研发数据信息管理平台，重点开发查询展示、分析比对等功能，并通过比对分析胜利油田ERP系统定期提供的数据资料，实现油田主要税种的及时管理监控；加大“金三”运维力度，建立起市、县、所三级专业运维队伍，修订《常用业务操作手册》，编印《业务操作问题集锦》，保障金税三期工程应用系统的平稳运行。

**【干部队伍建设】** 在全系统深入组织开展党的群众路线教育实践活动，坚持领导带头、坚持开门搞活动、坚持边学边改，实现“规定动作做到位，自选动作有特色”；围绕作风建设这个教育实践活动的核心内容，研究制定《关于进一步加强全市地税系统作风建设的意见》，每名干部职工紧密结合岗位实际深入查摆作风建设方面存在的突出问题，层层签订《加强作风建设责任书》，制定具体整改措施，作风建设新常态逐步巩固并不断深化。大力倡树清风正气，牢固树立选人用人的正确导向，研究制定《全市地税系统年度考核办法》，通过定标准、定尺子，把真正能干事、会干事、干成事的同志评选出来。根据阶段性检查评估任务确定培训内容，在相关培训结束后立即组织参训人员投入专项评估检查，巩固学习成果、增强培训实效；实施岗位能力提升工程，2名同志进入税务总局专业人才库，《注重转变思路，突出培训实效》的工作做法被税务总局《税务干部教育月报》刊发。

**【基层建设】** 按照试点带头、点面结合、一体多元、全面推进的工作思路认真开展软实力建设试点，制定《全市地税系统软实力建设指导意见》；自主研发“税苑心合家园管理系统”，用信息化搭建起机关与基层、领导与职工诉求表达、沟通交流的平台。

**【党风廉政建设】** 严格落实党风廉政建设责任制，试点建立岗位廉政建设责任制，逐人逐级梳理岗位职责、权力事项和风险点，层层明确责任清单，实现廉政防控的无缝衔接和全覆盖。严格落实中央八项规定，大力实施效能提升工程，认真治理“庸懒散”行为，组织明察暗访18次，行政效能显著提升。

**【精神文明建设】** 市局成功通过全国文明单位复查，被市委、市政府授予“全市综合考核一等奖”；全系统共荣获省级以上荣誉10项，市级荣誉24项，

51人次受到市级以上表彰奖励。

（张在阳　张净国）

## 东营市地方税务局东营分局

### 经济概况

2014年，东营市东营区实现生产总值416.7亿元，同比增长12.5%；全社会固定资产投资518.3亿元，增长15.7%；公共财政预算收入29.38亿元，增长10%；城镇居民人均可支配收入37484元，农民人均纯收入14843元，分别增长8.7%和11.2%，进入全国综合实力百强市辖区。

### 收入概况

2014年，东营市地税局东营区分局共组织各项收入21.73亿元，同比增收2.24亿元，增长11.51%。其中，市区级预算收入19.35亿元，同比增收2.06亿元，增长11.92%。

### 工作概述

**【税政管理】**　及时了解基层税务所在新政策执行中遇到的困难，针对管理薄弱环节和热点、疑点问题制定发布《税收政策问答》4期；开展企业所得税汇算清缴检查，查补税款2473.35万元；全面加强12万元以上个人所得税自行申报工作，完成个税申报1165人次，补缴税款40.71万元。

**【征收管理】**　建立分局、中心税务所“双方互动”的税收分析落实反馈机制，开展多角度对比分析；积极开展税源专项调查，将167户年纳税额50万元以上企业确定为重点税源企业，进行重点监控；相继开展股权转让、免抵退、对外付汇、软件开发、金融业、房地产和建筑业等专项纳税评估检查，评估入库各项税款及滞纳金1.7亿元。

**【税收执法】**　尝试建立由征管科选案，税源科、稽查局联合检查，审理委员会集体审理的“链条式”稽查模式，深入推广电子查账，对全区企业进行分行业稽查，查补税款、罚款及滞纳金8468万元。

**【纳税服务】**　全面推行“一户式”管理、“一站式”办公和“一条龙”服务，积极开展预约服务、提醒服务、上门服务、网络服务、微信服务等个性化服务，完成14个办税场所42台POS机的升级安装调试工作，纳税服务大厅获得“山东省工人先锋号”荣誉称号。

**【信息化建设】**　不断强化信息软件的推广应用，提高信息化管理水平，加强对内网中所有客户端机器的管理监控力度，实现全系统内网的统一管理、监控、报警和审计策略。

**【干部队伍建设】**　全年举办“好书伴我行”活动3次，累计为职工购买推荐书籍600余册；分三批次组织全局160余名干部职工，开展全员知识更新培训；鼓励干部职工参加在职教育和职称考试，现有研究生学历2人，硕士学位3人，在读硕士、博士4人，20人取得注册税务师资格，70人次取得初、中、高级经济类职称。

**【基层建设】**　4月，全省地税系统基层软实力建设现场会在东营分局召开，作为全省地税系统基层软实力建设试点单位，突出文化引领，加强效能建设，实现全局基层软实力水平的普遍提升。11月，在全省地税系统基层软实力建设工作试点情况总结会上，省局基层工作处对软实力建设开展情况给予高度评价。

【党风廉政建设】 深入贯彻中央八项规定精神，加强内控机制建设，定期对全局重大开支、干部任免、税收减免、税务稽查等进行监督检查；扎实开展廉政文化建设，出色完成省局反腐案例汇编；选取牛庄和胜利两个中心税务所作为试点单位，率先开展岗位廉政新机制建设工作，建立“层、类、岗、责、险、控”的岗位廉政建设新机制，构建“政策阳光化、权力明晰化、责任全员化、风险明示化、管理精细化、防范科技化”的防控新体系。

【精神文明建设】 广泛开展各类争先创优活动，文汇中心税务所荣获“市级文明单位”，胜利中心税务所被评为东营区“2014年度十佳文明示范窗口”，各单位的各类荣誉称号均复审合格。

（宋　欢）

# 东营市地方税务局河口分局

## 经济概况

2014年，东营市河口区实现生产总值248亿元，同比增长12.8%，全社会固定资产投资288亿元，增长17%，多项指标提前完成“十二五”规划指标。

## 收入概况

2014年，东营市地税局河口分局共组织各项收入11.34亿元，同比增收1.31亿元，增长13.08%；区级以下一般预算收入，完成9.41亿元，同比增收1.59亿元，增长20.33%。

## 工作概述

【税政管理】 按照国家税制改革要求，认真做好房地产业、建筑业、金融保险业及生活服务业“营改增”工作。依法落实国家支持小型微利企业、高新技术企业、资源综合利用、节能环保类企业、农林牧渔业及安置残疾人就业企业等税收优惠政策。依法开展纳税咨询、辅导等工作，提供无偿纳税服务。依法实施涉税事项处理，确保国家政策落实到位。

【征收管理】 坚持依法治税，加强征管制度建设，强化数据管理与应用，深化征管指标分析监控；加大对税务登记、纳税申报、税款征收、发票管理等环节的审核认定，促进征管质量的提升。

【税收执法】 开展“阳光执法、便民服务”活动，认真落实行政审批改革措施，简化涉税事项办理环节，优化办理流程，依法开展日常征管检查、税务稽查，做到依法行政、公正执法、廉洁从税。

【纳税服务】 积极推行实施行政服务“四牌”告知制度，进一步加强机关作风建设，提升行政服务效率；坚持“始于纳税人需求，基于纳税人满意，终于纳税人遵从”原则，认真执行首问负责制、限时办结等制度，不断优化纳税服务措施；全面落实《全国县级税务机关纳税服务规范》，巩固办税服务规范化建设成果，对纳税业户开展人性化、个性化的纳税服务。

**【信息化建设】** 为适应新时期税收工作的需求，加大信息化建设投入力度，按照优先基层配备的原则进行了配置，信息化设备的数量和质量得到较大提升，保障“金三”系统的运行和日常税收征管、行政管理的现代化需要。

**【干部队伍建设】** 以党的群众路线教育实践活动为统领，以制度建设和开展各类教育活动为主线，不断提高队伍整体素质。强化宗旨意识，以狠抓“四风”为切入点，不断改进干部职工工作作风；全面贯彻落实中央八项规定要求，密切党群干群关系，树立为民务实清廉的形象。加强班子决策能力，在人事、财务、基建等重大问题，实行民主集中制；坚持“高起点定位、分结构培训”的原则，开展各项培训工作。

**【基层建设】** 改善基层办公环境，提高基层硬件设备数量、质量。加强基层地税文化建设及人文关怀，如建立道德讲堂、廉政文化长廊、职工图书阅览室、党支部活动室等，开展广泛的文体活动，满足职工精神文化生活的需求。

**【党风廉政建设】** 认真落实党风廉政建设责任制，明确两个主体责任和各项廉政制度；坚持“贴近工作实际、发挥教育引领”的原则，以“廉政纪律教育、廉政案件警示、廉政风险防范”为主线，科学建设河口分局廉政文化展厅；总结提炼在廉政教育、执法风险防控方面的成效做法，形成《河口地税廉政画册》《河口地税基层执法风险防控体系》丛书，促进广大税务干部廉洁从税、依法行政。

**【精神文明建设】** 以组织收入为中心的同时，大力实施“文化兴税”工程，加强软实力建设，以文化展厅为平台，楼宇文化、廉政展厅、职工阅览室、道德讲堂为窗口，认真开展政治思想教育、党性教育、勤政廉政教育和职工文体活动，形成全员参与、积极向上的文化氛围。积极参与文明单位、青年文明号、巾帼文明岗等创建活动。先后荣获“山东省富民兴鲁劳动奖状”“山东省幸福进家活动先进单位”“全市残疾人就业工作先进单位”“全市代收工会经费工作先进单位”“东营市工人先锋号”等多项荣誉称号，50余人次被各级部门表彰奖励。

（万青青）

## 东营市地方税务局经济技术开发区分局

### 经济概况

2014年，东营经济技术开发区实现生产总值351.44亿元，同比增长11.7%。其中，第二产业增加值283.56亿元、第三产业增加值67.88亿元，分别增长11.9%和9.9%。

### 收入概况

2014年，东营市地税局经济开发区分局共组织各项收入13.66亿元，同比增长13%；其中预算内收入完成11.82亿元，同比增长8.07%。

## 工作概述

**【税政管理】** 全面落实《山东省地方税收保障条例》，建立与开发区财政、国税、工商、国土、经发局、固定资产清理办公室等部门的涉税信息共享机制，明确各部门的举证和告知义务，防止税款流失。做好金税三期工程等核心业务系统运维保障工作，加强征管基础状况分析，深化跨域数据增值应用；加强纳税评估，组建专家团队和聘请中介机构集中开展银行企业所得税评估及土地增值税清算，开展各类评估工作7次，评估税款403万元。

**【征收管理】** 全面落实小微企业税收优惠等减税政策，通过电话联系、上门辅导、发放告知函及优惠政策汇编等方式，告知企业优惠政策及事项。对各科室的工作流程及纳税评估、欠税管理等7个方面的处理流程进行了梳理。加强税务登记变更、注销管理，进行实地核查变更、注销企业76户，共核增税款488万元。

**【税收执法】** 加大对税收执法责任制的贯彻执行力度，全面推行《税收执法约谈管理制度》。在会议室安装同步录音录像系统，对存在高涉税风险的企业逐户进行约谈，引导帮助企业进行自查自纠，有效化解纳税风险，通过“约谈活动”，努力降低执法风险，既保护队伍，又及时提醒、纠正和处理纳税人纳税过程中存在的偏差和错误，构建更加和谐的征纳关系。

**【纳税服务】** 深入开展“便民办税春风行动”，在征收大厅安装排队叫号机、电话交换机及大屏幕触控一体机等设备。全面试行县级纳税服务规范，制定了“办税服务厅涉税事项前置业务规范”“办税服务厅与科室业务衔接工作规范”等制度，再造业务流程，努力做到基本规范不折不扣、落地有声。大力开展培训纳税人工作，举办“局长服务日”12次，举办税法培训班10期。

**【信息化建设】** 强化“信息管税”理念，加强计算机知识培训和办公软件培训，提高干部职工应用操作能力和水平。深化应用“大集中”系统功能，加强数据应用，完善运维体系，推进信息安全工作，提高科技服务能力。

**【干部队伍建设】** 精心部署开展党的群众路线教育实践活动，深入开展学习教育，采取集体学习、个人自学、专题辅导等形式，增强了党员干部的群众观点和宗旨意识；广泛征求意见和建议，班子成员分头深入40余户企业调研听取意见和建议，发放和回收调查问卷500余份，收集到各方面意见和建议47条；深入开展批评和自我批评，召开高质量的民主生活会和组织生活会；建立整改台账，加强整改公示和销号管理，切实把整改措施落到实处；大力实施“扎根工程”，结合实际制定了提高办税效率、减轻办税负担、公开审批事项目录清单、推行首问责任制四大类39项整改措施，工作作风明显改善。

**【党风廉政建设】** 突出党组主体责任和纪检组监督责任，分局与各科室层层签订党风廉政建设责任书，严格落实“一岗两责”。盯住元旦、春节、中秋等重要节点，严格执纪监督，下发《关于深化庸懒散问题专项治理的通知》等一系列文件，不断增强监督力度。

【精神文明建设】　认真开展创先争优等各项活动，积极参与创建文明城市，继续保持“全省文明单位”称号，顺利通过全国“巾帼文明岗”“省级青年文明号”复审，被市总工会授予“五一劳动奖状”，征收核算科被市总工会授予“工人先锋号”。

（刘　娟）

## 东营市地方税务局 东营港经济开发区分局

### 经济概况

2014年，东营港经济开发区完成固定资产投资120亿元，同比增长62%；实现规模以上工业总产值281.20亿元，同比增长130%；实现地方财政一般预算收入5.10亿元，同比增长54.54%；实现外贸进出口总额5381万美元，实际利用外资1610万美元。

### 收入概况

2014年，东营市地税局东营港经济开发区分局组织各项收入4.86亿元，同比增收1.64亿元，增长50.95%。其中，县区级收入4.68亿元，同比增收1.61亿元，增长52.38%，增幅居全市首位。

### 工作概述

【税政管理】　积极落实税收优惠政策，主动送优惠政策上门，重点对小微企业实施减免税服务。强化风险点排查，制定事前预警、事中控制和事后检查的实施方案，将具体责任落实到人。分两批对房产税和土地使用税进行清查，房产税实现391.76%的增长。

【征收管理】　以金税三期工程为切入点，建立岗责科学合理、流程方便操作、管理规范有序的标准化征管工作规范。以实施税源专业化管理为突破口，建立以“信息共享为基础、分类管理为核心、征管风险为导向、纳税服务为根本”的扁平化管理模式。严格落实《关于服务重点税源企业促进经济发展的实施意见》，认真开展以“纳税额50万元以上企业”为服务对象，以“税企同行、征纳共盈、营商亲商、服务黄蓝”为主要内容的“大走访、大调研、大服务”系列活动，深入联系结对企业调研走访，面对面解答企业涉税疑难问题，构建起融洽的征纳关系。

【税收执法】　认真落实《税收执法责任制》，加强内控机制建设，强化监督制约，规范税收执法行为。完善人机结合的考核机制，定期组织学习廉政风险防范平台和廉政文化网，提高干部职工的执法风险防范和自我保护意识。每月执法过错数量均为零，全年无行政复议、行政诉讼案件发生。

【纳税服务】　组织学习贯彻《全国县级税务机关纳税服务规范》，开展“小微笑，大服务”、服务礼仪和业务培训服务等活动。以组织开展好“便民办税春风行动”和群众路线教育实践活动“扎根工程”为抓手，着眼于港区地理位置偏远、部分企业办公区与生产地分离、纳税人来港办税多为不便的地域特点，探索推行“提醒服务”工作方法，从税务登记提醒、纳税申报提醒、政策优惠提醒等环节，努力做好纳税服务最先一公里。

**【信息化建设】** 抓好信息化与多元化申报方式相结合，大力拓展多元化申报渠道，构建信息化支撑下的管理新格局。金税三期工程应用系统实现平稳顺利运行；加强信息化应用培训，每月开展一次金税三期工程应用系统运行情况健康大检查，对网络线路进行升级改造，由单线网络改为双线并行，保证了“金三”系统的安全稳定高效运行。

**【干部队伍建设】** 组织开展了“改进作风 务求实效”专题教育春训活动、道德模范评选和最美税务人等活动。积极组织干部职工参加马拉松比赛、税企篮球友谊赛、市直机关运动会等活动，提高了干事创业的激情和活力。积极参加各级组织的业务水平培训和廉政教育活动，实现全员培训。

**【基层建设】** 依托地税“家文化”建设，积极传播正能量，确立了“以港为家 以文化人”的东营港地税精神。引入“问题清单”链式学习法，突出抓好基层软实力建设。

**【党风廉政建设】** 认真落实党风廉政建设责任制，全体干部职工签订党风廉政建设责任书，建立和实行“一岗双责”“一票否决”制约机制。实施外部监督，建立干部职工廉政档案，设立征求意见箱、公开举报电话，广泛征求意见和建议。

**【精神文明建设】** 开展争创“国家级青年文明号”活动，顺利通过省级青年文明号、市级文明单位、市级巾帼文明岗复评。2014 年，荣获“东营市五一劳动奖状”“东营市工人先锋号”。

（张小峰）

# 广饶县地方税务局

## 经济概况

2014 年，广饶县实现生产总值 758 亿元，同比增长 12.7%；公共财政预算收入 40 亿元，增长 14.7%，在全国县域经济基本竞争力百强中 8 年前移 46 个位次，跃居第 47 位。

## 收入概况

2014 年，广饶县地税局累计组织各项收入 23.95 亿元，同比增收 3.45 亿元，增长 16.85%。其中，县级收入 21.47 亿元，增收 3.28 亿元，增长 18.03%。

## 工作概述

**【税政管理】** 企业所得税自行申报汇算清缴工作有序推进；高收入者个人所得税征管进一步强化；提请县政府对县城区征税范围进行调整，同时，系统上下深化宣传服务，做好申报监控，较好地贯彻落实城镇土地使用税新政策。

**【征管管理】** 加强税务登记管理工作，通过与财政、工商等部门之间的涉税信息交流机制，为税收征管提供强有力的信息支持。税收收入质量、税源与征管状况监控指标均在全市各县区排名前列。结合“两税”清查活动，企业基础数据得到核查和确认。按照“营改增”工作要求，铁路运输和邮政服务业、电信业改征增值税，全部按时移交国税系统管理。通过免抵专项评估、股权转让评估、付汇信息专项评估，积极开展纳税评估工作。

【税收执法】 按照市局统一部署，积极开展建筑业房地产业税收专项检查；在全县范围内集中开展建筑业、房地产业税收清理清查，重点清理纳税人提而未交形成的账面欠税和未提未交造成的少缴税款。以房地产及建筑业、股权转让交易企业及个人、高污染高耗能、高收入者个人所得税为重点开展税务稽查，对偷逃税行为构成强大震慑。

不断提高纳税服务水平，组织税务干部开展“大走访 大调研 大服务”活动。

【纳税服务】 突出服务大局，落实税收优惠；积极推行税控机网络化升级改造，大力推行网开发票，减轻纳税人负担；积极推行《全国县级税务机关纳税服务规范》，全面推进纳税服务规范化、标准化、现代化；全年通过“纳税人学校”组织专题辅导培训，有效提升了税法遵从度；定期开展“纳税服务之星”评选、“局长服务日”等活动，不断提高纳税服务质效。

【信息化建设】 认真组织各岗位人员培训学习，合理界定岗位职责并配置人员，提高人员操作水平；加强对“金三”系统的研究运用，提高办税服务厅一体化管理办税质效。

【干部队伍建设】 继续开展全方位业务培训，坚持每季一考，以全员轮训、脱产集训、网络教育为载体大规模培训干部；全系统“三师”人数达到10人，14人入选省市局人才库。充分发挥党组织战斗堡垒和党员先锋模范作用，在“驻企联络员”和驻村“第一书记”帮扶工作中取得显著成效。

【基层建设】 以“全面提升干部素质”为课题，不断推进系统软实力建设；举办地税成立二十周年征文、摄影比赛活动，优秀作品以《追梦》结集刊印，很好地展现文化建设成果。积极参与志愿服务，组织干部职工帮扶社会弱势群体，全年组织各类志愿服务超100人次，树立良好的地税队伍形象。

【党风廉政建设】 坚持每周一条短信提醒及特殊时期随时短信提醒，全员实现廉政屏保上“桌面”，编印廉政内部刊物《清廉税苑》，进一步发挥了地税文化建设在促进税收各项工作和队伍建设中的作用。

【精神文明建设】 积极参与志愿服务，组织干部职工帮扶社会弱势群体，全年组织各类志愿服务100余人次。

（魏志平）

# 垦利县地方税务局

## 经济概况

2014年，垦利县实现生产总值391亿元，同比增长12.8%；完成一般公共预算收入20.9亿元，增长15%；全社会固定资产投资370.8亿元，增长16.8%。

## 收入概况

2014年，垦利县地税局共组织各项税收收入14.1亿元，同比增收2.4亿元，增长20.3%；其中，公共财政预算收入12.8亿元，同比增收2.2亿元，增长21.1%。

## 工作概述

【税政管理】 大企业个性化服务工作取得突破性进展，建立“涉税风险预警管理、多层次的沟通互动、多途径的政策辅导咨询、方便快捷的办税服务”四个服务机制。基层税源管理探索与实践工作取得初步成效，初步形成以信息为主线，以涉税信息评估分析为中枢平台的“上下联动、横向互动、外部协动”的税收“一体化”管理模式。以评促收工作取得重大进展，把纳税评估与风险管理、涉税服务相结合，发挥纳税评估在加强税源监控、堵漏增收中的重要作用，全年评估税款2603.82万元。

【征收管理】 以户籍管理为突破口，通过严把税务登记关口、落实征管数据通报制度、开展系统数据修改完善工作，有效强化征管基础建设，分别在省局征管建设工作座谈会和全省征管科长培训会上进行了典型发言。结合“金三”系统运行，规范日常操作管理，整理形成《垦利县地方税务局金税三期系统基本业务操作手册》和《垦利县地方税务局涉税事项明白纸》。加强日常发票管理，重点推行网开发票，先后对全县222台税控机进行升级，组织专题培训4次，认定网开发票155户，正常开具发票17000余份，开具金额12.8亿元。

【税收执法】 加大对涉税违法违规行为的处罚力度，全年累计实施简易处罚780户次，一般处罚17户次，对行政事业单位扣缴税款未按时申报行为处罚27户次。严格按《税收征管法》的要求征收滞纳金，全局累计征收滞纳金749万元。加强对非正常户和破产企业税收管理，及时向法院主张权利，入库税款435万元。开展建筑业、房地产业税收专项检查，查补税款6450万元。

积极落实税收优惠政策，组织辖区内100余户小微企业财务人员进行视频培训。

【纳税服务】 深入学习贯彻《全国县级税务机关纳税服务规范》，对办税服务厅前台各项业务及制度重新进行梳理。积极探索国地税联合办税新模式，实现纳税人“进一家门，办两家事”。深入组织开展纳税人培训，开展各类纳税人培训23次，培训人数1300余人次。

**【信息化建设】** 升级全局内网核心设备，改造互联网，安装硬件防火墙及上网行为管理系统，增强互联网的安全性，为“信息管税”奠定基础。

**【干部队伍建设】** 加强劳务派遣人员管理，修订完善《垦利县地税局劳务派遣人员管理办法》《垦利县地税局劳务派遣人员目标管理考核办法》，实施两轮前台人员岗位轮换交流，进一步盘活人力资源。构建网络和实践基地双平台，全年共组织各类培训班9期，参加上级培训班10期，培训人数800余人次，切实提高干部职工的素质和能力。

**【基层建设】** 开发区中心所与永安中心所实现合署办公；对胜坨中心所外墙进行粉刷，办公楼给水管线及卫生间进行改造；对永安中心所办公楼及综合楼外墙进行粉刷。人员和办公经费等方面向基层倾斜，保障基层工作健康有序运行。

**【党风廉政建设】** 认真落实党风廉政责任制，在全局探索推行地税干部岗位廉政责任承诺制，促使干部职工形成权力风险意识，筑牢廉洁自律防线。每月开展严肃工作纪律督导检查，转变广大党员干部的工作作风。

**【精神文明建设】** 深化文化建设，在形成“崇德尚正、同道致远”文化核心理念的基础上，征集各单位和每位职工的理念，实现“县局有精神、科室有理念，人人有座右铭”，有效提升干部队伍的凝聚力和向心力。强化文明创建，顺利通过了各级文明称号的复审。

（田金龙）

## 利津县地方税务局

### 经济概况

2014年，利津县经济保持平稳较快发展，全县实现生产总值245亿元，规模以上工业总值1564.6亿元，完成固定资产投资192.9亿元，实现公共财政预算收入11.8亿元，同比增长16%，增幅居全市各县区首位。

### 收入概况

2014年，利津县地税局共组织各项收入6.74亿元，同比增收7054万元，增长11.68%。其中，县级以下收入完成6.23亿元，同比增收7289万元，增长13.25%。

### 工作概述

**【税政管理】** 加强经济税收政策效应影响分析，准确把握收入变化趋势，先后编写报送《2014年“营改增”政策对地税收入的影响》等调研文章，为党委政府提供决策支持。积极推动各类稳增长促改革调结构惠民生税收优惠政策落实，全年累计为纳税人减免税款1385万元。

**【征收管理】** 开展邮政服务和电信等“营改增”行业发票清缴工作，力促改革工作平稳过渡；全面加强纳税评估，先后开展2013年度股权变更事项评估、全县金融业纳税评估等工作，累计评估税款3000万元；深入开展房地产建筑业税收检查、企业所得税汇算清缴检查、委托代征税款的清理检查等，累计查补税款6259万元；探索实施土地税源信息公示制度，动员社会力量进行税务监督，及时更新和完善征管资料，初步实现土地税源信息的动态化监管。

**【税收执法】** 完善税收预警体系，落实到岗，责任到人，控管到户，实现信息逐级派送；密切部门合作，开展打击制售假发票和非法代开发票专项整治工作，充分发挥税务稽查的威慑作用；积极开展电子查账工作，强化稽查人员电子查账能力提升，税务稽查逐步规范科学。

加强纳税服务，开展“规范服务，贴心办税”活动。

**【纳税服务】** 注重服务调研，班子成员带队走访全县67户重点企业，现场办公，实现个性化服务；安排4名骨干人员进驻县行政审批大厅，与工商、国土等职能部门同厅办公，实现“一站式”服务；开通“利津地税”微信平台，及时发布纳税提醒、政策新规；完善基础设施，配备公告栏、满意评分仪、排队叫号机、复印机等设施，提供专业服务环境。

**【信息化建设】** 日常管理维护不断加强，保障了全年网络信息安全；顺利完成互联网上网行为管理系统部署安装，有效提升办公时间互联网规范管理水平；及时做好“金三”税收管理系统技术运维工作，为税收征管提供支撑。

**【干部队伍建设】** 实施“注税引领工程”，由已取得注册税务师资格的干部自发组成讲师团定期集中培训；组织全员到山东科技大学进行更新知识培训；先后选派18名同志参加上级组织的专门业务培训，干部队伍整体素质和业务能力大幅提升。实施“蓝桥”党建服务品牌工程，搭建征纳共赢“连心桥”、团结友爱“和谐桥”、先进引领“文明桥”、奉献社会“爱心桥”，积极打造活力地税。

**【基层建设】** 扎实开展党的群众路线教育实践活动，通过“九个一”“十百千”等活动，纳谏于民，立说立行，落实群众及基层意见41条，专项整改4类12项问题，切实减轻基层负担；完善班子成员定点联系制度，规范基层补助发放，强化基层人员培训，全面改善基层工作环境。

**【党风廉政建设】** 以主题教育为主线，举行廉政知识讲座，参观廉政教育基地，观看红色电影，开展廉政谈话，举办国地税廉政演讲比赛，开展向纳税人述职述廉报告，营造风清气正氛围；以抓好源头为突破口，充分利用廉政风险防控平台，组织学习廉政法规、警示案例，引导干部认清形势，远离“四条高压线”；以严格纪律为重点，先后组织“庸懒散”专项治理、公务用车和办公用房清理、收取红包专项整治等各类专项治理活动12轮次，确保廉洁从税，树立良好形象。

**【精神文明建设】** 成立“文学书画摄影社”“篮球社”“乒乓球社”“羽毛球社”“象棋社”和“太极健身协会”六个职工文体社团，积极开展业余文体活动，凝聚合力，连续15年保持省级“文明单位”称号，先后获得“省级巾帼文明岗”等荣誉27项，50余人次受到表彰奖励。

（陈建梅）

# 烟台市地方税务局

## 经济概况

2014年，烟台市经济社会发展总体平稳，稳中有进，综合实力再上新水平。初步核算，全年实现生产总值6002.08亿元，按可比价格计算，比上年增长9.1%。其中，第一产业增加值441.27亿元，增长3.9%；第二产业增加值3212.35亿元，增长8.8%；第三产业增加值2348.46，增长10.4%。全年居民消费价格比上年上涨1.9%；实现工业增加值2898.14亿元，增长8.8%；完成固定资产投资4101.06亿元，增长15.9%；实现公共财政预算收入490.16亿元，增长12.1%。

## 收入概况

2014年，烟台市地税局共组织各项税收收入361.47亿元，较上年增长8.4%（剔除“营改增”政策因素按可比口径增长10.7%）。地税收入占地区生产总值比重达到6.02%，比上年提高0.53个百分点，收入规模继续位居全省第3位。各项收入中，中央级完成40.21亿元，同比下降16.54%；省级以下地税收入完成321.26亿元，同比提高12.61%；公共预算内市县级地税收入占地方财政收入的比重达到63.5%，比上年提高0.2个百分点。分税种比较，受“营改增”政策影响，营业税完成102.25亿元，增长8.05%（剔除“营改增”因素增长16.68%）；企业所得税受黄金、葡萄酒以及上年一次性收入较多等因素影响，完成39.5亿元，下降14.46%；个人所得税受上年股权转让一次性收入较多影响，完成27.53亿元，下降19.35%；其他各项收入合计完成192.2亿元，增长21.25%。2014年全市缴纳地税收入前100名（集团）企业共入库地税收入141.2亿元，占地税收入总量的39.1%，受“营改增”和整体形势影响，较2013年纳税百强下降4.2%。

## 工作概述

**【税收征管】** 深化征管改革，构建“征收服务、日常管理、纳税评估、税务稽查”四位一体的税收管理组织。突出抓好重点行业、重点税种税收管理，认真组织完成高收入个人所得税自行申报和企业所得税汇算清缴工作，汇算清缴补缴企业所得税4.37亿元，个人所得税自行申报补缴税款2226万元；加强土地增值税清算，清补税款5050万元；深入开展税务稽查和税收专项检查，查补税款3.37亿元；强化“营改增”形势下营业税集中清缴入库工作；7月份开始在芝罘区试点开展了国税代征增值税发票代开环节的附加税费工作。开发应用科技管税手段，强化管理堵漏增收，在全市范围推广应用以地控税系统；研发应用“烟台地税智能纳税评估软件”，整合多方数据和多种方法，为纳税评估提供便捷高效的工具。认真做好“营改增”工作，1月完成了90户铁路运输和邮政服务业企业资料的移交，6月完成79户电信业企业资料的移交。

【服务经济发展】 加强经济税收分析调研和税收优惠政策落实，成立1个重点产业调研组和2个重点产业对接推进组，围绕养老地产、健康服务、休闲旅游、苹果种植加工、金融等重点产业以及促进转方式调结构、推动小微企业发展等重点工作，形成多份调研报告，为政府决策发挥了重要的参谋作用。梳理相关税收优惠政策，集中开展百户企业走访活动，促进了对税源状况的了解和对企业的服务。围绕国家结构性减税各项改革政策，整理编写《小型微利企业所得税优惠政策解读》和《小微企业所得税申报具体操作与注意事项》等指导基层。2014年全市共减免高新技术企业、民政福利企业等各项税收12.4亿元，较上年增加2.6亿元。其中落实小微企业营业税、所得税等优惠政策，全年为小微企业减少税收负担约1.06亿元。

【纳税服务】 深入开展“便民办税春风行动”，着力提升纳税服务水平。严格落实行政审批改革，先后取消了小微企业所得税优惠核准、下岗失业人员减免税审批等行政审批事项，对保留的事项进行了严格审定，规范了相关级次和工作流程。改进纳税服务手段，在办税服务厅推广应用叫号评价系统、24小时自助服务系统，向纳税人推广应用网开发票系统，有效提升了纳税服务工作效率。推行“一窗全能”服务，改变办税服务厅原有的税务登记、发票领购、纳税申报等分类设置服务窗口方式，将职责单一的窗口整合改为全职能窗口，更加方便纳税人办理涉税事项。推行午间轮值、延时服务等措施，全市办税服务厅实现工作日“无间断”服务。

【干部队伍建设】 加强税务文化建设，在全系统开展软实力大讨论活动，先后参加或组织了“为民务实清廉”“十佳烟台好人”“最美税务人”等先进典型评选活动，开展“团队文化建设”“社会主义核心价值观”讲座辅导、“双向约谈”等宣传教育活动，在门户网站设置了“身边好人”专题栏目。加强教育培训，组织了税务稽查、国际税收政策与管理实务、资产重组会计与税收业务、党务干部、绩效管理等高层次培训班。组织参加党的群众路线教育实践活动，开展了集中学习、讨论交流、查摆问题、督导检查、整改提高、建章立制等活动。开展了治理“庸懒散”、警示教育等专题活动，定期开展明察暗访和督导检查，促进了作风建设。

【行政管理】 根据上级财务、行政管理等方面的新规定以及群众路线教育实践活动建章立制等要求，重新修订了公务接待、培训费、差旅费、会议费等管理制度。认真做好督察内审工作，全面开展税收执法督察，提高税收执法水平。加强与各级财政部门的协调对接，积极落实经费体制改革有关要求。认真做好财务公开工作，严格执行预决算管理制度。按照省局统一部署，开展了绩效管理工作，层层组织了绩效管理动员部署和专题培训，完成了绩效管理办法、指标体系的制定下发，上线应用了省局绩效管理信息系统，初步建立起绩效管理框架。

（代培龙）

# 烟台市地方税务局经济技术开发区分局

## 经济概况

2014年，烟台经济技术开发区实现生产总值1163.6亿元，按可比价计算，比上年增长9.4%。工业总产值达到3950亿元，比上年增长9.7%。全区人均生产总值达到61万元，增长6.3%。全年完成各项税收200.1亿元，比上年增长21.9%。全年实现财政总收入205.8亿元，比上年增长20.6%，其中公共财政预算收入70.02亿元，增长16.6%。

## 收入概况

2014年，烟台市地税局经济技术开发区分局累计组织各项税收收入44.34亿元，同比增长26.22%，其中，中央级收入完成4.69亿元，同比增长45.4%；省级收入完成10万元，同比下降73.68%；区级收入完成39.64亿元，同比增长24.29%。

## 工作概述

**【税收征管】** 夯实征管基础管理，制定《关于加强建筑业税收管理的工作安排》，明确分工和责任，提高了征管质量。建立企业注销审核把关机制，推广使用网络发票，共认定开通发票网开资格纳税人251户。对8项征管绩效考核指标进行整改提高，组织对5200户个体户进行了微机定税，单位纳税人实现网上申报纳税率达95%以上。深化税收征管改革，调整理顺和规范税收征管机构，强化了税源管理所、稽查局和纳税服务中心的力量，形成评估、征收、管理、检查和服务五位一体的组织体系。发挥纳税评估作用，评估195户，评估入库税款1490万元。制定《综合治税工作标准和要求》，采集各部门涉税信息5000余条。加强重大项目管理，共实现税款约8亿元。加强股权转让税收管理，共审核办理企业股权转让478户，累计征收各项税款611万元。组织力量对企业所得税下降原因进行调查分析，提出了改进工作措施。完成查账征收汇算清缴1338户，核定征收803户，汇算补缴税款2774万元，汇算清缴面达到99%。加强全员全额明细申报。年所得12万元以上个人所得税申报人数达4389人，比上年增长了37.93%，补交个人所得税16.5万元。

**【税收执法】** 组织成立了涉税疑难问题研讨小组，定期组织讨论，为税收执法提供规范、统一的标准。将欠税划分为“死欠、陈欠、新欠”，实施分类管理。通过开展清欠约谈、签订清欠计划、采取银行扣款等强制执行措施，共清理欠税1.71亿元。开展土地增值税清算，成立了地方政府多部门组成的土地增值税清算领导小组，制定了实施方案，确定的4户试点单位补缴入库税款428万元，清算效应使土地增值税入库 2.53 亿元，同比增长 36.51%。学习和运用电子查账手段，开展税务自查、专项检查和举报案件检查、协查，共检查 160 户，查补入库税款及滞纳金、罚款 3708.3 万元。

“局长服务日”值班领导在办税大厅为纳税人解答涉税难题，征求工作意见和建议。

【纳税服务】　全面开展“便民办税春风行动”，开展大走访活动，征求意见和建议 60 多条。认真践行 12 项服务制度，设立导税员，开通绿色通道，推行提前上岗、延时服务、预约服务，实行阳光办税。进一步整合办税窗口，实现业务通办。建立微信公众号，利用微信提供便利的信息咨询服务。认真落实《全国县级税务机关纳税服务规范》，全面优化和清理行政审批事项，简化表证单书种类，精简办税资料，减轻纳税人的负担。及时落实税收优惠政策，为 5000 余个体工商户落实未达起征点免税政策，为下岗失业人员、高新技术企业、小型微利企业等减免税款达 3938 万元。代征水利基金、地方教育费附加、工会经费共 2.3 亿余元。

【干部队伍建设】　建立了外出学习返回授课制度，共享学习培训成果。全年共组织人员参加各类培训班 11 期，培训人员 800 余人次，提高了业务素质。加强群团组织建设，建立完善工青妇群团组织，开展了丰富多彩的文体活动。发挥党组织战斗堡垒作用，开展了党的群众路线教育实践活动。党组织建设受到工委管委的高度重视，批准成立了机关党委。

【党风廉政建设】　建立健全日常学习教育制度，通过举办报告会、专题辅导、实地参观以及上党课、以案说法、廉政作业等多种形式，组织学习贯彻落实中央八项规定等各项廉政规定，增强了廉洁自律意识。完善税纪税检共建制度，主动征求社会各界意见和建议。强化行风政风建设，获得了民主评议机关驻区单位第二名的好成绩。

（许广军）

## 烟台市地方税务局福山分局

### 经济概况

2014 年，烟台市福山区实现生产总值 260 亿元，比上年增长 10.7%；服务业占三次产业的比重达到 39.6%，比上年提高 1.8 个百分点；新增规模以上工业企业 24 家，利税 20 亿元；地方财政收入 28.44 亿元，同比增长 12.5%。

### 收入概况

2014 年，烟台市地税局福山分局共组织税收收入 20.02 亿元，同比增长 5.02%，增收 9572 万元。其中中央级收入完成 1.66 亿元；区级收入完成 18.36 亿元，同比增长 7.05%，增收 1.21 亿元。

## 工作概述

【税政管理】 做好所得税管理，通过前期政策辅导和调度检查，顺利完成876户企业所得税汇缴。完成年收入12万元以上自行申报个人所得税664人，超出计划4%，核实入库两处以上工资薪金所得个人所得税49.37万元。做好涉外税收管理，建立非居民税收专业化、常规化管理模式，共组织收入1.15亿元，同比增长3%。做好股权转让涉税管理，受理股权转让245笔，入库税款84.72万元。加大对股权转让企业自有房产、土地信息的核查，追缴房产税、土地使用税48.56万元。

【征收管理】 深化征管基础管理，加强对纳税申报、发票领用、委托代征等环节的即时信息比对、实地辅导检查，提升征管能力和水平。规范理顺征管流程，梳理完善部门及岗位间的业务衔接流程、岗责权限设置，明确责任分工，提升征管质效。优化信息数据质量，解决金税三期工程系统运维中发现的600多条问题，完成2489户新办户税务登记信息的修改和录入，整改税费种认定信息160余条。组织实施欠税清理，对辖区企业全面开展欠税清理核查，共检查3663户，查补税款3131万元。做好涉税疑点纳税评估，对房地产、建筑业及所得税税负率偏低企业组织开展专项评估，共评估纳税人278户，核实税款900余万元。

【税收执法】 继续推进地方税收专项检查和区域税收专项整治，2014年共组织企业自查、检查23户，企业自查入库税款、滞纳金114.66万元，稽查查补入库税款、滞纳金及罚款10.43万元。

【纳税服务】 积极推行纳税服务规范，开展“便民办税春风行动”，精简涉税业务报送资料，对部分业务事项推行“免填单”服务，严格落实首问责任制和一次告知制，拓展微信、政务微博等新媒体平台宣传税收政策，扩大办税公开范围。开展税法培训，共培训纳税人2000余户，走访企业600余家，发送涉税信息25000余条。落实优惠政策，2014年累计为企业纳税人和个体工商户减免各项税收1708.78万元。

【干部队伍建设】 加强人事管理，与干部职工谈心谈话66人次，组织开展股级后备干部推荐工作。开展多层次干部教育培训，先后组织干部职工参加各类脱产培训13期，自行组织脱产培训2期。组织全员网院学习和网上季度考试。扩大“机关轮讲”范围，开展授课比赛。开展“书香地税”有奖读书活动。

【党风廉政建设】 严格落实党风廉政建设主体责任、监督责任“两个责任”。组织“廉政讲堂”、党风廉政教育月活动，开展以“五查五问”为主要内容的“庸懒散”专项治理，认真开展“严明纪律查摆整改”“清退交”自查自纠活动，整治“吃拿卡要报”行为。积极做好廉政风险防控平台优化升级应用，强化内控机制建设，坚持党风廉政建设工作与地税业务同部署、同落实、同检查。

【精神文明建设】 扎实开展党的群众路线教育实践活动，向社会各界发送征求意见短信1800余条，发放征求意见函385份，走访党政部门12个、企业110户，

组织干部职工到“广秀书屋”参观学习，并捐赠图书。

累计征集意见和建议120多条。聚焦“四风”问题，福山分局最终确定整改任务34项，全部整改完毕，建立完善全局性规章制度14项。活动期间组织干部职工集中学习了“最美检察官”王家强、“大学生村官代表”张广秀等先进事迹，组织开展“联村联户心连心”、与SOS儿童村结对帮扶、向广秀书屋捐赠图书等公益活动，激发党员干部的社会责任感和公德意识。

（王　艳）

## 烟台市地方税务局牟平分局

### 经济概况

2014年，烟台市牟平区实现生产总值295.4亿元，比上年增加9.6%。其中，第一产业增加值37.8亿元，增长4.7%；第二产业增加值142.8亿元，增长11.1%；第三产业增加值114.8亿元，增长8.9%。完成固定资产投资364.7亿元，增长16.4%；实现社会消费品零售总额137.1亿元，增长12.9 %；实现地方财政收入25.7亿元，同比增长10%。

### 收入概况

2014年，烟台市地税局牟平分局共组织税收收入18.7亿元，同比增长8.24%，增收1.4亿元。其中，中央级收入1.57亿元，同比增长19.56%，增收2574万元；省级收入20.8万元，同比减少54.88%，减收25万元；区级收入17.1亿元，同比增长7.3%，增收1.16亿元。

### 工作概述

**【征收管理】** 开展房地产业、建筑业、生活服务业、营利性培训机构和餐饮娱乐等领域发票专项整治，立案查处发票违法案件15起，查处非法发票313份，补税罚款176万元；加强征管异常数据整改，对税种登记率、财产信息录入率等考核指标进行实时监控；与区公安交警大队联合下发《加强车船税征收管理的通告》，强化机动车登记、审验环节完税审核。全年车船税累计入库2377万元，同比增加406万元。

**【税收执法】** 开展建筑业、房地产业欠税清缴工作，为“营改增”的顺利推行做好准备。对3户欠缴税款的纳税人依法采取税收保全措施，对1户欠税企业依法采取税收强制执行措施，公开拍卖其三套商业网点房，拍得价款470万元全部抵缴税款。积极落实各项税收优惠政策，为828户小微企业减免企业所得税147万元，为资源综合利用、农林牧渔、高新技术等企业落实税收优惠4000多万元。

【纳税服务】 扎实开展“便民办税春风行动”，依据金税三期工程流程的要求，将税控装置准购审核、发票开具限额调整核准等征管事项前移到服务前台。开通重大项目、重点企业、就业创业办税服务“绿色通道”，推行预约登门服务等特色服务项目，实行表证单书“一次报送，多次使用”和免填单服务，提高了服务效率和质量。开展关于烟台东部新区起步区土地使用税、岩金矿资源税、旅游行业税负情况的调研，为指导税收工作和服务经济发展积极提供政策服务和决策依据。

加大对发票的使用、查询、辨伪宣传工作力度，税务干部上门指导纳税人鉴别发票真伪。

【干部队伍建设】 修订完善《“一票否决制”考核办法》《干部职工公休假和请销假管理制度》等36项制度和办法，并在日常工作中狠抓落实、严查督办，营造了务实高效、雷厉风行的干事氛围。扎实推进党的群众路线教育实践活动，研读中央规定书目，撰写心得体会和对照检查材料，观看党课专题讲座和先进人物事迹，参观杨子荣纪念馆，增强全体党员干部的宗旨意识和群众观念。坚持每周组织干部集体学习政治理论、业务技能，组织在岗干部分批开展岗位知识更新培训。借助网络教育学院平台，及时上传学习课件，开展“每日一题”活动，并通过全员考试检验干部学习效果。

【党风廉政建设】 严格落实“一岗双责”制，将党风廉政建设主要任务以责任书的形式量化细化，逐级落实到每个部门、每位干部。加强行业作风建设，加大政务公开和党务公开力度，借助公开栏和电子显示屏，依法公开办税流程和权力运行流程。抓好税检、税纪共建工作，与区检察院联合印发《建立部门协作共同预防渎职犯罪工作联系制度》《开展廉政风险防控工作实施意见》，邀请区纪委同志为全体干部授课，引导干部职工牢固树立正确的权力观和价值观。

（曲　颖）

## 烟台市地方税务局莱山分局

### 经济概况

2014年，烟台市莱山区实现生产总值246.1亿元，同比增长10.2%。其中，第一产业增加值3.7亿元，增长5.3%；第二产业增加值108.8亿元，增长11%；第三产业增加值133.6亿元，增长9.6%。全区规模以上工业增加值增长13.1%，完成固定资产投资316.1亿元，增长16.6%。社会消费品零售总额88.3亿元，增长12.9%；实现地方财政收入30.4亿元，增长12.6%。

## 收入概况

2014年，烟台市地税局莱山分局共组织入库各项税收收入24.83亿元，同比增长5.87%，增收1.38亿元。其中，中央级收入完成2.32亿元，同比下降21.43%，减收6373万元；省级收入完成11万元，同比下降71.79%，减收28万元；区级收入完成21.10亿元，同比增长11.52%，增收2.18亿元。

## 工作概述

**【税政管理】** 平稳进行“营改增”工作，对符合条件的6户邮政企业和4户电信企业进行了确认并全部移交国税。通过存量房评估系统共评估二手房1107套，涉及税款2836万元，增收418万元。累计受理企业股权转让91户，缴纳税款107万元，清理入库土地使用税、房产税等共110多万元。完成年所得12万元以上个税纳税人自行申报1105人，补缴个人所得税330万元。450户小型微利企业享受企业所得税减免税优惠260万元。

**【征收管理】** 针对税务登记、信息比对、申报征收、非正常户管理等影响征管质效的关键环节和问题，加强基础管理。实行管评分离制度，集中对建筑、房地产等重点企业进行纳税评估，全年共评估企业45户，涉及税款2710万元。实施税收风险管理，统筹做好风险分析、风险识别、等级排序、任务下达、绩效考评等工作，将税收风险管理渗透到各业务部门、岗位和环节。

**【税收执法】** 认真组织实施税收专项检查、区域性专项整治和重点税源企业检查，全年共自查和检查各类企业26户，查补税款1831万元，巩固了“征、评、管、查”良性互动机制；做好涉税违法案件举报管理工作，受理举报及协查案件15起。对基层中心所税收执法行为进行集中检查，对发现的违规和不规范执法现象进行了全面整改。

**【纳税服务】** 简化办税流程，为纳税人提供“前台受理、内部流转、限时办结、统一出件”的一站式服务。开通税控机自助刷卡比对终端和推广使用网开发票，对个人代开发票等业务逐步推行“免填单”服务。同时，做好政策宣传与纳税辅导工作，开展“便民办税春风行动”，落实“局长服务日”制度，第一时间处理纳税人诉求。

**【信息化建设】** 完成了网络安全自查、网络资产登记、漏洞扫描、安全加固等工作。完善税源管理系统，启用了定制查询功能。对机房进行了标准化改造。

定期组织干部职工开展理论和业务知识学习。

**【干部队伍建设】** 有针对性地组织行政执法、税务稽查、纳税评估、税收征管、办税服务、干部管理等各类专业培训，共组织各类税收业务培训7期，参与培训人员390人次。

【党风廉政建设】 开展党的群众路线教育实践活动，达到了抓整改树新风的目的。区局领导班子深入基层调研11次，召开各类座谈会10次，发放各类征求意见函、调查问卷207份，与基层党员干部群众进行个别谈话共76人次，修订制度13个，查摆出工作和“四风”方面的问题34条，已全部整改落实。

【精神文明建设】 先后参加和组织了“为民务实清廉”“道德讲堂”“我评议、我推荐、我学习身边好同事”“四德”建设等活动；鼓励干部职工积极参加各项丰富多彩的文体活动，在全区第三届运动会、全区第三届半程马拉松比赛等活动中取得优异成绩。

（李 艳）

# 烟台市地方税务局<br>高新技术产业开发区分局

## 经济概况

2014年，烟台高新区实现生产总值16.49亿元，同比增长11.3%，其中，第一产业实现5056万元，同比减少15.7%；第二产业实现9.32亿元，同比增长11.4%；第三产业实现6.67亿元，同比增长14%；全社会固定资产投资35.33亿元，同比增长17.6%；社会消费品零售额4.08亿元，同比增长17.6 %；地方财政收入4.96亿元，同比增长76.8%；农民人均纯收入1.89万元，同比增长11.9%。

## 收入概况

2014年，烟台市地税局高新区分局共组织各项收入4.89亿元（不含工会经费），同比增长104.04%，增收2.49亿元。其中，中央级收入完成7640万元，同比增长200%，增收5094万元；省级收入完成1万元，同比下降75%；市级收入完成4.12亿元，同比增长92.64%，增收1.98亿元。

## 工作概述

【税收征管】 适应经济税收和现代信息技术的发展趋势以及金税三期工程试点运行要求，按照“征收服务、日常管理、纳税评估、税务稽查”四位一体的税收管理组织思路，加大分行业、分税种、分事项、分环节的税收管理力度。积极开展“营改增”工作，按照工作要求全面完成电信业的“营改增”工作。

【税收执法】 建立健全税收执法内控机制，加大责任追究，强化执法监督，对税收工作的各个岗位、各个环节进行全程监督，防范执法风险。不断强化评估工作，2014年对42户有在建项目企业进行了代扣税工作专项评估。加强专项检查力度，2014年对2户工业企业进行了专项检查，查补税款、罚款及加收滞纳金6.2万元。

【纳税服务】 全面提升纳税服务质效，服务经济社会发展。贯彻落实《全国县级税务机关纳税服务规范》和《全省地税系统办税服务厅管理规范》，在办税服务厅标准化建设基础上，扩展多元化办税。按照金税三期工程应用系统上线运行和新的税源管理模式进一步优化办税流程，精简涉税资料。完善“一站式”服务，落实“限时办结制”“首问责任制”“一次告知制”等制度，加强申报期纳税引导，有效提高了办税效率。做好税法宣传和税收政策辅导，借助信息化工具建立完善税企QQ群及微信平台，向纳税人宣传最新税收法规、资讯，及时解读税收政策，解答纳税人的涉税疑问。认真落实国家税收优惠政策，全年共减免各项税费457万元。加强纳税服务队伍建设，制定了《烟台市地方税务局高新技术产业开发区分局办税服务厅工作人员考核办法》，强化窗口绩效考核，充分调动纳税服务人员工作积极性和办事服务能力。

**【干部队伍建设】** 开展党的群众路线教育实践活动，全面开展社会主义核心价值观教育，经过学习教育、问题查摆、对照检查、整改落实等一系列的活动，达到了教育实践活动的目的。加强干部管理和教育培训，实行分岗位分层次培训，使教育培训与工作需求和个人素质状况有机对接。2014年高新区分局被评为烟台市文明单位。

**【党风廉政建设】** 落实党风廉政建设责任制，组织全体干部职工逐级签订了《党风廉政责任书》。制定《工作纪律日常行为考核管理办法》。建立了高新区分局廉政展室，整理充实廉政展室内容，丰富了廉政教育载体。开展了《健全新形势下地税系统廉政风险防控机制建设》重点课题调研。

（石国华）

# 龙口市地方税务局

## 经济概况

2014年，龙口市经济总量、财政收入等多项关键经济指标继续在全省县域领跑，生产总值达到1003亿元，同比增长8.4%；第三产业比重比上年提高1.4个百分点，三次产业比例调整为3.5∶59.3∶37.2；实现公共财政预算收入79.5亿元，同比增长11.1%；全社会固定资产投资540亿元，增长17%；社会消费品零售总额314.6亿元，增长12.7%。

## 收入概况

2014年，龙口市地税局共组织各项税收收入58.88亿元，同比增长12.78%，增收6.67亿元。其中，完成中央级收入4.20亿元，同比增长12.29%，增收0.46亿元；完成县级收入53.32亿元，同比增长12.40%，增收5.88亿元。

## 工作概述

**【征收管理】** 以“法治税收”理念统领各项工作，加强重点税种、重点行业和重点领域管理，及时对接“营改增”政策，对建筑、房地产等行业税收进行集中清理检查。围绕金税三期工程应用系统，推进税收征管改革，整合办税服务厅，理顺办税流程，打造以“大数据”“大服务”“实体化”“扁平化”为特点的全市统一的集中征收与管理模式。依托综合治税网络，逐户开展房产与土地信息核实，强化信息数据比对。

【税收执法】 对电信行业实施了“营改增”户数认定和移交，严格落实煤炭行业资源税从价计征、土地使用税单位税额调整、小微企业税收优惠等各类税收政策。依托上级局税收风险管理系统上线运行和“一户式”评定软件推广应用，拓展纳税评估与税收稽查广度与深度，对全市部分房地产企业及上市公司进行了专项税收检查，积极开展股权转让税收管理和土地增值税清算等工作。从执法程序、文书应用、政策依据、执法效果等方面提升各执法环节管理水平，防范执法风险。

【纳税服务】 做好政策调研，向市委、市政府提出增强地方税收收入和培植地方税源的建设性意见。为全市近千户企业财务人员免费开展2014年度企业所得税汇算清缴政策培训、“金三”系统操作培训等。抓好《全国县级税务机关纳税服务规范》推广落实，全面实行“全职能服务窗口”。深化税收宣传，通过市电视台、电台，利用“快乐加油站”、民生快车道等栏目，就纳税人普遍关心的二手房交易、个人所得税等相关税收政策与纳税人及时互动，解答纳税人疑问。

【干部队伍建设】 结合干部职工需求，先后组织防范执法风险、企业会计准则高端研修班等各类业务培训13批次、192人次，组织“山东地税大讲堂”理论学习、观看社会主义核心价值观讲座，开展“我推荐、我评议、我学习身边好同事”等活动。修订完善了公务接待、差旅费和会议费管理办法，加强对公车使用、安全值班、请销假、上下班等制度落实情况的检查，严格落实公务卡制度，强化财务管理和资产管理。承接上级局指标，结合单位实际，完善绩效管理指标体系，按季开展绩效考评。

【党风廉政建设】 深入开展党的群众路线教育实践活动，落实中央八项规定，通过“四个面向”活动征求各类意见建议181条，累计整改了“四风”方面、干部管理、纳税服务等7大类32项具体问题，完善了37项制度建设，改进工作作风。严格落实“三会一课”制度，对基层单位党建活动室上墙内容进行统一更新，巩固基层党组织建设。开展“清交退”和“廉政大走访”、作风纪律实地检查等活动，与干部职工签订《龙口市地税局干部廉洁从税承诺十条》，规范干部职工行为。

（胡　青）

# 莱阳市地方税务局

## 经济概况

2014年，莱阳市实现生产总值325.35亿元，同比增长9.10%。规模以上工业主营业务收入768.03亿元，增长11.50%；利润总额48.26亿元，增长11.80%；利税总额61.35亿元，增长12.50%。工业总产值770.37亿元，增长11.60%。社会消费品零售额228.96亿元，增长12.70%。实际使用外资8100万美元，增长11.40%。固定资产投资139.48亿元，增长16.40%。公共财政预算收入12.50

亿元，增长13.10%。

## 收入概况

2014年，莱阳市地税局共组织各项税收收入10.02亿元，同比增收6701.40亿元，增长7.17%。其中，中央级收入1.01亿元，减收915.80万元，下降8.30%；一般预算内县级收入7.79亿元，增收5582.20万元；增长7.72%。企业所得税收入1.02亿元，减收2066.40万元，下降16.90%；个人所得税收入6711万元，增收540万元，增长8.75%；营业税收入2.93亿元，减收2003.50万元，下降6.41%。契税和耕地占用税收入9161.90万元，增长30.38%。

## 工作概述

**【税政管理】** 采取中介机构鉴证，主管单位初审、市局政策把关的工作思路，对三个房地产开发项目土地增值税进行了清算，应补缴土地增值税314万元。对6户电信业纳税人进行“营改增”，移交给国税。做好土地使用税税额标准调整工作，辅导纳税人按照调整后的税额标准缴纳土地使用税，2014年共征收土地使用税1.24亿元，同比增收5474万元，增长78.93%。落实小微企业税收优惠政策，对符合条件的小微企业逐户发放了《小微企业优惠政策汇编》，有514户企业享受了小微企业所得税优惠，492户企业享受了不达起征点免征营业税优惠政策。

**【税收征管】** 对业务流程进行规范，规范各业务事项在办税服务厅、基层所、稽查局和各科室之间的衔接，规范信息资料的传递、工作流转节点和办理时限要求等，明确各自的工作职责、质量目标。大力推行网开发票，186户纳税人实行了网上开票。采取信息比对、实地核实、现场查验的方式，对年纳税10万元以上的44户建筑业纳税人进行了专项评估，新增税款535.60万元。

**【税收执法】** 结合金税三期工程应用系统特点，编写了《莱阳市地税局依法行政业务规范汇编》，对税收征管、法规税政、纳税评估、税务稽查等11个类别业务事项，从流程和制度两个方面做出了明确规定。认真开展涉税审批项目清理，对42项上级局明确规定取消的行政审批予以取消，对保留的50项涉税审批项目，明确审批资料。严厉打击发票违法犯罪行为，查处发票违法企业33户，发票罚款139万元，补税101万元。

**【纳税服务】** 在莱阳市行政审批中心设立2个服务窗口受理涉税业务。将纳税人办税涉及的业务流程、受理部门、应提供的资料、流程图和办理时限，印制成《办税指南》，发放给每户企业纳税人。选择210户不同规模、不同经济性质、不同行业的纳税人开展了纳税人满意度调查，纳税人满意度达到了98.50%。

**【干部队伍建设】** 扎实开展党的群众路线教育实践活动，组织12个支部148名在职党员进行了7次集中学习。健全了国内公务接待和公务出差管理、会议费管理、机关差旅费管理、因公临时出国经费管理等四个办法。积极推进绩效管理工作，制定并下发了《莱阳市地方税务系统绩效管理办法（试行）》和《莱阳市地方税务局机关绩效管理办法（试行）》，建立了绩效管理领导小组和办公室，制定了莱阳市地税系统和局机关两套绩效指标、特别加扣分和一票否决项目。按照干部轮岗制度和干部选拔任用制度，对38名干部进行了轮岗交流。

【党风廉政建设】 开展“工作效能提升年”活动，加大“庸懒散”专项治理力度和对中央八项规定执行情况的监督检查力度，坚决纠正“四风”。组织全体干部签订了《烟台市地方税务局干部廉洁从税承诺十条》和《不收受管理服务对象与行使职权有关的单位个人“红包”和购物卡承诺书》。参加莱阳市纪委举办的“民生热线”节目，对群众提出的问题进行了解答。

（徐金波）

## 莱州市地方税务局

### 经济概况

2014年，莱州市完成生产总值685.09亿元；实现公共财政预算收入52.10亿元，分别同比增长9%和12.10%；人均生产总值8.02万元，同比增长6.7%。其中，第一、二、三产业分别实现增加值68.29亿元、364.94亿元、251.86亿元，分别增长2.7%、9.6%、9.5%。全市规模以上固定资产投资完成386.49亿元，增长16.30%；规模以上工业增加值增长10.30%。社会消费品零售额完成271.96亿元，增长12.70%。在全国县域经济基本竞争力百强、全国城市综合实力百强中位次分别为34位、36位，成功入围山东省县域经济科学发展试点县。

### 收入概况

2014年，莱州市地税局共组织税收收入（含耕契两税）37.40亿元，其中市县级收入完成33.40亿元，为全市经济社会事业发展提供了财力保障。

### 工作概述

【税源控管】 加快推进税收征管改革，出台深化意见，梳理办税流程，制定工作规范，确保业务流程有序衔接、运转顺畅；强化重点企业、重点行业和重大项目的动态监控，完善房地产分段管理、建筑业合同管税模式，加大村居等征管难点的整顿规范；加强非住宅及土地使用权转让管理，入库税款4867.6万元；房地产建筑税收一体化管理、村居纳税检查以及征管改革等做法被省市局推广。

【税收征管】 推广应用网开发票，完成主干网络设备替换和升级改造，加强基础数据及日常申报、征收、报表的督查整改，推行以地控税，为信息管税提供支撑平台；按风险类别实施分类管理，强化分级分类评估，发挥专业团队优势，增收税款5848.60万元；加强综合治税，通过拓宽采集渠道、实现传递共享和进行协税把关，获取利用涉税信息3198条，入库税款1717.90万元。

【税收执法】 对“营改增”企业

进行税收执法检查，追缴税款4100万元；对房地产、建筑和石材企业加大清欠力度，共清理欠税7756万元；开展打击发票违法犯罪活动专项整治和高风险重点税源企业税收风险分析工作，通过日常检查、专项检查、专案检查，查补税款3769万元，形成了房地产业分段式稽查思路方法。

【纳税服务】 积极为经济发展建言献策，不折不扣落实税收优惠政策，为57户纳税人享受各类企业所得税优惠政策，为2018户企业办理减免税401万元；落实县级税务机关纳税服务规范，前台全部实行综合业务岗，调整导税服务岗职能，深入开展“便民办税春风行动”，创新形成了远程支持、分段差别、专家团队服务等特色项目，被授予“莱州市群众满意集体”。

【干部队伍建设】 开展全员读书活动，提炼形成“立德、尚法、惠民、拓新”核心价值理念，落实教育培训暨人才梯次培养方案，分批组织更新知识轮训，深挖宣传身边的先进典型，传播正能量，软实力建设的做法被省局推广。

【基层党建】 紧扣“为民务实清廉”活动主题，精心组织第二批党的群众路线教育实践活动，烟台市局给予充分肯定，王世军成为烟台市地税系统“为民务实清廉”先进典型，并荣获山东省地税系统“最美税务人”荣誉称号。组织革命传统教育暨主题党日、志愿公益、感言征集、演讲比赛等活动，推进结对连心送真情行动，志愿公益活动的做法被省市局推广。

【党风廉政建设】 认真落实党风廉政建设主体责任、监督责任“两个责任”，组织开展现场警示教育，加强督导检查，落实税收执法督察，运用廉政风险防控平台，在效能作风建设考核及“万人评机关及服务窗口”活动中，取得驻莱单位第一名的好成绩。

【精神文明建设】 蔡京堂作为基层勤廉榜样，事迹被收录《群众满意干部事迹汇编》；在烟台地税系统绩效管理考核中，位列各县市区局第一名，并被莱州市委、市政府授予“支持莱州经济发展先进集体”“文明示范单位”“文明机关”等多项荣誉称号。

（原新泉）

## 蓬莱市地方税务局

### 经济概况

2014年，蓬莱市实现生产总值490亿元，社会消费品零售总额130.7亿元，规模以上固定资产投资352.2亿元，分别同比增长8.8%、12.7%和16.4%。全市工业增加值达到242.3亿元、利税138.3亿元，分别增长9.4%和–3.5%。实际使用外资1.45亿美元，增长5.3%。

### 收入概况

2014年，蓬莱市地税局共组织各项税收收入20.18亿元，同比增长20.38%，增收3.59亿元。其中，县级收入完成19.23亿元，同比增长21.57%，增收3.34亿元。

## 工作概述

**【党的群众路线教育实践活动】** 开展全员谈心活动，听取干部职工对工作的意见和建议。深入企业开展调研，广泛了解纳税人需求，共发放调查问卷1000余份，征集各类意见和建议28条。组织机关党员志愿者到王庄村开展帮扶活动，详细了解贫困户的生活状况，有针对性地制定帮扶措施。聚焦“四风”问题，如实撰写对照检查材料，召开民主生活会和组织生活会。深入整改落实，抓好建章立制，把活动成果落到实处。

**【税收管理】** 重点税源实施集中控管，对金融保险、邮政通信、电业等重点行业，实施专业化管理，提高重点税源管理质效。结合“营改增”后续工作，统一政策执行口径，对全市房地产建筑业税收实施集中控管。成立纳税评估局，突出纳税评估在税源管理中的作用。在城区单位设立个体管理科，加强城区个体税收管理。

**【征收执法】** 依托土地房产税源系统平台，结合国土部门提供的土地信息，完成年度城镇土地使用税的核查工作。对省局提供的个人两处以上所得数据逐户进行核查，及时督促纳税人补缴税款。全力推进信息化稽查建设，开展对重点行业、重点税源企业及股权转让企业的专项检查。认真查处信访举报案件，依法进行处理反馈，做好舆情防控。强化征管、风险防控、稽查等部门联动协作，加大欠税清理力度。

**【纳税服务】** 打造标准化办税服务厅，对软硬件设施进行升级改造，实现所有涉税事项“同城通办”。科学设置前台窗口，合理优化办税流程，全面推行“一窗全能式服务”。在原有纳税辅导岗的基础上，增加导税人员，增设预审职能，为纳税人进行办税资料审查。将市局机关部分审批业务、发票管理业务、税收票证业务前移到纳税服务中心，推行“先办后审”服务。拓展网上办税功能，依托“纳税人学校”，加强对网上申报、网开发票的培训辅导。

**【干部队伍建设】** 采取“长期教育、短期培训、专题讲座、以考促学”等方式，积极搭建教育平台，加强教育培训。组织骨干人才参加税收业务技能、制造业税务稽查和税收风险等各类培训，使一些技能熟练、理论精通的业务骨干率先掌握最新的政策和技能。坚持个人自愿申请和组织统一协调的原则，在全局范围内进行干部轮岗和城乡交流，促进队伍结构优化升级。

**【党风廉政建设】** 组织党员干部认真学习《税收违法违纪行为处分规定》，观看《四风之害》廉政教育片，举行党纪条规知识竞赛，开展“反四风、整税纪、接地气”主题征文活动。推行上下班打卡制度，持续做好作风纪律检查工作。落实“一把手”讲党课制度，加强反腐倡廉教育。在党风廉政教育月期间，组织党员干部到蓬莱市廉政教育警示基地参观学习，邀请蓬莱市检察院领导做预防职务犯罪专题讲座，引导全局干部职工筑牢思想防线、守住廉洁底线。

（宋月红）

## 招远市地方税务局

### 经济概况

2014年，招远市实现生产总值699.18亿元，同比增长9.1%；第一、二、三产业构成比为6∶54.4∶39.6；实现财政总收入96.65亿元，同比增长13.3%；地方财政收入实现46.5亿元，同比增长12%；完成固定资产投资353.58亿元，同比增长16.4%；社会消费品零售总额150亿元，同比增长13%；城镇居民人均可支配收入3.57万元，同比增长9.1%；农民人均纯收入1.81万元，同比增长11.4%。

### 收入概况

2014年，招远市地税局共组织各项收入34.12亿元，同比增长3.52%，增收1.16亿元。其中，中央级收入完成3.9亿元，同比减少30.68%，减收1.73亿元；省级收入完成188.45万元，同比减少69.54%，减收430.15万元；县级收入完成30.19亿元，同比增长10.75%，增收2.93亿元。

### 工作概述

**【税收征管】** 不断夯实征管基础，组织开展年度微机定税工作，单户核定和审批个体定额478户；研究制定了《注销税务登记业务处理流程》，下发加强税务登记管理的工作意见，明确跨区税源登记、临时税务登记和组织临时登记的使用范围；对基层各单位代开发票情况进行检查，对查出的问题及时进行了督导整改。利用国土局2011—2013年土地招拍挂信息，与金税三期工程应用系统土地税源登记进行了比对，共比对出194笔成交土地未缴土地使用税，查补土地使用税1031万元。

**【税收执法】** 打造科学的税收执法督查体系，成立执法督查工作领导小组，确定督查重点、责任部门及工作要求，制定了《招远市地方税务局税收执法督查工作办法》，明确了大额税款入库、税收优惠政策落实、税款征收、发票管理等8项重点督查内容。树立数据分析理念，严格按照督查工作流程，对海量执法数据信息进行深度挖掘、归类整理、比对分析。对案头检查中发现的一些难以弄清的重要问题和重要线索，延伸到相关企业进行调查核实。

**【税源管理】** 加强税收预警管理，对税收预警进行分类分析，对数额差异较大的预警进行实地核查。累计核查税收预警131条，预警处理完成率为100%，查补税款36万元。强化纳税评估工作，应对建筑业"营改增"对地方税收的影响，组织力量对全市建筑企业开展了专项评估，累计采集28户房地产企业和重点工程信息300多条，评估入库建筑业各税2930万元。提请市政府成立了"财源建设办公室"，在重点涉税环节中推行"先税后证"管理模式。全年累计采集涉税信息7000余条，由此形成的税收达到780余万元。

**【纳税服务】** 根据《全国县级税务机关纳税服务规范》的要求，不断规范服务行为，推出办税引导服务，并重新整理了办税服务指南和一次性告知事项，印制宣传资料3500份，在办税厅向纳税人发放。在税收宣传月期间，围绕国家税务总局组织开展的“便民办税春风行动”，结合实际推出了以简化办税程序、提高办税效率为主要内容的“春满金都”系列活动，相关做法被国家税务总局《税务简报》刊载介绍。将综合服务窗口由原来的7个增加到12个，方便了纳税人。

**【干部队伍建设】** 扎实开展党的群众路线教育实践活动，先后组织系统内党员、干部100余人，赴省税务学校进行了为期三天的专题培训。组织开展“一把手”集中上党课活动，干部撰写学习笔记均在两万字以上，每人撰写心得体会两篇。先后开展“学习雷锋，义务献血”“学习刘盛兰，传递正能量”等专题活动。集中开展三轮谈心谈话活动，在局党组专题民主生活会上，班子成员之间开展了中肯、善意的相互批评。

**【精神文明建设】** 严格落实中央八项规定及有关要求，坚决纠正“四风”及“庸懒散”问题。通过日常监察、效能监察、群众举报等途径，严抓工作日饮酒、迟到、早退等违法违纪行为。在招远市市委、市政府组织的“万人评机关”和行风评议活动中，保持垂直管理部门第一名；先后获得县级以上荣誉41项，展示了良好的地税形象。

（张志刚）

# 栖霞市地方税务局

## 经济概况

2014年，栖霞市实现生产总值238.12亿元，同比增长9.1%，其中，第一产业实现46.44亿元，同比增长2.4%；第二产业实现103.84亿元，同比增长11.5%；第三产业实现87.84亿元，同比增长9.0%。一、二、三产业结构比例为19.5：43.6：36.9；社会消费品零售额121.12亿元，增长12.8%；公共财政预算收入9.01亿元，增长13.4%；农民人均现金收入13469.8元，增长11.4%。

## 收入概况

2014年，栖霞市地税局共组织各项收入6.65亿元，同比增长8.3%，增收5108.41万元。其中，中央级收入完成5846.82万元，同比增长21.8%；县级收入完成6.06亿元，同比增长7.2%。另外，代征水利建设基金715.23万元，工会经费160万元。

## 工作概述

**【税政管理】** 严格落实税收优惠政策，规范税收优惠政策的审批程序和审批行为，按照法定权限和程序审核备案和报批减免税。加强对政策落实的跟踪问效，及时解决执行中遇到的问题。从税收视角分析研究经济运行态势和税收变化趋势，提出发展经济、增加税收等方面的对策与建议，为地方政府重大决策当好参谋。不定期编印《税收政策及执法情况简报》，对难点税收政策进行解读，加强纳税辅导。

**【税收征管】** 健全和完善税收分析制度，加强重点税源的监控，密切跟踪宏观经济和企业经营形势变化对税收的影响，切实做好税收预测工作。加强征管数据管理，对纳税人的基础信息采集从严要求，按标准采集涉税数据信息，做好企业信息动态监控与利用。逐步完善“征、管、查”良性互动机制，在稽查环节发现征管工作中的问题，将情况和建议反馈到征管部门；在管理环节，根据稽查提供的情况，完善管理办法和措施；在征收环节，按照征管部门的办法和意见抓好落实，把征管工作中遇到的问题及时传递给稽查部门。

**【税收执法】** 规范税务执法文书格式，制定了《栖霞市地税局税务执法文书样本》，引导一线执法人员严格遵循执法程序。发挥稽查以查促收、以查促管、以查促依法治税的职能作用，推行电子查账先进技术手段，打击偷、逃、抗税等涉税违法行为。推进综合治税工作，加强与国税、工商、财政、银行、房管、国土等有关部门的协调配合，实现信息共享，提高社会综合治税水平，全年共从30个部门采集和录入信息2.9万余条。

**【纳税服务】** 推进“一站式”服务，开展微笑服务、公开服务、首问服务、限时承诺服务、监督服务，不断丰富服务方式；定期开展地税局长服务日活动、分类培训服务活动、纳税服务志愿者活动、纳税辅导和服务质效回访活动，不断提高纳税人满意度和税法遵从度。

**【干部队伍建设】** 开展党的群众路线教育实践活动，党员干部思想认识得到提高，工作作风发生转变；以贯彻落实中央八项规定精神为切入点，“四风”问题得到有效遏制。

**【党风廉政建设】** 以廉政风险防控平台为依托，落实党风廉政建设主体责任、监督责任“两个责任”，先后开展了治理“庸懒散”“清退交”“五必谈”“两进两诺两评”“吃空饷”专项治理等活动。同时和市纪委、市检察院联手，搭建了教育、信息交换和防范职务犯罪三个平台，层层签订廉政责任状，形成教育、监督和制度“三位一体”的防范体系。

**【精神文明建设】** 实施“四德”建设工程，涌现出一大批以连再兴、刘爱香为代表的先进典型。积极参与社会公益活动，与栖霞市教体局携手，对全市103名贫困小学生进行了“一对一”资助；筹集资金，捐赠20吨水泥，对帮扶村村内主干道进行了路面硬化；同时组织结对帮扶村麻风病康复村村民进行了体检。

（林建平）

## 海阳市地方税务局

### 经济概况

2014年，海阳市实现生产总值324.8亿元，比上年增长8.7%。公共财政预算收入24.7亿元，同比增长11.7%。规模以上工业总产值340亿元，增长9.8%；实现利税24.4亿元，增长5.0%；全社会固定资产投资340.8亿元，同比增长16.3%。一、二、三产业结构比例为18.7：42.8：38.5。

## 收入概况

2014年，海阳市地税局共组织各项收入19.77亿元，同比增长15.12%，增收2.60亿元。其中县级收入17.61亿元，同口径增收2.35亿元，增长15.39%，税收收入保持持续稳定增长。

## 工作概述

**【税政管理】** 全面落实新的税源管理模式，强化房地产业、建筑业重点行业管理及年纳税额50万元以上重点税源管理。加强股权转让“先税后证”前置管理，2014年共开具股权转让证明121份，征收各项税费622万元。加强资产转让欠税清缴及转让环节税费征收工作，2014年共清缴欠税及缴纳转让环节税费1024万元；认真贯彻落实国家税收优惠政策，加强核查调研力度，全年共减免各项税款4383万元。

**【征收管理】** 加强征管基础建设，对税务登记、纳税申报、税务检查、发票管理等一系列环节进行梳理，明确业务标准、业务流程。

**【纳税服务】** 以“便民办税春风行动”为总抓手，认真贯彻落实《全国县级税务机关纳税服务规范》。通过公告栏、电子屏、短信平台、QQ群及时进行政策传递和纳税提醒。每月组织开展纳税人培训，分类做好纳税人业务培训和税收辅导。推行首问责任制和一次性告知制度，积极推行免填单服务，精简纳税人资料报送，压缩涉税受理时限。畅通征纳双方沟通渠道，每月开展“地税局长服务日”活动，面对面听取和解决纳税人涉税诉求。

**【干部队伍建设】** 采用网络教育学院自学和集中教育培训相结合的方式组织培训，丰富业务知识、政治理论、人文情操等方面的教育学习内容，在全局形成浓厚的学习氛围。

**【基层建设】** 推进文学社、书画社、摄影社以及各类兴趣小组的建设。推进四德建设工程，举办“道德讲堂”，开展“我推荐我评价我学习身边好同事”和“寻找身边好人”活动，引导干部职工“快乐工作、健康生活”。

**【精神文明建设】** 广泛征求干部职工意见，提炼出“忠孝仁和”的核心价值观、“勤廉奉公、务实奋进、和谐有为”的海阳地税精神和“快乐工作、健康生活”的团队愿景。根据工作开展的实际情况，提炼出了精神文明建设的“七大理念”，同时通过积极参与爱心捐助、春蕾计划、义务扫除、无偿献血等公益活动，承担社会责任、履行社会义务、争做文明市民，打造出了具有海阳地税特色的文化品牌——“和·乐”文化。

**【党风廉政建设】** 开展以“和乐税廉”为主题的廉政文化示范点争创活动。开展以围绕“恭慎守节”为主题的党风廉政文化进机关、进楼宇、进厅院、进电梯活动，悬挂和张贴廉政名言警语，积极营造廉洁从税氛围。按照中央八项规定、纠正“四风”和治理“庸懒散”的要求，开展严肃纪律、改进作风教育活动，层层签订党风廉政建设责任书，严格落实“一岗双责”，形成“靠制度管人、按制度办事”的约束机制。开展拒腐防变“每月一课”活动，开设“党风廉政教育月”课堂，班子成员带头进行讲课，为深入推进党风廉政建设起到了积极的推动作用。

（辛俊冲）

## 长岛县地方税务局

### 经济概况

2014年，长岛县实现生产总值71亿元，同比增长10%；公共财政预算收入1.17亿元，增长11.5%，税收占比达到95.2%；城镇居民人均可支配收入和渔民人均纯收入分别达到29037元和18660元，分别增长11.7%和12.5%。

### 收入概况

2014年，长岛县地税局共组织各项收入8975万元，同比减少1.1%，减收97万元。其中，中央级收入完成850万元，同比增长33.9%；县级收入完成8124万元，同比减少3.7%。代收费项目完成12.8万元。

### 工作概述

【征收管理】　对建筑、房地产、金融、旅游等重点行业和重点企业加强了监管力度，对重点工程的进度、外地来岛施工企业的税务登记加强管理。加强税务登记管理，完善征管基础资料；加强企业纳税申报管理；严格发票管理，实现以票控税。

【税收执法】　年初设立纳税评估分局，开展以税收预警、纳税评估为主要手段的税收风险防控，及时发现问题、及时处理。全年处理预警信息230条，转到纳税评估案件12例，评估税款46万元，发现重大问题转入稽查部门4例，检查入库税款82万元。

【纳税服务】　改造办税服务厅、减化办税流程，从软件、硬件两方面为纳税人提供优质纳税服务。开通纳税辅导台、4个全职能办税窗口和一个纳税审批窗口，解决了纳税人排队等待问题。设立2个自助网上申报平台和2个税收法规查询平台。建立纳税人维权室，充分保障纳税人权益。减化行政审批事项，严格落实税收优惠政策，帮助小微企业发展。

【基层建设】　围绕服务基层、服务职工，搞好“三个中心”建设（学习教育中心、文体活动中心和生活服务中心）。学习教育中心建设上，以廉政教育和党建、四德建设为主题，购置部分图书和廉政教育影片；文体活动中心主要是培养各种兴趣小组，陶冶干部职工的情操；生活服务中心主要是解决了全局办公楼冬季取暖和饮用水安全问题。

【党风廉政建设】　落实党风廉政建设责任，按照“一岗双责”要求，研究制定了2014年度党风廉政建设工作实施意见、党风廉政教育工作方案。落实廉政风险防范制度，在全面实施“五个层面”廉政风险防控措施的基础上，进一步加强对重点岗位和关键环节的防控。健全完善规章制度，完善了公务接待、车辆管理、会议安排、财务报销、学习、廉洁自律等方面工作制度。

**【精神文明建设】** 在党的群众路线教育实践活动中，采取集中辅导、个人自学、撰写心得、讨论交流等形式加强学习，开展重温入党誓词、焦裕禄精神以及社会主义核心价值观大讨论、教育实践活动知识测试、文明行动志愿者和走访慰问等活动。

（欧阳珑）

# 潍坊市地方税务局

## 经济概况

2014年，潍坊市实现生产总值4786.74亿元，按可比价格比上年增长9.1%。按常住人口计算，人均GDP达到51826元，比上年增长8.9%。一、二、三次产业增加值之比由上年的9.8：52.0：38.2调整为9.5：50.8：39.7。全市城镇居民人均可支配收入30973元，农民人均纯收入14776元。公共财政预算收入完成430.2亿元，增长12.1%。

## 收入概况

2014年，潍坊市地税局共组织税收收入330.64亿元，同比增长11.37%。其中，地方级地税收入总量达到302.88亿元，增长10.53%。地税部门提供的公共财政预算收入为293.03亿元，增长10.9%，占全市公共财政预算收入的68.1%。

## 工作概述

**【党的群众路线教育实践活动】** 按照省局、市委教育实践活动部署，扎实开展教育实践活动，实现了广大党员干部思想上、作风上、素质上的重大转变，推动了工作的全面发展。一是坚持教育引导。开展“教育实践活动我该怎么办”“践行群众路线专题研讨”等一系列教育引导主题活动，通报表扬30篇优秀征文稿件，评选表彰100名党员干部，抓好舆论引导、典型选树和学用结合，广大党员干部思想认识得到进一步提高，增强了贯彻群众路线的自觉性和坚定性。二是坚持立说立行。建立领导干部基层联系点制度，市县局两级班子成员先后到81个基层联系点和175户纳税人中访实情，全系统累计征求党委政府、纳税人和社会各界、系统内干部职工意见和建议1376条。开展“三查三问三思”“擦亮镜子找问题”活动，市县两级班子及各支部积极开展谈心活动，高标准、高质量召开专题民主生活会和组织生活会。组织广大党员干部查问题、找原因、定措施，全系统累计登记整改问题461个，广大党员干部的作风和素质有了大的转变和提升。三是坚持建章立制。全系统累计新建和修改完善各类制度办法116项，广大党员干部的法治意识明显增强，税收征管和队伍建设等各方面的管理进一步向规范化迈进。

**【基层工作】** 坚持问题导向，遵循从实际出发、解决突出问题的原则，全系统研究确定立项17个创新项目，坚持上下联动，充分发挥合力优势进行探索创新。市局机关开展“三查两促一联创”活动，机关各单位发挥上联省局、下接县局的优势，对县市区局创新项目进行点对点精心指导，促进了创新工作有序、有力、有效开展。坚持工作实效，注重求真务实，对探索创新过程中遇到的困难和问题，有的放矢地研究解决。加强对创新项目的跟踪调度和效果评估，对成效明显且具有推广价值的给予总结推广。坊子分局探索试点的“人机结合式”纳税评估新模式，在提高税源管理质量和提升工作效率方面效果明显，省局领导集体听取汇报后给予高度评价。寿光地税局探索开展的国际税收“专精合联”管理新模式，有效加强了国际税收征管，《新华社高管信息》《中国税务报》等刊发推介。

【纳税服务】 以开展“便民办税春风行动”为契机，建立实行了纳税人诉求快速响应机制，累计受理和反馈诉求61226个，通过诉求分析，制定落实改进办税服务的合理化措施75条，持续不断地提升服务质效，进一步便利纳税人，减轻纳税人负担。建立应用潍坊地税微信公众平台，实时向纳税人推送最新政策、优惠政策及涉税事项提醒，并一对一提供涉税咨询、政策答疑，已互动交流1200余人次，让广大纳税人在第一时间掌握税收新政。聚焦纳税人办税资料重复填报多的问题，在坊子分局试点研发应用电子档案管理系统，通过让信息数据“多跑路”，实现了纳税人“少跑腿”，极大地方便了纳税人。在奎文分局探索实行国地税双合双控管理与服务，纳税人“进一个厅、取一个号、办两家税”，在促进税务部门工作进一步提速的同时，降低了纳税人办税成本30%以上。

【服务经济发展】 一是认真落实税收优惠，助推经济转型升级。2014年，全系统共组织上门辅导宣传税收优惠政策3600多人次，累计为高新技术、小微企业等减免企业所得税4.53亿元，加计扣除研究开发费用4.45亿元，减免营业税2.01亿元，减免土地使用税等税收3522万元，进一步涵养培植了税源，增强了发展活力。二是加大经济发展扶持力度，服务中心工作推进。围绕党委政府战略部署和中心工作，制定出台《服务全市经济持续健康发展26条措施》《支持民营经济加快发展23条措施》，市长刘曙光给予批示肯定。制定《服务全市“走出去”企业发展意见》，把“走出去”企业的管理寓于服务中，在管理中体现服务。2014年，全市非居民税收同比增长37.21%，为“走出去”企业减免税收755万元，指导企业依法降低境外税负300多万元，税务总局、省局给予充分肯定。三是加强经济税收分析研判，发挥参谋助手作用。立足全局搞分析，看经济，市局向市委市政府提报《关于促进地方税收增收提质的报告》《中心城区房地产业地方税收风险分析》等税收分析3篇，市政府《决策研究》和《情况交流》予以刊发。

【干部队伍建设】 一是加强人文关怀，坚持以真情待人。坚持把干部职工的需求意愿和评价作为工作依据，着力为干部职工的学习、工作、生活提供倾心服务，实现干部职工的合理愿望，市县局两级党组先后研究落实29件实事好事，赢得了干部职工的支持和拥护，营造了党组服务职工、职工信任党组的氛围，筑牢了地税事业发展根基。二是加强学习培训，坚持以培训塑人。确立“培训应用一体化”的思路要求，坚持学用结合，先后举办税收稽查、税收管理、征管服务培训班，实现了个人技能的提高和工作效能的提升。三是加强宣传教育，坚持以文化育人。着力开展社会主义核心价值观宣传教育，并在全系统先后组织了“地税核心价值理念征集”和“提升基层软实力大讨论”活动，引导广大干部职工更好地理解和践行社会主义核心价值观，使地税文化成为地税事业和谐发展的保障和源泉，进一步唱响主旋律，凝聚正能量，提升软实力。四是加强制约激励，坚持以廉效管人。注重绩效管理和廉政建设并举，探索建设科学合理的绩效管理机制，让绩效管理在激发队伍活力、促进管理创新中发挥重要的推动作用。同时，紧紧抓住党风廉政建设不放松，对落实党风廉政建设责任制和各项党纪政纪以及中央八项规定等方面的情况进行认真细致的梳理检查，加强对干部职工的教育、管理和监督，进一步增强纪律观念，提高严守法纪的自觉性。

**【精神文明建设】** 市局继续被命名为全国文明单位、全国青年文明号，2014年获得支持潍坊发展突出贡献单位，行风评议中位列执法部门第2名，在市委市政府全市社会服务综合排名中位居前列。

（靖树春　樊继泉）

# 潍坊市地方税务局奎文分局

## 经济概况

2014年，潍坊市奎文区实现生产总值225.48亿元，按可比价格计算，比上年增长8.8%。其中，第一产业增加值完成0.62亿元，增长1.8%；第二产业完成增加值44.93亿元，增长11.3%；第三产业完成增加值179.93亿元，增长7.9%。全区财政总收入完成36.0亿元，增长6.8%；国税局、地税局税收收入完成39.1亿元，增长3.9%；全区公共财政预算支出19.7亿元，增长15.1%。全区农林牧渔业总产值完成11396万元；实现工业总产值50.3亿元；完成固定资产投资113亿元，增长8.9%；社会消费品零售总额完成16.4亿元，比上年增长11.2%。

## 收入概况

2014年，剔除“营改增”因素影响，潍坊市地税局奎文分局共组织入库各项税收收入总额26.55亿元，可比增长3.17%，增收8167.27万元。其中，区级收入完成22.09亿元（不含车船税），可比增长2.88%，增收6180.16万元，占公共财政预算收入的76.27%。

## 工作概述

**【税政管理】** 发挥税收杠杆调节和促进经济转型发展的作用，落实小微企业4381户，共减免税款2048万元。采取张贴公告、税企QQ群、地税网站、税企平台、电话进行温馨提示等多种方式，大力宣传税收优惠政策；为小微企业提供办税“直通车”服务，加强调查研究，了解和掌握小微企业的具体生产经营和变动情况，使其合法、准确、及时享受税收优惠。

**【税收征管】** 结合房地产开发企业项目管理及土地增值税清算项目备案管理制度，全面开展土地增值清算工作。就辖区内房地产项目进行总体评估，对符合清算条件的37个项目下达《清算事项通知书》。按照“以土地增值税为主，实施各税通查”的原则，充分发挥土地增值税清算对房地产税收管理的辐射作用，以点带面，实现开发各环节营业税、个人所得税、房产税、土地使用税、印花税等各税统查，促进其他各税的税种管理。

**【税收执法】** 对全区企业进行税收评估和检查，同时结合开展土地增值税清算、企业所得税汇算清缴和房产土地税源普查工作，实现以查促收。发放专项检查通知8000余份，对辖区内企业财务负责人进行一对一、面对面辅导；采用政府购买服务方式，在稽查评估关键环节引入会计事务所的注册会计师参与工作，提高稽查评估结果的专业性和公允性。

**【纳税服务】** 深入开展“便民办税春风行动”，进一步便利纳税人。派出10名业务骨干进驻区政府公共服务中心，与房管局大厅窗口对接，实现房产交易收税办证一体化；深入开展首问责任制，推行“涉税事项资料准备一次性书面告知”服务措施，制定公示《潍坊市地方税务局奎文分局提速涉税事项办理时限表》；积极推行《全国县级税务机关纳税服务规范》的落地工作，对9大类72项212个服务事项1120个服务进行具体规范。

为普通发票抽奖活动的一等奖获得者现场兑付奖金1万元，培养消费者自觉索要发票的意识，维护自身合法权益。

**【干部队伍建设】** 选派优秀工作人员近340人次参加办公室、基层工作、税收征管、纳税服务和稽查评估等多种培训，干部队伍整体素质和履职能力显著提升；建立“奎文地税道德讲堂”，聘请不同领域的专家学者，组织涉及经济形势、政治热点、卫生保健等各方面与工作生活密切相关内容的讲座，引导干部职工“快乐工作、快乐生活”。

**【党风廉政建设】** 扎实开展党的群众路线教育实践活动，坚持领导带头贯穿始终、整风精神贯穿始终、整改落实贯穿始终、强化督导贯彻始终“四个关键”不放，认真落实整改征集的五方面39条意见和建议，对每个环节工作开展“回头看”活动，确保教育实践活动不虚、不空、不偏。组织全员系统学习山东地税廉政风险防控平台德廉知识，参加奎文区德廉知识测试，与区检察院签订廉政风险内控防范工作实施意见，进一步做好廉政风险内控防范和预防职务犯罪活动工作。

【精神文明】 2014年度，奎文分局通过省级文明单位、省级青年文明号等复审，荣获“潍坊市工人先锋号”“潍坊市综合统计工作先进单位”“经济建设十佳服务单位”“学习型党组织建设工作先进单位”等12项荣誉称号。

（牟作鹏）

## 潍坊市地方税务局潍城分局

### 经济概况

2014年，潍坊市潍城区实现生产总值228.3亿元、固定资产投资214.2亿元，一般公共预算收入17.9亿元，比上年分别增长9.2%、15.4%和8.2%，其中：第一产业增加值9.62亿元，增长4.1%；第二产业增加值93.23亿元，增长10.3%；第三产业增加值125.41亿元，增长8.6%。三次产业比例进一步优化，达到了4.2∶40.8∶55。

### 收入概况

2014年，潍坊市地税局潍城分局共组织税收收入14.14亿元，其中，区县级收入13.02亿元。在经济下行压力增大的情况下，严格依法治税，严格税收管理，加大纳税服务创新力度，努力保障了地方财政税收收入，服务经济社会发展。

### 工作概述

【税收管理】 一是规范税收执法。深入落实《山东省地方税务局税收执法规范》，通过实行目标管理责任制，层层签订《规范执法责任书》《执法过错责任追究书》，将税收执法责任、目标和任务分解到岗位、落实到人。二是将征管绩效考核指标进行数据审核。对税务登记信息逐条比对检查。自考核以来，登记信息质量、财务报表报送率、催报催缴率每月均达到了100%。三是加强与国税局的合作。在登记管理方面，实行国地税共同登记、共同注销；在纳税评估方面，实行预警信息共享；在征收管理方面，对代开发票等前台业务实行同时征收；在法制管理方面，对逾期登记、逾期申报、逾期缴纳等违法违章行为，自由裁量权幅度内执行统一的行政处罚标准。四是开展税收专项检查。组织开展了城镇土地使用税、房产税、两处以上个人所得税、零申报、临时户等专项税收检查。

积极创新纳税服务措施，全面推行导税服务制度，引导纳税人快速办理涉税业务，缩短办税时间。

【纳税服务】 一是全面落实税收优惠政策。按照税收优惠备案管理制度，定期对优惠政策的执行情况进行核查，及时完成了3万元以下小微企业认定工作，加大对新能源、节能环保等项目税收优惠资格的认定管理。全年完成小微企业认定834户，减免金额442.04万元。二是推行权力清单和服务清单制度。对84个事项按照业务类型不同、纳税人需求内容不同，以及所起到的作用不同分别制作清单。在新制作的清单中，简化流程4项、精简报送资料42份，压缩时限行政提速39项，增设税收优惠等提醒服务15项。三是联合国税局主动利用新兴媒介开展税收宣传，举办了“提升纳税服务水平，助力地方经济发展”在线访谈答疑活动。实时对网民提出的各类税收政策疑问进行详细解答，节目开通2个小时，600余名网友登录访问、参与活动，现场解答问题40个，现场答复率100%。

【干部队伍建设】 一是党的群众路线教育实践活动顺利开展。按照“照镜子、正衣冠、洗洗澡、治治病”的总要求，紧密围绕“为民、务实、清廉”的主题，紧密聚焦“四风”突出问题，紧密联系工作实际，认真完成了学习教育、听取意见，查摆问题、开展批评和整改落实、建章立制三个环节的各项工作任务。二是基层党建工作顺利推进。10月中旬，按照组织程序，召开全体党员会议，对机关党委进行换届选举，成立了新一届机关党委，切实发挥好基层党组织的战斗堡垒作用；以党的十八大、十八届三中四中全会精神、习近平总书记系列重要讲话为内容，深入开展学习讨论，先后5次邀请党校学者专家现场宣传动员，切实增强基层党组织的凝聚力、战斗力。三是党风廉政建设得到加强。进一步完善党风廉政建设领导机构，层层签订2014年党风廉政建设责任书；积极开展党风廉政教育工作，邀请潍城区检察院领导、有关专家开展预防职务犯罪辅导，组织观看《焦裕禄》《百姓书记》等教育影片；认真做好“廉政和执法风险防控平台”应用，加强对各工作岗位规范执法情况的督导和监控考核。

【精神文明建设】 以党的群众路线教育实践活动为抓手，以作风提升年活动为依托，积极落实社会主义核心价值观。一是与区检察院联合建设了潍城区廉政教育基地，加强党风政风、廉政教育。二是积极组织开展了“学雷锋，树新风”志愿者服务、“为困难职工捐款”“慈心一日捐”“能源紧缺体验日”等群众性精神文明活动。三是围绕“职业道德、爱岗敬业、清风税廉”三个主题，不断加强道德讲堂建设。四是持续推进政务诚信、政务公开，积极参加“五区政风行风热线”、社会公开服务承诺、作风提升年专题报道等活动，为地税各项工作顺利开展提供了有力的精神支持和道德支撑。

（徐世宣）

# 潍坊市地方税务局坊子分局

## 经 济 概 况

2014年，潍坊市坊子区完成生产总值130.20亿元，同比增长9.30%；完成固定资产投资114.40亿元，增长16.20%；实现公共财政预算收入10.70亿元，增长13.10%，其中税收收入占公共财政预算收入的82.20%；社会消费品零售总额达到53.60亿元，增长12.80%。规模以上工业企业发展到105家，规模以上工业实现主营业务收入267.60亿元，增长8.20%；服务业投资增长17.80%。

## 收入概况

2014年，潍坊市地税局坊子分局共组织各项税收收入7.86亿元，同比增长5.68%。其中，区级完成6.46亿元，增长2.45%。主体税种营业税、企业所得税、个人所得税分别完成2.75亿元、6495万元、5274万元。

## 工作概述

**【税收征管】** 深入落实“向财务报表要税收”的理念，试点引入数据智能化评估系统，实施“人机结合式”评估，初步实现数据来源真实化、数据分析智能化、评估方法系统化。针对房地产业、建筑业和制造业开展纳税评估，全年共评估企业40户，评估税款5393万元，评估入库税款4306万元，其中利用智能评估软件评估企业14户，评估税款4215万元，入库税款3643万元。整合税收业务效能管理平台，根据税收业务的内容、流向、环节和步骤确定具体操作标准，将电子档案管理系统和效能管理系统中的业务模块进行整合改造，同时将81项限时办结类业务在系统中设置流程，确保审批事项高效流转。

**【税收执法】** 深入推进税收执法风险防范工作，设立风险防控领导小组，制定并完善操作规范，下发《规范管理工作通报》10期，共对股权转让、房产交易、土地交易、催报催缴、征管档案管理、基层调查核实等14项业务进行了规范；积极开展税收专项检查工作，共检查企业20户，查补入库税款、滞纳金、罚款880余万元。

**【纳税服务】** 结合“便民办税春风行动”，深入推进纳税服务标准化建设。优化“一窗通办”服务，对办税服务厅16个岗位职责优化整合为10个，并将登记类、认定类等7大类57项涉税事项统一整合到综合业务岗，并对办税服务厅前后台的税务登记、发票管理、房产交易等91项常用业务进行优化合并，提高办税效率。全面扩大“免填单”服务范围，将代开发票、票种核定等20余项涉税业务纳入“免填单”服务，取消涉及登记、发票、申报、证明等业务的15个文书报表，有效减轻了纳税人负担。完善纳税遵从激励机制，建立纳税人信用数据库，对税务登记、发票管理使用、纳税申报等7项29个指标，通过税收业务平台自动甄别和手工维护，建立纳税人信用清单，根据不同的信用状况实施差别管理。

**【文化建设】** 积极实践“本生、重己、贵公、去私”的坊子地税文化理念，注重增强干部职工的奉献意识，先后开展“梦想直通车”学雷锋志愿服务活动，“奉献爱心温暖你我”实物捐赠活动，累计捐赠衣物书籍文具等物品500余件。积极参加中国青少年基金会下属的“爱心衣橱·微拍卖”活动，目前已捐赠书画艺术作品15件，拍卖所得善款近万元，资助贫困学生百余名。编印《文化守望——

坊子地税书香文化作品珍集》，收录干部职工涵盖文学、摄影、书画等方面的作品200余件，并制作《传承国学精髓 塑造智慧人生》系列书签、藏书票、廉政扑克等，进一步提升了干部职工的文学素养。

**【党风廉政建设】** 结合党的群众路线教育实践活动，切实加强党风廉政建设，深入落实中央八项规定，狠刹“四风”，并通过开展“三查三问三思”大讨论、“两访三问”活动、“擦亮镜子找问题”活动、“三严三实”座谈会等方式，征集15类32项问题，并逐条登记、梳理和归类，印发《意见建议整改措施责任分解表》，切实推进整改落实。集中组织观看《焦裕禄》《郭明义》《生死牛玉儒》《时代楷模朱彦夫》等9部红色电教影片，举办“为民务实清廉”专题讲座，促进了干部职工廉洁从税、依法行政。该局连续15次荣获坊子区行政执法部门行风评议第一名。

（郭　英）

## 潍坊市地方税务局寒亭分局

### 经济概况

2014年，潍坊市寒亭区实现生产总值186.22亿元，同比增长9.0%，实现公共财政预算收入13.78亿元，同比增长13.0%；全社会固定资产投资完成223.05亿元，同比增长15.6%；限额以上社会消费品零售额实现30.39亿元，同比增长10.1%。

### 收入概况

2014年，潍坊市地税局寒亭分局累计入库各项税收收入6.50亿元，同比增长14.93%，增收8440万元，其中区级收入5.88亿元，同比增长16.63%，增收8387万元。

### 工作概述

**【征收管理】** 加强重点税源企业管理，挑选业务骨干对重点企业进行动态监控管理，2014年辖区纳税前100名的重点企业合计入库地税收入4.60亿元，占总收入比重的70.78%，同比增长12.11%；加强零散税源管理，探索实行城区个体工商户专业化管理，实现了个体定额由“一对多”向“多对一”的转变；将房地产企业纳入“E票通”发票管理服务平台，降低了纳税人办税成本，解决了房地产项目管理信息重复录入问题；加强委托代征工作，积极探索实践委托国税代征所得税税收管理办法，有效堵塞了税收漏洞，增加了财政收入；切实加强征管基础规范化建设，以税收征管绩效考核为抓手，有力提升税收征管质效；顺利完成邮政业、电信业“营改增”工作。

**【税收执法】** 制定地方税收专项检查实施方案，抽调骨干力量组成专门检查组，加大对重点税源企业的税收检查力度，全面提升稽查核心业务能力和稽查工作现代化应用水平，引导纳税遵从，增强执法刚性，实实在在起到内促征管、外防偷税作用。

**【纳税服务】** 积极落实《全国县级税务机关纳税服务规范》，优化简化办税服务流程，将纳税人主动到地税办理的业务全部集中到纳税服务中心受理，重新设置办税服务厅内部工作流程，加强前后台的科学有序衔接；全面提升窗口服务质效，在服务厅增设导税和资料预审岗，认真落实导税预审服务、首问负责和一次性告知等制度，建立纳税人诉求快速响应机制，畅通办税现场、热线电话、网络等各种纳税人诉求渠道，即时受理和答复纳税人诉求，维护纳税人权益。

**【干部队伍建设】** 紧密围绕“为民务实清廉”主题，深入开展第二批党的群众路线教育实践活动，做到规定动作不变通，自选动作有特色，干部队伍作风进一步好转；加强干部队伍教育培训，先后分两批组织党员干部到潍坊市委党校进行为期3天的脱产素质培训；积极推进绩效管理考核工作，设立绩效办具体负责组织协调和督导考核，确保绩效考核指标无缝对接、逐项承接无一遗漏。

**【党风廉政建设】** 严格落实“两个责任”和“一岗双责”，建立健全党风廉政建设责任制落实领导体制和工作机制；加强岗位廉政教育，通过组织参观检察院廉政警示教育基地、邀请市纪委同志举办专题辅导讲座、组织观看廉政警示教育片等，提高党员干部廉洁从税意识；积极运用好省局廉政督查平台，按月进行风险点筛选分析，对出现问题的责任人严格按照相关规定落实责任追究。

**【精神文明建设】** 2014年，区局顺利通过省级文明单位复审，荣获寒亭区“经济社会发展工作突出贡献奖”“文化建设工作先进单位”“工会先进单位”等荣誉称号，直属征收局被授予“潍坊市工会经费代收工作先进集体”，纳税服务中心被授予“潍坊市巾帼文明岗”“潍坊市工人先锋号”荣誉称号。

（徐双娣）

## 昌邑市地方税务局

### 经济概况

2014年，昌邑市实现生产总值356亿元，同比增长9.2%；完成固定资产投资284.5亿元，增长15.4%；实现财政总收入42.7亿元，其中公共财政预算收入25.2亿元；实现服务业增加值121.6亿元、社会消费品零售总额139.5亿元，增长9.7%和13.5%。被评为“中国中小城市综合实力百强县市”“中国最具投资潜力中小城市百强县市”“全国生态文明先进市”。

### 收入概况

2014年，昌邑市地税局共组织入库各项税收收入18.84亿元，同比增长14.7%，增收2.42亿元。其中，中央级完成2.26亿元，同比增长28.2%；县级完成16.58亿元，同比增长13.1%，增收1.92亿元。

### 工作概述

**【征收管理】** 一是加强收入测算分析和计划衔接。加强分行业、分税种的结构性对比分析，及时掌握税源增减变化情况及发展趋势，强化分析结果运用，抓好重点税源、重大项目和重要增长点，把握税收工作主动权。二是扎实推进税源专业化管理。全面加强重点税种管理，对收入完成和入库情况搞好随时调度，扎实开展2014年度企业所得税汇算清缴和年所得12万元以上个人所得税申报工作，共入库企业所得税11995万元。三是开展纳税评估和专项检查。采取税务稽查检查和纳税评估检查交叉进行的方式，认真查找梳理重点企业、重点行业存在的问题及各单位在税收征管、税收执法等方面的薄弱环节，加大信息比对、工作督导和税务稽查保障力度，做好征、管、查各环节的衔接配合，切实提高收入质量。2014年共专项评估重点企业107户，入库税款、滞纳金2152万元。四是认真开展税收执法督察。对存在数据疑点的企业加强执法疑点数据比对和查前案头分析，对重大疑点进行实地延伸核查，建立整改台账，对发现问题及时限期要求整改，并做好记录和跟踪督办，进一步规范税收执法行为，防范执法风险。五是加强发票管理与服务。强化以票控税，加强发票抽查检查和代开管理，进一步梳理规范纳税人发票使用情况，积极做好网购发票、委托代开发票和发票验真工作，进一步提高网开发票应用率和纳税人税法遵从度。

【纳税服务】 立足地税部门实际，加强经济形势和税收政策研析，认真研究和宣传、落实好服务小微企业、高新技术企业、现代服务业等发展的各类税收政策，为党委政府决策提供科学依据，积极服务地方经济发展。以深入开展“便民办税春风行动”为契机，以落实《全国县级税务机关纳税服务规范（1.0版）》为抓手，全面抓好服务规范落实，积极推行“纳税服务360”举措，做好“免填单、即时批、一次结”服务，通过税收业务衔接效能管理平台系统，对纳税人实现涉税业务前后台无缝对接和即时审批，缩短办税时间30%以上，切实减轻纳税人负担。加大税收宣传力度，采取上门辅导、“一对一”个性化辅导等方式，加强对企业办税人员税收政策及网上报税辅导培训，先后组织培训9场次，培训纳税人980余人次。大力支持各项社会事业发展，认真做好各项税收优惠政策落实和各类费金的代征、代收工作，2014年共征收入库工会经费342万元、残保金178万元，分别对符合条件的高新技术企业、小微企业依法减免相关税费436万元、106万元，切实减轻了企业负担；扎实开展党员干部联系群众活动，积极做好对被帮扶村群众结对帮扶工作，用实际行动践行群众路线。

纳税服务中心被中华全国总工会授予全国“模范职工小家”称号。

【机构人员】 截至2014年底，全局机关内设8个科室、1个事业单位，下辖2个直属单位和5个中心税务所。共有正式干部职工157人，其中，党员142人，占90.45%；大专以上学历134人，占85.4%。担负着全市11000余户纳税人的地方税收征管工作。

**【干部队伍建设】** 以党建统领干部队伍建设，以增强队伍凝聚力和创造力为核心，以学习贯彻习近平总书记一系列重要讲话和党的十八大、十八届三中、四中全会精神为重点，切实加强党性教育培训。扎实开展党的群众路线教育实践活动，紧紧聚焦“四风”问题，坚持规定动作不落项、突出自选动作有特色，通过学习教育求实效，以理论实践促行动，积极倾听多方意见和建议，对照检查促进查摆整改，同时，建立整改台账，细化任务分解，加强对整改落实工作的督促检查，不断深化和拓展学习实践活动成果。坚持以实务型个性化干部教育培训为导向，在运用潍坊地税“快乐学习平台”鼓励自主学习的基础上，强化AB组税收业务集中培训，分期、分批组织在岗工作人员进行税收业务专题培训和全员税收业务统考，不断提高干部队伍业务水平。2014年，共有2名干部取得硕士学位，1名干部考取潍坊市会计领军人物。

**【党风廉政建设】** 认真抓好党风廉政和纪律作风建设，强化党纪条规学习，贯彻落实好中央八项规定、《党政机关厉行节约反对浪费条例》及上级一系列部署要求；严格落实党风廉政建设责任制，认真落实“一岗双责”，坚持党风廉政建设与税收业务工作有机结合，组织中心税务所、分局及机关科室主要负责人进行廉政谈话，并签订《廉洁从税承诺书》；加强与纪检、检察等部门沟通协调，充分利用好省局廉政风险防控平台“廉政风险教育”模块，加强典型案例学习，通过组织专题辅导讲座、廉政法规考试、参观警示教育基地等方式，扎实做好预防职务犯罪工作，进一步筑牢防腐倡廉防线。已连续多年在昌邑市网上民主“双评”活动中名列全市行政执法部门第一名。

**【精神文明建设】** 积极探索新型学习教育方式，扎实推进精神文明建设，组织举办“提升软实力 凝聚正能量”职工大讲堂，为干部职工搭建展现自我、接受教育的良好平台，不断促进干部队伍思想政治工作思路和方式方法的创新。职工大讲堂以干部职工自述自讲为主，通过“身边人讲身边事、身边人讲自己事、身边事感化身边人”，以贴近工作、生活的鲜活实例和轻松愉快的经验交流形式，宣传先进工作经验和先进事迹，以小见大、以点带面，让干部职工在宣讲和聆听中激发主人翁精神和干事创业的工作热情。已举办7期，干部职工积极参与，先后有10余名同志走上讲堂，结合自身情况进行讲课，收到了良好效果，更好地提振了地税工作人员的精气神。同时，积极组织举办、参加各类文化活动，筹建开放职工图书室，设立“善行义举四德榜”积极宣传先进典型和事迹，进一步丰富了干部职工文化生活，增强了地税干部队伍的凝聚力。

（赵　洋）

## 昌乐县地方税务局

### 经济概况

2014年，昌乐县实现生产总值260.7亿元，同比增长9.1%；实现公共财政预算收入20.2亿元，同比增长12.3%；完成固定资产投资259.3亿元，同比增长15.7%；实现社会消费品零售额106.3亿元，同比增长12.4%。

## 收入概况

2014年，昌乐县地税局共组织税收收入13.60亿元，同比增长14.66%，增收1.74亿元，增幅高于全市平均水平3个百分点。其中，县级收入12.74亿元，同比增长15.87%，增收1.74亿元，增幅居全市第1位，为地方经济社会持续健康发展提供了有力保障。

## 工作概述

**【税收征管】** 以征管绩效考核为抓手，深入开展基础登记信息整改、财务报表报送采集情况监控、催报催缴制度落实等工作，进一步夯实征管基础；优化完善每月经济税收情况分析制度，分析收入情况、税源现状及增减变化原因，研究制定针对性征管措施，进一步提升了税源认知和掌控能力；深化金税三期工程系统数据应用，加强对房地产、建筑业、金融保险业及年纳税超过100万元以上重点企业和重点行业的动态监控管理，进一步提升了重点税源管控质效；认真落实《山东省地方税收保障条例》，积极与国税、发改、国土、房管等职能部门建立信息交换制度，形成了部门配合、职能协作、信息共享、控管有效的运行机制，提升了综合治税水平；针对重点税源企业、2014年拟“营改增”企业、省市局地方税收专项检查企业，大力开展纳税评估与税务稽查，进一步规范了税收秩序，实现了以查促管。

**【税收执法】** 依托“税务夜校”，组织学习税收执法规范性文件、《税收违法违纪行为处分规定》等内容，进一步增强了干部职工的依法治税意识，切实提高了规范执法能力；采取自查和重点检查、案头分析和实地检查相结合的方式，围绕组织收入原则执行、土地增值税征收管理等9方面内容，扎实开展了税收执法督察工作，切实提升了税收执法规范化水平；积极推进涉税事项“阳光审批”，认真梳理减免退税管理等行政审批事项，实行清单式管理，进一步规范了税收执法权力运行；通过常规检查、执法案卷评查、接受外部监督、绩效管理考评等方式，加强对执法行为和执法人员的监督，有效规范了税务人员的执法行为。

税收优惠政策送上门，现场解疑释惑促和谐。图为业务骨干深入企业面对面解读税收新政、解决涉税难题，进一步融洽征纳关系、构建和谐地税。

**【纳税服务】** 以“便民办税春风行动”为抓手，以《全国县级税务机关纳税服务规范》为标尺，探索实施了以办税服务标准化、日常管理标准化、服务设施标准化、质量评价标准化为主要内容的“4个标准化”服务，进一步提升了纳税服务工作质效，便利了纳税人办税；围绕税收优惠政策落实，探索建立了税收优惠政策跟踪问效闭环管理机制，研究开发了税收优惠政策跟踪问效信息管理系统，实现了对税务机关和纳税人的双向动态跟踪问效和智能化一体式管理，促进了税收优惠政策的快速有效落实到位，全年共为216户纳税企业减免税金2800余万元。

**【干部队伍建设】** 一是大力加强作风建设。探索建立了国地税作风建设联合交叉检查制度，不定期查纠各单位工作纪律、服务态度、税容风纪等方面存在的问题，进一步优化了机关作风；建立健全了公务接待实施办法、公务用车管理规定、党风廉政建设谈心谈话等9项制度，促进了作风建设的制度化、规范化和长效化。二是大力加强地税文化建设。组织开展了实地参观党性教育基地，建立“善行义举”四德榜，开展志愿服务等8项活动，着力加强系统思想文化建设，以良好的文化积聚推动了地税事业发展的正能量。三是大力加强干部教育培训。探索建立了以提升岗位素养为基础、提升应试能力素养为支撑、提升人文素养为根本的干部教育培训新模式，并加大了学习教育培训工作的考核力度，以考促学，进一步提高了干部队伍的综合素养能力。

**【党风廉政建设】** 认真履行“两个责任”，严格落实“一岗双责”，扎实执行党风廉政建设责任制，形成了一级抓一级、层层抓落实的廉政体系；坚持以党性党风党纪教育为重点、以岗位教育和警示教育为载体，引导干部职工算清政治、经济、名誉、家庭、亲情、自由和健康“七笔账”；深入开展检税共建，邀请检察部门专家型领导为地税工作人员作廉政讲座，深入推动了党风廉政建设工作健康发展。

**【精神文明建设】** 以争创各类荣誉称号为抓手，不断加强精神文明建设，在继续保持省“文明单位”、省“青年文明号”、省“三八红旗集体”等荣誉的基础上，又被昌乐县委、县政府授予2014年度经济建设十佳服务单位、县直部门（单位）工作实绩考核先进单位、星级服务窗口单位等11项荣誉称号。

（许海军）

# 安丘市地方税务局

## 经济概况

2014年，安丘市实现生产总值270.47亿元，比上年增长9.50%；全社会固定资产投资完成235.08亿元，比上年增长16%；全社会消费品零售总额实现136.41亿元，比上年增长12.90%；规模以上工业实现主营业务收入445.76亿元，增长9.50%；农民人均纯收入1.36万元，增长11.90%；财政总收入26.37亿元，其中，地方财政收入16.56亿元，分别增长17.02%和20.40%。

## 收入概况

2014 年，安丘市地税局共组织入库税收收入 13.02 亿元，比上年增收 1.68 亿元，增长 14.77%。其中，中央级收入完成 9859 万元，省级收入完成 30 万元，县级收入完成 12.03 亿元。县级收入比上年增收 1.59 亿元，增长 15.19%。

## 工作概述

**【税收征管】** 一是开展土地使用税税源清查，将全市土地信息与征管系统进行比对，进一步规范土地使用税管理，通过该措施增收土地使用税 1694 万元。二是委托具有评估资质的中介机构对全市纳税单位房产原值进行评估，全年房产税增收 916 万元，其中评估增收 400 多万元。三是对重点税源企业进行大检查。抽调 14 名业务骨干组成 7 个检查组，对全市 100 家重点税源企业进行稽查和评估检查，增加收入 3800 万元。四是通过与国土部门信息共享，加强对涉及土地交易的纳税人耕契两税催报催缴，全市重点税源企业中有 59 家企业办理土地交易手续，缴纳耕契两税 8732 万元。五是开展税源管理讲评。组织税源管理讲评活动五期 23 场，参与讲评的税收管理员 81 人次，讲评企业 190 户，反馈解决问题 342 条。

**【纳税服务】** 大力开展“便民办税春风行动”，积极落实县级纳税服务规范，进一步创新优化税收服务。利用办税服务厅 LED 电子显示屏公开业务办理时限，其中 54 项承诺即时办结，19 项承诺一个工作日内办结，进一步节省了纳税人办税时间。对耕契两税、二手房交易等 11 项业务采取免填单服务，纳税人只需在核对信息后确认签字即可，进一步减轻纳税人办税负担。加强窗口人员技能培训，全年组织集中培训 6 期，内容涉及“金三”系统 7 大模块，确保了前台工作人员熟练掌握流程操作。申报征收业务、代开发票业务、二手房业务平均单笔办结时间分别缩短 31.56%、26.92% 和 6.44%。加强税法宣传，提高纳税人依法纳税意识和税法遵从度，4 月，开展了全国第 23 个税收宣传月活动；9 月，参加安丘电台行风在线；12 月，组织“12·4”全国宪法日宣传；每月开展一次局长服务日活动。

**【机构人员】** 截至 2014 年底，全局内设 9 个科室，2 个直属单位，辖 7 个中心税务所。共有干部职工 156 人，其中，党员 147 人，占 94.23%；大专以上学历 138 人，占 88.46%。

全国法制宣传日当天，抽调业务骨干组成宣传队，设立法制宣传站，认真接受涉税咨询，耐心解答疑难问题，广泛开展普法宣传。

**【干部队伍建设】** 一是开展党的群众路线教育实践活动。按照省局、潍坊市局部署要求，于3月至10月扎实深入开展了教育实践活动，取得明显成效。二是开展教育培训，分层次组织业务培训，组织全体在职干部职工培训6次，中层以上人员培训2次，参训人员400余人次。上半年举行了全员统考，下半年组织业务抽考。10月进行了“安丘地税能手选拔”。三是党建方面，7月1日举办“转变作风从我做起”演讲比赛，营造了作风建设浓厚氛围。上半年和下半年分别召开组织生活会，认真开展批评与自我批评，进一步规范了党内政治生活。

【精神文明建设】 抓好精神文明建设工作，继续保持省级文明单位荣誉称号，被潍坊市总工会、地税局评为潍坊市工会经费代收工作先进集体，安丘局“E票通”被中共潍坊市委市直机关工作委员会评为2014年度优质服务项目，被安丘市委、市政府授予和谐创建工作先进单位、行政审批优质服务窗口、服务业发展先进单位，局机关党委被中共安丘市委市直机关工作委员会评为先进基层党组织，被市关工委评为扶贫助学模范单位、“五好”关工委。

【党风廉政建设】 年初层层签订《党风廉政建设责任书》，把党风廉政建设责任制落实到地税工作的每个环节、每个部位。组织干部职工通过省局廉政风险防控平台加强廉政知识学习，强化了干部廉政教育，提高了廉洁意识和防控能力。从社会各界聘请了211名特邀监察员，定期组织召开座谈会，广泛征求意见和建议，接受社会监督。

（焦枢亮）

# 寿光市地方税务局

## 经济概况

2014年，寿光市实现生产总值709亿元，财政总收入107亿元，其中地方财政收入79.2亿元，列全省县域第二位，税收收入全省县域第一，财税总量、质量居全省县域前列。城镇居民人均可支配收入和农民人均纯收入均增长10.5%。

## 收入概况

2014年，寿光市地税局共组织收入61.35亿元，同比增长11.7%，增收6.45亿元。其中，地方级收入完成56.75亿元，完成全年计划的101.2%，同比增长12%，增收6.08亿元，地方级收入位列全省县域第一位。

## 工作概述

【税政管理】 按照省市局“营改增”移交工作方案，对广播影视行业、鉴证咨询服务业、交通运输业、文化创意服务业、物流辅助服务业、信息技术服务业、研发技术服务业、有形动产租赁业8个行业共1269户纳税人完成确认手续，对纳税人发票和票证进行安全清缴，圆满完成“营改增”纳税人的平稳移交和过渡。

【征收管理】 把提高收入质量、防范执法风险作为工作的重中之重，通过深化落实收入质量管理领导责任制，严格贯彻组织收入原则，严格执行财经纪律，切实做到了税收与税源相匹配。严格把关大额税款入库，严格落实税收优惠政策，为170户企业依法减免税金5489.2万元。通过税收会计数据和100户重点税源企业财务指标，建立税收数据分析模型，每月开展税收动态分析，真实反映经济税收现状，查找税收薄弱环节，指导税收征管。

**【税收执法】** 以风险管理为导向，对梳理的12个容易出现风险的结点加强管理，税收按期申报率、入库率等考核指标，全部超过上级要求；加强对预警信息处理监控、红色预警信息复核、重点税源企业和重点行业税收执法风险点排查，有效保障了税法刚性，降低了执法风险。特别是成立督查内审办公室，负责全局税收数据质量的督查内审工作，使督查内审工作常态化、持续化、专职化，对规范执法行为，防范执法风险，保护干部职工，发挥了重要作用。

**【信息化建设】** 为优化管理，提高效率，加大信息化创新开发应用力度。针对液体盐资源税管理，出台液体盐资源税控管办法，开发资源税综合管理信息系统，提高了管理效率，征收资源税4亿多元，收到明显效果，多次迎接省局及外地市局调研学习。推行涉税业务综合管理效能平台，对税收业务按环节推送，明确了管理责任，提高了办税效率，纳税服务满意度进一步提升。

**【纳税服务】** 细化落实“便民办税春风行动”和“扎根工程”，先后出台了《个性化税收服务实施意见》和“服务全市经济持续健康发展27条”，与企业签订《个性化税企帮扶协议》，抓好税收政策深入帮扶，并以方便纳税人办税为着力点，组织开展换位体验教育，进一步优化服务举措，对税收管理6个方面502项涉税业务实行即时办结，畅通举报电话、QQ邮箱及微信平台，落实首问责任制，对27项业务实行免填单服务，推行发票网上申购和免费寄送。另外，为170户企业落实国家税收优惠政策，减免税金5489.2万元，在帮扶企业发展方面发挥了重要作用。

**【基层建设】** 设立税源专业化管理工作办公室，制定集中征收税源专业化管理实施方案，统一干部思想，转变管理理念，理顺征管范围。对全局干部职工重新设岗，完成全局207人的岗位设置，对局机关的43个岗、办税服务厅的18个岗、基层所的12个岗进行调整。除羊口中心税务所外，全部税源集中到办税服务厅征收管理，实现了由管户制度向税源专业化管理的大幅跨越。

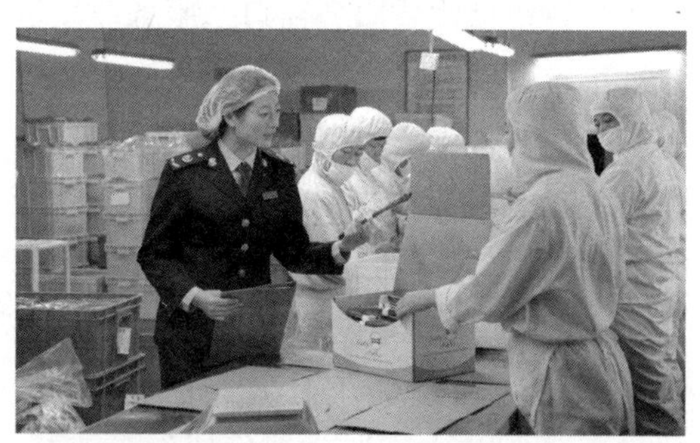

深入推进“扎根工程”和“便民办税春风行动”，积极开展换位体验大教育，组织干部职工深入企业，开展政策深入解读，帮扶企业发展，促进征纳共赢。

**【干部队伍建设】** 围绕提升干部职工政治业务素质，组织开展了“读好书、强素质、转作风、促发展”“双学双推”

集中学习教育、岗位业务培训达标、快乐学习等活动，全体干部职工全年参加培训学习平均达530小时，落实《2014年度干部职工教育培训工作规划》，以集中学习和专职培训相结合，分中层以上干部、业务骨干、一线职工进行分类培训，全年组织学习培训1300余课时，收到较好效果。

**【党风廉政建设】**　深入落实党风廉政建设责任制，对党风廉政建设责任制落实情况进行检查，先后组织提醒谈话120余人次，加强五项纪律管理，加大明查暗访力度，督促干部职工学法纪、守规矩，使学法、尊法、守法成为自觉行动。干部职工依法行政、廉洁自律、文明服务的自觉性进一步提高，政风行风明显转变，在2014年行风评议中，取得执法部门第一名的好成绩。

**【精神文明建设】**　以深化落实党的群众路线教育实践活动为契机，以改进工作作风密切联系群众为重点，提升站位，严格要求，高标准组织各项活动，先后开展了“学法纪、守规矩、提质效、作表率、争先锋”活动，“践行群众路线主题研讨活动”、委托国家统计局寿光调查队开展三方调查活动、“两访三问”活动、“三查三问三思”活动、“擦亮镜子找问题活动”，等等，全局党员干部共查摆单位及个人问题809个，梳理问题产生根源31条，制定整改措施287项，全部整改到位。干部作风大幅转变，与广大群众及纳税人的关系更加和谐，顺利通过省级文明单位复核验收，并荣获“全省助残先进集体”“潍坊市工会工作先进单位”等荣誉称号。

（李洪基）

# 青州市地方税务局

## 经济概况

2014年，青州市实现生产总值547.9亿元，同比增长9.2%。完成全社会固定资产投资429.3亿元，增长15.7%。公共财政预算收入38.1亿元，增长11%。城乡居民储蓄存款余额401.6亿元，增长14.9%。社会消费品零售总额183.5亿元，增长13.9%。在全国县域经济基本竞争力百强县中列第69位。

## 收入概况

2014年，青州市地税局共组织各项收入29.49亿元，同比增长12.67%，增收3.32亿元。其中，中央级收入完成1.82亿元，增长14.91%，增收2359万元；县级收入完成26.23亿元，增长13.39%，增收3.11亿元。

## 工作概述

**【征收管理】**　加大综合治税力度，深化提升地方税收保障措施，强化“先税后备案”方式加强商品房契税征管，进一步堵漏增收。2014年契税入库2.13亿元，同比增长13.89%，增收2608万元。积极发挥税收扶持作用，将各项税收优惠政策真正落实到位，扶持企业又好又快发展。加大对重大建设项目的跟踪管理，对1000万元以上重大建设项目信息，全部建立项目档案，对涉及的所有税款纳入重点监控。

【税收执法】 强化以地控税，认真开展土地使用税、房产税、房屋租赁装修税收专项清理，进一步堵漏增收。探索实施关联性纳税评估办法，促进纳税评估精细化。2014年，评估房地产、建筑业、制造业等相关企业45户，评估入库税款5032万元。强化税务稽查堵漏增收，检查入库税款共计1052万元，达到以查促管、以查促收的目的。

【纳税服务】 扎实开展“便民办税春风行动”，规范办税服务职能，加强前后台业务衔接，积极推行“一站式”服务。简化办税流程，对20项涉税业务全部实施“免填单”服务。安装智能绩效评价系统，制作并向纳税人发放10000张“亲情联系卡”，搭建微信公众服务平台，扎实做好涉税事项一次性告知工作，进一步提升纳税服务，促进征纳共赢。充分利用12366服务热线，开展局长服务日、纳税人税法培训等活动，共举办纳税人网上税校培训讲座12期，培训469人次，为纳税人解决疑难问题32件，热点问题28件，最大限度服务纳税人。“需求性个性化纳税服务辅导”项目被中共潍坊市市直机关工作委员会评为2014年县（市、区）直机关“优质服务项目”。

【干部队伍建设】 认真开展党的群众路线教育实践活动，严格执行中央八项规定，深入开展工作纪律整顿，加大执纪问责力度，以严明的工作纪律促进作风转变；深入开展“青州地税业务骨干人才”评选工作，提升业务素质和岗位技能。加强地税文化建设，倡导“依法治税、以德立局”理念，弘扬优良作风，建立传统文化长廊，悬挂“二十四孝”图，营造浓厚氛围；举办各类培训班24期次，培训干部职工1460人次。121名干部职工取得本科学历，18人次考取全省地税系统业务能手，2人入选国家税务总局人才库。

税收宣传月期间，青州市地税局负责同志会同市政协、市国税局领导同志走上街头，带头宣传税法。

【党风廉政建设】 落实好省局推广的“廉政与执法风险防控平台”，层层组织签订《党风廉政建设责任书》，认真落实好党风廉政建设“两个责任”。搞好检税共建工作，邀请市检察院领导作防范执法风险预防职务犯罪专题辅导报告，组织参观廉政教育警示基地，与市纪委联合开展《转作风、倡廉洁》廉政诗歌大奖赛、青州市“为民务实清廉”主题演讲比赛，增强党员干部拒腐防变意识和抵御风险能力。认真开展“五清”和“小金库”专项治理，参加青州市“行风在线”，做好“民生在线”的问题答复和落实工作，对“民生在线”网民提出的112个问题进行及时回帖答复，回复率、满意率均实现 100%。

【精神文明建设】　加强宣教基地建设，先后邀请专家举办辅导讲座 16 期。认真落实局长职工民主对话日制度，搭建诉求平台，倾听干部职工意见，帮助解决实际问题；深入开展“双学双促”活动和“以孝治市”活动，加强与文明委和工、青、妇等部门的协调联络，组织开展文明单位、青年文明号等创建活动，精神文明建设迈上了新的台阶。顺利通过省级文明单位复核验收，被国务院残疾人工作委员会等五部委联合授予“全国助残先进集体”荣誉称号。

（程奉元）

## 高密市地方税务局

### 经 济 概 况

2014 年，高密市实现生产总值 545 亿元，实现财政总收入 54.68 亿元，其中，地方财政收入 40.69 亿元。

### 收 入 概 况

2014 年，高密市地税局共完成各项收入 31.89 亿元，同比增收 4.41 亿元，增长 16.05%。其中，县级完成收入 28.39 亿元，同比增收 3.51 亿元，增长 14.12%。

### 工 作 概 述

【税收征管】　牢固树立“增收提质”和“规范税收执法、完成工作职责、防止失职渎职”组织收入工作理念；制定落实和深化应用《高密市地税局金税三期前后台传递涉税事项基层科所办理操作规程》，严密业务衔接，进一步提升税收征管服务质效，荣获潍坊市地税系统 2014 年优秀创新项目“二等奖”；大力实施房地产建筑业税源专业化管理，2014 年两行业入库税收 9.96 亿元，占全局总收入的 31.22%；以自行申报为依托，强化源泉扣缴，带动个人所得税增收，2014 年个人所得税完成 1.42 亿元，同比增收 4703 万元，增长 49.53%；着力加大土地增值税预征控管和清算后房地产开发项目检查力度，2014 年入库土地增值税 4.05 亿元，同比增收 7697 万元，增长 23.5%；强化企业所得税“税源、税基”控管，2014 年企业所得税完成 3.29 亿元，同比增收 9614 万元，增长 41.25%。

【税收执法】　大力开展土地使用税、房产税“两税”专项清查，全年共入库“两税”4.39 亿元，其中清查以前年度入库“两税”7338 万元，占“两税”总量的 16.95%；强化对房地产业、金融保险业、拟实行“营改增”行业等重点行业的纳税评估和重点稽查，全年共评查企业 177 户，增收 7740 万元；深化落实地方税收保障工作，进一步加强部门间涉税信息传递及分析处理、部门考核及通报奖惩，2014 年共计采集处理涉税信息 31 万条，新增入库税款 1.6 亿元。

【纳税服务】　制定落实《高密地税服务全市经济持续健康发展 12 条措施》，被高密市委常委、市纪委书记刘明伦给予批示肯定，《党风与廉政（第 6 期）》全文刊发推介，全年向市委、市政府提报《收入工作简报》12 期、调研报告 6 篇，提出意见和建议 26 条（次）；深化落实税收优惠政策，累计减免税收6000多万元；落实“便民办税春风行动”，推行“免填单服务”“补正承诺服务”等惠及纳税人的举措，受到纳税人的一致好评，其中需求型个性化“一对一”辅导培训服务项目被高密市直机关党工委、行政服务中心评为市直机关“优质服务项目”。

**【机构人员】** 截至2014年底，全局内设8个科室，辖3个直属单位、5个中心税务所。现有正式在岗干部职工156人，其中大学以上学历占82%，党员占93%。担负着全市1.33万余户纳税人的地方税收征收管理和纳税服务工作。

**【干部队伍建设】** 扎实开展党的群众路线教育实践活动，紧扣为民务实清廉主题，聚焦反对“四风”，强化正风肃纪，狠抓问题整改，建章立制50余项，促进了干部作风转变；探索建立以提升岗位素养为基础、提升应试素养为支撑、提升人文素养为根本的干部教育培训新模式，进一步提高了干部队伍综合素养，2014年，组织税干到潍坊市委党校举办“党性和岗位素养提升培训”2期，举行业务考试4次、“地税职工大讲堂”6期，集中观看《郭明义》《百姓书记》等10余部教育片，先后有16名同志考选为省级业务能手或骨干人才，5名同志被评为“潍坊地税践行群众路线百佳党员干部”。

**【党风廉政建设】** 层层签订《党风廉政建设责任书》《家庭廉政监督责任书》；组织签订《党组、纪检组履行“两个责任”暨党风廉政建设提醒和承诺书》等3类承诺书涉及500多人（次）；开展廉政风险点排查、参观反腐倡廉警示教育基地、预防职务犯罪辅导讲座等活动21项（次）；深化检税共建，共同开展廉政风险防控机制建设，被高密市检察院推荐为“廉政风险防控工作联系点”。

**【基层建设】** 倡导学思结合、践行知行合一，进一步推进“敬事爱人·尚儒兴税”文化品牌建设，进一步提振精气神，增强凝聚力，实现以文化人、以文兴税；实施民主管理，先后就班子及成员作风建设、绩效考核、文化品牌建设等20余项重点工作进行征求意见或民主票决，进一步畅通诉求渠道，顺心气、促和谐；积极为职工办实事、办好事，协调地方党委、政府改善基层中心所集中办公服务区，重要节假日走访慰问困难职工及家属，大幅增加干部职工健康查体项目和额度，帮助13名职工子女协调入学择校等，大力推进和谐地税建设。

（许　浒）

## 诸城市地方税务局

### 经济概况

2014年，诸城市实现生产总值705.4亿元，按可比价格计算，同比增长9.6%。其中，第一产业增加值60.2亿元，同比增长3.8%；第二产业增加值392.6亿元，同比增长10%；第三产业增加值252.6亿元，同比增长10.4%。三次产业结构为8.54∶55.65∶35.81。

### 收入概况

2014年，诸城市地税局共组织入库各项收入41.41亿元，比上年增收1.78亿元，同比增长4.5%。其中，中央级收入2.12亿元，省级收入36.7万元，市级收入33.9万元（全部为残保金），县级收入39.28亿元。县级收入同比增收1.76亿元，增长4.7%。

## 工作概述

【税政管理】　一是积极推进“营改增”改革，实行责任到户的跟踪服务机制，扎实做好试点纳税人认定、地税发票缴销、应纳税款清缴、营业税税种删除、征管档案整理等工作，按期将8户邮政业、5户电信业纳税人的营业税征管信息移交国税，保证了“营改增”顺利进行。二是认真落实税收优惠。强化定向宣传和跟踪辅导服务，认真落实高新企业、小微企业等税收优惠政策，全年共为476户企业落实减免税2451万元，支持了企业发展。

【征收管理】　一是强化税源普查。一季度组织了一次“横到边、竖到底”的拉网式税源大普查，共普查纳税人14523户，摸清了税源底数，对薄弱环节进行了针对性整改。二是强化分类控管。重点税源重点监控，中小税源精细管理。共将63户重点企业、大型集团企业以及部分重大建设项目纳入县级重点监控和专业化管理，对566户收入、成本核算不准确的中小企业实行套率征收，个体业户全部实行微机定税。三是强化纳税评估。对企业财务报表、申报入库等信息强化预警监控，大力开展人机结合式智能化纳税评估，全年共评估入库税款1301万元。四是强化综合治税。加强部门协作配合，有效加强了房屋租赁、外来施工企业、土地房产交易等易漏难管税源控管。五是强化管理创新。坚持问题导向，探索实施“建筑业双向取证、双向促进税收管理办法”，有效加强了建筑行业上下链条企业税收管理，年内直接和间接增加税款1969万元，被潍坊市局评为优秀创新项目。

【税收执法】　一是以查促管促收。先后从科室、分局、中心所抽调40名业务能手补充稽查力量，对部分重点行业、重点税源企业开展税收专项检查，累计辅导、检查入库税款2411万元。二是建立执法样板。选取执法基础比较好的昌城、龙都两个中心所作为试点单位，结合“金三”系统新要求，从规范政策依据、业务流程、税务文书等入手，建立了规范执法系列流程样板样本，并下发全局参照执行，促进了税收执法规范统一。三是强化监控考核。加大对税收征、管、查等各项业务的在线监控、内审自查、执法督察和绩效考核力度，征管绩效考核全部达标，有效提高了执法质量。

【纳税服务】　一是大力开展“便民办税春风行动”，积极推行《全国税务机关纳税服务规范》，建立落实纳税人诉求快速响应服务机制，认真落实首问负责制，纳税服务更加规范高效。二是扎实开展负面清单、权力清单和服务清单“三个清单”清理工作，共清理上报行政权力事项清单105项，服务事项清单6项，规范了权力运行，提高了服务效率。

【干部队伍建设】　一是坚持边学边思、边查边改、边改边建，扎实开展教育实践活动，干部职工的思想认识得到提升，工作作风更加扎实，工作质效全面提高。5名同志被评为“潍坊地税践行群众路线百佳党员干部”。二是注重人才培养，坚持以“地税能手管理”为抓手，依托“诸城地税大讲堂”，定期举办税收政策、岗位技能培训，促进了干部素质能力持续提升。4名同志被潍坊市局纳入税务稽查骨干人才库，3名同志考取了注册税务师。

组织2014年度税收业务考试，就省、市局党组重要决策和重点工作、现行税收业务知识等进行统考，检验学习成效，提升业务素质。

【党风廉政建设】 坚持教育、制度、监督三抓并举，利用“地税大讲堂”和廉政文化基地定期开展廉政教育，层层落实党风廉政建设责任制，深化党务政务公开，深入开展“五清”专项治理等活动，促进了干部作风大转变。在2014年度诸城市行风评议中，以93.41分的综合成绩，在33个垂直管理部门中位列第1名。

【精神文明建设】 丰富载体平台，不断提升文明创建水平。举办“学习践行社会主义核心价值观”演讲比赛，弘扬了积极进取、敬业奉献的良好风尚；设置“善行义举四德榜”“光荣榜”展示宣传先进典型，营造了崇尚先进、激励先进的良好氛围。荣获“富民兴潍劳动奖状”，连续13年保持“省级文明单位”称号。

（王婧华）

## 临朐县地方税务局

### 经济概况

2014年，临朐县实现生产总值229亿元，同比增长9.2%；实现财政总收入20.2亿元，其中，地方财政收入12.3亿元，同口径分别增长14.6%和18.5%；全社会固定资产投资完成244.7亿元，增长16%；城镇居民人均可支配收入22945元，增长10.2%；农民人均纯收入13220元，增长11.7%。

### 收入概况

2014年，临朐县地税局共组织各项税收收入11.16亿元，同比增长13.1%，增收1.29亿元。其中，中央级收入完成9.89亿元；省级收入完成14.31万元；县级收入完成1.02亿元，增长12.18%，增收1.10亿元。

### 工作概述

【税收征管】 实现金税三期工程应用系统平稳上线运行和“营改增”工作的顺利稳妥过渡。着力抓好重点税源、重大建设项目、重点行业税收管理和服务，实行跟踪监控，搞好动态税源管理。深入开展户籍信息比对和漏征漏管户清理，加强对非正常户、无证照户、外出经营户和变更、注销、停歇业等业户的户籍控管。深化发票管理，进一步加大潍坊地税“E票通”发票管理服务平台使用推广和宣传力度；与县财政局、国税局每季度联合开展一期发票摇奖活动，有效提高消费者索要发票的自觉性，“以票控税”成效不断提高。积极开展纳税评估，有针对性地选定评估对象，对房地产、建筑业、金融业等行业开展重点评估，堵漏增收，有效提高了税收控管质效。

【税收执法】 通过积极开展内部监督，主动接受外部监督，形成健全的内外监督体系，提高税收执法监督水平，有效防范执法风险。不断完善执法责任和评议考核办法，强化对执法人员和执法行为的动态监控考核。利用好廉政风险防控平台，采取人机结合方式，加强对税务人员执法行为的风险预警。加大税收稽查力度，组织实施专项检查，规范税收管理秩序。

税收管理员开展实地调查，采集纳税人生产经营信息，做好个体工商户定期定额核定，保证个体工商户税收征管工作顺利开展。

【纳税服务】 认真贯彻《全国县级税务机关纳税服务规范》，对税务登记、发票开具等212个服务事项集中进行了规范和整改。开展“便民办税春风行动”，将400多项涉税审批业务全部前置到办税服务厅直接审批办理，业务办理环节更简、耗时更短。认真落实固定资产加速折旧、小微企业税收扶持等减免税政策，营造了更好的营商环境。新设柳山、嵩山管委会两个发票代开点，实行“同城通开”，方便纳税人就近获得发票。

【干部队伍建设】 深入开展党的群众路线教育实践活动，集中精力抓好“四风”整改，对公务接待、公车管理、办公用房等进行了集中规范。多层面开展教育培训，先后组织税收征管、纳税服务、评估稽查等专项培训和经验交流活动，提升业务素质。全面推进绩效管理，初步建立和完善了绩效管理体系，更好地促进工作落实。

【党风廉政建设】 全面落实党风廉政建设责任制，强化“一岗双责”，建立起明责、履责、问责的责任体系。通过廉政风险防控平台，加强对工作人员执法全过程的监督检查和廉政风险防范。探索开展廉政建设创新项目，坚持教育、制度、监督并重，建设“家庭提醒、单位宣教、社会监督”三位一体的保廉、护廉网络，提高党风廉政建设的针对性和实效性。

【基层建设】 进一步优化和完善基层集中办公点软、硬件设施，极大改善了基层中心所的办公、生活、交通条件。在县局机关党委统一领导下，深入开展各项基层党建工作，切实提升了党建工作水平。积极开展形式多样的文体活动，丰富地税工作人员生活，推进地税文化建设。

【精神文明建设】 积极开展各类文明创建活动，2014年，临朐县地税局顺利通过“省级文明单位”复审，并被授予“富民兴鲁劳动奖状”“省级廉政文化建设示范点”“临朐县经济建设十佳服务单位”等多项荣誉，在2014年度“双评”活动中，临朐县地税局再次获得行政执法、公共服务、经济管理类第一名。

【信息化建设】 适应金税三期工程应用系统运行需要，对老旧计算机设备进行更新，并及时进行软件升级，严格内外网隔离，保障了系统的安全稳定运行。充分整合现有信息资源，利用信息平台加强数据审核和分析处理，全面提升系统信息化建设水平。强化信息化应用培训，不断提高工作人员的计算机操作应用水平。

（孙振华）

# 潍坊市地方税务局高新技术产业开发区分局

## 经 济 概 况

2014年，潍坊高新区实现生产总值340.94亿元，同比增长11.10％，其中，第一产业增加值0.26亿元，同比下降44.50％；第二产业增加值207.34亿元，同比增长11.40％；第三产业增加值133.34亿元，同比增长10.70％，一、二、三产业的比例关系为0.08：60.81：39.11。全区完成地方财政收入68.38亿元，同比增长20.10％。

## 收 入 概 况

2014年，潍坊市地税局高新分局共组织税收30.13亿元，同比增长19.10％，其中，中央级收入7.12亿元，同比增长49.27％；区县级收入22.63亿元，同比增长11.89％。

## 工 作 概 述

【税收征管】 推行分级分类管理，探索分税种、分行业、分项目、分环节税收管理办法，发挥各项管理措施堵漏增收的作用。强化土地使用税清理，严格落实土地使用税定额调增政策，全面落实个人所得税全员全额扣缴和自行申报制度，认真抓好年所得12万元以上自行申报工作。“营改增”工作顺利有序过渡，相关工作顺利交接。深化综合治税，优化国地税联合办税方式。完善基础数据，强化培训测试，确保金税三期工程平稳运行。

【税收执法】 加强税收执法预警管理，健全税收执法预警制度，及时发布预警内容，开展纳税评估检查。加强重点税源分析监控，逐户进行预测、分析、调度。积极推行行政权力清单，编制并公开权力清单。开展税收执法检查，强化对税收执法权的监督制约，进一步落实执法责任，提高税收执法和征管工作的质量。加强税法宣传，扶持和服务企业发展。

【纳税服务】 积极推进县级纳税服务规范，开展“便民办税春风行动”，组织纳税人系列培训辅导，采取多渠道方式，强化税收宣传，最大限度地为纳税人提供便利。推进《潍坊市局服务全市经济持续健康发展26条措施》具体落实，积极推行审批事项办税服务厅集中受理、内部流转、限时办结、窗口出件，提高办税效率，减轻企业负担。加大税收政策研究与落实力度，全面落实减免税优惠政策。

【干部队伍建设】　提升基层软实力，加强地税文化建设，布置建设“税文化”展馆，办好“收税感悟”期刊，开展“荐好书、读好书”活动，弘扬和传递正能量，促进干部职工博学慎思、明辨笃行。强化干部教育培训，广泛开展多层次培训，注重骨干人才的培养，带动全员素质的不断提升，形成“人人参与”的学习氛围，增强创先争优的本领。开展党的群众路线教育实践活动，围绕为民务实清廉主题，聚焦“四风”突出问题，开展专项治理，建立完善制度，加强日常监督，把作风建设作为一项长期任务来抓。持续推进文明创建，设立“道德讲堂”，建立学雷锋志愿者服务队，组织纳税人权益维护、结对帮困等多样化志愿者服务，传递正能量，树立地税部门良好社会形象。

（高鲁闽　郑　洁）

## 潍坊市地方税务局<br>滨海经济开发区分局

### 经济概况

2014年，潍坊滨海经济技术开发区实现生产总值261.44亿元，规模以上工业销售收入812亿，同比增长16.30%和20.80%；财政总收入42.20亿元，增长15.40%；地方财政收入24.20亿元，增长18.10%。

### 收入概况

2014年，潍坊市地税局滨海经济开发区分局累计组织各项地税收入18.42亿元，同比增长35.94%；其中，中央级7800万元，省级160万元，区级17.56亿元，收入总量与地方级税收保持了持续健康增长。

### 工作概述

【组织收入】　加强征管基础管理。对全区4835户纳税人开展税务登记基础信息的规范、清查，对2898户个体户实行微机定税。加强重点税源管理。重点税源税收收入11.8亿元，占总体税收的75%，同比增长32%。加强综合治税。采集综合治税涉税信息3万条，其中涉税信息2.4万条，入库税款7430万元，同比增收1300万元，增长21%。加强纳税评估工作。共评估各类企业128户，入库税款约295万元。加强企业所得税和个税申报管理。共有437户企业进行了所得税汇缴申报，汇算清缴税款入库3083万元；共受理447人所得税自行申报，申报个人所得税5847万元，补缴税款21万元。加强原盐及卤水资源税管理。入库卤水和原盐资源税3.12亿元，增长161.30%。加强土地使用税管理。入库土地使用税4.30亿元，同比增长49.92%。加强股权转让税收征管。共办理股权转让业务39户，征收税款987万元。

【税收征管】　整合征管流程。按

照“金三”系统要求对业务流程进行整合。提升征管质量重点指标。按照征管绩效考核工作的要求，对达不到考核标准的及时进行整改。做好“金三”系统的运维工作。解决程序问题和操作问题共计30余条，清理垃圾数据300余条。

**【税收执法】** 强化全员风险意识，增强规避风险能力。学习《山东省地税系统税收执法风险防控手册》。执法人员对照《防控手册》对各自岗责逐一梳理。健全预防机制，确保规范执法。对照风险点及风险级别，对现有执法风险防范的制度进行全面清理。实施分级监控机制，努力化解执法风险。落实执法责任制，加强人机结合考核，严格责任追究。

**【绩效管理】** 全员学习，提高认识。学习绩效管理精神，提高干部职工对绩效管理工作重要性的认识。制定考评指标，明确责任。制定《滨海分局绩效管理办法（试行）》《滨海分局机关绩效考评指标（试行）》等系列办法指标。加强考核监督，定期组织考核，全面提升绩效管理质效。

**【纳税服务】** 认真落实税收优惠政策。共有3605户纳税人享受到税收优惠政策，减免各项税收1805万元。实践“三制三零三全”服务机制和“三张清单模式”。按照开发区要求，将以上内容覆盖到地税服务工作中，构建和谐的税收征纳关系。开展“地税局长服务日活动”。每月9日，分管局长到服务大厅现场解答纳税人涉税事宜，提供150多人次服务，处理疑难问题80余户次，发放资料1000余份。认真贯彻落《全国县级税务机关纳税服务规范》。学习《纳税服务规范》，制定分局落实方案，逐项落实便民办税措施。

**【党的群众路线教育实践活动】** 开展学习教育提高思想认识。认真学习习近平总书记系列重要讲话精神，撰写学习笔记和心得体会。党组先后开展7次集中学习，观看吕剧《百姓书记》、电影《焦裕禄》，观看《蚁贪之祸》等警示教育片，增强党员干部的奉献精神，强化党风党纪教育。深入查摆问题开展批评与自我批评。班子和成员深刻剖析检查，撰写合格的对照检查材料。党组召开专题民主生活会，开展批评和自我批评，制定整改措施，明确努力方向。整改落实建章立制。对3大方面26项内容制定重点整改。实行去向实时公示制度；廉政勤政建设季报制度；建立接访、领访、代访“三访”工作制度。已接访纳税人52人次，代访15人次，领访6人次，回答处理结果满意率达100%。

（刘发仁）

# 潍坊市地方税务局
# 农业高新技术产业开发区分局

## 经济概况

2014年，潍坊农业高新技术产业开发区实现生产总值40.40亿元，同比增长9.10%；固定资产投资97.60亿元，增长15.90%；公共财政预算收入4.79亿元，税收占公共财政预算收入的比重达到94.10%，高于全市11个百分点；进出口总额1.96亿美元，增长12.60%；全年完成技改投入43.80亿元，增长13.60%；

实现高新技术产业产值 32.90 亿元，占比达到 37.00%。

## 收入概况

2014 年，潍坊市地税局农业高新技术产业开发区分局共组织入库各项收入 4.45 亿元，同比增收 8059 万元，增长 22.14%。其中，中央级收入完成 1787 万元，市级收入完成 3960 万元，区级收入完成 3.87 亿元。

## 工作概述

**【征收管理】** 着力抓好税源监控管理，提高重点税源的税收贡献率。加强数据质量管理，对重点监控企业相关数据进行严格审核，加强纳税情况及变化原因的关联比对分析，保证重点税源企业的税收及时足额入库。充分发挥纳税评估的作用，不断扩大纳税评估面，根据企业申报纳税情况，对长期零申报、少申报和税收预警企业，加大评估力度；加强内部评估复查制度，建立纳税评估责任考核机制，将考核结果与责任制挂钩，有力促进了税收的增长。

**【纳税服务】** 对于招商引资项目的涉税业务，除按规定要求企业报送必要的资料外，最大限度地精简合并，减少审批“门槛”，为纳税人提供便利服务。强化政策服务，加大支持行业或产业发展优惠政策的执行力度，包括支持高新技术企业、创业投资企业、中小企业、现代物流业，以及鼓励企业技术改造、加大节能减排投入和安全生产投入、资源综合利用、技术转让、从事地区重点扶持的公共基础设施项目等方面的优惠政策。注重企业服务，认真做好企业辅导工作，指导其用足用好减免、抵免、税前扣除、亏损弥补等政策，扶持企业发展壮大。

**【干部队伍建设】** 围绕地税中心工作，积极探索建立以提高履职能力为重点，以激励约束机制为保障的教育培训机制，组织培训和自主选学相结合，进一步增强干部职工自觉自愿参加教育培训的内驱力。依照工作岗位设置的实际情况，以提升征收管理、税收管理、行政管理、计划财务、计算机等各岗位人员的专业能力为主要内容，细化量化胜任该岗位应具备的专业知识、操作技能和工作实务，建立详细的知识体系。根据各工作岗位培训知识点设置情况，分别建立学习效果评估制度，定期对干部职工学习效果进行量化评估。以评估结果为依据，建立全面的奖惩制度，以落实奖惩为抓手，激发干部职工积极参与培训的积极性，使培训工作取得实效。

**【党的建设】** 把开展党的群众路线教育实践活动作为重大政治任务，深入贯彻落实“照镜子、正衣冠、洗洗澡、治治病”的总要求，坚持高标准严要求，精心组织，强化落实，扎实做好各环节工作，学习教育入脑入心，征求意见广泛深入；查摆问题开诚布公，对照剖析深刻细致；民主生活会氛围浓厚，检查批评严肃认真；整改方向突出明确，措施机制成效显著。整项活动重点突出、特色鲜明、成效明显，取得了较大的思想认识成果、工作实践成果和制度创新成果，为在今后的工作中更好地践行群众路线积累了宝贵经验。

【精神文明建设】 将培育和践行社会主义核心价值观、加强道德建设作为文明创建的重要内容，利用多种形式开展“讲文明、树新风”及学雷锋志愿服务活动，大力弘扬优秀传统文化，并以此为基础，积极推进地税文化建设，彰显地税特色，不断丰富文明创建内涵。同时，不断扩大地税服务信息反馈渠道，以提高服务能力和针对性为基础，多措并举进一步优化地方经济发展环境。在年度双评工作中，连续六年位列潍坊经济开发区执法单位第一名，连续十年被评为省级文明单位。

（丁　可）

## 潍坊市地方税务局 峡山生态经济发展区分局

### 经济概况

2014年，潍坊市峡山生态经济发展区实现公共财政预算收入1.3亿元，同比增长38.7%；完成全社会固定资产投资24.28亿元，增长26%；居民人均纯收入达12028元，增长19.5%。三项指标增幅均居全市前列。

### 收入概况

2014年，潍坊市地税局峡山生态经济发展区分局共组织入库地税收入1.21亿元，同比增长45.59%。其中地方级收入完成1.15亿元，增收3726.76万元，同比增长47.44%。教育费附加收入293.52万元，地方教育附加收入194.79万元，水利建设基金收入97.30万元。地税收入实现大幅增长。

### 工作概述

【征收管理】 深入落实税收管理员制度，有效解决“疏于管理、淡化责任”问题，营造良好征管秩序。加强与国税等部门的合作，提高管理的实效性，增强税收执法的透明度，创造公平公正和谐的税收环境。组织开展税源清查，发现税源管理盲区，为实行纳税评估和信息采集，促进征管资料规范化，保证完成税收任务奠定良好的基础。严格发票管理，以票控税效果明显，发票使用管理规范。

【税收执法】 认真开展税法宣传活动，建立良好的税收征纳关系。严格执行税收政策，抓好管严涉税审批关。专项检查清缴工作组织严密，措施得力，效果明显。对重点项目建设进行专项检查，全面了解峡山区重点工程建设基本情况，为重点项目税收管理工作奠定基础。

【纳税服务】 牢固树立税收为经济发展服务的意识，落实有效措施，营造良好经济发展软环境。充分发挥参谋作用，及时向党委政府提供有价值、有导向的信息，为领导搞好决策服务。认真开展“便民办税春风行动”，贯彻落实税收优惠政策，促进征纳关系和谐稳定。认真落实《全国县级税务机关纳税服务规范》，完善纳税服务制度，规范办税服务厅建设，推行“一站式”纳税服务，努力形成前台受理、内部流转、限时办结的服务格局。

【信息化建设】 在办税服务厅设立“一机双屏”，拉近与纳税人的距离，提高工作效率和办公环境水平。抽调专人组成绩效办，加大学习培训力度，确保绩效管理系统顺利上线。充分利用峡山区社会综合治税系统，以信息化促进地方税收保障工作扎实有效开展。

组织干部职工集中学习《全国县级税务机关纳税服务规范》，确保应知应会，切实规范纳税服务行为，提升纳税服务质效，提高纳税人满意度。

【干部队伍建设】 通过制定完善《财务公开暂行办法》《税源管理目标管理考核办法》《工作纪律考核办法》等13项制度，促进分局管理工作的制度化、规范化。对现有人员和场所进行整合，对部分职能岗位进行分工，明确人员职责，确保责任到人、运转流畅，有效提高了干部职工工作积极性和主动性。

【基层建设】 加强办公区域绿化、亮化、美化，全面提高纳税人办税和干部职工工作环境水平。充分利用职工餐厅，不断改善干部职工的生活就餐条件。

【党风廉政建设】 扎实开展党的群众路线教育实践活动，认真做好学习教育听取意见、查摆问题开展批评、整改落实建章立制三个环节的各项工作，确保取得成效。深入开展党风廉政教育活动，教育干部职工筑牢思想道德防线，增强廉洁自律意识。签订《党风廉政建设责任书》，筑牢思想防线。

【精神文明建设】 普及道德教育，树立和发扬社会主义道德风尚，倡导“爱祖国、爱人民、爱劳动、爱科学、爱社会主义”的公德。加强“社会公德、职业道德、家庭美德、个人品德”建设，构建地税和谐文化。通过潍坊市文明单位复查验收。加强“道德讲堂”建设，收到了良好效果。

（曾 鹏）

## 潍坊市地方税务局综合保税区分局

### 经济概况

2014年，潍坊综合保税区实现进出口额8.1亿美元，同比增长30%；完成保税物流货值9.5亿美元，同比增长42%。

### 收入概况

2014年，潍坊市地税局综合保税区分局共组织税收收入6707万元。其中，中央级收入完成167万元，区县级收入完成6116万元。剔除“营改增”等不可比因素，从可比口径看，区县级收入同比增长39.56%。

### 工作概述

【税收征管】 开展税源调查，组

织业务骨干6次深入重点税源企业，进行税源分析调查，有的放矢加强征管。加强税收监控，坚持每周调度、每旬比对、每月分析，不断完善税收分析预测机制，稳步提高预测准确率。推行“先税后证”等制度，积极争取财政、国土等部门的大力支持，耕契两税同比增长17.43%。认真落实《潍坊地税人机结合式纳税评估工作规程（试行）》，加强对企业财务电子数据和第三方信息的采集，保障税收收入足额入库。

探索实施“在岗实时控管”机制，在办税服务厅设置工作人员去向实时公示栏，提升了服务水平，被潍坊市局评为2014年度“优秀创新项目”。

**【纳税服务】** 认真开展“便民办税春风行动”，制定了《服务全区经济发展的22条措施》，综合保税区管委会《今日报告》（2014第38期）予以专题刊发。落实税收优惠政策，共对77户小型微利企业落实企业所得税优惠政策，减免企业所得税22万元；对465户纳税人落实暂免征收营业税政策，减免营业税12万元。纳税人受惠面达100%。每月在征期结束前2天，安排专人进行涉税提醒，纳税人按期申报率达99%以上。认真落实《全国县级税务机关纳税服务规范》，优化办税流程，加强税收宣传，发放宣传资料3000余份。

**【党的群众路线教育实践活动】** 坚持党的群众路线教育实践活动基本环节不减、内容不变通，规定动作到位，自选动作创新，省局、市局和管委会先后24次刊发分局相关做法。一是优化方式方法，确保学习教育入心入脑。分8期组织集中学习，组织观看专题片12部，每人撰写学习笔记2万字、心得体会2篇。成立互学小组，实施补课制度，保障学习效果。二是突出开门搞活动，确保问题查深摆透。与纳税人座谈交流54人次，认真开展民主生活会和组织生活会，积极开展批评与自我批评，提出整改方向和措施。三是全面立知立改，确保边整边改贯穿始终。建立整改台账，完善工作制度，促进问题深入整改。在分局组织的民主评议中，参学党员优秀率达100%。

**【干部队伍建设】** 探索实施“在岗实时控管”，通过在办税服务厅明显位置制作设置“工作人员去向实时公示栏”等可操作性强的具体措施，直观、实时、动态展示工作人员工作状态，实现了业务工作无缝对接，满足了纳税人办税需求，促进了干部职工的自我约束。该项目被市局评为2014年度“优秀创新项目”，管委会《今日报告》（2014第40期）予以专题刊发推介，《潍坊日报》《山东地税》等新闻媒体予以宣传，《山东地税情况——软实力建设专刊（63）》予以刊载，省地税局内部网站全文采用。

【创先争优】 分局坚持抓班子，带队伍，树形象，认真落实“两个责任”和中央八项规定，务实创新，开拓进取，有力促进了工作开展。先后获得全区突出贡献单位、总部经济工作先进单位、软环境建设先进单位、信息宣传工作先进单位；被潍坊市委宣传部确立为“市级理论大众化示范点”，被潍坊市妇联评为“巾帼文明岗”，被省文明委授予“省级文明单位”，在全区政风行风评议中，连续3年荣获行政执法部门第一名。

（刘文昊）

# 济宁市地方税务局

## 经济概况

2014年，济宁市实现生产总值3800.06亿元，同比增长9.60%。其中，第一产业增加值443.33亿元，增长4.30%；第二产业增加值1912.58亿元，增长10.4%；第三产业增加值1444.15亿元，增长9.8%。三次产业结构比例为11.7：50.3：38.0。固定资产投资完成2615亿元，增长15.8%。城市居民人均可支配收入3.28万元，增长6.5%；农村居民人均纯收入1.27万元，增长11.5%。实现地方财政收入334.2亿元，增长10.6%。

## 收入概况

2014年，济宁市地税局累计完成各项收入242.5亿元，居全省第五位，同比增长7.88%，增收8.37亿元。其中，市县级收入完成200.06亿元，首次突破200亿元大关，居全省第五位，增长11.03%，增幅列全省第七位。市县级收入占总收入的比重为82.53%，提高2.4个百分点，市县级收入占地方财政收入的比重为59.87%，同比提高0.24个百分点，两个比重连续六年呈递升趋势。

## 工作概述

**【税政管理】** 《煤炭资源税改革对经济税收的影响及对策》《关于充分发挥税收职能支持济宁在西部崛起中率先突破的报告》得到济宁市委书记马平昌和市长梅永红的批示肯定。积极建言献策服务大局的做法被省局局长张洪军批示肯定。向市政府建议做好城区范围内土地等级调整工作，增收土地使用税4.20亿元。向省局申请花岗石资源税单位税额由6元调整至10元。落实国家“营改增”政策减收2.9亿元，促进产业结构优化升级。落实税收优惠政策减免税款9.89亿元，提高企业转型发展能力。对3914户小微企业落实所得税优惠减免税款1186万元，支持高新技术企业发展减免税款7874万元，落实企业研发费加计扣除1.66亿元，较好发挥了税收对转方式、调结构、惠民生的促进作用。

**【征收管理】** 开展团队化、关联式评估，评估企业922户，增收税款1.45亿元。对831户营业税纳税人实施税收检查，增收税款2.67亿元。加强房产土地转让相关税收清理工作，增收税款1.56亿元。推进存量房评估工作，全市评估调增税款1560万元。提高所得税汇算清缴质量，全市1.11万户企业通过汇缴入库税款12.61亿元。落实个人所得税全员全额扣缴和自行申报制度，1.92万名高收入个人申报补缴税款928万元。加大土地增值税清算力度，全市清算项目 57 个，入库税款 6934 万元。强化国际税收管理，全市入库非居民税收 1307 万元。

**【税收执法】** 全面清理税务行政审批和备案事项，集中清理税收规范性文件 387 件，为全省地税系统提供了经验借鉴。健全税收执法风险防控机制，组织开展 2014 年税收执法督察，加强执法疑点核查和整改，发布执法预警报告和执法预警通报 12 期。建立《市级地方税收保障工作联席会议制度》，地方税收保障工作取得新的进展。严厉打击发票违法犯罪活动，开展以煤炭企业集团为重点的税收专项检查活动，查补税款、滞纳金 2.75 亿元。

**【纳税服务】** 推出 6 大类 19 项便民办税举措，实施“七提速、四创新、三公开、三减负、一首问”，深入开展“便民办税春风行动”，着力打通服务纳税人“最后一公里”。深入落实《全国县级税务机关纳税服务规范》，结合工作实际研究制定 50 项标准，规范统一办税服务厅建设。不断提升 12366 纳税服务热线管理水平，继续办好“地税局长服务日”“纳税人税法培训中心”，全市培训纳税人 9600 人次。首次委托第三方开展纳税人满意度调查，全系统综合得分达到 94.74 分，纳税人满意度和税法遵从度不断提升。

**【信息化建设】** 坚持业务与技术有机融合，积极抓好金税三期系统的完善改进工作，大力推行网开发票，创新提升征管层次，新的运维体系初步建立。对全系统开启了 U 盘安全控制策略。

**【干部队伍建设】** 认真开展党的群众路线教育实践活动，建立“1+3+X”领导干部联系点模式，开展“百人走千户、服务促发展”活动，结合落实中央八项规定，持之以恒纠正“四风”，活动开展得到了省委第一巡回督导组和市委主要领导的高度评价。积极实施岗位绩效管理，承接省局考评指标 263 项，分解本级考评指标 139 项，对下考评指标 84 项，初步建立起科学严谨、完整规范的绩效管理体系。建立市局机关学习制度，市局班子集体学习 13 次，研究制定《教育培训激励措施》，开展分级分类教育培训，全市地税系统累计举办各类培训班 21 期，培训干部 1500 人次，1 名同志入选国家人才库。

**【党风廉政建设】** 制定《关于落实“两个责任”的实施意见》，加大廉政教育力度，开展“会所中的歪风”“三难、两公”专项整治活动，实施常态化、机制性的明察暗访，点名通报 4 起典型问题。不断强化内控机制建设和巡视工作，优化升级廉政风险防控平台，研究制定《关于进一步改进和完善巡视工作的意见》《经济责任审计实施办法》和《关于加强廉政谈话的实施办法》，对 5 名县市区局局长进行了任期廉政谈话。持续加强政风行风建设，市局在年度“双评”活动中获得行政执法部门第 2 名的好成绩。

**【精神文明建设】** 打造“儒风地税”文化品牌，定期举办道德讲堂，开展“一局一品”地税文化品牌和“软实力建设示范基地”创建活动，市局连续第 9 年荣获“支持济宁发展突出贡献单位”“全市科学发展综合考核先进集体”，被授予“全国五一劳动奖状”“济宁市中国特色社会主义理论体系宣教基地”“四德工程建设示范点”，4个单位被命名为“全省地税系统软实力建设示范基地”，3名同志被评为“全省最美税务人”。

（崔宗太）

## 济宁市地方税务局市中分局

### 收入概况

2014年，济宁地税市中分局共组织各项收入18.5亿元，同比增长16.79%，完成区预算目标的102.44%。其中，财政口径区级地税收入完成15.77亿元，同比增长15.34%，完成区预算目标的101.18%，区级收入占地税总收入的85%，占全区财政收入的29.5%。

### 工作概述

【征收管理】 牢牢坚持以强化管理为主线，不断创新各项征收管理措施，开展营业税纳税人税收资料调查，调查企业96户，就地缴纳营业税2.62亿元；对2413户企业进行汇算清缴，入库企业所得税538万元；做好税收清理工作，完善金税三期工程征管工作制度，核查非正常户674户，实际注销462户；对6791户个体双定纳税户进行微机定税，占全部个体双定户的99.76%。完成企业所得税征收方式鉴定2413户。对火炬路、红星路等重点路段开展税源调查，调查摸底368户，年增加税款600万元。开展36家企业所得税归国税管理的重点税源纳税评估，评估税款2980万元，制定《关于开展2014年度全区地方税收专项检查工作的通知》，配合市局及自行开展专项检查，共组织税收检查16户，入库税款、罚款及滞纳金800万元。

【税收执法】 把依法治税作为税收工作的生命线，用法治思维去依法行政、规范执法，不断改善税收执法环境、规范税收执法程序，纳税人的法律意识、维权意识、监督意识不断增强。全面清理规范性文件和内部管理性制度，共清理全文失效或废止的税收规范性文件14份，全文失效或废止的内部管理性制度12份。做好税收执法检查和企业所得税汇算清缴交互检查，对在执法检查中发现的问题进行通报，并将问题事项进行责任明确和整改落实。认真落实组织收入原则和《收入质量违法违规行为责任追究办法》，定期召开局务会议对征管质量指标、税收预警指标情况进行分析通报，收入质量、防范执法风险工作取得实效。

纳税人扫描二维码登录纳税服务公众信息平台，享受高效服务。

【纳税服务】 成功上线纳税服务公众信息平台，制定下发《关于利用现代信息化手段建设纳税服务公众信息平台的实施方案》《税收服务公众信息平台管理制度》等制度，经验做法被省局推广。推行导税员AB岗制度，开展“地税局长服务日”活动，发放税收宣传资料4000余份。组织开展三期“企业所得税优惠政策”视频培训，共计417名纳税人参加了培训。全面清理规范性文件和内部管理性制度，共清理全文失效或废止的税收规范性文件14份，全文失效或废止的内部管理性制度12份。

**【干部队伍建设】** 研究制定《教育培训实施方案》和《教育培训激励措施》，开展集中春训和“市中税苑”讲堂活动。组织参观济宁市教育实践活动图片展，开展《我给自己写封信》、百人走千户大走访等活动。全局所有党员干部结合自身实际情况撰写对照检查材料，召开专题民主生活会和组织生活会，开展党员评议活动，好的评议达到99.5%。围绕加强软实力建设，深入推进“四德”工程建设，4名同志被评为任城区“四德之星”，1名同志被授予“济宁市五一劳动奖章”。实施岗位绩效管理，制定机关和系统两个层次的考核办法和考核指标，初步建立起科学严谨、完整规范的绩效管理体系。

**【党风廉政建设】** 制定《关于落实“两个责任”的实施意见》和《济宁市地税局市中分局谈话提醒制度》，充分利用典型案例教育、网络和廉政基地教育等多种形式抓好重点人群、重要节点的廉政教育。召开党风廉政作风建设和述职述廉会议，举办廉洁讲堂4期，廉洁情景剧《真有这样的人》被市纪委选送参加全省优秀廉政作品评选。扎实开展“会所中的歪风”“三难、两公”专项整治活动，组织明察暗访26次。不断强化内控机制建设，做好廉政风险防控平台应用和考核管理，加强政风行风建设，区局在年度“双评”活动中获得行政执法部门第一名的好成绩。

（刘　杰）

# 济宁市地方税务局任城分局

## 经济概况

2014年，济宁市任城区实现生产总值501.23亿元，同比增长10.4%，三次产业比例为7.3∶38.7∶54。全年规模以上工业企业完成总产值318.45亿元，同比增长9.1%；工业主营业务收入完成322.32亿元、利税总额37.33亿元。全社会固定资产投资累计完成290.97亿元，同比增长16.3%。全区完成公共财政预算收入53.62亿元，同比增长12.6%；税收占公共财政预算收入比重为81.2%。

## 收入概况

2014年，济宁市地税局任城分局共组织入库地方各税18.4亿元，增收1.86亿元，增长11.3%。其中中央级入库1.84亿元，增收3319.9万元，增长22%；省级入库16万元，减收65.9万元，下降80.5%；市县级入库16.56亿元，增收1.54亿元，增长10.2%；区级地方财力16.03亿元，增收1.54亿元，增长10.6%。

## 工作概述

**【税政管理】** 开展了企业所得税户籍核查、征收鉴定、预缴汇缴、税收优惠、高收入个人监控等工作，2013年度企业所得税汇缴申报1278户，申报率为99.1%；受理年所得12万元以上个人自行纳税申报2234人，入库税款5609.86万元；高新技术企业所得税减免323.41万元。

**【征收管理】** 2014年，新办税务登记1835户，注销税务登记227户，清理欠税436余万元，开具外出管理证明2326份，对3018户个体双定户进行了微机定税，定税面达到100%。对发票、委托代征、外管证、未达点户开展重点检查，制定了《济宁市地方税务局任城分局“金三”流程操作规范》和《金税三期工程业务互动办法》，明确岗位职责及前台、科所之间的业务衔接。

**【税收执法】** 开展2014年税收检查工作，通过企业自查和专项检查共入库税款1671.85万元。开展打击发票违法犯罪活动，查处不合规定发票510份，查补税款220万元；对餐饮企业发票使用情况进行专项整治，抽查开具发票12416份，发现有问题139份，查补税款41.2万元。对建筑、房地产、制造、金融保险等行业开展分行业评估，评估36户，入库税款1244.9万元。

**【纳税服务】** 开展企业所得税优惠政策培训，156户企业办税人员参加。全年开展“局长服务日”活动12期，接待纳税人128人次，受理问题150个，发放宣传资料243份，受理问题全部当场办结。在第23个全国税收宣传月，进行了“税收与文明同行”宣传活动，发放资料3000余份。在全区中小学开展了“税收带来家乡美”征文及“童心、童眼看税收”手抄报比赛活动，评出优秀组织奖14名，优秀个人奖70名。

**【干部队伍建设】** 加强教育培训，请专家教授授课6次，分两批组织全体干部职工赴鲁东大学参加业务培训，开展“一对一”结对帮扶学习等活动，有力提升了干部队伍业务素质。开展复合型人才选拔工作，制定了《复合型人才选拔实施方案》，通过考试和综合评定，在全局选拔出10名复合型人才，激发了干部队伍活力。

组织参观“以身边事教育身边人”警示教育图板展。

**【党风廉政建设】** 扎实开展党的群众路线教育实践活动，深入社会各界征求意见，开展“服务大局、服务纳税人、服务基层”活动，面向重点税源企业、区直各部门和基层群众发放征求意见函150余份，查摆出14个方面的问题，制定整改措施 21 项。针对“四风”问题，对办公用房和公务用车进行清理，清理腾退办公用房 169 平方米，封存超标公务用车 2 辆。开展“作风建设提升显效年”活动，成立了作风建设领导小组，严格落实“两个责任”，加强了纪律作风建设。

**【精神文明建设】** 在全区综合考核中获驻区单位第一名，被授予“支持任城发展突出贡献单位”和“党风廉政建设先进集体”荣誉称号。局机关通过了“省级文明单位”复审，3 个中心所通过了“省级青年文明号”复审，1 个中心所通过了“市级青年文明号”复审，金城中心税务所被授予“全市工人先锋号”，稽查局荣获“全省 2014 年打击发票违法犯罪活动先进单位”。

（郭　浩）

# 济宁市地方税务局高新技术产业开发区分局

## 经济概况

2014 年，济宁高新技术产业开发区实现营业总收入 2155 亿元，同比增长 15.30%；地区生产总值 493 亿元，增长 10.30%；规模工业总产值 1110 亿元，增长 8.50%；公共财政预算收入 38.40 亿元，增长 10.70%；税收收入 30.60 亿元，增长 11.40%；固定资产投资 260 亿元，增长 16.40%；实际利用外资 2.20 亿美元，总量保持全市第一。主要指标均居全省国家高新区前 3 位，经济总量在全国国家高新区列第 24 位。

## 收入概况

2014 年，济宁市地税局高新技术产业开发区分局共完成各项地税收入 30.94 亿元，同比增长 5.71%，增收 1.67 亿元；其中公共财政预算收入完成 25.38 亿元，同比增长 11.21%，增收 2.56 亿元。

## 工作概述

**【税政管理】** 一是加强重点税种、重点税源管理。做好企业所得税管理，扎实开展企业所得税汇缴，共受理、审核、申报 1217 户，入库税款 1.29 亿元；做好企业所得税核定征收工作，核定征收企业所得税 560 户，同比增长 44.7%；全年入库企业所得税 5.54 亿元。做好个人所得税管理，共受理 12 万元高收入个人自行申报 2364 人，同比增长 59.08%。认真贯彻执行营业税、财产行为税税收政策，全年入库营业税 7.79 亿元，同比增长 9.41%。做好土地增值税管理，全年征收土地增值税 3.90 亿元。二是加大纳税评估力度，以委托中介机构进行为主，采取集中人员、集中地点的办法，全年完成评估户数 220 户，汇缴评估税款合计 8235 万元。三是全面贯彻落实各项税收政策，共审理各项事前优惠 33 户次；落实小型微利企业税收优惠政策，减免各类税款 90 多万元。

**【征收管理】** 适应金税三期工程要求，进一步明确岗位职责，严格工作标准。加强发票管理，定期检查、跟踪辅导，有效发挥以票控税机制。认真抓好征管绩效考核，对各项指标实施月末每天督促提醒，征管各项指标得到了进一步提高，达到或超过了市局考核标准。

**【税收执法】** 加强执法考核力度，完善考核评议程序，开展重点执法督察工作，加强对执法环节、征管薄弱环节、风险应对和收入质量的监督检查，提高执法风险防范能力。认真落实税务总局和管委关于入户检查的有关要求，进一步规范入户的程序和范围，切实减轻纳税人负担。

**【纳税服务】** 有效开展“便民办税春风行动”。推进重点企业走访机制、纳税服务导税机制、办税规范精简机制、实施情况监督机制，为纳税人提供优质、周到、细致的服务。继续开展好“地税局长服务日”活动，全年开展12次，接待纳税人120余人次。继续与市局合作对纳税人进行涉税事项培训，全年组织5次、培训人员900余人次，纳税人满意度进一步提高。

**【干部队伍建设】** 积极开展业务学习、培训，提升干部职工税收法律运用水平，切实增强业务内功，不断提升税收执法水平，提高干部队伍素质。全面推进绩效管理工作，合理设置绩效考核内容，建立完善的指标考评体系，有效发挥绩效管理的引导和激励作用。严格行政管理，完善工作纪律、会议制度、公务接待、公车管理等制度，提高行政管理制度化水平。

**【党风廉政建设】** 深入开展党的群众路线教育实践活动，扎实做好三个环节工作，广泛听取意见和建议，有效开展批评和自我批评，制定切合实际的整改方案、整改措施，党员干部作风明显改善。严格落实党风廉政建设责任制，加大廉政教育力度，加强廉政问责。深入贯彻落实中央八项规定，开展“三难”问题专项整治以及公车配备使用、公款吃喝送礼、办公用房清理活动，切实转变工作作风。

深入开展党的群众路线教育实践活动，通过各种形式查找“四风”问题，听取意见和建议。

**【精神文明建设】** 将“四德工程”“道德讲堂”“文明服务之星”“寻找最美税务人”等道德建设主题实践活动深入服务经济建设、服务社会发展、服务纳税人中，在征纳服务中转作风。顺利通过省级“文明单位”、省级“青年文明号”复审。

（张秀平）

## 济宁市地方税务局北湖旅游度假区分局

### 经济概况

2014年，济宁市北湖旅游度假区地方财政收入8.89亿元，同比增长16.7%。固定资产投资102亿元，经济总量逐年攀新高，充分反映了北湖新区大建设、大开发的经济成果。

## 收入概况

2014年，济宁市地税局北湖旅游度假区分局共组织税收收入10.1亿元，同比增长238.13%，增收7.14亿元。其中，完成区县级收入7.9亿元，同比增长169.76%，增收49806元，税收收入实现历史性的突破。

## 工作概述

**【征收管理】** 一是夯实管理基础。规范各类税务登记，2014年办理登记事项450户，其中新增登记52户、报验登记421户、复业受理7户、变更登记45户、注销35户。二是全面掌握户籍信息。按月与国税部门开展户籍信息比对12次，全年共开展税源普查4次，核查外出经营户登记申报与建设单位代征代扣双轨管理627户次，核查房屋土地等财产类信息1425条，强化了起征点调整后定期定额户日常监控分析,整理规范征管档案1630卷。三是严格以票控税。严格审批建筑业分包工程和差额征税准予扣减金额。加强欠税管理，严防故意拖欠积压税款。规范税款征收方式，对个体工商户实行微机定税，认真进行企业所得税征收方式鉴定。

**【税收执法】** 坚持执法与服务并重，营造良好的税收环境。 全面推行政务公开制度，通过不断加强执法内控机制建设，深化税收执法考核，提高依法行政水平和风险防范能力。2014年，执法过错0个，处理执法风险信息20条，办结率100%、需补税入库率100%。

**【纳税服务】** 规范办税服务厅建设、落实公开服务承诺、畅通12366纳税服务热线，开展“地税局长服务日”“便民办税春风行动”“税收优惠政策宣讲会”等活动，密切征纳关系、提升地税形象。同时，认真落实鼓励自主创业、就业等方面的税收优惠政策，搭建税收平台助力高校青年创业创新发展，认真快速落实好国家扶持小微企业发展优惠税政，增强创业者信心，为营造大众创业、万众创新的良好局面打下坚实基础。

**【干部队伍建设】** 大力弘扬北湖新区干事创业精神，全面提高综合素质，鼓励干部职工参加各类学历和职称教育，营造“学、比、赶、帮、超”的良好氛围，切实提高了全员的业务素质。同时，深入开展以文明单位、青年文明号、三八红旗集体等为主要内容的文明创建活动，党的建设和廉政建设稳步向前推进。

开设廉政道德讲堂，深入开展党风廉政建设。

**【基层建设】** 规范办公场所，完善办税服务厅建设，标识形象规范到位，简化办事流程，提高行政效率。健全内部管理制度，转变工作作风，促进了更加规范化的基层新面貌。

【党风廉政建设】 推进以防范廉政风险为重点的制度建设，将责任落实到岗、风险防控到岗、制度建设到岗、监督管理到岗，构建廉政防范体系，弘扬分局廉政文化，增强全员反腐倡廉意识。2014年被评为北湖区行风评议第一名。

【精神文明建设】 深入开展以文明单位、青年文明号、巾帼建功等为主要内容的文明创建活动，连续5年被济宁市委市政府授予市级“文明单位”称号。

（李 淳）

## 济宁市兖州区地方税务局

### 经济概况

2014年，济宁市兖州区实现生产总值597.41亿元，比上年增长10.8%。完成规模以上固定资产投资251.6亿元，增长16.7%。规模以上工业实现工业总产值1439.4亿元，增长17.5%，实现利税98.9亿元，增长9.3%。全区财政总收入完成42.1亿元，增长11.1%。城镇居民人均可支配收入3.01元，农民人均纯收入1.47元，分别增长10.5%、11.1%。

### 收入概况

2014年，济宁市兖州区地税局累计完成地方各项收入31.45亿元（含煤业所得税3.69亿元），同比增长10.76%，增收3.06亿元，其中完成地方财力2.49亿元，同比增长13.52%，增收2.97亿元。实现地方财力占地税总收入的比重为79.30%，比上年同期提高了1.93个百分点，收入结构进一步优化。

### 工作概述

【税政管理】 积极做好“营改增”工作。加强土地增值税清算，进一步做好房产税、土地使用税及耕契两税的管理，认真贯彻落实税收优惠政策，共批准所得税税收优惠项目7个，为11户企业依法减免所得税956万元，积极支持小微企业发展，为556户能够享受营业税小微企业减免政策的纳税人免征地方各税612.34万元。扎实开展年所得12万元以上自行申报工作，共受理年收入12万元高收入个人申报人数1979人次，缴纳个人所得税5683万元。对946户企业所得税纳税人进行了企业所得税征收方式鉴定，其中查账征收方式鉴定户数317户，占比33.51%；定率征收户数519户，占比54.87%；定额征收户数110户，占比11.63，总体核定征收比率达到66.5%。认真做好企业所得税汇算清缴工作，“汇算通”审核率以及企业所得税汇算清缴率均达到100%。

【征收管理】 做好征管绩效考核工作，登记差错率、完整率、催报催缴率、重点税源财务报表报送率均达到100%，积极推广网开发票工作。突出抓好征管薄弱环节和重点领域的管理，加强对工商部门转来的股权交易、变更信息的分析利用，股权转让所得征收所得税4896万元；加强房产、土地税管理，房产税累计入库1.17亿，同比增长36.49%，增收3121万，土地使用税累计入库4.41亿元，同比增长83.57%，增收2.01亿元；加强对农村社区新农村建设施工环节的建筑业及对外销售住房的营业税的集中清理，增收税款8434万元；餐饮行业实现各项税收2337万元，同比增收176万，增长8.14%；大力开展打击发票违法犯罪活动，共查处违法使用发票纳税户8户，查处非法发票1215份，查补入库税款、滞纳金及罚款18.17万元。

**【税收执法】** 坚持依法治税，严格遵守收入纪律，防范执法风险。加强税收法制教育宣传，认真开展规范性文件清理备案工作，落实好重大案件审理等制度，加大对重大税收政策落实情况和税收管理薄弱环节的督察力度，定期下达执法预警通报，扎实开展执法责任制考核工作。

**【纳税服务】** 继续以“征纳共盈”纳税服务品牌创建为总抓手，积极开展“便民办税春风行动”，推行办税服务轮值制度、导税服务、预审服务、免填单服务等便民的具体措施，努力打通服务纳税人的“最后一公里”。认真落实《全国县级税务机关纳税服务规范》，以纳税人需求为导向，制定了15项具体服务措施，涵盖办税全过程。充分利用各种宣传媒介，制作公益专题片，积极开展税收宣传。继续深化开展“地税局长服务日”，依托“纳税人税法培训学校”举办税法培训11次12场，培训纳税人1216人次，纳税人税法遵从度进一步提高。

**【信息化建设】** 截至2014年底，全局有计算机181台、打印机78台、服务器6台。对信息设备进行了摸底排查和及时更换，按照高标准、高定位的要求，全部重新配置，强化金税三期系统及各种应用软件日常运维保障，保证了各项工作稳步推进和有序开展。

**【干部队伍建设】** 认真开展第二批党的群众路线教育实践活动，大力实施党建工作规范化建设。继续扎实推进教育培训，举办各类培训班5期，培训干部323人次，进一步提高全员业务素质。认真落实中央八项规定和上级一系列关于改进工作作风的要求，做好办公用房清理，切实规范公车管理、公务接待等相关制度，实行网络查岗和不定期实地查岗结合的方式，加强对各单位工作纪律、税容风纪等情况的检查，作风建设水平进一步提升。扎实做好绩效管理工作，被市局评为绩效管理优秀单位。深入联系村积极开展驻村帮扶工作，树立地税部门良好形象。

省委党的群众路线教育实践活动第一督导组领导调研指导区局工作并给予高度评价。

**【基层建设】** 截至2014年底，全局内设办公室等8个科室，稽查局、直属征收局2个直属单位，下辖鼓楼、新兖、大安、新驿四个中心税务所。共有在岗干部职工110人，本科以上学历64人，占58.18%。在抓好基层硬件建设不放松的同时，加大对软件建设的资金投入、人力投入和精力投入，统筹兼顾、全面推进，实现基层建设水平全面提高。

**【党风廉政建设】** 认真落实党风廉政建设责任制，大力加强党风廉政建设，落实好党风廉政建设“两个责任”。通过每周一次廉政短信提醒，每季一次廉政作业答题等各种形式开展廉政教育，全员廉洁从政意识进一步提高。积极参与行风政风测评活动，抓好政风行风建设，做好“行风在线”节目上线和问题解决反馈。建设应用网上廉政文化教育基地，深化应用廉政风险防控平台，增强了干部职工的党性观念和廉政意识，被授予济宁市廉政文化示范点，获得了兖州区“双评”第一名的好成绩。

**【精神文明建设】** 积极开展各项文明创建和争先创优活动，荣获济宁市“五一劳动奖状”，被评为济宁市“驻村联户工作先进工作组”，在2014年度兖州区科学发展综合考核垂直管理部门单位排名中位列第一，被兖州区委、区政府授予2014年度科学发展综合考核先进集体，同时被授予“支持兖州发展突出贡献单位”。截至2014年底，全局拥有国家级“巾帼文明示范岗”1个，省级文明单位2个，省级“青年文明号”2个，济宁市级文明单位5个。

（刘继奎）

# 曲阜市地方税务局

## 经济概况

2014年，曲阜市实现生产总值370亿元、固定资产投资205亿元、地方财政收入22.7亿元，分别同比增长11.5%、18%和13%。工业立市扎实推进，发展后劲持续提升，城乡面貌日新月异，“八城同创”取得重大突破，社会民生持续改善，行政作风不断改进。在济宁市科学发展综合考核中获得多项第一名。

## 收入概况

2014年，曲阜市地税局累计入库各项税收收入13.12亿元，同比增长15.80%，增收1.79亿元。其中，地方财力完成11.46亿元，同比增长17.38%；地方财力占全市财政收入总额的50.45%，同比提高1.89个百分点；地方财力占全市财政税收收入总额的79.90%，同比提高1.98个百分点。

## 工作概述

**【税政管理】** 推进“营改增”试点。铁路运输、邮政、电信三行业列入“营改增”范围，累计向国税移交纳税人205户，影响收入1200万元。强化房地产、建筑业、宗地管理业务税收管理，创造性地实施房产税、土地使用税、耕地占用税、契税“四税同查”，二手房交易严格落实“先税后证”制度，开展营业税、所得税专项清理，及时落实小微企业税收优惠、煤炭企业资源税从价计征新政。

**【征收管理】** 强化征管基础建设。规范税务登记管理，加强委托代征管理，审查发票2500份，收缴收据20份，调增定额52户。开展房地产企业调查、建筑业税收清查，为“营改增”打好了基础。加强数据管理，提升数据质量。制定《税收征管流程图》，加强了前后台、科室与中心所（局）之间的工作衔接。按月开展征管状况、收入质量分析，排查薄弱环节，管理效能不断提升。税收分析得到曲阜市市长刘东波批示，加强数据管理经验材料在济宁推广。

**【税收执法】**　组织税法宣传、辅导和培训，严把政策关口，开展税收执法检查。强化对重点岗位、重点环节、重点人员的监督，规范税收执法行为。对32户重点企业开展专项检查，查补入库税款、罚款及滞纳金334万元。联合公安等部门开展“涉众型经济犯罪”整治工作，净化了发票市场环境。

**【纳税服务】**　出台“便民办税春风行动”21条措施。完善网上报税和“同城通办”服务，通过地税微博、地税QQ群等现代化平台，发送服务短信1100条。5名公益岗人员培训后充实服务一线，增强了服务力量。开展局长服务日活动12次，办理咨询63件。开展“百人走千户、服务促发展”活动，增进了税企互信共赢。建言献策，落实税收优惠政策。服务全市发展大局，向市委、市政府提交了《从土地、房产税收看全市地税收入结构》《开展土地增值税清算的做法》等调研文章，受到市领导重视。认真落实小微企业优惠政策，为1320户小微企业、个体户减免税款592万元。为34家企业减免税款2410万元，增强了发展后劲。规范办税行为，提升服务质效。落实《全国县级税务机关纳税服务规范》，开展业务技能培训，统一了服务标准，优化了工作流程，强化了科室对前台的业务支持和工作衔接。

**【信息化建设】**　深化信息管税，强化信息化支撑，配强信息运维力量，开展信息化设备维护、信息中心改造升级，开展软件应用培训。曲阜地税纳税服务QQ群、微信公众平台上线运行，服务平台、服务水平进一步拓展。

**【干部队伍建设】**　举办专题业务培训8期，依托鲁东大学、山东科技大学举办3期“综合素质能力提升培训班”。完善在岗学习激励机制，鼓励干部职工报考“三师”资格，一名同志考取注册税务师资格，队伍素质进一步提升。

**【基层建设】**　加强基层软件建设，成立了曲阜地税局工会，加强舆情管理，大力倡导“勤善公和”四种理念，举办专家讲座，开展争做“四型”地税建设先行者、“四德模范”培树、“日行一善”等主题实践活动，基层软实力不断提升。

**【党风廉政建设】**　认真落实中央八项规定、省市局作风规定、曲阜市委作风建设20条规定，开展明察暗访、“党纪法规学习教育月”活动和“三难两公”问题专项整治，狠刹“四风”问题，“三公”经费大幅压缩。

**【精神文明建设】**　连续15年保持省级“文明单位”“文明机关”“青年文明号”等荣誉，连续2年被济宁市局评为优秀单位，荣获全市综合考核优秀集体、全市“双评”活动垂直单位第1名，1名同志荣获济宁市五一劳动奖章，1名同志荣获“全市十佳中层干部”。

（刘元涛　宋　才）

# 邹城市地方税务局

## 经济概况

2014年，邹城市实现生产总值790.32亿元，按可比价格计算，比上年增长10.8%。其中第一、二、三产业增加值分别为51.21亿元、447.76亿元、291.35亿元，分别同比增长4.5%、10%、13.3%。社会消费品零售总额237.8亿元、增长13.9%。进出口总额1.7亿美元，增长33.2%，完成固定资产投资359.27亿元，增长16.2%，实际利用外资1.36亿美元，增长3%。财政总收入118.76亿元，其中地方财政收入60.86亿元，增长10%，税收收入占地方财政收入的比重达到68.06%。金融机构年末存款余额626.39亿元，贷款余额503.71亿元，分别比年初增加31.04亿元、32.83亿元。

## 收入概况

2014年，邹城市地税局共完成各项收入42.81亿元，同比增长10.36%，增收4.02亿元。其中：中央级收入9.04亿元，同比增长8.78%，增收7281万元；省级收入35万元，同比增长-66.02%，增收-68万元；市县级收入33.77亿元，同比增长10.82%，增收3.30亿元。

## 工作概述

**【税政管理】** 组织骨干力量，引入中介机构，通过“内辅外聘”对43户企业进行税收业务鉴证辅导，企业自查入库税款1778万元。创新建立了土地增值税“三方取证、三步审核”机制，有效规范了土地增值税清算管理，济宁市局在邹城召开现场会，并介绍推广了该经验做法。

**【征收管理】** 着眼于提高征管质量、化解税收风险，不断强化信息数据、委托代征、发票代开等税收风险点管理，积极做好征管状况分析和月度征管质量通报，密切跟进数据整改，各项征管指标持续向好。持续深化分级分类管理，探索创新完善大企业税收管理服务模式，该做法分别被省局和济宁市局予以刊发介绍，为全省地税系统提供了有益借鉴。

**【税收执法】** 扎实推进法规文件清理废止工作，主动开展税收执法自查活动，提高了依法行政水平和风险防范能力。进一步完善地方税收保障机制，加强涉税信息的采集、分析和应用，全年采集涉税信息6300余条，新增税款5100余万元。与财政、国税联合举办发票二次摇奖，增强了“以票控税”的力度。开展各类税收专项稽查检查活动，共查补入库税款、罚款及滞纳金2800余万元。

深入开展地税局长办税服务厅轮流值班制度。

【纳税服务】 积极推进县级纳税服务规范的全面落实，大力开展“便民办税春风行动”，认真落实“六提速三减负一首问”，主动推行免填单服务，各项业务办理用时得到了最大限度的压缩。积极完善办税服务厅功能，推行办税服务厅局长轮流值班制度，面对面征求纳税人的意见和建议，有针对性地完善服务措施，有效密切了征纳关系。

【信息化建设】 持续加大信息化硬件投入，斥资24.6万元购置40台计算机和1台网络服务器，为网络安全运行和信息安全提供了坚实保障；认真落实“向财务报表要税收”的工作理念，探索开发财务报表对比分析系统，直接应用于税收比对分析，取得了良好的效果。

【干部队伍建设】 扎实开展“吃空饷”专项治理、提前离岗问题整改工作，对全局机构编制和人员进行了核查公示，确保了队伍稳定。通过多种形式组织开展了60期岗位培训，培训人员达3100人次。开展个人原创文学作品征集暨美文推荐活动，丰富了干部职工的精神文化生活。深入推进“四德”工程建设，定期举办道德讲堂。邹城市地税局被济宁市委确定为“四德工程建设示范点”，1名同志被评为“全省最美税务人”。

【党风廉政建设】 坚持以上率下、以下促上，把握节奏、压茬推进的工作方针，在严格做好规定动作的基础上，创新推行了“中心所长上讲堂”和“双会双推”督查制度，促进了教育实践活动的扎实有序开展。严格落实中央八项规定，坚持问题导向，坚持聚焦“四风”，共整改问题65个，整改率达到96.43%。全年“三公”经费下降23.28%，清理办公用车10辆，调整清理办公用房260平方米。建立“党建联络员”制度，认真落实“系统党建工作指导法”，定期指导各个党支部完善载体和阵地建设。认真履行党风廉政建设“两个责任”，开展廉政谈话和重要时间节点及时提醒，提高了廉政教育的预防针对性。强化廉政风险防控平台应用，开展常态化的明察暗访活动，有力地纠正了各类影响税容风纪的行为。

【精神文明建设】 把各项精神文明创建活动与税收工作紧密结合起来，坚持共同研究、共同部署、共同推进，精神文明建设取得了良好成效。办税服务厅被授予“全国巾帼文明岗”称号。邹城市地税局连续16年保持省级“文明单位”称号。

（张 鹏 朱 琳）

## 金乡县地方税务局

### 经济概况

2014年，金乡县实现生产总值174亿元，同比增长10%；一般公共预算收入11.6亿元，增长15.7%；规模以上固定资产投资122.5亿元，增长16%；社会消费品零售总额75.4亿元、增长13.5%；外贸自营出口3.3亿美元；地方财政收入完成11.58亿元，增长15.7%，在全市率先圆满完成三年倍增计划。

### 收入概况

2014年，金乡县地税局共组织各项

地税收入 9.13 亿元，同比增收 1.35 亿元，增长 17.44%。其中，完成地方收入 8.24 亿元，同比增收 1.19 亿元，增长 16.82%。

## 工作概述

**【税政管理】** 开展纳税评估，进一步探索建立适合金乡税源实际的房地产行业评估模板，全年累计评估出税款 1.35 亿元；对全县 291 块宗地逐户逐条开展涉税信息比对分析，核实房产、土地等基础数据；对重点行业和重点建设项目进行预测，为决策提供重要的参考依据和数据。

**【征收管理】** 通过蹲点调查、座谈交流、个别走访、部门配合等方式，在一线解决征管难题，先后规范了餐饮、住宿、物业服务等三个行业的税收管理；完成全县 4442 户个体纳税人的微机定税工作；继续推广发票双奖，提高消费者索票积极性。

**【税收执法】** 开展税收执法在线考核和执法预警工作，实现了申辩前零过错的目标；先后对大型超市、投资担保企业等纳税人进行专案检查；依照法定程序、依法拍卖或变卖欠税企业资产 9000 余万元，维护了正常的税收秩序和良好的发展环境。

**【纳税服务】** 开展“便民办税春风行动”和“地税局长服务日”活动；开展“一对一”上门辅导，为纳税人提供税收优惠、咨询、培训；积极落实《全国县级税务机关纳税服务规范》，让纳税人真正体验到规范、便捷、文明、高效的办税服务。

落实《全国县级税务机关纳税服务规范》，纳税服务提速增效获好评。

**【信息化建设】** 对防病毒软件、上网助手进行升级，利用网络安全监控系统，保证了“金三”系统的运维工作。对纳税人进行网上报税系统和项目管理系统的培训，针对纳税人报税中出现的问题进行上门指导。安装了安全认证管理系统，对全局计算机进行监控。

**【干部队伍建设】** 抓好“蒜都税苑公开课”的集中学习和全员业务考试，引入奖惩激励机制，以考促学。联合举办四期培训班，64 名干部职工接受业务提升培训和更新知识培训，进一步提升了干部业务素质。举办庆祝建局 20 周年系列活动，增强了队伍凝聚力。

**【基层建设】** 创建“信心地税”文化品牌，形成具有金乡地税特色的文化系统，提升基层软实力、提振士气、为促进中心工作提供动力；开设“微信心语”公众平台，定期发布推送正能量信息；配合做好王丕中心所党性廉政文化教育基地的设计建设工作；成立金乡县地税局文体协会和五个兴趣小组，丰富了干部职工的业余生活。

【党风廉政建设】　开展党纪法规学习教育活动，组织全系统120余名党员干部都认真书写《承诺书》；开展教育实践活动，以实际行动整改“四风”；在王丕中心所建成一处廉政文化基地，打造全县地税干部接受价值观教育、启迪人生、感悟幸福的新阵地。

【精神文明建设】　金乡县地税局被县委、县政府评为2014年度支持金乡发展突出贡献单位、2014年度招商引资工作先进单位、2014年度“双评”群众满意单位等多项荣誉。顺利通过“省级文明单位”和“省级巾帼文明岗”考核验收；开展“慈心一日捐”累计募捐1.43万元；“三八”节前夕，为女同志安排了一次妇科健康查体；利用建局20周年契机，举办了“二十年地税情”演讲比赛和印制《流金税月 蒜乡拾贝》纪念画册；结合“四德工程”的开展，进一步做好精神文明创建工作，弘扬社会主义核心价值观，传承优良传统，树立新风正气。

（张红星）

## 嘉祥县地方税务局

### 经济概况

2014年，嘉祥县实现生产总值229.8亿元，同比增长9.2%，三次产业比例为13.9：51.1：35；实现公共财政收入13.8亿元，增长11.2%；完成固定资产投资165亿元，增长15.3%；社会消费品零售总额89亿元，增长12.1%；城镇居民人均可支配收入2.32万元、农民人均纯收入1.19万元，分别增长11%、12%。

### 收入概况

2014年，嘉祥县地税局共组织各项收入9.95亿元，同比增长13.71%，增收1.20亿元，其中，中央级收入8273.12万元，省市级收入19.19万元，财政口径县级收入8.82亿元，增长15.10%。

### 工作概述

【税政管理】　创新汇算清缴新模式，强化汇缴辅导工作，集中力量对406户企业开展2013年度企业所得税汇缴工作，共汇缴税款903.38万元。开展高收入个人所得税自行申报工作，共核实信息375条，申报税款5.26万元；开展两处及两处以上所得纳税人核查工作，共核实疑点信息4769条，入库税款24.54万元。抽调业务能手，成立清算小组，借助中介力量对12个清算项目开展土地增值税清算审核工作，共清算税款7900万元。

【征收管理】　以“金三”系统运行为契机，扎实推进税收征管改革，进一步创新税源管理模式，加大重点税源动态监控力度，深入开展重点项目和工程排查摸底。制定《纳税评估实施方案》，抽取10户重点税源企业及地税缴纳税款在10万元以上的纳税企业作为评估对象，共评估增加税款978万元。制定清理整顿方案，依托地方税收保障机制对全县个体工商户开展清理整顿，进一步摸清税源底数，共清理漏征漏管户377户。开展对房地产、建筑业行业纳税人发票清查，进一步堵塞发票使用漏洞，共检查房地产预收款收据4607份。

【税收执法】 坚持依法治税，严格征收纪律，规范税收执法行为，全面防范税收执法风险。进一步深化税收执法责任制和执法过错责任追究制，对税收执法过程中的关键环节和易腐环节，实施责任人制度，着重加强“两权”监督，预防职务犯罪，确保执法的正确性。

【纳税服务】 积极推进“便民春风行动”，全面落实税务总局制定的纳税服务规范1.0版本，深入整合办税服务资源，优化重塑办税服务流程。深入贯彻落实各项税收优惠政策，简化减免税审批流程，以税收职能服务企业健康发展，2014年共减免税收700余万元。

【信息化建设】 积极围绕大力推进信息化建设工作目标，建立多功能电教培训室，不断创新电教模式，深入推进信息技术教育进程，确保将信息管税落到实处。

【干部队伍建设】 扎实开展党的群众路线教育实践活动，全局11个党支部、144名党员及全体非党员职工积极参与，思想作风得到进一步转变。积极打造教育培训基地，制订教育培训计划，系统地对全局职工进行内外部培训，全面提升干部职工政治理论水平和业务能力。

【基层建设】 全面整合办税服务大厅，将大厅各窗口依照工作职能设立成三大主题服务区，形成“网上电子申报”“自助办税服务区”和窗口办税的“三位一体”办税格局。

【党风廉政建设】 立足自身实际，着力构建网上廉政教育基地，及时收集发布反腐倡廉舆情动态，大力宣传党的路线、方针、政策，引导干部职工筑牢反腐倡廉心理防线。利用网上乐学在线平台廉政教育板块进行教育，通过强化积分管理，促使干部职工进一步加强廉政学习。

【精神文明建设】 2014年，县局精神文明建设工作得到深入推进，取得了令人瞩目的成绩。办税服务大厅被中华全国妇女联合会授予“巾帼文明岗”荣誉称号；县局被市妇联授予济宁市优秀巾帼志愿服务组织；有6名同志分别获得济宁市优秀巾帼志愿者、济宁市巾帼建功竞赛活动先进工作者、济宁市巾帼明星、济宁市三八红旗手等荣誉称号。

（胡殿全）

## 鱼台县地方税务局

### 经济概况

2014年，鱼台县实现生产总值147.95亿元，按可比价格计算，比上年增长9.7%。其中第一产业增加值32.94亿元，增长4.2%；第二产业增加值62.89亿元，增长10.4 %；第三产业增加值52.12亿元，增长12.3 %。社会消费品零售总额75.33亿元、增长12.3%。固定资产投资114.32亿元、增长15.8%。实际利用外资2610万美元，增长4.2 %。完成外贸出口总额5387万美元，增长50.3%。全县规模以上工业企业达到94家，新增规模以上工业41家。金融机构年末存款余额98.77

亿元，贷款余额 43.76 亿元，分别比年初增加 11.54 亿元、2.29 亿元。

## 收入概况

2014 年，鱼台县地税局共组织各项税收收入 7.23 亿元，同比增长 4.77%，地税收入首次突破 7 亿元大关。其中一般预算收入完成 5.52 亿元，增长 8.72%，剔除“营改增”因素，可比增长 14.82%。

## 工作概述

**【税政管理】** 全面清理县局制定的规范性文件和内部管理性制度，共清理全文失效或废止的税收规范性文件 36 份，全文失效或废止的内部管理性制度 27 份。受理 14 户企业上报的企业所得税申请减免税资料，经审核合计减免企业所得税 391.98 万元；为涉及邮政业、电信业“营改增”的 8 户纳税人及时办理相关手续，预计全年为纳税人减少税负 630 余万元。

**【征收管理】** 加强纳税人登记管理，及时准确地进行税种鉴定和税款核定，确保了基本信息全面、真实；加强非正常户的管理，严格按照规定程序办理非正常户认定和非正常户注销，严格控制非正常户的比例；规范纳税人开业、停业、注销等环节管理，尤其是对注销业户一律先清算后审批；严格房产税和土地使用税的税种登记和征收管理，避免出现房产税和土地使用税已征收未鉴定或鉴定数和征收数不符的现象。

**【税收执法】** 全年对 60 户纳税人进行纳税评估，评估税款 1283.89 万元；共清理欠税 67.48 万元、清算土地增值税 151.7 万元；通过税务稽查对 11 户企业查补各项税款、滞纳金及罚款 270 余万元；对两处及两处以上所得个人所得税 9932 条疑点信息开展核实查补，实际核实 353 人，经核实 14 人需补税，所欠 3 万元税款全部补齐并足额缴纳了滞纳金。

**【纳税服务】** 以“便民春风办税行动”为契机，共计提出包括公开权力清单、提速涉税审批、实行首问责任制等 6 大类、20 余小项的方便纳税人的措施。通过积极探索“网格化”管理、“组团式”服务格局，延伸了服务触角，畅通了诉求渠道；通过建立值班科（局）长制度，进一步加强了前后台业务衔接；通过积极推行免填单服务，逐步扩充纳税人办理涉税事项的“免填单”服务范围，大幅度提升服务效率。

**【信息化建设】** 持续加大信息化基础设施投入，投入 49 万元进行标准化机房改造，机房面积扩大一倍，彻底改变以往布线较乱、基础设施老化的情况，新增配电及 UPS 不间断电源系统、机房专用空调、机房环境监控报警系统、门禁系统等信息化安全设备，为网络安全运行和信息安全提供了坚实保障。

**【干部队伍建设】** 抓好《党政领导干部选拔任用工作条例》的学习和贯彻落实，不断完善干部选拔任用、考核评价等制度办法，促进干部人事管理制度化、规范化、科学化、常态化。严格落实干部激励机制，充分调动干部职工干事创业的积极性。每季度定期开展“道德讲堂”“廉政讲堂”，深化文明创建，进一步树立各类先进典型，大力宣传道德模范事迹，传递正能量。

加强精神文明建设，开展“道德讲堂”活动。

【党风廉政建设】 严格落实“两个责任”，先后开展了治理“庸懒散”“警示教育”等专题活动；通过抓好“廉政和执法风险防控平台”应用工作，确定岗位、环节的风险点，巩固了作风建设成效，提高了党员干部廉洁从政意识；对3名中层以上领导干部进行任职任期廉政谈话，分别签订了《廉政从税承诺书》；严格落实中央八项规定。累计精简会议16场次、文件9份；压缩考评项目5个；压缩“三公”经费2.6万元；处置拍卖废旧办公用车5辆，调整清理办公用房130平方米。

【精神文明建设】 县局再次被县委、县政府荣记“集体三等功”；被中共济宁市纪委、济宁市监察局授予“廉政文化示范点”称号；在全县行风评议中再获第一名，并连续两年在全县28个经济类服务窗口网上评议中排名第一；获“全国工会职工书屋示范点”、济宁市“四德工程建设示范点”荣誉称号。

（郑华鑫）

# 汶上县地方税务局

## 经济概况

2014年，汶上县实现生产总值231.44亿元，比上年增长10.1%。其中，第一产业增加值39.93亿元，增长4.30%；第二产业增加值115.93亿元，增长10.40%，第三产业增加值75.58亿元，增长12.50%。社会消费品零售总额94.20亿元，增长13.70%。全社会固定资产投资174亿元，增长15.9%。实际利用外资2912万美元，增长3.4%。财政总收入19.01亿元，地方财政收入12.4亿元，比上年增长10.1%。

## 收入概况

2014年，汶上县地税局共组织各项收入9.75亿元，比上年增加1.19亿元，增长13.94%。其中，中央级收入1.07亿元，同比增收1497万元，增长16.21%；县级收入8.38亿元，同比增收1.03亿元，增长14.02%，占全县财政收入的67.58%，比上年同期提高2.32个百分点。

## 工作概述

【税政管理】 开展花岗岩资源税税负调查测算，形成调查报告并被上级采纳，成功推动资源税单位税额调整。完善建筑业、房地产行业税收管理，对所有房地产、建筑安装业在建工程项目建档立卷，解决了日常管理不规范的问题。依托存量房交易评估管理系统，实现对存量房交易环节税收的有效控管。

【征收管理】 定期召开“金三”系统业务探讨会，确保每项税收业务在“金三”系统中流转顺畅；在重点税源纳税评估工作中，采用关联式纳税评估方式，评估入库税款滞纳金734万元，成效显著。发挥税收预警对征管业务的过程控制作用，形成税收预警、行业分析、纳税评估、管理定位互为促进的联动互动新格局，税源管理水平得到快速提升。

【税收执法】 扎实开展税收专项检查，累计查补税款230余万元，根据稽查中发现的问题上报7篇案例分析。做好房地产税收检查工作，共计查补税款2638万元，入库率达100%，有效堵塞征管漏洞。

【纳税服务】 结合“便民办税春风行动”，办税服务厅设立“纳税诉求直通车”，为纳人提供高效服务。组织业务骨干集中接访，与纳税人面对面交流。梳理与全县重点培育的“双20”工程企业健康发展相关的税收政策，整理成文，送到地方党委、政府及企业手中，使国家税收政策及时地惠及全县经济和社会发展，得到县委、县政府主要领导批示肯定。

【干部队伍建设】 不断完善兼职教师队伍，为“人才兴税”提供制度保障。鼓励干部参加“三师一证”资格考试和学历学位教育，建立学用结合的考评机制。组织“金三”系统操作能力考核，提高操作熟练度。采取以会代训的形式探讨税源管理方法和措施，提高纳税评估工作水平。为党员干部购买120册《极限人生》，开展全员阅读。

【基层建设】 深入开展党的群众路线教育实践活动，成效显著。通过学习，党员干部理想信念、宗旨意识更加坚定。结合“扎根工程”及“百人走千户”活动，对号剖析，党内政治生活更加严格。开展“清理规范办公用房、公务用车”、机关“纪律松弛、作风散漫”专项整治工作，并对作风不实、服务不优、奢侈浪费等29项问题进行整治，干部作风更加优良。

深入企业调研走访，服务企业发展。

【党风廉政建设】 层层签订党风廉政建设责任书，细化责任，形成一级抓一级、层层抓落实的廉政建设运行格局。抓好节前教育，重申各项廉政规章制度，组织观看《拒腐防变每月一课》教育片，通过真实的案例，使干部职工时刻警钟长鸣，保持清醒。建立完善礼品上交登记处理制度。

【精神文明建设】 通过打造“行走的道德讲堂”的方式，亲历朱彦夫工作生活地。设立“汶上县地方税务局善行义举四德”榜。成立“我爱汶上志愿者服务队”，唱响“税之援”志愿者联盟。组织“乐学在线”学习，推选“岗位标兵”。完善“网上党风廉政教育基地”、建设中心所地税文化阵地，打造“汶上地税”文化品牌，提炼具有汶上地税特色的核心价值理念及岗位准则，引导干部职工遵守社会公德、践行职业道德、弘扬家庭美德、提高个人修养品德。

（何　慧）

## 梁山县地方税务局

### 经济概况

2014年，梁山县实现生产总值232.8亿元，同比增长9.9%，三次产业结构比例为19.46∶50.54∶30.0。完成财政总收入21.17亿元，同比增长25.08%。地方财政收入10.13亿元，同比增长18.62%。城镇居民人均收入2.26万元，同比增长10.7%；农民人均纯收入1.19万元，同比增长12.5%。

### 收入概况

2014年，梁山县地税局共组织各项收入7.97亿元，同比增长18%，增收1.22亿元。其中，中央级收入7474万元，增长14.32%，增收936万元；省级收入10万元，增长8.14%，增收1万元；市县级收入7.22亿元，增长18.43%，增收1.1亿元。第二产业实现收入3.26亿元，第三产业实现收入4.63亿元。

### 工作概述

**【税政管理】** 加强重点行业个人所得税的监控工作，扎实开展年所得12万元以上个人所得税自行申报。强化组织企业所得税年度汇缴管理，制定《企业所得税汇算清缴工作实施方案》。严格收入监控管理，加强对房地产业、建筑业、金融业、制造业等重点税源的税收管理力度，加强外来施工项目税收管理。

**【征收管理】** 加强税收征管资料的采集（录入）、审核、传递、整理、归档、移送、保管、调阅和销毁管理。制定《梁山县地方税务局欠税管理办法》。落实市局《发票内部管理办法》，提高“以票控税”能力。深入开展税源一体化分析工作，落实《山东省地方税收保障条例》，积极参与全县税收集中治理活动。

**【税收执法】** 认真学习各项税收法律法规，严格执行税收执法的各项程序规程。完善分类分级管理办法，优化岗位设置和管理流程，突出重点稽查意识。深入开展以房地产、建筑、煤炭等行业为重点的专项检查，以餐饮、驾校等行业为重点的发票专项整治，全年检查纳税人15户，查补入库总额1454万元。

**【纳税服务】** 严格贯彻落实《全国县级税务机关纳税服务规范》。制定实施方案，深入推进“便民办税春风行动”。积极落实小微企业减免政策。认真开展“税企双赢，共建和谐”“纳税服务需求意见征集”和“百人走千户服务促发展”活动。积极推行免填单服务，建立沟通协调、信息传递、问题提报及职责管理等一整套纳税服务沟通协调新机制。

**【信息化建设】** 积极做好安全系统的日常维护与管理。认真落实中心机房设备、网络系统和应用系统巡检制度。制定完善计算机类设备管理办法，加强对计算机的日常管理、基本的硬件故障、软件故障处理，以及对计算机病毒库的及时升级。强化对内、外网计算机的安全管理监控。

**【干部队伍建设】** 积极开展党的群众路线教育实践活动，深入反“四风”转作风。组织干部职工赴烟台鲁东大学进行培训学习；积极开展“地税大讲堂”“廉洁讲堂”“道德文化讲堂”“好文荐读”“读书活动”等活动；完善出台涉及服务基层、服务税户、机关作风效能等方面共17条具体制度办法，形成了改进工作的长效机制。

**【基层建设】** 对梁山、拳铺、杨营中心税务所，图书室、娱乐室进行更新更换，创建办公楼廉政文化长廊。

加强党风廉政建设，全县“廉洁教育讲堂”现场观摩会在梁山地税局召开。

**【党风廉政建设】** 积极开展每周一次的廉政短信提醒、每季一次廉政作业答写、“干部连户、党群连心”、作风纪律明察暗访、廉政文化进机关、到基层、入家庭及“三难”“两公”问题专项治理等活动。建设应用网上廉政文化教育基地。召开了全县“廉洁教育讲堂”现场观摩会。严格落实省局“平台”运行管理和应用考核两个办法，制定《梁山县地方税务局2014年党风廉政建设工作任务分工表》和《梁山县地税局作风纪律责任追究暂行规定》。

**【精神文明建设】** 县局税干宋纯振同志被评为全省地税系统首批“最美税务人”。积极倡导亲情关怀，建立了人文关怀机制，引导全体干部职工参加书画、摄影、健身等文体活动。为干部职工建立健康档案，组织两次干部职工外出参观培训学习。走访慰问离退老干部和困难干部职工。

（崔　忠）

# 泗水县地方税务局

## 经济概况

2014年，泗水县实现生产总值150.6亿元，同比增长11%；固定资产投资112.8亿元，增长16.5%；地方财政收入7.82亿元，增长14.1%；规模以上企业154个，工业增加值增长12.4%，实现进出口2.16亿美元；新增6家国家级高新技术企业，实现产值22.9亿元，增长16.9%。

## 收入概况

2014年，泗水县地税局共完成各项收入5.48亿元，同比增收7384万元，增长15.58%。其中，完成中央级收入2281万元，下降6.05%；省级收入13万元，增长31.19%；市县级收入5.25亿元，增长16.75%；入库财政口径纯县级收入5.05亿元，增收6941万元，增长15.93%。地税县级收入占总收入的比重为92.41%。

地税收入占全县财政收入的比重达到64.62%，比2013年高出1.53个百分点。

## 工作概述

【税政管理】 认真落实税收政策支持企业发展。全年落实享受小微企业所得税税收优惠188户，减免税收14.06万元。安置残疾人就业企业所得税前加计扣除64.7万元，减免企业所得税16.18万元。

【征收管理】 开展房地产、建筑业税收清查工作。2014年，清理入库税款3023万元。房地产、建筑两行业累计入库营业税1.84亿元，同比增收8150万元，增长79.34%。完善土地增值税清算项目指标体系，建立清算模版，实行模版化清算，共组织入库土地增值税3766万元，增收1303万元，增长52.9%。加强社会综合治税工作，全年采集涉税信息2910条、入库税款4245万元。

【税收执法】 开展税收违法案件查处、税收专项检查和专项整治、重点税源企业检查、打击发票违法犯罪活动等重点工作，加大稽查执法力度，强化税务稽查震慑力；严格加强欠税管理，对欠税企业实行重点监控，严防新欠发生。2014年通过组织税收专项检查和企业自查，共查补入库税款837万元、罚款21万元、滞纳金96万元。

【纳税服务】 加强办税服务厅规范化建设，开展“便民办税春风行动”。严格落实“首问责任制”“一站式服务”“导税服务”“免填单服务”“提醒服务”“延时服务”等便民服务措施。在全国第23个税收宣传月期间，开展“百人走千户、服务促发展”大走访活动、“走进泗水地税”“我为纳税人发展献策”等税企共建活动。

加强政务公开，参加政风行风热线节目并解答群众疑难问题。

【信息化建设】 适应“金三”系统运行、税收专业化管理集中征收需要，探索创新“分类序时电子化集中管理”征管档案管理，统一征管档案室，实施征管档案电子化管理，借助电子目录高效快捷查询的优势，提高征管档案资料查询效率和使用价值。开展地税网开发票工作。制定《泗水县地税局试点推广发票网开管理系统实施方案》，强化辅导培训，按时圆满完成市局网开发票试点任务。

【干部队伍建设】 深入开展党的群众路线教育实践活动，严格落实中央八项规定，坚持问题导向、持之以恒纠正“四风”，期间累计整改问题139个，整改率达到100%。与金乡、鱼台、兖州县（区）局联合在山东省税务学校举办了2期税收业务知识更新培训班，培训基层业务骨干27人，加强干部队伍建设，提升基层软实力。

【基层建设】 成功创建“圣融文

苑”基层软实力建设品牌。在县城集中办公区全面打造集党员活动室、图书室、文化展厅、老干部活动室以及文学社、书画社、摄影社“三社”活动室于一体的文化教育阵地，加强地税文化导向引领，凝聚正能量，激发队伍干事创业活力。

【党风廉政建设】　认真开展“门难进、脸难看、事难办”和“公款送礼、公款吃喝”“公车私用”“公款旅游”专项整治活动。与各中心税务所（分局）、科室层层签订《党风廉政建设责任书》，通过上党课、看廉片、参观警示教育基地等多种形式，深入开展纪律教育、警示教育、“主题教育”和预防职务犯罪教育。大力推进廉政风险防控平台应用工作，全面落实税收执法责任制，严格执法过错追究，切实规范税务人员执法行为。

【精神文明建设】　2014 年，泗水县地税局荣获“2014 年度驻泗单位综合考核先进单位”“泗水县行风评议执法监督部门第一名”“济宁市四德工程建设示范单位”“济宁市地税系统绩效管理优秀单位”“山东省富民兴鲁劳动奖状”“山东省地税系统‘软实力’建设示范基地”等荣誉称号。

（尤明忠）

# 微山县地方税务局

## 经济概况

2014 年，微山县实现生产总值 366.95 亿元，同比增长 10.3%。其中，第一产业增加值 39.29 亿元，增长 4.6%；第二产业增加值 174.75 亿元，增长 10.3%；第三产业增加值 152.91 亿元，增长 11.7%。全年实现社会消费品零售总额 103.28 亿元，增长 12.2%。实现进出口总额 9056 万美元，增长 32.9%；其中外贸出口总额 8626 万美元，下降 4.7%。实际利用外资额 3610 万美元，增长 15.8%。完成固定资产投资 200.2 亿元，增长 16.1%。实现地方财政收入 25.98 亿元，比上年增长 5%。

## 收入概况

2014 年，微山县地税局共完成税收收入 19.58 亿元，同比下降 6.04%，减收 1.26 亿元。其中，中央级收入完成 2.79 亿元，下降 47.56%，减收 2.53 亿元；省级收入完成 24 万元；县级收入完成 16.79 亿元，增长 8.21%，增收 1.27 亿元。征收资源税 1.37 亿元，增长 92.24%，征收土地使用税 1.14 亿元，增长 222.21%。

## 工作概述

【征收管理】　强化户籍信息管理，全年新增税务登记 1098 户，增收税款 803 万元。加强发票管理，按季开展发票抽奖，充分发挥以票控税作用。强化分税种管理，加强矿区煤炭塌陷地综合治理，开展房产税、土地使用税税源普查，及时做好土地使用税定额调整，加强土地增值税清算管理，强化耕地占用税管理，积极挖掘新的税收增长点。强化重点项目税收管理。按照“一项一档”要求，及时建立工作档案和重点项目建设台账，实行专人跟踪管理，确保重点工程项目税收及时足额入库。

【税收执法】 加大对科技创新、小微企业、保障民生等方面的税收政策支持和政策落地，依法减免各类税款2.25亿元。加大税收检查、评估、清欠的力度，充分发挥以查促收、促管作用，全年查补入库各项税费、滞纳金4342万元。

【纳税服务】 围绕优化纳税服务，深入开展“便民办税春风行动”，推出6大类19项便民办税举措，着力打通服务纳税人“最后一公里”。深入落实《全国县级税务机关纳税服务规范》，结合工作实际研究制定有效措施，大力规范办税服务厅建设。不断提升12366纳税服务热线管理水平，继续办好“地税局长服务日”“纳税人税法培训中心”，全年培训纳税人600余人次。

【干部队伍建设】 深入开展党的群众路线教育实践活动，持续聚焦“四风”，着力改进作风，全年压缩“三公”经费63.4万元，清理清退公务用车11辆，调整清理办公用房。抓好干部队伍素质建设，与邹城市地税局联合在山东财经大学举办税收业务培训班，提高了干部队伍素质能力。按照山东地税绩效管理信息系统试运行要求，对各项绩效考核指标进行系统录入，并积极做好相关指标承接和反馈工作。

【党风廉政建设】 认真执行中央八项规定，切实履行“一岗两责”，坚持逢会必讲廉政，全体干部自觉遵纪守规。狠抓作风建设，重新修订考勤管理、会议管理以及违反工作纪律处理规定等制度，对发现的问题、缺岗的人员进行实名通报。2014年，在继续保持各项荣誉的同时，连续13年被县委县政府记集体三等功，在全县行风评议中名列垂直管理部门第一名。

（王　晗）

# 泰安市地方税务局

## 经济概况

2014年，泰安市实现生产总值3002.2亿元，比上年增长9.4%。第一产业增加值271.4亿元，增长3.9%；第二产业增加值1447.5亿元，增长10.5%；第三产业增加值1283.3亿元，增长9.1%。三次产业结构由上年的9.32：49.01：41.67调整为9.04：48.22：42.74。人均生产总值53853元，增长8.9%。实现公共财政预算收入187.4亿元，增长11.0%，其中各项税收135.2亿元，增长14.2%。

## 收入概况

2014年，泰安市地税局组织入库各项收入126.41亿元，比上年增长10.65 %，增收12.17亿元。其中，中央级收入完成10.28亿元；市县级收入完成116.12亿元，增长13.39%，增收13.71亿元。纳入地方财政公共预算的税收收入完成109.81亿元，增长13.93%，增收13.43亿元。其主要特点有：一是收入再创新高。总量达126亿元，其中，地方级收入完成116.12亿元，占全市地方财政收入的61.97%，地方级税收收入完成109.81亿元，占全市地方级税收收入的81.21%，地方级主体税收完成46.47亿元，占全市地方级主体税收64.72%。二是地方级收入好于中央级。中央级收入完成10.28亿元，同比下降12.92%，减收1.53亿元；市县级收入完成116.12亿元，增长13.39%，增幅列全省第4位。三是三产总量超二产。提供全口径收入比重为45.97：53.11，比重分别较上年提高和下降3.35和3.12个百分点。其中，二产完成58.11亿元，增长7.74%，增收4.17亿元。三产完成67.14亿元，增长12.30%，增收7.35亿元，其中，房地产完成28.14亿元，增长18.12%，增收4.32亿元，是三产增长的主要动力。四是收入前高后低状况有所改观。2013年上、下半年收入比重为59.94：40.06，上半年比下半年多收23.71亿元。2014年上、下半年收入比为55.19：44.81，上半年比下半年多收13.11亿元，不合理的收入曲线明显修复。五是结构性减税力度大。年内全市共计减免各项地税收入8.47亿元，比上年增收5.27亿元。六是主体税种比重提高。与经济运行密切相关的营业税、企业所得税、个人所得税三大主体税种，完成56.74亿元，增长5.29%，增收2.85亿元，占全部收入的44.89%。七是重点税源贡献表现各异。按独立纳税人统计，地税收入千万元以上的纳税人共计239户，较上年增加37户，完成全口径地税收入57.94亿元，较上年增加7.28亿元，占全部收入比重的45.83%，较上年提高1.49个百分点。该部分企业完成主体税种25.88亿元，占其全部收入的44.67%。

## 工作概述

**【目标定位】** 市地税局新一届党组研究确立“作风兴局”战略，力争通过三至五年的努力，打造活力地税、法治地税、创新地税、形象地税，建成充满活力、执法规范、创新涌现、站位提升的现代化泰安地税。坚持品牌建设与税收工作并重，打造“泰山魂·地税情”品牌，经验做法在市直机关服务品牌推进会上作交流。围绕用人导向的落实、干部实绩的评价，以新泰市地税局为试点，明确“五挂钩一问责”的原则，将被考评的10个县级局划分为A、B两类，实施差别化管理，绩效管理体系初步建立，被确定为全省地税系统唯一试点单位。启动《泰安市地方税务志》编纂工作，编辑出版《峥嵘税月》文集。

**【征管改革】** 以在全省地税系统率先实现税收现代化为目标，推进行政审批、权力清单、税式支出等改革，优化减免税业务流程。研究制定《泰安地税金税三期税收征管业务规范》（试行）和《金税三期工程业务运维办法》（试行）等，为基层提供操作范本。研究制定《泰安市地方税务局以查促管暂行办法》，探索交互检查方式，加强稽查与征管的互动。抽调精干力量组织开展税收执法督察，发现问题及时处理。

**【税源管理】** 在加强税源基础管理的同时，强化税源管理创新。探索“向财务报表要税收”办法，强化财务报表涉税风险分析，省局局长张洪军作出批示肯定。加强印花税征收，对土地出让合同、招投标合同、政府集中采购供销合同实行“先征税、后备案”办法，市政府办公室作转发。开展建筑业、房地产业、金融保险业等地方税收专项清理检查，加大执行和处罚力度，全市稽查查补入库税款、罚款、滞纳金2.52亿元。

**【干部队伍建设】** 围绕解决“四风”问题，利用8个月时间，开展党的群众路线教育实践活动，完成学习教育和听取意见、查摆问题和开展批评、整改落实和建章立制三个环节的教育任务，推进“五个一”工程自选动作。明确“年轻有为的打破常规用、业务过硬的创造条件用、业绩突出的不拘一格用、群众公认的坚决果断用”的用人导向，坚持凭德才用干部，以实绩论升迁。健全完善基层专（兼）职纪检监察员制度，探索“嵌入式”内控监督机制，科学设置风险控制节点，共整理税收执法一线6大类、13个环节、43个风险点，对执法流程进行全程监控。年内，顺利通过了“全国文明单位”复审，被市委、市政府授予“科学发展综合考核先进单位”“机关作风和政风行风建设先进单位”“‘五型’机关建设示范单位”荣誉称号。

**【服务经济发展】** 开展“为经济发展献良策、为纳税人办实事”活动，共为纳税人办理实事1072项，6个县（市、区）党委政府和高新区、景区主要负责同志均予批示肯定。整合国地税资源，深化国地税合作，实现财政、国税、地税和纳税人多方共赢，国家税务总局局长王军、副局长解学智、省地税局局长张洪军分别作出批示肯定。认真落实税收优惠政策，年内共计减免各项地税收入 8.47 亿元，其中，改善民生减免 1.95 亿元；鼓励高新技术减免 3247 万元；促进小微企业发展 4019 万元；支持金融资本市场减免 1340 万元；支持其他事业减免 2.93 亿元。

（曹丙珂）

## 泰安市地方税务局泰山分局

### 经济概况

2014 年，泰安市泰山区实现生产总值 443.69 亿元，同比增长 9.6%；固定资产投资 346.16 亿元，增长 15.6%；三次产业比例调整为 2.5 ∶ 34.4 ∶ 61.1；一般公共预算收入实现 28.67 亿元，增长 12.01%。

### 收入概况

2014 年，泰安市地税局泰山分局共组织税收收入 15.02 亿元，同比增长 18.96%，增收 2.4 亿元；区级收入完成 12.96 亿元，增长 20.99%，增收 2.25 亿元，完成年度计划的 106.13%。其中，营业税入库 6.73 亿元，增长 32.43%；企业所得税入库 0.93 亿元，下降 16.62%；个人所得税入库 1.86 亿元，增长 22.06%；土地增值税入库 1.49 亿元，增长 36.07%；城建税入库 8149 万元，增长 25.52%；房产税入库 3484 万元，下降 15.58%；土地使用税入库 6747 万元，下降 12.64%。从全年收入情况看，主要受宏观经济下行、收入基数较高、同期一次性不可比收入因素较大，以及政策性减收、“营改增”等诸多不利因素影响，因而造成企业所得税等部分税种产生下滑。

### 工作概述

**【税政管理】** 强化个人非劳动所得的个人所得税管理，形成“税务主管、社会协管”动态管理新模式。该做法被省局以鲁地税个函〔2014〕3 号文件进行推广；10 月，在全国所得税工作会议上进行交流。坚持落实营业税分级分类管理制度，进一步提升管理质效，该做法在全省营业税工作会议上作交流发言。

**【税收管理】** 继续推进税源“扁平化”“实体化”管理改革，全力打造“重点税源集约管、中小税源集群管、零散税源委托管”的税源管理新格局。对包括房地产、建筑、金融等重点行业的 59 户纳税户进行纳税评估，评估税款 2.17 亿元。对年纳税 100 万元以上 115 户纳税人全面重点监控范围。强化税收风险管理，分局“探索构建税收风险管理新模式”工作经验被省局以鲁地税源函〔2014〕3 号文件进行推广。分局税收管理改革工作受到省、市局充分肯定，省局领导带领相关处室先后 4 次来分局进行调研。

**【依法治税】** 积极推进依法治税，严格落实税收执法责任制，规范各项税收执法行为，全员税收执法继续实现“零追究”。健全完善稽查工作机制，扎实开展地方税收专项检查和区域税收专项整治工作，共查补税款 3835 万元。

【纳税服务】 以开展“便民服务春风行动”和“为经济建设献良策、为纳税人办实事”活动为载体，认真落实《全国县级税务机关纳税服务规范》，完善综合性前导服务制度，实施纳税服务“一体化管理”，开通“微服务”公众平台。积极服务经济建设发展，分局“跟踪大税源、服务大项目，突出‘四全’，当好‘四员’”的经验做法被省局发文推广；全省地税系统片区纳税服务座谈会暨办税服务厅观摩会、全市“两为”活动推进会先后在分局召开。

坚持围绕“一切为了纳税人”的要求，开展了以“跟踪大税源、服务大项目，突出‘四全’，当好‘四员’”为主题的纳税服务活动，受到了纳税人的好评。

【干部队伍建设】 坚持学以致用的需求导向，逐步建立在岗自学、脱产轮训、网络选学、业务研讨等多位一体的教育培训体系，全员业务素质得到有效提高。实施以“泰山咏峰”为主题的地税文化品牌创建工作，增强凝聚力，提升软实力。不断深化学习型党组织的创建活动，分局在全省地税系统党务工作培训班上作典型发言。认真做好绩效管理考核工作，进一步激发队伍活力，促进工作落实。

【党风廉政建设】 全面实施“作风兴局”战略，扎实组织“为民务实清廉”为主题的党的群众路线教育实践活动，开展专项治理，整改问题79项。严格“两个责任”落实，加强“两权”运行，进一步应用好“廉政风险防控平台”，全面建立起全时空、立体化监督体系。强化政务公开，积极参与政风行风建设，树立起良好部门形象，在全区年度政风行风评议中获得第一名。

【精神文明建设】 积极展开各项争先创优活动，形成“干事创业”的浓厚氛围，涌现出一大批先进典型。分局被省妇联表彰为“全省城乡妇女岗位建功先进集体”；被市局表彰为“2014年度绩效管理优秀单位”；被区委、区政府表彰为“服务泰山区科学发展贡献奖”“机关作风和政风行风建设先进单位”。1人被授予“富民兴鲁奖章”、1人被评为“市先进工作者”、7人荣立三等功，另有90余人次受到各级表彰。

（陈　军）

# 泰安市地方税务局岱岳分局

## 经 济 概 况

2014年，泰安市岱岳区实现生产总值364.5亿元，按可比价格计算，比上年增长10.1%。分三次产业看，第一产业增加值56.4亿元，增长4.6%；第二产业增加值156亿元，增长13.1%，其中工业增加值120亿元，增长14.1%；第三产业增加值152.1亿元，增长8.5%。

## 收入概况

2014年，泰安市地税局岱岳分局共组织各项收入12.28亿元，增收1.59亿元，同比增长15%。其中，税收收入完成11.71亿元，增收1.54亿元，增长15%；其他收入完成5663万元，增收530万元，增长10%。分级次来看，中央级收入入库7162万元，增收170万元，增长2%，占全部税款的比重和上年基本持平。省级收入入库6万元，减收20万元，下降76.93%；区县级收入入库11.56亿元，增收1.58亿元，增长16%，占全部税款的比重为93%。

## 工作概述

【税政管理】　重点做好年所得12万元以上个人所得税申报工作，共受理378人，比上年申报人数增加76人；做好2013年度企业所得税汇算清缴工作，补缴税款1267.77万元。加大土地增值税清算力度，入库税款684万元。全面落实税收优惠政策，自2008年以来已减免企业所得税5800多万元。加强关联申报工作，关联申报率达到100%。规范和加强居民境外投资的税收管理，向322户企业发放了"走出去"调查问卷。强化纳税评估，共评估入库税款1420万元。加强委托代征，山石资源整治全年增收税款932万元。

【征收管理】　继续深化税收征管改革，不断巩固、完善、深化、提高税收征管工作。强化户籍管理，严格非正常户、注销户、外管证管理，做到户销税清。优化申报管理，对税收管理员进行企业端办税平台培训，全局征期申报率保持在95%以上。规范发票管理，严格实行票证"三级审核"制度，实现先税后票、税票同步。规范数据管理，建立数据质量源头把关、过程控制、日常监测、及时整改和责任追究的闭环式管理链条，推动数据管理实现由运动式清理整顿向常态化质量治理的转变。研究下发《泰安市地方税务局岱岳分局提高征管质量积极配合上级检查工作方案》，避免因日常工作中有税不征（缓征）而造成上级检查时税款被没收入库问题的发生。

不断加强税收管理，举办"打击假发票、维护税收秩序"税收宣传活动。

【税收执法】　通过加强执法责任制考核评议，严格执法过错责任追究，强化纳税评估和税收预警分析，有效化解税务行政争议。积极探索离境外籍人员税收管理，实现全市首次跨境追缴外籍人员所得税，入库税款18.8万元，经验做法在全市国际税收现场会上作典型发言并在全省推广。

【纳税服务】　紧紧围绕提升纳税人满意度和税法遵从度，扎实开展"便民办税春风行动”和“为经济发展献良策、为纳税人办实事”活动，共确立并通报21项办实事项目，得到当地政府认可并下发的建议良策17条。城区办税服务厅积极致力于金色纳税服务品牌建设，组织所属人员系统学习《全国县级税务机关纳税服务规范》（2.0版）丛书，全面加强业务、礼仪等方面的培训，人员素质大幅提升，纳税人普遍感到满意。年内，城区办税服务厅共征收税款2.68亿元，月月被区政务服务中心评为红旗窗口，并被区推荐为泰安市女职工建功立业标兵岗同时授予工人先锋号称号。

**【信息化建设】** 相继出台《计算机网络系统安全运行管理制度》《计算机网络防病毒管理制度》《计算机设备操作规程》《计算机操作人员守则》等规章制度。计算机网速由2M提升到10M，对所有浏览器逐一升级到IE8.0，并配置“金税三期”系统环境。计算机设备IP规划由分局信息中心网络管理人员统一设置，所有办公用计算机统一安装省局下发的symantec专业杀毒软件、网络安全助手，以防止计算机病毒对计算机及网络设备的破坏。

**【干部队伍建设】** 紧紧围绕“一二三四五”工作思路，以党的群众路线教育实践活动为契机，深化领导班子建设，在班子成员之间广泛开展谈心交心活动；深化中层干部培训，组织中层以上干部到浙江大学继续教育学院工商管理培训中心进行为期五天的培训学习；深化年轻干部培养，组织45周岁以下人员进行以学教活动、行政管理、税收业务等为主要内容的政治业务考试。组织开展以“十佳爱岗敬业标兵”“十佳业务能手”“十佳带头人”为主题的“叁十佳”评选活动。

**【党风廉政建设】** 全面贯彻落实中央八条规定和省、市、区委实施办法，分局党组专门研究制定贯彻落实意见，努力把好的作风内化为精神追求和工作习惯。扎实开展政治理论学习教育、纪律学习教育、廉洁从政教育、警示教育、节日廉政教育等，确保干部职工不想贪。认真落实廉政谈话制度，组织节日廉政谈话；组织领导干部开展述职述廉活动；组织33名中层以上领导干部签订2014年度廉政承诺书，确保干部职工不能贪。查找廉政风险点，对于重点廉政风险点实施重点监控，发现制度机制和岗位职责等方面的问题，及时警示提醒、诫勉纠错，确保干部职工不敢贪。

**【精神文明建设】** 深入推进以愿景建设为重点的文化软实力建设，《重点实施“七个做到”全力打造“和谐筑梦”》经验做法在全市品牌建设推进会上作重点发言；纳税服务中心和城区办税服务厅确立并实施的“国地税‘一条龙’办税服务”荣获市局“十佳服务实事”，并在全市召开的便民办税春风行动暨献良策办实事活动推进会上作发言。被区委表彰为2013年度政风行风建设先进单位，被区纪委、监察局表彰为2013年度全区纪检监察工作先进单位。天平所被表彰为山东省巾帼文明岗，税源管理科被表彰为泰安市巾帼文明岗，城区办税服务厅被表彰为区三八红旗集体。

（李振安）

# 泰安市地方税务局
# 高新技术产业开发区分局

## 经济概况

2014年，泰安高新区实现生产总值88.64亿元，比上年增长13%。其中：第一产业完成增加值0.96亿元，比上年下降1.4%，第二产业完成增加值69.61亿元，比上年增长15.9%，第三产业完成增加值18.07亿元，比上年增长1.3%。规模工业主营业务收入320.1亿元，增长25.1%。完成固定资产投资82.5亿元，增长25.1%。外贸进出口总值20251万美元，增长5.3%。合同利用外商直接投资6349.8万美元，下降53.3%，实际利用外商直接投资7106.3万美元，下降22.9%。实现地方公共财政预算18.46亿元，增长35.2%。

## 收入概况

2014年，泰安市地税局高新区分局共组织各项收入12.21亿元，同比增收1.5亿元，增长14.02%，剔除“营改增”因素，同比实际增收1.67亿元，增长15.89%。其中，税收收入完成11.69亿元，同比增收1.48亿元，增长14.45%；其他收入完成5241万元，同比增收260万元，增长5.22%。中央级完成1.46亿元，同比增收298万元，增长2.09%；区级完成10.76亿元，同比增收1.47亿元，增长15.85%。

## 工作概述

【征收管理】 大力推进纳税评估和税收预警工作，全年由纳税评估、税收预警增收税款911万元；严格落实土地使用税政策，组织开展土地面积和等级专项核查，共增收税款1128.6万元。落实房地产企业所得税提高毛利率政策，提高税款预征率，增收358万元；完善重点税源企业监控体系，157家重点企业共实现工商税收6.2亿元，占入库工商税收90%以上。

【税收执法】 积极开展财税联合检查，全年共检查企业84户，累计查补入库税款3400万元；做好个人所得税两处以上所得核查工作，对省局下发的335个疑点纳税人，认真校对、逐一排查，补税入库14万元；大力开展税收宣传月活动，以纳税人之家和纳税人培训中心为基地，先后开展了税企座谈会、税法宣传进机关等活动，税法遵从度得到提高。

【纳税服务】 全面开展“便民办税春风行动”和“为经济发展献良策、为纳税人办实事”两项活动，及时开通分局微信公众平台；针对办理涉税事项等待时间较长的问题，对相关项目进行调整，本着“即时办结、限时办结”的原则，优化涉税事项26项，其中即时办结增至20项，办理时间压缩50%以上，涉税“免填单”业务增至18项；认真贯彻执行各项税收优惠政策，全年共办理各类减免税约8483万元。

【党的建设】 结合实际工作，开展以解决“四风”问题为主要内容的党的群众路线教育实践活动。深入开展学习教育，广泛征求意见建议，认真进行批评与自我批评，扎实推进整改落实，全面梳理完善规章制度，圆满完成教育实践活动每个环节的任务。

【干部队伍建设】 扎实推进学习型机关建设，有针对性地开展岗位练兵、组织业务骨干到专业院校进行培训，干部职工的综合素质明显提升；绩效管理进一步强化，对各项工作开展情况认真考核，充分发挥绩效管理的导向作用和激励约束作用，有效推动各项工作落实。

【党风廉政建设】 在严格落实党风廉政建设责任制的基础上，认真开展干部职工理想信念和廉洁自律教育，全面实施岗位风险等级管理，扎实运行地税系统廉政风险防控平台，开展行风建设和各项治理活动，避免不作为、乱作为现象发生，在2014年高新区行风评议活动中，分局取得第三名的好成绩。

（武 战 王永博）

# 泰安市地方税务局泰山风景名胜区分局

## 经济概况

2014年，泰山风景名胜区接待进山进景点游客546.63万人，同比增长9.9%，游客量和各项收入指标实现历史性的“九连增”，连续6年遥遥领先国内山岳型景区；门票、索道、旅游客运等收入11.2亿元，同比增长15.23%。

## 收入概况

2014年，泰安市地税局泰山风景名胜区分局共组织各项收入15081.89万元，占年计划的102.24%，比上年增长12.46%，增收1671.47万元。其中，区级收入12917万元，比上年增长11.38%，增收1320万元。

## 工作概述

【税政管理】 认真贯彻执行税收政策，严格减免税审核、审批手续。年内办理减免税审核、审批手续3笔，为下岗职工再就业减免税款10余万元，为1户小微企业减免企业所得税1.5万元，经审计全部符合税收政策和办理程序。认真落实延期缴纳税款、欠税公告、地方税收减免管理办法，确保国家税收政策执行无误。

【征收管理】 切实加强户籍管理、税基管理和重点税种管理。完善加强户籍管理的制度、办法，做好户籍信息的比对、巡查和抽查，确保户籍管理真正到位。依托综合治税，加强景区内基础工程建设税收管理，完善零散税收的流程控制、深入开展税收源泉控管工作，仅零散税收入库600余万元。

【执法服务】 严格执行税收法律法规，坚持依法行政。全面落实执法责任制，完善执法程序，规范行政处罚，杜绝混级混库、有税不收、收“过头税”的现象。树立“为发展服务、对工作负责、方便纳税人，让人民满意”的理念，强化“一站式”服务理念，全面提升服务质量。

【基层建设】 从基层抓起，从基础抓起，落实科学化、规范化要求，分工负责，夯实责任，具体到人，逐项规范。协调专项资金，对办税服务大厅的设施进行更新升级。树立信息管税的理念，规范数据录入、审核、监督和分析应用规程，加强软件学习应用、数据审核和系统运行维护，通过对基础设施的改造组建起反应迅速、运转高效的软件应用运行维护体系。

**【干部队伍建设】** 坚持“请进来，走出去”的原则，加大学习、教育、培训力度，对干部培训、教育定期组织业务考试与现场抽考。开展文明创建工作，持续开展捐资助学、扶危济困和扶贫包村工作。在景区管委会年终评比中被评为2014年度先进单位，4人次获得先进个人、优秀工作者称号，2人被景区党工委、管理委授予“优秀共产党员”荣誉称号。完善规章制度，建立内外监督体系，定期开展党风廉政教育，对照“四风”的各种表现对党员进行廉政教育，规范执法行为，端正工作作风。

（南光东）

## 肥城市地方税务局

### 经济概况

2014年，肥城市实现生产总值712亿元，比上年增长8.3%；公共财政预算收入35.46亿元，增长11.1%；城镇居民人均可支配收入31152元、农民人均纯收入14440元，分别增长8.9%和11.8%。三次产业比例调整优化为7.6∶52.9∶39.5。在全国县域经济基本竞争力百强、最具投资潜力百强分列第42位、16位，福布斯中国大陆最佳县级城市列第20位。

### 收入情况

2014年，肥城市地税局累计组织各项收入24.49亿元（含两税，下同），同比增收2.5亿元，增长11.4%。其中，税收收入完成23.23亿元，同比增收2.57亿元，增长12.4%。代征地方水利建设基金和残疾人就业保障金2359.5万元。

### 工作概述

**【税收征管】** 突出以查促管，在全市范围内集中开展2014年度地方税收专项检查，查补入库2184万元；结合“营改增”政策，对171户建筑业和房地产业开展营业税清理检查，入库税款3705万元；认真抓好税收违法案件查处，进一步加大稽查力度，查补收入总额1480万元。突出以征促管，以个人所得税征收管理为突破口，成功承办全省12万元以上个税申报新闻发布会，受理自行申报人数1613人，补缴税款579万元；强化企业所得税汇算清缴管理，补缴6638万元；做好采矿业、制造业、建筑业、房地产业等重点纳税人的纳税评估，补缴税款3122万元。突出以小促管，强化印花税的源泉控管，通过委托金融机构代征印花税，增收印花税164万元；严格落实土地价格计入房产原值计征房产税的政策，增收房产税879万元。

**【科技管税】** 深化金税三期应用，建立三级运维员提报制度，保障问题及时答复。研发“金税三期税收管理辅助系统”，满足各部门查询分析的实际需求。积极开展税控网开发票试点工作，对房地产等四个行业的223户企业，全部实现网络开票。推行山东地税特色软件企业客户端测试工作，率先完成申报征收和财务报表报送的业务测试，为全省地税系统上线推广奠定了基础。研发应用“财务报表涉税风险分析平台”，为税源管理提供可操作的实用工具。

**【税收调研】** 针对钢铁行业整体盈利水平持续偏低的问题，对辖区内8户企业开展调研，通过对进出库、销售、耗能等数据进行采集分析，建立以“所得税贡献率、存货周转率、费用变动率、销售利润率”为主要预警指标的管理模型，形成钢铁企业所得税管理模式。做好税务案件证据采集工作调研，形成以规范取证、证据收集、证据审核、集体会审、司法保障为主要环节的完整涉税证据链，全省地税系统引起较大反响。《关于加强肥城市存量房一体化税收征管的实践与思考》等4篇调研文章，荣获全市地税系统优秀调研成果。

优化纳税服务，积极开展国地税联合办税试点工作，让纳税人“走进一扇门，能办两家事”。

**【纳税服务】** 开展“便民办税春风行动”暨“为经济发展献良策、为纳税人办实事”活动，为纳税人办理实事186项，两条建议、一项实事分获全市“十佳服务良策”和“十佳服务实事”。在泰安市地税系统率先推广“交税通”POS机，方便纳税人。扶持劳务企业实施“走出去”战略，融洽税企关系。开展国地税联合办税试点，率先在安庄启动联合办公，完成办公场所整合，税务登记、定额核定、委托代征等方面的业务相继拓展，走出一条国地税全面合作、联合办税的新路子，新华社《高管专供》、中国税务报进行专题报道。

**【创新工作】** 在理论创新上，提出“向财务报表要税收”的管理理念，成为全省“向财务报表要税收”的试点单位。在服务创新上，在系统内开展以“机关联系基层构建活力地税，税务干部联系纳税人构建和谐地税”为主要内容的“双联双建”活动。在科技创新上，研发“土地增值税管理自动清算系统”，有效破解土地增值税管理中的瓶颈，分别被主管部门表彰为“省级优秀软件产品”“省级技术创新项目”。在品牌创新上，打造“七彩服务”品牌，在税务机关和纳税人之间搭起税企同心、和谐发展的彩虹桥。全局十余项创新工作得到省市局认可。

**【干部队伍建设】** 开展党的群众路线教育实践活动，组织全体人员进行革命传统教育，实现规定动作和自选动作的有机统一。坚持从严肃纪、从严治理，先后制定《关于加强作风建设的实施意见》《关于对违反工作纪律行为处理的暂行规定》《关于开展集中整治“庸懒散”活动的实施方案》等相关规定制度，分两期参加浙江大学更新知识培训，按季组织40岁以下人员业务考试，队伍整体素质得到显著提升。将编纂《肥城地方税务志》作为文化建设的重点项目，成为鉴往知来的可贵资料。扎实开展“青年志愿者活动”，形成了组织认可、热心公益、积极向善的正能量。

**【党风廉政建设】** 认真落实“一岗双责”，层层签订《党风廉政建设责任书》，对全局党风廉政建设和反腐败工作任务进行细化分解，做到层层传导压力，逐级落实责任。以“清风入心坎 廉洁伴我行”教育活动为重点，深入开展六项专题教育，举办廉政警示教育讲座，引导干部职工算清“七笔账”。以“明职责、知危害、查风险”为重点，通过梳理岗位职责、明确岗位职权等措施，筑牢廉洁自律的防线。在全市行风评议中，以95.63分名列执法部门首位，连续11次蝉联行业第一。

（王化录）

# 新泰市地方税务局

## 经济概况

2014年，新泰市实现生产总值779.7亿元，比上年增长7.2%；完成公共财政预算收入38亿元，增长5.5%；城镇居民人均可支配收入、农民人均纯收入分别达到30749元、14302元，分别增长9.6%和11%；三次产业比例由上年的7.3：54.5：38.2调整为6.9：53.1：40；在全省县域科学发展考核中跃居第25位，比上年前移3个位次。

## 收入概况

2014年，新泰市地税局共完成各项收入27.6亿元，同比增长7.8%，增收2亿元。其中，完成县级收入24.4亿元，同比增长16.4%，增收3.4亿元；征收地方教育附加3572万元；水利基金1781万元；残保金293万元；工会经费407万元。

## 工作概述

**【征收管理】** 做好年所得12万元以上个税自行申报工作，完成1232人，超泰安市计划12人，比上年同期增加97人，补缴税款336万元。引入中介对112户重点企业进行汇缴辅导，补缴税款4223万元。建立完善委托国税代征地方附征税费机制，年增加税收450万元，省局给予充分认可。实行煤炭行业个人所得税分类管理，经验被省局转发。“强化发票科技控管、提升发票网络信息化管理”经验做法被省局推广。制定《新泰“金三”征管业务操作规范》，涉及登记、项目、征收、发票4大类，31项业务，进一步规范“金三”操作流程。对外来施工企业进行跟踪管理，入库税款910万元。做好残保金代征工作，获得省委、省政府五年一评的“山东省助残先进集体”荣誉称号。

**【税收执法】** 推进新农村建设营业税清理，探索出“一提、两增、三赢”的征管新路子，市政府给予高度评价并全市推广，全局共清理入库建筑营业税1.4亿元，泰安市局召开现场会进行推广。

开展土地使用税清理检查，清理3731户，核实土地面积1803万平方米，调增土地面积74万平方米，查补税款689万元。对两年度105户重点企业进行营业税专项清理，查补入库税款2931万元。积极做好土地增值税检查后续入库工作，入库税款2201万元。清理未办登记、重复登记业户，共调查核实未办理税务登记582户、重复税务登记532户。对两家集团公司“资金池”利用统借统还税收优惠规避营业税费行为进行反避税调查，查补入库营业税费2135万元，省局予以全省推广。强化税收稽查，全年共检查44户，查补税款、滞纳金及罚款共计1511万元。加大执法刚性，对7户企业下达限期改正通知书，责令限期缴纳税款，累计入库2300余万元。

**【干部队伍建设】** 勇做绩效管理探路者，成功研发《绩效管理信息系统》，在全局实施绩效管理，泰安市局予以全市推广，省局局长张洪军专门听取汇报并给予充分肯定，在全省地税系统绩效管理工作会议上作典型发言。通过谈心谈话、工作例会、思路研讨会、税务讲坛等方式，在全系统建立沟通机制，省局局长张洪军给予充分肯定。组织全体干部职工分两批到扬州税院参加集中培训，提升队伍素质，实现从无到有的突破。作为省局党的群众路线教育实践活动联系点，系统上下强化学习提修养，查找问题促整改，建机立制抓落实，“四风”问题得到有效解决；共收集意见建议118条，整理汇总为36条，建章立制21项；同时，坚持先行先试，推行“建立四项机制、培树一批典型、实施一项工程”的“4+2”模式。

**【党风廉政建设】** 深化专（兼）职纪检监察员制度，加强基层“两权”监督，防范执法风险，省局党组成员、纪检组长王莉莉作重要批示，并在全省推广。组织参观新泰市检察院廉政教育基地，以真实案例开展警示教育。加大明察暗访力度，严格落实中央八项规定，厉行勤俭节约，反对铺张浪费。

**【纳税服务】** 简化办税流程，下放审批权限，缩短办证时限，实行免填单服务，落实优惠政策，积极为纳税人办实事；市委副书记、市长刘钦海作重要批示。地税窗口连续12个月获得“红旗窗口”荣誉称号。办税服务厅成功安装使用POS机，拓宽缴税渠道，减轻纳税人负担，降低征纳成本。开展纳税服务质效回访工作，在泰安市局作典型发言。

**【精神文明建设】** 全省地税系统党建工作经验交流会在新泰市局召开并作经验介绍。荣获2014年度十大文明行业第一名，在10月泰安地税系统品牌建设推进会上作经验介绍。

（毕研星）

# 东平县地方税务局

## 经 济 概 况

2014年，东平县实现生产总值346.24亿元，按可比价格计算，比上年增长10.5%，其中第一产业增加值41.53亿元，增长5.1%；第二产业增加值164.62亿元，增长14.5%；第三产业增加值140.1亿元，增长6.5%。

## 收入概况

2014年，东平县地税局共计组织入库各项收入11.39亿元，同比增长14%，增收1.36亿元。

## 工作概述

**【税政管理】** 认真落实各项税收政策，积极开展土地增值税清算专项检查，入库税款1571.71万元；积极开展建筑业、房地产业营业税专项清理检查，清理检查136户纳税人，实现税款4386.71万元；加大以地控税的管理，扎实开展土地使用税专项清理活动，清查企业1078户，入库税款555.58万元；以信息管税为依托，完成对15户重点项目的纳税评估，入库税款330万元。

**【征收管理】** 依托“金三”系统，开发运用《东平县地税局征管质量监控系统》，各项征管绩效成绩显著提高；在不断夯实征管基础上，建立税源分类管理新模式，对重点税源，强化“一对一”管理服务；对一般税源，突出行业管理；对零散税源，杜绝漏管；加强骨干税源企业管理，实现税款5.9亿元；强化对外来施工项目的税收管理，实现税收6513万元，增收2770万元；运用“数字矿山”税源监控系统，加强铁矿业税收管理，实现税收2695万元，增收786万元。

**【税收执法】** 规范税收执法，努力防范执法风险，坚决杜绝税收违规违纪现象；围绕依法治税，成立检查组，对税收执法情况开展专项检查，通过检查对代开发票管理、规范税收征管秩序等方面起到积极作用；做好《泰安地税政策法规库》建设维护工作，并成功实现上线运行，法规库成为税管员准确便捷的执法工具，对于预防执法风险，规范执法起到良好促进作用，年内实现税收执法零过错。

**【纳税服务】** 创新形式，做好各项税收宣传活动，积极开展“税企座谈会”“便民办税春风行动”“私人订制”进百家及“纳税人大走访”等活动；在服务地方经济上积极建言献策，发挥好参谋助手作用；认真贯彻执行国家出台的各项减税政策，对符合减税条件的纳税人及时告知，减轻纳税人负担，促进全县经济的可持续发展。

**【干部队伍建设】** 以提高干部整体素质为目标，深入开展各类学习活动，创新培训形式，坚持以考促学，激发干部学习的自觉性和主动性，不断提高干部的岗位业务技能；严格执行绩效管理，公正考核，重用结果，科学评价干部工作实绩，把工作作风、工作实绩和干部使用紧密挂钩，严格兑现奖惩，不断激发队伍活力。

**【基层建设】** 加强基层硬件建设，不断加大资金投入，着力改善基层办公条件，推进办税服务厅标准化建设，对各基层办税服务厅进行升级改造，完成纳税服务厅的背景墙标识更换；建设完善各项文化设施，更新内外网站，整合阅览室、荣誉室、廉政文化走廊等文化资源；结合实际，建设文化展厅，搭建起弘扬、传播地税文化的阵地。

**【党风廉政建设】** 严格落实党风廉政责任制，牢牢抓住责任分解、责任考核、责任追究三个关键环节，从严落实“两个责任”不动摇，使党风廉政建设责任制落到实处。进一步完善分类分级廉政教育模式，严格考核，不断提高干部职工的廉政意识；组织观看廉政教育片，坚定干部职工理想信念，自觉筑牢拒腐防变的思想防线、道德防线、法纪防线。

【精神文明建设】 积极开展文明创建工作，组织开展乒乓球、跳绳、拔河比赛等各类文体健身娱乐活动，丰富干部职工精神文化生活；加强文明创建活动，开展爱心救助、走访慰问老党员、捐赠帮扶村办公桌椅等活动，以实际行动彰显地税精神，促进了和谐建设。

（刘传新　高　鹏）

# 宁阳县地方税务局

## 经济概况

2014年，宁阳县实现生产总值355亿元，比上年增长10%。实现地方财政收入12.38亿元、社会消费品零售额135.4亿元，分别增长13.01%、12.6%；城镇居民人均可支配收入、农民人均纯收入分别达到25427元、12010元，分别增长9.1%、11.7%；转方式调结构实现新进展。三次产业比重调整为15∶44.8∶40.2。

## 收入概况

2014年，宁阳县地税局共组织入库各项地税收入9.73亿元（含246万元工会经费），比上年增收1.02亿元，增长11.77%。其中，中央级税收收入7069万元，减少3231万元，下降31.36%；地方级税收收入完成8.38亿元，增收1.31亿元，增长18.64%。

## 工作概述

【税政管理】 狠抓《地方税收保障条例》的权利和义务落实，构建长期的领导机制、系统的落实机制和过硬的考核机制等条例保障机制；把条例的法规条款转变为具体税收管理方式，衔接起“信息传递—税收控管—执法协助”三个环节，实现一次信息采集，多环节有效利用；认真落实小微企业所得税减半等一系列税收优惠政策。

【征收管理】 深入开展房产税和城镇土地使用税清理清查，建立起“两税”电子档案，完善税源数据库，确保省政府《关于调整城镇土地使用税税额标准的通知》政策落地，实现增收。搭建国地税合作平台，召开5次国地税便民办税联席会议，建立国地税信息传递机制，联合制定两局协作配套的7个制度性文件，达成税收征管和纳税服务两大类15项合作业务。

【税收执法】 坚持依法征税、应收尽收，坚决不收“过头税”，坚决防止越权减免税，坚决杜绝有税不收。不断加大专项检查力度，充分利用各种有效手段，提升检查质效，全年稽查27户，查补税款1024万元。

【纳税服务】 结合税务总局“便民办税春风行动”，打造宁阳地税“金质服务”纳税服务品牌。开展征集纳税人需求活动，共征求各类服务需求160余条。建立全面规范的税务执法入户制度，切实减少纳税人负担，累计减少审批事项8项，减少资料报送项目6项，减少入户次数500余人次。

同宁阳县国税局召开“联合便民办税”联席会议，在税收征管和纳税服务方面进行密切合作。

【信息化建设】　加强对金税三期系统的应用，规范数据录入、审核、监督和分析应用。按照省局统一部署，根据国家税务总局金税三期广域网建设和信息安全体系建设相关规划要求，实施区县级骨干网升级改造，配置H3C MSR 36-10路由器主机（AC）路由器两台、H3C S5500-28C-EI-以太网交换机两台、NGFW4000-UF防火墙两台。2014年5月，启用交通银行POS缴税通。

【干部队伍建设】　打造“博学笃行”队伍建设品牌，推进学习型机关建设。组织中层以上干部赴河南省兰考县学习焦裕禄精神，组织全体干部职工分批分类别前往浙江大学继续教育中心进行为期一周的学习，开拓干部职工视野。截至2014年底，全局有1人进入税务总局所得税司人才库，13人进入省局骨干人才库，有注册会计师、注册税务师和律师共计11人。

【基层建设】　进一步建立健全基层工作联系点制度和工作调研制度，促进机关与基层的良性互动。在人力资源配置、干部培养使用等方面向基层倾斜，加大考核督察力度，促进基层的工作效率进一步提高。

【党风廉政建设】　贯彻落实“两个责任”，将廉政风险防控机制和“嵌入式”纪检监察机制与廉政教育“软教育”相结合，打造“税清廉心”廉政品牌。开展经常性的廉政教育，与县检察院联合举办数次预防职务犯罪法制教育讲座，参观廉政教育基地，定期与干部职工进行廉政谈话。2014年，获得全县政风行风评议执法类第二名。

【精神文明建设】　开展志愿服务，关心困难群体，联合团县委开展捐资助学活动。认真落实扶贫包村帮扶工作。县局“省级文明单位”，基层单位3个“省级青年文明号”、1个“山东省工人先锋号”、8个“市级文明单位”复审合格。

（孟庆剑　刘　来）

# 威海市地方税务局

## 经济概况

2014年，威海市实现生产总值2790.34亿元，同比增长9.8%。分产业看，第一产业实现增加值214.50亿元，增长4.2%；第二产业实现增加值1410.07亿元，增长10.0%；第三产业实现增加值1165.77亿元，增长10.6%。2014年，全市实现公共财政预算收入220.79亿元，增长13.1%。

## 收入概况

2014年，威海市地税局共组织各项收入180.53亿元，同比增长12.84%，剔除“营改增”因素，增长16.56%。其中，中央级收入入库15.47亿元，增长6.22%；省级收入入库0.03亿元，下降38.98%；市县级收入入库165.03亿元，增长13.52%，剔除“营改增”因素，增长17.65%。

## 工作概述

【税收管理】 一是强化税收收入分析。建立了“纵到底、横到边”的分析制度，加强对重点税种、地区、行业和企业的监控和分析。开展税源普查，共采集有关数据20万余条。二是加强重点税源管理。加强对房地产、建筑、金融等重点行业的评估和预警分析，共对566户纳税人开展纳税评估，评估税款6443万元；通过税收预警入库税款1389万元。市、县两级704个在建重点项目入库地方税收8.66亿元。三是强化重点税种管理。深化企业所得税和个人所得税专业化管理，分别入库15.33亿元和10.46亿元。加强营业税重点税源管理，营业税入库63.66亿元，同比增长14.51%。抓好土地增值税预缴、清算管理，土地增值税入库20.16亿元，增收6.91亿元，同比增长52.22%。四是深化社会综合治税。抓好涉税信息采集、加工、分析、比对工作；强化部门配合，全面应用代征系统。综合治税工作得到威海市市长张惠批示肯定。五是加强国际税收管理。实现非居民税收1893万元，外籍个人所得税入库6843万元。

【征管改革】 一是推行稽查体制改革。坚持体制创新与科技创新相结合，以体制改革为主线，以电子查账为抓手，在市区范围内实行一级稽查。共检查企业363户，查补税款1.79亿元。国家税务总局稽查局领导来威海调研时对一级稽查与电子查账的有机结合模式给予高度评价，并被山东省地税局评为创新项目二等奖。二是理顺市区征管范围。按照属地管理原则，对环翠区辖区征管范围进行重新划分。三是加强征收管理与信息技术融合。推广网开发票和“山东企业综合办税平台”。积极应对注册资本登记制度改革，推进“市场主体设立联审联批”，推动征管户籍管理的改革。深化金税三期系统应用，强化数据返还管理与增值利用。

**【税收执法】**　一是规范税收执法。梳理税款征收、税收优惠、税收法制等内容，对50余种税收执法文书进行了规范，加强对规范性文件的合法性审查，加入政府法律顾问团服务单位行列。二是加强执法监督。完善政务公开指导性意见，规范政务公开的内容、范围、方式等，构建严密的内部监督制约机制。制定税收执法重点管理办法，开展重大税收政策落实情况和税收管理薄弱环节的监督检查。三是防范执法风险。组织税收执法风险防范专题讲座。对纳税人举报投诉、纳税争端、对税务处理决定的异议等事项提前介入，及时处理执法隐患，做好舆情管理。

**【纳税服务】**　一是服务改革发展。开展税收调研，撰写了关于中小微企业税收政策执行情况、土地使用税税额调整等调研报告，有5篇被上报国务院办公厅。“深化征管改革，服务市域一体化建设”的调研成果被编入《市委理论学习中心组读书会参考资料》。二是优化服务措施。深入开展“便民办税春风行动”，制定10条便民办税重点措施，建立企业纳税情况“红黑榜”发布制度，建立国地税纳税服务工作合作机制。整合服务资源，优化服务流程，落实重点企业联系制度。三是开展辅导宣传。利用纳税人培训中心举办11期税法培训班，培训纳税人6054名。针对“营改增”、小微企业税收优惠、土地等级调整等政策，广泛开展宣传。

**【干部队伍建设】**　一是开展党的群众路线教育实践活动。成立活动领导小组，组织专题辅导2次，集体学习和讨论130次，参加5600余人次，开展学习笔记和心得体会展评9次，各类主题实践活动28次。深入基层、企业走访调研，征求意见建议65条。开展公务用车、办公用房、办公经费专项清理整顿。二是加强教育培训。引进“岗位培训系统”，开展全员岗位技能培训，推行分级考试制度。2014年3人入选国家税务总局专业人才库。三是激发内生动力。开展“提升八个意识，做党性坚强的地税人”系列活动，引导干部职工树立学习、敬业、责任、创新、法治、服务、廉洁、道德“八个意识”。完善干部激励机制，发挥文学社、摄影社、书画社等平台作用，组织系统第一届运动会、元旦文艺汇演等10余项文体活动，丰富干部职工文化生活。四是培树先进典型。评选出敬业奉献、诚实守信、孝老爱亲、助人为乐等道德模范14人；3人被山东省地税局评为“最美税务人”，1人被评为“十佳最美税务人”；表彰先锋党组织13个、先锋党员32名和优秀党务工作者8名。

**【党风廉政建设】**　制定《关于落实党风廉政建设党组主体责任和纪检组监督责任的实施意见（试行）》和《党风廉政建设责任制实施办法》，进一步明确“两个责任”。加强干部职工理想信念教育、宗旨教育和纪律教育，被山东省地税局评为“清廉地税”廉政书画摄影评展活动优秀组织单位。开展党组书记上廉政党课等“五个一”活动，被山东省纪委推广介绍。

召开社会特邀监察员会议，主动征求意见和建议。

（连伟光　孟新华）

## 威海市地方税务局环翠分局

### 经济概况

2014年，威海市环翠区实现生产总值300.79亿元，比上年增长11.13%。其中，第一产业增加值22.63亿元，增长6.80%；第二产业增加值120.30亿元，增长12.14%；第三产业增加值157.86亿元，增长10.85%。公共财政预算收入39.4亿元，增长14.6%，其中税收收入、“四税收入”比重分别达到84.7%和60.7%。

### 收入概况

2014年，威海市地税局环翠分局共组织各级各类税收收入17.01亿元，比上年增长14.16%。其中，县区级收入完成14.03亿元，比上年增长14.24%；省级收入完成103万元，比上年降低45.21%；中央级收入完成2.96亿元，比上年增长14.24%。

### 工作概述

【税收征管】　一是建立符合财政管理要求的税收征管体制。将环翠楼和竹岛两个办事处的纳税人划归市局直属局管理，环翠区辖区的其他纳税人由环翠分局管理，转出纳税户7949户，转入702户。二是推行一级稽查体制。市区范围内由市稽查局负责统一实施税务稽查。三是突出抓好重点税源管理。将年纳税额在100万元以上的215户重点税源企业纳入“抓大”管理，全年入库税款13.45亿元，占总税收的79%。四是突出加强税务登记管理。与国税局开展登记信息比对，补办税务登记819件。建立登记注销清算联动机制，全年注销税务登记221户，清算税款50余万元。五是突出加强零散税源管理。高效利用政府涉税信息共享平台，收集各类涉税信息350余条，代征零散税收2800余万元。六是突出加强重点行业管理。狠抓房地产、建筑、金融等营业税项目的规范管理，全面提升营业税专业化管理水平。七是稳步提高税收收入质量。坚持“依法治税、应收尽收”，税收入库的及时性、计划性、协调性、安全性得到大幅提高。

【税收执法】　进一步健全纳税人监督机制，全面实施办税公开。对举报投诉、纳税争端等事项提前介入，及时发现处理执法隐患和涉税矛盾纠纷。全年办结信访举报事项23起，办结率100%。大力实施执法督察和内部审计。重点抓好税收日常征管、优惠政策落实、执法检查、会计核算等环节的执法规范和监督，全年执法过错率趋近于零，在环翠区行风政风评议中被评为“优秀”等级。切实加强税收违法行为的处罚力度。全年滞补罚收入达到124万元，同比增长67%，未发生税收行政复议、行政诉讼案件。

【纳税服务】　加强“税企交流与服务”。持续开展“局长服务日”“所长走访日”等系列税企交流活动，第一时间掌握纳税人的需求、意见和建议，及时化解税企矛盾。拓展“纳税辅导渠道”。

充分利用税法培训中心、“融融税收情”社区税收宣传站，并结合“QQ群送税法”等活动，全面提升纳税人整体素质，纳税申报出错率大为降低。进一步完善“服务内容”。严格落实首问负责制、限时办结制、承诺服务制、延时服务、预约服务、提醒服务等服务措施，增设材料预审岗位，完善了“一站式”服务、“一窗式办公模式”，极大提高了纳税人的办税效率。多渠道开展税法宣传。通过环翠台《阳光地税》栏目、政府信息公开网站、地税外网，让纳税人交“明白税”“放心税”。

**【党风廉政建设】**　深入开展党的群众路线教育实践活动。按照“照镜子、正衣冠、洗洗澡、治治病”的总要求，扎实做好教育实践活动。进一步增强了党组织在干部群众中的威信，极大提振了群众对党的信任和信心，增强了党组织的凝聚力和战斗力。充分利用分局“廉政文化教育基地”开展全员廉政轮训，警钟长鸣，有效提升干部廉政文化修养和道德水平，全年无一人受到党纪政纪法纪处理。突出开展网上执法监察和效能监察，严格落实党风廉政建设责任制和“三位一体”问责机制，对权力运行进行有效监督制约。突出抓好复合型人才的培养，强化学习型班子、学习型团队建设，全员顺利通过市局组织的岗位达标考试。

**【精神文明建设】**　文化体育活动丰富多彩。积极参加市局、环翠区组织的各类文体活动，并取得了优异成绩。积极开展公益活动。参加“包百村连万户”“扶贫联系村”“慈心一日捐”“志愿者社区服务”，以及创建文明城等社会公益活动，地税形象得到进一步提升。精神文明建设成果显著。顺利通过省级文明单位和文明机关荣誉称号的复查，先后荣获“争创一流工作先进单位”等区级以上荣誉称号20余项。

（常嵘林）

# 威海市地方税务局文登分局

## 经济概况

2014年，威海市文登区实现生产总值681.9亿元，同比增长10.3%；公共财政预算收入达到49.9亿元，增长13%；完成规模以上固定资产投资516.3亿元，增长16.7%；社会消费品零售总额297.5亿元，增长12.7%。

## 收入概况

2014年，威海市地税局文登分局共组织各项收入39.23亿元，同比增长13.09%。其中，中央级收入入库1.86亿元，增长0.6%；省级收入入库34万元，下降53.42%；区县级收入入库37.37亿元，增长13.81%。

## 工作概述

**【税政管理】**　开展“营改增”税负测算调研，做好“营改增”试点改革对税源和税收收入的影响分析。搞好税收经济预测分析，加强税收调研，提出发展经济、调整结构等方面的意见建议，为领导决策提供依据。落实税收优惠政策，开展“企业大走访活动”，帮助企业解决发展中遇到的涉税问题。加大税收政策宣传和扶持力度，发放各类宣传资料1500多份，将企业应享受的税收优惠落实到位，享受不达起征点减免营业税的企业和个体户1840户，享受20%优惠税率并减半征收企业所得税的企业224户，累计减免各项税费1000多万元。

【征收管理】 做好重点建设项目税源控管，落实重点税源日常管理责任制。抓好房地产税收管理，对房地产企业备案销售金额进行比对。组织开展建筑业纳税评估工作，对评估对象开展政策辅导，开展重点问题自查。强化税种管理，重点抓房地产、建筑等行业的营业税税收管理，交接涉及“营改增”行业相关工作，做好拆迁安置房税收工作。突出房产税、土地使用税清查，组织专项工作小组，逐户进行房产税、土地使用税清查，摸清了非房地产正常登记企业土地面积和房产原值，重新理顺和健全了“两税”财产档案。2014年下半年，开展了房地产企业土地使用税清查，检查房地产企业80户。推进社会综合治税，加强涉税信息的综合利用，强化税源控管，完善协控协管流程。

【税收执法】 编写税收执法说明和《常用税收执法操作程序及文书范本》工具书，对催报催缴、税务行政强制的具体实施步骤进行详细理顺和规范。全面实施税务公示、税务公告，定期进行非正常户认定、税务登记证件失效、欠税公告以及个体工商户定额公示、公告等，共公告24期次1499户。积极探索税收执法文书公告送达，对催报、催缴文书送达困难的纳税人进行公告送达1142户次。强化欠税管理，对357户施工企业进行了税务文书的送达及税款清缴。强化税务稽查，根据各用票单位的发票缴销情况及营业税申报情况，开展票税比对。

【纳税服务】 深入开展便民办税春风行动，按照《全国县级税务机关纳税服务规范》要求，整改规范纳税服务措施，制作服务标识，整合服务资源，推行涉税事项同城通办，简化房产交易契税征收程序。对易出现纳税风险的税收业务，主动提醒，提前告知。制作《授权委托书》，要求纳税企业办理各项涉税业务时，提前报备《授权委托书》，帮助企业降低涉税风险。全年办理区长公开电话65件，按期办结率100%。

举办“局长服务日”活动，为纳税人解疑答惑，优化纳税服务，营造良好的税收环境。

【信息化建设】 启用文登地税短信服务平台，向纳税人发布税收政策、提示申报纳税、风险提醒、通知公告，从2014年8月上线使用以来，共向6072人次纳税人发送通知公告7230条，向10235人次纳税人发送催报催缴通知17290条。

【干部队伍建设】 开展党的群众

路线教育实践活动，组织自查自纠、落实对照检查和整改。开展党组带头、党员联系走访活动，共走访困难群众25户。为提高岗位技能，强化法治意识，先后组织开展发票网开管理系统、金税三期网上办税系统、税收法制以及小型微利企业优惠政策等培训20余次，邀请专业教授讲授《行政强制法》和《税收征收管理法》的衔接，增加税收业务知识，提高税收执法水平。

**【党风廉政建设】** 层层签订《党风廉政建设责任书》，开展纪律教育，组织干部职工到区公安局看守所参观纪委廉政教育警示基地，坚持常态化的廉政学习。加强“五个底线”意识的教育，带动干部职工严以律己，牢固树立税收法治观念、岗位责任意识、纳税服务意识、廉政纪律意识、公仆意识。开展反“四风”和治理“庸懒散”的要求，强化工作落实力度。

**【精神文明建设】** 加强精神文明建设，组织开展全局趣味运动会。组织干部职工参加义务植树、“慈心一日捐”、无偿献血、学雷锋服务等志愿活动。被区委区政府授予先进集体称号；被威海市地税局授予“全市地税系统绩效管理考核优秀单位”荣誉称号。

（徐宏赟）

## 荣成市地方税务局

### 经济概况

2014年，荣成市实现生产总值971亿元，同比增长10.5%，三次产业比达到8.4：49.5：42.1。一般公共预算收入增长14.9%，突破60亿元。完成社会消费品零售总额294亿元，增长12.9%。各类贷款余额422.3亿元，存贷比达到74.8%，提高2.2%。

### 收入概况

2014年，荣成市地税局共组织各级各类收入47.01亿元，同比增长12.55%，其中，中央级完成2.17亿元，同比下降18.68%，县（市）级完成41.03亿元，同比增长18.03%。荣成考核收入同比增长12.01%。

### 工作概述

**【税政管理】** 应对“营改增”税制改革，做好税收经济预测分析，为党委、政府领导决策提供参考。加大税收政策宣传和扶持力度，确保各项税收优惠政策的落实。全市小微企业1511户，税收优惠面达100%；办理高新技术企业所得税减免2户，减免税款3127万元。

**【征收管理】** 推行税务所长（分局长）管户制度。突出重点税源、重点行业专业化管理，全市150户重点企业入库税款11.67亿元，占全年税收任务的57.07%。启动项目管理“跟踪服务”活动，下发《督查督办通知单》26期，提高重点项目建设的税收拉动作用，实现税款入库3.45亿元。依托综治平台，实施信息管税，比对39个部门、82个种类信息28.5万条，清查漏征漏管户204户。实施“部门联审”“先税后证”“以票控税”等稽核措施，入库税款3.3亿元。建立企业股权登记档案3989户，入库利息、股息、红利所得个人所得税7173万元。

加强税收征管，创新“查、看、访”措施，开展所长（分局长）管户制度。

**【税收执法】** 突出对税收规模大、复杂程度高、政策性强的涉税风险实行集中评估管理。完善“自查”“约谈”等措施，派发税收预警任务1251条，辅导180户企业进行自查评估，对32户企业进行专业评估，补缴入库税款166万元。围绕重点行业、重点税源企业、区域专项整治三大重点，开展阳光稽查和电子查账，查补入库税款1200多万元。完善征信平台体系建设，对7户企业、18个自然人进行失信公告，监督纳税人诚信纳税、依法纳税。

**【纳税服务】** 深入开展“便民办税春风行动”，简化办税流程8项，取消有关手续11项。创建荣成地税QQ群、微信微博，纳税申报期进行语音、短信提醒20万户次。推行“免填单”服务，发放预约服务卡5000余份，开展“局长服务日活动”16次。定期在荣成民心网、民生110平台，政府网站发布最新税收政策和业务工作等信息245条，电视报纸媒体公开50条，其他形式公开220条，答复涉税问题200多个。开展各类纳税培训20期5000人次。提出服务蓝区发展、重点税源管理等方面的意见和建议，参与地方论证招商和制定各类政策15项。

**【干部队伍建设】** 开展党的群众路线教育实践系列活动。进行全员谈心和家访活动，集中谈话193人次，干部家属走访面达到100%。组织230余名干部职工参观体验艰苦岗位，进行对比启示教育活动。选树先进典型11人，营造人人向上、向善的新风尚。开展业务技能大比武和全员考试，选拔五项业务能手31人。组建各类活动兴趣小组10个，举办各类单项比赛，累计参赛1500多人次。

**【党风廉政建设】** 利用山东省廉政风险防控平台的监控功能，加强对干部职工执法行为的监督。举办廉政案例警示教育巡回展520人次，邀请讲师举办预防职务犯罪、反对“四风”知识讲座2场。深化“三位一体”问责机制，全系统无一起违纪违法案件，在全市职能部门行风评比中名列第一名。

**【精神文明建设】** 编写《历程》一书，回顾和总结荣成地税20年来创业、探索、改革和发展的全景。被授予省市局地税工作先进集体，获得“荣成市诚信示范单位”“平安建设先进单位”“尊师重教先进集体”“威海市优秀志愿服务组织”等荣誉称号。

（张国华　高志强）

# 乳山市地方税务局

## 经济概况

2014年，乳山市实现生产总值441.59亿元，按可比价计算，比上年增长9.7%。其中，第一产业实现增加值38.28亿元，增长3.6%；第二产业实现增加值230.57亿元，增长10.43%；第三产业实现增加值172.74亿元，增长9.7%。全市实现财政总收入76.14亿元，增长16.22%。其中，实现公共财政预算收入27.66亿元，增长13%。

## 收入概况

2014年，乳山市地税局累计完成各项税收23.72亿元，其中，契税1.3亿元，耕地占用税9674万元，较上年增收2.70亿元，增长12.86%，其中地方级完成22.5亿元，增收3.01亿元，增长15.47%。

## 工作概述

**【税政管理】** 严格落实组织收入原则，加强组织收入工作的统筹调度和监督管理，保证依法征收。全面开展税收预测工作，掌控税收增减变化。严格落实税源专业化管理，重点税源重点控管，落实“以票控税”，实现税源数量与质量的双保障。加强税款申报、征收、入库环节的制度管理、风险管理和征管绩效管理。

**【税收征管】** 落实大项目税收管理，加强征管巡查和日常税收检查。严格落实小型微利企业的税收优惠政策。落实“以地控税”机制，开展土地使用税的无缝隙核查工作。强化与国税、工商等部门联动，推进社会综合治税体系建设。积极开展试点纳税人认定和征管信息移交工作，加强对纳入“营改增”范围纳税人当期税款的申报管理。

**【税收执法】** 全面推行《山东地税系统税收执法规范》，加强税收业务和相关法律法规的培训。抓好执法内控机制建设，实行税收执法权力清单制度和税收执法责任制。推进稽查体制改革，规范稽查检查程序。对房地产业、建筑业等企业发票使用情况开展专项检查。健全举报工作机制。

**【纳税服务】** 贯彻落实《全国县级税务机关纳税服务规范》，进一步优化办税流程。市区办税服务厅进驻乳山市政务服务中心，与国税部门共处一厅，探索国地税联合办税新模式。大力推行以财税库银横向联网为依托的电子缴税方式。组织开展第23个税收宣传月和“便民办税春风行动”“局长服务日”等活动，走访重点企业，上门送服务、送政策。

**【信息化建设】** 依托省局“金三”系统、威海市地税局“三方信息税收应用平台”开展税收分析、纳税评估和税收预警等业务处理。继续拓展“政府涉税信息共享平台”应用。加强网上开具发票系统的推广应用。推行纳税评估常态化，建立多行业纳税评估模型，利用“税收风险管理信息比对系统”对14户建筑业进行纳税评估。依托“廉政风险防控平台”对税收执法数据开展网上监督检查。

**【干部队伍建设】** 积极开展党的

群众路线教育实践活动，积极与干部职工开展谈心活动，倾听职工心声。定期组织集体学习活动，每名干部职工认真撰写心得体会。走访征求企业意见，认真查摆问题，逐项进行整改，得到省局、威海市局督导组的充分肯定。认真开展办公用房和公务用车清查工作。继续开展好提升“八个意识”做党性坚强地税人和深化“庸懒散”专项治理工作。

**【基层建设】** 撤销原下初中心所、大孤山中心所、乳山口中心所和诸往中心所4个基层办税服务厅及驻房管局征收窗口，整合为乳山市区办税服务厅，保留银滩中心所办税厅，将6个办税服务窗口整合为2个综合性办税服务厅，实现同城通办。

**【党风廉政建设】** 严格按照《廉政准则》和《党风廉政建设责任状》要求，落实“三位一体”问责机制和“一岗双责”制度，规范从政从税行为。通过上廉政党课、观看廉政警示教育片和开展“一对一”廉政谈话等形式，营造廉洁自律的良好氛围。积极参加“阳光政务热线”和“政风行风评议”活动。利用省局“廉政风险防控平台”对照岗位排查廉政风险点。

**【精神文明建设】** 组织在职党员开展“工作在单位、活动在社区、奉献双岗位”活动。对冯家镇北寨村进行民情走访。组织开展志愿服务者进社区、走访慰问农村贫困户和企业困难职工、“社会妈妈虹桥拉手”等活动。强化文明创建工作，努力营造积极向上、团结和谐的地税形象。

（姬立平）

# 威海市地方税务局火炬高技术产业开发区分局

## 经济概况

2014年，威海市火炬高技术产业开发区实现生产总值199亿元，同比增长9.8%。其中，第一产业实现增加值1.5亿元，与上年持平；第二产业实现增加值122.5亿元，增长11.7%；第三产业实现增加值75亿元，增长6.2%。实现财政收入42.37亿元，增长6.7%。其中，公共预算财政收入21.03亿元，增长9.8%。

## 收入概况

2014年，威海市地税局火炬高技术产业开发区分局共完成各项收入15.8亿元，同比增收1.05亿元，增长7.16%。其中，中央级收入2.02亿元，同比增收3200万元，增长18.84%；省级收入10万元，同比减少17万元，下降62.96%；市县级收入13.78亿元，同比增收7376万元，增长5.65%。

## 工作概述

**【税收分析】** 深入分析经济税源发展趋势，分析政策调整对地方税源的影响，分析税种增减变动情况，定期召开税收分析会，层层传导压力，落实收入任务；在关键时间节点主动向上级汇报收入与税源状况，得到其理解和支持，最大限度地实现了收入任务与实际税源基本相符。

**【税收征管】** 对重点项目强化过

程控制，逐户建立台账，逐一进户落实，跟踪管理大项目的立项、筹建、建设进度等进展和纳税情况，56个重点项目入库税收7362万元；对房地产行业实行精细化管理，在房地产企业的招拍挂、开工建设、销售、清算各个环节严格审核完税情况，房地产业入库税收5.78亿元；对欠税企业强化分类管理，根据欠税规模、成因、企业现状和清欠态度进行分类，逐户了解、逐户约谈、逐户制订清缴计划、逐户发送税务事项通知书、逐户落实清欠责任，清理历史欠税1.24亿元。

召开房地产企业座谈会，讲解税收政策，提高房地产企业依法纳税的自觉性。

**【税收检查】** 组成10个清算小组，对房地产开发项目进行集中清算审核，完成16个项目的清算审核，清算土地增值税5631万元；获取区内企业2009—2014年的出口企业免抵退增值税明细数据，对企业实际增值税免抵退数额进行核实，检查核实企业附加税费提缴情况，查补税款1500万元；把市区两级审计结果当成组织收入和防范风险的有效手段，积极借力两级审计结论，督促企业采取措施优先安排审计税款入库。

**【纳税服务】** 在办税业务有效分流的基础上，大厅实行值班长制度，保证了大厅良好的办税秩序；征收一线积极开展重点税源企业QQ群服务、纳税辅导、发送税收宣传品和走访调研活动；充分利用税法培训学校，对纳税人进行土地增值税、企业所得税和企业综合办税平台报税培训，培训纳税人2600人次；积极为1377户小微企业、2646户个体工商户减免税金1009万元，为6户企业减免或上报审批减免契税706.58万元，为符合条件的38户企业备案减免税收7156万元。

**【干部队伍建设】** 坚持“照镜子、正衣冠、洗洗澡、治治病”的总要求，以为民务实清廉为主题，结合实际，上下联动，坚决反对形式主义、官僚主义、享乐主义和奢靡之风，扎实开展第二批党的群众路线教育实践活动。大力加强纪律作风建设，开展学习英模人物、系统典型、身边先锋党员活动，增强地税干部“聚财为国，执政为民”的责任意识和廉洁从税的自觉性，在全区行风评中位居前列。大力开展教育培训活动。制订了年度教育培训计划，将业务技能培训与政治理论学习有机结合，在全市统一组织的岗位技能考试中，取得了第一名。

**【精神文明创建】** 认真落实管委、市局创城工作各项部署，上下一心，尽职尽责，为威海获得全国文明城市荣誉做出了积极贡献；积极参加市局组织的第一届运动会，顽强拼搏，勇争第一，获得了优异成绩。另外，还积极参加了深入社区接访、扑救山火、美化高区义务劳动等活动，展现出良好的精神风貌。

（王仁德）

## 威海市地方税务局经济技术开发区分局

### 经济概况

2014年，威海经济技术开发区实现生产总值197.54亿元，同比增长11.3%；实现规模以上工业总产值364.92亿元，下降0.9%，实现财政总收入39.43亿元，增长13.0%，其中，公共财政预算收入20.78亿元，增长14.7%。

### 收入概况

2014年，威海市地税局经济技术开发区分局共组织各项收入16.08亿元，同比增长15.42%。其中，中央级收入入库1.51亿元，增长11.85%；区县级收入14.57亿元，增长13.92%。

### 工作概述

**【税政管理】** 开展现行税收政策执行问题专项调查，加强日常税收执法问题的预警工作，制发《政策执行情况简报》《政策执行反馈意见》。对税收减免审批和备案项目逐一进行整理，防范执法风险。

**【征收管理】** 加强营业税管理。开展电信业“营改增”摸底调查和确认工作，加大税收检查和欠税清理力度。审核享受财政扶持政策的“营改增”企业11户，确保执行政策准确到位。全年入库营业税56902万元，同比增长22.05%。加强企业所得税管理。汇缴培训800人次，组织汇缴申报1291户，申报率为97%，补缴税款2645万元。全年入库企业所得税15716万元，同比增长5.34%。加强个人所得税管理。组织自行申报1706人，申报人数增长55%，申报个人所得税4045万元，同比增长45.1%。全年入库个人所得税9517万元，同比增长24.54%。加强财产行为税管理。土地使用税核查100户，核查土地151宗，核查土地面积251万平方米，确认欠税673万元；房产税核查496户，核查自有房产原值9.95亿元，核查年租金收入2367万元；资源税核查201户，征收税款50万元。全年土地使用税、房产税、资源税分别增长20.45%、25.70%、66.67%。

**【税收执法】** 加大检查力度。日常检查75户，查补税款2735万元，加收滞纳金72万元。查处举报案件8起，补征税款28.7万元，滞纳金23.23万元，罚款16725元。开展房地产、建筑业和村委、集团公司的小产权房税收专项检查，查补税款6727万元。开展土地增值税清算检查，补征税款1091万元。

**【纳税服务】** 年举办各类辅导培训22期，培训财会人员6200人次。认真落实导税服务制、首问负责制、延时服务制和“局长服务日”制，开展了“便民服务春风行动”，开展了“纳税服务之星”评选活动，不断提高窗口服务水平。

**【信息化建设】** 做好“金三”系统运维保障，及时解决纳税人网报和“金三”系统出现的各类问题，汇总下发“金三”典型问题解决办法。共受理各类提报问题590条，解决了515条，上报省、市局75条，汇总下发典型问题答疑10期，清理垃圾流程366条。

【干部队伍建设】 开展了春训活动，提出了“再定位、再作为、再跨越”的工作思路，确定了分局地税“建设一流班子，打造一流队伍，创造一流业绩，树立一流形象”的建局目标。圆满完成党的群众路线教育实践活动，通过教育实践活动，班子成员和党员干部的政治意识、纪律意识、敬业意识、廉洁意识得到明显提升。

【基层建设】 及时成立绩效管理机构，制定绩效管理实施意见、方案、办法和绩效考评标准。每月通报征管考核数据，组织各征管单位及时进行问题整改，在全市地税系统绩效管理考核中取得第一名。举办岗位技能培训28期。组织干部职工参加各级政治、业务视频培训46次，组织中心税务所所长培训、文秘人员培训、信息安全知识等脱产培训8期。

【党风廉政建设】 开展廉政教育活动，组织干部职工参观了市纪委反腐倡廉教育基地，开展廉政读书活动和“为民务实清廉政”征文活动，加大廉政教育力度。落实“三位一体”问责机制，签订《党风廉政建设责任状》《党风廉政承诺书》。完成“廉政和执法风险防控平台”二期优化升级工作，提高廉政和执法风险防范力度。在2014年度全区行风评议活动中，分局获执法部门第一名。

【精神文明建设】 开展建党93周年庆祝活动、庆祝地税组建20周年座谈等活动，组织干部职工赴甲午战争纪念馆、毛泽东像章纪念馆接受爱国主义教育，参加开发区第七届机关田径运动会、全市地税系统第一届运动会，成立13个兴趣小组，组织开展第一届新春联欢汇演，丰富了职工业余生活。参加山东省纪念青年文明号二十周年团旗接力活动，被威海市创建青年文明号活动领导小组评为“威海市青年文明号20年突出贡献单位”荣誉称号。

（王炤方）

# 威海市地方税务局<br>临港经济技术开发区分局

## 经济概况

2014年，威海临港经济技术开发区实现生产总值61.88亿元，比上年增长11.1%，其中工业增加值41.6亿元，增长12.3%；三次产业比重为7.04∶76.91∶16.05；固定资产投资64.2亿元，增长17.4%；财政总收入8.5亿元，其中公共财政预算收入突破5亿元，增长26%；农民人均纯收入1.58万元，增长10.5%。

## 收入概况

2014年，威海市地税局临港经济技术开发区分局共组织地方税收收入4.25亿元，同比增长33.8%。其中，完成市区级收入3.82亿元，增长33.1%。

## 工作概述

【税政管理】 强化企业所得税年

度申报辅导检查，根据企业所得税纳税规模，实行分类管理，对重点纳税大户采取“点对点”辅导模式，全年共完成企业所得税年度申报149户，补报税款497万元。完善个人所得税明细申报和年收入12万元以上个人所得税申报制度，将所有单位纳税人全部列入个人所得税明细申报范围，实行全面维护；将高薪企业、上市公司、改制企业、驻区企业、中小企业负责人作为高收入人群申报检查重点，共有222人进行了年收入12万元以上个税申报，补报个人所得税16万元。

**【征收管理】** 加大征管基础资料管理，严格开业登记、变更登记资料收集，规范注销登记、非正常户认定审批流程，对委托代征单位资格认定严格把关，提升征管基础信息质量。深化以票控税，将建筑业发票取得情况列为税收评审重点内容，对近两年有建筑项目的工业企业全部列入清查范围，对收据、白条等违规发票进行全面清理并重新开具，减少税款流失。加大欠税清理力度，定期开展欠税公告，将所有欠税企业列出清单，召开清理欠税专题会议，与企业制订清欠计划，按月督导入库，提高欠税清缴率。

**【税收执法】** 深入推进标准化执法，从税务文书使用、送达、归档等环节入手推进规范化管理，重大涉税案件集体定案，有效防范执法风险。严格落实税收优惠，对符合政策规定应该减免的税款坚决落实到位。2014年，共有7户次企业享受税收减免优惠，合计减免税款502万元。深入落实小型微利企业税收优惠政策，其中11户小微企业享受了企业所得税优惠，5户企业、268户个体工商户享受了营业税减免优惠，共减免税款30余万元。

**【综合治税】** 完善政府参与、部门联合把关的管理模式，对建筑业税收实行事前介入、事中巡查、事后把关，实现建筑业税收“无缝隙”管理。由建设主管部门承担把关责任，将报验登记、发票开具列为项目备案及验收前置条件，实行“双向”控管。由区、镇两级财政部门承担代扣责任，对所有财政付款项目全程代扣税款，全年建筑业入库税款增长106%。联合公安部门对已确定的22宗土地欠税情况开展专项整治，清缴土地使用税710万元。与国土部门建立长期合作机制，定期采集土地信息，通过账证、账机信息比对开展专项清查。明确国土部门把关责任，对征地办证、旧地过户、抵押拍卖、更换新证等环节，全部实施过程控制。由于各部门联合控管，全年入库土地使用税增长40%。

积极响应税务总局“便民办税春风行动”，认真开展导税服务。

**【纳税服务】** 简化办税审批流程，将开具发票的审批环节全部转移到办税服务厅，确保纳税人即到即开。将办理报验登记、外出经营活动税收管理证明、注销登记等事项全部转移到中心所，避免纳税人多次往返。建立导税制度，在办税服务厅设立资料预审窗口，由导税员对办税资料提前审核，解决纳税人重复排队现象。推行纳税人“零往返”制度，对办税资料不全的，先办后补，避免纳税人重复往返。实行代填单、免填单制度，对年龄较大、书写不方便或有其他特殊原因的纳税人，由服务人员代理填单或实行免填单服务。完善办税服务厅功能建设，在自助办税区新增网络电脑、打印机、传真机、复印机等办税设施供纳税人无偿使用，从硬件设施方面满足纳税人办税需求。

**【基层党建】** 深入开展党的群众路线教育实践活动，共组织集中学习5个工作日，全体干部人均撰写学习笔记2万字。开展主题实践活动4次。发放征求意见信50封，开展谈话谈心44人次，共收集有效意见建议55条。领导班子和班子成员自我查摆问题122条，互查问题60条，真正达到红红脸、出出汗、排排毒的效果，体现了教育实践活动正能量。共确定整改内容6大类，整改措施19小项，明确制度建设计划32条，达到预期目的。

（邵仁民）

# 日照市地方税务局

## 经济概况

2014年，日照市实现生产总值1611.87亿元，比上年增长10.0%；全年地方财政收入111.07亿元，增长11.0%；规模以上工业实现增加值709.2亿元，增长10.9%；社会消费品零售总额实现535.98亿元，增长12.6%；固定资产投资完成1234.75亿元，增长15.5%；一、二、三产业比例由上年的8.7∶52.3∶39调整为8.6∶50.4∶41.0。

## 收入概况

2014年，日照市地税局组织税收收入75.09亿元，同比增长13.62%，增收9亿元；其中完成市县级公共财政预算收入64.48亿元，同比增长13.02%，增收7.43亿元。收入增幅高于全省平均水平3.24个百分点，地税组织收入占地方财政的比重达到58.05%，地税组织的地方级税收收入占财政收入中税收收入的比重达到73.51%，为全市顺利完成财政预算目标做出了突出贡献。

## 工作概述

**【党的群众路线教育实践活动】** 加强学习，党员干部党性修养得到大幅提高。组织党员干部学好学透规定书目和习近平总书记一系列重要讲话精神，开展“六个一百”大走访活动，召开税企座谈会7次，干部职工座谈会9次，征集意见建议135条。聚焦“四风”，凝聚了促进发展的正能量。市局班子和党组成员共查摆出问题59个，每一名党员都认真撰写对照检查材料，摆问题、讲短板，剖析根源、触及灵魂，开展批评与自我批评，党群关系、征纳关系更加密切。整改落实，作风建设长效机制初步建立。压缩“三公”经费120万元，同比下降58.2%；清理清退封存办公用车26辆，腾退办公用房1560平方米，精简会议28个，压缩文件47件次，压缩达标评比项目10项，修订完善12项制度，推进作风建设常态化。

**【税收征管】** 2014年，完成59户邮政、电信及铁路运输“营改增”试点企业移交工作，加强重大项目建设税收管理，开展建筑业、房地产业税收清查，联合国税部门出台《关于进一步加强企业所得税管理的通知》，认真搞好企业所得税汇算清缴，扎实开展年所得12万元以上个税自行申报工作，加强行政事业单位资产权属转移税收控管，落实土地使用税税额调整，委托银行和保险机构代征个人贷款、保险合同印花税，与市商务局、国税局签署协同管理《合作备忘录》，探索重点税源集中监控管理模式，规范市区范围内房地产交易税收及车船税征管秩序，继续做好金税三期系统试点运行，全面推广应用发票网开管理系统，积极探索优化国地税联合办税方式，深入开展重点行业税收专项检查，严厉打击发票违法犯罪活动。

**【依法治税】** 研究出台了《推进依法治税工作的意见》，制定完善了《税收执法重点管理实施办法》等9项制度办法，特别是制定了《税收规范性文件制定管理办法》，清理审核各类涉税文件37件。开展税务行政权力清单梳理，确认38项税务行政权力，制定了行政权力运行流程图。组织开展税收执法案卷评查活动，加强日常税收执法预警分析。采取“统一确定督察项目、分别实施督察、统一抽查督导”的组织形式，认真开展税收执法集中督察，对发现的问题逐一下发整改通知，有效堵塞了执法管理漏洞。同时，将税收执法督察与“小金库”治理、国务院政策措施落实、培训中心清理整顿和县级税务机关纳税服务规范实施等工作督导检查有机结合，共享督察成果，提升督察成效。

**【税收服务】** 扎实开展“便民办税春风行动”，深入落实《全国县级税务机关纳税服务规范》，举办了日照市纳税百强排行榜暨“便民办税春风行动”新闻发布会，研究实施了以“七提速、三公开、二减负、一首问”为主要内容的13项具体便民服务举措，纳税人普遍受惠。编印《“走出去”企业税收管理与服务指南》，为企业境外投资提供全方位多领域的税收政策指引服务。坚决执行国家宏观调控和结构性减税政策，共计减免各项税收2.52亿元，其中为12948户小微企业减免税收2714万元，扶持高新技术企业减免税收6500万元。加强经济税收研究，形成有价值的调研报告近20篇，向党委政府提交意见建议76份，领导批示24次。

**【机构人员】** 日照市地方税务局组建于1994年7月，截至2014年底，机关内设办公室、政策法规科、税收管理一科、税收管理二科、国际税务科、征管和科技发展科、税源管理科、收入规划核算科、财务管理科、人事科（离退休干部科）、基层工作科、机关党委、监察室、信息中心、纳税服务中心和稽查局、直属征收局共17个科（室）局，下辖东港分局、岚山分局、莒县地税局、五莲县地税局、经济技术开发区分局、山海天旅游度假区分局6个区县局。全系统在职干部职工664人，其中，党员605人，占91%；全市地税系统共管辖纳税业户79556户；其中，内资企业28087户，个体工商业户50690户，港澳台投资企业99户，外商投资企业313户，其他经济类型纳税人367户。

**【干部队伍建设】** 制定实施《日照市地税局2014年度教育培训计划》，组织了纳税服务、人事监察业务、征管人员素质提升、网络信息安全等4期重点培训。召开了文化建设现场推进会，开展先进典型选树和寻找“最美税务人”活动，宣传了8名爱岗敬业、无私奉献的先进典型，2名同志荣获全省地税系统“最美税务人”荣誉称号。举办羽毛球比赛、登山比赛、书画摄影展等文体活动，活跃了干部职工文化生活。承办了市直“网上党支部”创建工作现场会；山东地税“系统党建工作指导法”理论研讨暨现场观摩会议在日照召开；“网上党支部”在省局创新项目评审中荣获二等奖。以扎实推进绩效管理为总抓手，对职能职责履行情况定期进行综合考核评价，确保了各项决策部署和工作任务落到实处。

【党风廉政建设】 严格落实“一岗双责”，始终坚持党风廉政建设与业务工作同部署同落实同检查，围绕权力运行的重点领域和关键环节，对决策权执法权管理权进行规范，把权力关进制度的笼子里。不断强化内控机制建设，继续深化科技防腐，做好新版廉政风险防控平台的上线运行工作，整改落实预警信息428条。深入落实廉政谈话制度，对2名区县局局长进行了任期廉政谈话。加大对中央八项规定的落实力度，坚决整治“庸懒散”问题，组织进行了4次系统内明察暗访，对违反纪律的8名同志进行了严肃处理。市局在2013年度民主评议政风行风活动中获行政执法部门第一名，连续11年被市委、市政府表彰为“政风行风建设先进单位”。

（孙传峰 牟现宏）

# 日照市地方税务局东港分局

## 经济概况

2014年，日照市东港区实现生产总值429.7亿元，同比增长7.2%，三次产业比例调整为3.7：41.1：55.2；固定资产投资292.8亿元，增长15.3%。完成地方公共财政预算收入34.6亿元，增长10%；实现城镇居民人均可支配收入27152元、农民人均纯收入12900元，分别增长9.7%、11.6%。

## 收入概况

2014年，日照市地税局东港分局共组织各项收入14.18亿元，同比增长19.9%，同比增收2.35亿元。其中，中央级收入完成1.36亿元，同比增长83.6%，增收6183.2万元；省级完成17.5万元，同比增长71.6%，增收7.3万元；区级完成11.56亿元，同比增长19.7%，增收1.84亿元，占年度计划的103.2%。

## 工作概述

【党的群众路线教育实践活动】 坚持以高度的政治责任感和使命感，深入开展“六个一”服务纳税人主题实践活动以及“访税情、办实事、促和谐”局（所）长带队大走访活动，先后召开税企座谈会8次，干部职工座谈会16次，整理出意见建议310条，逐条登记建立整改台账。区局领导班子和党组成员共查摆出56条工作和“四风”方面的问题，每一名普通党员都认真撰写了对照检查材料。清理清退封存超标准办公用车1辆，腾退办公用房437平方米，达到了教育实践活动的预期目的，得到市局第一督导组的充分肯定。

【税收征管】 实行月例会征管质量分析制度，加大对省市局考核的“五率”和欠税情况等征管指标进行考核，征管绩效考核工作在全市地税系统名列前茅。依托金税三期系统，加强重点税种、重点行业税收管理；实施“拉密网”战术，加强小税种管理；实行“人员统筹、分段实施、双重审核，实现土地增值税清算审核模块化”，探索实行的委托银行和保险机构代征个人贷款、保险合同印花税的做法，均得到市局的充分肯定。认真抓好金税三期系统的完善工作，提升各系统的运行效率。进一步发挥税务稽查职能，共查处企业 46 户，查补收入 985 万元。

为确保税收优惠政策落实到位，组织干部职工开展走访小微企业活动。

**【税收服务】** 扎实开展“便民办税春风行动”，深入落实《全国县级税务机关纳税服务规范》，不断提高税收服务水平。坚决执行国家宏观调控和结构性减税政策，共计减免各项税收 1859 万元。建立固定的税收分析制度，按月组织开展分税种税收分析，按季组织开展征管及收入综合税收分析。开展“税法宣传进店铺、便民办税暖人心”活动、“税法进社区、和谐千万家”活动、“便民办税春风行动”进福利企业等活动，在《日照日报》开设“老钱的税生活”专栏，取得了良好的成效。

**【干部队伍建设】** 进一步加大教育培训力度。组织参加了各级各类重点培训项目 45 次，累计参加人数达 930 人次，大大提高了干部队伍素质。进一步加强地税文化建设。组织“慈心一日捐”活动，共捐款 7100 元。抓好基层文化阵地建设，注重文化长廊建设和文化氛围营造。进一步加强思想工作建设。打造了院落道德建设，设立“四德”榜，营造“遵德守礼”氛围，成立民主管理委员会。积极参与并开展各项文体活动，成功承办全市地税系统 2014 年度羽毛球比赛，并在比赛中获团体第三名，男子单打与男子双打两个单项冠军。在第三届区直机关运动会中，获得了优秀组织奖。在全市地税系统举办的登山比赛中获团体第二名；在全区庆祝新中国成立 65 周年合唱比赛中获二等奖。进一步发挥协税员作用。不断完善对协税员的管理办法，加强对协税员的考核，专门召开协税员座谈会，让协税员自觉做到“进了地税的门，就是地税的人，就要按地税的规章制度办事”。

**【党风廉政建设】** 始终奉行“自我加压主动抓，防微虑远持续抓”，取得了明显成效。严格落实“第一责任人”和“一岗双责”制。继续深化科技防腐，完善廉政风险内控机制建设，优化升级廉政风险防控平台，加大了对重点部位、重点环节、重点人群的风险防控。建立制度约束机制。凡属重大事项决策、重要项目安排和大额度资金使用、物资采购、减免税审批等均按照“集体领导、民主集中、个别酝酿、会议决定”的原则，由集体讨论决定。加强开展政风行风建设。

全局先后开展明察暗访11次，其中4月还对明察暗访情况进行了全程录像，并在局务会议上进行播放，提高了广大干部职工的自律意识。在2014年度民主评议政风行风活动中，获行政执法部门第一名。

【创新工作】 为加强印花税管理探索实施的“委托金融及保险企业代征借款及财产保险合同印花税”，获得2014年度全市地税系统工作创新二等奖。撰写的《数学模型在税收收入规划中的应用及成效》调研报告得到市局的充分肯定，在市局《税收调研》刊登；“搭建税收测算平台，科学准确预测收入”的做法，获得2014年度全区机关工作创新三等奖。通过调研撰写了《新形势下税务登记管理工作存在的问题及建议》的调研报告，在山东地税情况税收科研专刊上进行了刊登。积极探索土地增值税清算方式，实行“人员统筹、分段实施、双重审核，实现土地增值税清算审核模块化”，在山东地税《税收调研与科研》上刊登，得到了省市局领导的关注和重视。

（王　宏）

# 日照市地方税务局岚山分局

## 经济概况

2014年，日照市岚山区实现生产总值491.52亿元，比上年增长8.4%；全年地方财政收入达20.82亿元，同比增长7.0%，规模以上工业实现增加值232.5亿元，同比增长7.6%，民营经济增加值和营业收入分别增长3.7%和5.5%，社会消费品零售总额实现82.97亿元，比上年增长12.6%，规模以上固定资产投资完成450.82亿元，比上年增长15.9%；一、二、三产业比例由上年的7.3：64.8：27.9调整为7.6：61.4：31.0。

## 收入概况

2014年，日照市地税局岚山分局累计组织各项收入12.07亿元，同比增长15.19%，增收1.59亿元，其中，区级收入完成10.78亿元，同比增长16.65%，增收1.54亿元，税收总收入和区级收入首次双双突破十亿元大关，为全区经济社会发展提供了可靠的财力保障，得到市局林桂军局长的肯定和表扬，岚山区委书记、区人大常委会主任盖卫星，区委副书记、区长张桂伟先后作出批示，对全区地税工作给予了充分的肯定。

## 工作概述

【税收征管】 开展地方税收清查，累计查补税款、滞纳金2066.32万元。深化重点税源集中监控管理模式，对存有疑点的企业进行评估核查，入库税款、滞纳金2138万元。承办了全市地税系统重点税源集中监控工作经验观摩会，在全省地税系统大企业税收管理座谈会上做了典型发言。推行重大建设项目集中征管，加强税源控管能力，全年入库税收13007.6万元。开展税收专项检查，严厉打击发票违法犯罪活动，全年检查企业49户，入库税款、滞纳金及罚款2085.3万元。探索实施了以“源泉管理、双向比对、差额扣缴”为主要内容的资源税链式管理机制，被省局《山东地税情况》转发。

【依法治税】　全面落实税务行政审批制度改革，进一步规范和约束行政权力，保障纳税人合法权益。扎实开展督察内审工作。积极迎接配合省市局督察内审工作，组织人员对各征收单位的组织收入、注销清算、税收管理、内部资金往来等进行了重点督审，对省市局选定的21户企业完成督审，查补税款380万元，对督察发现的问题逐一下发整改通知，限期改正，有效堵塞了执法管理漏洞。先后被市普法办表彰为“六五”普法中期先进单位，被市政府法制办、市地税局表彰为全市地税系统依法行政先进集体，在行政执法部门评议中获得第一名的好成绩。

【纳税服务】　深入开展“便民办税春风行动”，联合国税局在中楼镇设立联合办税服务处，为偏远地区纳税人畅通办税服务“最后一公里”。全面贯彻落实《全国县级税务机关纳税服务规范》，实施“先办后审，快办快审”“容缺服务”等服务制度和服务措施，推广“免填单”适用范围。编印了以“纳税ABC，服务您说话”为主题的10个系列纳税服务指南，一次性告知纳税人办税所需材料及注意事项。认真开展“营改增”、暂免征收部分小微企业增值税和营业税等政策执行效应分析，为领导科学决策提供了参考。

【机构人员】　日照市地方税务局岚山分局组建于1994年8月。截至2014年底，内设办公室、法规税政科、征管和科技发展科、税源管理科、收入核算和财务科、人事科、机关党委、监察室8个科（室），辖稽查局、直属征收局两个直属机构，下辖岚山头中心税务所、安东卫中心税务所、巨峰中心税务所、黄墩中心税务所4个中心税务所。全系统现有在职干部职工78人，其中，党员76人，占97.43%；大专以上学历75人，占96.15%，其中，注册税务师、高级会计师5人。担负着全区9个乡镇（街道）2404户企业、5415户固定个体纳税户的地方税收征管工作。

【干部队伍建设】　一是持续推进“文化兴税”战略，先后打造了安东卫中心税务所“家”文化和黄墩中心税务所“凝聚在党旗下”党建文化展室，“税润岚山，向阳花开”的品牌力量得到进一步彰显，2014年10月24日，全市地税系统文化建设现场推进会议在岚山分局召开，“打造特色品牌，推进软实力建设”荣获全市地税系统工作创新项目一等奖。二是全面加强系统党的建设，积极开展典型选树活动，挖掘先进人物典型事迹，宋广来同志被评为全省“最美税务人”。山东地税“系统党建工作指导法”理论研讨会与会人员对分局党建文化成果进行了现场观摩。三是扎实推进绩效管理工作，以推进绩效管理为抓手，进一步提升组织管理效能，激发队伍向心力和凝聚力，岚山分局荣获2014年度全市地税系统绩效管理优秀单位。四是认真落实党风廉政建设“一岗双责”机制，按照“以岗施教、因人施教、分类施教、以教促廉”的思路，积极探索岗位廉政教育新模式，在全省地税系统岗位廉政教育会议上作典型发言。2014年，岚山分局在全区党风廉政工作考核中获行政执法部门第一名，连续12年被区委、区政府表彰为“政风行风建设先进单位”。

【党的群众路线教育实践活动】严格按照教育实践活动要求，坚持统筹兼顾原则，既抓好区局机关又带动基层单位，深入开展“六个一”服务纳税人主题实践活动，以及“访税情、办实事、促和谐”大走访活动，发放纳税人调查问卷356份，系统内干部职工调查问卷79份，深入企业召开座谈会9次，整理出意见建议26条；聚焦“四风”之害，深入查找问题，认真开展民主生活会和组织生活会，积极开展批评与自我批评，边整边改，明确责任人和责任单位，规定整改时限，制定整改措施14条，建章立制6项，推动了作风建设常态化长效化运行，取得了实实在在的成效。

（李昆仑　徐　娜）

# 日照市地方税务局经济技术开发区分局

## 经济概况

2014年，日照经济技术开发区实现生产总值272.50亿元，同比增长14.50%；规模以上工业总产值719.30亿元，增长14.80%；工业增加值215.70亿元，增长19.30%；主营业务收入702.60亿元，增长17.70%；固定资产投资148.70亿元，增长16.80%；公共财政预算收入18.18亿元，增长20.20%。

## 收入概况

2014年，日照市地税局经济技术开发区分局共组织各项收入6.70亿元，同比增长19.35%，增收1.02亿元；其中区级收入5.93亿元（其中不含地方教育附加和地方水利基金），同比增长18.12%，增收9096万元，占年初计划的103.52%。

## 工作概述

【党的群众路线教育实践活动】深入开展党的群众路线教育实践活动，组织开展了纳税人大走访、科室负责人办税服务厅一日体验等“六个一”学习教育活动；通过收集、查摆、深挖、整顿“四环节”，切实做实做深问题查摆；抓好制订和落实整改方案、集中解决突出问题、完善体制机制三个步骤，建立了“三步走”整改落实长效机制，并于10月24日召开了总结大会，圆满完成了教育实践活动各阶段工作任务。

践行党的群众路线，开展“点亮小小心愿，共圆儿童梦想”活动。

【税收征管】以“金三”系统运行完善为契机，强化税收征管。认真做好档案整理，整顿和规范税收秩序，深入开展漏征漏管户清理，共检查企业460家，清理出异地经营户34户。以重点工作开展为契机，强化分税种管理。加强个人所得税管理，积极开展个人所得核查389人次，扎实做好企业所得税汇算清缴申报工作，加大土地使用税的清理入库力度，共组织入库土地使用税5718万元，同比增长6%。以纳税评估检查为主要手段，强化税源管理。抓好房地产业、汽车制造业等重点行业的管理，不断提高重点税源企业的税收贡献率。

【纳税服务】　简化服务流程提效能。重新梳理优化办税流程，明确前后台受理、转办、处理、审定、回复的具体要求，形成纳税服务工作合力。导税服务省时提效率。充分发挥导税台、叫号机作用，帮助纳税人网上自助办税，辅导正确填写表格，切实提高服务质效。延时服务解纳税人所急。将“延时服务”作为常态化的便民举措，主动延长办税服务时间，为纳税人提供便利服务。

【机构人员】　日照市地方税务局经济技术开发区分局组建于1994年10月，内设办公室、政策法规科、征收管理科、计划财务科、监察室、税源管理科、评估科、纳税服务中心、税收管理一科、税收管理二科、税收管理三科共11个科室，共有干部职工49人，其中党员43人，占87.8%；大专以上学历49人，占100%。担负着全区3324户企业和2884户个体纳税业户的地方税收征管工作。

【干部队伍建设】　队伍素质基础建设扎实推进。通过举办专家讲座、参加培训、集中学习等方式，提高思想觉悟和水平。党风廉政建设得到新强化。严格落实“一岗双责”，坚持党风廉政建设与地税业务工作同部署、同落实、同检查、同考核，实现了安全运行无事故。地税形象进一步提升。顺利通过省级文明单位和全国青年文明号复查验收，并被团市委表彰为全市首批“五星级”青年文明号。

【行政保障】　督查督办能力不断提升。开发应用“督查督办网络小助手”，实现了督查内容的网上发布、在线督查、跟踪解决。创新推行文书档案数字化管理，切实提升了文书档案的增值利用率。加强调研科研和信息宣传工作，营造了良好的舆论氛围。

（刘　敏）

# 日照市地方税务局<br>山海天旅游度假区分局

## 经济概况

2014年，日照山海天旅游度假区完成地方公共财政预算收入2.71亿元，同比增长15.1%；完成固定资产投资11.2亿元，同比增长22.5%；接待境内外游客1598万人次，实现旅游综合收入64.06亿元，同比分别增长9.5%和14.6%。

## 收入概况

2014年，日照市地税局山海天旅游度假区分局共组织各项收入23456万元，同比增收3618万元，增长18.24%；其中，区级收入22587万元，同比增收3372万元，超额完成年初计划1587万元，增长17.55%。

## 工作概述

【税收征管】　全面规范和加强征

管基础建设。组织人员从户籍管理入手，对涉及税务登记、所得税核定征收等基础资料进行了自查和整改；加大对各项申报指标的监控，加强了行业评估、税种评估力度。强化民俗旅游税收管理。对全区12个民俗旅游村业户进行摸底调查，摸清了税源底数，在各民俗旅游村设立发票代开点。全力推进土地使用税清理核查工作。设计了分户核查表、基础信息表和汇总登记表等表格，对全区纳税人土地面积信息、税款实现和缴纳信息等基本数据信息进行了详细登记调查；利用从国土部门取得的土地信息与“金三”系统的土地登记信息和土地使用税申报纳税情况进行了信息比对，提高了核查的质量。

不断加强税收管理，动态跟踪管理重点税源。

【依法治税】 组织开展了“税收执法规范化管理年”活动，认真落实《山东省地方税收保障条例》，切实把税收法律法规执行好、落实应用到位。加强“六五”普法的宣传工作，认真配合抓好了地方税收专项检查、发票专项整治、重点税源企业检查等重点工作。主动联合公安部门开展发票专项整治行动，突出了对假发票的打击力度，以开具的发票为线索，重点针对餐饮住宿、旅游景点进行执法检查，堵塞了管理漏洞，严厉打击了税收违法行为。

【纳税服务】 继续深化“集中征收、一窗通办”的纳税服务模式，按照“前台受理、内部流转、限时办结、统一出件”的流程，解决了纳税人办理涉税事项“多头跑、多次跑”的问题。开展局长服务日活动。共举行了5次活动，接受咨询105人次、解决131个涉税问题，发放宣传资料1400余份；开展税收宣传活动，举办了“地税春风山海行”主题税收宣传系列活动，编印了《山海天税讯》《轻松办税我知道》等便民小册子，收到了良好的宣传效果。

【机构人员】 日照市地方税务局山海天旅游度假区分局组建于1998年10月，截至2014年底，机关下设综合科、征收管理科、会计统计科、监察室、纳税服务中心共5个科室，共有干部职工18人，其中，党员17人，占94.44%；大专以上学历者18人，占100 %，担负着度假区1406户纳税户的地方税收征管工作。

【干部队伍建设】 深入开展全员培训。积极组织干部职工参加省、市局培训班，不断拓宽教育培训渠道。邀请市局人员进行专题全员培训；组织进行党的群众路线教育实践活动知识考试，达到了以考促学的目的。深化网上党支部建设，举办道德讲堂，进一步提升道德素养，弘扬中华民族优秀文化、传统美德和时代精神；开展“四德”教育，建立四德榜，突出人文关怀和亲情化管理。

**【党风廉政建设】** 召开了党风廉政建设工作会议，层层签订了《党风廉政建设责任书》；针对干部职工的工作纪律、迟到早退等问题，与每名干部职工签订了《工作纪律责任书》。组织干部职工到沂蒙革命根据地接受红色教育，重温入党誓词；组织干部职工到鲁南监狱开展了廉政警示教育活动；组织干部职工到两城街道安哲纪念馆接受党性教育，增强了地税干部的廉政观念和拒腐防变能力。

（高志华）

## 莒县地方税务局

### 经济概况

2014年，莒县实现生产总值297.8亿元，比上年增长10%；地方财政收入达11.4亿元，同比增长22.9%，规模以上工业实现增加值102.1亿元，同比增长12%，民营经济增加值和营业收入分别增长8.8%和9.7%，社会消费品零售总额实现133.54亿元，比上年增长12.68%，规模以上固定资产投资完成198.1亿元，比上年增长16.9%；一、二、三产业比例由上年的15.2∶47.2∶37.6调整为14.9∶44.1∶41。

### 收入概况

2014年，莒县地税局累计组织各项收入9.29亿元，同比增长20.02%，增收1.55亿元，占年初计划的106.77%。其中，中央级收入完成6477.2万元，同比下降10.84%，减收787.4万元，占年初计划的182.74%；省级收入完成11.6万元，同比下降17.73%，减收2.5万元，占年初计划的100.87%；县级收入完成8.64亿元，同比增长23.23%，增收1.63亿元，占年初计划的105.07%。

### 工作概述

**【依法治税】** 定期组织开展税源调查，提高组织收入的前瞻性和收入预测的准确性。加强税收经济分析，有针对性地落实好各项管理措施。加强收入工作调度，保证收入计划的顺利落实。加强日常税收执法考核，促进执法水平提高。强化税务稽查，大力整顿规范税收秩序。

**【税收征管】** 夯实基础税源管理，加强对各类纳税户登记状态和分布的分析监控，提高管理的针对性和有效性。加强重点企业财务报表管理，提高财务报表报送质量。加强发票管理，抓好以票控税。加强行业税收管理，完善行业税收管理办法，推进资源税"三控警戒"管理的做法被税务总局《税收研究资料》第10期刊发推介。

**【纳税服务】** 开展了以"开展四项活动、实施五项工程、实现六零目标"为主要内容的"便民办税春风行动"，日照市地税局召开现场会进行推广，省局在《山东地税情况》进行刊发，《日照日报》等新闻媒体对有关做法进行了报道。认真落实《全国县级税务机关纳税服务规范》。对建立信息化办税服务厅进行了探索，撰写了《加强办税服务信息化建设的实践和探索》，市局、省局信息调研刊物和国家税务总局《税收研究资料》刊发介绍，获得《2014年中国税官论税制改革》征文三等奖。

“开展四项活动、实施五项工程、实现六零目标”工作经验在全市地税系统“便民办税春风行动”现场推进会上进行推广。

**【党风廉政建设】** 明确责任，加强监督，层层签订党风廉政建设责任书，加固反腐防线。抓好理想信念教育，与检察机关开展了“税检共建”活动。完善党务政务公开、廉政网站，在2014年度全县行风评议工作中获得双重管理部门第一名的成绩。进一步加大明察暗访工作力度，扩大了明察暗访的内容。

**【机构人员】** 莒县地方税务局组建于1994年7月，截至2014年底，局机关内设办公室、政策法规科等8个科室，有稽查局、直属征收局两个直属单位，辖城阳、浮来等9个中心税务所。共有在职干部职工134人，其中，党员123人，占92%，共管理2965户各类企业和13919户个体纳税人。

**【党的群众路线教育实践活动】** 宣传信息工作到位，活动氛围浓厚。注重特色，优化载体，教育实践活动自选动作富有新意。从严要求，求真务实，教育实践活动剖析深刻。立足干部职工关心的热点问题重点整改，确保教育实践活动取得实效。

**【精神文明创建】** 获得“全市地税系统绩效管理优秀单位”“税源管理工作先进单位”“征纳共盈纳税服务品牌创建先进单位”；1名同志被表彰为全市地税系统“最美税务人”；被莒县县委、县政府表彰为“全县工作目标综合考核先进单位”“平安莒县建设先进单位”“行风建设先进单位”，同时“实施‘四五六’便民办税工作法、优质便捷服务纳税人”获得机关工作创新奖。

（史兴良）

## 五莲县地方税务局

### 经济概况

2014年，五莲县实现生产总值200.4亿元，比上年增长11.1%；实现财政预算收入10.1亿元，增长28%；规模以上固定资产投资120亿元，增长17%；实现农民人均纯收入、城镇居民人均可支配收入分别达到1.22万元和2.35万元，分别增长12.5%和11%。

### 收入概况

2014年，五莲县地税局累计组织各项收入8.74亿元，同比增收1.67亿元，增长15.75%；其中，县级收入入库6.9亿元，同比增收6855万元，增长11.03%，实现了税收收入的持续稳定增长。

## 工作概述

【税收管理】　一是创新征管举措。探索实施了“明确目标、紧抓重点、分类管理、严格考核”年所得12万元以上个人所得税自行申报管理模式，国地税联合办税模式，国际税收特许权使用费和劳务费认定和划分方式等多项管理举措，进一步挖掘了税收潜力。二是深化税源控管。加强营业税、企业所得税、土地使用税等重点税种的管理力度，认真开展土地增值税清算、重大建设项目控管、社会综合治税等重点工作，切实堵塞了征管漏洞。三是加强信息管税。依托金税三期系统，扎实开展纳税评估工作，2014年，共计开展行业评估31户次，评估入库税款529万元。四是加强税务稽查。探索完善稽查环节过程控管模式，组织开展了发票专项整治活动、所得税国税管理企业、房地产企业以及企业所得税汇算清缴检查等工作，2014年共计查补各类税款1502万元。

组织开展“便民办税春风行动”，深入企业进行税收调研。

【纳税服务】　服务地方经济发展。发挥参谋助手作用，向地方党委政府提出了“促进中小微企业发展及优化纳税服务”等多项意见建议，有力地促进了地方经济发展。优化纳税服务举措。以“便民办税春风行动”为抓手，开展了“税官携村官，共建新农村”“两包一联、当好六员”等服务活动，为企业发展提供了有效保障。丰富纳税服务手段。认真落实《全国县级税务机关纳税服务规范》，推行了“五简五优”“预约直通车”等服务举措，切实减轻了纳税人负担。

【机构人员】　五莲县地方税务局组建于1994年7月份，截至2014年底，机关下设办公室、纳税服务中心、征收管理科、人事科、计划财务科、政策法规科、监察室、税源管理科、机关党委共9个科（室），下辖直属、稽查2个直属机构和洪凝中心所、街头中心所、高泽中心所、叩官中心所、中至中心所、市北开发区分局6个乡镇中心税务所。共有在职干部职工112人，其中，党员106人，占95%；担负着全县1.11万户纳税户的地方税收征管工作。

【干部队伍管理】　一是开展党的群众路线教育实践活动。以“学习五莲精神新内涵，实践六项服务新举措”为主题，认真开展集体学习、对照检查和谈心交流等活动，切实提高了活动实效。二是开展先锋党员创建活动。加强系统内党组织管理和党员教育，组织开展了“道德讲堂”等活动，取得了良好的效果。三是加强教育培训。实行每周一学、每月一讲、专题培训等方式，提升了地税干部的业务素质和整体素质。四是成立文体活动兴趣小组，定期开展文体活动，丰富了干部职工的业余文化生活。

**【党风廉政建设】** 一是严格“一岗双责”。构筑“四位一体”的监督体系，积极推进重大事项、重点环节、重点岗位的监管。二是深化内控机制建设。认真落实党风廉政建设责任制，加强基层纪检监察员队伍建设，加强廉政和执法风险防控平台的应用学习，进一步提高了干部职工的廉政意识。三是强化涉税舆情管理。通过“网上问政”和网络舆情预警管理系统，对各类涉税舆情信息进行早发现、早处理，及时化解矛盾。

**【精神文明建设】** 不断创新精神文明创建形式，在扩大争创面上下功夫，抓好精神文明创建活动，实现了文明创建工作的全面丰收，先后荣获全省科技金桥奖、全市“五好党支部”“征纳共盈纳税服务品牌创建先进单位”等市级以上荣誉称号25项，并有5项创新经验得到省市局的推广，市局和县委、县政府主要领导先后8次对五莲地税工作作出重要批示，给予充分肯定。

（于善发）

# 莱芜市地方税务局

## 经济概况

2014年，莱芜市实现生产总值688亿元，同比增长8.8%。全市固定资产投资达到545亿元，增长15.4%。消费和出口对经济增长的贡献率达到35%和8%，分别提高3.5和2.2个百分点。社会消费品零售总额完成290亿元，增长12.7%。进出口总额完成22亿美元，其中，出口9.2亿美元，增长22.6%。金融机构人民币存贷款余额达到788亿元、604亿元，分别增长4.9%和5.2%。公共财政预算收入完成49.6亿元，增长6.1%，税收占比达到81.7%，高于全省平均水平2.8个百分点。城乡居民人均收入达到31728元和13540元，分别增长8.7%和11.3%。

## 收入概况

2014年，莱芜市地税局组织税收收入35.46亿元，同比增收1.05亿元，增长3.06%，剔除“营改增”按可比口径增长6.47%。其中，组织地方财政收入30.59亿元，同比增收1.73亿元，增长5.98%，剔除“营改增”，按可比口径增长10.18%，实现了与全市经济发展的同步较快增长，为全市经济社会发展提供了稳定的财力支撑。

## 工作概述

**【税收征管】** 紧紧立足金税三期平台，整合了征管状况查询系统，开发了“金三”返还数据综合应用系统，圆满完成了网开发票推广和存量房价格调整、个体业户定税工作；推行POS机终端缴税，实现了税款缴纳与国库直联；全力抓好了建筑业税源核查，推行了房地产项目台账式管理制度，实行“一项目一台账”管理方式；抽调20名业务骨干，集中对全市房地产企业开展税收专项检查，堵塞了税收漏洞；继续深化“以地控税、以税节地”工作，完善了“金三”系统下的土地使用税税源监管信息系统，得到了税务总局和省局领导的肯定；立足市政府出台的《关于进一步加强社会综合治税的通知》，先后与市国土资源局等5部门联合发文，提高了源头控管水平；加强“营改增”后附加税费征管；开展了税收风险应对工作，探索引入中介机构开展土地增值税清算审核，进一步强化对重点税源企业的税务审计和纳税评估。

**【税收执法】** 积极开展行政审批事项改革，主动简政放权，市局仅保留城镇土地使用税困难减免等4项审批。积极推行行政权力清单制度，编制并公开权力清单及流程图，进一步明确了执法主体、依据及标准。认真做好税收执法督察工作，积极配合做好2013年度地税征管质量审计，逐户逐项建立整改台账，抓好问题整改落实和防范机制建设，规范了税收执法。

【纳税服务】 研究出台《关于支持服务济莱协作区发展的意见》和《关于发挥税收职能作用支持民营经济加快发展的意见》等制度办法，做好煤炭资源税从价计征改革、城镇土地使用税单位税额标准和契税税率调整的调研测算工作，为市委市政府科学决策提供了依据。大力开展“便民办税春风行动”，认真落实《全国县级税务机关纳税服务规范》，办税服务厅即办事项达到87项，占全部涉税事项比例达到72%，最大限度地为纳税人提供便利。完善纳税服务平台建设，制定实施《12366纳税服务热线咨询专家支持制度》，全年受理各类热线电话4798个，无举报和投诉案件发生。

【基层建设】 积极开展《赤诚地税 真情奉献》党建品牌创建活动，成功承办全省地税系统党建协作第一片组会；以地税文化建设为平台，开展“我们的价值观大讨论”“百姓舞台”展演和“我与中国梦”宣讲等活动，大力选树先进典型，展现了地税人的风采；深入开展以“接地气、受教育、解难题、改作风”为主题的大调研、大走访活动，积极和纳税人沟通、交流、谈心，以优良的工作作风促进行风建设，受到了社会各界的一致好评。

【干部队伍建设】 通过开展党的群众路线教育实践活动，各级领导班子的组织生活更加规范，领导决策机制更加科学；加大科技防腐力度，深化党风廉政教育和廉政文化建设，积极开展廉政谈话，抓好了专项治理和廉洁自律各项规定的落实，筑牢了拒腐防变的思想道德防线；通过组织9期分类型、分层次的综合和专项业务培训，干部教育培训效果明显提升，干部队伍素质进一步增强；通过认真抓好超职数配备干部问题自查自纠和“吃空饷”在编不在岗编外用人专项清理整顿等工作，干部人事管理更加规范，制度化水平不断提高；通过不断完善考勤通报制度、加强明察暗访等工作，干部队伍纪律作风有新的改观，精神面貌有新气象。

（李文才）

## 莱芜市地方税务局莱城分局

### 经济概况

2014年，莱芜市莱城区实现生产总值346.25亿元，同比增长9%；完成地方财政收入20.15亿元，增长7.09%；城镇居民人均可支配收入29695元，农民人均纯收入13396元，同比增长8.71%和11.2%。

### 收入概况

2014年，莱芜市地税局莱城分局共组织各项收入9.41亿元，同比增收6319万元，增长17.2%。其中地方级完成8.34亿元，同比增收7931万元，增长10.51%。

## 工作概述

【税收征管】 深入推进“营改增”，做好试点纳税人的认定和信息采集，开展建筑业税源核查工作，对全区建筑业130个项目、898户企业进行了全面核查，为“营改增”顺利进行打下了坚实基础；扎实做好土地使用税征收工作，税额标准调整后，积极落实宣传、验证、回访、督促“四到位”，确保企业的正常申报；会同评估公司，对存量房交易价格基准进行细致全面的信息采集和修订，并对交易系统内的存量房价格数据进行修改，为依法堵塞征管漏洞奠定了基础，存量房税收同比增加30%。对不同的行业采取不同的管理方法，对症下药，规范了行业管理。积极探索“以炸药用量为主，以耗电量和国土测绘量为辅”的查定相结合管理方式，管住了资源税；对建筑安装业实行“三表两账一档”管理，准确掌握了工程形象进度和付款情况信息，确保建筑安装企业按照工程形象进度申报缴纳税款。

【税收执法】 为更好地解决税收征管和执法中存在的问题，莱城分局扎实开展税收执法检查，按照比例分别从各征管单位抽取140户纳税人，采取案头审核、实地检查、重点谈话、管理员答疑等方式，开展了税收征管和执法检查活动。查出并整改问题37条，查补税款57万元，进一步提高依法治税的能力，保障纳税人的合法权益。

【纳税服务】 在做好“一站式”“一窗式”服务的基础上，局领导、机关科室分别在企业建立了联系点，定期到企业调研，征求意见建议，现场解答疑问，进行宣传辅导，全年共到联系点调研辅导30余人次，解决问题20余个。全面推进《全国县级税务机关纳税服务规范》运行，保证规范顺利落地，在差异化分析比对的基础上，研究、细化服务规范内容，已全部达到基础规范要求，部分达到升级规范要求。

【干部队伍建设】 进一步健全了各基层支部班子，深入开展了“四访”活动和“党员回村”报到工作，全区干部职工进村入户走访村民2000余户，汇总问题100余条，有5位同志担任走访村“第一书记”，为更好地服务基层群众打下了坚实基础。10月28日，全省地税系统党建工作第一协作片组观摩会议在莱城分局召开，“六个一”党建品牌，以及口镇所开展的“心语传递、读书达人、岗位亮剑、民情四访、回村报到、嬴牟先锋”六项活动，羊里所开展的“德、行、礼、义、廉、善”六字文化，得到了与会领导的一致好评。

【精神文明建设】 加强“四德”工程建设，在莱城区道德讲堂总堂开展了道德宣讲活动，效果明显，得到了区文明办的高度赞扬；全面落实了文明城市创建工作，多次开展文明交通志愿服务和“草根”志愿服务，全局注册草根志愿者30余名；及时向上级文明办推荐了“莱芜好人”“莱城好人”，2名同志参加了全区和全市的中国梦“参与改革、见证改革”宣讲报告会，树立了良好的社会形象。

【党风廉政建设】 深入推进主体责任。莱城分局党组下发了《落实党组主体责任和纪检部门监督责任的意见》。局党组主动履行主体责任，全年有3次党组会专题研究党风廉政建设问题。连续下发了10余个关于严肃工作纪律改进工作作风的通知，保证了廉政建设工作的不断深化；深入推进监督责任。不断加大巡查整治和办案力度。2014年，监察室、人事科、办公室组成监督检查小组，共开展检查50余次，对发现的12个方面问题进行了整改，及时对检查结果进行了通报，对出现问题的同志和单位进行了相应处理。

（张建银）

## 莱芜市地方税务局钢城分局

### 经济概况

2014年，莱芜市钢城区实现生产总值200亿元，同比增长10%。地方财政收入完成12.8亿元。规模以上固定资产投资完成150亿元，增长18%。社会消费品零售总额实现66.7亿元，增长13%。金融机构存贷款余额分别达到174亿元、254亿元。城镇居民人均可支配收入和农民人均纯收入达到3.6万元、1.4万元，分别增长10%、11%。

### 收入概况

2014年，莱芜市地税局钢城分局共入库税款4.06亿元，同比减收787万元，下降1.9%，剔除“营改增”等不可比因素，同比增收3463万元，增长9.3%；地方级完成3.43亿元，同比减收1163万元，下降3.28%，剔除“营改增”等不可比因素，同比增收2662万元，增长8.4%。

### 工作概况

【税政管理】 坚持依法征管、依率计征，牢固树立“不落实减免税也是收过头税”的理念，坚决不收过头税，坚决防止和制止越权减免税；积极开展税收收入运行监控分析，建立起“分析—评价—反馈—整改—提高”的收入质量管理机制。严格落实税收优惠政策，把各项结构性减税政策宣传好、落实好、分析好，支持经济转型升级，保障和改善民生。2014年，共为各类企业减免各项税收1767万元。

【征收管理】 按照“专业化管理+精细化管理”的要求，探索建立了“以项目管理为主线，以信息技术为依托，以专业化管理为手段，以组织收入为目标”的管理新路子，有力地提升了税收管理质效，全年已纳入管理的1000万元以上建设项目120个，入库税款8524万元。充分利用第三方信息资源，全面加强重点税源户的户籍管理，建立与重点税源企业定期联系制度；对重大投资项目和重点区域建设实行直通服务、跟进服务。

【税收执法】 围绕依法治税战略，系统上下主动规范执法、严格执法，积极落实政策，不断提高执法质量和水平。对欠税企业登记造册，大力落实催缴制度，加大稽查力度，充分发挥以查促收、以查促管、以查促依法治税的职能作用，全年查补入库税款564万元，增加了税收收入，有效震慑了偷逃税违法行为。

【纳税服务】　积极试点推进县级税务机关纳税服务规范，大力开展“便民办税春风行动”，强化业务培训，努力打造“全职能窗口”服务；严格落实各项规章制度，积极推行服务承诺制度、首问责任制度、应急处理制度等各项制度；在全市率先开展国地税联合办税，分别与钢城国税局、钢城经济开发区国税局合作，在其办税大厅开辟地税窗口，实行联合办税，有效解决了纳税人多次跑、多头跑的问题，实现了“进一家门办两家事”，为纳税人减轻了负担，堵塞了税收漏洞，切实解决了服务纳税人“最后一公里”问题。

【干部队伍建设】　积极开展党的群众路线教育实践活动，深入开展“庸懒散”专项治理，加大督查督办力度，全年明察暗访62次，下发通报4次，全面加强了作风纪律建设。初步构建起队伍建设、作风建设的长效管理机制，新建《干部作风监督管理办法》等制度，修订完善《车辆管理制度》《公务接待制度》《请销假制度》《上下班规定》等规章制度。

【党风廉政建设】　始终把党风廉政建设和反腐败工作贯穿于税收工作全过程，与税收工作同部署、同检查、同考核，严格执行各项廉政规章制度，不打折扣，不走过场。坚持把党的建设作为推动地税工作持续发展的重要保障，突出抓好党的基层组织建设。通过开展“党员进社区”、“慈心一日捐”、参观莱钢廉政教育基地等系列活动，进一步强化党性教育，各级党组织的凝聚力、战斗力明显增强；积极搭建廉政教育平台，充分利用廉政教育网站和廉政风险防控平台，营造以廉为荣、以贪为耻的浓厚氛围，进一步加大效能监察力度，有效降低执法风险。

（刘永禄）

## 莱芜市地方税务局高新区分局

### 经济概况

2014年，莱芜高新区实现生产总值110亿元，同比增长13.4%，规模以上工业总产值400亿元，增长25%，规模以上工业主营业务收入350亿元，利润17亿元，利税20亿元，分别比上年同期增长20%、24%和25%，地方财政收入8.9亿元，增长17.5%。

### 收入概况

2014年，莱芜市地税局高新区分局共组织各项税收收入4.59亿元，同比增收7963万元，增长21%，入库地方财政收入4.31亿元，同比增收7423万元，增长20.79%。

### 工作概述

【税收征管】　加强对重点税源企业日常巡查监管，及时督导企业按时申报缴纳税款，入库税款26399万元。组织开展建筑业税源核查清理工作，清理税款3542万元。强化大项目管理监控，入库税款11731万元。不断加强对村级商贸公司、工业园区税收管理，加大旧村改造税收征管力度，入库税款1200余万元。督导298户企业进行汇算清缴，补缴企业所得税401万元。积极争取市局和管委会的大力支持，大力清缴欠税，共清理欠税6421万元。

【税收执法】 加大对重点税源企业和问题户的纳税评估，对申报不实、纳税异常、预警企业等不断加大评估力度，采取约谈、实地查看、内查外调等形式，堵漏增收，全年共评估企业36户，补缴税款98.53万元。应用山东地税廉政风险防控平台，对18条税收预警信息进行实地核查，通过系统自查反馈6条，其余12条全部自查、整改完毕，实现了税收执法“零过错”目标。

主动走进重点税源企业开展实地调研和换位体验活动，不断改进工作作风，密切征纳关系。

【纳税服务】 积极开展“便民办税春风行动”，进一步优化纳税服务，实现了“涉税事宜于一窗，全能服务于一人，信息处理于一机”的纳税服务模式。实行办税服务厅导税员制度，受理各类咨询1240多人次，发放各类税收宣传资料1500余份。组织了10余场专题纳税人税收知识培训会，累计培训企业财务会计1400多人次。在高新区国税局设立地税全职能窗口，真正实现了“进一家门，办两家事”，受到了纳税人的一致好评。

【基层建设】 认真抓好考核奖惩等一系列管理制度的督查考核工作，有效激发干部职工的工作积极性和主动性，确保了工作有效落实，被省总工会授予“女职工建功立业标兵岗”、被省妇联授予“巾帼文明岗”等荣誉称号。认真落实行政接待、办公用品、车辆等管理制度，切实节约费用支出。

【信息化建设】 按照省、市局统一部署，积极推广运用山东企业综合办税平台，及时协调解决企业在使用过程中遇到的各种问题，确保辖区企业办税平台正常运行。运用多种形式，对工作人员和纳税人进行了金税三期申报表单及纳服系统操作培训，圆满完成了“金三”系统上线后申报征收工作。

【干部队伍建设】 大力加强教育培训工作，选派15名业务骨干赴扬州税务学院进行学习培训，聘请心理辅导老师为全体干部职工做心理疏导讲座。扎实开展党的群众路线教育实践活动，规定动作扎实到位，自选动作富有特色，干部职工业务素质和精神状态明显提升。修订完善了加强队伍建设和作风建设的各项规章制度，加大日常督查考核和明查暗访力度，提高了工作效率。

【党风廉政建设】 大力加强党风廉政建设，层层签订了《党风廉政建设责任书》，充分利用廉政风险防控平台，积极开展党风党纪学习教育活动，制定了《关于加强作风建设监督检查的办法》和《廉政谈话制度》，参观廉政教育基地、观看警示教育片，增强了反腐倡廉意识，促进税收管理和执法服务水平的提升。

**【精神文明建设】** 积极参加省级“青年文明号”、全国“巾帼文明岗”创建工作，受到社会各界的一致好评。深入开展扶贫助残、结对帮扶活动，帮助2名考入大学、家境困难的新生走进校园，进一步提升了地税部门的社会形象。

（刘 健）

# 临沂市地方税务局

## 经济概况

2014年，临沂市实现生产总值3569.8亿元；城市居民人均可支配收入30345元；农民人均纯收入11629元；完成公共财政预算收入251亿元；完成规模以上固定资产投资2826亿元；实现社会消费品零售总额2008.4亿元。

## 收入概况

2014年，临沂市地税局累计组织入库各项收入197.85亿元，同比增收29.95亿元，增长17.84%。其中市县级收入182.05亿元，增收27.21亿元，增长17.58%，收入总量和市县级收入均跃居全省第6位，增幅均居全省第2位，分别高于全省平均增幅7.46个、6.57个百分点。

## 工作概述

**【税政管理】** 通过认真落实煤炭资源税从价计征改革政策、会同财政部门上报调整临沂市岩金矿资源税和城镇土地使用税额标准、严格执行“耕契两税”税收政策。通过有序推进“营改增”试点扩围工作，加强对认定和信息移交后试点纳税人的检查清算。积极推进依法行政。认真开展税收规范性文件清理和税收权力清单梳理工作，目前，清理并依法确立市、县区两级税收权力清单均为42项，行政处罚裁量权52项；梳理和清理税收规范性和制度性文件273个。市局先后被表彰为“全市依法行政先进集体”“山东省法制宣传教育示范基地”和“全省‘六五’普法中期工作先进单位”。

**【征收管理】** 完善落实收入分析、收入预测、税源监控等工作机制，有效增强组织收入工作的前瞻性和主动性。大力推行分级分类管理，积极探索分税种、分行业、分项目、分环节的税收管理办法，有效发挥堵漏增收的作用。研究制定《金税三期系统征收管理岗位职责规范》和《金税三期系统操作管理规范》，配套完善征管档案管理办法，进一步完善征管工作流程；通过制定实施《金税三期系统数据采集标准（试行）》，进一步提高基础数据质量。加强税源控管，深化专业化管理。着眼加强税收风险管理，积极探索和推进纳税评估、税收预警，组织开展评估实战演练，进一步增强税源监控能力。沂水县局液压油缸制造业纳税评估模型和某上市公司纳税评估案例，分别被评为2014年度全省地税系统优秀纳税评估模型和优秀纳税评估案例。

**【税收执法】** 不断强化执法监督。认真落实税收执法督查约谈制度，对10

个县区局的112个税收执法疑点进行了当面约谈和实地核查，对发现的问题及时进行了督促整改，有效发挥了督查约谈的监督作用。积极改进稽查方式，完善电子查账管理措施，扩大电子查账软件应用领域，进一步提高稽查信息化水平。组织编写《临沂地税稽查业务操作指南》，着力推进稽查执法标准化作业，进一步规范税务稽查执法流程。认真落实“六五”普法要求，大力加强法制宣传教育，进一步增强了依法行政意识。

**【纳税服务】** 深入开展“便民办税春风行动”，在认真落实规定内容的基础上，相继推出一系列便民办税新举措，最大限度地便利纳税人、规范税务人。全市减少、简并涉税文书、表单32种，占纳税人报送资料的30%；进户执法比例下降15%。积极推进县级税务机关纳税服务规范，制订实施方案，加强督导检查，确保服务规范顺利施行、有效落地。建立行风热线、“12345”市民服务热线和“12366”纳税服务热线快速响应和常态服务机制，开展地税局长服务日、纳税人税法培训等活动，推动纳税服务提质增效。深化行政审批制度改革，梳理行政审批和行政许可项目，主动简政放权，提高办税效率。目前，市级行政许可审批事项4项、非行政许可审批事项17项，县级行政许可审批事项4项、非行政许可审批事项15项。

**【信息化建设】** 在充分调研论证的基础上，集中业务骨干力量，开发应用集“三方数据采集应用、风险防控、税收分析、查询统计、绩效评价、监督考核、任务管理”于一体的“临沂地方税收管理工作平台”，有效整合各类应用需求。从平台上线运行情况看，对巩固管理基础、提高管理效能起到了明显的促进作用。与此同时，积极做好风险防控系统、数据质量检测系统、对外支付系统、税基管理系统、查管互动系统等自主软件，同“金税三期”系统的对接工作，有效发挥信息化建设的强大支撑作用。

**【干部队伍建设】** 一是以优质的教育塑造人。从工作实际和岗位需求出发，有针对性地组织分级分类培训，全系统累计举办各类培训班60余期，培训人员1800余人次。开展“岗位大练兵、业务大比武”和“好书荐读”活动，购买发放经典书籍，精心组织、积极参加各类师资培训和选拔考试，进一步营造浓厚的学习氛围。全系统1名同志被税务总局确认为兼职教师，10名同志被省局聘任为兼职教师，63名同志被市局选拔为岗位能手；4名同志参加全市执法能力考试，获得市直执法部门第一名的优异成绩。二是以先进的典型鼓舞人。继续实施典型培育工程，组织评选“十佳沂蒙税官”和“十佳道德模范”。3名同志被省局表彰为“最美税务人”。在党的群众路线教育实践活动中，发掘和推广的翟兴贵同志先进事迹，费县县委、市局党组、省局党建工作指导组先后作出向翟兴贵同志学习的决定，市局通过组织巡回报告会、拍摄《税魂》微电影、举办自愿捐助活动等形式，形成了崇尚先进、学习先进、争当先进的良好风气。

**【党风廉政建设】** 落实“两个责

任”的新部署新要求，各级地税部门通过组织召开专题会议，研究制定配套办法，签订党风廉政建设责任书，推动“两个责任”的落实；深入开展“清廉地税”活动，抓好源头预防，增强干部职工廉洁从政意识。深化“廉政和执法风险防控平台”应用，促进党员干部廉洁自律；持续加大案件查办力度，市局查办案件10起，给予党纪政纪处分3人；通过严格落实中央八项规定精神，着力深化“庸懒散”专项治理，严厉查处行业不正之风，巩固作风建设成效。市局和12个县区局被表彰为“全市行风建设先进单位”。

【精神文明建设】 按照省局统一部署，扎实有序开展教育实践活动，得到省局张洪军局长、王莉莉巡视员等领导和税务总局第五督导组、省局第四督导组的充分肯定。一是领导带头做示范。充分发挥领导干部受教育和抓活动两个方面的主体作用，有力地推动整个活动的顺利开展。二是上下联动抓落实。在活动开展中，注重发挥垂管优势，坚持以上率下，以下促上，有力度地推进活动开展。三是有序推进保成效。在推进过程中，坚持“严”字当头，把握节奏，扎实开展，保证了整个活动不虚、不空、不偏。坚持把学习教育贯穿始终，采取集中学习、中心组学习、个人自学、专题辅导等形式，引导党员干部积极参与、接受教育。坚持以整风精神开展批评与自我批评，认真撰写对照检查材料，深入开展谈心交心活动，全系统累计梳理领导班子问题461条，班子成员问题553条；在民主生活会上，各级班子成员提出自我批评意见1080条、相互批评意见849条。

（赵　艳）

# 临沂市地方税务局兰山分局

## 经济概况

2014年，临沂市兰山区实现生产总值748.87亿元，比上年增长10.1%；实现地方财政总收入63.01亿元，增长15.2%；规模以上固定资产投资571.44亿元；完成第三产业增加值372.86亿元；社会消费品零售总额483.06亿元。三次产业结构比例为1.1：49.1：49.8。

## 收入概况

2014年，临沂市地税局兰山分局累计组织入库税收36.98亿元，同比增收7.2亿元，增长24.18%。其中，完成中央级2.41亿元；完成省级38万元；完成市、区级收入34.57亿元，同比增收6.7亿元，增长24%。

## 工作概述

【税政管理】 一是加强企业所得税汇算清缴。2014年共汇缴纳税人1685户，汇缴面达100%，补缴入库企业所得税5269万元，同比增收2450万元，增长86.84%。二是积极推进税收改革。大力推进“营改增”工作，主动加强与财政、国税部门配合，共同做好试点纳税人认定和征管信息移交工作，共移交纳税人1613户，保证了“营改增”工作顺利进行。三是积极开展“个转企”工作，税务登记户数由年初的38750户增长到年底的

45117户，其中，单位纳税人达到11493户，较年初增加3063户，税源结构日趋合理。

【征收管理】 一是组织开展“百日会战”活动。利用一百天的时间重点对服务业、建筑和房地产业进行检查，共查补入库税款3000余万元。二是强化重点税种管理。成立重点税种办公室，对土地增值税、企业所得税以及境外上市企业进行重点管理，土地增值税入库3.63亿元，同比增长46.68%。三是加大税收专项评估力度。对涉及税收规模大、政策性强的重点难点涉税风险行业、企业进行评估，评估入库税款1205万元。

【税收执法】 加强税务稽查。对辖区内10余户房地产企业进行重点检查，入库税款3400万元，受理并立案查处群众举报和各级转来的涉税举报案件29起，共查补地方税收137万元。加强发票使用管理。与公安机关联合开展打击发票违法犯罪专项行动，收缴自制收据372份、假发票543份，有效净化了税收环境。

【纳税服务】 一是推行涉税业务“全区通办”。以方便纳税人为出发点，在全市率先推行涉税业务“全区通办”，纳税人在兰山辖区内不受经营地点和所属地税机关的限制，可到任意办税服务厅办理涉税事项，最大限度地方便了纳税人，受到了企业和群众的一致好评。二是扎实开展“便民办税春风行动”。不断创新税收服务和管理机制，在税务登记、纳税申报、税款缴纳、发票领用、进户执法等方面，最大限度地为纳税人提供便利。三是持续推进办税服务厅标准化、规范化建设。实现办税环境标准化、管理制度标准化、业务流程标准化、纳税服务标准化、工作考核标准化。整合窗口职能，在办税服务厅实现绝大多数涉税事项的一窗办理，初步形成安全、高效、规范、便捷的纳税服务运行机制。

推行涉税业务全区通办，最大限度方便纳税人就近办税。图为纳税人跨区办理缴纳税款，领取、缴销发票业务。

【干部队伍建设】 一是扎实开展党的群众路线教育实践活动。紧扣“为民务实清廉”活动主题，严格规定动作，创新自选动作，高起点谋划、高标准定位、高质量推进，修订完善3个制度，建立健全3个制度，逐步建立起简便易行、实在具体、相互衔接、长期有效的制度体系，固化提升教育实践活动成果。二是积极开展多层次教育培训。按照不同类别、不同层次、不同岗位制定各有侧重的培训计划，先后组织干部职工到浙江大学、四川大学、临沂财校等院校培训，培训人次130余人，有效提高了职工的总体素质。三是抓好重点工作立项督查。对土地使用税清理、数据管理平台培训，征管数据整改，计会数据录入等4项重点工作进行立项，并将督查内审工作常态化。四是自行开发应用学习测试系统。由在线学习、模拟测试、正式考试等主要功能组成，涵盖各个领域近2000道题库，为干部职工建立了随时学习、随时测试的良好学习环境。五是拍摄微电影《光辉税月》，为宣传地税工作开辟新形式，凝聚正能量。

**【党风廉政建设】** 一是严格落实党风廉政建设责任制。按照“一岗双责”要求，层层签订《党风廉政建设责任书》，结合每季度目标责任制考核，对党风廉政建设责任落实情况进行检查考评，做到人人有责、层层负责。二是严格落实中央八项规定。完善制度措施、规范内部管理，扎实开展公务接待、公务用车、办公用房、“庸懒散”等专项治理活动，清退公务用车39台、拍卖公务用车36台，各类会议、文件同比较少50%，机关作风建设取得新进展。三是推进廉政风险防控平台建设。根据平台风险预警信息，有针对性开展立项自查。认真开展廉政风险教育，将学习情况纳入日常考核，定期进行通报，提高了拒腐防变意识，有效地防范了廉政风险。

（刘　凡）

## 临沂市地方税务局罗庄分局

### 经济概况

2014年，临沂市罗庄区实现生产总值343.3亿元，同比增长11.8%；境内财政总收入34.57亿元，其中公共财政预算收入20.35亿元，增长11.4%；固定资产投资214.9亿元，增长17.8%、居全市第1位；社会消费品零售总额140.1亿元，增长13.6%、居全市第2位。

### 收入概况

2014年，临沂市地税局罗庄分局共组织各项收入12.08亿元，同比增收1.47亿元，增长13.80%。其中，地方级完成10.59亿元，同比增收1.29亿元，增长13.89%。

### 工作概述

**【税政管理】** 贯彻落实税收优惠政策，全年共为民政福利企业减免税金111万元，为高新技术、资源综合利用、节能环保等类企业减免税金4756万元，被表彰为“全市税式支出管理试点工作先进单位”。

**【税收征管】** 扎实做好重点税种、重点税源管理工作，抓好重大建设项目税收管理，三大主体税种累计入库5.53亿元，同比增长7.75%，增收3988万元。认真抓好建筑业、房地产业、汽车销售业和陶瓷业等重点行业的税收管理工作，加大专业化市场、房屋租赁等以往管理相对薄弱的税源的管理力度。认真搞好税收分析，提高税源监控质效。建立税收分析长效机制，坚持旬调度、月分析，加强对重点税种、行业和企业的监控和分析，进一步掌握本地税源实情和增减变动因素，牢牢把握了组织收入主动权。加强税务稽查。2014年，共对93户企业进行检查，累计入库税款2980万元。

**【税收执法】** 严格落实和履行省、市局税收执法规范性文件制定、清理和备案审查制度，创新政策业务学习的方式和载体，着力解决税收业务基础薄弱、工作不够规范、征管效率不高、执法不到位等现象，促进干部队伍形成自觉学习税收业务。进一步完善税收执法内控机制，落实执法责任制。加强执法预警，通过数据管理平台和系统工作平台两方面的监控，进行提醒服务，对能够监控的行为进行逐步整改，有效提高依法治税的能力。

坚持依法治税，举办法制员在线考试。

【纳税服务】 以开展“便民办税春风行动”为契机，以方便纳税人办税和提升纳税人满意度为目标，不断完善“自助服务上网、集中服务进厅、个性服务上门”的集中办公条件下多层次纳税服务体系。充分发挥税收宣传月、网上纳税服务平台、税法培训中心阵地作用，不断普及税法知识，在2014年税收宣传月期间，邀请全区中学生小记者走进办税服务大厅体验参观学习并联合罗庄区国税局开展税法宣传进校园活动，取得了良好社会效果。

【信息化建设】 以信息化建设为依托，进一步整合资源。建立了“以申报纳税和优化服务为基础，以计算机网络为依托，集中征收，重点稽查，强化管理”的税收征管模式。在此基础上，推广以税收业务管理信息系统为基础的各项税收征管软件，强化信息管税业务流程培训，确保全面掌握、熟练应用金税三期系统每项功能模块的操作流程，避免只求简单快捷而忽略程序方式问题，消除执法管理程序风险。

【干部队伍建设】 以深入开展“弘扬沂蒙精神，争做地税先锋”主题活动为统领，以党的群众路线教育实践活动为契机，领导班子成员组织各支部定期集中学习《论群众路线重要论述摘编》《厉行节约、反对浪费重要论述摘编》等，结合自身实际，开好专题民主生活会。密切联系服务群众，切实转变工作作风，为社区群众做好政策宣传、诉求反映、情况反馈，力所能及地为群众办好事、办实事，多次组织志愿服务人员来到负责的网格服务社区——盛庄街道吴白庄社区，进行义务劳动、发放《涉税信息服务》《便民服务春风行动宣传册》等宣传材料。分局联合兰山、高新、经济分局开展骨干人才培训活动，在浙江大学举办了更新知识专题研修培训班。参加全市地税系统岗位能手选拔考试，并取得集体全市第4名、6名同志入围市局业务能手的优异成绩。

【基层建设】 以文化建设为引领，切实增强基层软实力，荣获山东省软实力建设示范基地称号。分局职工编排小品《蓝莓花儿开》，参加全区道德模范巡回宣讲。接受山东省电视台地税时空采访形成了《为民务实敢“亮剑”——罗庄地税深入开展群众路线教育实践活动专题》纪录片。大力开展丰富多彩的群众性文体活动，干部职工利用业余时间纷纷参加各类兴趣小组活动，积极引导并组织干部职工参加各类比赛，在系统内营造了“我运动、我健康、我快乐”的良好氛围。4月，分局组织全体党员干部分两批次赴大青山党性教育基地观摩学习，5月，组织党员干部职工到沂蒙革命历史纪念馆参观学习。重温峥嵘历史，追忆革命先辈的奋斗历程，缅怀革命先辈们的丰功伟绩，增强了党员干部践行群众路线的坚定性，进一步加强理想信念，深入推进了文化建设。

**【党风廉政建设】** 全面落实党风廉政建设责任制，在全区地税工作会议上与各单位签订党风廉政责任书，实行“一把手”工程。邀请区纪委、检察院领导授课讲座，引导党员干部增强廉洁信念，完善廉政风险内控机制建设，加强行风建设，广泛接受社会各界监督，构建覆盖各岗位、全流程的廉政风险防范管理网络，确保从源头上预防和制止腐败。荣获“全市行风建设先进单位”“全区党风廉政建设先进单位”等称号。

**【精神文明建设】** 深入开展文明创建、服务社区等活动，在“省级文明单位”顺利通过复查验收的基础上，先后荣获“全市财税征管工作先进单位”“全市地税系统目标管理考核优秀单位”“全市行风建设先进单位”“全区综合考核红旗单位”和区“先进基层党组织”等，被区委、区政府记集体“三等功”。

（马斯锐）

# 临沂市地方税务局河东分局

## 经济概况

2014年，临沂市河东区实现生产总值187亿元，同比增长12%；公共财政预算收入12.08亿元，增长15.01%；规模以上固定资产投资120亿元，增长26.3%；公共财政预算收入12.08亿元，增长15.01%，税收占比达到87.83%，提高20.39个百分点；城镇居民人均可支配收入30372元，农民人均纯收入11840元，分别增长10.4%和14.6%；三次产业比例为6.4∶50.8∶42.8。

## 收入概况

2014年，临沂市地税局河东分局组织各项收入8.98亿元，同比增收9908.51万元，增长12.4%，收入总量居全市第7位。其中一般预算收入入库87381.59万元，同比增收9750.15万元，增长12.56%；地方级完成8.08亿元，同比增收8697万元，增长12.07%。

## 工作概述

**【税政管理】** 严格落实税收优惠政策，全力服务经济社会发展。从全区经济社会发展大局出发，认真贯彻国家结构性减税政策，严格落实促进产业结构调整，支持农产品批发经营、小型微利企业发展等方面的税收优惠政策，切实减轻了企业的税收负担。

**【税收征管】** 严格规范税款征收行为。严格执行《委托代征、代扣代缴、代收代缴税款管理办法》，明确代征单位资格认定、代征手续、票证使用、代征税款报解等具体环节，有效规范了委托代征行为；对大额税款实行事前报告、审核把关制度，有效防范了税款入库风险。不断深化社会综合治税，形成齐抓共管的合力，提高税源控管水平。

**【税收执法】** 牢固树立依法治国理念。大力实施“程序执法”工程，积极推进“依法行政示范点”建设，有效增强了广大地税干部的依法行政意识，规范了税收执法行为。切实加强税收执法监督，在推广应用“临沂地税风险防控平台”的基础上，完善风险管理需求，建立“执法质量网上重点监控系统”，确定10项重点监控指标，实时监控、实时分析，进一步提高了风险防范效果。

**【纳税服务】** 提升纳税服务质效，着力打造和谐税收环境。以提高纳税人满意度和税法遵从度为目标，大力深化“一站式”纳税服务，充分发挥地税局长服务日，深入开展税收宣传月活动，组织召开税企座谈会，及时宣传税收政策，为纳税人解疑释难，有效密切了税收征纳关系，提升了纳税人依法纳税意识，优化了税收环境。

**【机构人员】** 截至2014年底，机关内设办公室、法规税政科、征管和科技发展科、税源管理科、收入核算和财务科、人事科、机关党委、督察内审办公室、监察室、信息中心、纳税服务中心和办税服务厅12个科室。下设稽查局、直属征收局两个直属机构和九曲、相公、汤头、郑旺、八湖5个中心税务所。现有人员107人，有党员98人，大专以上学历89人。

**【干部队伍建设】** 以深化创先争优为抓手，着眼构建地税系统核心价值体系，深入开展“弘扬沂蒙精神、争做地税先锋”主题活动。通过开展“岗位大练兵、业务大比武” 活动、组织全员岗位练兵和能手选拔考试，有效激发了广大干部职工的学习热情和工作干劲。另外，大力实施典型培育工程。通过开设“道德讲堂”、开展“十佳”评选活动，切实增强了干部队伍的凝聚力、向心力和战斗力。

组织全员岗位练兵考试，提高干部队伍业务能力水平。

**【基层建设】** 认真贯彻落实国家税务总局、省局全面推行绩效管理工作的部署要求，以绩效管理工作为总抓手，初步建立了横向到边、纵向到底的绩效管理体系，不断提升地税软实力建设。完善制度建设，夯实绩效管理的基础。紧扣“为民务实清廉”活动主题，全系统深入开展第二批教育实践活动，高起点谋划、高标准定位、高质量推进。对一些基层自身难以解决或症状在基层的问题，分局领导主动认领、认真研究解决，提高了教育实践活动成效。

【党风廉政建设】 严格落实“一岗双责”，不断强化内控机制建设。继续深化科技防腐，完善廉政风险内控机制建设，优化升级廉政风险防控平台，加大了对重点部位、重点环节、重点人群的风险防控，强化了反腐倡廉建设与税收业务工作的有机结合。持续改进工作作风。严格执行中央八项规定，切实转变文风会风，厉行勤俭节约，反对铺张浪费，工作作风更加务实，进一步提高了执行力和公信力，提升了管理效能。

【精神文明建设】 以“学雷锋，送温暖”“扶残助残”志愿服务等活动为载体，充分发挥学雷锋、网络文明等志愿服务队作用，大力开展各项支援服务和结对帮扶活动，广泛开展扶贫救助献爱心活动。先后被市委、市政府授予“全市财税征管工作”“行风建设”和“全市首批选派第一书记”先进单位等荣誉称号。

（刘 炜）

# 郯城县地方税务局

## 经济概况

2014年，郯城县实现生产总值268亿元，同比增长12.5%；完成规模以上固定资产投资150亿元，增长19%。实现公共财政预算收入10.36亿元，增长15%，税收占比87.2%，提高2个百分点；城镇居民人均可支配收入26650元，农民人均可支配收入11740元，分别增长12%和14%。社会消费品零售总额115亿元，增长13%。

## 收入概况

2014年，郯城县地税局共组织各项收入8.29亿元，同比增收1.45亿元，增长21.18%。其中，营业税完成3.65亿元，企业所得税完成5001万元，个人所得税完成2622万元，耕契两税完成6339万元。县级收入累计入库7.61亿元，同比增收1.28亿元，增长20.19%。

## 工作概述

【税收征管】 强化重点税源管理。对重点企业和工程项目纳入重点监控范围，充实力量，加强监管。开展征管基础规范化建设，征管基础进一步夯实。加强重点税种管理，积极应对“营改增”税制改革、稳步推进企业所得税汇算清缴、个人所得税自行申报等工作。切实加强数据质量管理。全年共整改、反馈错误数据9211条，提高征管质效。发挥稽查职能作用，全年查补入库税款1980万元。

加强税收管理，深入企业进行调研。

【税收执法】 规范委托代征和大额税款管理。全年共委托代征46户，累计代征税款5406万元。加强纳税评估工作，评估应补缴税款445万元。积极开展执法督察工作，查找问题根源，及时进行整改。加强规范执法专题教育。开展"临沂地方税收管理工作平台"和"廉政风险管理平台"的培训，干部职工法纪观念进一步增强。

【纳税服务】 扎实开展"便民办税春风行动"，不断提高服务能力和水平。开展纳税服务作风纪律整顿，制定切实可行的整改工作措施，办税服务水平进一步提高。推进办税规范化、标准化建设。全面落实《全国县级税务系统纳税服务规范》，进一步规范窗口设置，加强纳税服务规范化工作。落实税收优惠政策，确保各项税收优惠政策的有效落实。

【综合治税】 加强涉税信息采集，采集涉税信息19500条，增收税款1200万元。开展税源普查，重点普查纳税业户的税务登记、应税房产、土地、车辆和用电情况。开展小产权房税收清理和建筑和房地产企业专项检查，取得良好效果。加强部门协作控管，与工商、国税、房管、物价等部门协调配合，共同做好税收管理。

【机构人员】 截至2014年底，局机关共设置10个职能科室，1个纳税服务中心，2个直属单位，下辖6个中心税务所和1个征收处。共有在职干部职工152人，其中，党员120人，大专以上学历136人。

【干部队伍建设】 一是持续开展"弘扬沂蒙精神 争做地税先锋"主题活动，推动主题活动纵深发展。二是加强党建工作。进行了换届选举；组织青年党员进行革命传统教育，举办"庆七一·颂党恩"系列活动。三是大力开展"美德郯城"建设，引导干部职工"行美德事，做美德人"。四是加强地税文化软实力建设。开展"百姓讲郯进地税"活动和"好书荐读"活动，组织参加县"中国体育彩票杯"全民运动会，取得优异成绩。

【党风廉政建设】 开展党风党纪教育和警示教育，全面落实党风廉政建设责任制，从源头上防范廉政和执法风险。组织开展行风检查，坚决纠正损害纳税人利益的不正之风，切实优化发展环境。积极开展税检共建活动，内外监督机制进一步完善。积极开展廉政风险防范，制定相应的防范措施，实现监督关口前移。

【精神文明建设】 开展多种形式的争先创优活动，营造积极向上、奋发进取的工作氛围。县局顺利通过"省级文明单位"和"市级青年文明号"的复查，被市局授予"主题年活动先进单位"，被县委、县政府授予"先进单位""行风建设优秀单位""经济工作先进单位""财税征管先进单位""平安创建先进单位""服务企业发展先进单位""工会工作先进单位""划生育工作先进单位"等荣誉称号，直属征收局被市局记"集体三等功"，社会形象进一步提升。

（凌宗全）

## 兰陵县地方税务局

### 经济概况

2014年，兰陵县实现生产总值298亿元，同比增长10.5%；规模以上固定资产投资161.3亿元，增长16.4%；公共财政预算收入13亿元，增长15%；社会消费品零售总额203.1亿元，增长13.6%；城镇居民人均可支配收入29778元，农民人均纯收入11613元，分别增长11%和12.5%。

### 收入概况

2014年，兰陵县地税局累计入库各项税费9.52亿元，其中，县级税收8.83亿元，同比增长11.65%，增收9211万元，剔除物流业“营改增”因素，增长30.58%，增收2.07亿。

### 工作概述

**【税政管理】** 严格落实国家支持小微企业、高新技术企业发展和困难性减免等税收优惠政策，并将原来下半年办理的减免税审批提速到一季度完成。最大限度地释放政策红利，有效发挥了税收政策的扶持作用。积极推行税式支出管理试点工作。2014年，被评为全市税式支出管理试点工作先进单位。

**【征收执法】** 以“完善税源控管体系，减少税收跑冒滴漏”为主线，狠抓征管基础规范化建设和金税三期系统业务运维，税源结构日趋合理。对重点行业、重点税种、重点业务领域实行精细化管理，打造具有兰陵特色的税源专业化管理模式。

加强纳税服务，税务干部上门进行纳税辅导。

**【纳税服务】** 创新税收服务和管理机制，在税务登记、纳税申报、税款缴纳、发票领用、进户执法等方面，最大限度地为纳税人提供便利。建立行风热线、“12345”市民服务热线和“12366”纳税服务热线快速响应和常态服务机制，推动纳税服务质量提升。

**【信息化建设】** 对机房进行了改造，分设隔离了设备区和办公区，更换了UPS，改造了线路。安装了防火墙设备，更换了核心交换机等工作。实行了数据安全备份、广域网络计算机与局域网络计算机物理隔离、定期更换密码、定期进行计算机安全检测等措施。

**【干部队伍建设】** 认真组织开展党的群众路线教育实践活动。扎实开展工作调研。大力加强基层班子建设和队伍建设。加大干部教育培训力度，注重骨干人才的培养。

**【基层建设】** 对基层党支部进行了改选，把机关支部由原来的1个改选为

3个。开展了“讲文明树新风”活动、学雷锋志愿服务活动、生态文明建设志愿服务活动。

**【党风廉政建设】** “两个责任”得到有效落实，严格落实一岗双责，把党风廉政建设贯穿到税收工作始终。加强党风廉政教育，邀请党校老师上廉政警示教育课，参观革命纪念馆，每季做一次廉政作业题。基层每周四下午、机关每周五下午，成为系统上下固定的集中学习时间。通过学习，使广大干部职工切实提高了廉洁从政意识。

**【精神文明建设】** 加强机关文化阵地建设，利用节假日、传统节日，因地制宜开展全局性多种形式文体活动，丰富了职工业余文化生活，营造了健康文明、生动活泼、和谐奋进的良好氛围。

（林晓强）

## 莒南县地方税务局

### 经济概况

2014年，莒南县实现生产总值252.1亿元，同比增长11.2%；三次产业结构比例为12.8∶40.6∶46.6。

### 收入概况

2014年，莒南县地税局共组织入库各项收入10.60亿元，同比增长20.02%，增收1.77亿元。其中财政口径县级收入9.76亿元，同比增长19.97%，增收1.62亿元。地税收入增幅及县级收入增幅在六区九县中分别居第7位、第6位。

### 工作概述

**【税政管理】** 稳步推进企业所得税汇算清缴、个人所得税自行纳税申报，分别申报应纳所得税3663万元、1056万元。积极调研县域内城镇土地使用税政策执行情况，对征收范围和单位税额调整提出合理化建议上报县政府，并认真开展境外上市企业税源调查。积极落实“营改增”试点、暂免征收部分小微企业营业税、小型微利企业减半征收企业所得税等优惠政策，减轻纳税人负担，全县有3771户纳税人各项税收优惠得到有效落实，共计减免税款2842万元。

**【征收管理】** 积极组织进行基础数据信息清理整改，严把关口保精准，不断提高数据质量。严格征管质量指标监督考核，全面提升各项征管考核率。进一步规范发票管理，大力推广网开发票。深化税收预警、纳税评估工作，在分类分级评估、方式方法创新、部门协作配合等方面寻求突破，有效提高纳税评估的精度和效益，进一步完善收入质量内控机制。认真开展个体微机定税，完善催报催缴机制，不断规范个体税收征管。

**【税收执法】** 深入推行程序执法工程，不断提高执法水平，减少执法过错。加大与司法和法制部门协作力度，认真做好联合检查工作，共检查单位13个，入库税款931万元。强化税收执法督察，9月，对照11个应督察项目，对13户纳税人开展重点督察和实地检查，纠正税收执法违规行为1处，查补税款700.3万元。扎实开展地方税收专项检查、发票专项整治、重点企业检查等工作，共检查企业102户，查补入库税费1552万元。

【纳税服务】 全面试行《全国县级税务机关纳税服务规范》，促进办税服务规范化，在全县地税系统开展“便民办税春风行动”，明确工作职责，规范业务流程，减轻纳税人办税负担。开展好纳税人税法培训，落实纳税人咨询、举报投诉、12366纳税服务热线、“12345”热线的转办、回复、落实、反馈等工作，把便民办税措施落到实处，搭建直接服务纳税人和社会各界的“零距离”平台。积极打造“五型企业”，班子成员及科室负责人深入全县11户骨干企业开展调研帮扶，助力企业发展壮大。

【干部队伍建设】 狠抓教育培训，采取集中与分散相结合、学习与讨论相结合、正面教育与反面警示相结合等学习形式开展春季集中整训活动，与临沭县地税局联合，先后举办两期骨干人才更新知识培训班，全面提升干部队伍思想、作风、能力，做到学以致用、用以促学。加大文明创建工作力度，充分发挥“文化引领、文化兴税、文化育人”作用，切实提高地税事业发展软实力。

【党风廉政建设】 组织党员干部赴党性教育基地上党课，开展德廉知识考试和廉政谈话，进一步推动家庭助廉，强化日常跟踪检查，将廉政建设贯穿税收工作始终。严格落实中央八项规定，着力整治“庸懒散”等不良风气，有效促进作风建设常态化，被评为全市“行风建设先进单位”。扎实开展党的群众路线教育实践活动，着力解决突出问题，《地税时空》第552期以《立说立行 立行立改——莒南县地税局教育实践活动取得实效》为题进行了报道。

【精神文明建设】 进一步加大“弘扬沂蒙精神 争做地税先锋”主题活动与各项工作的结合力度，充分发挥主题活动的教育、激励、导向功能，在系统内相继开展了助老志愿活动、“慈心一日捐”、与贫困儿童“结亲连心”等志愿服务活动，选拔2名同志到帮扶村任职“第一书记”，同时全力配合做好省局“第一书记”任职帮扶工作。相继被评为山东省“城乡妇女岗位建功先进集体”、临沂市“爱心助童”先进单位、全市地税系统“弘扬沂蒙精神 争做地税先锋”主题活动先进单位。

（孙晓玲）

## 沂水县地方税务局

### 经济概况

2014年，沂水县实现生产总值350亿元，同比增长11.70%；社会消费品零售额168亿元，增长13.40%；农民人均纯收入1.21万元，城镇居民人均可支配收入2.95万元，分别增长18%和15%；公共财政预算收入达到20.70亿元，增长15%，税收占比达到84%。

### 收入概况

2014年，沂水县地税局共组织入库各项税收16.05亿元，同比增收2.85亿元，增长21.56%；实现地方财政收入14.31亿元，同比增收2.42亿元，增长20.32%。

## 工作概述

【税政管理】 抓好企业所得税汇算清缴，327户企业申报应纳企业所得税7962.27万元，补缴企业所得税3468.47万元。开展年所得12万元以上个人所得税申报工作，共受理年所得12万元以上的纳税人自行申报人数477人，申报应纳税额1724.36万元，补缴个人所得税318.14万元；加强股权转让所得税的税收管理，共入库股权转让个人所得税615.25万元。抓好过境高速公路、铁路施工税收管理，全年协调入库税收1058万元。撰写的“两路”税收工作经验材料《多措并举 全程介入 跨地区铁路建设项目税收管理》被省局转发推广。

【税收征管】 夯实征管基础，强化征管数据管理，加强征管规范化制度建设，提高征管质效，推广税控网开发票，规范行业发票管理。全面做好“个转企”纳税人管理工作。持续推进税源管理工作的科学化、规范化、精细化，自主编写的液压油缸制造业纳税评估模型和某上市公司纳税评估案例，分别被评为2014年度全省地税系统优秀纳税评估模型和优秀纳税评估案例。有针对性地开展税务稽查，对企业所得税汇算清缴单位开展地方税重点检查；开展各项税收专项检查，入库税款、滞纳金及罚款7558万元。

【税收执法】 开展税收法治宣传，严格执法管理，规范执法行为，公开执法权力清单，强化日常执法监督考核，有效防范税收执法风险，实现了全年税收执法考核“零过错”。

认真落实小微企业优惠政策，税务干部深入企业进行政策宣传。

【纳税服务】 开展“便民办税春风行动”，简化办税流程，提高办税效率，及时全面落实税收优惠政策。全面实行《全国县级税务机关纳税服务规范》，不断优化服务质量，提升纳税人满意度。做好“12345”热线的承接转办工作。

【信息化建设】 完成县局机房进行升级改造，开展网络信息安全评估和安全加固工作，搭建矿产资源远程税收监控系统平台，抓好临沂地方税收管理工作平台应用培训，夯实“信息管税”基础，及时解决或上报“金三”系统运行中发现的问题，维护系统正常运转。

【干部队伍建设】 持续推进“弘扬沂蒙精神、争做地税先锋”主题活动，1人被省局表彰为“最美税务人”，各有1人被市局表彰为“十佳道德模范”和“十佳沂蒙税官”，5人考取市局“岗位能手”。扎实开展党的群众路线教育实践活动，在深入整改落实中，惠民生、树形象。加强基层党建工作，提升队伍凝聚力。全面启动绩效管理工作，强化结果应用，激发队伍活力。

【基层建设】 以“巩固、完善、提高”为方针，对基层办公场所进行持续优化升级，不断提升基层建设和管理水平。

【党风廉政建设】 严格落实“两个责任”，组织签订党风廉政建设责任书，加强廉政教育和风险防控，畅通监督渠道，规范权力运行。加强作风建设，深入贯彻落实中央八项规定，从严从实整顿“四风”，开展会员卡专项清退、办公用房清理活动，杜绝违规发放津贴补贴、公款送节礼、公款吃喝等不正之风。

【精神文明建设】 深入开展“软实力”建设，大力推进“四德”建设，开展文明创建活动，强化教育引导、沟通交流和人文关怀，不断增强队伍战斗力、凝聚力和向心力。

（张秀坤）

## 蒙阴县地方税务局

### 经济概况

2014年，蒙阴县实现生产总值173.88亿元，同比增长10.5%；地方可用财力8.3亿元，地方财政收入完成8.3亿元，增长10.8%。规模固定资产投资115.57亿元，增长17.1 %；全县地方税收过百万元企业99家，三大产业占GDP的比重分别为16.8%、38.2 %和45.8 %。

### 收入概况

2014年，蒙阴县地税局共完成税收收入5.72亿元，同比增收8080万元，增长16.44%。县级收入完成5.09亿元，同比增收7314万元，增长16.78%，占地方财政收入比重61.33%。营业税、资源税和土地增值税增幅明显。营业税入库1.81亿元，同比增长17.27%，耕地占用税入库5982万元，同比增长110%，土地增值税入库2295万元，同比增长32%。

### 工作概述

【税政管理】 积极做好“营改增”工作，分三批向县国税局移交确认126户。扎实推进税式支出管理试点工作。认真开展2013年度企业所得税汇算清缴和年收入12万元以上个人所得税自行申报及全员全额明细申报工作，加强各税种的管理。加强审计配合，做好整改落实工作。认真开展税收收入质量自查工作。积极配合市局搞好各项税收调研。做好高新技术企业复审认定和外资企业联合年检工作。努力做好新老系统交接，圆满完成“金三”系统上线。进一步加强小微企业税收优惠政策的落实工作。

组织税收宣传队到小微企业宣传优惠政策。

【征收管理】 以征管绩效评价体系为抓手，推进征管基础规范化建设，突出抓好对税务登记基础信息的审核，修改可疑数据6336条，修改进度达到100%，提高了县地税局基础数据的准确度。深化社会综合治税，积极推进地方税收的委托代征工作，2014年实现委托代征税款2100万元。按照市局的工作部署，全面推进网开发票工作，已认定网开发票资格52户，企业自行开具发票2400多份。全面落实新发票代开办法，推进发票代开规范化建设。

**【税收执法】**　深入开展地方税收专项检查，大力推行专业化稽查，完善体制机制，加强业务培训，提高队伍素质，防范执法风险，加快稽查现代化建设步伐。2014年，共组织入库各项收入1004万元。在发票检查工作中，总计查处有问题的单位11户，曝光1户；查处非法使用发票36份，涉及金额20.35万元，罚款2.2万元。蒙阴县地税局稽查局被市局授予“集体三等功”。规范税收征收管理各个环节的执法行为，全年未发生行政复议及诉讼案件。

**【纳税服务】**　加强窗口建设，优化纳税服务，建立健全各项服务机制和监督考核机制，多措并举，深入开展“便民办税春风行动”。内外双查，提升办税职能，开展纳税服务作风纪律整顿活动，发放纳税服务金点子建议表，征集纳税人对纳税服务工作的意见和建议，共发出征求意见函90余份。对办税服务厅硬件进行改造，营造良好办税环境。规范服务大厅服务制度，积极落实《全国县级税务机关纳税服务规范》。

**【信息化建设】**　继续加强软、硬件管理和建设，做好重点软件的应用培训工作，确保金税三期系统及各项子系统在县地税局的顺利运行。继续做好日常的计算机及网络维护工作，确保系统安全，积极进行事前预防，加强日常监控，网络安全管理上新台阶。完善内部数据管理，认真做好数据备份工作。对机房网络与安全建设进行维护。认真做好网络设备的更替升级及网络升级。顺利完成视频会议系统的升级改造，保障各项视频会议稳定运行。适应办公用房清理需要，及时做好各办公室网络线路规划与布设。

**【干部队伍建设】**　扎实开展学习培训活动，制定翔实的学习计划，开展了到孟良崮群众路线教育基地、“沂蒙红嫂”教育基地、县警示教育基地进行传统教育和警示教育等一系列现场教育。对全员干部职工进行了专业知识考试，积极配合市局教育培训计划，开展了稽查业务、税收业务、计算机的外出培训。扎实开展各项人事管理工作，配合市局开展人员清理、超职数配备干部、“吃空饷”专项整治等工作，肃清了组织人事纪律。

**【基层建设】**　以夯实基础、做实基层为目标，基层建设成效明显。继续加大投资，对基层中心所办公设施配套、基层取暖、小食堂改造以及营院环境建设进行改造，全面改善了基层办公生活条件。

**【党风廉政建设】**　深入开展党的群众路线教育实践活动，并做到党的群众路线教育实践活动和市局“弘扬沂蒙精神，争做地税先锋”活动相结合，多措并举，相互促进。用先进文化引领地税核心价值理念，落实“三会一课”制度，每月安排党员集中学习4次，每年上党课2次；单位主要领导每年讲党课2次。加强党员干部的思想道德和职业道德建设，62名同志上了善行义举四德榜。坚持廉政建设常抓不懈，层层签订党风廉政建设责任书，建立全员廉政档案，组织开展廉政谈话，加强廉政文化阵地建设，建立廉政文化长廊。

**【精神文明建设】** 建设文化走廊、宣传栏、党建活动办公室，加强文化阵地和载体建设。扎实推进文明创建工作，积极推进创先争优活动，县局机关党总支被县委县政府表彰为先进基层党组织，3名同志被评为优秀共产党员。认真开展税收宣传、网络文明传播活动。有8个单位通过了2013年度青年文明号验收，有5个单位通过了市级文明单位复核，县局通过了省级文明单位复核。

（张　尧）

## 平邑县地方税务局

### 经济概况

2014年，平邑县实现生产总值265亿元，固定资产投资155亿元，公共财政预算收入11.89亿元，农民人均纯收入11700元，同比分别增长12.3%、17%、15%和14%。

### 收入概况

2014年，平邑县地税局累计组织各项收入9.56亿元，同比增收6437.64万元，增长7.22%；其中，完成财政口径县级收入8.40亿元，完成年度计划的102.49%，同比增收1.12亿元，增长15.34%，增幅在九县中位列第4，代征残保金280.10万元，工会经费200万元。

### 工作概述

**【税政管理】** 组织实施2013年企业所得税汇算清缴辅导，共计汇缴辅导企业112户，审核企业账务未核算各项税费1.16亿元，企业少缴税费8850.62万元。以年所得12万元以上个人所得税自行纳税申报为重点，强化个人所得税税源监控，共有260人办理了自行纳税申报，补缴税款399.54万元。做好“营改增”试点行业纳税人的核实、确认和移交工作，与国税局共同确认了纳入“营改增”纳税人151户。推进土地增值税清算工作，补缴土地增值税税款1722.67万元。

**【税收征管】** 加强基础数据管理，对可疑数据信息进行整改，严把新增数据关口，确保新产生数据真实有效。推广网开发票工作，自实施以来，网开发票金额达4699.84万元，入库税款157.19万元。开展物业管理行业发票和委托代征专项清理检查，房地产税收清查，“定向开发”税收清理等，查补入库税款2615.35万元。抓好耕契两税的清理工作，排查耕契两税1.62亿元，清收1.01亿元。对部分建筑企业开展纳税评估，共评估入库税款1685万元，创建的胶合板加工行业纳税评估模型，被评为“全市地税系统纳税评估优秀模型”。

【税收执法】 扎实做好税收质量约谈事项核查，规范执法行为。对15户纳税人开展督察工作，发现违规税收执法问题7户次，补缴税款316.1万元，加收滞纳金3.4万元。在省局督察内审处组织开展的综合性工作抽查中，县局工作得到了省局的认可。开展饮食、服务等行业税收专项整治，打击各种涉税违法行为。全年累计对16户企业组织自查和重点检查，查补入库税款3888.28万元。对欠交税款数额大的9家建筑安装、房地产企业实施强制执行措施，征收税款1193万元。

【纳税服务】 结合“便民办税春风行动”的开展，深入落实“导税服务”“一次性告知”“免填单”服务，扩大同城通办范围，减少及简并涉税文书表单32种。以政务大厅搬迁为契机，优化办税环境，开展特色服务。严格贯彻落实各项税收优惠政策，共减免税款1898万元。全年共办理涉税事项133981户次，收缴税款7.22亿元。纳税服务中心获全市地税系统“十佳文明服务窗口”荣誉称号。

【信息化建设】 电子信息系统机房全面改建，新购进70台计算机并全部投入使用。税收管理平台上线平稳运行，县局地方中心所提出的将电子地图导入平台管理城镇土地使用税税基的建议得到了市局的充分肯定，并确定地方中心所作为全市试点开展应用尝试。

【干部队伍建设】 深入开展党的群众路线教育实践活动，并创造性地开展了“扬九间棚精神、展平邑地税风采”和“三换位三反思”等特色自选动作，促进了作风转变。与山东科技大学合作，在泰安举办了2期业务骨干培训班。做好翟兴贵事迹巡回报告会平邑蒙阴蒙山专场宣讲工作。绩效管理考核工作扎实推进，在市局绩效管理考核工作中获“绩效管理优秀单位”荣誉称号。

举办党的群众路线教育实践活动——九间棚精神报告会，全国人大代表、九间棚村党总支书记刘嘉坤应邀作事迹报告。

【党风廉政建设】 邀请专家进行预防职务犯罪讲座，组织中层以上干部参观了市局廉政教育展馆，到沂蒙党性教育基地学习，增强廉政意识。开展整治“庸懒散”活动，组织开展了3轮明察暗访，对违反中央八项规定的进行了责任追究。深化廉政文化创建活动，被市纪委授予市级廉政文化示范点。

【精神文明建设】 扎实做好文明单位、青年文明号迎查申报。继续开展“结亲连心”干部直接联系群众和选派“第一书记”工作。组织开展苍山完小资助贫困学童、“邻里守望1+1”志愿服务，为社区孤寡老人送爱心粽子、慈心一日捐等活动。

（巩 玲）

## 费县地方税务局

### 经济概况

2014年，费县实现生产总值235.14亿元，同比增长10.9%。公共财政预算收入13.78亿元，增长15%。固定资产投资137.8亿元，增长16.7%。社会消费品零售总额100.25亿元，增长12.5%。三次产业比例调整为0.3∶58.3∶41.4。

### 收入概况

2014年，费县地税局共组织税收收入8.93亿元，比上年增收1.05亿元，其中财政口径县区级完成8亿元，同比增长13.09%，增收9264万元。

### 工作概述

**【税政管理】** 落实税收优惠政策，做好营业税起征点调整后税收政策的全面贯彻落实，认真落实国家支持高新技术企业、小型微利企业、转制文化企业及重点项目建设和产业转型升级、节能环保等各类税收优惠扶持政策，认真做好企业所得税和社会福利企业房产、土地税收减免工作，减免税款632万元。认真做好残疾人就业保障金、工会经费等代收费的征收管理，支持各项社会事业发展，全年征收各项代收费730万元。

**【征收管理】** 加强户籍信息比对。对房地产业和建筑业纳税人逐户动员，讲解发票网开，做好发票网开的推广应用工作，积极探索推行网开发票实践。按照新的法规要求，探索创新管理模式，扩大委托代开发票范围，依托山东省地税局开发的委托代开系统，实现代征税款与代开发票的有机结合。结合本地实际情况，制定了切实有效的管理措施，扎实做好绩效考评各项基础工作，按月计算绩效考核指标数据，召开会议通报各单位绩效考核指标完成情况，督促及时跟踪监控整改落实。

走访个体工商户，宣传税收政策。

**【税收执法】** 开展“提高收入质量，防范执法风险”活动，在采取网上点评、专项检查等传统做法的基础上，建立了由计划统计、政策法规、税收征管、纪检监察等部门联合参与的税收收入质量评价反馈督导机制，实现收入情况的定期、适时预警，建立入库异常信息采集、汇总分析、打包推送、实地检查、责任追究联动机制，收入质量实现逐步好转，执法风险逐步降低。2014年，开展了以重点税源企业、重点行业和发票专项整治为主要内容的税收专项检查活动，实现查补入库税款、罚款、滞纳金1200余万元。

**【纳税服务】** 扎实开展党的群众路线教育实践活动，认真落实税务总局“便民办税春风行动”等；进一步完善并印发了首问责任、导税服务、一次性告知、限时服务、延时服务、预约服务、提醒服务、二次优先服务等办税服务工作制度，深入推进“一站式”和“同城通办”纳税服务，为纳税人提供更加高效、便捷的纳税服务；及时做好日常举报投诉及12366、12345热线转办处理工作，加大税收宣传力度，提升地税服务品牌，整体办税服务质效显著提升。2014年，荣获临沂市地税局“十佳文明服务窗口”称号，被费县行政服务中心评为“政务服务先进窗口”。

【信息化建设】　保障软、硬件的运行维护和网络安全工作。继续加强税收管理平台的二期建设，配合相关科室做好数据的资源利用工作。对税收管理平台在使用过程中出现的问题和需求及时解决和上报，牵头做好税收风险模块的各项流程工作，配合做好纳税服务平台、微信平台等的上线工作。做好综合治税，深化信息管税，把涉税信息变为可控税源，将可控税源形成税收收入。

【干部队伍建设】　结合“弘扬沂蒙精神、争做地税先锋”活动，把丰富党建活动内容作为加强组织建设的重要载体，努力创新方式，搞好各项活动。在系统内开展以访贫问苦、慰问孤寡老人，结对帮扶低保户、特困户等为主要内容的学雷锋志愿服务系列活动。

【党风廉政建设】　以“一岗双责”为重点，全面落实党风廉政责任制。认真组织党员干部开展经常性的党性、党风、党纪、政纪和廉洁从政教育，加强与干部职工的廉政交心谈心活动。建立健全干部队伍违法违纪预警机制，定期查摆分析干部职工违法违纪苗头规范和完善反腐倡廉规章制度。

【精神文明建设】　继续开展城乡共建、结对帮扶等文明创建活动。县局和各征收单位分别顺利通过了省级文明单位、市级文明单位的复查验收。县局先后荣获“平安建设先进单位”“宣传文化先进单位”等荣誉。

（王　敏）

# 沂南县地方税务局

## 经济概况

2014年，沂南县实现生产总值205.5亿元，同比增长11.2%；实现公共财政预算收入13.2亿元，增长15%。固定资产投资、社会消费品零售总额和进出口总额分别达到169.5亿元、112.3亿元和2.9亿美元；城镇居民人均可支配收入23119元，增长12.5%；农民人均纯收入11577元，增长12.7%。

## 收入概况

2014年，沂南县地税局共组织入库各税10.08亿元，同比增收1.37亿元，增长15.72%；其中中央级收入完成6695万元，同比增收1844万元，增长38.01%；省级收入完成11万元，同比减收32万元，下降73.81%；地方级收入完成9.41亿元，增收1.19亿元，同比增长14.46%，占收入总量的93.34%。

## 工作概述

【税政管理】　认真贯彻落实国家

改善民生、扶持企业发展等各项税收优惠政策，全年共对全县156户小微企业进行了优惠政策落实，减免企业所得税18.68万元；强化重点税源控管，密切关注重点企业、重大投资项目建设，准确掌握重点税源变化情况，确保了税款及时入库。全年重点税源入库税收6.63亿元，占总收入的65.74%，同比增长35.05%；健全机制，强化重大建设项目税收管理，房地产、建筑业税收共计入库该项税收3.19亿元，增长66.10%。全面抓好企业所得税汇算清缴、年所得12万元个税自行申报等工作开展；大力推进“营改增”工作，主动加强与财政、国税部门配合，共同做好邮政、电信业相关的征管信息移交工作，保证了“营改增”工作的顺利进行。

**【税收征管】** 加强征管基础数据整改，持续抓好征管指标考核，税收征管质量不断提高；做好金税三期系统运维工作，先后举办两期金税三期系统决策一包查询统计及相关业务培训，不断提高金税三期系统应用质效；强化税收征管，堵塞征管漏洞，在全县深入开展建筑安装、房地产业税收清理规范工作，入库税款9896万元；强化区域税收整治，对县城驻地土地使用税、房产税开展重点清理清收工作，组织检查入库税收465万元；进一步完善耕、契两税征管资料。对全县的商品房、二手房和土地交易的相关资料进行了系统、规范整理，共整理商品房交易7500余户，档案资料424卷，征管质量全面提高。

**【税收执法】** 以提高执法风险防控能力为重点，全面落实税收执法责任制，严格执行《税收规范性文件制定管理办法》，进一步规范执法主体，强化对执法程序、执法文书、执法范围、执法措施的管理，严格审批，有效防范执法风险；深入推行税收执法质量督查约谈制度，增强了执法人员依法行政、严格执法的自觉性；围绕重点领域、重点行业、重点企业，进一步强化税务稽查和执法检查，加大税收违法案件查处力度，不断整顿和规范税收秩序，促进税收收入增长。

开展小微企业税收优惠政策送上门活动。

**【纳税服务】** 认真贯彻落实《全国县级税务机关纳税服务规范》和市局《首问责任制度》，进一步优化办税流程，简化办税程序，纳税服务质效有了新的提升；以深入推进“便民办税春风行动”为契机，结合实际，因地制宜，在全系统开展“便民春风大走访”活动。通过领导干部包扶联系企业，上门询意见、送服务、解疑难的方式，为企业提供税收政策咨询，帮扶企业解决问题。共收集梳理企业各类问题和建议27条，现场解惑答疑涉税问题19条，密切了税企关系，纳税服务工作进一步优化。

【干部队伍建设】　以深入推进党的群众路线教育实践活动开展为主线，按照“为民务实清廉”主题和“照镜子、正衣冠、洗洗澡、治治病”的总要求，组织开展党性教育、革命传统教育，通过到党性教育基地观摩学习、观看教育实践活动专题影片、听取英模事迹报告会等形式，使党员干部理想信念、宗旨意识进一步增强，思想作风进一步改进，保障了各项工作有效落实；持续推进学习型组织、实干型集体建设，深化干部素质提高工作。通过开展“十佳岗位能手”选拔及全员业务练兵活动，在系统内形成了“比、学、赶、超”的浓厚氛围。

【基层建设】　深入联系群众，积极开展帮扶解困活动。选派2名同志到孙祖镇连顶社区任职“第一书记”，先后为该村帮扶各类资金20余万元。实施群众看得见、摸得着、得实惠的党建帮扶项目9个，走访慰问困难村民46人次，办实事好事7件，解决困难问题6个。深入联系群众的同时，抓好机关党建及学习型、服务型、创新型党组织建设，并开展了关爱“留守老人儿童”等志愿服务活动。

【党风廉政建设】　严格落实党风廉政建设主体责任、监督责任，强化责任担当，细化任务分解，县局与各征收单位、机关各科室层层签订《党风廉政建设责任书》，确保党风廉政建设责任制全面贯彻落实；深入开展反腐倡廉和预防职务犯罪教育，通过举办春训暨廉政教育报告会，党员干部廉洁自律意识得到进一步增强；深入开展纠正“四风”、整治“庸懒散”工作，进一步提高了干部执行力和遵纪守规的自觉性。积极开展行风评议活动，行风建设得到进一步加强，在社会上树立了良好的地税形象。

【精神文明建设】　大力开展精神文明建设，县局在荣获全国税务系统文明单位的基础上，连续15年表彰为复查合格省级文明单位，2014年被市委、市政府表彰为“全市财税征管工作先进单位”，被县委、县政府表彰为“优化经济发展环境十佳单位”“精神文明建设先进单位”等荣誉称号，1个基层单位被重新认定为“省级青年文明号”，4个基层单位被表彰为复查合格“市级文明单位”。

（秦晓东）

## 临沭县地方税务局

### 经济概况

2014年，临沭县实现生产总值201.6亿元，同比增长11.5%。完成公共财政预算收入12.2亿元，增长15%。三次产业比例为9.7∶48.7∶41.6；全县50家骨干企业实现销售收入463.1亿元、利税25.1亿元，分别增长17.4%和15.7%。

### 收入概况

2014年，临沭县地税局累计组织各项收入9.05亿元，增收1.31亿元，增长16.97%；其中地方级完成8亿元，增收1.09亿元，增长15.81%，剔除“营改增”因素影响，地方级增长18.69%。其中耕地占用税、契税分别完成2075万元、6323万元，残保金完成217万元，圆满完成全年任务目标。

## 工作概述

**【税政管理】** 加强重点税源监控，研究制定《重点税源监控管理办法》，对年纳税百万元以上纳税户建立重点税源监控数据库，全年共组织重点税源入库税款6.21亿元，增收1.33亿元，增长27.35%，占税收收入的比重为68.56%，提高5.58个百分点。大力开展股权转让交易监控，全省首例非居民企业限售股转让营业税在临沭地税顺利征收入库，入库税款1280万元。及时把握信用社改制动向，严格执行相关税收政策，督促信用社申报缴纳契税1044万元。向县政府建言出台《临沭县人民政府关于加强矿产资源税收管理的实施意见》（沭政发〔2014〕5号），加大对土地使用税、资源税的税收管理和清理力度。充分利用综合治税平台，加强对耕地占用税、契税、建筑业营业税等税种的管理，全年通过综合治税网络平台采集各类信息98218条，入库税款522.74万元。

**【征收管理】** 强化基础数据管理，全面提高基础数据质量，整理制作《金税三期核心征管系统数据整改操作说明》和《税收管理工作平台查询及反馈操作说明》。全力做好金税三期系统运维保障工作，组织编写《“金三”业务操作规范及操作流程说明》合订本。规范委托代征系统操作流程，全面推行委托代征系统应用，确定56户委托代征单位，委托代征税款8715万元。在建筑业和销售不动产行业全面推行发票网开工作，全县符合条件的27户建筑业和销售不动产纳税人已全部实现了网络开具发票。

**【税收执法】** 强化税务稽查作用，大力开展股权转让交易、中介机构、高收入者个人所得税等专项检查，查补税款、滞纳金、罚款3430万元；与国税部门联合开展发票专项整治活动，查出违章金额665万元，查补28.2万元。加大重点税源企业纳税评估力度，查补税款4586万元。深挖村街税收潜力，清理村街税收3500余万元，其中利息税收200余万元。

**【纳税服务】** 在全系统开展“便民办税春风行动”“学雷锋、创三优”活动和党员窗口“三亮、三争、三评”活动。先后为1360余户次小微企业减免营业税额49万元；办理高新技术企业办理减免企业所得税2568万元；办理企业加计扣除研发费用2593万元，真正让税收优惠政策在企业落地生根。

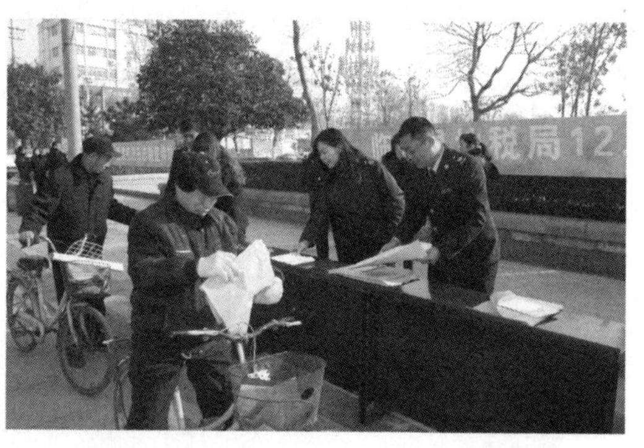

加强税收法治教育，积极开展“12·4”国家宪法日宣传活动。

**【信息化建设】** 加强与工商、国税、银行、公安等部门以及纳税人的联系，促进内外部信息的双向流动、实时共享和综合比对。充分利用金税三期和第三方信息，建立科学、高效、规范的征管信息应用分析评价机制，真正实现由“人管税”到“信息管税”模式的转变。

【干部队伍建设】　切实强化制度建设，以制度机制巩固教育实践活动成果，共废止制度3个、修订完善制度18个、新建制度5个，实现改进作风制度化、常态化。优化作风建设，规范财务支出制度、车辆管理等，对落实中央八项规定、反对“四风”情况深入开展自查，清理办公车辆3辆、腾空办公用房393平方米、压缩“三公”经费20.96万元。强化推行绩效管理，将绩效管理工作作为“一把手”工程，充分调动干部职工参与积极性。

【精神文明建设】　定期举办道德讲堂，深入挖掘整理系统内好人好事、先进事迹，成功树立了“十佳沂蒙税官”韩宝金、“巾帼标兵”卢小雨等先进典型，引领了建功立业、乐于奉献的良好风尚。

【党风廉政建设】　召开廉政工作会议，层层签订党风廉政建设责任书，联合检察院、国税局开展“检税共建”活动。通过参观检察院警示教育基地、举办警示教育巡回宣讲报告、邀请县纪委领导就如何落实好中央八项规定进行授课，进一步筑牢了广大税务干部拒腐防变的思想防线。

（樊纪群）

# 临沂市地方税务局<br>高新技术产业开发区分局

## 经济概况

2014年，临沂市高新区实现生产总值54.6亿元，同比增长12.3％；地方财政收入6亿元，增长25.1%；完成固定资产投资143亿元，同比增长16.9%；实现技工贸总收入6亿元，同比增长27.1%；出口创汇4.96亿美元，同比增长19％；合同引进项目总投资2.31亿美元，其中实际利用外资1762万美元，居全市前列。

## 收入概况

2014年，临沂市地税局高新区分局共组织地税各项收入4.86亿元，同比增收1.07亿元，增长28.3％，其中税收收入4.69亿元，其他收入1678万元。从分税种看，各税种总体均实现较快增长，其中营业税、土地使用税、个人所得税分别完成1.84亿元、0.51亿元、0.25亿元；从分经济类型看，股份公司占主导地位，共入库地方税收2.48亿元，占总收入的55.5％。

## 工作概述

【税政管理】　认真落实国家高新区各项税收优惠政策，促进企业技术进步、扶持下岗失业人员再就业和退伍军人创业，促进产业结构调整。做好企业所得税汇算清缴和年收入12万元以上个人所得税自行申报纳税工作，实现税款增收。

【征收管理】　加强对组织收入工作的领导和考核。明确目标，制定工作措施，保证税收收入的持续稳定增长。加强对重点税源、重点行业的征收力度。抓好房地产业、交通运输业、制造业等重点行业及上年度纳税额在10万元以上重点税源的税收管理。加强核定征收，积极推行纳税评估工作。

【税收执法】　进一步加强税收法

律法规的学习教育，提高全员的法制意识和依法行政水平。从规范征管检查程序入手，促进征管检查工作的规范化。严格界定执法权限，完善执法程序，统一执法文书，规范行政处罚手段、方式。全面推行税收执法责任制，建立科学高效的税收执法体系。

**【纳税服务】** 积极推进办税服务厅的有效整合和标准化建设，大力提升纳税服务水平。围绕满足纳税人税法知情权，开展各项纳税服务活动。对新办纳税户进行“入门”培训，提高办税能力。认真开展“局长服务日”活动。提高服务技能，打造“征纳共赢”服务品牌。把纳税服务体现到征管全过程，大力提高服务质效。

**【信息化建设】** 严格落实各项数据分析制度，加强税收数据管理，积极推进信息管税。加大硬件投入，充分运用各类系统软件，实现行政办公、财务管理信息化，有力保障各项工作顺利开展。加强网站建设，拓展完善内、外部网站内容，提高地税形象。

**【干部队伍建设】** 大力加强思想、作风和组织建设，深入开展“弘扬沂蒙精神、争做地税先锋”活动，不断加强学习教育培训，努力提高干部队伍素质，逐渐完善民主科学的用人机制，真正实现科学发展。

**【基层建设】** 建立健全工作效能长效机制，进一步完善各项规章制度，加强对执法行为、服务水平、税容风纪等工作情况的检查，落实考核、问责等工作措施，全面促进基层建设向纵身发展。

**【党风廉政建设】** 逐渐完善教育、预防与惩处机制，加强对地税干部执行“十条廉政规定”情况的监督检查，将廉政监督延伸到八小时之外。进一步建立健全相互监督、相互制约的权力监督体系，确保干部队伍不出问题。

**【精神文明建设】** 认真开展红色革命教育，推进地税文化建设，激发干部职工创先争优的思想工作意识。继续深入开展“文明单位”“青年文明号”及“政风行风示范窗口”等创建活动，充分发挥文明单位的模范引领作用。2014 年被共青团山东省委和省地税局评为“省级青年文明号”，被临沂国家高新区党工委、管委会评为“财税工作先进单位”。

（赵建伟）

## 临沂市地方税务局<br>经济技术开发区分局

### 经济概况

2014 年，临沂经济技术开发区业务总收入达到 1420 亿元，同比增长 37%；完成规模以上固定资产投资 205 亿元，增长 22%；完成规模以上工业总产值 1050 亿元，增长 31%；实现公共财政预算收入 18 亿元，增长 23%；地税分局组织收入 11.1 亿元，增长 46%；国税局组织收入 14 亿元，增长 14.3%；完成进出口总额 8.6 亿美元，增长 36%。连续两年在全市县域经济发展观摩考核中荣获第一。

### 收入概况

2014 年，临沂市地税局经济技术开

发区分局共组织各项收入 11.09 亿元，同比增收 3.49 亿元，同比增长 46%。其中税收收入入库 1.05 亿元，同比增收 3.46 亿元，同比增长 49%；其他收入入库 6221 万元。分级次看，中央级入库 5665 万元，同比增收 1271 万元，增幅 29%；省级入库 4 万元，减收 13 万元，减幅 76%；市县区级入库 105191 万元，同比增收 33743 万元，增长 49%。

## 工作概述

【征收管理】　组织收入中，进一步明确任务目标，细化分解税收任务，分税种、划项目、按时间层层分解到科室和人员。局班子成员分别对各街道办事处进行协调与督导，将责任落实到人；将各科室任务进度纳入年终目标考核，形成了人人有任务、层层有压力，一级抓一级、层层抓收入的组织收入工作格局。形成定期收入分析汇报制度，每周定期召开收入分析会，总结当周收入完成情况，对税收形势进行准确研判，对未完成计划进度的，责令查找原因，及时制定改进措施，调整工作任务，牢牢掌握全局收入完成情况。

【纳税评估】　发挥纳税评估的作用，扩大纳税评估面，根据企业申报纳税疑点，对长期零申报、异常申报和税收预警企业加大纳税评估力度，对评估案件按照不低于 20% 的比例进行复查，建立纳税评估责任考核机制，考核结果与责任制挂钩。年内完成评估 321 户，入库税款 4200 万元。密切关注开发区重大建设工程和投资项目，借助社会综合治税力量，对在建企业项目、办事处农村还建建设、外来建设项目税收进行专项清理，以专项清理促进税收增长，共计查补入库 2600 余万元；进一步加大了对房地产等行业的专项整顿力度，突出对物业管理税收方面的清理检查，边检查，边定案，边入库，共组织税款入库 30 余万元。

加强纳税服务，与国税局联合举办税企恳谈会。

【纳税服务】　规范服务标准，让纳税人缴“明白税”。印制了涵盖纳税流程、发票代开、税种简介、税款征收等涉税事项的《纳税服务手册》，发放到每一个纳税人手中，对纳税人办税时需要报送的资料严格实行一次性告知，资料齐全、符合要求的能即时办理的即时办结，不能即时办结的进行内部流转并限时办结，受到了纳税人的好评。坚持税收优惠不打折扣的原则，对符合政策规定应该减免的税款坚决落实到位，全力为企业减负增效。全年共为 12 户次企业合计减免各项税款 1323 万元。同时，深入落实小型微利企业税收优惠政策，其中 29 户小微企业享受了企业所得税优惠，127 户个体工商户享受了营业税减免优惠，共减免税款80余万元。

【干部队伍建设】 深入开展了党的群众路线教育实践活动，按照“照镜子、正衣冠、洗洗澡、治治病”的活动总要求，持续聚焦“四风”，着力改进作风，既扎扎实实做好“规定动作”，又积极主动地做好“自选动作”，活动达到了预期目的，队伍作风通过教育实践活动得到了较大改进。“三公”经费同比下降30%，调整清理办公用房3200平方米；组织两期赴浙江大学税收业务提升研修班，税务干部的知识得到了丰富，境界得到了提升，业务得到了充实，学习积极性得到了提高；全面落实党风廉政建设责任制，强化“一岗双责”，形成了齐抓共管的强大合力和鲜明的工作导向，建立起明责、履责、问责的责任体系，年内干部队伍稳定，未出现任何违纪违法现象。

（姚桂林）

# 临沂市地方税务局临港经济开发区分局

## 经济概况

2014年，临沂临港经济开发区规模以上工业企业累计完成工业总产值129.2亿元，同比增长28%；完成固定资产投资140亿元，增长40.3%；实现地方财政收入4.1亿元，增长11.7%。

## 收入概况

2014年，临沂市地税局临港经济开发区分局累计组织地方各项税收收入3.51亿元，同比增长34.61%，增收9011.86万元。其中，区县级收入3.40亿元，同比增长35.8%，增收8963.67万元。

## 工作概述

【税政管理】 一方面，积极推进“营改增”工作，对全区涉及“营改增”的纳税人进行统一摸排，并将税务登记、税种鉴定、税收优惠数据等信息及时进行维护，确保数据的准确性和有效性，推进了“营改增”工作顺利开展。另一方面，以金税三期系统运行为契机，对税源进行科学分类，实行“行业+规模”的管理方式。在此基础上，依托省局纳税评估系统和市局税收风险防控平台，强化税源分析和纳税评估，形成了集聚效应，提升了税源监控水平。

【税收征管】 以提高收入质量、防范执法风险为核心，全力加强税收征管，实行分税种、分行业、分项目、分环节的税收管理办法，有效发挥了堵漏增收的作用。2014年，分别入库营业税1.25亿元，同比增收4271万元，增长61%；个人所得税508万元、企业所得税304万元、耕地占用税5844万元、契税3589万元、资源税6894万元、土地使用税2472万元。

【税收执法】 以推进法治地税建设为目标，严格落实税收执法责任制和执法过错责任追究制，在加强风险排查的基础上，对重点执法事项，推行“两级审核、两级审批”机制，有效规范了税收执法行为，每月执法过错数量均为0条，全年无行政复议、行政诉讼案件发生。

【纳税服务】 充分发挥税收职能作用，认真做好各项社会规费的代征工作，完成教育费附加、残疾人就业保障金等各项代收费收入1100万元。按照“积极主动、不折不扣”的原则，严格落实国家支持小微企业、高新技术企业发展和困难性减免等税收优惠政策，全年累计报批减免各类税收16.7万元。围绕服务纳税人，借力“便民办税春风行动”开展，严格落实县级税务机关纳税服务规范，在全面推行“一窗式”服务的基础上，相继推出一系列便民办税新举措。结合党的群众路线教育实践活动，开展“融入企业接地气、真心实意解企忧”为主题的大走访活动，组织干部职工深入企业进行走访调研，征求各类意见建议16条。加强税收政策宣传，通过发挥部门协作、行业协会、公共媒体、平台宣传等四项优势，举办各类宣传活动3场次，累计发放各类宣传资料2600余份。

开展革命传统教育，增强干部职工党性观念。

【干部队伍建设】 以开展“弘扬沂蒙精神、争做地税先锋”主题活动为载体，注重从工作实际和岗位需求出发，有针对性地组织集中培训和分类培训，提升了干部的综合素质，全局本科以上学历人员占73.3%，1名同志被省局聘任为兼职教师，2名同志被市局选拔为岗位能手。结合党的群众路线教育实践活动的开展，把学习教育作为提高党员干部素质的有效途径，开展专题集中学习8场和党性体验教育2次，每名党员撰写了6000～10000字的学习笔记和5篇以上的心得体会，实现了党员综合素质的有效提升。

【信息化建设】 以金税三期系统试点上线和地方税收管理平台运行为契机，抓好软件应用培训，提高了干部职工的软件操作技能和数据分析应用水平，加强信息数据管理，严格信息数据的采集、录入和审核，提高了信息数据利用率。

【党风廉政建设】 在严格落实党风廉政建设责任制的基础上，加强廉政教育和廉政文化建设，抓好源头预防，增强了干部职工廉洁从政意识。深化“廉政和执法风险防控平台”应用，累计对15项预警信息进行了立项核查。着力加强干部作风建设，严格执行中央八项规定。2014年，全局未发生一起违规违纪案例。

【精神文明建设】 以加强地税文化建设为引领，深入开展文明创建活动，积极开展扶危济困和帮扶活动，分局文明程度进一步提高，被授予“全区先进工作单位”等称号，并被区党工委、管委会通报表彰，有9人次获省、市、区各类表彰。

（谢　伍）

# 临沂市地方税务局蒙山旅游区分局

## 经济概况

2014年，临沂蒙山旅游区实现生产总值20.59亿元，同比增长12%，完成固定资产投资3.5亿元，增长30%，实现地方财政收入3836万元，增长47.5%。

## 收入概况

2014年，临沂市地税局蒙山旅游区分局共组织入库3694万元，同比增长65.72%，增收1465万元。从分级次看，中央级收入完成32.4万元，增长80%，按财政口径统计，区县级收入完成3635万元，同比增长66.06%，增收1446万元。

## 工作概述

【税政管理】 精心组织年所得12万元以上纳税人个人所得税自行申报工作，全面推行个人所得税全员全额申报工作。认真做好税收优惠政策的落实工作，重点对起征点调整、营业税税率调整、小型微利企业所得税、省委省政府对加快民营经济发展等优惠政策做好宣传，确保税收优惠政策落实到位。规范和加强减免税管理工作，准确执行税收政策，规范税收执法行为，维护纳税人的合法权益，切实减轻小型微型企业负担。

【税收征管】 抓实"营改增"试点工作，按照"营改增"的范围，认真做好户籍清理。按照实现征收、管理、稽查部门工作衔接试行办法的要求，加强发票管理。认真开展2014年度个体税收定额核定工作，通过自行申报、核定定额、定额公示、上级批准、下达定额、公布定额等法定程序，开展数据比对工作，充分利用现有征管软件提取的信息数据，加强对纳税申报环节各项涉税信息的管理，保证税款及时入库。

【纳税服务】 牢固树立"始于纳税人需求，基于纳税人满意，终于纳税人遵从"的纳税服务理念，积极开展"便民办税春风行动"。一是梳理审批清单保留的行政审批事项，加大取消或下放力度。二是提高办税服务效率。提速登记办理、发票领用、涉税审批、政策咨询服务和投诉处理。三是研究制定本系统首问责任制工作规范，细化具体要求，检查各分局窗口服务首问责任制落实情况。四是积极推进"三个减轻"（即减轻资料报送负担、减轻表单填写负担、减轻税务检查负担），进一步减轻纳税人办税负担。五是理清税收执法权力事项，编制税收执法流程，主动接受社会监督。实行征期工作日内领导带班制和AB角制。对纳税人实行"五心"纳税服务（即为纳税人服务热心、对待纳税人温心、办理纳税事宜诚心、解答税收政策耐心、办结纳税事项放心）。创新开展第22个全国税收宣传月活动，帮助纳税企业解决其在纳税过程中的涉税政策，特别是优惠政策，做到解释到位和宣传到位，散发宣传单2000多份。继续推动税法走进社区，回答社区居民的涉税涉费问题，被蒙山旅游区管委会授予"服务蒙山先进单位"。

【干部队伍建设】 扎实开展党的

群众路线教育实践活动。班子成员带头讲学，“转换角色、切身体验”，深入干部职工、企业当中听取意见和建议，召开5次税企座谈会，走访6户重点税源企业，发放调查问卷75份，收集征求意见42条，分类梳理为16条整改问题，建立整改台账，实行动态管理，解决一个销号一个。分局领导带头在公车使用、公务接待等方面严格执行中央八项规定，形成良好的示范效应。全面开展推进绩效管理工作。根据省、市局的统一部署，分局迅速建立健全领导体制和工作机制。及时将承接的市局考评指标落实到具体部门和具体责任人，于11月底前制定了9份考评办法文件与3套指标体系。有针对性地加强教育培训。分局于8月组织干部职工到泰安山东科技大学进行政治及业务培训学习，积极参加省市局相关业务培训，取得了良好的效果。

**【党风廉政建设】** 严格落实党风廉政建设责任制，签订党风廉政建设责任书。贯彻落实中央八项规定，坚决纠正“四风”。组织干部职工深入学习税务总局和省市局党风廉政建设工作会议精神，学习习近平总书记在中纪委上的重要讲话，制定了《加强廉政风险防控实施方案》，根据部门职能、岗位职责和工作流程，全面排查廉政风险点，制定防控措施，推进科技防控，扎实推进惩防体系建设，不断强化对权力运行的监督制约。

（王 政）

# 德州市地方税务局

## 经济概况

2014年，德州市实现生产总值2596.1亿元，同比增长10%；公共财政预算收入171.3亿元，增长14.2%；固定资产投资1961.3亿元，增长16.3%；城镇居民人均可支配收入、农民人均纯收入2.71万元、1.21万元，分别增长9.5%和11.6%。

## 收入概况

2014年，德州市地税局税收收入完成133亿元，同比增收20.3亿元，增长18%。其中，市县级收入完成121亿元，同比增长18.5%，增收18.9亿元。营业税、企业所得税和个人所得税三大主体税种共完成62.8亿元，占总收入的47.2%，同比增长11.1%。全年代收教育费附加、地方教育附加、文化事业建设费、残保金、工会经费、地方水利建设基金等共计7亿元。

## 工作概述

**【税政管理】** 强化重点行业、重点项目营业税管理，组织收入24.63亿元。加强企业所得税汇算清缴，通过推广电子申报提醒、开展税务机关点评辅导等方式，汇缴补税6800万元。加大年所得12万元以上人员个人所得税自行申报工作力度，自行纳税申报首次突破6000人大关，补缴税款1686万元。

**【征收管理】** 一是围绕经济增长点抓增收。加强重大建设项目、重点行业、重点税源企业税收管理，提高管控能力，确保应收尽收。二是围绕管理难点抓增收。落实建筑业委托代征、土地增值税集中清算、企业所得税汇缴检查、个人所得税专项核查、发票专项清查以及重大项目等十项增收措施，挖潜增收6.1亿，占总增收额的37%。三是围绕政策调整抓增收。认真测算土地使用税税源底数，加大征收力度，土地使用税完成12.3亿元，同比增长35%。对土地使用权出让（转让）实行“先税后证”，征收契税4.5亿元。

**【税收执法】** 在近年“事前指引、事中监督、事后追究”三位一体执法规范化体系建设基础上，以承担全省地税系统执法规范化建设试点为契机，结合省局执法规范，引入执法风险实时监控理念，研发税收执法预警提示软件，通过对风险行为和环节进行多层级风险预警和提示，实现了税收违法行为的实时监控、过程监督、及时纠改，提升了税收执法规范化水平。

**【纳税服务】** 一是服务经济决策。围绕财税体制改革、转方式调结构、一圈一带建设、社会事业发展等大事项，深入开展经济税收调研，向市领导提出意见、建议20余项。二是服务社会发展。加强税收优惠政策落实，自主开发应用税收优惠政策管理系统，对所有优惠事项进行分级、分类、分项管理，提高优惠政策落实质效。2014年，全市共落实税收优惠9.33亿元。三是创服务纳税人。深入开展“便民办税春风行动”，全面提升纳税服务质效。联合国税、工商、质检部门推行“四证一章联办”制度，提高税务登记效率。落实审批权限取消下放政策，10大类56个审批事项实现了前台集中受理、内部流转、限时办结的“扁平化”管理。全面落实税务总局纳税服务规范，承接省局差异对比分析工作，做好宣传辅导，加强督导检查，确保《纳税服务规范》落到实处，提高了纳税服务质效。

**【信息化建设】** 按照省局信息安全规范操作指南对信息安全操作流程进行规范，加强安全检查，定期维护设备，确保网络信息安全。做好金税三期系统软件和公共软件的运维支持，确保后台系统高效有序运转。为业务软件提供技术支持，保障业务沙龙软件、税收优惠管理软件和税收服务管理平台等系统顺利上线运行。

**【干部队伍建设】** 一是深入开展党的群众路线教育实践活动。牢牢把握“为民务实清廉”主题和“照镜子、正衣冠、洗洗澡、治治病”的总要求，聚焦“四风”问题，全市地税系统共整改问题7类246项，制定整改措施232个，队伍作风明显改进，党性修养明显增强。二是加强教育培训。举办税收实务培训班、岗位业务技能提升培训班3期，参训人员406人。建设地税业务沙龙学习交流平台，拓展了教育培训渠道，提升了队伍素质。三是加强活力地税建设。强化理论指引，推出《身边的感动》《基层的力量》系列文化产品，提升文化软实力。组织开展先进模范颁奖活动，树立起李德水等先进典型，发挥了榜样的正向激励作用。与《德州日报》联合开设地税在线栏目，刊登稿件40余篇，加强外部宣传。四是推行绩效管理，科学设计指标，定期分析反馈，实施量化考核，发挥激励促进作用，推动了工作开展。

**【基层建设】** 推行“两化同建”，深入开展规范化县局和标准化中心所建设，进一步深化和固化基层建设成果。围绕执法服务、队伍管理、行政保障、行为规范等方面建立制度规范，明确了政策落实、税种管理、财务内控、行政运转的具体工作标准，并严格抓好执行落实，基层规范管理体系初步建立。

**【党风廉政建设】** 严格落实“两个责任”，建立起责任分解、检查监督、倒查追究的完整链条。强化对廉政风险动态检测，逐项落实核查处理预警，有效预防廉政风险。开展领导干部任期廉政谈话，全年共谈话321人次，筑牢思想防线。组织开展“小金库”专项清查和风险防控平台自查活动，完善信访举报事项办理和常态化的明察暗访制度，加大监督追责力度，优化了队伍作风。

**【精神文明建设】** 2014年，德州地税系统获得国家级荣誉“全国五一巾帼标兵岗”，获得“全省地税系统目标管理考核优秀单位”“山东省工人先锋号”等省级荣誉17项。市局荣获2014年度“全市推动科学发展建设幸福德州综合考评先进单位”“全市廉政效能建设先进单位”“全市政务服务工作先进单位”3项荣誉称号。

（张　健）

## 德州市地方税务局德城分局

### 经济概况

2014年，德州市德城区实现生产总值272.45亿元，同比增长10.4%；实现财政总收入28.84亿元，完成公共财政预算收入20.26亿元；完成规模以上固定资产投资171.2亿元，同比增长17.4%；社会消费品零售总额150.2亿元，同比增长13%；三次产业比例为2.2∶40.3∶57.5。

### 收入概况

2014年，德州市地税局德城分局共组织各项收入11.93亿元，同比增长14.02%，增收1.47亿元。其中，中央级、省级、市级、区级分别完成1.38亿元、22.2万元、107.2万元、10.27亿元。

### 工作概述

**【税政管理】** 一是强化重点税源控管。对重点税源实行精细化管理，2014年纳税排名前150位的重点税源企业共实现税收8.2亿元，占总收入的68.73%。二是强化房地产业和建筑业税收征管。充分利用社会综合治税网路，加强项目源头控管，全程监控，确保税款及时、足额入库。2014年，房地产业和建筑业分别入库税款5.63亿元、2.15亿元。三是强化税种管理。对1215户企业开展企业所得税汇算清缴自查和复查工作，共补缴税款2.12亿元。积极落实年所得12万元以上个人所得税自行申报工作，共受理自行申报638人，补缴税款90.2万元；开展两处及两处以上所得个人所得税疑点信息核实查补工作，共核实538人，补缴税款33.56万元。

**【征收管理】** 一是强化个体管理。开展个体税收清理检查，截至2014年底，登记注册个体工商户、临时税务登记户共11693户，其中认定为已达起征点户数为2401户，全局月核定定税额为130.38万元。二是开展国地税个体数据比对工作。联合国税部门开展个体定额数据共享比对，确认655户为国税正常管理并认定为已达起征点个体纳税人。三是强化餐饮服务业调查核实。共清查个体住宿餐饮业纳税人900余户，新核定和调增税额4.42万元。同时，对128户单位餐饮纳税人进行检查，查处未据实申报纳税人69户，查补税款117.6万元。

**【税收执法】** 强化税收执法督查。开展税收执法自查自纠，发现问题及时整改，有效降低了执法风险。强化清理检查。对土地使用税、出租房税收、个体税收、物业税收、驾校税收、建筑业甲方供材以及行政事业单位印花税等开展税收清理检查，实现了堵漏增收。

**【纳税服务】** 一是开展办税服务厅标准化建设。完善办税服务厅功能区域，积极推进“一站式”“一窗式”服务，规范服务流程，简化办税手续，彻底打通服务的“最后一公里”。二是积极落实各项税收优惠政策，支持经济发展。2014年，共为353户符合小型微利税收优惠政策的企业落实了减免税政策，减免税额116万元。积极落实高新技术企业、现代农业、促进就业创业、残疾人优惠等各项税收政策，有效减轻了纳税人负担。

举办小型微利企业税收政策培训班，服务企业发展。

【信息化建设】　强化信息安全管理和网络运维管理，切实保障金税三期工程软件安全稳定运行。对金税三期工程相应模块、公文处理软件、廉政风险防控平台等进行全员培训，提高了干部职工信息化操作水平。

【干部队伍建设】　扎实推进党的群众路线教育实践活动，聚焦“四风”问题，提建议、查问题、神剖析、抓整改，工作作风实现有效转变。深入实施“素质地税工程”，建立在岗自学、在线考试、网络研讨“三位一体”的教育培训机制，积极开展税收业务、执法风险等专题培训，有效提升了队伍素质。

【基层建设】　积极向区政府争取办公楼维修基金，对办公楼装修工作进行前期规划设计，改善了干部职工办公环境。

【党风廉政建设】　严格落实“两个责任”，层层签订党风廉政责任书。严格落实中央八项规定，深入开展治理“庸懒散”活动，严格工作考勤纪律，加强明察暗访，严格责任追究。

【精神文明建设】　积极开展“提升基层软实力大讨论”和巾帼文明岗创建活动，选树先进典型，激发工作活力。2014年，区局被区委、区政府授予支持地方经济社会发展先进单位、财源建设先进单位及廉政效能暨政风行风建设先进单位等荣誉称号，有1名同志荣获德州市劳动模范，20余人次获得各级荣誉称号。

（陈　涛　朱治国）

## 德州市地方税务局经济技术开发区分局

### 经济概况

2014年，德州市经济技术开发区实现生产总值229.17亿元，财政总收入48.04亿元，固定资产投资172.64亿元，进出口总值18.56亿元，同比分别增长10.6%、10.8%、17.4%、6.3%。

### 收入概况

2014年，德州市地税局经济技术开发区分局共组织税收收入18.91亿元，同比增收3.07亿元，增长19.34%。其中，中央级、省级、市级和区级收入分别为2.2亿元、36万元、256万元和16.7亿元，同比分别增长50.05%、-18.18%、48.84%和16.18%。

## 工作概述

【税政管理】 落实各类税收优惠政策，对符合条件的1658户（次）纳税人进行政策备案、审批，共减、免税收6860万元。建立区级地方税收保障联席会议制度，加强地方税收保障，在社区房屋租赁、股权转让、土地转让等方面增加税收1.36亿元。做好2013年度年所得12万元以上个人所得税自行申报工作，申报人数822人，缴纳税款4170万元。

【征收管理】 进一步完善企业并购、注销清算、土地转让、股权转让等重大涉税事项联动机制，通过建立风险应对小组，由团队集体应对、链式管理，全年共完成涉税事项审理42起，查补入库税款1.15亿元。强化风险防控工作，突出对重点企业重点经营指标分析，向9家企业发放《涉税风险提醒单》，涉税疑点11项，补缴税款355万元。做好税收辅导调查，对11户有疑点的企业实施税收调查，共核查入库税款2065万元。大力开展土地使用税清理核查，全面摸清厂区、工业园区、沿街门店自用和租赁的税源底数，全年入库土地使用税2.04亿元。

【税收执法】 扎实推进依法行政工作，切实规范税收执法行为，推行审批事项办税服务厅集中受理、内部流转、限时办结，实行涉税事项集体审理、链条式传送，切实提高重大税务案件审理工作水平。积极探索税收风险管理，制定防范措施，加强法制教育培训，严格过错责任追究，切实有效防范执法风险。

【纳税服务】 通过推行首问负责制、落实纳税服务规范、加强政策宣传等创新服务形式，提升服务质量。进一步完善税企一体化，为纳税人开辟绿色通道，促进税收征管由监督管理型向管理服务型转变，提高社会对税收工作的满意度。

【信息化建设】 建立综合治税信息平台，对全区税源尤其是重点税源、社区、市场和工业园区实行全覆盖监控，实现征管由高端、中端、低端和平台终端最终对接，达到税收从无序到有序的无缝隙控管。利用平台高效采集纳税人的采购、库存、生产、销售等环节的原始数据以及收入费用的信息，实现对企业涉税信息的实时监控。

【干部队伍建设】 深入开展党的群众路线教育实践活动，广泛征求问题建议，开展对照检查，梳理制度规定22项，制定整改措施47项，逐一整改落实，教育实践活动取得明显成效。加强教育培训，创建“学习型”分局，推行“每周一课，每月一讲，每季一考”学习制度，举办3期培训班、2场报告会和1次演讲会，提高了干部职工理论知识和专业知识储备。

【基层建设】 积极开展“两化同建”，从执法服务、队伍管理、行政保障、行为规范、环境面貌5个方面选准突破口，打造公正执法和规范服务两个品牌。以提高基层自主创新能力为切入点，以完善规范、标准、科学的行政管理制度为保障，优化职能配置，重新梳理形成9大类87项制度体系，进一步明确目标要求，加大执行落实和监督制约力度，提升基层建设水平。

【党风廉政建设】　深入开展“反腐、治理、改革”倡廉活动，严格落实“八条禁令”等各项规章制度，精简工作会议41%，精简文件45%；压缩“三公”经费28.5万元，同比下降54.5%，将所有公务用车进行油改气，公务用车费用同比下降了53%。

【精神文明建设】　近年来，区局先后荣获省级文明单位、省级巾帼文明岗、全省地税系统基层建设先进、全市地税系统先进集体、全市地税系统廉洁从税先进单位、开发区先进集体等多项省、市、区级荣誉。

（冯振发　肖　雪）

## 德州市地方税务局运河经济开发区分局

### 经济概况

2014年，德州市运河经济开发区实现生产总值78亿元，同比增长10%。其中，第一产业增加值7800万元，同比增长1.1%；第二产业实现增加值53.64亿元，同比增长11%；第三产业实现增加值19.77亿元，同比增长7%。地方财政收入5.25亿元，增长11.8%。

### 收入概况

2014年，德州市地税局运河经济开发区分局组织税收收入2.92亿元，同比增收1881万元，增长6.89%。其中，中央级收入2288万元，下降56.97%，减收3029万元；（区县）级收入2.62亿元，增长13.32%，增收3083万元。各税种收入：营业税9978万元，企业所得税3100万元，个人所得税714万元，城市维护建设税1574万元，房产税809万元，印花税380万元，城镇土地使用税2482万元，土地增值税5300万元，契税3529万元，其他收入1237万元。

### 工作概述

【税政管理】　严格执行税收法律法规，组织实施税收政策落实检查，每月开展一次税收相关政策培训，提高了政策执行和落实能力；积极落实税收优惠政策，强化税收优惠政策宣传执行，全年落实各类税收优惠98万元。

【征收管理】　深化税源普查，完成3次重点税源调查，普查个体工商户769户，新办理税务登记293户；与区建设局建立联系机制，对辖区在建工程逐项登记，征收建筑营业税94.28万元；做好企业所得税征收方式鉴定和核定征收，推行企业委托中介代理汇缴，汇缴247户，自行汇缴面达100%。

【税收执法】　认真落实税收执法责任制，量化每个执法岗位的工作步骤、顺序、时限、形式和标准，构建起以岗定责、以责定人的岗责体系，避免违法违规行为发生；以执法预警、案件审理、政策性文件审核为抓手，强化事前监督；组织外部评议，抓好事中监督；做好审计整改、案件复查、执法检查和行政复议，抓好事后监督。

【纳税服务】 开展“便民办税春风行动”，走进社区、市场、村居开展税收宣传，走访100多人次；结合金税三期系统应用，对200多名企业财务人员组织了4期培训。积极做好各项代征代收工作，代征工会经费70万元，残疾人就业保障金50万元，有力地支持了社会事业发展。

深入企业开展“三联三帮”活动，深化便民办税春风行动成果。

【信息化建设】 建立网上税校，共有学员企业32户，开展网上授课3次，分局设专业维护人员1名，全年纳税人学员维护信息32人次。组织开展网上考试，实行积分制方法，强化学习效果。开设网上学习讨论窗口，调动学习积极性。

【干部队伍建设】 深入开展党的群众路线教育实践活动，走访纳税人、基层群众和企业60人次，解决“四风”方面突出问题26个，谈心谈话80人次，干部队伍作风明显提升。加强教育培训，组织全员认真学习《山东地税岗位培训》系列丛书，坚持每周集体培训制度，聘请行业实战专家进行授课，干部队伍业务素质得到增强。

【基层建设】 推行“一线工作法”，实行机关业务科室与基层征收科室对口负责制，开展“一对一、一对红”对口帮扶活动，一线执行力得到全面提升。

【党风廉政建设】 认真落实党组主体责任和纪检监督责任，建立廉政谈话长效机制，定期对全局中层干部进行廉政谈话；开展廉政警示教育，编辑了60个典型案例，每周进行一次案例分析；继续完善廉政展室、廉政展板、廉政走廊、网上教育基地，顺利通过“德州市廉政文化示范点”复核，连续六年荣获全区行风民主评议第一名。

【精神文明建设】 投资6万元建立运河儒家文化教育大院，积极发挥文化的辐射和教育作用；组织“爱运河、爱地税”演讲比赛，激发地税文化活力；倡导“忠于职守、以法治税、厚德敬业、勇于创新”的核心价值理念，1名同志被山东省地方税务局评为“最美税务人”。

（谢学亮）

## 陵县地方税务局

### 经 济 概 况

2014年，陵县实现生产总值236.27亿元，同比增长10.7%，全县财政总收入13.8亿元，较上年增长13.2%，社会消费品零售总额达81.36亿元，比上年增长13.1%，地方财政收入10.7亿元，增长16%，规模以上固定资产投资164.92亿元，增长16.9%。

## 收入概况

2014年，陵县地税局共组织各项收入8.9亿元，同比增长20%，增收1.5亿元。其中，中央级收入完成4318万元，省级收入完成9万元，市县级收入完成84982万元，个人所得税收入1684万元，城建税收入2508万元，房产税收入4607万元，车船税收入754万元，耕地占用税收入1.31亿元，契税收入3137万元。

## 工作概述

【税政管理】　强化管理增收措施，以加强建筑业税收管理为重点，在做好“以票控税”的同时，加强施工地源泉控管，督促税款及时足额入库。开展房产税、土地使用税清理，建立“汇缴检查数字指标考核体系”，对检查小组工作情况按月进行排序考核，汇缴检查质量得到提高，入库税款1179万元。

【征收管理】　适应金税三期工程需求，完善税收管理员职责和程序，采用分税种和分行业管理模式，征管秩序得到进一步规范。认真做好漏征漏管户清查工作，共查出漏征漏管户136户，补征税款11.5万元，加收滞纳金7862元。加大稽查管理力度，对全县范围内机动车驾驶员培训机构开展地方税收专项整治活动，查处偷漏税款近200万元，全部催缴入库。

【税收执法】　深入推进执法标准化建设，规范进户执法，建立健全税务系统内部各部门协调配合的进户执法制度。强化小微企业税收优惠政策落实，加大宣传和辅导力度，做好税收分析评估，定期发布未享受小型微利企业优惠政策名单，对符合条件的51户小型微利企业，落实企业所得税优惠19.9万元、对174户营业额3万元以下小型微型企业，落实营业税优惠9.5万元。

【纳税服务】　深入开展“便民办税春风行动”，规划服务内容、规范服务活动，严格落实首问责任制、限时办结制，设立微信公众平台和公共邮箱，开展“一对一”个性化服务，不断创新服务形式，纳税服务水平得到进一步提升。学习落实《全国县级税务机关纳税服务规范》，调整工作流程，纳税服务更加规范。

开展服务企业“三个一”活动，帮助企业排忧解难。

【信息化建设】　研究开发“陵县数字地税”综合信息管理平台，实现绩效考核管理信息化、公务用车管理智能化、视频监控管理实时化、办公资产管理动态化和电子档案管理标准化，与绩效管理考核工作紧密衔接，按岗位提取反映工作量及工作质量的关键性指标，对各项日常工作量化积分、实现激励考核机制的目标。

【干部队伍建设】 加强教育培训，以《山东地税岗位培训丛书》为教材，组成兼职教师队伍，明确责任分工，合理划分培训班次，量化学习内容，开展全员岗位技能达标学习培训活动，强化岗位技能练兵，增强了干部职工业务实战能力。深入开展党的群众路线教育实践活动，扎实做好教育实践活动每个环节的工作，查摆问题“细”、整改措施“实”，形成了常态化的作风建设机制。

【基层建设】 推进规范化管理，开展标准化中心所和规范化县局建设工作，在标准化中心所建设上，着重提高核心业务标准化水平，在规范化县局建设上，着重从执法服务、行政保障两个方面形成制度化、规范化的系统体系。

【党风廉政建设】 加强廉政风险点的动态管理，对决策权、执行权、监督权行使的重点领域、重要岗位和关键环节，加强流程控制和风险管理，有效防范廉政风险和执法风险。狠抓党风廉政建设，切实担负起党组的主体责任和纪检组的监督责任，实行主要领导亲自抓、分管领导具体抓、一级抓一级、一级带一级的办法，形成上下联动、齐抓共管的良好局面。

【精神文明建设】 开展“地税标兵”评选活动，评选表彰爱岗敬业、优秀共产党员、道德模范、工作创新、廉洁从税、税收业务、税收学习、文明服务等八个方面的标兵模范，营造起崇尚先进、学习先进的良好氛围。

（崔明礼）

# 平原县地方税务局

## 经济概况

2014年，平原县实现生产总值202.36亿元，同比增长10.3%，公共财政预算收入7.85亿元。其中，工业（销售收入超2000万元规模以上）总产值为613.12亿元，同比增长15.6%，建筑业总产值9.38亿元。

## 收入概况

2014年，平原县地税局共组织税收收入6.2亿元，同比增收1.26亿元，增长25.4%。其中，中央级收入完成4957万元；省级收入完成5万元；市级收入完成4万元；县级收入完成5.7亿元，同比增收1.21亿元，增长27%。营业税、企业所得税、个人所得税分别完成2.63亿元、5654万元、2607万元，分别同比增长27.5%、13%、4.4%，其他地方税费完成2.74亿元，同比增长28.9%。

## 工作概述

【税政管理】 一是加强营业税管理。继续推进“营改增”工作，顺利完成邮政业、电信业“营改增”；落实税收优惠政策，2014年，共有226户企业享受小微企业的税收优惠，受惠面100%，共减免税款25万元。二是加强所得税管理。开展2013年度年所得12万元以上个人所得税自行申报工作，共申报210人，补税23万元；指导238户纳税人完成企业所得税自行汇算清缴，累计查补入库税款近1000万元。三是加强其他税种管理。开展土地增值税清算工作，已完成清算项目3个，补缴税款239万元。

**【征收管理】** 一是夯实征管基础。开展税务登记清理工作，2014年，共清理各类不符合规定办理税务登记54户。二是加强税费种认定管理，对单位纳税人的税费种认定信息进行复核，截至12月底，共清理整改130余项次。三是加强财务会计制度备案管理，及时开展单位纳税人的财务会计制度备案信息复核工作，共整改财务会计制度备案相关信息300多条。

**【纳税服务】** 深入开展“便民办税春风行动”，深化纳税服务标准化工作，落实“一站式”服务，加强硬件投入，改进综合服务窗口。开通“平原地税”微信号，搭建征纳互动的微服务平台；定期开办纳税人税收知识培训班，全年累计培训纳税人800余人次，共接听热线电话1320个。持续开展“局长服务日”活动，接待纳税人170余人次，解决涉税问题150余个。

深入开展“便民办税春风行动”，税务干部送优惠政策到企业。

**【信息化建设】** 深化计算机、网络日常管理维护，优化网络架构，确保网络安全畅通。加强各类应用软件的操作管理，对系统网络进行安全评估和检查，及时发现和排除安全隐患。做好网开发票的推广应用工作，举办网络发票推广应用培训班，组织人员进企业走访，听取企业开票人员提出的问题和建议，共认定建筑安装、房地产行业网开发票纳税人61户。

**【干部队伍建设】** 扎实有效开展党的群众路线教育实践活动，圆满完成“三个环节”的工作，顺利召开专题民主生活会和组织生活会。组织118名党员，走访2个社区16个村庄的1090户村民，宣传“三农”政策，了解社情民意，发放便民服务卡，结为长期帮扶对子。广泛开展争先创优活动，使广大党员干部学有楷模，赶有目标，营造了积极健康的工作环境。

**【党风廉政建设】** 落实领导干部党风廉政建设“一岗双责”责任制和干部教育管理制度，开展领导干部上廉政课、举办预防职务犯罪报告、观看警示教育片，增强干部党性观念和纪律意识；突出“两权监督”，完善执法、人事、财务等制度；抓廉政和执法风险防控平台建设与应用，防控执法风险。

**【精神文明建设】** 开展“百岗联百站，大手牵小手”爱心帮扶活动，利用“困难救助基金”对6名困难职工进行救助，帮助职工解决实际困难。开展“巾帼人物”评树、“十佳先锋党员”评选活动，凝聚争先创优正能量。2014年荣获全市地税系统“先进集体”、全县政风行风建设“先进单位”等称号，顺利通过“省级文明单位”复查。

（吕　阳）

## 夏津县地方税务局

### 经 济 概 况

2014 年，夏津县实现生产总值 183.93 亿元，比上年增长 9.7%；其中第一产业增加值 23.53 亿元，增长 3.6%；第二产业增加值 97.27 亿元，增长 11.2%；第三产业增加值 63.13 亿元，增长 9.0%。三次产业比重为 12.8∶52.9∶34.3。全社会完成固定资产投资 117.12 亿元，增长 16.7%；全年实现财政总收入 10.01 亿元，同比增长 9.70%，其中，地方财政收入 7.54 亿元，同比增长 15.56%。

### 收 入 概 况

2014 年，夏津县地税局共完成税收收入 6.09 亿元，同比增收 1.05 亿元，增长 20.74 %，其中，县级收入完成 5.62 亿元，同比增收 1.05 亿元，增长 22.85%。地税收入占地方财政收入的比重为 70.12%，比上年提升 5.18 个百分点。

### 工 作 概 述

**【税政管理】** 加强“营改增”政策宣传辅导，开展逐户排查核定，强化数据分析比对，做好邮政业和电信业的“营改增”工作。组织开展 2013 年度年所得 12 万元以上个人所得税自行申报、企业所得税汇算清缴、高收入群体个人所得税专项检查活动和 2013 年度两处以上所得个人所得税核查工作，共查补入库税款 562.16 万元。开展土地增值税清算工作，补缴税款 340 万元。加强政策宣传，确保城镇土地使用税新定额标准落实到位。

**【征收管理】** 强化户籍管理、发票管理、申报管理、欠税管理，以及对纳税人实行分类管理。加强与质检、国税、工商等部门的联系，拓宽从第三方获取纳税人生产经营信息的途径等基础性工作，实现涉税信息共享，构建税源监控社会网络。对每月新开、停业、注销、非正常、未申报信息、个体新定税及涉税巡查情况等相关资料制定标准，定期查看评比，检验管理效果。积极探索实行以风险管理为中心的税收征管模式，确定以“五个专业化管理”为核心的征管改革方案，并于 12 月进行试运行，取得初步成效。

**【税收执法】** 加强对《山东省地税系统税收执法规范》学习培训，严格按照执法规范进行执法，做到征管评查各环节规范、统一、高效。开展税收执法情况专项检查，对发现的 10 个方面的问题进行整改落实。通过廉政风险防控平台的应用，四季度下发核实整改共性风险点 9 个，规范了执法流程、降低执法风险。

**【纳税服务】** 认真落实各项优惠政策，实现税款减免 2381 万元。代收各项费用 2651 万元，推动各项社会经济的发展。深入开展“便民办税春风行动”，涉税业务全部实现一窗受理办结；全面推进一次告知制，下发《新办纳税人涉税事项提醒单》，避免纳税人多次往返；

制定申报表填制样表、提高办税资料的规范性。

**【干部队伍建设】** 扎实开展第二批党的群众路线教育实践活动，县局各党支部共组织集体学习活动8次，培训652人次。县局班子和班子成员共查摆出问题124条。全年共组织13批42人次外出参加各项业务培训活动；利用周五下午组织集中培训活动8次，业务考试6次，参考人员528人次。

**【党风廉政建设】** 严格落实好“两个责任”，建立党风廉政建设长效机制，保障队伍安全运行。对内部各部门及直属机构主要负责人24人分别开展任期廉政谈话，并逐一签订《廉洁从税承诺书》。在系统内开展违规经商、办企业问题的自查自纠工作，带头执行落实好县委县政府关于党员领导干部遵守“二十个不准”，组织全体干部职工分别签署了责任书。加强工作作风明察暗访，对工作日中午饮酒等不良现象发现一起查处一起，转变了队伍作风。

**【精神文明建设】** 成立“金税徽”党员志愿者服务队，主动参加县委、县政府组织的各项义务劳动，展示了良好地税形象。2014年，荣获全市地税系统“学经典、爱中华、共圆中国梦”经典诵读大赛第一名；直属分局被德州市授予“五一劳动奖状”；宋楼中心税务所被共青团夏津县委授予“十佳青年文明号”；3名同志被共青团夏津县委授予“优秀青年”“优秀青年志愿者”“优秀共青团员”等荣誉称号。

（李　兵）

# 武城县地方税务局

## 经济概况

2014年，武城县实现生产总值181.44亿元，同比增长10.6%；三次产业结构比例为11.6∶55.0∶33.4。完成地方财政收入8.2亿元，增长16.4%。

## 收入概况

2014年，武城县地税局共组织各项收入6.59亿元，同比增长18.12%，增收1.01亿元。其中，中央级入库税收3987万元，省级入库地税收入4万元，市级入库地税收入1万元，县级收入6.19亿元。

## 工作概述

**【税政管理】** 大力推进地方税收保障工作，依托“武城县地方税收保障涉税信息工作平台”采集涉税信息64条，入库税款358万元，新增税款107万元。建立完善“先税后审、先税后证、先缴税后过户、委托代征”等机制，加强了税源控管，全年通过委托代征入库税款770万元。加强对税收优惠政策落实跟踪问效，共为165户个人或企业纳税人办理了税收优惠备案或审批手续，共减免税款1106万元。加强高收入人群的个人所得税管理，年所得12万元以上个人所得税自行申报266人次，补缴税款305万元，同比增加486.29%。

**【征收管理】** 对全县重点税源实行重点监控管理，玲珑集团建设项目实现税款414万元，德商高速建设入库耕地占用税、资源税以及建筑业税收2218万元。对34个重点建设项目进行了税收专项清理，入库税款1539万元。加强城镇土地使用税管理，通过核实补录土地信息，年增加税收1024万元。落实土地使用权出让“先税后证”，全年入库城镇土地使用税3935万元，同比增长65.34%。加强欠税清缴，全年共对56户欠税企业依法采取了税收保全或强制执行措施，扣缴税款556万元。

【税收执法】 深入学习贯彻党的十八大和十八届三中、四中全会精神，干部职工法治意识不断提高。健全税收执法风险防控机制，深入开展税收执法督察，全年共计发现和纠正问题62个，涉及税款220万元。加强税务稽查力度，共检查纳税人28户，组织纳税人自查76户，查补入库税款658万元。

加大税收宣传力度，开展“税法宣传进校园”活动，支持大学生就业创业。

【纳税服务】 扎实开展“便民办税春风行动”，将51项涉税事项前移至办税服务厅集中办理，开通网上申报、网开发票等业务，最大限度地为纳税人提供便利。认真落实《全国县级税务机关纳税服务规范》，纳税服务水平得到进一步提高。

【信息化建设】 认真做好金税三期系统完善改进工作，全面推广应用发票网开管理系统。充分依托信息化支撑，认真开展税收预警、纳税评估等税源管理日常工作。完成了区县级骨干网升级改造建设和新视频会议设备的安装与调试工作。

【干部队伍建设】 扎实开展第二批党的群众路线教育实践活动，县局活动办和各党支部开展各类学习交流活动148次，县局班子和班子成员共查摆出问题117条，其中“四风”问题78条。加强教育培训，严格执行“一月一考”制度，组织43人次参加了省、市局组织的业务培训活动，有效提高了干部职工的业务素质。

【基层建设】 深入推进“规范化县局”和“标准化中心税务所”创建工作，基层工作运行机制得到进一步规范。深入推进基层党建工作，定期开展支部书记上党课活动和党员志愿者服务活动等，基层党支部凝聚力、战斗力不断增强。

【党风廉政建设】 落实“两个责任”，明确责任主体、加强监督检查、严格责任追究，完善了廉政责任体系。开展岗位廉政教育和警示教育活动32次，筑牢拒腐防变思想防线。坚决整治“庸懒散”问题，不定期开展明察暗访活动。充分利用廉政和执法风险防控平台，定期抽取风险信息进行立项复核，及时发现消除了各类隐患。

【精神文明建设】 组织开展全员

读书活动，开设道德讲堂，编纂《武城县地方税务志》，在《德州日报》《德州月谈》等外部刊物刊登稿件30余篇，地税形象进一步提升。深入推进“四德聚力”品牌创建，全局上下德贤意识进一步提高。县局获得“省级文明单位”称号，稽查局和直属征收分局2个直属机构以及4个中心税务所均获得“市级文明单位”称号，实现了文明单位的全覆盖。

（全玉秀）

## 齐河县地方税务局

### 经济概况

2014年，齐河县实现生产总值453亿元，同比增长11%，地方财政收入完成25.57亿元，增长14%。全县完成规模以上工业增加值180亿元，同比增长15%，产品销售收入947亿元，同比增长16%。

### 收入概况

2014年，齐河县地税局共组织各项收入17.62亿元，同比增收3.99亿元，增长29.29%。按照新预算口径计算，中央级收入完成1.01亿元，增收986万元，增长10.92%；县级财政收入完成16.62亿元，增收4.25亿元，增长34.34%。

### 工作概述

**【税收管理】** 对全县800多户企业类纳税人开展税源调查，为制定全年收入目标打下良好基础。加强征管基础质量管理，规范征管基础信息，加强对财产类基础数据的检查、监督和维护，及时采集、整理、存储获取的各类财产数据信息，将税源变化情况及时纳入管理；抓好房地产业、建筑业税源及税种管理，将工业企业新上项目、房地产业的甲方供料税源及税收征管到位，提高收入质量。

**【税收执法】** 深入推行执法标准化建设，结合县局、标准化中心所规范化建设，梳理每项执法事项的标准和要求，提升执法标准化水平；强化执法监督，定期组织纳税人对执法人员的执法情况进行评价，聘请特邀监察员、邀请人大代表和政协委员对执法情况开展外部监督，不断提高执法人员依法行使权力的意识。

**【纳税服务】** 落实《全国县级税务机关纳税服务规范》，组织人员到重庆市璧山区地税局学习落实纳税服务规范的先行做法和先进经验，将《全国县级税务机关纳税服务规范》与现行纳税服务规范、税收征管业务改革相结合，纳税服务规范化水平进一步提升，被山东省地方税务局确认为“纳税服务规范”试点单位；推行电子档案管理信息系统，推行自助办税服务、网络纳税服务等新型办税服务形式，节约办税成本。积极服务地方经济发展大局，邀请山东财经大学的专家参与税收分析，形成题为《齐河县地税收入分析以及对全县经济发展的意见建议》的税收分析报告，分析影响地税收入增长的关键因素，预测地税收入增长的长期趋势，为全县经济可持续发展提出了有针对性的意见建议。

【党的群众路线教育实践活动】 深入开展第二批党的群众路线教育实践活动，班子成员共查摆出问题83条，其中“四风”问题57条，其他党员共查摆出共性问题21条。针对问题，建立台账，制定9大类28项整改措施，明确具体措施和时限要求，逐项整改到位，教育实践活动收到良好效果。

【精神文明建设】 2014年7月，建设完成文化教育实践基地，面积537平方米，内容分为“四德立基、齐子强队、真情创品、活力圆梦”四个部分，成为党建工作、规范化管理、人才培养、税源管理、纳税服务、创新品牌等各项工作的集中展示平台。建设党建工作展室，突出“责任党建”品牌，成为加强党员教育、丰富党员组织生活的重要平台。基地被德州市委宣传部、齐河县委宣传部分别授予“德州市四德工程示范点”“齐河县四德工程示范点”荣誉称号。

【党风廉政建设】 抓好“两个责任”的贯彻落实，明确责任主体，强化责任追究，将党风廉政建设落到实处。形成充分利用廉政文化教育基地，开展廉政教育活动，得到系统内外各级领导和社会各界高度评价，廉政文化教育基地被山东省纪委命名为全省第三批廉政教育基地。与县纪委联合开展了基层中心所群众满意度电话专项调查，随机抽取的30名地税业户通过电话进行现场打分，调查结果实时显示，在全县评议部门基层站所中名列第一名。

（王吉斌）

# 禹城市地方税务局

## 经济概况

2014年，禹城市实现生产总值244.6亿元，同比增长11.2%；地方财政收入16.8亿元，增长15.9%。

## 收入概况

2014年，禹城市地税局累计组织各项收入13.67亿元，同比增收2.23亿元，增长19.46%，剔除耕契两税，全年累计完成8.82亿元。其中，中央级收入完成1.11亿元，省级收入完成14万元，地市级完成10万元，县级完成12.56亿元。

## 工作概述

【税政管理】 做好年所得12万元以上个人所得税自行纳税申报工作，接受申报384人次，补交税款42.44万元；认真开展2010至2012年度三年度残保金清理补缴与2013年度残保金的征收工作，入库税款285.8万元；完成所得税自行汇算清缴380户，入库企业所得税2205.55万元，汇算清缴面达100%；认真落实税收优惠政策，累计为1759户次小微企业减免营业税581.5万元，为67户次小微企业减免企业所得税41.58万元。

【征收管理】 深化征管改革，探索征管新模式，调整机构职能，推进税收风险管理，不断完善“征评管查考”运行框架，趟出了征管改革的新路子。对开展税务登记专项比对，清理漏征漏管户，

2014年，全局登记户数达到7838户，较2014年初增加1245户，增长18.88%；积极推广网开发票，对228户纳税人实行网络开票，占全市推广户数的15.08%。完成《办税服务厅与科所业务衔接事项工作规范》的编写工作，将28类390项具体业务，分即时办结、限时办结两种类型，“科所自行查询、大厅启动巡查、大厅传递信息、依据法定流程办理”四种衔接方式进行规范。

【税收执法】 以开展“规范化县局”建设为载体，进一步细化税收执法标准，深入推行“工作职责—工作标准—工作流程—工作模板—工作考核”的“五步工作法”，严格执法流程，全面实现税收执法工作的规范化，提高了税收执法质量。

【纳税服务】 打造“心连心”纳税服务品牌，简化办税流程，将226项业务由限时办结调整为即时办结；简并报表资料，对7类24项业务实行免填单服务；开展纳税人联系日、下乡上门、走访汇报、定时定点等个性化服务活动，彻底打通服务纳税人“最后一公里”。在上半年禹城市政风行风评议中，列各职能部门第一名。

【信息化建设】 全年累计维护计算机设备60余次，处理网络故障10次，解决软件问题60余次，处理服务器故障9次，保障信息系统安全、稳定运行。

【干部队伍建设】 扎实开展第二批党的群众路线教育实践活动，先后开展谈心交心86人次，共征求意见建议206条，其中，“四风”问题72条，并严格纳入整改计划。强化建章立制，建立完善各类制度34项。加强教育培训，按照市局要求，先后组织32人次，赴杭州、烟台、济南等地参加了干部综合素质及业务技能提升培训。

【基层建设】 积极推进“两化同建”工作，开展规范化县局建设，制定《规范化县局运行体系》，实施“五步工作法”，提升机关运转效能；开展基层中心所标准化建设，完善“标准化中心所”建设体系，建设“执法服务优、管理质效强、社会形象好、队伍活力足、群众满意度高”的基层中心所。

【党风廉政建设】 严格落实“两个责任”，层层签订落实“两个责任”责任书。组织党员参观革命烈士纪念馆、观看廉政警示片，有针对性地开展正面示范和反面警示廉政教育；制定并实行《禹城市地方税务局请销假考勤管理办法》，安装考勤机，成立由纪检组、监察室、人事科组成的纪律作风督查组，开展明察暗访，对7名违规人员进行了通报和处理，营造了风清气正的良好氛围。

【精神文明建设】 以提高思想道德素质、税收业务素质和科学文化素质为核心，以创建学习型、服务型、创新型地税机关为载体，开展了征文比赛、诵读经典、“心连心”服务品牌演讲比赛、争创“文明窗口”系列活动，切实加强干部职工思想道德建设，为税收任务圆满完成提供强大的精神动力和智力支持，2014年，省级文明单位复查合格。

（周月艳）

## 乐陵市地方税务局

### 经济概况

2014年，乐陵市实现生产总值226.59亿元，比上年增长11.4%。其中，第一产业32.45亿元、第二产业115.3亿元、第三产业78.84亿元；实现地方财政收入10.03亿元，增长56.3%；规模以上工业实现增加值145.64亿元，增长16%；社会消费品零售总额99.53亿元，增长13.3%。农民人均纯收入达到1.22万元，增长11.8%。

### 收入概况

2014年，乐陵市地税局共完成税收8.33亿元，完成计划的100%，同比增收1.03亿元，增长14.06%。其中，中央级收入完成6347万元，省级收入完成11万元，地市级收入完成6万元，县级收入完成7.35亿元，同比增收1.23亿元，增长20.15%。

### 工作概述

**【税政管理】** 积极落实国家出台的结构性减税政策，2014年度共减免各项税费4941.36万元，有效提升了全市经济发展活力。圆满完成年所得12万元以上个人所得税自行申报工作，自行申报人数达到359人。进一步完善股权转让所得税管理，相关管理办法在全省所得税工作会议上做了典型发言。

**【税收征管】** 加强对15户重点税源管理，入库税款7795万元。对7个大项目开展土地增值税清算，入库税款463万元，建筑房地产行业清理增收2656万元，联合交通、交警部门开展驾校专项清理入库税款284万元。

加强税收管理，开展代开发票资料检查。

**【税收执法】** 依法发挥税收职能作用，以税收公正文明促进社会公平正义，为更好地服务法治乐陵建设和经济社会发展大局做出了突出贡献。深入开展税收执法督察工作，共发现和纠正问题24项，加大税务稽查力度，委托中介开展土地增值税清算，涉及10户纳税人，查补入库税款9023万元。

**【纳税服务】** 认真开展“便民办税春风行动”，着力解决行政审批、办事效率、服务意识、规范执法等方面存在的问题，最大限度方便纳税人。将涉税事项前移至办税服务厅集中办理，实现“前台受理，内部流转、限时办结，一窗出件”；加大税法宣传解读力度，组织志愿者利用节假日为纳税人宣传税法知识，开通“乐陵市地税微信平台”，将最新政策法规第一时间发送到纳税人手中；开通绿色通道、善意提醒、延时服务、导税服务等，对纳税人进行耐心细致的各类辅导，将便民工作落到实处。

【信息化建设】 认真做好金税三期工程应用系统完善改进工作，全面推广应用发票网开管理系统，积极推行和实施信息管税，积极开展纳税人报税培训，通过培训，网上税款划转率达到58.41%，较上年提升4%。完成了区县级骨干网升级改造建设和新视频会议设备的安装与调试工作。

【干部队伍建设】 开展“人文地税”建设活动，建设自主学园、职工书屋，组织观看感动中国等节目，打造尊重人、提升人、满足人的人文环境。开展计算机和征管岗位培训2期，强化基层工作人员实际操作能力。通过开展系列培训活动，充分调动干部队伍的自主性和积极性，实现了干部队伍管理的人性化、科学化、规范化。

【党风廉政建设】 落实领导干部“一岗双责”，强化责任担当，认真履行职责。开展“税检共建”活动，以构建惩防体系为主线，深化教育、完善制度、强化监督、狠抓落实，党风廉政建设工作取得了新的进展。健全完善内控机制，在有效解决监督滞后、控管乏力问题的同时，组织开展以廉政文化建设活动，干部职工廉政意识和荣誉意识进一步提升。

【精神文明建设】 结合开展“大走访、献爱心”等活动，共为联乡帮村对口单位和社区共建单位投入帮扶资金5万多元，得到社会广泛赞誉。2014年先后获得德州市“妇女工作先进集体”“五四红旗团支部”“工人先锋号”荣誉称号、乐陵市“服务文化惠民工作先进单位”“全市争先进位特殊贡献奖集体二等功”“优化发展环境先进单位”等荣誉称号。截至2014年底，已连续13年被评为省级文明单位。

（吕光照）

## 临邑县地方税务局

### 经济概况

2014年，临邑县实现生产总值254亿元，同比增长10.3%。地方财政收入完成13亿元，增长21%。工业经济已经形成了石油化工、生物医药、冶金机械、新型建材、食品加工、纺织服务等五大主导产业。

### 收入概况

2014年，临邑县地税局共组织税收收入10.56亿元，同比增收1.49亿元，增长16.49%。其中，中央级8137万元，同比减收500万元，下降5.79%；省级6万元，同比减收5万元，下降45.45%；市县级9.74亿元，同比增收15451万元，增长18.85%。

### 工作概述

【征收管理】 建立分析预测管理机制，对建筑房地产、金融保险等重点行业，做好季度税收预测和监控动态管理，确保税款及时入库。2014年，重点行业全年完成税收收入总计7.34亿元，比上年增收1.44亿元，增长24.3%，占全局总收入的70%。

【税政管理】 加强企业所得税汇

算清缴，报补缴税款811万元。加强土地增值税清算工作，共清算入库各项税款641万元；加强行政事业单位印花税管理，补缴印花税227万元。代收残疾人就业保障金100万元，工会经费179万元。

【纳税服务】 按照金税三期工程岗责流程设计要求，对纳税服务进行优化整合，减少因衔接不畅和突发事件给纳税人带来的不利影响。在办税服务厅设立自助办税区、咨询辅导区、等候休息区，购置了导税台、触摸屏等硬件设施。开展“文明服务窗口”创建活动，社会满意度达到98%。在“便民办税春风行动”中，推出了横向联网直接划款到国库的POS机纳税新模式，办税效率显著提高。为89户小微企业办理减免税34万元。

对小微企业纳税人进行税收优惠政策培训。

【干部队伍建设】 扎实开展党的群众路线教育实践活动，活动期间突出问题导向，聚焦“四风”问题，坚持把分类限时全面整改与专项整治重点整改结合起来，确定整改任务23项，批评意见84条，建立完善制度25项，清理清退公务用车3辆，调整清理办公用房438.9平方米，压缩“三公”经费18.9万元。围绕推进依法行政、提高服务规范，根据岗位需求，制定培训计划，先后分4批次、120人次开展一线人员培训活动，分3批次参加市局在党校组织的岗位人员培训。“税务人员应知应会业务问答”组织全员考试。切实加强党建工作，建立以党总支为主体的新的组织架构，进一步完善“三会一课”制度，完善党员积分办法，推动基层党组织各项活动的开展，邀请党校老师做党的十八届三中、四中全会报告，落实党员包村和帮扶困难群众活动。

【基层建设】 深入开展规范化县局和标准化中心所建设，修订完善一整套制度，将新一轮基层建设实践成果纳入日常性规范管理。完善升级“六室一厅一场一长廊”，包括陶冶和纯洁干部职工思想的廉政警示室、党建活动室、图书阅览室、廉政文化长廊，提高干部职工身体素质的健身室、乒乓球室、台球室和篮球场，进一步改善了职工生活的职工餐厅。

【党风廉政建设】 加强廉政教育，通过组织干部职工到县检察院参观廉政教育基地、邀请县检察院领导举办“清风伴君行、廉洁铸人生”教育讲座、参观临邑县烈士陵园接受党性教育和廉政教育，筑牢了干部职工思想防线。认真开展“三重一大”专项检查，防止和纠正人、财、物管理方面出现违纪违规行为。党组成员认真履行“一岗双责”，坚持党风廉政建设工作与地税业务工作同部署、同落实、同检查、同考核。结合工作实际，加大明察暗访力度，围绕作风、纪律和政风、税容风纪、行风建设，开展经常性的日常检查、随机检查、明察暗访，共组织7次明察暗访，下发情况通报3期。

【精神文明建设】 以办公楼“六室一厅一场一长廊”为平台，营造文化氛围、丰富文化内容。广泛开展群众性体育健身、文化娱乐活动，认真开展全员读书活动，通过文化引领、文明创建，推动工作落实。先后获得省级“巾帼文明示范岗”和“工人先锋号”，涌现出一大批道德模范、爱岗敬业模范。

（王　晶）

## 宁津县地方税务局

### 经济概况

2014年，宁津县实现生产总值208亿元，同比增长11.8%；公共财政预算收入6.85亿元，增长7.7%；规模以上工业企业主营业务收入674.5亿元、利税68.3亿元，分别增长14.1%和11.3%；固定资产投资153.5亿元，增长19.4%；社会消费品零售总额80亿元，增长14%；实现进出口总额1.27亿美元，增长26.4%。三次产业结构调整达到11.4∶58.2∶30.4；税收收入占地方财政收入的84.3%，提高4.07个百分点；高新技术产业产值185亿元，占规模以上工业总产值的28.6%。

### 收入概况

2014年，宁津县地税局共组织税收收入5.77亿元。其中，中央级收入完成3476万元，省级收入完成19万元，市级收入完成5万元，县级收入完成5.42亿元。

### 工作概述

【税政管理】 开展企业税源清查、企业所得税年度汇缴检查、个体税收专项检查的“三查合一”活动，查补税款412万元。加强重大项目管理，对政府投资性项目及城镇化建设项目的立项、开工、建设实行专人跟踪管理。加大土地增值税清算力度，按照“中介清算鉴证、税务审核验证、纳税调整论证”的思路，引入业务能力强、信誉度高的中介机构，提高清算水平，全年入库土地增值税3525万元。认真落实小微企业、高新技术企业等税收优惠政策，累计减免税收1051万元。

【征收管理】 加大行业评估力度，突出税务所责任主体地位，强化调查核实事项，按纳税规模分类开展评估。加大发票整治力度，从受票企业入手，重点查处虚开发票行为，查补税款34.5万元。

【税收执法】 强化执法责任追究，推行执法过错公开制和权力清单制度。加强税收法律法规知识培训，分岗位、分业务节点详解业务流程、文书版式，为税收执法提供依据支撑。

【纳税服务】 开展“便民办税春风行动”，实施人性化服务，量身定做服务套餐，开展绿色通道税收援助，为纳税信用A级企业、征管示范区业户、弱势群体等提供税收援助和特快服务。建立税企联系对话机制，加强企业涉税风险干预，实行重大涉税事项风险提醒服务。举办小微企业、大企业融资股改涉税政策培训班5期，培训纳税人375人次。

【信息化建设】 加强信息系统维护，做好计算机硬件保养、重要数据备份、病毒预防查杀。升级完善在线工作学习平台，促进各项工作开展。

【干部队伍建设】 深化“党建领航，先锋带动”党建品牌建设，发挥党性教育基地作用，扩大党建工作影响力。“党建领航、先锋带动”党建工作法在全省党建现场观摩会议上进行发言，系统内外1200余人到党性教育基地学习交流。加强队伍素质建设，加大日常学习培训力度，组织脱产培训1期。在第二批党的群众路线教育实践活动中，开展“在基层、在一线、在现场”活动，共组织座谈会104个，走访纳税人335户，发放征求意见函300份，征求意见建议44条，整改问题19项。

【基层建设】 推进以标准化税务所建设为核心的软实力建设，重点在收入管理、征收管理、税源管理、执法管理、服务管理、行政管理和队伍管理方面，形成岗责统一、标准规范、责任明晰、考核全员覆盖的标准化税务所管理体系。

【党风廉政建设】 加强廉政风险教育和内控预防体系建设，对税务登记、税收减免、税收核定、发票管理、税收预警加强重点督查。加强作风建设，严格执行中央八项规定，深入开展调查研究，坚持问题导向，形成为民务实的常态化机制。

【精神文明建设】 开展“地税春风”行动，扶助患重大疾病干部职工14人。参与新农村建设、春雷等助学行动、群众大走访等帮扶结对活动，与保店希望小学、相衙镇宋庄村实行“一对一”帮扶，走访群众1200余人次。加大税收工作宣传力度，在山东卫视及《中国税务报》《山东地税》《德州日报》等媒体刊播先进典型、工作经验18篇次。李德水被评为全省地税系统十佳最美税务人。

（孙　静）

# 庆云县地方税务局

## 经济概况

2014年，庆云县实现生产总值150亿元，同比增长11%；地方财政收入5.36亿元，增长15.1%，税收占比84.13%；城镇居民可支配收入和农民人均纯收入分别达到1.87万元和1.21万元，分别增长13%和13.3%。

## 收入概况

2014年，庆云县地税局共组织各项收入4.2亿元，同比增长17.81%，增收6338万元；其中，区县级收入3.9亿元，同比增长20.74 %，增收6715万元，为县域经济发展提供了充足的财力支撑。

## 工作概述

【税政管理】 一是开展汇算清缴专项评估，全面规范企业所得税汇缴秩序，共评估纳税人71户，评估入库税款406.8万元。做好年收入12万元以上个人所得税自行申报管理，申报724万元。开展土地使用税清理，清理入库1200万元。二是探索建立“走出去”企业税源监控机制，进一步强化反避税工作，国际税收管理取得新突破，累计实现828万元，同比增长24.7%。三是着力发挥评估作用。积极采取数据对比分析、基础资料审核等形式，重点开展电子、金融保险、房地产等行业的纳税评估，全年共评估企业14户，入库税款450万元。

**【税收征管】** 推行“抓企业带行业”，探索形成了低压电器、体育器材等5个行业的税收管理模型。开展房产税、土地使用税专项清理工作，进一步夯实了两税税源基础。开展网开发票的试点工作，共推广网开发票和税控用户44户，网开发票约2619份，较好地发挥了以票控税的作用。

**【税收执法】** 强化法制教育和执法检查，规范税收执法行为，优化税收法治环境，荣获“全县行政程序示范单位”。强化执法督察。按照执法督察指引，从组织收入、优惠政策落实、财经纪律执行等八个方面开展督查，并对省局下发的8家企业进行了重点督查。督查结果、整改报告及台账得到了市局认可。积极发挥稽查职能。重点对房地产开发、高收入者个人所得税、资本交易项目等企业及电力、驾校行业开展了专项检查，查补入库各项税款600多万元，滞纳金及罚款377.5万元。实现了以查促收、以查促管、以查促规范。

**【纳税服务】** 主动发挥参谋助手作用服务领导决策，向县委、向政府呈报的调研报告多次得到县领导批示予以肯定并全县转发。创新服务方式。深入开展“便民办税春风行动”，开辟办税绿色通道，搭建“庆云地税”微信公共平台，提高了办税效率。打造服务品牌。立足“窗口”建设，以“办事零障碍　满意在地税”服务品牌创建为载体，找准服务盲点，对特殊行业和特殊人群通过推行全程代办协办制，实现了企业和群众办事零障碍，大大提升了服务效能。县纪委在4月底组织全县部门和乡镇150余人召开现场会给予推广。

深入开展小微企业税收优惠政策宣传。

**【干部队伍建设】** 深入开展党的群众路线教育实践活动，按照“照镜子、正衣冠、洗洗澡、治治病”的活动总要求，持续聚焦“四风”，着力改进作风，扎实做好“规定动作”，积极做好“自选动作”，队伍作风建设得到新发展。加强教育培训，推行年轻干部定期轮岗制度，最大限度地实现“按需培训”，讲学习、比贡献、争荣誉的氛围更加浓厚。

**【党风廉政建设】** 全面落实党风廉政建设责任制，严格落实主体责任和监督责任，进一步明确各单位的工作责任，强化“一岗双责”，形成了齐抓共管的强大合力和鲜明的工作导向，建立起明责、履责、问责的责任体系。开展“节点式廉政教育”。把握重要节假日以及家中婚丧等特殊时段，利用手机短信、文件通知、会议强调、屏滚动显示等方式，及时开展提醒式教育，绷紧了干部职工廉政弦。

**【精神文明建设】** 积极开展创先争优活动，开展“寻找最美道德模范”评选活动，鼓励全员自主申报，公开领牌，形成了人人争创模范的良好氛围。县局先后获得全县科学发展综合考评优秀单位、优化发展环境先进单位等荣誉称号，2个单位被市局授予先进集体，23名同志荣获省、市、县级荣誉。

（王泽祥　苗雪磊）

# 聊城市地方税务局

## 经济概况

2014年，聊城市实现生产总值2516亿元，按可比价格计算，比上年增长9.4%；完成地方财政收入156.2亿元，按可比口径增长15.2%；城镇居民人均可支配收入28382元，农民人均纯收入11232元，分别增长8.8%和11.4%。

## 收入概况

2014年，聊城市地税局共组织入库各项收入103.1亿元，收入总量首次突破100亿元大关，同口径增长16.9%，增收14.9亿元，其中，市县级公共预算收入87.4亿元，同口径增长19.1%，增收14亿元，占全市财政公共预算总收入的56%，占地方财政收入中税收收入的73.5%，为全市经济社会跨越发展提供了坚实的财力保障。

## 工作概述

**【税政管理】** 认真执行各项税收优惠政策。2014年，全市落实高新技术企业减免税1.58亿元，落实企业研发费加计扣除0.45亿元，为15475户符合条件的小微纳税人减免税收0.6亿元。按照税源规模实行分级监控，全市年纳税100万元以上的211户重点税源企业共入库地税收入33.8亿元，占地税总收入的32.8%。加强金融保险业、建筑业、房地产业营业税管理，强化企业所得税汇算清缴管理，认真做好年所得12万元以上个人所得税自行申报，营业税、企业所得税、个人所得税合计完成53.5亿元，占地税总收入的51.9%。大力加强土地使用税宗地管理，进一步加大土地增值税清算和契税清缴力度，规范非税收入代收工作，零散税费合计完成49.6亿元，增长14.5%，增收贡献率达到68.9%。

**【征收管理】** 全面强化征管措施，狠抓征管基础建设，完成了全市微机定税工作，达起征点微机定税户数4368户，核定月税款424万元，同比增长13.97%。认真做好数据管理、工商税务登记信息比对核查工作。积极抓好金税三期系统的完善改进工作，承担了金税三期外部信息交换系统试点上线任务。以阳谷县局为试点单位，扎实开展了全市发票网开管理系统上线工作，全市共推广网开发票和税控用户3232户。创新纳税评估方式，对全市确定的100户重点企业，采取“人机结合”的方式开展纳税评估，进一步提高了纳税评估质效。

**【税收执法】** 深入落实依法治国战略，扎实推进依法行政、依法治税，坚持依法治税与优化服务并重，努力营造法治、公平、文明、和谐的税收环境。严格规范税收执行行为，全面清理行政权力清单，深入开展税收执法督察，市地税局在全市规范行政处罚裁量权会议上作典型发言。加大税务稽查力度，严厉打击涉税违法行为。深入开展地方税收专项检查、重点税源企业检查、税收区域专项整治，联合公安部门开展打击发票涉税违法犯罪活动，查补入库3.39亿元，营造了公平公正的地方税收秩序。

**【纳税服务】** 以服务聊城跨越赶超为己任，立足地税部门职能，充分利用聊城作为国家和省重点战略叠加区的独特优势，立足部门职能和优势，全力服务全市经济社会发展大局。先后提报了《助推全市“一区一圈一带”建设与发展的二十条税收服务措施》《从地税收入角度探讨加快聊城跨越发展》《2013年度全市地税收入纳税百强企业缴纳税收情况分析报告》《2014年上半年全市地方税源状况分析报告》等经济税收分析报告，多次得到市委、市人大、市政府、市政协主要领导的批示肯定。全面加强棚户区改造税收管理与服务，市政府专门组织市、县两级政府分管领导和财政、国税、地税等部门主要负责同志，赴临清市地税局现场观摩地税部门加强棚户区改造税收管理的经验做法。出台支持民营经济加快发展的15条意见，发挥部门优势大力开展招商引资，为全市产业结构转型升级做出积极贡献。积极落实《全国县级税务机关纳税服务规范》，深入开展“便民办税春风行动”。以阳谷县地税局为试点，搭建了智能化综合办税服务平台；以茌平县地税局为试点，建立了国地税联合协作机制，实现了办税服务“流程更优、环节更简、耗时更短、效果更佳”。

**【信息化建设】** 进一步规范了运维体系，制定了《基于ITIL运维管理理论的税收信息化一体化运维体系方案》，优化了工作机制。顺利完成了全市虚拟化平台的部署应用，以阳谷县地税局为试点，构建了集网上培训与实地培训模式于一体的智能纳税人服务中心。及时搞好税收征管数据的采集和整理，加强涉税信息分析利用。做好信息化安全管理和应用系统维护工作，确保信息化设备及网络安全稳定运行。

**【干部队伍建设】** 围绕“为民务实清廉”主题和“照镜子、正衣冠、洗洗澡、治治病”总要求，集中参加了第二批党的群众路线教育实践活动，取得了丰硕的成果。组织了“五个一”主题实践、“全员谈心、全员问计”“四调研、五查找”、应知应会知识闭卷测试等一系列活动。狠抓问题整改，全系统党员干部人均查摆问题6.3个、制定整改措施7.8条，新建或修订各类制度办法218项，进一步增强了党组织的凝聚力和战斗力。持续加强教育培训，组织开展了2014年春训活动，市局先后举办土地增值税清算、税源管理、软实力建设等专题培训班，与聊城市总工会联合开展了“全员岗位练兵，争当业务标兵”活动，各县（市、区）局共组织各类培训79期4685人次。全面推行绩效管理，探索构建了“看评考比查”五位一体的过程管理综合评价体系，较好地发挥了绩效管理对推动落实、激发活力的重要作用。

**【基层建设】** 全面加强基层地税软实力建设，大力推进文化铸魂工程，充分发挥先进典型的示范带动作用，凝聚正能量。在基层广泛开展了“提升基层软实力大讨论”活动。进一步加强了“软实力”建设的工作力度，对各县（市、区）局软实力工作实行月调度，及时了解掌握工作进展情况。在市局网站开辟了“软实力建设”专题栏目，为全系统基层软实力建设搭建了一个相互学习、交流的平台。以开展“四德”建设、“寻找最美税务人”、设立“善行义举四德榜”等为载体，积极开展先进模范人物的培树活动，大力倡树基层典型先进人物。

聊城市地税局中国发票展馆揭牌。

**【党风廉政建设】** 认真落实党风廉政建设“两个责任”，深入贯彻中央八项规定精神，进一步加大明察暗访力度，有力促进了全系统作风转变和工作提升。大力开展了廉政风险防控工作，以东昌府区分局为试点搭建了岗位廉政教育平台，以临清市地税局为试点运行廉政风险防控平台，在全省地税系统廉政风险防控平台推广应用培训会上作经验介绍。

**【精神文明建设】** 以“弘扬优秀传统文化，提升地税软实力”为主线，提炼了“崇德尚能，税丰人和”的核心文化理念，制定了以“八德”为核心的地税干部道德行为规范，举办了“四德建设”先进事迹报告会、“三同”党性教育主题实践等活动。2014年，市局被评为“全国文明单位”，并获得聊城市“十佳群众满意文明行业”第1名。阳谷县地税局“纳税人 e-home”被评为聊城市“十佳文明服务品牌”，全系统另有11个（次）单位入选文明行业或文明品牌，占聊城市“双评”名额总数的10.75%。

（姜会峰 王继飞）

# 聊城市地方税务局东昌府分局

## 经济概况

2014年，聊城市东昌府区实现生产总值462.85亿元，财政收入完成29.66亿元，固定资产投资完成205.87亿元，三次产业比例为10.7∶49.9∶39.4，城镇居民人均可支配收入达28383元，农民人均纯收入达11310元。

## 收入概况

2014年，聊城市地税局东昌府分局共组织各项收入16.75亿元，同比增长29.64%，增收3.83亿元。其中，区本级预算收入实现15.13亿元，同比增长29.32%，增收3.43亿元，为全区经济社会持续健康发展提供了坚强财力支撑。

## 工作概述

【税政管理】 深化个人所得税全员全额申报管理，上线率与申报率均达到100%。全年共受理年所得12万元以上个人所得税自行申报389人，缴纳个人所得税618万元，补缴税款23.1万元。

【征收管理】 以“金三”系统上线为契机，优化资源配置，完善岗责体系，狠抓基础建设。强化户籍源头管理，全年新办税务登记3938户；规范非正常户管理，认定非正常户59户，同比减少69.49%；强化征管数据管理，确保各类数据真实完整；严格定税管理，单位及起征点以上个体纳税人全部实行了电子报税。

【税收执法】 狠抓依法征税环节，加大执法责任制和执法预警建设，有效发挥稽查刚性作用，全年对1097户企业进行了企业所得税汇算清缴，清缴面100%；狠抓依法免税环节，为1255户次纳税人减免营业税115万元，为692户小微企业减免企业所得税125.81万元；狠抓依法退税环节，为82户小微企业办理了退（抵）税手续，退（抵）税款3.8万元。

【纳税服务】 全面践行“服务、公平、阳光”的服务理念，全员全程为纳税人提供优质便捷服务。2014年，共开具各类税收完税凭证39010份，代开发票12271人次，发售各类发票12510户次，办理单位纳税人登记1846户、个体纳税人登记1669户，分局纳税服务中心荣获“聊城市学习型组织标兵单位”，并被授予“富民兴聊”劳动奖状。

【信息化建设】 做好系统软件及服务器、机房等设施的日常维护工作，全年无重大问题和责任事故。做好电子影像系统试点工作，组织人员加班加点进行测试，为系统正式上线做好充分准备。通过省局“金三”风险管理系统，核实税收预警信息202户项，补缴税款、滞纳金199.05万元。

【干部队伍建设】 以争当“学习型个人”“学习型组织”为载体，实施了以岗位技能培训为重点的素质教育，鼓励参加在职教育，提高了全员能力素养。加强人事档案管理，开展“吃空饷、在编不在岗、编外用人”等专项清理，人事管理工作实现了规范化。

举行春雨助学金发放仪式，对品学兼优、家庭贫困的学生进行爱心捐助。

【基层建设】 扎实开展第二批党的群众路线教育实践活动，精心组织到帮扶村帮建、春雨助学等主题实践活动。开展了“纳税服务永远在路上”便民办税春风行动，压缩机关科室，新增服务网点，解决服务纳税人“最后一公里”问题。开门纳谏，广集民意，共组织走访调研84

次，召开纳税人座谈会55次，干部职工座谈会68次，走访企业324户，发放问卷调查2224份，推出便民办税服务措施121项。

【党风廉政建设】 积极打造岗位廉政教育平台，干部职工防范意识进一步强化。完成风险防控平台的试点升级，抓标治本，防患未然，所有风险疑点均“可视”“可查”“可究”，实现了全方位预警、全过程防控。

【精神文明建设】 紧紧围绕文明创建工作部署，坚持以大目标求大作为，以高定位促新跨越，努力提升文明创建水平。分局先后被评为“东昌府区基层党建工作示范点”“聊城市先进基层党组织”、全省地税系统“党建工作先进单位”，被中共山东省委授予“为民服务、创先争优”示范窗口单位、“两带一创”先进单位，连续12年被评为省级文明单位，并荣获“全国税务系统先进集体”称号。

（王子房）

## 聊城市地方税务局经济开发区分局

### 经济概况

2014年，聊城市经济技术开发区完成生产总值101亿元，同比增长10.2%；固定资产投资118亿元，增长16%；规模以上工业主营业务收入274亿元，增长17.6%；公共财政预算收入达到12.86亿元，增长26%；三次产业占比调整为4.72∶55.03∶40.25，经济结构得到进一步优化。

### 收入概况

2014年，聊城市地税局经济开发区分局共组织各项收入12.65亿元，同比增收2.66亿元，增长27.67%；区（县）级收入11.61亿元，同比增收2.41亿元，增长26.24%。

### 工作概述

【税政管理】 建立健全小微企业台账制度，动态关注小微企业发展，为小微企业减免税近900户次，减免税额150余万元。认真做好税收预警处理，熟练掌握各指标数据之间的勾稽关系，提高信息数据利用质量。狠抓重大项目和重点企业管理，提高“两个重点”的税收贡献率，房地产、建筑业、金融业等重点行业的税收贡献率超过六成。加大对国际税收业务的重视力度，多次就韩国CJ corp.公司有关法规事项对该公司进行了多次约谈，取得了初步成效。

【征收管理】 注重征管基础，强化登记注销、代开发票、个体税收等管理环节；认真开展征管范围和管辖企业调查，促征管基础工作有效提升。聘用社会涉税中介机构参与税收管理，共计查补税款4200余万元。强化依法治税。利用风险防控平台，对高风险点和管理监督中的薄弱环节，加大自查自纠和监督检查力度。

【税收执法】 深入推进风险执法管理，加强税收执法的日常监督和重点监督。全面落实执法责任制，加大检查和处罚力度，深入整顿和规范地方税收秩序，全年共查补各项税收及滞纳金2300余万元。

【纳税服务】 认真做好县级税务机关纳税服务规范试点工作，大力开展“便民办税春风行动”，不断创新和改进服务手段，提升服务质效。突出制度约束机制，推行“零距离”走访调研、“零障碍”沟通对接、“零投诉”优化服务工作模式。做好“四德建设”与争创聊城市文明服务品牌和服务行业评选活动的结合工作，荣获服务行业和服务品牌两个奖项。

【信息化建设】 继续加强对信息化基础设施，网络、设备、机房等基础设施得到较大提升，应急处理能力得到有效改善。

【干部队伍建设】 扎实开展了党的群众路线教育实践活动，既完成了规定动作，又在自选动作上有所创新，保证了教育实践活动取得实实在在的成效。大力加强作风建设，开展吃空饷、在编不在岗、编外用人专项清理等活动，强化了干部职工的廉政意识。在全区2014年的行风评议中，获分支机构综合执法类第一名。

开展形式新颖的培训活动，激发税务干部职工干劲和活力。

【基层建设】 强化综治工作，设立专门的综合治理办公室，确定工作职责，检修安全保障设施，购买防火防盗报警器、更换灭火器等器材，有效保障财产人员安全。重新对办税服务厅的办公设施、档案存放设施进行及时更换和添置。

【党风廉政建设】 扎实推进“两个责任”的落实，实现责任具体化、清单化，将责任落实到领导班子、班子成员、每个科室。强化政治意识、责任意识、学习意识、危机意识四个意识，夯实责任落实基础。

【精神文明建设】 积极进行精神文明创建活动，获“聊城市四德建设示范点”“聊城市文明服务品牌和文明服务行业”，并在2013年度区直部门的行风评议中荣获执法类综合评议第一名。

（田　杰）

# 临清市地方税务局

## 经济概况

2014年，临清市实现生产总值357.3亿元，较上年增长9.6%，公共财政收入23.3亿元，较上年增长11.2%，地方公共财政收入完成15.6亿元，增长15.6%。城镇居民人均可支配收入24170元，农民人均纯收入11093元，分别增长9.2%和11.5%。

## 收入概况

2014年，临清市地税局共入库各项税收10.05亿元，同比增长15.32%，增收1.33亿元，突破10亿元大关。其中，县级收入完成9.21亿元，同比增长17.76%，增收1.39亿元，为促进临清经济社会发展提供了有力的财力保障。

## 工作概述

【税政管理】 积极落实新的土地使用税税额标准，2014年，土地税额标准全部调整到位，全年土地使用税增收1453万元。加大土地增值税清算工作力度，确保土地增值税清算工作落实到位。认真落实小微企业税收优惠政策，促进了小微企业健康发展。开展网开发票的推广应用，进一步提高了办税效率。

【征收管理】 完善房地产一体化管理体系，2014年，房地产行业入库税款2.1亿元。为进一步理顺征纳关系，对城区的征管范围进行了调整。全年存量房及增量房交易实现税款1310万元，代开发票入库税款6742万元。借助地方信息保障平台，建立数据分析、分类和应对机制，通过保障平台采集信息1万余条，增加税收2747万元。探索“链条式一体化”管理模式，以环节控管为抓手的棚户区改造税收管理机制被聊城市局评为一等创新突破项目。

【税收执法】 依托金税三期系统做好数据分析，清理欠缴税费502万元，调整个体定税信息200余条。以企业财务数据分析、第三方信息分析确定风险疑点，对年纳税100万元以上的重点企业开展评估，累计评估入库税款402万元。完善存量房计税价格评估系统，对交易计税价格进行调整完善。加大税务稽查力度，通过开展行业专项检查和专项整治，净化地方税收环境，全年稽查入库税款1216万元。

深入企业进行走访调研，上门为纳税人解答涉税问题。

【纳税服务】 认真落实“便民办税春风行动”，通过推行免填单服务和“一站式”服务，完善导税服务，向纳税人发放征纳联谊卡，积极为纳税人提供优质服务。开展纳税服务岗位业务技能练兵活动，通过开展应知应会知识问答测试和实际业务操作比武，全面提升窗口服务水平。开展服务质量大家评活动，设置服务质量评价器，主动接受纳税人监督。在全市政风行风评议中，临清市地税局实现“八连冠”。

【信息化建设】 依托网络媒体加大干部职工教育培训力度，不断提高干部职工的整体素质，2014年共开展网络视频讲座20余场。以信息化平台为载体，增进与纳税人的交流，开通了临清地税直属征收局等微信公众平台，及时向纳税人推送最新税收政策，并为纳税人提供实时服务。

【干部队伍建设】 深入开展党的

群众路线教育实践活动，通过召开座谈会、走访企业、发放调查问卷，汇总整理67条意见建议。对局领导班子查找出的“四风”问题，制定整改措施81条。进一步规范“三公”经费支出管理，全年“三公”经费支出同比减少25万元，降低19.08%。

【基层建设】 注重深化全局纵向及横向交流，局领导先后10余次深入基层单位，通过座谈会等形式，认真倾听基层地税干部职工和纳税人的意见建议，切实做到“开门纳谏”。将落实基层软实力建设作为凝心聚力的有效载体，积极开展摄影展、少儿书画比赛、乒乓球比赛等各类文体活动，进一步增强基层凝聚力。

【党风廉政建设】 以创建廉政文化示范点为契机，开展“转作风、严纪律、提效能”主题活动，查找作风建设薄弱点，持续强化作风纪律建设，落实廉洁自律制度规定，定期开展警示教育。2014年，临清市地税局被临清市纪委、监察局授予“临清市廉政文化示范点”单位。

【精神文明建设】 把加强文化引领作为凝心聚力的有效载体，传承和发扬运河钞关文化，开展“梨园传税情”等活动，不断丰富形式，深化内涵，打造特色文化品牌，树立良好部门形象。2014年，在全国“税务系统文明单位”“巾帼文明示范岗”“青年文明号”“五四红旗团支部”等国家级荣誉复审合格的基础上，获得“聊城地税系统目标管理考核先进单位”等荣誉35项。

（赵　伟）

# 冠县地方税务局

## 经济概况

2014年，冠县实现生产总值249.8亿元，同比增长9.2%；公共财政收入9.24亿元，增长22.97%；规模以上固定资产投资191.73亿元、增长15.4%；城镇居民人均可支配收入2.47万元、农民人均纯收入1.11万元，分别增长9.27%和11.24%。

## 收入概况

2014年，冠县地税局共计完成各项收入5.73亿元，同比增长5.98%，增收3237万元。其中，县级收入完成5.09亿元，同比增长4.25%，增收2073万元，占全县财政公共预算总收入的55%，为促进全县经济社会发展提供了有力的财力保障。

## 工作概述

【税政管理】 积极开展税收政策培训，严格落实税收优惠政策。组织土地使用税、房产税、耕地占用税知识培训，同时加强纳税辅导，认真贯彻落实各项税收政策，发挥地方税收职能作用，通过发放宣传材料，现场解答纳税人疑问等方式，帮助纳税人用足用好现有的税收优惠政策，全年共办理各类减、免、退税2173.65万元。

【征收管理】 加强税收征管基础工作，强化户籍管理，认真做好微机定税工作。强化土地使用税和房产税管理工作，组织开展土地使用税、房产税征管大检查，全年共入库土地使用税5127万元，入库房产税1481万元，分别同比增长10.69%和11.35%。推动政府牵头，建立了由财政、国土资源、乡镇政府等部门密切协作的综合治税平台，加强耕契两税管理，并对以往年度欠税及时进行清理，全年共入库耕契两税1.2亿元，同比增长40.61%，增收3466万元。

【税收执法】 积极探索风险管理，加强执法风险排查，结合风险防控平台，制定风险防范措施，形成了“分析+评估+征管+预警”四位一体工作模式，切实防范执法风险。充分发挥税务稽查的职能作用，组织精干力量对重点行业、重点税种开展征管检查，以查促收，以查促管，确保税收任务及时足额完成。

【纳税服务】 认真践行“便民办税春风行动”，开展“一对一”服务纳税人活动，全年实地走访企业726次。以落实《全国县级税务机关纳税服务规范》为契机，简化内部办税流程，发放纳税服务需求问卷，积极完善7类108项“一站式”服务项目和措施。组织开展税企联谊会，举办企业所得税、土地使用税等政策培训班，进一步提升纳税人税法意识，营造了和谐融洽的征纳关系。

【信息化建设】 完善网络与计算机安全等有关工作制度，加强计算机硬件、网络运行环境和软件应用维护管理，保障了税收业务工作的顺利开展。加强计算机基础知识和软件操作技能培训，提高了干部队伍信息化应用水平。

【干部队伍建设】 推进人才队伍建设，按照地税工作发展的新形势和新要求，结合干部队伍建设的实际需要，制订培训计划，充分发挥各类学习培训资源作用，提高干部队伍整体素质。

【基层建设】 建立健全工作效能长效机制，实施《量化管理办法》，提升地税干部职工工作执行力。进一步完善各项规章制度，加强对执法行为、服务水平、税容风纪等工作情况的检查，结合绩效管理工作，落实考核、问责等工作措施，全面促进基层建设向纵深发展。

【党风廉政建设】 深入落实党风廉政责任制，开展“每周早课”活动，进一步加强干部队伍廉政教育，提升全员廉洁自律意识。强化内外部监督，实行特约监督员制度，通过举办述职述廉汇报会、发放调查问卷等方式，听取社会各界意见，解决问题，改进不足。

【精神文明建设】 深入推进“四德”教育，积极开展文明创建活动，不断增强队伍战斗力、凝聚力和向心力。2014年，县局被团省委评为“五四红旗团支部”，被省妇联评为“幸福进家活动先进单位”，被聊城市总工会评为“聊城市学习型组织标兵单位”、授予“富民兴聊”劳动奖章，顺利通过省级文明单位复核验收。全局单位和个人先后获得市级以上荣誉称号34项。

（袁海荣）

## 莘县地方税务局

### 经济概况

2014年，莘县实现生产总值286.9亿元，同比增长9.3%。地方财政收入达到

10.02亿元，增长26.5%，税收占财政收入的比重达到80.2%。

## 收入概况

2014年，莘县地税局共组织各项收入7.12亿元，同比增收1.45亿元，增长25.57%。

## 工作概述

**【税政管理】** 强化企业所得税汇算清缴，321户应汇缴企业全部参加汇缴，汇缴面达100%，实现历史性突破。加大土地增值税清算力度，全年共查补税款630万元，彻底改变了只预交不清算的现状。

**【征收管理】** 强化“金三”系统应用培训，提高系统应用水平。全年组织“金三”系统应用培训6期，培训220余人次，规范了相关操作，提升了“金三”系统应用水平。强化基础数据管理，加强外出经营户及报验户管理，全年共为387户外来纳税人办理了报验登记，监控入库税收近2000万元。

**【税收执法】** 认真开展执法督察，对查出的问题严格按照程序处理，全部登记台账，实行“销号”管理，进一步规范了税收执法行为。扎实开展重大税务案件审理工作，对稽查局、基层所查处的重大案要案进行了集体审理，对重大处罚案件在县法制办进行了备案，执法案卷被县法制办评为“全县十佳执法案卷”。认真开展房地产业和建筑业、重点税源企业税收专项检查，全年共检查企业93户，查补入库税款、罚款及滞纳5382万元，有效打击了涉税违法犯罪，切实规范了税收秩序。

**【纳税服务】** 充分发挥参谋助手作用，开展了全县地税税源分析调研，形成了《2014年全县地税税源分析报告》，得到县委、县政府主要领导的批示肯定。积极创新工作方式，深入开展了“便民办税春风行动”，制定了简化代开发票管理和“二手房”交易管理办法，切实减轻了纳税人办税负担。加强与工商、国税等部门的配合，对全县重点项目实行“四证联办”制度，搭建了“莘县地税办税服务厅”微信公共平台，让纳税人感受到实实在在的办税便利。

**【信息化建设】** 扎实开展网络与信息安全检查，不断修订完善信息安全制度办法，建立不定期抽查工作机制，积极完善运维管理，实现了信息安全的全方位监控，增强了网络运行保障能力。

**【干部队伍建设】** 抓学习培训强素质，开展了全员岗位练兵活动，按季度进行全员业务水平测试，全面提升了干部职工的岗位技能和业务水平。抓文化软实力建设，举办了印花税票展，增加了职工对经济、文化、税制改革及变迁的历史知识。认真做好绩效管理工作，在全市地税系统绩效考核中，取得了优异成绩。

**【基层建设】** 全面推进科学管理，不断整合人力资源，规范工作流程，进一步推进集中办公效能优化。进一步建立健全了各级基层党组织，落实了党的各项制度，全面开展了创建基层学习型党组织活动。

【党风廉政建设】 严格落实“一岗双责”，围绕地税权力运行的重点领域和关键环节，对决策权、执法权、管理权等进行规范。强化教育引导，组织参观莘县检察院警示教育基地，进一步增强了广大党员干部拒腐防变意识和抵御风险能力。深化风险防控，积极参加省市局廉政风险防控平台的优化升级试点工作，完善了“科技+制度”的内控机制建设。

【精神文明建设】 成立了篮球、羽毛球、自行车等八个兴趣小组，开展健康向上的主题活动，丰富了干部职工的业余生活；组织30余名干部职工到济宁泗水进行了拓展训练，提升了团队凝聚力，营造了“快乐学习、舒心工作、愉快生活”的和谐氛围。

（张敬全）

## 阳谷县地方税务局

### 经济概况

2014年，阳谷县实现生产总值283.7亿元，同比增长9.5%；实现一般公共预算收入11.1亿元，增长11.07%。

### 收入概况

2014年，阳谷县地税局共组织各项收入8.47亿元，同比增收6996万元，增长9%。其中，县级收入7.2亿元，增收4685万元，增长6.96%。

### 工作概述

【税政管理】 认真做好铁路运输和邮政业、电信业“营改增”试点工作，全面落实小微企业税收优惠政策，减免税款30余万元。落实税务行政审批事项目录清单制度，向社会公开70项县级税务行政审批事项清单。做好企业所得税汇算清缴和土地增值税清算工作，补缴企业所得税3358万元、土地增值税520万元。大力开展医疗卫生行业和新农村建设税收专项清理工作，落实支付工程款项1.55亿元。

【征收管理】 积极做好网开发票试点工作，升级网络税控机202台，网络发票开票金额10.63亿元。进一步完善“金税三期”工作运行机制，优化岗位资源配置，强化运行保障，提报解决运行中产生的各类问题300余项。积极开展纳税评估，评估企业22户，入库税款370万元，形成征管建议15条。

【税收执法】 进一步加强地方税收保障，深入推进社会综合治税，采集有价值的第三方信息9036条，入库税款8686万元，新增税款5899万元。积极开展税收专项检查和重点税源企业检查，打击发票违法活动，推进电子查账和稽查成果增值利用，检查企业22户，组织稽查入库4335万元。

【纳税服务】 不断优化纳税人办税和培训环境，实施办税服务厅改造工程，完善服务厅功能区域设置，发挥传统优势，创新打造以网上纳税人税法培训中心和办税服务厅综合管理系统为主体的智能化办税服务平台，并建设完成集培训、视频、多媒体教学于一体的多功能电教室，安装高清LED多媒体显示屏。

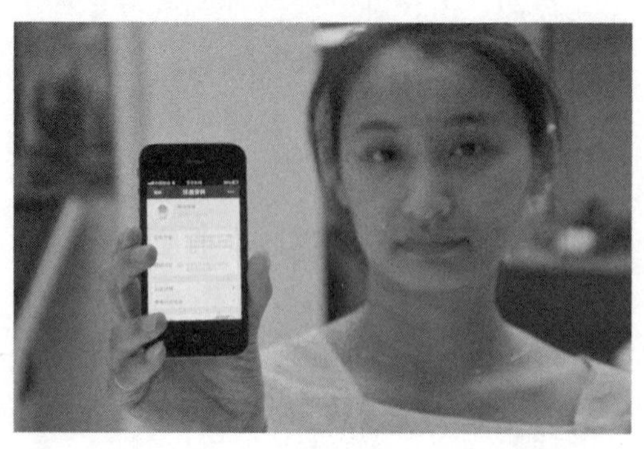

智能化综合服务平台开通微信公众号。

【信息化建设】 按照金税三期广域网建设规划要求，对本级骨干网进行升级改造并加装防火墙设备，同时调整、规范网络结构，细化网络路由策略及QOS策略，顺利实现市、县间双线路均衡负载和互为备份。

【干部队伍建设】 不断加大教育培训力度，定期邀请专家名师进行专题讲座，在浙江大学举办基层干部领导力提升培训班。积极开展“全员岗位练兵，争当业务标兵”活动，2名同志被评为全市十佳岗位标兵。启动“四德”建设工程，与全体干部职工签订《四德工程责任状》。

【基层建设】 大力加强软实力建设，组织开展“如何提升阳谷地税软实力”大讨论活动，征集意见建议20余条。组织干部职工积极开展公益文体活动，与省卫计委、新华网联合举办“点燃孩子微心愿，传递社会正能量”关爱留守儿童活动，进一步强化基层文化建设，提升基层软实力。

【党风廉政建设】 严格落实党风廉政建设责任制，组织开展基层单位负责人任期廉政谈话，抓好廉政风险防控平台应用，并获得全市在线考核第一名。扎实开展第二批党的群众路线教育实践活动，查摆“四风”问题78条，制定整改措施30项。进一步规范公务用车、公务接待、财务管理、会议管理等制度，为巩固教育实践活动成果和持续推进作风建设提供保障。

【精神文明建设】 继续保持了国家级巾帼示范岗荣誉称号、省级“文明单位”“富民兴鲁”劳动奖状等，被省妇联授予“幸福进家活动”先进单位，连续第二届荣获聊城市“十佳文明服务品牌”和“聊城市学习型组织标兵单位”荣誉称号，所属基层单位有3个省级“青年文明号”，4个市级“文明单位”，8个市级“青年文明号”。

（张国庆　李　健）

## 东阿县地方税务局

### 经济概况

2014年，东阿县实现生产总值177.72亿元，同比增长7.71%；全社会规模以上固定资产投资完成111.93亿元，增长17.82%；地方财政收入10.01亿元，增长2%；城镇居民人均可支配收入20664元，增长6.76%；农民人均纯收入11161元，增长9.67%。

### 收入概况

2014年，东阿县地税局共组织各项收入7.67亿元，同比下降15.88%，减收1.45亿元。其中，税收收入完成7.17亿元，同比下降16.59%，减收1.43亿元；其他收入完成5003万元，同比下降4.22%，减收220万元。

## 工作概述

**【税政管理】**　通过加强“二手房”纳税人管理，实现堵漏征收各项税款1073万元。针对17个已动工棚户区改造项目进行专项管理，征收地方各税4000余万元。通过对149户纳税人开展汇缴检查，补缴企业所得税1051万元。通过严格323户年所得12万元以上个人所得税自行申报，补缴税款308万元。通过加大耕、契两税清欠力度，入库耕、契两税5278万元。

**【征收管理】**　以金税三期系统上线工作为重点，广泛征求意见和建议，提出上报优化建议和问题50余项。通过全面推广网开发票工作，切实提高工作效率。组织全县1200户网报纳税人积极参加“山东综合办税平台”操作培训，使网报效率得到全面提高。

**【税政执法】**　严格税收执法监督，全面防范执法风险。通过加强内部执法监督，完善监督制约机制，规范税收执法行为，切实提高执法水平。全县纳税登记率、申报率平均达到98%以上，税收执法考核实现零过错，各项税收收入及时足额入库，全年未发生一例违法、违规行为。

**【纳税服务】**　以全面开展“便民办税春风行动”为契机，牢固树立“最大限度的方便纳税人”的工作理念，积极开展服务经济社会发展建言献策等税收宣传活动，严格落实各项税收优惠政策。通过倾情打造文明行业和东阿地税“税暖鹊乡”文明服务品牌，积极优化办税流程，拓展实行“一窗式”服务、“免填单”业务和网上办税服务，推行全程化“导税服务”和“督廉服务”，切实提升窗口文明服务水平，被授予“聊城市群众满意文明行业”和“聊城市文明服务品牌”荣誉称号。

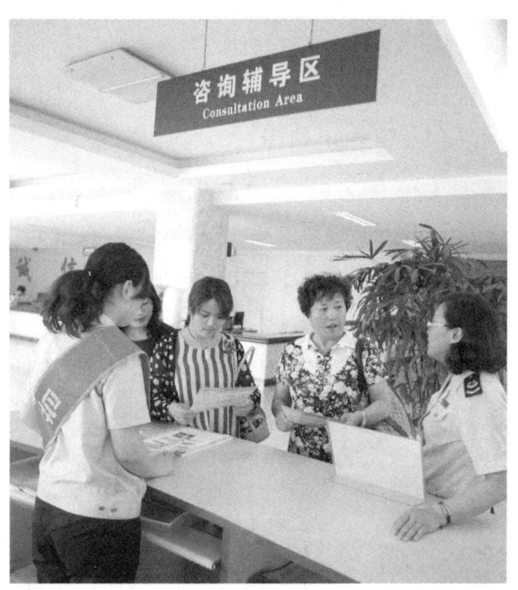


积极开展引导服务全程化活动，提升纳税服务水平。

**【信息化建设】**　以金税三期系统上线提高科技服务能力为核心，不断强化岗位操作培训，加强技术和业务衔接，加强网络与信息安全，全面提高数据质量，不断强化软、硬件支持，切实规范运维渠道和工作流程，实现事件管理流程一体化推送。

**【干部队伍建设】**　制定全员岗位技能达标活动实施方案，实施多项培训计划，积极开展“全员岗位练兵、争当业务标兵”活动，全面提高干部职工综合素质和岗位技能。

**【基层建设】** 抓好基层工作场所和环境设施硬件维护建设，着力提升“软实力”，积极倡树“崇法尚德，共创和谐”的文化品牌，切实加强人文关怀，持续开展走访慰问困难职工、老干部和全员健康查体活动，积极推进和谐地税建设。

**【党风廉政建设】** 全面落实“一岗双责”制度，逐级签订党风廉政建设责任书，创新建设督廉服务平台，切实加强和改进作风建设。

**【精神文明建设】** 以打造“文明地税”“和谐地税”为目标，全年取得省、市级以上荣誉40余项，开创了东阿县地税局文明建设和争先创优工作的新局面，受到了社会各界以及广大纳税人的普遍赞誉，在社会上树立了良好的地税形象。

（张琳希）

## 茌平县地方税务局

### 经济概况

2014年，茌平县实现生产总值419.9亿元，同比增长9.1%；公共财政预算收入26.4亿元，增长19%；全县三次产业比例达到11.4∶66.1∶22.5；城镇居民人均可支配收入、农民人均纯收入达到2.85万元、1.17万元，分别增长9.1%、11.3%；综合实力跃升至全国科学发展百强县第75位。

### 收入概况

2014年，茌平县地税局共组织各项收入11.06亿元，比上年同口径增收5319万元，增长5%。其中，县级预算收入完成8.63亿元，同口径增收4606万元，增长5.6%。

### 工作概述

**【税政管理】** 受理年所得12万元以上个人所得税自行申报143人次，完成计划人数的127.68%；开展两处及两处以上所得个人所得税核查工作，核查294人，补税3.47万元；落实税收优惠减免审批备案180余户，涉税金额2300余万元；落实小微企业优惠政策65户，受惠面100%，入库税额18.59万元，减免税额2.69万元；完成197户次企业所得税汇算清缴，汇缴面达100%，汇缴税款272余万元。

**【征收管理】** 积极推行网开发票，推广率达到95%以上；持续深化税源专业化管理，试点推行农村中心所国地税联合办税机制；加强重点企业、重点行业评估检查，评估入库税款近千万元，《化学药品制剂业纳税评估模型》入选省局2014年优秀纳税评估模型；加强代开发票管理，查处发票案件20起，涉税金额2.67亿元，查补税款罚款890万元。

**【税收执法】** 发挥地方税收保障平台作用，采集涉税信息3.36万条，比上年增加税收1.92亿元；与国土部门协调配合，通过“先税后证”，入库耕地占用税、契税2.35亿元；与房管部门联合，实现对“二手房”交易的有效控管，入库税费1300万元。规范卫生行业税收管理，入库个人所得税27万元；开展土地增值税清算，入库税款1800余万元；稽查局查补入库税款、滞纳金、罚款总计8080万元。

**【纳税服务】** 落实首问责任制、限时办结制、一次性告知制、导税服务制，提供“八小时以外”的预约、延时服务；实施留置服务，开通免费WIFI，满足纳税人实际需求；加强与国税部门的协作配合，试行一窗通办，便民办税送春风，打通服务纳税人“最后一公里”；全面落实《全国县级税务机关纳税服务规范》，实现“服务一把尺子，办税一个标准”。

**【干部队伍建设】** 按照干什么、学什么、考什么的思路，积极组织岗位培训活动；以省、市级业务能手为主，在全局选聘5名业务骨干，组建师资队伍，采取以点带面的方式，对在岗人员按岗位、分专题进行分类讲解辅导；制定下发了《茌平县地税局绩效管理考核办法》，积极试行绩效管理，确定考核标准和时限，突出重点，严格考核。

**【基层建设】** 始终坚持“以人为本”理念，实施文化引领，健全制度规范；盘活智力资源，实施创新驱动。选树标杆，实施典型带动。激发组织归属感，实施人文关怀，地税机关的吸引力、感召力和影响力稳步提升。

**【党风廉政建设】** 开展党的群众路线教育实践活动，确保规定动作到位，“五个一”自选动作富有特色，“四风”问题得到有效遏制。落实“两个责任”，制定《茌平县地方税务局明察暗访工作考核办法》，开展明察暗访并发布通报，促进纪律作风转变；举办“为民务实清廉”廉政书画艺术展，开展廉政文化进机关、进社区、进家庭活动，定期召开家庭助廉座谈会，倡廉树廉。

**【精神文明建设】** 县局继续保持省级“文明单位”称号，被省普法办公室评定为全省法制宣传教育示范基地，并连续第四次荣获省“幸福进家”活动先进单位。1个单位分获省级“巾帼文明岗”和市级“青年文明号”称号，1个单位被市妇联授予全市“三八红旗集体”称号。

（郑金友）

# 高唐县地方税务局

## 经济概况

2014年，高唐县实现生产总值356亿元，同比增长9.4%；规模以上固定资产投资234亿元，增长15.3%；公共财政预算收入12.1亿元，增长8.2%；规模以上工业企业实现主营业务收入1530亿元、利税143亿元、利润104亿元，同比分别增长10.4%、15.9%、13%。

## 收入概况

2014年，高唐县地税局共组织各项收入9.29亿元，同比增长3%，增收2832万元，其中税收收入完成8.89亿元，同比增长3%，增收2660万元。县级收入完成7.06亿元，同口径增长15.07%，增收8336万元。

## 工作概述

**【税政管理】** 加强房地产业和建筑业税收征管，对房地产业严格实行《预售许可证》制度，强化地税和房管部门的相互制约式管理，做到了“以证控税”和“以票控税”；对建筑业中投资500万以上的重点建设项目，实行全过程控制。建筑业营业税全年同比增长50%，增收2394万元。

【征收管理】 加强税源精细化专业化管理，对年纳税额在50万元以上182户重点企业“实行重点管理”；对机械制造和房地产行业、营业税和企业所得税、时风和泉林千亿产业园项目实施重点监控。对年纳税10万元以上、50万元以下274户纳税人“严格控制”，收入预测准确率达98%，征期入库率达到85%以上，财税库银入库税款比例在80%以上。

【税收执法】 认真贯彻落实《高唐县地方税收保障办法实施细则》，在高唐政务网开通了专门的地方税收保障网页，全年共报送涉税信息24258条，有效监控税款1950万元，比上年增收690万元。抓好地方税收清查工作，实现清欠工作常态化。全年土地使用税同比增长120%，增收8194万元，清理耕、契两税1581万元。不断强化税务稽查。先后组织开展了重点税源专项检查、中小企业专项检查等活动，累计查补入库税款、滞纳金及罚款4321余万元，有效规范了税收秩序。

【纳税服务】 全面落实服务措施，大力推行办税公开，积极组织纳税服务培训，完善办税服务厅功能，规范“一站式”纳税服务模式。按照“便民办税春风行动”的要求，不断创新税收服务和管理机制，积极拓展多元化办税渠道，开通了网上申报、网上缴税、网上开票等业务，全县90%以上的纳税人实现了足不出户网络办税，受到了纳税人普遍好评。

组织业务骨干深入企业开展纳税辅导。

【信息化建设】 全面做好金税三期系统工作，不断加强基础建设，强化数据分析应用，充分依托信息化支撑，深入开展税收预警、纳税评估、发票核查等工作，促进了税收管理质效的全面提升。全局有高性能计算机145台，实现了人均1台。

【干部队伍建设】 广泛开展谈心活动，及时了解和掌握干部职工的思想动态和合理诉求。完善干部选拔任用机制，按照“德才兼备、以德为先”的标准，坚持凭德才用干部，以实绩论升迁，充分激发广大地税干部创先争优、加快发展的积极性。强化党建工作，大力推进机关党内民主建设，充分发挥了党员模范带头作用。

【党风廉政建设】 扎实开展党的群众路线教育实践活动，认真贯彻上级安排部署，边查边改，边改边建，扎实推进，顺利完成了各阶段工作任务，收到了实实在在的效果。大力开展党风廉政教育，学习贯彻好《廉政准则》和《税收违法违纪行为处分规定》，在全局上下层层签订《党风廉政建设责任书》，深入开展明查暗访活动，有效改进了干部队伍作风，树立了良好地税形象。

**【精神文明建设】** 深入开展争先创优活动，2014 年先后被评为全市地税系统组织收入工作先进单位、服务基层建设先进单位；被县委、县政府授予“优质服务一等奖”“优化经济发展环境先进单位”等荣誉称号，在县纪委行风评议取得了全县第一名的好成绩。

（张 轲）

# 滨州市地方税务局

## 经济概况

2014年，滨州市实现生产总值2276.71亿元，按可比价格计算，比上年增长7.6%；三次产业结构为9.7∶50.3∶40.0；规模以上工业主营业务收入7463.18亿元，增长3.1%；固定资产投资完成1748.86亿元，增长15.3%；公共财政预算收入完成187.5亿元，增长10%，其中，税收收入完成142.23亿元，增长10.85%，占财政预算收入的比重达到76%。

## 收入概况

2014年，滨州市地税局共组织各项收入127.05亿元，同比增长5.37%，增收6.47亿元；其中，组织税收收入119.27亿元，同比增长6.6%，增收7.38亿元；组织地方财政收入108.21亿元，比年初预算超收1.6亿元，同比增长8.18%。

## 工作概述

**【税收征管和执法】** 一是加强征管基础建设。加强征管数据质量管理，对登记完整率、财务报表采集率、未申报催报率等指标进行重点监控，各项征管指标均得到明显改善。抓好申报征收管理，全面推进企业申报征收方式的多元化，加强对纳税人各类申报数据的审核，尤其是财务报表的审核与分析利用，向财务报表要税收。二是加强国地税合作。定期召开国地税联席会议，在企业集团风险管理、开展“便民办税春风行动”、强化稽查联动等方面密切沟通配合，实现了互利共赢。其中，滨城分局联合市区国税局依托滨城区政务中心合并办税大厅，积极推行“六个一”联合办税新模式，打通了服务群众“最后一公里”。三是加强分税种分事项管理。开展企业所得税汇算清缴事前培训、事中辅导、事后服务工作，补缴税款6530万元。加强年所得12万元以上自行申报个人所得税管理，申报人数首次突破5000人。开展房产税、土地使用税税源普查工作，切实摸清税源底数，提升征管质效。加强国际税收管理，共组织入库各项涉外税收2.82亿元，入库非居民税收2956万元。积极开展反避税工作，其中受控外国企业反避税工作成功结案，通过特别纳税调整，追征入库税款8457万元，征收利息5万多元，创全国首例，得到了税务总局的高度评价。四是规范税收执法。深入开展“行政程序深化年”活动，逐级签订《税收执法责任书》，加大执法检查问责力度，切实规范税收执法行为，在市政府依法行政考核中获得第二名。深入推进依法治税进程和法制地税建设，被评为全省“六五”

普法工作先进集体。

【税收服务】　一是积极建言献策，当好参谋助手。制定下发《关于深入开展税收调研服务经济发展专题活动的意见》，深入开展调查研究，其中6篇关于税源分析及加强财源建设的调研报告呈送各级领导参阅，得到充分肯定。建立“处级干部服务全市重点建设项目制度”，由7个处级干部联系全市74个重点项目，陪同市领导开展调查研究，跟进针对性税收服务，为市领导决策提供参考，促进重点建设项目落地。二是严格落实政策，助力经济民生。以推进简政放权、落实税收优惠为核心，积极探索税收服务经济发展的新措施，出台了关于发挥税收职能促进民营经济和文化发展的意见，梳理了30项税收优惠政策，涵盖了扶持文化产业发展的12项税收优惠，明确了5大类简政放权提质增效措施，这两个《意见》得到了滨州市委书记、市人大常委会主任张光峰的批示肯定。三是提升服务质效，促进征纳和谐。在全系统办税服务厅安装视频监控系统，强化适时在线考核，推进办税服务厅规范化建设。开展“群众满意年”“税法送万家”系列活动，切实满足纳税人需求。完善涉税服务制度，加强导税服务，实行预约服务、免填单服务等特色服务项目，提升纳税服务软实力。

【干部队伍建设】　一是全面强化作风建设。扎实开展党的群众路线教育实践活动，围绕“四风”方面存在的突出问题，加强各方面制度建设，修订完善了《领导干部和机关人员到办税服务厅学习调研的意见》等12个已有制度，制定出台了《市局机关公务接待和公务出差管理办法》等16个新制度，以制度机制巩固作风建设成果，实现了反对“四风”、改进作风的制度化、规范化、常态化。二是全面提升队伍素质。制订《2014年度干部教育培训计划》和《2014年度分岗位培训实施方案》，开展分岗位培训。同时，举办“中心税务所所长论坛”，加强相互间的学习交流，提升了中心所所长的带队能力。三是积极开展文明创建活动。以争创全国文明单位为动力，扎实开展文明创建活动，深化“四德”建设，加强社会主义核心价值观教育，并开展“地税好人”评选活动，弘扬优良传统，凝聚正能量。四是大力加强中心税务所建设。把中心所建设作为重点工作来抓，深入推进队伍素质提升工程、征管基础建设工程、税收执法规范工程、税收服务优质工程、廉洁从税工程、和谐地税建设工程等“六大工程”，启动了中心所包靠制度，实现了全系统38个中心所的“全覆盖”。

【党风廉政建设】　扎实推进党风廉政“教育、预防、惩处”一体化建设。突出廉政教育导向作用，持续开展“学法纪、转作风、提素质、防风险”集中学习教育活动，组织干部职工参观检察院警示教育基地，增强自律意识和危机意识。突出廉政风险防控，积极推广应用“廉政和执法风险防控平台”，加强“两权监督”，着力完善“科技+制度”的内控机制。突出责任落实，逐级签订党风廉政建设及反腐败工作责任书，落实“一把手”和分管领导“一岗双责”的运行机制。强化廉政问题惩治，认真落实廉政谈话制度和待岗学习制度。

（郭　瑞）

## 滨州市地方税务局滨城分局

### 经济概况

2014年，滨州市滨城区实现生产总值366.9亿元，完成社会固定资产投资实现275.4亿元，同比分别增长6%和28.2%；实现地方财政收入35.68亿元，税收收入占比达到84.1%，同比提高5.1个百分点；三产结构调整为3.16∶47.69∶49.15；实现规模以上工业增加值110.8亿元；城镇居民人均可支配收入达到3.1万元，农民人均纯收入达到1.32万元，同比分别增长8.8%、12.02%。

### 收入概况

2014年，滨州市地税局滨城分局共组织各项收入28.18亿元，同比增长7.79%，增收2.4亿元。其中，中央级收入2.18亿元，省级收入43万元，市县级收入25.99亿元。组织教育费附加1.49亿元，地方教育附加9655万元，文化事业建设费5万元，残疾人就业保障金765万元，地方水利建设基金4835万元。

### 工作概述

**【税政管理】** 认真审核把关，全面落实各项税收优惠政策，为55户次享受政策优惠纳税人备案减免各类税款5986万元，为605户小微企业落实税收优惠150万元，为479名失业人员、退伍军人以及残疾人办理减免税款383万元；加强个人所得税全员全额申报管理，入库个人所得税1.92亿元，强化国际税收管理，入库外籍人员个人所得税15.06万元，强化金融业“海外代付”业务监控，入库“海外代付”营业税金及附加478万元。

**【征收管理】** 加强班子成员抓企业带行业管理，班子成员所带的化工、餐饮、保险和汽车销售4个行业累计入库税收3.52亿元，同比增收7230万元；积极开展建筑行业专项纳税评估，评估建筑企业纳税人22户，入库税款及滞纳金1902万元；开展餐饮业发票专项检查，查处发票违法行为35起，补缴税款53万元，罚款10.8万元。

**【税收执法】** 秉承阳光、公平、正义的工作理念，组织开展“行政程序深化年”活动，按照《山东地税系统税收执法规范》要求，积极转变执法观念，强化内控机制建设，切实规范执法行为，深入推进依法治税进程和法制地税建设，实现了抽象行政行为零过错、无具体行政行为诉讼、无涉税群体上访案件发生的目标。

**【纳税服务】** 发挥税收职能作用，全力服务经济建设和社会发展。2014年，代收文化事业建设费、残疾人就业保障金、工会经费等各项社会保障费用3.1亿元。积极开展招商引资，引进优质高效项目3个，到位招商引资额1731万元。打通服务群众“最后一公里”，以“便民办税春风行动”为契机，与滨州市区国税局合并办税服务厅，推行合署办税，实现了纳税人“进一家门、办两家事”，减轻了纳税人负担，降低了征纳成本，提升了管理效能。

深入开展“便民办税春风行动”，滨州市地税局滨城分局与市区国税局合署办税方便纳税人。

【信息化建设】 积极推进网络与信息安全应急体系建设，认真做好软件和硬件运维工作，保证系统安全运行。加大数据管理力度，确保系统信息数据的真实性和完整性。强化岗位辅导和操作培训，全局信息化支撑能力得到明显提升。

【干部队伍建设】 按照省、市局关于党的群众路线教育实践活动的统一安排，积极转变作风，认真落实整改，保证了教育实践活动顺利推进，干部党性修养明显提升，作风建设明显加强。积极组织分岗位培训，提升岗位适应能力，选拔业务骨干参加扬州税院高端培训班，组织全局干部职工分两批参加山东科技大学税收专业知识培训班，培训内容丰富，培训效果显著。

【基层建设】 加大基层投入，基层办公条件得到改善，地税文化建设得到加强。注重人文关怀，推进和谐共建，健康查体、博爱理事会、困难职工救助捐款等活动有效开展。完善公务接待、财务资产、车辆管理、集体活动等制度，基层管理得到加强。

【党风廉政建设】 认真落实党风廉政建设“两个责任”，班子成员坚持“一岗双责”，层层签订党风廉政建设责任书，党风廉政建设得到加强。借助滨城区委纪检监察部门教育指导和监督监察的职能优势，组织开展了一系列“税苑清风”专题活动，营造了“风清气正”的工作氛围，廉洁从税意识明显加强、工作作风明显转变。

【精神文明建设】 积极开展创先争优活动，先后荣获山东省“富民兴鲁”劳动奖状、滨州市五四红旗团支部和学习型先进组织、全区综合工作先进单位等荣誉称号。

（孙建卫）

## 滨州市地方税务局经济开发区分局

### 经济概况

2014年，滨州市经济开发区实现财政总收入15.80亿元，同比增长15.20%，增幅居全市第2位；地方财政收入9.30亿元，增长13.90%，居全市第3位；实现生产总值95亿元，增长10.80%，居全市第2位；工业增加值增长13.50%，居全市第2位；实现工业主营业务收入212.90亿元，增长13.70%，居全市第2位；实现高新技术产业产值99.40亿元，占规模以上工业比重的45.70%，居全市第2位。

## 收入概况

2014年，滨州市地税局经济开发区分局共组织入库各项收入6.79亿元，同比增长21.24%，增收1.19亿元。其中，组织入库税收收入6.35亿元，同比增长24.10%，增收1.23亿元；组织入库地方收入6.05亿元，同比增长18.25%，增收0.93亿元。

## 工作概述

【税收征管】 一是涉税改革稳步推进。认真做好"营改增"纳税人的调查摸底、税负测算、排查认定等工作，顺利完成了全部"营改增"纳税人的移交工作。二是强化纳税评估和税收预警。重点抓好预警结果增值利用、大额预警信息分级督导等工作，预警信息处理完成率达到100%。三是扎实开展企业所得税汇算清缴工作，共汇算清缴业户75户，补缴税款1615万元。四是开展城镇土地使用税专项清理工作。将城镇土地使用税税源普查清缴作为加强征管、挖潜增收的重点工作，共清查800余户，清缴欠税532万元。五是落实税收优惠政策，服务地方经济发展。为辖区内2户享受税收优惠政策的企业实行专档管理，建立台账，强化对政策落实情况的督导检查。

【税收执法】 建立大企业税收风险防控体系，促进税收征管质量的提高。在对大企业进行充分调研的前提下，制定出台了《大企业税收风险防控体系建设实施意见》和《大企业税收风险防控体系建设实施方案》，成立了"大企业税收风险防控体系建设领导小组"，组织召开了国税部门、大企业代表共同参加的联席工作会议。从防范和控制税收风险，培植稳定的骨干税源入手，加强大企业税收服务和管理，初步形成了税企合作共赢的依法治税机制，取得良好的效果。

【纳税服务】 立足窗口建设，以"便民办税春风行动"为载体，加快办税服务厅规范化建设。推行后台前置、前台延伸的办税服务模式，提升税收精细化管理水平。以信息化网络为支撑，积极推行网上申报、网上缴税、网上认证、网上咨询、自助办税等税收现代化功能，形成窗口办税、网上办税、自助办税"三位一体"的办税格局。

开展"职业道德"承诺公示活动，坚持不懈抓干部队伍思想道德教育工作，打牢税收工作的根基。

【干部队伍建设】 坚持以人为本带队伍，干部队伍建设全面加强。坚持不懈地抓好干部队伍思想道德教育、业务技能提升、作风纪律整顿等各项工作，打牢税收工作的根基。以党的群众路线教育实践活动为契机，突出“为民务实清廉”主题，着力整顿工作作风。坚持集中培训与日常学习、岗位练兵相结合，提高了干部业务素质和岗位技能。

**【党风廉政建设】**　严格按照“照镜子、正衣冠、洗洗澡、治治病”的总要求，以开展党的群众路线教育实践活动为契机，全面加强作风建设，弘扬新风正气，以良好的作风树形象、促工作。对照党章、对照“三严三实”要求，对照中央和省、市改进作风规定，列出个人的“四风”问题清单，及时研究落实整改措施，达到标本兼治、善做善成的要求；以落实中央八项规定为切入点，通过集中学习党纪、政纪和法律法规，切实提高干部职工遵纪守法意识、依法行政能力，化解执法风险和廉政风险，促使全局干部职工思想素质达到一个新的境界。

（宋　洁）

## 博兴县地方税务局

### 经济概况

2014年，博兴县实现生产总值298.8亿元，同比增长5.5%。完成财政总收入36.8亿元，其中地方财政收入24.4亿元，同比增长5.0%。全县规模以上企业达到233家，实现总产值1354亿元。城镇居民人均可支配收入3.36万元，同比增长10%，农民人均纯收入1.3万元，同比增长11%。

### 收入概况

2014年，博兴县地税局组织各项收入18.83亿元，同比增长3.35%，增收6112万元；其中，组织县级收入15.66亿元，同比增长8.62%，增收1.24亿元，超出县政府下达全年收入计划3.1个百分点，占全县地方财政收入24.4亿元的64.2%。

### 工作概述

**【征收管理】**　协调工商、国税、质检、民政等部门建立登记信息交换制度，实现登记信息的定期交换比对。规范临时税务登记和组织临时登记管理，强化动态监控规范个体户。对餐饮业发票使用和代开情况实施专项检查，边检查、边整改、边入库，抽查代开资料6000余份、实地检查餐饮业户73户。对重点税种、重点行业和进入全市纳税贡献前200名企业的42家进行了数据核对和分析。核实省局派发税收预警128户项，查补税款207.6万元，评估约谈61家，补缴税款72万元。

**【税收执法】**　开展“行政程序深化年”活动，强化税收执法过程预警、监控和问责。对全局行政权力进行逐项清理，明确行政权力清单58项。对一家“走出去”的企业强化非居民企业服务管理，追征入库税款8457万元，创全国首例，得到了国家税务总局领导的高度评价。对建筑业、房地产业、医疗器械业和餐饮娱乐业等行业开展税收专项检查，查补入库税款4392万元。

**【纳税服务】**　联合经济开发区、各镇办开展耕地占用税、土地使用税清理，全年征收耕地占用税2.28亿元，城镇土地使用税1.94亿元。在省政府下发调整城镇土地使用税税额的通知后，对税额标准、征收范围进行了明确规范，新增城镇土地使用税2100万元。对符合国家税收减免政策的农产品初加工项目、研发费用加计扣除和小型微利企业减免税收891万元。代征代收残疾人就业保障金、教育费附加、工会经费等规费基金9834万元。开展“便民办税春风行动”，纳税窗口能当场办结的当场办结，部分涉税项目实行“先办后审”，对确需审核审批的限期办结。

加强纳税服务，领导班子成员在“局长服务日”现场接受纳税人咨询。

【机构人员】 截至2014年底，局机关内设8个科室，直属征收局、稽查局和纳税服务中心3个直属单位，下设博昌、陈户、湖滨、兴福、店子5个基层中心所，共有在职干部职工83人，平均年龄45.1岁，本科以上学历71人，大专学历9人，中专、高中及以下3人。

【行政管理】 公务接待一律在食堂吃工作餐；严格外出学习审批。清理私车公挂、借用公车等不符合规定现象，所有公务车辆燃油费、维修费进行限额管理，所有公车非工作时间，除值班车辆外全部集中封存停驶。县局机关和基层单位对超标办公室进行了清理和调整。

【党风廉政建设】 强化反面警示教育和正面示范教育，努力筑牢干部职工拒腐防变的思想防线。细化执法权力运行流程，对重点部位和关键环节认真排查风险，核实整改预警信息90条，补缴税款、滞纳金150余万元。加强与监察、审计等部门的联系沟通，组织税检共建活动，深化预防职务犯罪工作。先后6次参加行风热线、执法评议、行风评议和工作述职等活动。

【干部队伍建设】 以《山东地税岗位培训丛书》为重点，结合岗位特点及工作实际需要，注重实际运用和岗位适应能力的提升，丰富培训内容。参加全市地税系统“学法纪、转作风、提素质、防风险”集中学习教育活动，在市局组织的分类分岗培训中，有11名同志进入市局分岗位学习的前10名。

【精神文明建设】 组织召开县局春季运动会，参加全县全民健身运动会、全县党建运动会、全市地税系统羽毛球比赛等赛事，引导大家充分利用业余时间经常性地参加训练、比赛。为干部职工进行了全面的综合体检，为合同工缴纳了养老保险，在全县“慈心一日捐”活动中全体干部职工捐款1.84万元。荣获全县科学发展观综合考核先进集体等荣誉称号。

（崔 超）

# 邹平县地方税务局

## 经济概况

2014年，邹平县实现生产总值780亿元，实现财政总收入96.6亿元，其中，地方财政收入56.6亿元（新口径）。完成全社会固定资产投资223亿元，实现规模以上工业总产值3136亿元、利润140亿元。引进县外资金321亿元，实际利用外资4.2亿美元，实现进出口总额24亿美元。魏桥创业集团跃居世界500强第279位。

## 收入概况

2014年，邹平县地税局累计组织各项收入40.90亿元，比上年减收4600万元，减少1.11%。其中，中央级收入8.11亿元，同比减收5600万元；省级收入29万元；市级收入21万元；县级收入32.09亿元，同比增收5300万元，增长1.68%。

## 工作概述

**【税收管理】** 抓所得税管理，重点推进外籍人员个人所得税管理，将13个国家和地区的62名外籍人员纳入正常管理，同比增加44人，入库外籍人员个人所得税282.77万元，同比增长365.54%，增收222.03万元。完善营业税管理，强化房地产行业管理，做法被省局作为典型材料进行了交流。强化铝水加工行业和企业的税收征管，形成的《邹平县铝水加工行业税收调研》被省局《山东地税情况》刊发。加强税收分析，《邹平县重点税源减收应引起重视》《邹平县重点行业、重点企业税源分析报告》分别被《滨州政务信息》领导专报、省局《山东地税情况》采用。

**【纳税服务】** 被省局确定为落实《全国县级税务机关纳税服务规范》示范点，实行“五字服务”，整合办税资源，简化办税流程，做法被《山东地税情况“便民办税 春风行动”简报》刊发，并被省局纳税服务中心以文件的形式在全省转发。开展“便民办税春风行动”，办实事出实效，被中央国家机关工委组织部评为建设服务型机关党组织优秀案例。落实税收优惠政策，为26户企业办理各类税收优惠共计3697万元；突出抓好小型微利企业所得税优惠政策，328家小微企业享受了此项优惠。

加强纳税服务，全面推行导税服务。

**【税收宣传】** 开展“税法进机关”“千场电影进农村 税收宣传进万家”“公交车—流动的税收课堂”等活动，提高纳税人税法遵从度；在县电视台开播“阳光地税”专题栏目，播出三期；密切与纳税人的联系，通过微信、地税QQ群等及时告知、提醒和辅导纳税人涉税事项服务，得到纳税人的好评。加强宣传，发表稿件中央级1篇、省级16篇、市级20篇；被《山东地税情况》采用6篇，其他县级以上内刊采用信息96篇。

**【干部队伍建设】** 扎实开展党的群众路线教育实践活动，转变工作作风。加强教育培训，鼓励学习，12名同志参加了注册税务师考试，25人通过了中级经济师考试，18人通过了中级审计师考试，全系统获得“三师”资格人员达到73人次。加强干部轮岗交流，对县局机关8名科室负责人实行了轮岗交流，12个副股级职位实行竞争上岗，增强了队伍活力。

**【党风廉政建设】** 层层签订党风廉政建设责任书和税收执法责任书，保持队伍廉洁清正。开展“十百千示范带动工程”创建工作，以廉政文化为依托，积极打造办公场所廉政文化、网上廉政文化、“忧乐苑”廉政教育基地等廉政文化教育阵地，被滨州市委、市政府命名为党风廉政建设“十百千示范带动工程”市级示范点，被县委、县政府评为行风建设先进单位。

**【精神文明建设】** 开展“地税好人”争创活动，荆聿成和张敏获得“滨州地税好人”荣誉称号，荆聿成被省局评为“最美税务人”。组织开展县局第三届登山比赛，承办全市地税系统乒乓球比赛，取得第二届县直机关健身运动会第五名、市局羽毛球赛第二名的成绩。

（王萌萌）

# 惠民县地方税务局

## 经济概况

2014年，惠民县公共财政预算收入突破8亿元，同比增长12.5%；生产总值实现174亿元，同比增长7.2%；固定资产投资实现168亿元，同比增长20.1%；规模以上工业增加值增长10.5%，主营业务收入、利润、利税分别增长7.2%、14%和12%。

## 收入概况

2014年，惠民县地税局共组织各项收入4.56亿元，其中，地方财政收入4.23亿元，按可比口径计算，同比增长4.37%，增收1510万元，顺利完成全年收入工作任务。

## 工作概述

**【税收征管】** 扎实开展班子成员抓企业带行业工作，完善重点行业、重点企业税收管理制度，集中优势征管资源强化管理。加强重点税源监控，把房地产业、建筑业、重点工程和年纳税额较大的工业企业列入重点税源监控范围，跟进管理措施，强化源泉控管。其中，济滨东高速公路惠民段建设项目，全年入库资源税680万元，入库建筑营业税及附加1022.4万元。认真开展以土地使用税、房产税、耕地占用税为重点的税源普查，取得明显成效，契税、房产税呈现大幅增长，契税入库4660万元，同比增长14.10%，增收576万元；房产税入库 1965 万元，同比增长 63.07%，增收 760 万元。

**【依法治税】** 把依法治税工作摆在重要位置，层层签订税收执法责任书，全面落实税收执法责任制，切实推进依法治税、依法行政，有效提升了执法水平，防范了执法风险；加大稽查力度，全年共实现稽查税款收入 698.3 万元，有效堵塞了税收征管漏洞，打击了涉税违法行为，提高了纳税遵从度，规范了税收秩序。

**【纳税服务】** 全面贯彻落实《全国县级税务机关纳税服务规范》，扎实开展“便民办税春风行动”，严格落实完善各项纳税服务制度，每月定期开展局长服务日活动，定期开展纳税服务税法培训活动。充分发挥税收职能作用，认真落实各项税收优惠政策，帮助企业解决了许多实际问题，深受纳税人和社会各界的广泛好评。建立“7×24 小时纳税服务互动社区”网站，为纳税人提供每周 7 天、每天 24 小时全天候、无缝隙覆盖的周到快捷服务，打通了便民办税“最后一公里”，实现了与纳税人的“零距离”接触和实时互动，促进了纳税服务质量和税法遵从度的提高。

**【干部队伍建设】** 扎实开展领导干部和机关人员定期到办税服务厅学习调研活动，锻炼和提升了干部职工综合素质和岗位适应能力。认真组织参加省局、市局的学习和培训工作，干部队伍能力素质和业务水平得到大幅度提升。按照市局分岗位培训的要求，制订了 2014 年度分岗位培训实施方案和分岗位培训配档表，保证了分岗位学习培训工作的有序进行；按照市局要求，选派 3 名同志参加全市地税系统骨干人才培训班。

**【党风廉政建设】** 紧紧围绕“为民务实清廉”这一主题和“照镜子、正衣冠、洗洗澡、治治病”总要求，坚持问题导向，聚焦解决“四风”，认真开展了党的群众路线教育实践活动。扎实开展“学法纪、转作风、提素质、防风险”集中学习教育活动、工作作风集中整治行动、“庸懒散”专项治理行动，不折不扣地贯彻落实中央八项规定的各项要求，切实把上级一系列决策部署落到实处。

**【政风行风建设】** 积极参加由县纪委、县监察局、县纠风办、县广播电视局联合举办的“行风热线”节目，介绍地税工作开展情况，现场解答听众咨询，为广大群众排忧解难，受到社会各界的广泛好评。2014 年 9 月，惠民县地税局在全县 21 个参评部门中以 91.43 分的好成绩荣获全县涉企职能部门作风政风行风民主评议第一名。

**【精神文明建设】** 连续第六年被县委、县政府评为“税收征管先进单位”，被市综治委评为“市级平安单位”，8 名同志被市局记三等功，9 名同志获市局嘉奖，10 名同志被市局评为全市地税系统优秀共产党员。纳税服务中心被中华全国妇女联合会授予国家级“巾帼文明岗”荣誉称号。

（郭兴增）

## 阳信县地方税务局

### 经济概况

2014年，阳信县实现生产总值132.9亿元，同比增长6.3%。其中，第一产业增加值23.8亿元，同比增长4.2%，第二产业增加值50.1亿元，同比增长2.7%，第三产业增加值59.0亿元，同比增长10.9%。三次产业比重为：17.9∶37.7∶44.4，服务业比重提升3个百分点。

### 收入概况

2014年，阳信县地税局共组织各项收入4.4亿元，同比增长13.05%，增收5081万元。其中，中央级收入完成1711万元，同比增长18.27%，增收264万元；省级收入完成4万元，同比减少18.13%，减收9500元；县级收入完成4.22亿元，同比增长12.84%，增收4801万元；完成地方财政收入4.08亿元，同比增长13.46%，增收4841万元。

### 工作概述

【税政管理】 一是受理年所得12万元以上个人所得税自行申报132人次。二是对多处所得核查工作深入调查核实，强化分析比对，对涉及多处所得的304人逐人核实，补缴个税5.4万元。三是做好"营改增"工作，对享受小型微利企业所得税优惠的58家企业，减免所得税16万元。四是认真做好企业所得税核定征收及年度汇算清缴工作。五是加强土地增值税预征和清算管理，积极研究制定土地增值税清算模型，提高土地增值税征管的科学化水平。六是外籍人员个人所得税"一人一档"动态档案管理模式成效显著。

【征收管理】 规范发票管理，积极开展全县餐饮业发票使用和发票代开情况的专项检查。加强税源监控，积极推广税控网开发票应用。细化征管绩效考核指标、完善绩效考核机制，稳妥推进绩效考核工作。积极探讨地税征信系统建设，形成《关于地税征信系统建设的初步思考》。积极推广房地产行业税收清算汇缴数据模型应用。

【税收执法】 发挥税收风险管理信息系统的优势，提高税收收入质量。开展执法责任制标准化建设单位创建活动，使执法行为进一步规范、征管质效进一步提升。规范重大案件提请、初审、审理、审后等各关口，规范执法行为。落实税收政策执行情况评价反馈机制，切实发挥税收调控、服务发展职能作用。

【纳税服务】 积极开展"便民办税春风行动"，实行办税入户服务、预约服务，推行免填单，减少审批流程，实行"一站式"服务、"一次性"办结。开展"陪同企业办税人员做一次报税活动"，主动为纳税人提供更加方便、快捷、高效的税收服务和办税渠道。指导纳税人对小型微利企业优惠政策进行解读，服务地方经济发展，进一步增强纳税人满意度。

【信息化建设】 强化上线软件的维护和管理，做好信息安全、在线考核、数据管理、日常运维等工作。为基层提供技术保障，为纳税人提供技术服务，强力保障信息系统应用的安全，为全局信息系统正常运转提供强有力保障。

**【干部队伍建设】** 以开展党的群众路线教育实践活动为契机，以教育培训和轮岗交流为抓手，深入实施“青年成长成才工程”和“中年能力再提升工程”，干部职工服务群众的自觉意识和业务本领不断增强。

举办青年成长成才辩论赛，不断提高干部队伍素质。

**【基层建设】** 建立基层建设考核机制，把中心税务所建设作为重点项目纳入绩效考核。优化中心税务所岗位设置，调整充实基层征管力量，建立健全《月度点评分析制度》等六项工作制度，基层工作执行力得到进一步提升。

**【党风廉政建设】** 扎实开展“学法纪、转作风、提素质、防风险”集中学习教育活动，发挥好“廉政和执法风险防控平台”的作用。认真落实《税收执法风险防范手册》规定，规范基层执法程序。加强内控机制建设，严格审批权限，落实“提高收入质量，防范执法风险”约谈会议制度，加强对关键岗位、重点环节的监督，真正把税收执法权、行政管理权关进制度的笼子。

**【精神文明建设】** 以“信和家园”文化品牌为引领，以五个文化建设基地为依托，大力开展以培育社会主义核心价值观为主要内容的精神文明创建活动。编印《阳信地税干部职工道德规范》。开展“寻找身边美丽”主题活动，设立“善行义举四德榜”。2名同志被评为全市地税系统“地税好人”。

（郝思源）

# 无棣县地方税务局

## 经济概况

2014年，无棣县实现生产总值231.4亿元，比上年增长3.5%。实现财政总收入17.57亿元，同比增长1.7%，实现地方财政收入12.93亿元，同比增长3.4%。全县规模以上工业总产值349.1亿元，同比增长4.0%。

## 收入概况

2014年，无棣县地税局共组织各项收入8.86亿元，同比增长9.02%，增收7327万元。其中，中央级完成1994万元，同比下降0.15%，减收3万元；省级完成10万元，同比下降16.83%，减收2万元；区县级完成8.66亿元，同比增长9.25%，增收7332万元。地方财政口径收入8.43亿元，同比增长9.34%，增收7204万元，完成全年任务的100.03%。

## 工作概述

【税收征管】 一是加强外部信息交换系统的应用工作，加大网开发票、客户端系统的推广力度；进一步完善查询统计的业务需求，确保了新上应用系统正常运行。二是开展新版房地产项目管理软件推广应用培训，加强房地产业税收管理。三是对2012—2013年度办税服务厅代开发票进行检查，共检查代开发票24775份，查处问题97件；同时对部分纳税人进行实地检查，共检查纳税人169户，查处4户。开展年所得12万元以上纳税人个人所得税自行申报工作，受理自行申报240人，完成目标任务100%，同比增加34人，申报年应纳税所得额4878万元，入库个人所得税476万元。认真开展企业所得税汇算清缴工作，234户企业所得税纳税人完成了自汇自缴，汇算应纳所得税额1247万元，实缴税额434万元，较上年增加228万元，增长22.37%。

【税收执法】 一是以整顿规范税收秩序为重点，组织行业性专项检查，重点税源企业检查，辅导纳税人开展自查，全年检查11户企业，累计查补入库236万元，其中企业自查补税164万元，加收滞纳金24万元。二是强化税源监管。核实缴纳增值税附加税费企业27家，对29户企业开展免抵附征税费专项评估，入库附征税费6.45万元；自行评估企业7家，入库税款57.77万元；评估2013年纳税额50万元以上的建筑业纳税人17户，评估各项税费756万元。处理税收预警任务48户，补缴税款23万元。

【纳税服务】 认真做好税收优惠政策的落实工作，受理1户纳税人关于下岗职工再就业税收减免的申请，审批减免其相关税费11.5万元。受理1户纳税人节能节水设备抵免所得税额备案及残疾人工资加计扣除备案申请，依法减免其企业所得税。加强二手房交易与存量房系统的管理。2014年，存量房系统交易房产185套，合同申报价格4192万元，调整后价格5225万元，调增金额1033万元，调增税额16.9万元。对县域内城镇土地价格、土地使用税税负、收入、政策执行中存在的问题等进行调研分析，提出了具体的调整建议，上调税额于2014年下半年执行，全年增加税收2685万元。

干部职工走上街头宣传税收知识。

【机构人员】 无棣县地方税务局下辖稽查局、直属征收局以及信阳、水湾、碣石山、小泊头4个基层中心所，局机关下设办公室、法规税政科、征管和科技发展科、收入核算和财务科、人事科、纳税服务中心、监察室、税源管理科、机关党支部、督查考核办公室10个科室，现有在岗干部职工84人。

【党风廉政建设】 2014年，通过

开展党的群众路线教育实践活动，征集到党委政府、纳税人和干部职工反映的存在问题19个，建议措施10条，全部予以解决。

【精神文明建设】 办税服务厅荣获“省工人先锋号”，碣石山中心所荣获滨州市“工人先锋号”，信阳中心所被市政府评为“全市群众满意基层站所”，1名同志被省局授予金税三期工程建设嘉奖，1名同志获得行政事业单位内部控制知识竞赛活动先进个人，1名同志被评为“滨州市青年岗位能手”。

（寇 勇）

# 滨州市沾化区地方税务局

## 经济概况

2014年，滨州市沾化区实现生产总值170.36亿元，同比增长6.2%，实现公共财政预算收入10.32亿元，同比增长2.11%。第一产业实现增加值38.1亿元，同比增长4.5%；第二产业实现增加值61.52亿元，同比增长5.3%；第三产业实现增加值70.73亿元，同比增长8.2%。

## 收入概况

2014年，滨州市沾化区地税局共组织入库各项收入8亿元，组织入库地方税收收入7.58亿元，占年初计划的107.5%，超收5062万元，同比增长13.90%，增收9255万元。

## 工作概述

【征收管理】 开展土地使用税税源普查和土地等级税额标准执行情况检查工作，对全区纳税企业进行地毯式排查摸底，并分别建档管理。建立定期信息交换制度，强化与工商、国土等部门的联系，适时更新“宗地管理软件”土地税源数据库。开展土地使用税等级税额调整工作，把住税源源头。开创盐业资源税征管工作新局面，打造盐业资源税征收实行地税部门主管，盐业部门、乡镇政府在其职责范围内协助管理，企业自主申报“三位一体”的征收管理新模式。

加强税收管理，开展税源普查活动。

【税收执法】 依托“一平台、一链条、一活动”，强化执法责任落实，推进风险管理，促进法制地税建设。依托“廉政风险防控平台”，扎实开展税收执法预警，强化过程监控，认真分析排查税收执法风险点，制发执法预警报告，督促征收机关限期整改；构建申报纳税、税收评定、税务稽查、税收征管“四位一体”税收征管链条，实施黄橙红三色预警机制，组织开展推送风险应对工作；深化税法普及工作，规范税务处罚裁量权，精简审批程序到9类72项，获得了“全市地税系统行政程序示范单位”“全县执法责任制标准化建设工作先进单位一等奖”。

**【纳税服务】** 全面进驻沾化区行政服务中心，实现国地税联合办公，积极开展“便民办税春风行动”“局长服务日”活动，搭建税民“连心桥”。构建征纳互动微服务平台，利用手机短信、微信、手机 APP 等现代信息技术，开通互联网络预申请服务，推行以“网上申报为主、自助申报为辅、窗口申报为补”的多元化纳税申报方式，构建涉税事项集中受理、内部流转、限时办结制度，提升服务质效。2014 年度，被评为“红旗窗口”“优秀服务窗口”，获得“巾帼文明示范岗”荣誉称号。

**【干部队伍建设】** 实施机构改革，增设临港中心税务所，科学化分辖区。组织集中学习教育，进行分类分岗位培训，进一步调整扩充两组（税收征管研究课题组、行政管理研究课题组）和两队（考试团队和授课团队），全面提升业务人员专业素质。依托“四会”“四室”文化载体，组织开展乒羽比赛、书画展评，参加摄影知识讲座等系列文体活动，进一步激发广大干部职工学习兴趣。

**【基层建设】** 建立基层联系点制度，党组成员深入挂钩联系点调研指导，出台《沾化区地方税务局财务管理暂行办法》，经费预算向一线倾斜。通过“全覆盖、突亮点、求常态”加强中心税务所建设，以下洼中心税务所为示范点，重点搞好“道德讲堂”建设，获得了“全市地税系统中心税务所建设先进单位”。

**【党风廉政建设】** 开展“学法纪、转作风、提素质、防风险”集中学习教育活动，抓好内部行政管理，严格规范公务接待。落实“一把手”和分管领导“一岗双责”的运行机制。组织开展党的群众路线教育实践活动主题辩论赛、演讲比赛，并取得圆满成功。依托局刊《心灵视窗》开辟专栏宣传教育实践活动的工作进展和实际成效，促进地税事业健康发展。

**【精神文明建设】** 从观念、心态、环境、机制等入手，为快乐工作、快乐生活创造条件，举办第三届职工运动会、税检共建乒乓球、羽毛球友谊赛、元旦联欢会，积极开展生日送祝福、节日走访慰问等活动，制定帮扶措施，帮扶下河乡政府困难职工；对黄升镇马家村进行帮扶，结合村情村况建设“善行义举回德栏”“文明一条街”。开展了“年度十佳标兵”民主推荐投票评选活动，增强了队伍凝聚力，2014 年度，获得县委表彰的县直单位帮扶困难家庭一等奖。

（崔　然）

# 滨州市地方税务局<br>高新技术产业开发区分局

## 经济概况

2014 年，滨州高新技术产业开发区实现生产总值 36 亿元，比上年增加 9.4%，其中，第一产业增加值完成 5.23 亿元，比上年增加 4.1%，第二产业增加值完成 14.95 亿元，比上年增长 7.1%，第三产业增加值完成 15.82 亿元，比上年增加 14.3%。全区实现地方财政收入 3.75 亿元，比上年增长 24.97%。

## 收入概况

2014年，滨州市地税局高新技术产业开发区分局共组织各项收入2.66亿元，同比增长14.51%，增收3368万元，其中，完成地方税收收入2.52亿元，增收3604万元，同比增长16.71%；中央级收入完成797万元，同比下降19.90%，减收198万元；县区级收入完成2.58亿元，同比增长16.09%，增收3570万元。

## 工作概述

**【税收征管】** 贯彻落实《山东省地方税收保障条例》，加强与财政、审计、国土、房管、工商、国税等掌握税源信息的管理部门的协作，实现涉税信息共享，开展先税后证，入库耕地占用税2553万元、契税1039万元。与代征代扣单位加强协作，保证税款足额及时入库，形成各部门齐抓共管的局面，保障地方税收收入实现，通过委托代征入库税款800万元，通过代扣代缴入库税款788万元。加强税源控管，配合国土部门严格把控申请土地抵押贷款企业的欠税情况，清理欠税及滞纳金397万元。

**【税收执法】** 开展“学法纪、转作风、提素质、防风险”集中学习教育活动，不断提高干部职工的遵纪守法意识和依法行政能力。严格税收纪律，加强监督考核力度，坚持依法征收，提请市局稽查局协助，对全区建筑业、房地产业企业开展全方位的清算核查工作，累计入库税款90余万元。配合低效率使用土地的清理工作，加大执法力度，对22户企业采取税收保全和强制执行措施，入库税款160余万元，提高了企业税法遵从度。

**【纳税服务】** 深入开展“便民办税春风行动”，认真贯彻落实国家税务总局《全国县级税务机关纳税服务规范》。结合工作实际，推行“免填单”服务模式，共涉及纳税登记、申报等6大类32项办税事项；搭建互动交流“微平台”，推行税企QQ群、腾讯微信、微博服务，根据纳税人不同需求，开展分类服务，一对一指导，点对点释疑，做到“有问必答、有答必办、有办必督”，实现“高效率分享、零距离互动”。

搭建微平台服务纳税人。

**【干部队伍建设】** 开展教育培训工作，共组织参加各类培训15期，参加培训70多人次，有效提升了干部职工的综合素质和业务水平。加强继续教育培训管理，鼓励干部职工积极参加继续教育，提升自我，在全局上下形成浓厚的学习氛围。提高税收服务意识，制定《班子成员和机关人员实行定期到办税服务厅学习调研制度》，使全体干部职工都熟练掌握办税流程、税收业务。

**【党风廉政建设】** 积极开展党的

群众路线教育实践活动，坚持把学习教育和整改落实贯穿活动始终。认真贯彻落实中央八项规定，开展办公用房清理，严格公务用车使用，加强公务接待管理。落实《党风廉政建设责任承诺书》，深化廉政风险防控机制建设，开展多形式的检税共建活动，以发生在身边的惨痛案例警示干部职工引以为戒，提高廉政意识。

**【精神文明建设】** 加强文明创建，制作税收宣传片，举办一系列健康向上的文体活动，组织参加乒羽比赛、登山比赛、演讲比赛，提升干部职工各项素质，分局1人被评选为滨州市地税系统“诚实守信好人”，1人被授予“国家级优秀共青团干部”荣誉称号。开展争先创优，分局通过省级青年文明号复审，办税服务厅被省妇联授予“省级巾帼文明岗”。

（郭　杰）

# 滨州市地方税务局北海经济开发区分局

## 经济概况

2014年，滨州北海经济开发区实现生产总值15.65亿元，比上年增长25.3%；三次产业结构为18.66：68.69：12.65；实现规模以上工业增加值7.23亿元，同比增长49.83%；完成固定资产投资140.27万元，同比增长3.73%；实现地方财政收入4.48亿元，同比增长25.05%。

## 收入概况

2014年，滨州市地税局北海经济开发区分局共组织各项收入4.04亿元，收入总量首次突破4亿元，同比增长21.86%；其中，组织地方财政收入3.80亿元，同比增长22.19%，增收6970万元。

## 工作概述

**【税政管理】** 积极把国家促进小微企业发展的各项优惠政策落到实处，助推小微企业健康发展；深化个人所得税全员全额申报管理工作，上线率和申报率均达到100%；做好年度企业所得税汇算清缴，补交企业所得税605.45万元；执行结构性减税政策，全年累计减免各项税款7万余元。

开展税法宣传进企业活动。

**【征收管理】** 加强重点行业的税收分析，剖析行业发展规律，了解其运行趋势，共形成盐业、制造业、房地产等3个行业征收管理模板；深化国地税联合办税，积极与区国税局加强沟通协调，于4月1日率先在全市开始国税为地税代征业务，全年累计代征税款12万元；扎实开展创新（提升）工作，通过调研分析，形成《盐资源税收调研报告》，堵塞征管漏洞；健全问题整改机制，实行每月税收调度分析、每周例会制度，强化整改措施，有效地提高了收入质量。

**【税收执法】** 认真贯彻落实新预算法和税收征管法，严格依法征税；深入开展税收收入质量检查，坚决遏制“空转”、收“过头税”、越权减免税等违法行为；开展“学法纪、转作风、提素质、防风险”集中学习教育活动，与全体人员签订税收执法责任书，全面推行执法责任制和过错追究制；进一步规范执法行为，认真梳理执法权力清单，加强税收执法责任制的执行落实效力。

**【纳税服务】** 积极推进《全国县级税务机关纳税服务规范》落实到位，按照服务规范的升级要求，对税务人员高标准、严要求，推进纳税服务标准化建设；推行一站式服务、首问责任制、免填单等服务制度，提升纳税服务质量；围绕辖区经济发展，加强对经济税收调研，共向区党工委、管委会提交调研报告4份，得到区领导的高度评价。

**【干部队伍建设】** 深入开展党的群众路线教育实践活动，全局党员干部集中学习18次，人均记笔记近2万字，撰写学习心得体会12篇，对照检查材料13篇（包括班子对照材料），围绕解决“四风”方面突出问题，认真制定整改方案，废除不适用制度1个，修订完善已有制度10个，建立健全新的制度9个；严格落实中央八项规定，规范公务用车、公务接待和办公用房分配，“三公”经费比上年缩减了29.59%；以《山东地税岗位培训丛书》为教材，按照分岗位培训的原则，提高学习主动性。

**【党风廉政建设】** 深化检税共建活动，邀请市检察院预防职务犯罪警示教育宣讲团对全体干部职工进行宣讲，并参观驻区检察室廉政教育基地，提高干部职工预防职务犯罪的能力；与党员干部签订党风廉政建设承诺书，全面推行廉政责任制和过错追究制；完善巡视、监察、专项检查等一系列制度，建立监察促廉运行机制；设置举报电话、举报箱、开展特邀监察员座谈会，畅通监督渠道，广泛接受纳税人的监督。

**【精神文明建设】** 充分发挥地税文化引导作用，以“幸福地税”为主题积极开展各项文体活动；开展“巾帼春蕾”活动，对12名困难女学生进行帮扶；强化军税共建，走访慰问岔尖边防派出所官兵，参观岔尖边防爱国教育基地；开展党员干部全员联户工作，全局12名干部职工深入大梁王村共计联户群众140户，发放各类服务资料300余份；分局获得“滨州市五一劳动奖状”“山东省青年文明号”“滨州北海经济开发区财税工作先进单位”等荣誉称号。

（高　强）

# 菏泽市地方税务局

## 经济概况

2014年，菏泽市实现生产总值2222.19亿元，同比增长10.2%。分产业看，第一产业实现增加值265.01亿元，增长3.0%；第二产业实现增加值1190.83亿元，增长11.0%；第三产业实现增加值766.35亿元，增长11.7%。

## 收入概况

2014年，菏泽市地税局共组织各项收入110.32亿元，同比下降2.18%，减收2.46亿元，剔除“营改增”影响，可比口径增长2.5%，增收2.71亿元。分产业提供地税收入情况：第一产业收入5714万元，同比增长356.39%；第二产业收入56.29亿元，同比下降1.98%；第三产业收入53.45亿元，同比下降3.19%。

## 工作概述

**【收入质量】** 严格落实市局“不准有户不管，不准有税不收，不准不按政策规定办事，不准擅自和越权减免税，不准虚收空转，不准转引税款，不准混淆级次，不准乱开发票，不准收人情税、关系税，不准吃拿卡要报，不准做违纪违法违规的事”等11个不准，强化组织领导，强化税收分析，强化税源管理，强化收入调度，强化责任分解，大力依法组织税收收入，严格把好“临时户、地方小税种、代开发票、征期入库、网上监督”等五个收入关口，提高监督水平。

**【征收管理】** 强化税务登记管理，全市共办理税务登记户数7.82万户，比上年增加1.27万户。深化联合办证和登记信息比对，强化发票管理，积极推行网开发票，共代开发票10.35万份，网开发票27.33万份，征收税款9.95亿元，同比增长10.1%，增收9102.7万元。做好金税三期工程运维工作，确保系统平稳运行。

**【税政管理】** 做好“营改增”工作，加强邮政服务业、电信业“营改增”试点及后续管理，全面梳理“营改增”试点纳税人户数及历年税款缴纳情况。强化税收预警，全市落实处理疑点纳税人8673户次，核实补缴税款1.27亿元。做好纳税评估，开展房地产、建筑业、批发和零售业、制造业等有关行业的专项评估，共完成评估1281户次，入库税款9572万元。做好企业所得税汇算清缴工作，补税7907万元。做好年所得12万元以上个人所得税自行纳税申报工作，全市申报2602人，同比增加349人，申报年所得额7.43亿元，补缴税款428万元。做好城镇土地使用税政策调整和“以地控税”工作，新增城镇土地使用税 7.2 亿余元。深化土地增值税清算工作，对 68 个房地产开发项目进行清算，入库土地增值税 2600 万元。强化税务稽查，检查和组织企业自查 120 户，查补各项收入 5183 万元。

**【纳税服务】**　围绕“便民办税春风行动”，组织开展“税企直通”座谈会、市局局长做客市长热线、地税局长服务日、设立纳税人税法培训中心等活动，落实好预约服务、延时服务、提醒服务、上门服务、“一站式服务”、首问负责制、一次性告知制、限时办结制、同城同办、精简流程等十项便民办税措施。认真落实小微企业税收优惠政策，全市 683 户符合条件的小微企业享受到税收优惠政策，税收优惠率为 100%，减免企业所得税 278 万元。全年，网送税法 2591 户，12366 纳税服务热线共受理各类热线电话 4 万起。市地税局被表彰为“全市依法行政示范创建单位”“全市依法行政宣传先进单位”。菏泽市地税局驻政务中心服务窗口被表彰为菏泽市行政审批、公共服务工作先进单位。

**【干部队伍建设】**　强化教育培训，春节后开展了集中学习活动，10 月举办了综合能力提升培训班，11 月组织骨干人才考试和税收业务技能大赛。认真开展好绩效管理工作，成立绩效管理工作领导小组和绩效考核办公室，制定了机关和系统绩效管理办法及考评指标。做好全国文明单位复审验收，顺利通过了复审验收。

**【党风廉政建设】**　开展廉政教育，开展“庸懒散”专项治理活动和纠正“四风”活动，抓好作风建设。积极开展行风评议活动，市局被评为行风评议行政执法类第一名。组织实施全市地税系统税收执法督察，11 月中旬，东明地税局代表市局接受了省局开展的执法督察，省局执法督察组对全市执法督察工作给予了充分肯定。

**【党的群众路线教育实践活动】**　成立领导小组和督导组，制订实施方案、指导意见、配档表及征求意见建议的整改落实台账。先后开展了党员干部参观红色教育基地“冀鲁豫边区革命纪念馆”、“税企直通征求意见”座谈会、收看教育实践活动专题片、邀请市检察院预防职务犯罪报告团做廉政讲座、邀请英模人物现场报告会、全体党员上党课、党员领导干部到基层办税厅蹲点服务、党员领导干部联系特别贫困户扶贫扶助八项主题实践活动。4 月 10 日，市委组织召开市执法监管部门、窗口单位和服务行业单位负责人座谈会，菏泽市委书记、市人大常委会主任于晓明对市地税局给予了充分肯定。

（游　斌）

## 菏泽市地方税务局牡丹分局

### 经济概况

2014 年，菏泽市牡丹区实现生产总值 285.1 亿元，同比增长 12.1%，其中，第一产业 28.4 亿元，同比增长 3.2%；第二产业 131.9 亿元，同比增长 13.2%；第三产业 124.8 亿元，同比增长 13.3%。

## 收入概况

2014年，菏泽市地税局牡丹分局共组织税收收入13.74亿元，同比增长1.29%，增收1573万元。

## 工作概述

**【税收征管】** 继续开展“金税三期”数据整改及征管核心系统日常运维工作，确保体系正常运行。严格票证管理，大力推行POS机缴款，积极推行税库联网，企业网络申报率100%，个体纳税人后台批扣率达到95%以上。稳步推进企业所得税汇算清缴工作，对734户企业进行了汇算清缴，汇算清缴面达到100%，入库企业所得税税款5474万元；注重抓好个人所得税全员全额扣缴申报和年所得12万元以上个人所得税自行纳税申报工作，全员全额个人所得税申报1979户，259人进行了自行申报，个人所得税入库税款7516万元；准确把握“营改增”对税收收入的影响，提早制定应对措施，营业税入库税款5.40亿元。积极开展土地使用税税源清查，及时做好土地使用税定额调整，加强土地增值税清算管理，土地使用税入库税款8233万元，土地增值税入库税款9031万元。制定下发《税收征管执法规范》，开展基础档案检查，组织纳税人使用发票情况专项检查。继续执行在线评估机制对产生的低交易额度进行评估，征收房产交易税收5740万元。突出抓好房地产业税收管理，房地产业实现收入3.78亿元。强化房地产业纳税评估，评估税款4470万元。

**【税收执法】** 大力开展涉税法律培训，提高地税人员的法律意识、法制观念和执法素质，有效降低执法风险。健全执法监督机制，推行重大案件审理制度，完善执法公开制度，狠抓税款减免管理，监督执行医院、学校、农贸市场等备案类减免30余宗。严格执行《山东省地税局处罚自由裁量权办法》，解除处罚率达到100%。落实好《山东省地方税收保障条例》，完善社会综合治税体系，信息处理率达到100%。继续推进执法预警制度，处理税收预警信息48户，入库税款47.6万元。对逾期登记和非正常转正常进行了执法督查内审审查，执法考核岗位在线监测取得了100%的成功率。组织开展对房地产业、建筑业、金融业等行业专项检查和专项整治，稽查税款865.9万元。

**【纳税服务】** 认真落实《全国县级税务机关纳税服务规范》，完善涉税服务制度，加强导税服务，实行预约、免填单、导税预审、留置等服务措施，提升服务软实力。组织开展“便民办税春风行动”“网送税法”等系列活动，举办纳税人税法培训班、发挥12366纳税服务热线作用、落实局长服务日制度，强化纳税人诉求快速处置，维护纳税人合法权益，提升纳税人遵从度和满意度。积极发挥税收职能作用，通过落实税收优惠政策，减免税款763万元。认真做好代征工作，代征收入13301万元。

**【干部队伍建设】** 按照省市局统一部署，紧扣“为民务实清廉”的主题，扎实有效地开展了党的群众路线教育实践活动，取得了实实在在的效果。突出高端培训，组织120名骨干赴浙江大学、山东科技大学参加集中培训，普遍提升了干部职工的岗位技能和业务水平。组织进行了全员体检，定期开展计划生育检查，为离退休人员订阅报纸，出台困难职工补助标准，建立了困难职工档案，及时发放了困难补助，促进了地税人文和谐。顺利通过了“国家级巾帼文明岗”、各级文明单位、青年文明号的验收工作，获得“山东省助残工作先进集体”“菏泽市五四红旗团总支”“菏泽市妇女工作先进单位”等荣誉10余个。以警示片、廉政教育平台、廉政文化长廊为载体，持续性的加强廉政教育。推广应用“廉政和执法风险防控平台”，加强“两权监督”，完善“科技+制度”的内控机制。逐级签订党风廉政建设责任书，落实“一把手”和分管领导“一岗双责”的运行机制。普遍建立了廉政档案，通报违法违纪行为5人次。积极参与行风评议，连续多年在行风评议中位列“行政执法类”第一名。

（王　超）

# 曹县地方税务局

## 经济概况

2014年，曹县实现生产总值292亿元，同比增长12%；固定资产投资115.7亿元，同比增长18%；公共财政收入19.68亿元，同比增长7.53%；城镇居民人均可支配收入19402元，同比增长12%；农民人均纯收入10281元，同比增长12%。

## 收入概况

2014年，曹县地税局共组织税收收入16.42亿元，同比增长10.15%，增收1.51亿元。其中，营业税收入7.20亿元，个人所得税收入7597万元，企业所得税收入6295万元，其他税收收入7.83亿元。

## 工作概述

**【税政管理】** 贯彻落实国家税收法律法规及其实施细则和办法，严格税政管理制度，建立健全税政监管机制，加强执法考核和效果评价，强化执法预警。深入开展税收政策法规的宣传，抓好企业所得税汇算清缴工作，努力提高税政管理的质量和效益。

**【税收征管】** 面对“营改增”的新形势，坚持以组织收入为中心，努力提高收入质量，切实防范执法风险。加强户籍管理，对重点行业、重点税种实施重点监控，使企业登记率达到100%、个体经营户登记率达到98%以上。强化“以票控税”管理，进一步规范代开发票行为，努力完善发票的管理和使用制度。

**【纳税服务】** 坚持税务“九个公开”，在服务大厅办理涉税事宜均实行“一窗式”“一站式”“一条龙”服务。经常组织“纳税服务志愿者”活动，积极开展为纳税人送税法、搞培训、帮管理、送信息、当参谋的“五上门”服务活动，建立和谐的征纳关系。推行多元化申报方式，全面提升网络申报、邮件申报、电话申报、双委托申报水平，用现代化、多元化、规范化的手段，更好地为纳税人提供法治、文明、优质、高效的服务。

【作风建设】 认真落实中央八项规定，狠刹“四风”，治理“庸懒散”，始终坚持把党风廉政建设责任制落到实处，与税收工作同部署、同落实、同检查、同考核，并层层签订党风廉政建设责任书。围绕作风建设，落实“一岗双责”，强化两权监督。深入开展党性修养教育、职业道德教育、行业作风教育、正反面典型教育等活动，并认真组织开展廉政风险点排查以及《廉政准则》执行情况的自查自纠活动。

【税收执法】 层层建立健全执法责任制和问责制，加强对税收执法岗位和环节的事前、事中、事后的监督监管，规范执法行为，严肃岗责纪律。积极推行政务公开，确保公平公正，增加执法透明度，多形式接受社会的监督，确保执法程序无差错，保障和维护广大纳税人的合法权力和权益。

【税法宣传】 建立健全税收宣传常态化机制，运用广播、电视、报纸、网络等多种宣传工具，广泛宣传国家有关税收法规政策。并积极做好税法宣传进机关、进工厂、进企业、进社区、进商场活动，在学校增设税收法制课堂，运用宣传车、图片展、咨询台等多种形式，扩大税法宣传的辐射面，提高全社会遵守税收法规、自觉申报纳税的遵从度。

【精神文明建设】 2014 年，曹县地税局被评为“菏泽市职业道德建设先进单位”；曹县地税局纳税服务中心被授予“山东省女职工建功立业标兵岗”及“菏泽市工人先锋号”；曹县地税局曹城中心税务所被授予“菏泽市三八红旗集体”。

（周　琨）

## 定陶县地方税务局

### 经 济 概 况

2014 年，定陶县实现生产总值 129.2 亿元，同比增长 10.5%；三次产业比为 7.8：22.3：13；完成公共财政预算收入 6.7 亿元，增长 0.88%；城镇居民可支配收入 1.78 万元，增长 10.5 %；农民人均纯收入 1.04 万元，增长 12%。金融机构存、贷款余额分别达到 127 亿元、69.8 亿元，增长 15.6%、18.2%。

### 收 入 概 况

2014 年，定陶县地税局组织入库各项收入 4.03 亿元，同比下降 8%，其中，市县级收入 3.84 亿元，同比下降 8%；县本级收入 2.06 亿元，同比增长 81%。

### 工 作 概 述

【税政管理】 坚持“依法治税”原则，编制了权利清单、权力运行流程图，规范了执法流程，层层签订执法责任书，落实税收执法责任制，认真落实税收优惠政策，不断强化督察内审工作，获得 2014年全县政风行风评议第一名的佳绩。

【征收管理】 重点加强了对纳税人财务报表报送、地税发票使用、网上划款、三方协议签订、税务登记等征管基础工作。积极推行网开发票工作，全县 154 户纳税人实行了网开发票，强化契税征收工作，全年累计入库契税 6903 万元，同比增长62%。成立房地产业、建筑大项目等税源专业化管理小组，对重点税源实行动态监控，全年房地产业、建筑业税收分别入库1.09亿元、8401万元，同比增长22%、54%。

**【税收执法】** 层层签订税收收入质量责任书，规避执法风险。共提取、分析有疑点纳税人283户，通过税收预警组织入库税款315万元。集中清理城镇土地使用税期间，先后对45个欠税企业采取了税收强制执行措施，提高了企业的纳税遵从度。被市地税局评为2014年“菏泽市地税系统绩效管理工作优秀单位”。

**【纳税服务】** 按照《全国县级税务机关纳税服务规范》的要求，纳税服务做到了服务一把尺子、办税一个标准。积极开展“便民办税春风行动”，实行延时服务和个性化服务，班子成员在办税大厅轮流蹲点，现场解答纳税人涉税咨询。先后被菏泽市总工会授予“十佳建功立业标兵岗”，被定陶县委授予“全县政务服务工作先进集体”。

**【信息化建设】** 加强了注销税务登记管理，制定了“注销税务登记”金税三期工程业务操作指导。及时采集正确数据，修改数据，督促前台对78户核算方式错误的纳税人进行了数据修改。县局税务登记完整率、差错率为零，催报、催缴率为100%。

**【干部队伍建设】** 坚持每周二集中学习日制度，对“金三”业务操作分6批次进行全员岗位操作培训，选派中层以上干部和业务骨干共32人分批次到浙江大学等单位进行培训，涌现了一批业务骨干，叶华等5人被选拔为“全市业务骨干”人才，王纲在全市税收业务技能大赛中取得了第6名的好成绩。

**【基层建设】** 设置局机关、定陶、陈集三处集中办公地点，加强信息化建设，新配微机44台。强化了阅览室功能，加强了职工伙房管理。定期召开民主生活会和组织生活会，基层党组织机构进一步健全。

**【党风廉政建设】** 层层签订党风廉政建设责任书，落实党风廉政建设责任制。认真贯彻中央八项规定，对办公用房、经商办企业、吃空饷和“会所中的歪风”等问题进行了检查清理整顿，组织收看反腐倡廉警示教育片。加强“廉政风险防控平台”的应用，有效化解廉政风险。成立督导组，严格上下班、考勤、请销假等各项工作纪律，确保工作纪律执行到位。

**【精神文明建设】** 积极创建地税核心价值体系，不断加强“四德”建设，制定了“四德”榜，对全系统涌现出来的先进典型55人次进行表彰，弘扬了正能量。开展模范党员评选活动，争创文明单位，被市总工会授予“工人先锋号”称号。

（马春岭）

# 成武县地方税务局

## 经济概况

2014年，成武县实现生产总值161亿元，同比增长10.5%；规模以上固定资产投资64亿元，同比增长16%；地方财政收入8.65亿元，同比增长1.2%；农民人均纯收入9184元，同比增长11%。

## 收入概况

2014年，成武县地税局税务登记户数6061户，其中企业1583户，个体4478户。较2013年新增注册企业449户，个体378户。县地税局共组织各项收入6.33亿元，同比下降7.6%，减收5255.4万元；其中，县级收入5.97亿元，同比下降7.7%，减收4991万元。

## 工作概述

**【党的群众路线教育实践活动】** 高起点谋划、高标准推进党的群众路线教育实践活动。共收集7大类、33条意见建议，班子成员查摆出“四风”方面的问题56个，深刻剖析梳理了9大类原因，从6个方面部署落实整改、建章立制工作。全年压缩会议25%，精简文件32%，废止制度3个、修善制度8个，创新制度3个。取得了转变作风、教育干部、凝聚民心的显著成效。

**【征收管理】** 2014年，大力强化征管基础建设，突出主体税种管理，积极开展各税清查，积极做好绩效管理系统上线工作，多项措施创新税收征收管理。全年营业税、企业所得税、个人所得税三个主体税种收入2.90亿元。个体工商户达到起征点以上户数由原来的30%提高到35%以上。

**【税收执法】** 全面实行税收执法责任制，积极推行行政权力清单制度，编制权力清单及流程图。层层签订了确保收入质量责任状和税收执法责任书，认真落实税收执法责任制，严格责任追究，挖掘税源潜力，推进管理增收，确保税收收入质量和收入水平“双提高”。2014年县局微机定税100%、滞纳金加收率、征期入库率、征期后税款异常度、征期后临时户和自然人税收占比等各项收入质量考核指标均较去年均有大幅改善。

**【纳税服务】** 积极推进《全国县级税务机关纳税服务规范》，大力开展“便民办税春风行动”，认真开展“服务经济社会发展建言献策”“纳税服务明星”评选、“地税局长服务日”“纳税服务品牌创建”等活动，最大限度地为纳税人提供便利。认真做好做好小微企业税收优惠政策的落实，非税收入的代征工作。大力优化经济发展环境，严格执行县“八个必须”“大项目手续办理四项制度”和“涉税企业检查五项制度”，努力提升服务质量和效能。坚持不懈组织税法宣传，全年发放各类宣传资料6800份，向各类宣传机关、网站投送宣传信息380余条。公民依法纳税意识不断增强。

**【信息化建设】** 完成系统广域网络备份线路的升级改造，绩效考核系统上线运行，金税三期系统运行平稳。组织开展对全县税务系统PC机的信息安全与运维工作检查，完成了县政府组织的对县局的保密安全检查工作。

**【干部队伍建设】** 积极开展党的群众路线教育实践活动，把教育实践活动融入各项实际工作中去。“七项争创”活动向纵深开展，深入开展“四德”建设，组织开展“学雷锋青年志愿者活动”，积极组织义务献血，获得“菏泽市无偿献血爱心团队单位”。先后开展了“金三”系统操作培训、发票网开管理系统操作标准、企业所得税年度纳税申报表培训等集中学习活动，10月，组织5名地税干部职工到浙江大学继续教育学院教育学习。10月中旬，举行县局税收征管等六类业务考试，共选拔15名业学习型先进个人。11月，在市局组织的业务骨干人才选拔考试中，6人入选市级骨干人才，骨干人才选拔考试综合得分居全市前列。1人通过注册税务师考试，切实达到了以考促学、以学促业务素质、执法服务水平提高的目的。

【党风廉政建设】　切实强化“两个责任”落实，层层签订党风廉政建设责任书，认真贯彻落实中央八项规定、县“十二个不准”，全年开展明查暗防监督检查24次，印发监察督导简报12期，行风热线上线5次。2014年度民主评议政风行风活动中，县局获得“政风行风评议”第一名，获得全县“县局领导班子党风廉政建设和反腐败工作量化考核第一名”。

【精神文明建设】　积极开展精神文明创建活动。县局“省级文明单位”“省级文明机关”“全省卫生先进单位”“省级青年文明号”复查合格，2014年先后获得“菏泽市职工职业道德建设优秀班组”“全市工人先锋号”“全县文化工作先进单位”“全县民兵军事训练先进单位”“全县学习型机关”等荣誉称号。

（邵传月）

## 单县地方税务局

### 经济概况

2014年，单县实现生产总值262.5亿元，实现地方财政收入16.2亿元。其中，第一产业增加值37.6亿元，同比增长2.8%；第二产业增加值135.7亿元，同比增长12.1%；第三产业增加值89.2亿元，同比增长10.8%。三次产业的比例为14.3∶51.7∶34。

### 收入概况

2014年，单县地税局共组织各项收入12.57亿元，同比下降0.25%，减收319万元。其中，中央级税收收入完成5494万元，地方级税收收入完成11.45亿元。

### 工作概述

【税政管理】　主动做好“营改增”纳税人认定和征管信息移交工作，保证了“营改增”工作顺利进行；严格落实土地使用税税额调整标准，加强土地使用税税收征管力度，土地使用税完成1.48亿元，同比增长24.77%，增收2945万元；认真做好有关税费代征代收工作，共代征残疾人就业保障金181.44万元，代征工会经费243.22万元，代征地方水利建设基金918.58万元。

【征收管理】　强化税务登记管理，全县共办理税务登记8431户；深化联合办证和登记信息比对，开展税源普查，做好代开发票管理，提升以票控税水平；

组织开展纳税评估，共评估纳税人14户，核实税款250万元；做好所得税汇算清缴工作，通过汇算补缴税款396.5万元；认真抓好年所得12万元以上个人所得税自行申报工作，全县受理申报213人，补缴税款18.65万元；有效推进保险部门协助加强车船税管理工作，代征车船税1144.76万元，增长48%；探索推进税收风险管理，税收风险管理体系成功上线运行；加大土地增值税清算力度，清算入库土地增值税975.36万元；强化县直房地产及关联建筑业税收专业化管理，县直房地产及相关建筑企业累计入库税款3.47亿元，同比增长6.7%，增收2179万元。

**【税收执法】** 积极推行行政权力清单制度，编制权力清单及流程图。深入落实《山东地税系统税收执法规范》，对税收管理中11个执法环节的执法标准进行了梳理和规范。加大税务稽查力度，查处各类税收违法案件10件，查补收入1206.08万元，增长103%。

**【纳税服务】** 积极推进县级税务机关纳税服务规范，大力开展“便民办税春风行动”，认真开展服务经济社会发展建言献策、“地税局长服务日”等活动，积极参加行风热线，及时解决纳税人疑难问题，最大限度地为纳税人提供便利。严格落实省局《现行地方税收优惠政策》，全年累计减免各项税收152万元。

**【信息化建设】** 全面推广网络发票，推广用户70户，提高了以票控税水平。在办税服务厅全部推广使用POS机刷卡缴税，实现了税款缴纳与国库直联。

**【队伍建设】** 强化教育培训，组织23名地税干部到浙江大学继续教育学院参加了综合能力提升培训班。8人考取市级骨干人才，骨干人才选拔考试综合成绩居全市第3名。认真抓好先进典型的培养和宣传，王金荣入选全省地税系统“最美税务人”。制定了系统和机关绩效管理办法及考评指标，深入推进绩效管理。深入开展党的群众路线教育实践活动，逐步建立和完善了党的群众路线教育实践活动长效机制，保持作风建设“新常态”。

**【基层建设】** 加强系统党建工作的指导，引导创先争优，推动了工作开展。深入推进基层软实力建设，提升基层建设工作水平。

**【党风廉政建设】** 切实强化“两个责任”落实，运用廉政风险防控平台，深入开展廉政教育。认真开展“庸懒散”专项治理活动和纠正“四风”活动，进一步把中央八项规定精神落到实处。全县民主评议行风活动中，继续保持执法部门第一名。

**【精神文明建设】** 县局被评为全省“城乡妇女岗位建功先进集体”、全省“幸福进家活动”先进单位、全市地税系统政风行风建设先进单位、全市地税系统骨干人才选拔工作先进单位、全市地税系统“绩效管理达标单位”，稽查局被评为“市级文明单位”，徐寨中心税务所被评为全市“基层工会先进单位”。

（黄　慧）

## 巨野县地方税务局

### 经济概况

2014年，巨野县实现生产总值240亿元，比上年增长10%；地方财政收入完成19亿元；城镇居民可支配收入20550元，同比增长10%，农民人均纯收入10370元，同比增长10%。

### 收入概况

2014年，巨野县地税局累计入库各项税收11.54亿元，其中，中央级完成6285.6万元；省级完成30.4万元；市级完成259.3万元，县级完成10.88亿元。

### 工作概述

**【党的群众路线教育实践活动】** 按照省市局和县委县政府部署，深入开展党的群众路线教育实践活动。全系统共集中学习62次，组织学习交流31次，集中观看专题片8次，开展群众路线理论测试10次，先后组织开展了党的群众路线教育实践活动暨“庆三八诗歌朗诵会”、参观了县检察院廉政教育基地、举办廉政专家讲座等十项主题教育实践活动。针对“四风”问题，全局共制定整改措施60余条，组织开展了办公用房、会员卡持有清理以及“庸懒散”治理等专项活动，全系统新建制度13项、修改制度16项、废止制度3项。

**【征收管理】** 强化煤炭、房地产等重点行业专业化管理，全年煤炭企业共实现税收2.03亿元，房地产及相关产业实现税收2.73亿元。强化重点税种管理，入库企业所得税2913万元，开展年所得12万元以上个人所得税自行申报，全年入库个人所得税7562万元。开展龙堌煤矿塌陷区耕地占用税催缴，入库1010万元，开展土地增值税清算，清算土地增值税1447万元；完善“以电控税”“以炸药控税”，强化山石资源管理，矿山资源税收入5021万元。开展财税大检查，共征缴入库2700多万元。强化税务稽查，加强重点企业、重点行业和重点区域专项整治，2014年，稽查重要税源企业16户，入库各项税款、滞纳金和罚款1380万元。

**【税政管理】** 严格执行土地使用税新标准，开展土地使用税专项清理，同比增收1550万元。加强工会经费、残保金和地方水利基金代征工作，2014年全年代征工会经费250.9万元、代征残保金168.5万元，代征地方水利基金1283.6万元。

**【税收执法】** 推进税收执法规范化管理，指导规范基层执法行为，加大督查内审力度，认真查纠并督促整改落实。梳理权力清单，共梳理行政审批16项，行政处罚7项，行政强制5项，行政征收18项，行政确认2项，行政奖励2项，行政监督3项，在政府网站进行公示，接受纳税人和社会的监督。

**【纳税服务】** 开展“便民办税春风行动”，结合纳税服务便民联系点，深入企业开展调研走访，征求纳税人对纳税服务的意见和建议，开展谈心交心活动，为企业建言献策12条；举办“党的群众路线教育实践活动暨便民办税春风行动税企演讲会”；为纳税人提供预约服务、延时服务、提醒服务等亲情化、人性化服务。

【信息化建设】 利用金税三期平台，大力推行多元化申报，企业网上申报率达到100%，个体双委托率达到98%以上；利用“金三”征管系统进行数据比对分析，实施税收预警评估，开展纳税评估，共补征入库税款128万元。

【干部队伍建设】 推进软实力建设，认真学习党的十八届三中、四中全会精神和习近平总书记系列重要论述，阐释了“中国梦、地税梦、我的梦”的内涵，在全系统培育了“崇德、创新、求实、和谐”的治税新理念。坚持每周五学习制度，集中学习、相互交流、撰写心得。全面加强行业作风建设，结合党的群众路线教育实践活动，从思想观念、工作纪律、服务意识、效能作风等六个方面开展了作风大排查、大整顿，先后6次组织开展明察暗访活动，集中整治“庸懒散”，并加强八小时之外监督。开展绩效管理考评，圆满完成承接任务。严格后勤保障管理，开展谈心交心活动，掌握基层干部职工的思想动态，解决基层干部职工的困难和问题。

【党风廉政建设】 落实党风廉政建设责任制，层层签订党风廉政建设责任书。全面落实“两个责任”，围绕“两个责任”落实开展廉政警示教育和专题学习等活动。认真落实中央八项规定和加强廉政勤政各项要求，牢牢把握“四个底线”。进一步规范车辆管理、公务接待管理，倡导勤俭清廉之风。加强廉政文化建设，建立廉政室、设立廉政网上平台。

【精神文明建设】 县局通过省级文明单位复审。深化文明创建“六化”管理，扎实推进“公信地税、质效地税、清廉地税、文明地税、服务地税、幸福地税”等“六个地税”建设。积极做好“四德榜”建设。建立了文明创建荣誉室和娱乐室，开展城乡共建工作和青年志愿者系列活动。

（王兴占）

# 郓城县地方税务局

## 经济概况

2014年，郓城县实现生产总值292亿元，完成公共财政预算收入21.4亿元。

## 收入概况

2014年，郓城县地税局累计组织各项收入15.16亿元，其中，中央级收入7519万元，省级收入21万元，市县级收入14.41亿元，地税部门组织县级收入占地方公共财政预算收入的67.34%。

## 工作概述

【征收管理】 开展税源普查，严格停业户、注销户和非正常户审批管理，创新税收征管模式，对重点税源实行专业化管理，对中小企业实行精细化管理，对个体税收实行规范化管理，对非固定性税源实行社会化管理，强化信息管税，在省局组织的征管绩效考核中，所有指标均达到省市局要求，位居全市第一名。

积极引入房产中介机构参与税收管理，此项经验做法在全市进行推广。深化税收预警评估，对1774户纳税业户实施预警评估，补征税款1940万元。集中开展房地产业、土地使用税等专项清理活动，补征税款3356万元。加大税务稽查力度，全年稽查纳税业户26户，入库各项税款、滞纳金和罚款427万元。

**【税政管理】** 稳步推进“营改增”试点工作，向国税部门移交邮政、电信业纳税人7户。健全存量房评估工作制度，对评估存量房280套，调增价格474万元。认真组织开展企业所得税汇算清缴，清缴入库税款958万元。全面推行个人所得税全员全额扣缴申报，积极开展年所得12万元以上个人所得税自行申报工作。认真组织土地增值税清算工作，清算入库税款3396万元。严格执行土地使用税新标准，土地使用税增收1786万元。认真落实小微企业、固定资产加速折旧等税收优惠政策，全力服务经济社会发展。

**【税收执法】** 深化执法规范化建设，认真开展执法模板应用培训，投资13.89万元购置了15台现场执法记录仪、13台录像机、26支录音笔、15台GPS测亩仪，满足了业务科（室）和征管一线日常执法需求，解决了执法取证难的问题。大力规范税收秩序，全局共审批行政处罚纳税人35户，下达涉税文书3160余份，其中，移送法院的1户，移送公安的6户。全面公开办税流程、个体月税负、税款征收等情况，主动接受社会监督，切实维护纳税人合法权益。

**【纳税服务】** 在全市地税系统创新建立了“掌上税务通”纳税服务系统，大力推行“一站式”“同城通办”服务，积极参与行风热线、民生快办等热线栏目，严格落实一次性告知、首问责任制、限时办结等服务承诺制度，组织开展了“心手相牵”阳光服务、“小微企业发展服务月”等活动，得到广大纳税人一致好评，连续14年取得全县行风评议第一名。

**【干部队伍建设】** 深入开展党的群众路线教育实践活动，干部作风明显转变。大力加强基层党建和软实力建设工作，在全省地税系统党建理论研讨观摩会上做了经验交流。开展全员业务培训，按季组织开展岗位达标抽考活动，在潍坊税校举办的第一期税收业务培训班，取得了全市地税系统骨干人才选拔考试和税收业务技能大赛综合成绩第一名，12名同志荣获市级业务骨干人才，陈涛、韩守合2名同志被省地税局聘为兼职教师，干部队伍素质全面提升。

**【党风廉政建设】** 坚持工作日向系统每位干部发送一篇《清风廉语》或《廉政故事》，举办全县廉政监察员培训会，认真组织开展算好“四笔账”“珍惜幸福生活、远离职务犯罪”专题报告等教育活动，按期开展廉政谈话，加强防控平台应用，干部廉洁意识明显增强，全系统未发生一起涉税违法违纪行为。廉政文化、行风建设等经验做法被《山东省地税局纪检监察信息》《菏泽信息》专期刊发推介。

**【精神文明建设】** 深入开展乡村

文明共建活动，关注社会弱势群体，设立“税缘情”爱心基金，积极帮扶社会困难家庭，认真开展“六一”圆梦行动，文明创建喜结硕果，县局机关顺利通过了省级文明单位复查验收，被国家人力资源社会保障部、国家税务总局联合授予全国税务系统先进集体，荣获全省“幸福进家”活动先进单位、全市妇女“建功立业”标兵岗等荣誉称号；郓城中心税务所被授予省级青年文明号。

（徐福兵）

## 鄄城县地方税务局

### 经济概况

2014年，鄄城县实现生产总值154.64亿元，同比增长10%，三次产业比调整为16：50.3：33.8，二、三产业比重提高了0.8个百分点。完成公共财政预算收入7.56亿元，同比增长3%。

### 收入概况

2014年，鄄城县地税局组织入库各项收入5.01亿元，同比下降9.39%，减收5191.96万元。其中，中央级收入完成2277.05万元，同比增长11.66%，增收237.74万元；县级收入完成4.78亿元，同比下降10.18%，减收5421.58万元。

### 工作概述

**【征收管理】** 强化税务登记管理，控管纳税人5871户。强化所得税管理，对144户企业所得税纳税人进行汇缴辅导，补缴税款87.2万元；117名年收入12万元以上个人进行个人所得税申报。强化税收预警，处理预警信息95条，补税612.45万元。强化纳税评估，开展风险评估，入库税款49.64万元；对全县人发制品企业开展自行评估，补缴税款153.95万元；开展建筑业专项评估，入库税款133万元。强化大项目税收管理，入库税款292.09万元。开展增值税免抵调和即征即退涉及的“一税两费”比对、土地使用税和房产税核查、中介机构及房地产项目税收清查活动，堵漏增收。

**【税收执法】** 认真执行“营改增”、营业税起征点提高、小微企业等税收政策，全县6户电信业及邮政服务业按要求移交国税部门；133户符合条件的小微企业、1073户个体工商户享受税收优惠。强化税务稽查，查补税款15万元。推进地方税收保障工作，与县人民法院建立司法联动机制，执行税款43.18万元。

加强纳税服务，召开“便民办税春风行动”税企恳谈会。

**【纳税服务】** 开展“便民办税春风行动”，规范完善首问责任、预约、提醒、导税、免填单等制度办法，开展大清理活动，在权限范围内简化办税程序。每月9日开展“地税局长服务日”活动，并实行县局班子成员征期内轮流在办税服务厅现场办公。在办税服务厅配置POS机、触摸查询一体机、叫号机等硬件设施。开展第23个税收宣传月活动，宣传税收政策和地税工作。积极开展为纳税人排忧解难和为企业服务专项治理活动。

**【干部队伍建设】** 开展春训活动，邀请专家举办党的十八届三中全会、如何提高执行力增强责任感专题讲座。在山东科技大学举办两期更新知识培训班，组织人员参加浙江大学干部综合能力提升培训班，提升干部队伍素质。实行每季一考，开展业务骨干人才选拔培养，6名同志入选市局骨干人才库。建立职工书屋，开展税收知识竞赛、全县“地税杯”羽毛球比赛、建局20周年书画展览等活动，丰富干部职工文化生活。推行绩效管理，成立绩效管理工作领导小组和办公室，制定系统绩效管理办法和县局机关绩效管理办法，调动了干部职工的工作积极性和主动性。

**【党的群众路线教育实践活动】** 围绕“为民务实清廉”主题，成立教育实践活动领导小组，制定活动实施意见、实施方案和配档表，做好每个环节每个步骤的工作，3月7日，召开教育实践活动动员大会。抓好学习教育，学习教育实践活动书籍读本，开展党员干部参观冀鲁豫边区革命纪念馆、百名干部进百企解百难、党员领导干部进“帮扶村”送暖、群众路线大家谈等主题活动。广泛听取意见，共组织座谈会18次，走访单位13个，涉税企业63户，征求意见建议20条。8月29日，县局党组召开专题民主生活会，查摆问题，开展批评和自我批评。坚持问题导向，从活动开始就建立问题清单和整改台账，制定整改措施，集中解决“四风”问题。坚持标本兼治，细化各项管理制度，固化了作风建设成果。10月31日，召开了县局党的群众路线教育实践活动总结大会。

**【党风廉政建设】** 落实“两个责任”，层层签订党风廉政建设责任书。加强警示教育，每月向干部职工发送廉政短信、组织参观菏泽监狱、定期收看廉政专题片等。开展廉政风险排查，制定《廉政风险点排查工作实施方案》，防范风险。推行税检共防，将地税系统纳入县检察院职务犯罪预防体系，成立税检共防办公室和预防职务犯罪志愿者办公室，定期召开联席会议交流信息、通报情况，举办预防职务犯罪专题讲座等。开展“庸懒散”专项治理、纠正“四风”、清理“会员卡”等专项活动，在行风评议中位列全县行政执法类第一名。

**【精神文明建设】** 注重精神引领，确立“忠诚、勤廉、担当、奉献”的鄄城地税精神。开展“四德”典型评选活动，制作了“四德榜”。开展“慈心一日捐”活动，组织干部职工捐款17450元。做好“第一书记”帮扶村工作，受到群众好评，赠送了“情系教育无私援助”“心系老百姓为民办实事”两面锦旗。县局被市局授予绩效管理优秀单位，被中华全国总工会授予职工书屋。

（李秀丽）

## 东明县地方税务局

### 经济概况

2014年，东明县实现生产总值243亿元，同比增长11.5%，其中，第一产业23亿元，同比增长3.3%；第二产业159亿元，同比增长12.7%；第三产业61亿元，同比增长11.7%，三次产业比为10：65.1：24.9。

### 收入概况

2014年，东明县地方财政收入13.66亿元，地税组织收入8.92亿元，其中，县级收入7.38亿元，地税收入占全县地方财政收入的比重达到54%。

### 工作概述

**【税收管理】** 开展税源调查，把调查结果作为对征收单位工作考核依据；实施中层以上干部包重点企业制度，按月开展税收调研，抓住收入工作主动权；强化税收考核，强化临界起征点纳税人管理，实行税负公开，全年入库个体税收638万元，同比增长26%。加强城镇土地使用税、房产税管理，落实以地控税、以税节地通知，强化土地信息共享，提请县政府明确两税征收范围，加强土地使用税新政宣传解释，定期通报两税收入进度；加强税收征管，完善纳税人初始登记信息362户次，修改税务登记差错指标1126户次，印发宣传材料2000份，举办培训班2期，全县60户纳税人实现了网络发票自开，实现税款94万元；全年委托代征建筑业税款入库2450万元；采集综合治税信息1350条，增加税款2400余万元；房地产税收入库税收1.70亿元，较去年增长22.91%，增收3167万元；年所得12万元以上个人所得税申报人数236人，个人所得税明细申报率达到95.6%，企业所得税汇缴按期申报率达100%；代收工会经费200万元、残保金69.8万元；评估重点建设项目6处，涉及建设企业12家，评估入库税款1596万元，滞纳金12.21万元，评估风险点11个，涉及应纳税所得额385万元，入库税款及滞纳金21.2万元。强化税务稽查，对全县规模以上企业、乡镇商贸城建设和耕地占用税开展税收清理，查补税款3220万元，清理2011年以来招商引资企业耕地占用税7560万元，依法冻结8户纳税人账户，发布欠税公告1户。开展绩效管理，成立领导机构，制定管理办法，完善指标85项，指标定责150项，指标填报186条，促进了工作落实。

**【纳税服务】** 积极开展“便民办税春风行动”，公开服务承诺，落实预约、延时、提醒服务等十项便民办税措施；加强县级办税服务厅规范化建设，开展网送税法，改善服务硬件，推行POS机刷卡缴税；落实税收优惠政策，受理减免税备案10个，减免税款1200万元，促进产业发展。

**【干部队伍建设】** 完善《机关干部考勤管理办法》《工作人员请销假制度》，组织纪律检查12次，统通报批评6人次；处理行风热线、市长电话及通过其他渠道转办事项5件次，支付举报奖金 1800 元；按照党的群众路线教育实践活动要求，成立活动领导小组，制订活动方案，召开动员会，制定学习计划，举办知识测试和教育讲座，观看教育影片，撰写学习笔记，征询收集意见 56 条，查摆问题 92 条，7 次修改对照检查材料，调整办公室，封存公车，规范公务接待，召开民主生活会和情况通报会，地税队伍作风转变明显。

认真开展党的群众路线教育实践活动。

**【党风廉政建设】** 加强廉政教育，学习党风廉政建设有关法规和会议精神，认真落实“两个责任”相关规定，积极开展廉政风险防控工作自查；加强内部治理，对照“四风”问题和《税收违法违纪行为处分规定》《廉政准则》，制定《税收工作操作规范》，规范干部职工执法行为，教育干部职工做到心中有党、心中有民、心中有责、心中有戒，提高廉洁从政意识和拒腐防变能力。

**【精神文明建设】** 积极参与卫生城复审、“慈善一日捐”“第一书记”驻村帮扶等活动。3 名“第一书记”为驻村发展谋划良策，安装路灯 65 盏，修建水泥路面 5 公里，打机井 16 眼，铺设自来水管路 6 公里。积极参与县委、县政府组织的其他活动，在县人大评议全县 14 个垂直部门活动中，获得第 2 名。

（陈北领）

# 第四篇　统计资料

山东地税年鉴·2015
SHANDONG LOCAL TAXATION YEARBOOK

# 1994—2014 年 山东省地方税收收入概述

山东省地税机构自成立以来，在省委、省政府和国家税务总局的正确领导下，紧紧围绕经济社会发展大局，始终坚持以组织收入工作为中心，依法治税，科学管理，圆满完成了省委、省政府和国家税务总局确定的各项税收任务，为全省经济和社会各项事业的稳定和谐发展做出了积极贡献。1994—2014 年，全省地税系统累计组织各项收入 21415 亿元，2014 年地税收入比 1994 年增长 48.6 倍，年均递增 21.6%，比同期国内生产总值（现价）年均增幅高 7.4 个百分点，地税收入与经济增长的弹性系数为 1.47。

**一、主体税收与零散税收协调增长。**营业税、企业所得税、个人所得税与城市维护建设税构成了地方税收的主体税种，2014 年比 1994 年增长 36.1 倍，年均递增 19.8%，2012 年之前占总收入的比重一直保持在 60% 以上，2013 年受“营改增”政策和经济增速放缓影响比重降至 59%，2014 年降至 57%，但对整体收入的稳定增长发挥了主导作用。其中，营业税累计收入 7137 亿元，2014 年比 1994 年增长 40.5 倍，年均递增 20.5%；企业所得税累计收入 3325 亿元，2014 年比 1994 年增长 22.8 倍，年均递增 17.2%；个人所得税累计收入 2044 亿元，2014 年比 1994 年增长 315.5 倍，年均递增 33.3%；城市维护建设税累计收入 1794 亿元，2014 年比 1994 年增长 21.1 倍，年均递增 16.7%。其他地方税种收入与主体税收保持协调增长，其中，车船使用税累计收入 254 亿元，2014 年比 1994 年增长 92.3 倍，年均递增 25.5%；房产税累计收入 1012.5 亿元，2014 年比 1994 年增长 32.4 倍，年均递增 19.2%；土地使用税累计收入 1451.7 亿元，2014 年比 1994 年增长 94.3 倍，年均递增 25.6%。

**二、东部地区收入总量较大，中西部地区收入增长较快。**从收入规模看，东部地区占优势。1994—2014 年，半岛城市群地税收入达到 14323 亿元，占全部地税收入的 67%，年均递增 21%。从收入增幅看，中西部地区增长相对较快。1994—2014 年，半岛城市群以外的中、西部地区地税收入达到 7092 亿元，年均递增 22.9%，高于半岛城市群增幅 1.9 个百分点，高于全省平均增幅 1.3 个百分点。

**三、市县级收入比重所得税共享前明显上升，共享后先稳后升。**1994—2001 年，地税收入分为省和市县两个级次，其中市县级收入比重逐年上升，地税收入的省级和市县级结构由 1994 年的 15 : 85 调整为

2001年的10∶90。2002年，所得税共享，地税收入分为中央、省和市县三个级次，2002—2008年，中央级、省级和市县级收入比重基本稳定在18.5∶8.5∶73左右。随着企业所得税税率调整、个人所得税扣除限额提高和资源税、土地使用税税负提高，以及耕地占用税和契税由财政部门划转地税部门管理等政策的实施，2009—2013年，中央级和市县级收入比重一降一升，省级收入比重基本稳定，其中，2012年，中央、省和市县三个级次收入比重分别为13∶8.6∶78.4，2013年，因省以下财政体制改革，市县级收入比重明显提高，中央、省和市县三个级次收入比重分别为11.4∶1.5∶87.1。2014年中央和地方级收入比重分别为11.1∶88.9。

## 1994—2014年山东省地方税收收入在全国的位次表

单位：万元

| 年　份 | 税收收入完成数 | 居全国位次 |
|---|---|---|
| 1994 | 711160 | 5 |
| 1995 | 958861 | 4 |
| 1996 | 1375788 | 3 |
| 1997 | 1728779 | 4 |
| 1998 | 2001695 | 4 |
| 1999 | 2255298 | 4 |
| 2000 | 2559480 | 4 |
| 2001 | 3330439 | 5 |
| 2002 | 3452384 | 6 |
| 2003 | 3939643 | 6 |
| 2004 | 4852650 | 6 |
| 2005 | 6098304 | 6 |
| 2006 | 7447742 | 6 |
| 2007 | 9469906 | 6 |
| 2008 | 11043935 | 6 |
| 2009 | 12328248 | 6 |
| 2010 | 15829283 | 6 |
| 2011 | 19769074 | 6 |
| 2012 | 26755362 | 6 |
| 2013 | 30290498 | 5 |
| 2014 | 33549723 | 4 |

# 1994—2014年山东省地方税收收入与地区生产总值（GDP）对照表

单位：亿元

| 年 份 | GDP绝对额 | 地税收入 | 地税收入占GDP的比重（%） |
| --- | --- | --- | --- |
| 1994 | 3872.18 | 80.84 | 2.09 |
| 1995 | 5002.34 | 110.31 | 2.20 |
| 1996 | 5960.42 | 143.32 | 2.40 |
| 1997 | 6650.02 | 179.75 | 2.70 |
| 1998 | 7162.20 | 208.14 | 2.91 |
| 1999 | 7662.27 | 234.68 | 3.06 |
| 2000 | 8542.44 | 266.77 | 3.12 |
| 2001 | 9438.30 | 345.34 | 3.66 |
| 2002 | 10552.06 | 360.09 | 3.41 |
| 2003 | 12430.00 | 412.21 | 3.32 |
| 2004 | 15490.70 | 507.52 | 3.28 |
| 2005 | 18468.30 | 642.97 | 3.48 |
| 2006 | 21846.70 | 791.70 | 3.62 |
| 2007 | 25887.70 | 1004.44 | 3.88 |
| 2008 | 31072.06 | 1170.06 | 3.77 |
| 2009 | 33805.30 | 1309.30 | 3.87 |
| 2010 | 39416.20 | 1676.02 | 4.25 |
| 2011 | 45429.21 | 2311.37 | 5.09 |
| 2012 | 50013.24 | 2866.81 | 5.70 |
| 2013 | 54684.30 | 3240.03 | 5.92 |
| 2014 | 59426.59 | 3576.23 | 6.02 |

# 1994—2014 年山东省地方

| 项 目 | 1994 年 | 1995 年 | 1996 年 | 1997 年 | 1998 年 | 1999 年 | 2000 年 | 2001 年 | 2002 年 |
|---|---|---|---|---|---|---|---|---|---|
| 总 计 | 721107 | 968411 | 1433222 | 1797525 | 2081433 | 2346823 | 2667726 | 3453382 | 3600937 |
| 一、税收合计 | 711160 | 958861 | 1375788 | 1728779 | 2001695 | 2255298 | 2559480 | 3330439 | 3452384 |
| 营业税 | 273462 | 352407 | 515826 | 622174 | 752249 | 790222 | 876706 | 926914 | 1176413 |
| 企业所得税 | 156406 | 250132 | 357671 | 479042 | 466418 | 536676 | 669152 | 1301599 | 908568 |
| 个人所得税 | 9062 | 28876 | 89492 | 126799 | 166975 | 187584 | 247491 | 369916 | 418883 |
| 资源税 | 46726 | 51305 | 50360 | 56735 | 53931 | 59696 | 62165 | 64399 | 97596 |
| 固定资产投资方向调节税 | 34082 | 44289 | 62379 | 83070 | 131146 | 181918 | 107162 | 36529 | 41004 |
| 城市维护建设税 | 111288 | 135933 | 172077 | 202160 | 226213 | 238127 | 276204 | 290459 | 373981 |
| 房产税 | 36724 | 45431 | 61064 | 80812 | 107543 | 134883 | 155593 | 165321 | 209772 |
| 印花税 | 6506 | 8075 | 10055 | 13372 | 17573 | 19982 | 22441 | 26972 | 37253 |
| 城镇土地使用税 | 27765 | 27115 | 31878 | 32532 | 47481 | 71806 | 88201 | 89100 | 117203 |
| 土地增值税 | | 12 | 193 | 811 | 2975 | 3504 | 7423 | 10660 | 19771 |
| 车船税 | 4999 | 6778 | 11355 | 13706 | 17501 | 19398 | 31851 | 36384 | 43614 |
| 屠宰税 | 1715 | 5762 | 9407 | 11411 | 11690 | 11502 | 15091 | 12186 | 8326 |
| 烟叶税 | | | | | | | | | |
| 耕地占用税 | | | | | | | | | |
| 契税 | | | | | | | | | |
| 税款滞纳金、罚款收入 | 2425 | 2746 | 4031 | 6155 | | | | | |
| 二、其他收入 | 9947 | 9550 | 57434 | 68746 | 79738 | 91525 | 108246 | 122943 | 148553 |
| 教育费附加收入 | 9947 | 9550 | 57434 | 68648 | 77688 | 88442 | 104506 | 118653 | 143806 |
| 地方教育附加 | | | | | | | | | |
| 文化事业建设费收入 | | | | 98 | 2050 | 3083 | 3395 | 3890 | 4316 |
| 税务部门其他罚没收入 | | | | | | | 345 | 400 | 431 |
| 残疾人就业保障金 | | | | | | | | | |
| 地方水利建设基金 | | | | | | | | | |

# 税收收入分税种完成情况表

单位：万元

| 2003年 | 2004年 | 2005年 | 2006年 | 2007年 | 2008年 | 2009年 | 2010年 | 2011年 | 2012年 | 2013年 | 2014年 |
|---|---|---|---|---|---|---|---|---|---|---|---|
| 4122082 | 5075229 | 6429654 | 7916990 | 10044384 | 11700593 | 13092962 | 16760154 | 23113651 | 28668105 | 32400279 | 35762255 |
| 3939643 | 4852650 | 6098304 | 7447742 | 9469906 | 11043935 | 12328248 | 15829283 | 21528646 | 26755362 | 30290498 | 33549723 |
| 1447081 | 1764494 | 2177923 | 2717264 | 3397117 | 3960900 | 4706107 | 6315156 | 7657298 | 8966408 | 10625739 | 11342101 |
| 862326 | 1118360 | 1421658 | 1674078 | 2104347 | 2232781 | 1910072 | 2456018 | 3266011 | 3841006 | 3524969 | 3720023 |
| 464404 | 588111 | 736558 | 844179 | 1076782 | 1300373 | 1516535 | 2003282 | 2405191 | 2374970 | 2613596 | 2879336 |
| 104766 | 135148 | 182436 | 261370 | 289856 | 288062 | 328078 | 332925 | 383610 | 911082 | 926165 | 1195664 |
| 24298 | 14680 | 5376 | 1567 | 2191 | 30 | | | | 1949 | | |
| 444011 | 549267 | 659511 | 784308 | 924640 | 1041369 | 1202183 | 1451284 | 1945636 | 2129671 | 2321105 | 2457769 |
| 244710 | 267771 | 327948 | 387000 | 443516 | 472575 | 578634 | 646532 | 740186 | 1008336 | 1117469 | 1224885 |
| 46618 | 62914 | 92515 | 123034 | 159013 | 203026 | 238721 | 337440 | 411073 | 465853 | 528634 | 605603 |
| 198079 | 211727 | 294435 | 359712 | 659575 | 1035691 | 1208809 | 1376896 | 1584567 | 2116930 | 2291601 | 2646894 |
| 54904 | 90829 | 143925 | 220165 | 325270 | 365579 | 438426 | 661940 | 1058559 | 1452137 | 2059099 | 2577383 |
| 48420 | 49349 | 56019 | 64230 | 75279 | 126424 | 176906 | 232687 | 297220 | 358557 | 402580 | 466489 |
| 26 | | | | | | | | | | | |
| | | | 10835 | 12320 | 17125 | 23777 | 15123 | 19723 | 33628 | 39925 | 25813 |
| | | | | | | | | 562049 | 1329886 | 1395169 | 1925147 |
| | | | | | | | | 1197523 | 1764949 | 2444447 | 2482616 |
| | | | | | | | | | | | |
| 182439 | 222579 | 331350 | 469248 | 574478 | 656658 | 764714 | 930871 | 1585005 | 1912743 | 2109781 | 2212532 |
| 177161 | 216047 | 267274 | 339244 | 410714 | 457581 | 532888 | 641880 | 857242 | 932327 | 1021225 | 1073781 |
| | | 56039 | 97113 | 123589 | 147447 | 175707 | 219724 | 549367 | 616120 | 678289 | 710913 |
| 4715 | 5450 | 6315 | 10320 | 12988 | 15673 | 17687 | 20078 | 25185 | 25859 | 20579 | 1227 |
| 563 | 1082 | 1722 | 1626 | 2450 | 2679 | 2319 | 3081 | 57016 | 63545 | 72993 | 78911 |
| | | | 20945 | 24737 | 33278 | 36113 | 46108 | 2958 | 2709 | 5320 | 5307 |
| | | | | | | | | 93237 | 272183 | 311375 | 342393 |

# 2014年山东省各项地方

| 项　目 | 合计 | 济南 | 青岛 | 淄博 | 枣庄 | 东营 | 烟台 |
|---|---|---|---|---|---|---|---|
| 合　计 | 35762255 | 4197291 | 6426815 | 1958807 | 1012663 | 1932551 | 3614729 |
| 一、国内税收收入合计 | 33549723 | 3915523 | 5990338 | 1805385 | 959949 | 1773275 | 3421529 |
| 营业税 | 11342101 | 1523596 | 2057077 | 511530 | 305643 | 540641 | 1022475 |
| 企业所得税 | 3720023 | 406437 | 895881 | 166010 | 64780 | 103618 | 394973 |
| 个人所得税 | 2879336 | 523620 | 754138 | 154704 | 47164 | 115704 | 275256 |
| 资源税 | 1195664 | 14652 | 3150 | 62279 | 45910 | 415143 | 167611 |
| 固定资产投资方向调节税 | | | | | | | |
| 城市维护建设税 | 2457769 | 303483 | 499642 | 161385 | 107844 | 171990 | 221489 |
| 房产税 | 1224885 | 140915 | 223750 | 64774 | 93507 | 41636 | 122640 |
| 印花税 | 605603 | 73369 | 103173 | 37742 | 12337 | 41340 | 56933 |
| 城镇土地使用税 | 2646894 | 175240 | 293775 | 136329 | 145504 | 189128 | 259214 |
| 土地增值税 | 2577383 | 297398 | 543054 | 240763 | 44204 | 49039 | 238577 |
| 车船税 | 466489 | 50779 | 66628 | 27358 | 11575 | 20594 | 42358 |
| 烟叶税 | 25813 | | 359 | 489 | | | |
| 耕地占用税 | 1925147 | 46414 | 77268 | 112328 | 31408 | 14277 | 384471 |
| 契税 | 2482616 | 359620 | 472443 | 129694 | 50073 | 70165 | 235532 |
| 二、其他收入合计 | 2212532 | 281768 | 436477 | 153422 | 52714 | 159276 | 193200 |
| 教育费附加收入 | 1073781 | 132150 | 211511 | 72278 | 25818 | 78916 | 94645 |
| 地方教育附加 | 710913 | 87855 | 140791 | 48195 | 17100 | 52560 | 63058 |
| 文化事业建设费收入 | 1227 | 124 | 336 | 85 | 2 | 17 | 101 |
| 残疾人就业保障金收入 | 78911 | 12622 | 27991 | 3732 | 1134 | 1381 | 3882 |
| 税务部门罚没收入 | 5307 | 522 | 2211 | 252 | 76 | 158 | 322 |
| 地方水利建设基金 | 342393 | 48495 | 53637 | 28880 | 8584 | 26244 | 31192 |

# 税收收入分市完成情况表

单位：万元

| 潍坊 | 济宁 | 泰安 | 威海 | 日照 | 莱芜 | 滨州 | 德州 | 聊城 | 临沂 | 菏泽 |
|---|---|---|---|---|---|---|---|---|---|---|
| 3306405 | 2424844 | 1264144 | 1805314 | 750932 | 354630 | 1270483 | 1330203 | 1030755 | 1978527 | 1103162 |
| 3114380 | 2296136 | 1200995 | 1718569 | 704132 | 329239 | 1192666 | 1263032 | 970392 | 1861208 | 1032975 |
| 1010632 | 661422 | 396002 | 636618 | 289351 | 111228 | 348339 | 428721 | 333507 | 754367 | 410952 |
| 280030 | 447494 | 86119 | 153305 | 67072 | 29946 | 175714 | 133396 | 124203 | 146367 | 44678 |
| 181886 | 149988 | 85294 | 104613 | 70750 | 29641 | 66064 | 65848 | 77086 | 116457 | 61123 |
| 123123 | 59192 | 79837 | 24620 | 6261 | 11259 | 17713 | 3816 | 8126 | 105878 | 47094 |
| | | | | | | | | | | |
| 211532 | 133095 | 67655 | 99381 | 51498 | 29157 | 93480 | 67755 | 59742 | 112627 | 66014 |
| 90167 | 70850 | 39374 | 103370 | 19065 | 15730 | 41988 | 35780 | 28723 | 50364 | 42252 |
| 45690 | 35293 | 16334 | 31291 | 24558 | 7960 | 27491 | 17960 | 21669 | 33951 | 18512 |
| 294047 | 177040 | 98056 | 187398 | 47116 | 54405 | 123276 | 123189 | 81831 | 135588 | 125758 |
| 321805 | 150809 | 91328 | 201561 | 43458 | 8706 | 39415 | 94306 | 56008 | 114977 | 41975 |
| 52331 | 27741 | 15654 | 19544 | 13329 | 5558 | 18033 | 19839 | 17727 | 43612 | 13829 |
| 10038 | | | | 3477 | 912 | | | | 10538 | |
| 186825 | 253214 | 114995 | 42248 | 16896 | 10663 | 184789 | 179089 | 93986 | 81418 | 94858 |
| 306274 | 129998 | 110347 | 114620 | 51301 | 14074 | 56364 | 93333 | 67784 | 155064 | 65930 |
| 192025 | 128708 | 63149 | 86745 | 46800 | 25391 | 77817 | 67171 | 60363 | 117319 | 70187 |
| 93033 | 62955 | 30543 | 42320 | 23380 | 12421 | 40569 | 32757 | 30433 | 56343 | 33709 |
| 62019 | 41557 | 20373 | 28089 | 15583 | 8248 | 23506 | 21787 | 20225 | 37535 | 22432 |
| 43 | 37 | 7 | 145 | 12 | 13 | 23 | 83 | 15 | 114 | 70 |
| 6432 | 3306 | 1940 | 3066 | 1237 | 604 | 1890 | 1689 | 1095 | 4688 | 2222 |
| 138 | 135 | 168 | 66 | 80 | 20 | 54 | 144 | 172 | 146 | 643 |
| 30360 | 20718 | 10118 | 13059 | 6508 | 4085 | 11775 | 10711 | 8423 | 18493 | 11111 |

# 2014年山东省地方税收收入分市、分企业类型完成情况表

单位：万元

| 项目 | 合计 | 内资企业 | | | | | | | | 港澳台投资企业 | 外商投资企业 | 个体经营 | 附列资料：乡（镇）企业 |
|---|---|---|---|---|---|---|---|---|---|---|---|---|---|
| | | 小计 | 国有企业 | 集体企业 | 股份合作企业 | 联营企业 | 股份公司 | 私营企业 | 其他企业 | | | | |
| 合计 | 35762255 | 30945822 | 2624481 | 560244 | 303812 | 10431 | 20184443 | 5293467 | 1968944 | 846838 | 1812223 | 2157372 | 3889585 |
| 济南 | 4197291 | 3711889 | 511954 | 44631 | 22386 | 542 | 2513525 | 447215 | 171636 | 153267 | 137880 | 194255 | 461373 |
| 青岛 | 6426815 | 5264729 | 427383 | 54133 | 57741 | 2558 | 3336684 | 990071 | 396159 | 210159 | 575806 | 376121 | 70316 |
| 淄博 | 1958807 | 1749378 | 96913 | 22336 | 41584 | 88 | 1060790 | 378223 | 149444 | 43187 | 57839 | 108403 | 200089 |
| 枣庄 | 1012663 | 782460 | 110132 | 32486 | 1425 | 28 | 529226 | 52988 | 56175 | 10810 | 17344 | 202049 | 267177 |
| 东营 | 1932551 | 1843981 | 138012 | 9541 | 6670 | 253 | 1311564 | 310575 | 67366 | 14468 | 19350 | 54752 | 258911 |
| 烟台 | 3614729 | 3066837 | 204687 | 59829 | 9591 | 822 | 1945048 | 540222 | 306638 | 105220 | 264284 | 178388 | 361920 |
| 潍坊 | 3306405 | 3014214 | 269539 | 71121 | 26536 | 846 | 2070592 | 482643 | 92937 | 48583 | 73597 | 170011 | 222775 |
| 济宁 | 2424844 | 1946742 | 271984 | 33786 | 25846 | 496 | 1180062 | 252914 | 181654 | 31434 | 362199 | 84469 | 337836 |
| 泰安 | 1264144 | 1135058 | 78186 | 80767 | 9817 | 260 | 610321 | 237116 | 118591 | 11782 | 20300 | 97004 | 170946 |
| 威海 | 1805314 | 1629779 | 62074 | 26242 | 17380 | 675 | 959978 | 537380 | 26050 | 44446 | 60869 | 70220 | 332334 |
| 日照 | 750932 | 609343 | 49621 | 11994 | 2559 | 274 | 477684 | 43973 | 23238 | 53685 | 43237 | 44667 | 63252 |
| 莱芜 | 354630 | 328955 | 29613 | 7059 | 715 | 765 | 255969 | 26038 | 8796 | 3869 | 7103 | 14703 | 64019 |
| 滨州 | 1270483 | 1178290 | 87216 | 15300 | 5865 | 1 | 868246 | 158036 | 43626 | 24692 | 15885 | 51616 | 151587 |
| 德州 | 1330203 | 1176348 | 86143 | 22524 | 12111 | 93 | 808446 | 149228 | 97803 | 10118 | 44946 | 98791 | 156034 |
| 聊城 | 1030755 | 944677 | 60812 | 12884 | 17102 | 31 | 583413 | 214204 | 56231 | 21272 | 17443 | 47363 | 144294 |
| 临沂 | 1978527 | 1732717 | 101091 | 39634 | 25749 | 2579 | 1221938 | 230144 | 111582 | 29242 | 68149 | 148419 | 292467 |
| 菏泽 | 1103162 | 830425 | 39121 | 15977 | 20735 | 120 | 450957 | 242497 | 61018 | 30604 | 25992 | 216141 | 334255 |

# 2014年山东省营业税分市、分企业类型完成情况表

单位：万元

| 项目 | 合计 | 内资企业 | | | | | | | | 港澳台投资企业 | 外商投资企业 | 个体经营 | 附列资料：乡（镇）企业 |
|---|---|---|---|---|---|---|---|---|---|---|---|---|---|
| | | 小计 | 国有企业 | 集体企业 | 股份合作企业 | 联营企业 | 股份公司 | 私营企业 | 其他企业 | | | | |
| 合计 | 11342101 | 10283765 | 875699 | 233792 | 143508 | 3489 | 6774270 | 1675758 | 577249 | 218686 | 264502 | 575148 | 702502 |
| 济南 | 1523596 | 1399857 | 200947 | 22500 | 13131 | 350 | 959443 | 170840 | 32646 | 42232 | 28132 | 53375 | 11759 |
| 青岛 | 2057077 | 1783132 | 129529 | 25549 | 25788 | 450 | 1074966 | 346691 | 180159 | 72885 | 128621 | 72439 | 17740 |
| 淄博 | 511530 | 463790 | 45254 | 3701 | 19544 | 33 | 273355 | 107660 | 14243 | 15648 | 7995 | 24097 | 19805 |
| 枣庄 | 305643 | 282421 | 30694 | 14556 | 810 | 11 | 212774 | 10065 | 13511 | 1384 | 2945 | 18893 | 42373 |
| 东营 | 540641 | 508620 | 38163 | 4234 | 4525 | 139 | 299141 | 121947 | 40471 | 3929 | 4069 | 24023 | 58194 |
| 烟台 | 1022475 | 937247 | 87124 | 21328 | 4294 | 229 | 563624 | 168066 | 92582 | 19490 | 21885 | 43853 | 58308 |
| 潍坊 | 1010632 | 949912 | 58425 | 18193 | 8891 | 124 | 724285 | 112811 | 27183 | 11656 | 7877 | 41187 | 27706 |
| 济宁 | 661422 | 620398 | 56727 | 16766 | 6181 | 211 | 399890 | 82978 | 57645 | 5847 | 13226 | 21951 | 66969 |
| 泰安 | 396002 | 348533 | 30987 | 23844 | 6490 | 169 | 204910 | 69647 | 12486 | 2371 | 4308 | 40790 | 34847 |
| 威海 | 636618 | 601365 | 26231 | 10895 | 9623 | 4 | 341423 | 205537 | 7652 | 12774 | 4872 | 17607 | 76919 |
| 日照 | 289351 | 257731 | 20959 | 7984 | 1752 | 243 | 205634 | 9420 | 11739 | 7557 | 7324 | 16739 | 11153 |
| 莱芜 | 111228 | 105083 | 8553 | 2910 | 325 | | 84576 | 5653 | 3066 | 1329 | 166 | 4650 | 8824 |
| 滨州 | 348339 | 323597 | 29136 | 8520 | 4462 | 1 | 250442 | 24822 | 6214 | 3566 | 2054 | 19122 | 24106 |
| 德州 | 428721 | 395611 | 35509 | 14841 | 6645 | 22 | 268220 | 41240 | 29134 | 1667 | 9947 | 21496 | 32311 |
| 聊城 | 333507 | 312005 | 26517 | 4263 | 5547 | 2 | 211127 | 60905 | 3644 | 3270 | 4078 | 14154 | 38590 |
| 临沂 | 754367 | 681368 | 33601 | 25659 | 13899 | 1475 | 502064 | 71727 | 32943 | 11113 | 12011 | 49875 | 94827 |
| 菏泽 | 410952 | 313095 | 17343 | 8049 | 11601 | 26 | 198396 | 65749 | 11931 | 1968 | 4992 | 90897 | 78071 |

# 2014年山东省企业所得税分市、分企业类型完成情况表

单位：万元

| 项目 | 合计 | 内资企业 | | | | | | | | 港澳台投资企业 | 外商投资企业 | 附列资料：乡（镇）企业 |
|---|---|---|---|---|---|---|---|---|---|---|---|---|
| | | 小计 | 国有企业 | 集体企业 | 股份合作企业 | 联营企业 | 股份公司 | 私营企业 | 其他企业 | | | |
| 合计 | 3720023 | 3529244 | 242367 | 62391 | 35028 | 1891 | 2511066 | 588743 | 87758 | | 190779 | 163312 |
| 济南 | 406437 | 406437 | 46267 | 6589 | 880 | 6 | 293255 | 47646 | 11794 | | | 4990 |
| 青岛 | 895881 | 895881 | 56058 | 11123 | 6375 | 327 | 624423 | 165613 | 31962 | | | 5856 |
| 淄博 | 166010 | 166010 | 5429 | 2097 | 7918 | 14 | 100704 | 47163 | 2685 | | | 17969 |
| 枣庄 | 64780 | 64780 | 6469 | 2613 | 38 | | 46643 | 3877 | 5140 | | | 8657 |
| 东营 | 103618 | 103618 | 8058 | 2207 | 255 | 65 | 66925 | 24697 | 1411 | | | 19323 |
| 烟台 | 394973 | 394973 | 25160 | 8057 | 1333 | 305 | 273478 | 78997 | 7643 | | | 16560 |
| 潍坊 | 280030 | 280030 | 6879 | 9891 | 6721 | 388 | 207350 | 46055 | 2746 | | | 3690 |
| 济宁 | 447494 | 256715 | 48909 | 6522 | 9929 | 8 | 157701 | 30758 | 2888 | | 190779 | 37871 |
| 泰安 | 86119 | 86119 | 6124 | 638 | 13 | | 67696 | 9962 | 1686 | | | 3115 |
| 威海 | 153305 | 153305 | 2282 | 2747 | 819 | 321 | 104178 | 42254 | 704 | | | 10476 |
| 日照 | 67072 | 67072 | 2412 | 494 | 2 | | 60557 | 1108 | 2499 | | | 1920 |
| 莱芜 | 29946 | 29946 | 1498 | 557 | 70 | 409 | 25071 | 1458 | 883 | | | 3810 |
| 滨州 | 175714 | 175714 | 5667 | 911 | 29 | | 149101 | 19525 | 481 | | | 3400 |
| 德州 | 133396 | 133396 | 8448 | 3034 | 5 | 35 | 104160 | 15295 | 2419 | | | 4719 |
| 聊城 | 124203 | 124203 | 3291 | 1372 | 16 | | 89809 | 28716 | 999 | | | 5289 |
| 临沂 | 146367 | 146367 | 8839 | 1855 | 593 | 12 | 114458 | 18292 | 2318 | | | 9087 |
| 菏泽 | 44678 | 44678 | 577 | 1684 | 32 | 1 | 25557 | 7327 | 9500 | | | 6580 |

# 2014年山东省个人所得税分市、分企业类型完成情况表

单位：万元

| 项目 | 合计 | 内资企业 | | | | | | | | 港澳台投资企业 | 外商投资企业 | 个体经营 | 附列资料：乡（镇）企业 |
|---|---|---|---|---|---|---|---|---|---|---|---|---|---|
| | | 小计 | 国有企业 | 集体企业 | 股份合作企业 | 联营企业 | 股份公司 | 私营企业 | 其他企业 | | | | |
| 合计 | 2879336 | 2181282 | 253655 | 26184 | 40208 | 352 | 1326093 | 285299 | 249491 | 81373 | 294907 | 321774 | 1439937 |
| 济南 | 523620 | 438918 | 58478 | 3187 | 4185 | 7 | 247656 | 44349 | 81056 | 17474 | 42760 | 24468 | 428718 |
| 青岛 | 754138 | 550468 | 37093 | 5072 | 14580 | 86 | 339543 | 61097 | 92997 | 19150 | 112628 | 71892 | 3736 |
| 淄博 | 154704 | 109517 | 10036 | 562 | 5500 | 5 | 62415 | 24395 | 6604 | 2854 | 10052 | 32281 | 97012 |
| 枣庄 | 47164 | 38520 | 10079 | 2242 | 70 | | 20797 | 1953 | 3379 | 1154 | 1708 | 5782 | 31444 |
| 东营 | 115704 | 105705 | 9706 | 401 | 627 | | 74069 | 14697 | 6205 | 1376 | 3080 | 5543 | 92791 |
| 烟台 | 275256 | 178024 | 21453 | 1479 | 1376 | 24 | 100389 | 43229 | 10074 | 7992 | 50525 | 38715 | 181928 |
| 潍坊 | 181886 | 128111 | 11749 | 1346 | 2155 | 15 | 81259 | 21484 | 10103 | 3222 | 11393 | 39160 | 113921 |
| 济宁 | 149988 | 112817 | 31702 | 2229 | 2124 | 78 | 58612 | 8953 | 9119 | 3580 | 19739 | 13852 | 96609 |
| 泰安 | 85294 | 71783 | 9446 | 1594 | 479 | 58 | 49616 | 5664 | 4926 | 2553 | 3610 | 7348 | 45081 |
| 威海 | 104613 | 73746 | 4569 | 648 | 2143 | 25 | 52767 | 10196 | 3398 | 4396 | 13335 | 13136 | 75571 |
| 日照 | 70750 | 53951 | 6041 | 937 | 344 | | 28313 | 16129 | 2187 | 5500 | 6302 | 4997 | 27035 |
| 莱芜 | 29641 | 26106 | 2594 | 1405 | 17 | 20 | 19726 | 1627 | 717 | 566 | 649 | 2320 | 21346 |
| 滨州 | 66064 | 54131 | 5965 | 1116 | 396 | | 36144 | 7992 | 2518 | 970 | 1893 | 9070 | 33078 |
| 德州 | 65848 | 50181 | 8418 | 697 | 802 | 12 | 36247 | 2047 | 1958 | 458 | 4638 | 10571 | 46231 |
| 聊城 | 77086 | 65591 | 9541 | 1093 | 1306 | 6 | 43417 | 6057 | 4171 | 1359 | 2508 | 7628 | 29662 |
| 临沂 | 116457 | 84488 | 10139 | 1837 | 2103 | 16 | 52806 | 10064 | 7523 | 3651 | 7599 | 20719 | 79502 |
| 菏泽 | 61123 | 39225 | 6646 | 339 | 2001 | | 22317 | 5366 | 2556 | 5118 | 2488 | 14292 | 36272 |

# 2014年山东省资源税分市、分企业类型完成情况表

单位：万元

| 项目 | 合计 | 内资企业 | | | | | | | | 港澳台投资企业 | 外商投资企业 | 个体经营 | 附列资料：乡（镇）企业 |
|---|---|---|---|---|---|---|---|---|---|---|---|---|---|
| | | 小计 | 国有企业 | 集体企业 | 股份合作企业 | 联营企业 | 股份公司 | 私营企业 | 其他企业 | | | | |
| 合计 | 1195664 | 1051757 | 38094 | 40896 | 577 | 139 | 759561 | 140383 | 72107 | 17063 | 16781 | 110063 | 179446 |
| 济南 | 14652 | 11257 | 800 | 56 | | | 7571 | 2512 | 318 | 1400 | 505 | 1490 | 1578 |
| 青岛 | 3150 | 2743 | 197 | 187 | 5 | | 1245 | 821 | 288 | 141 | | 266 | 103 |
| 淄博 | 62279 | 60211 | 209 | 6183 | 437 | | 8811 | 29236 | 15335 | 24 | 74 | 1970 | 17676 |
| 枣庄 | 45910 | 37768 | 6943 | 1246 | | | 21197 | 8080 | 302 | 828 | 2248 | 5066 | 19311 |
| 东营 | 415143 | 415143 | 863 | | | | 413996 | 284 | | | | | 696 |
| 烟台 | 167611 | 137773 | 2881 | 7379 | | 2 | 98869 | 18930 | 9712 | 6702 | 1495 | 21641 | 25493 |
| 潍坊 | 123123 | 111993 | 5145 | 17837 | | 22 | 63136 | 23834 | 2019 | 2029 | 4 | 9097 | 11038 |
| 济宁 | 59192 | 40600 | 9836 | 499 | 2 | | 18973 | 4101 | 7189 | 1882 | 10977 | 5733 | 4738 |
| 泰安 | 79837 | 61152 | 2473 | 4672 | 35 | | 28378 | 16543 | 9051 | | | 18685 | 34316 |
| 威海 | 24620 | 24179 | 2584 | 80 | | | 12613 | 8891 | 11 | 50 | | 391 | 1294 |
| 日照 | 6261 | 4678 | | 27 | | | 2669 | 40 | 1942 | | 959 | 624 | 1565 |
| 莱芜 | 11259 | 11087 | 4590 | 164 | 82 | 115 | 4529 | 1551 | 56 | 13 | | 159 | 1646 |
| 滨州 | 17713 | 17486 | | 41 | | | 13334 | 2742 | 1369 | | | 227 | 4961 |
| 德州 | 3816 | 3148 | 290 | 138 | | | 978 | 15 | 1727 | | | 668 | 2306 |
| 聊城 | 8126 | 7423 | 890 | 1352 | | | 5150 | 31 | | | | 703 | 2066 |
| 临沂 | 105878 | 94663 | 82 | 745 | | | 51302 | 21303 | 21231 | 663 | 519 | 10033 | 23972 |
| 菏泽 | 47094 | 10453 | 311 | 290 | 16 | | 6810 | 1469 | 1557 | 3331 | | 33310 | 26687 |

# 2014年山东省涉外税收收入分市、分税种完成情况表

单位：万元

| 项目 | 合计 | 营业税 | 企业所得税 | 个人所得税 | 城市维护建设税 | 资源税 | 房产税 | 城镇土地使用税 | 印花税 | 土地增值税 | 车船税 | 其他各税 |
|---|---|---|---|---|---|---|---|---|---|---|---|---|
| 合计 | 2334441 | 483188 | 190779 | 376280 | 352580 | 33844 | 173404 | 293236 | 85321 | 219376 | 12439 | 113994 |
| 济南 | 261708 | 70364 | | 60234 | 31391 | 1905 | 17344 | 16394 | 9318 | 37392 | 1903 | 15463 |
| 青岛 | 703071 | 201506 | | 131778 | 89150 | 141 | 46823 | 59416 | 16060 | 120104 | 2984 | 35109 |
| 淄博 | 85930 | 23643 | | 12906 | 15688 | 98 | 7579 | 11987 | 3368 | 5213 | 896 | 4552 |
| 枣庄 | 24111 | 4329 | | 2862 | 4270 | 3076 | 2387 | 4312 | 777 | 706 | 3 | 1389 |
| 东营 | 29599 | 7998 | | 4456 | 4395 | | 1811 | 5829 | 4110 | 2 | 395 | 603 |
| 烟台 | 305878 | 41375 | | 58517 | 72926 | 8197 | 30829 | 44835 | 19682 | 8334 | 650 | 20533 |
| 潍坊 | 104095 | 19533 | | 14615 | 19130 | 2033 | 12789 | 19769 | 4655 | 5852 | 2226 | 3493 |
| 济宁 | 368790 | 19073 | 190779 | 23319 | 27670 | 12859 | 11306 | 67629 | 5414 | 2384 | 329 | 8028 |
| 泰安 | 28048 | 6679 | | 6163 | 4440 | | 2971 | 4363 | 629 | 1310 | 34 | 1459 |
| 威海 | 88132 | 17646 | | 17731 | 19081 | 50 | 10938 | 12252 | 3279 | 4318 | 173 | 2664 |
| 日照 | 85378 | 14881 | | 11802 | 14039 | 959 | 5593 | 10731 | 6181 | 19389 | 171 | 1632 |
| 莱芜 | 9162 | 1495 | | 1215 | 2053 | 13 | 1325 | 2526 | 310 | | 177 | 48 |
| 滨州 | 34232 | 5620 | | 2863 | 6373 | | 5634 | 5873 | 4097 | 306 | 32 | 3434 |
| 德州 | 48811 | 11614 | | 5096 | 6859 | | 3088 | 5588 | 1108 | 9977 | 20 | 5461 |
| 聊城 | 31852 | 7348 | | 3867 | 6978 | | 2584 | 4672 | 1723 | 85 | 852 | 3743 |
| 临沂 | 82829 | 23124 | | 11250 | 14557 | 1182 | 7185 | 13980 | 3422 | 3807 | 1473 | 2849 |
| 菏泽 | 42815 | 6960 | | 7606 | 13580 | 3331 | 3218 | 3080 | 1188 | 197 | 121 | 3534 |

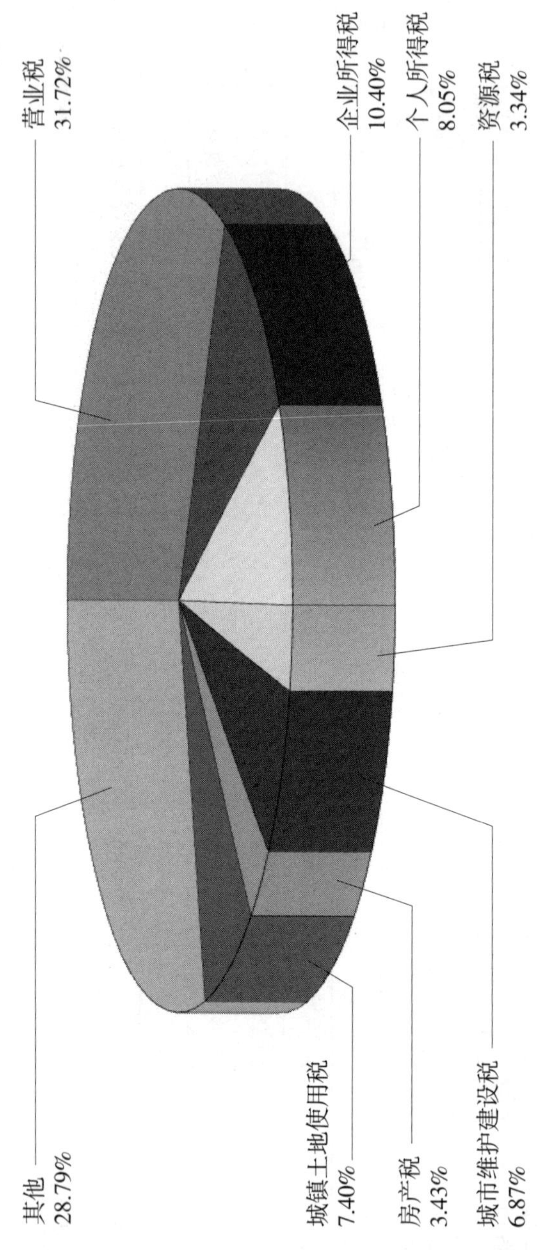


2014年山东省地方税收入分税种对比图

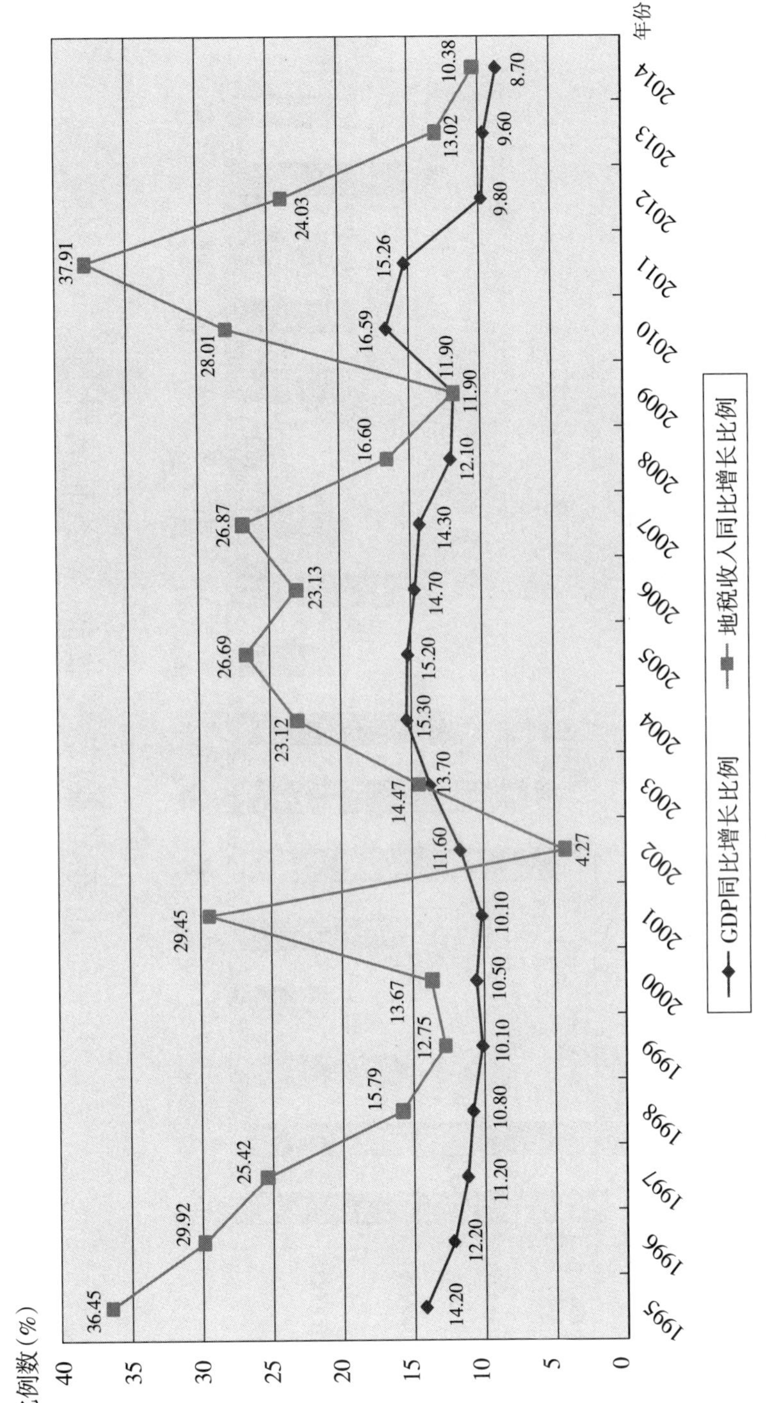


1995—2014年山东省地方税收收入与地区生产总值（GDP）增长比例对比图

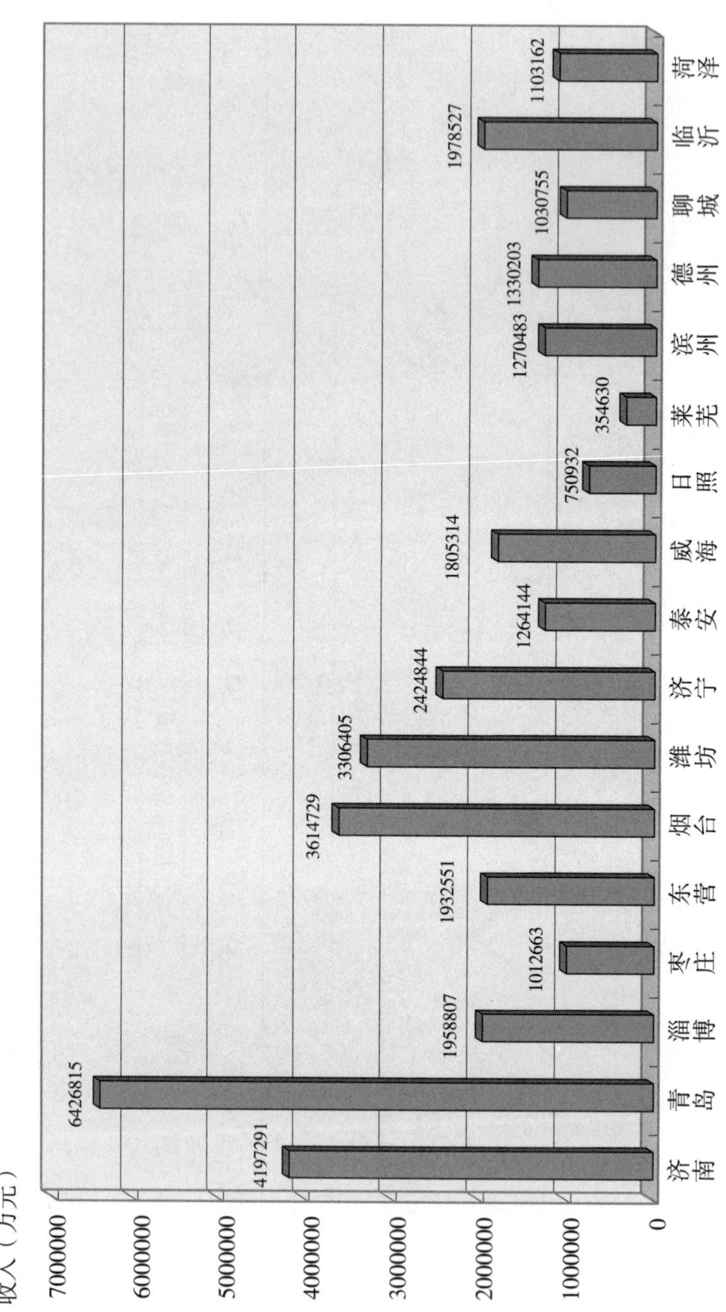


2014年山东省地方税收入分市统计图

# 2014年山东省地方税收税务登记行业与经济类型构成统计表（一）

单位：户

| 序号 | 项目 户数 行业 | 上年末户数 | 本年增减数 | | 本年末户数 | 年末登记户数分注册类型情况 | |
|---|---|---|---|---|---|---|---|
| | | | | | | 内资企业 | |
| | | | 增加 | 减少 | | 小计 | 国有企业 |
| | 顺序号 | 1 | 2 | 3 | 4 | 5 | 6 |
| 1 | 合计 | 1993917 | 426279 | 58919 | 2361277 | 1008432 | 17630 |
| 2 | 农、林、牧、渔业 | 23755 | 17479 | 1408 | 39826 | 29002 | 162 |
| 3 | 采矿业 | 4706 | 566 | 292 | 4980 | 2666 | 153 |
| 4 | 制造业 | 277567 | 38531 | 7759 | 308339 | 194021 | 1534 |
| 5 | 电力、热力、燃气及水生产和供应业 | 2759 | 589 | 75 | 3273 | 2827 | 553 |
| 6 | 建筑业 | 84701 | 26539 | 4775 | 106465 | 90322 | 1924 |
| 7 | 批发和零售业 | 994362 | 215442 | 26528 | 1183276 | 395745 | 4576 |
| 8 | 交通运输、仓储和邮政业 | 55028 | 11456 | 1629 | 64855 | 30855 | 1280 |
| 9 | 住宿和餐饮业 | 144883 | 21675 | 4863 | 161695 | 14467 | 955 |
| 10 | 信息传输、软件和信息技术服务业 | 15106 | 6363 | 469 | 21000 | 17709 | 439 |
| 11 | 金融业 | 13347 | 2799 | 355 | 15791 | 15299 | 1185 |
| 12 | 房地产业 | 32818 | 6677 | 952 | 38543 | 34817 | 542 |
| 13 | 租赁和商务服务业 | 114986 | 41018 | 4040 | 151964 | 107503 | 1671 |
| 14 | 科学研究和技术服务业 | 23008 | 9367 | 716 | 31659 | 21440 | 785 |
| 15 | 水利、环境和公共设施管理业 | 1765 | 341 | 56 | 2050 | 1689 | 135 |
| 16 | 居民服务、修理和其他服务业 | 171822 | 22272 | 4192 | 189902 | 38197 | 995 |
| 17 | 教育 | 8101 | 1618 | 168 | 9551 | 2599 | 116 |
| 18 | 卫生和社会工作 | 9572 | 1234 | 228 | 10578 | 1356 | 150 |
| 19 | 文化、体育和娱乐业 | 10995 | 1569 | 276 | 12288 | 6375 | 352 |
| 20 | 公共管理、社会保障和社会组织 | 4627 | 744 | 138 | 5233 | 1541 | 123 |
| 21 | 国际组织 | 9 | 0 | 0 | 9 | 2 | 0 |

# 2014年山东省地方税收税务登记行业与经济类型构成统计表（二）

单位：户

| 序号 | 行业 \ 户数 \ 项目 | 年末登记户数分注册类型情况 | | | | | | |
|---|---|---|---|---|---|---|---|---|
| | | 内资企业 | | | | | | |
| | | 集体企业 | 股份合作企业 | 联营企业 | 有限责任公司 | 股份有限公司 | 私营企业 | 其他内资企业 |
| | 顺序号 | 7 | 8 | 9 | 10 | 11 | 12 | 13 |
| 1 | 合计 | 19538 | 3918 | 659 | 406286 | 9547 | 531216 | 19638 |
| 2 | 农、林、牧、渔业 | 793 | 898 | 218 | 6634 | 58 | 9089 | 11150 |
| 3 | 采矿业 | 290 | 7 | 4 | 1150 | 31 | 1022 | 9 |
| 4 | 制造业 | 5656 | 666 | 99 | 68929 | 819 | 115916 | 402 |
| 5 | 电力、热力、燃气及水生产和供应业 | 43 | 5 | 1 | 1458 | 40 | 694 | 33 |
| 6 | 建筑业 | 2143 | 214 | 31 | 48387 | 422 | 36546 | 655 |
| 7 | 批发和零售业 | 5624 | 840 | 185 | 148864 | 2007 | 231955 | 1694 |
| 8 | 交通运输、仓储和邮政业 | 385 | 55 | 18 | 14512 | 142 | 14352 | 111 |
| 9 | 住宿和餐饮业 | 845 | 65 | 7 | 6466 | 45 | 5992 | 92 |
| 10 | 信息传输、软件和信息技术服务业 | 74 | 9 | 5 | 6366 | 193 | 10545 | 78 |
| 11 | 金融业 | 595 | 762 | 9 | 5551 | 5020 | 2057 | 120 |
| 12 | 房地产业 | 441 | 73 | 14 | 20938 | 154 | 12433 | 222 |
| 13 | 租赁和商务服务业 | 988 | 148 | 42 | 44849 | 335 | 58451 | 1019 |
| 14 | 科学研究和技术服务业 | 312 | 56 | 13 | 8213 | 76 | 11605 | 380 |
| 15 | 水利、环境和公共设施管理业 | 40 | 3 | 0 | 943 | 12 | 497 | 59 |
| 16 | 居民服务、修理和其他服务业 | 977 | 96 | 13 | 19935 | 146 | 15329 | 706 |
| 17 | 教育 | 54 | 3 | 0 | 682 | 13 | 600 | 1131 |
| 18 | 卫生和社会工作 | 160 | 7 | 0 | 229 | 7 | 508 | 295 |
| 19 | 文化、体育和娱乐业 | 70 | 7 | 0 | 2142 | 24 | 3605 | 175 |
| 20 | 公共管理、社会保障和社会组织 | 48 | 4 | 0 | 38 | 3 | 19 | 1306 |
| 21 | 国际组织 | 0 | 0 | 0 | 0 | 0 | 1 | 1 |

# 2014年山东省地方税收税务登记行业与经济类型构成统计表（三）

单位：户

| 序号 | 项目 / 户数 / 行业 | 年末登记户数分注册类型情况 | | | | |
|---|---|---|---|---|---|---|
| | | 港澳台投资企业 | 外商投资企业 | 外国企业 | 个体经营户 | 其他 |
| | 顺序号 | 14 | 15 | 16 | 17 | 18 |
| 1 | 合计 | 7076 | 20571 | 1169 | 1300200 | 23829 |
| 2 | 农、林、牧、渔业 | 159 | 245 | 0 | 7827 | 2593 |
| 3 | 采矿业 | 25 | 43 | 3 | 2232 | 11 |
| 4 | 制造业 | 3057 | 11995 | 54 | 99156 | 56 |
| 5 | 电力、热力、燃气及水生产和供应业 | 135 | 151 | 1 | 121 | 38 |
| 6 | 建筑业 | 213 | 290 | 19 | 15166 | 455 |
| 7 | 批发和零售业 | 1144 | 3111 | 60 | 782996 | 220 |
| 8 | 交通运输、仓储和邮政业 | 245 | 423 | 17 | 33257 | 58 |
| 9 | 住宿和餐饮业 | 249 | 887 | 7 | 146016 | 69 |
| 10 | 信息传输、软件和信息技术服务业 | 340 | 554 | 9 | 2298 | 90 |
| 11 | 金融业 | 85 | 265 | 49 | 29 | 64 |
| 12 | 房地产业 | 412 | 409 | 1 | 2588 | 316 |
| 13 | 租赁和商务服务业 | 625 | 1331 | 678 | 39356 | 2471 |
| 14 | 科学研究和技术服务业 | 121 | 287 | 33 | 8431 | 1347 |
| 15 | 水利、环境和公共设施管理业 | 18 | 28 | 0 | 43 | 272 |
| 16 | 居民服务、修理和其他服务业 | 203 | 432 | 217 | 148009 | 2844 |
| 17 | 教育 | 7 | 30 | 17 | 1301 | 5597 |
| 18 | 卫生和社会工作 | 2 | 6 | 0 | 6824 | 2390 |
| 19 | 文化、体育和娱乐业 | 34 | 82 | 1 | 4497 | 1299 |
| 20 | 公共管理、社会保障和社会组织 | 1 | 1 | 0 | 51 | 3639 |
| 21 | 国际组织 | 1 | 1 | 3 | 2 | 0 |

## 1994—2014年山东省地方税收各类经济纳税人税务登记结构变动统计表

单位：户

| 年度 | 合计 | 国有企业 | 集体企业 | 联营企业 | 股份合作 | 有限责任 | 股份有限 | 私营企业 | 港澳台资 | 外商投资 | 外国企业 | 个体经营 | 其他 |
|---|---|---|---|---|---|---|---|---|---|---|---|---|---|
| 1994 | 221440 | 64078 | 137474 | 959 | | | 1801 | 12418 | 0 | 0 | | 0 | 4710 |
| 1995 | 228771 | 68610 | 134879 | 1451 | | | 4273 | 15579 | 0 | 0 | | 0 | 3979 |
| 1996 | 678809 | 68330 | 137250 | 1677 | | | 6398 | 23187 | 4234 | 5860 | | 422843 | 9030 |
| 1997 | 788650 | 72557 | 137859 | 2083 | | | 9182 | 28818 | 6731 | 2876 | | 519472 | 9072 |
| 1998 | 861476 | 66845 | 132541 | 4909 | | | 17209 | 39007 | 3672 | 7328 | | 580393 | 9572 |
| 1999 | 832369 | 52192 | 79553 | 1522 | | | 35727 | 49449 | 3770 | 6450 | | 597898 | 5808 |
| 2000 | 917811 | 51889 | 73751 | 1500 | | | 43027 | 59322 | 3651 | 7483 | | 671369 | 5819 |
| 2001 | 937681 | 43751 | 60734 | 1061 | 2989 | 31790 | 6806 | 49837 | 2885 | 5447 | | 728441 | 3940 |
| 2002 | 990746 | 42463 | 54947 | 1000 | 3126 | 41271 | 6920 | 63238 | 3198 | 6531 | 81 | 762890 | 5081 |
| 2003 | 1019938 | 38405 | 48740 | 891 | 2877 | 54611 | 7353 | 81665 | 3392 | 7951 | 103 | 767018 | 6932 |
| 2004 | 1005162 | 34617 | 41611 | 639 | 3329 | 59825 | 7207 | 112505 | 3349 | 9119 | 152 | 725918 | 2847 |
| 2005 | 986298 | 26281 | 32232 | 528 | 2163 | 72064 | 7454 | 119690 | 3840 | 9917 | 178 | 704818 | 4663 |
| 2006 | 1003054 | 24243 | 29188 | 555 | 2427 | 84423 | 7699 | 140002 | 3605 | 9662 | 175 | 690845 | 6106 |
| 2007 | 1058035 | 20922 | 24955 | 492 | 2312 | 93701 | 7541 | 169902 | 3696 | 10010 | 284 | 715864 | 8356 |
| 2008 | 1167325 | 18796 | 22774 | 431 | 2353 | 113607 | 8433 | 195134 | 3941 | 11484 | 268 | 781454 | 8650 |
| 2009 | 1285433 | 18178 | 21450 | 434 | 2321 | 131136 | 8918 | 220202 | 4018 | 11555 | 288 | 856561 | 10372 |
| 2010 | 1349009 | 17363 | 20407 | 420 | 2332 | 157827 | 9284 | 241254 | 4167 | 11626 | 271 | 872976 | 11082 |
| 2011 | 1750744 | 21184 | 24469 | 580 | 3660 | 238154 | 11482 | 374224 | 6822 | 23419 | 1209 | 1024076 | 21465 |
| 2012 | 1854879 | 18595 | 20374 | 481 | 3355 | 269419 | 12336 | 385618 | 6400 | 20134 | 875 | 1092550 | 24742 |
| 2013 | 1993917 | 17550 | 19339 | 576 | 3717 | 328068 | 8090 | 425420 | 6656 | 20107 | 1045 | 1131864 | 31485 |
| 2014 | 2361277 | 17630 | 19538 | 659 | 3918 | 406286 | 9547 | 531216 | 7076 | 20571 | 1169 | 1300200 | 43467 |

# 2014 年山东省地方税务系统信息化建设与应用情况统计表

| 序号 | 项　目 | | 序号 | 项　目 | |
|---|---|---|---|---|---|
| 1 | 中小型计算机装备数量（台） | 39 | 20 | 漏洞扫描（套） | 8 |
| 2 | PC 服务器装备数量（台） | 1320 | 21 | 安装杀毒软件的计算机数量（台） | 35913 |
| 3 | 存储设备总容量（TB） | 950 | 22 | 部署桌面安全审计系统终端数量（台） | 29614 |
| 4 | 其中：磁盘阵列容量（TB） | 866 | 23 | 市级机房面积（$m^2$） | 2664 |
| 5 | 磁带库容量（TB） | 84 | 24 | 10KVA（含）以上 UPS 装备数量（台） | 124 |
| 6 | PC 机装备数量（台） | 35913 | 25 | 电子申报的情况 | |
| 7 | 其中：台式机数量 | 29614 | 26 | 其中：网上报税（户数） | 593935 |
| 8 | 笔记本电脑数量 | 6272 | 27 | 双委托（户数） | 115817 |
| 9 | 打印机配备数量(台) | 10859 | 28 | 全市信息技术人员数（人） | 427 |
| 10 | 广域网联通节点数（个） | 1005 | 29 | 其中：高级技术人员数（人） | 9 |
| 11 | 其中：地市级节点 | 15 | 30 | 中级技术人员数（人） | 67 |
| 12 | 区县级节点 | 187 | 31 | 初级技术人员数（人） | 44 |
| 13 | 分局级节点 | 803 | 32 | 其中：博士研究生人数（人） | 1 |
| 14 | 与外部门互联单位数（个） | 3 | 33 | 硕士研究生人数（人） | 43 |
| 15 | 路由器数量（台） | 384 | 34 | 大学本科人数（人） | 288 |
| 16 | 交换机数量（台） | 2642 | 35 | 大学专科人数（人） | 79 |
| 17 | 负载均衡（台） | 5 | 36 | 全市征管软件使用操作人员数（人） | 20101 |
| 18 | 安装防火墙数量（台） | 391 | 37 | 其中：市局软件使用操作人员数 | 2416 |
| 19 | 入侵检测 IDS（台） | 22 | 38 | 区县局软件使用操作人员数 | 17685 |

# 第五篇　机构和人员

山东地税年鉴·2015

SHANDONG LOCAL TAXATION YEARBOOK

# 山东省地税系统机构和人员概况

截至2014年底，山东省地税系统有各级各类机构共1497个，其中，省级机关1个，副省级机关2个，市级机关15个，县级机关140个，直属派出机构343个（省局2个，市局77个，县〈市、区〉局264个），基层中心税务所885个，地税系统所属事业单位111个（省局所属3个，市局所属17个，县〈市、区〉局所属91个）。按照机构级别，正厅级单位1个，副厅级单位2个（济南、青岛市局），正处级单位49个，副处级单位51个，科级（含）以下单位1394个。全省地税系统各类各级编制共22539名，其中，行政编制19140名，工勤编制1921名，事业编制1478名。全省地税系统实有正式人员22747人，其中在省级单位241人，占总人数的1.06%；在市级单位4341人，占总人数的19.08%；在县级单位18165人，占总人数的79.86%。大学本科以上15202人，占总人数的66.83%，大专5917人，占总人数的26.01%，中专及以下1628人，占总人数的7.16%。

# 山东省地方税务局<br>机关内设机构和人员概况

截至2014年底，山东省地方税务局机关内设18个处室，分别是：办公室、政策法规处、营业税处、企业所得税处、个人所得税处、财产和行为税处、土地房产税处、国际税务处、征管和科技发展处、税源管理处、收入规划核算处、财务管理处、督察内审处、人事处、离退休干部处、基层工作处、机关党委、监察室（纪检组）（其中，监察室（纪检组）上划省纪委，人事处和离退休干部处合署办公）。2个直属单位：稽查局、重点企业税收管理局。3个事业单位：机关服务中心、信息中心、纳税服务中心。

截至2014年底，省局共计在职正式干部职工241人。其中，女同志87人；副厅级以上干部12人，处级干部86人，科级干部128人，科以下干部职工15人；党员219人。退休人员38人。

# 山东省地方税务局领导名单

局　长、党组书记：张洪军
副局长、党组成员：韩奎祥
巡　　视　　员：王莉莉
副局长、党组成员：李　功
副局长、党组成员：郭凤晓
副局长、党组成员：李　亚
副　巡　视　员：杨殿国
副　巡　视　员：马奎升
副　巡　视　员：于　波
副　巡　视　员：杨丰仪
副　巡　视　员：傅廷民
总　会　计　师：白　洁
总　经　济　师：张荣琳

# 山东省地方税务局机关内设机构领导名单

**办公室**
主　任：张期鹏
副主任：杨雪芳（正处级）
王荣跃
陈道胜

**政策法规处**
处　长：范廷祥
副处长：王永安

**营业税处**
处　长：孙永秀
副处长：姜常春

**企业所得税处**
处　长：张　皓
副处长：陈艳艳

### 个人所得税处
处　长：毕文敏
副处长：王　忠

### 财产和行为税处
处　长：汤永强
副处长：陈　伟

### 土地房产税处
处　长：王志波

### 国际税务处
处　长：曲永生
副处长：王淑增

### 征管和科技发展处(税源管理处)
处　长：任长河
副处长：王晓明
　　　　程　惠
　　　　王胜超

### 收入规划核算处
处　长：高　虹
副处长：姜爱萍

### 财务管理处
处　长：张成家
副处长：王纳纳

### 督察内审处
处　长：冉照坤

### 人事处（离退休干部处）
处　长：李广进
副处长：张秀臻
　　　　于　前

### 基层工作处
处　长：张传庭
副处长：刘筱庆
　　　　孙永祥
　　　　蒋冬梅

### 机关党委
专职副书记：刘键锋
机关纪委书记：蒋立新

### 纪检组（监察室）
副组长（主任）：李茂楠

### 稽查局
局　长：王发升
副局长：孟宪岭

### 重点企业税收管理局
局　长：李崇西
副局长：郭永田
　　　　朱海明

### 机关服务中心
主　任：尹　才
副主任：张绍远
　　　　王　扬

### 地方税务信息中心
主　任：徐夫田
副主任：李　铁
　　　　齐艳红

### 纳税服务中心
副主任：祝洪溪

# 山东省各市地方税务局领导名单

## 济南市地方税务局

局　长、党委书记：张志明
副局长、党委副书记：张吉茂
副局长、党委委员：王建刚
王利民
王先进
孔　静

## 青岛市地方税务局

局　长、党委书记：郑卫星
副局长、党委委员：孙辉业
任希巍
李宁国
党委委员、纪委书记：何　倩

## 淄博市地方税务局

局　长、党组书记：王建中
副局长、党组成员：赵德森
石光华
司　平

## 枣庄市地方税务局

局　长、党组书记：段培真
副局长、党组副书记：陈　勇
党组成员、纪检组长：张体恒
副局长、党组成员：孙中洲

## 东营市地方税务局

局　长、党组书记：潘荣文
副局长、党组副书记：张　岩
副局长、党组成员：杨永卿
油田分局局长、党组成员：翟宝山
党组成员、纪检组长：安晓刚

## 烟台市地方税务局

局　长、党组书记：吴晓飞
副局长、党组成员：姜永利
刘中太
徐永军
党组成员、纪检组长：孙绍敏

## 潍坊市地方税务局

局　长、党组书记：张　辉
副局长、党组副书记：张传庭（正处级）
党组成员、纪检组长：滕一良
副局长、党组成员：李　强
武伟刚

## 济宁市地方税务局

局　长、党组书记：姜亚南
副局长、党组副书记：许从法
副局长、党组成员：高　杰
宋伟洲
朱洪坤
党组成员、纪检组长：翟华斌

## 泰安市地方税务局

局　长、党组书记：郝　玲
党组成员、纪检组长：张鲁光
副局长、党组成员：李　达

## 威海市地方税务局

局　长、党组书记：张洪起
副局长、党组成员：侯凤志
党组成员、纪检组长：王叔娟

## 日照市地方税务局

局　长、党组书记：林桂军
副局长、党组副书记：徐厚臣
副局长、党组成员：费秀云
马　青
党组成员、纪检组长：张永学
（兼直属征收局局长）

## 莱芜市地方税务局

局　长、党组书记：高庆功
副局长、党组副书记：刘　涛
副局长、党组成员：侯继才
王　钧
党组成员、纪检组长：李建国

## 临沂市地方税务局

局　长、党组书记：聂奎亮
副局长、党组成员：商庆顿
王光新
党组成员、纪检组长：徐　军
副局长、党组成员：王丽英

## 德州市地方税务局

局　长、党组书记：宓东生
副局长、党组副书记：李晓冬
副局长、党组成员：周书华
郭世峰
周鲁平
党组成员、纪检组长：徐兴海
副局长、党组成员：刘书庆

## 聊城市地方税务局

党组副书记、副局长：郝晓伟
副局长、党组成员：宗彦博
侯国华
党组成员、纪检组长：姜凤利

## 滨州市地方税务局

局　长、党组书记：王海军
副局长、党组副书记：李登峰
副局长、党组成员：刘思文
党组成员、纪检组长：刘金生

## 菏泽市地方税务局

局　长、党组书记：刘新建
副局长、党组副书记：贾希雪
副局长、党组成员：刘　勇
李圣君

# 第六篇　附　录

# 2014 年山东省地方税务局大事记

## 1 月

**2 日** 山东省纪委召开委厅机关和派驻机构 2013 年工作汇报会，省地税局党组成员、纪检组长、监察专员王莉莉参加会议并汇报我局工作情况。

**3 日** 山东省人大常委会预工委召开座谈会，听取全省税收工作情况汇报。省地税局副局长、党组成员韩奎祥参加。

**7 日** 山东省地税局局长、党组书记张洪军主持召开第 1 次局长办公会议，就 2013 年度系统目标管理考核工作情况等问题进行了研究。副局长、党组成员赵洪波、韩奎祥，党组成员、纪检组长、监察专员王莉莉，副局长、党组成员李功、郭凤晓出席会议，巡视员吕凤强、副巡视员杨殿国、总会计师白洁、总经济师张荣琳列席会议。

**7 日** 山东省地税局副巡视员杨殿国在济南参加科技型小微企业发展和科研经费支持创业创新协调会。

**8 日** 山东省政府召开全省财政税务工作会议，贯彻落实全国财政、税务工作会议和全省经济工作会议精神，总结 2013 年全省财税工作，部署 2014 年财税工作任务。省地税局领导、两总师参加会议。

**8 日** 山东省地税局副局长、党组成员韩奎祥在济南参加全省农村工作会议。

**8 日** 山东省地税局副巡视员李亚在济南参加省政府加快现代流通业发展意见专题会议。

**9 日** 山东省地税工作会议在省地税局召开，全面贯彻落实党的十八大和十八届三中全会以及全省经济工作会议、全国税务工作会议、全省财税工作会议精神，总结 2013 年工作，研究谋划全省地税系统当前和今后一个时期发展目标，安排部署 2014 年重点工作。会议传达了全省经济工作会议、全国税务工作会议精神，通报表彰了 2013 年度全省地税系统目标管理考核优秀单位、入选税务总局专业人才库人员和领军人才培养对象。省局局长、党组书记张洪军代表省局作工作报告，副局长、党组成员韩奎祥主持会议并进行会议总结。省局领导，两总师，各市局局长、办公室主任，省局机关全体干部职工，入选税务总局专业人才库和领军人才培养对象的人员参加会议。全省地税工作会议结束后，举行了 2014 年度党风廉政建设责任书签订仪式。省局局长、党组书记张洪军与各市地税局局长签订了党风廉政建设责任书。党组成员、纪检组长、监察专员王莉莉主持签订仪式，并就抓好责任书的落实提出了要求。

9日　山东省地税局局长、党组书记张洪军参加省政府第24次常务会议，会议听取省经信委《关于加快促进信息消费扩大内需的实施意见（送审稿）有关情况的汇报》。

13日　山东省地税局局长、党组书记张洪军主持召开第2次局长办公会议，就税务总局2014年报表制度改革情况和山东省贯彻意见等问题进行了研究。省局副局长、党组成员赵洪波、韩奎祥，党组成员、纪检组长、监察专员王莉莉，副局长、党组成员李功、郭凤晓出席会议，巡视员吕凤强，副巡视员杨殿国，总会计师白洁，总经济师张荣琳列席会议。

14日　国家税务总局召开全国税务系统大企业税收管理工作视频会议，山东省地税局副局长、党组成员郭凤晓，总经济师张荣琳在省局分会场参加收看。

14日　国家税务总局召开全国税务系统电子税务工作视频会议，山东省地税局局长、党组书记张洪军，副局长、党组成员郭凤晓参加收看。

14日　山东省地税局副局长、党组成员赵洪波在济南参加全省人力资源和社会保障工作会议暨人民满意的公务员表彰大会。

14日　山东省地税局党组成员、纪检组长、监察专员王莉莉在济南参加全省审计工作会议。

15日　津巴布韦总统内阁办公厅总秘书长米切克·斯班达一行考察山东省地税局信息化建设情况，省局副局长、党组成员郭凤晓参加活动。

16日—20日　政协第十一届山东省委员会第二次会议在济南召开，省地税副局长、党组成员韩奎祥列席有关会议。

17日—22日　山东省第十二届人民代表大会第三次会议在济南召开，省地税局局长、党组书记张洪军列席有关会议。

20日　山东省地税局局长、党组书记张洪军在济南参加党的群众路线教育实践活动第一批总结暨第二批部署会议。

20日　山东省地税局局长、党组书记张洪军主持召开第1次局党组会议，对省局有关领导工作分工问题进行了研究。副局长、党组成员韩奎祥，党组成员、纪检组长、监察专员王莉莉，副局长、党组成员李功、郭凤晓出席会议。

20日　山东省地税局召开老干部春节座谈会，省局局长、党组书记张洪军，党组成员、纪检组长、监察专员王莉莉，副局长、党组成员李功、郭凤晓出席座谈会，副局长、党组成员韩奎祥代表省局党组汇报了2013年工作情况和2014年工作安排，同时就做好新形势下的老干部工作提出了要求。

21日　山东省地税局副巡视员杨殿国在济南参加小额贷款公司申请适用金融企业税收政策事宜协调会。

21日—24日　山东省地税局领导、两总师带领省局有关处室负责同志分赴各市地税局基层单位走访慰问一线干部职工。

23日　山东省地税局局长、党组书记张洪军，党组成员、纪检组长、监察专员王莉莉在济南参加中共山东省纪委十届四次全体会议第一次会议。

25日　山东省地税局局长、党组书

记张洪军在济南参加山东省委党的群众路线教育实践活动第一批总结暨第二批部署会议。

**25日** 山东省地税局副局长、党组成员韩奎祥在济南参加山东省第二批党的群众路线教育实践活动工作骨干培训会议。

**26日** 国家税务总局召开全国税务系统先进集体和先进工作者表彰大会及全国税务系统党的群众路线教育实践活动第一批总结暨第二批部署视频会议，山东省地税局全体干部职工参加收看。

**27日** 山东省地税局召开2013年度局机关总结大会暨教育实践活动满意度测评，省局全体干部职工参加。

**27日** 山东省地税局局长、党组书记张洪军在济南参加2014年山东省各界人士迎春茶话会。

## 2月

**11日** 山东省地税局局长、党组书记张洪军在济南收听收看国务院第二次廉政工作会议。

**11日** 山东省地税局局长、党组书记张洪军主持召开第3次局长办公会议，就全省地税系统党的群众路线教育实践活动第一批总结暨第二批部署会议上的讲话等问题进行了研究。副局长、党组成员韩奎祥，党组成员、纪检组长、监察专员王莉莉，副局长、党组成员李功、郭凤晓出席会议，副巡视员杨殿国、李亚，总会计师白洁列席会议。

**11日** 山东省地税局局长、党组书记张洪军，党组成员、纪检组长、监察专员王莉莉出席省审计厅2013年度税收征管质量审计进点会议。

**11日** 山东省地税局副局长、党组成员韩奎祥在济南参加省委政法工作会议。

**13日—14日** 山东省地税局党组成员、纪检组长、监察专员王莉莉在北京参加全国税务系统党风廉政建设工作会议。省局机关副处级以上干部及各市、县（市、区）局领导班子成员，全体纪检监察干部在分会场收看有关会议内容。

**14日** 山东省地税局局长、党组书记张洪军在济南参加省政府第二次全体会议，会议总结省政府党的群众路线教育实践活动开展情况，安排部署当前工作。

**14日** 山东省地税局副局长、党组成员郭凤晓在济南参加省委全面深化改革领导小组文化体制改革专项小组第一次会议。

**17日** 山东省地税局召开全省地税系统教育实践活动第一批总结暨第二批部署会议，省局局长、党组书记张洪军代表省局党组进行总结和部署。省局机关全体党员干部在主会场，各市局及县（市、区）局领导班子成员、相关部门负责人在分会场参加会议。

**17日—18日** 山东省地税局副巡视员李亚在青岛参加全省就业创业工作座谈会。

**18日** 山东省地税局副局长、党组成员韩奎祥在济南参加省政府重要改革事项工作部署会。

**18日** 山东省地税局副局长、党组成员郭凤晓在济南收看全国物联网工作电视电话会议。

**18日** 山东省地税局总会计师白洁在济南参加全省保密工作会议。

**18日—20日** 陕西省地税局副局长贡献一行到山东省地税局学习考察大企业税收服务和管理工作，山东省地税局副局长、党组成员郭凤晓出席座谈会。

**19日** 山东省地税局副巡视员杨殿国在济南参加省政府推进工商注册制度便利化座谈会。

**20日—21日** 山东省地税局局长、党组书记张洪军带领省局有关处室负责人，到烟台、威海市地税局调研指导工作，实地视察了办税服务厅、12366纳税服务热线座席，召开了市、县（市、区）局有关人员座谈会。

**24日** 山东省地税局副巡视员李亚在临沂参加推进临沂商城现代化工作现场会。

**24日—25日** 山东省地税局召开税收分析工作会议，全面分析了2013年组织收入工作和经济税收发展变化情况，认真分析预测2014年的经济发展走势、税收政策调整变化给组织收入工作带来的影响，提出了相应的对策措施。省局局长、党组书记张洪军，副局长、党组成员韩奎祥，总经济师张荣琳出席会议。

**25日—26日** 山东省地税局局长、党组书记张洪军在济南参加全省城镇化工作会议。

**27日** 山东省地税局局长、党组书记张洪军在济南参加经济体制和生态文明建设改革领导小组第二次成员会议。

**27日** 山东省地税局局长、党组书记张洪军，党组成员、纪检组长、监察专员王莉莉在济南参加省政府第二次廉政工作会议。

**27日** 山东省地税局副局长、党组成员郭凤晓在济南参加全省推进工商注册登记制度便利化加强市场监管电视会议。

**28日** 山东省地税局局长、党组书记张洪军，副巡视员杨殿国在济南参加全省化解过剩产能工作电视会议。

**28日** 山东省地税局局长、党组书记张洪军主持召开第3次局党组会议，对省纪委十届四次全会、全国税务系统党风廉政建设工作会议精神及贯彻意见问题进行了研究。省局副局长、党组成员韩奎祥，党组成员、纪检组长、监察专员王莉莉，副局长、党组成员郭凤晓出席会议，副巡视员杨殿国、李亚列席会议。

**28日** 山东省地税局副巡视员李亚在济南参加省委对台工作会议。

**28日** 山东省地税局总经济师张荣琳在济南参加全省政府法制工作会议。

## 3月

**3日** 国家税务总局召开“便民办税春风行动”视频会议，山东省地税局副巡视员李亚在省局分会场参加收看。

**4日** 山东省地税局召开全省地税系统党风廉政建设工作会议，深入学习贯彻中央纪委全会、省纪委全会、税务总局党风廉政建设工作会议和省政府廉政工作会议精神，总结2013年党风廉政建设和反腐败工作，研究部署系统2014年工作任务。会议采取视频形式召开，省局机关全体人员、各市局纪检组长（纪委书记）、监察室主任在省局主会场参加会议；市局领导班子成员、相关科（处）主要负责人、全体纪检监察干部在各市局分会场参加会议。省局局长、党组书记张洪军出席会议并作重要讲话，副局长、党组成员韩奎祥主持会议，党组成员、纪检组长、监察专员王莉莉作工作报告。

**6日** 山东省地税局机关妇委会组织机关妇女同志开展“比厨艺——包饺子”比赛，省局党组成员、纪检组长、监察专员王莉莉参加。

**7日** 山东省地税局副局长、党组成员韩奎祥在济南参加省老龄委第二十二次全体（扩大）会议。

**12日** 山东省地税局局长、党组书记张洪军在济南参加山东人民广播电台《阳光政务热线》直播节目。

**12日** 山东省地税局总经济师张荣琳在济南参加省政府组织的安排国务院关于违反税法文件问题专题调研协调会。

**13日** 山东省地税局举办“山东地税大讲堂”第十一讲，邀请山东省委党校副校长、副教授、硕士生导师孙黎海做深入学习党的十八届三中全会精神专题辅导报告。省局机关全体人员在省局主会场、各市局全体人员在分会场参加收看。

**14日** 山东省地税局副局长、党组成员韩奎祥在济南参加省委全面深化改革领导小组文化体制改革专项小组第二次会议。

**14日** 山东省地税局副巡视员李亚在济南参加省发展家庭服务业促进就业工作联席会议第五次会议并作交流发言。

**14日** 山东省地税局副巡视员李亚在济南参加省家庭服务业标准化技术大会成立大会暨第一次工作会议。

**17日** 山东省地税局副局长、党组成员韩奎祥在济南参加全省干部选拔任用自查自纠工作部署会议。

**17日** 山东省地税局副巡视员李亚在济南参加省委办公厅召开的部分单位规范性文件管理座谈会。

**17日—18日** 山东省地税局副巡视员李亚参加省政府组织的国务院违反税法文件问题专题调研。

**18日** 国家税务总局召开全国税务系统国际税收工作视频会议，山东地税局局长、党组书记张洪军，总经济师张荣琳在省局分会场参加收看。

**19日** 山东省地税局局长、党组书记张洪军在济南参加全省政府职能转变机构改革暨事业单位改革工作电视会议。

**19日—21日** 山东省地税局副局长、党组成员韩奎祥，党组成员、纪检组长、监察专员王莉莉在济南参加全省领导干部学习贯彻党的十八届三中全会精神和习近平总书记系列讲话精神专题培训班。

**20日** 山东省地税局副局长、党组成员郭凤晓在泰安参加全省地税系统先进人物典型事迹报告会。

**23日** 山东省地税局局长、党组书记张洪军在济南参加省委常委扩大会议。

**23日** 山东省地税局局长、党组书记张洪军在济南参加学习《党政领导干部选拔任用工作条例》辅导报告会。

**24日** 全省地税系统干部人事和教育实践活动调度工作会议在济南召开，山东省地税局副局长、党组成员韩奎祥出席会议并讲话。

25日　山东省地税局局长、党组书记张洪军主持召开第4次局长办公会议，就山东省地方税务局会议费管理办法等问题进行了研究。副局长、党组成员韩奎祥，党组成员、纪检组长、监察专员王莉莉，副局长、党组成员李功、郭凤晓出席会议，副巡视员杨殿国、李亚，总会计师白洁，总经济师张荣琳列席会议。

26日—28日　山东省地税局副局长、党组成员郭凤晓在济南参加全省领导干部学习贯彻党的十八届三中全会精神和习近平总书记系列讲话精神专题培训班。

27日　山东省地税稽查工作会议在青岛召开，会议传达学习了省地税局局长、党组书记张洪军对全省稽查工作的重要批示，副局长、党组成员李功出席会议并讲话。

27日　山东省地税局副巡视员李亚参加省财政厅座谈会。会议研究税式支出管理扩大试点工作方案、税收保障联席会议制度、第三方信息平台建设等相关问题。

28日　山东省地税局局长、党组书记张洪军参加省政府专题会议。会议听取省编办关于“事业单位改革”重点调研课题开展情况的汇报。

31日　山东省地税局总经济师张荣琳到济南市地税局调研“营改增”对地税机关征管范围、税务登记及其相关问题的影响。

## 4月

1日　国家税务总局在济南召开座谈会，听取部分省（市）局对全国税收政策法规工作会议主报告的意见及部分省（市）局税收政策法规工作情况的汇报。山东省地税局局长、党组书记张洪军，副巡视员李亚参加。

1日　山东省地税局副局长、党组成员李功在济南参加2013年度山东省纳税百强排行榜暨《山东税收发展报告》新闻发布会。

2日　山东省地税局副局长、党组成员郭凤晓到党的群众路线教育实践活动联系点淄博市地税局淄川分局督导教育实践活动开展情况。

2日—3日　山东省地税局局长、党组书记张洪军陪同国家税务总局党组副书记、副局长解学智到宁阳县地税局调研党的群众路线教育实践活动。

2日—4日　山东省地税局副巡视员杨殿国、李亚在济南参加全省领导干部学习贯彻党的十八届三中全会精神和习近平总书记系列讲话精神专题培训班。

3日　山东省地税局总经济师张荣琳在济南参加全省第二次土地调查成果汇报会议。

3日—4日　山东省地税局副局长、党组成员韩奎祥到党的群众路线教育实践活动联系点寿光市地税局督导教育实践活动开展情况。

4日　山东省地税局局长、党组书记张洪军在济南参加省政府党组（扩大）

会议。

4日 山东省地税局党组成员、纪检组长、监察专员王莉莉在淄博市地税局调研岗位廉政风险教育情况。

8日 山东省地税局党组成员、纪检组长、监察专员王莉莉在济南参加省审计厅会议，会议安排部署向审计署定期报送地方财政收支等相关电子数据工作。

9日 山东省地税局副巡视员李亚到党的群众路线教育实践活动联系点莒县地税局督导教育实践活动开展情况。

9日 山东省地税局总经济师张荣琳在泰安市地税局泰山分局参加加强基层征管体制、机制建设和税源管理，提高征管质效座谈会。

9日—10日 山东省地税局党组成员、纪检组长、监察专员王莉莉到党的群众路线教育实践活动联系点新泰市地税局督导教育实践活动开展情况。

10日 山东省地税局局长、党组书记张洪军到党的群众路线教育实践活动联系点禹城市地税局督导教育实践活动开展情况。

11日 国家税务总局召开全国税务系统督察内审工作视频会议，山东省地税局党组成员、纪检组长、监察专员王莉莉在省局分会场参加收看。

11日 山东省直部门廉政风险防控工作推进会在省地税局召开，省局党组成员、纪检组长、监察专员王莉莉参加会议并介绍了省局开展廉政风险防控工作的做法和经验。

14日 山东省地税局召开第三批“第一书记”座谈会，副局长、党组成员韩奎祥出席会议并讲话。

15日 山东省地税局副局长、党组成员郭凤晓在济南收看全国第二次地名普查暨加强和改善地名管理电视电话会议。

15日 山东省地税局总经济师张荣琳赴国家税务总局汇报协调税收调研与科研有关事宜。

15日—16日 山东省地税局副局长、党组成员韩奎祥陪同国家税务总局调研组到济阳县地税局调研督导党的群众路线教育实践活动开展情况。

16日—17日 山东省地税局局长、党组书记张洪军陪同国家税务总局调研组到蒙阴县地税局调研督导党的群众路线教育实践活动开展情况。

16日—19日 山东省地税局副局长、党组成员郭凤晓到广东省地税局和深圳市地税局学习考察税收信息化建设工作。

17日 山东省政府组织收看全国“十三五”规划编制工作电视电话会议暨召开全省“十三五”规划编制工作电视会议，省地税局副巡视员杨殿国参加。

17日 山东省地税局总经济师张荣琳在济南参加省首批政务信息资源共享部门签约暨省级电子政务综合服务平台开通仪式。

18日 山东省地税局局长、党组书记张洪军在济南参加省政府第28次常务会议。会议听取省发展改革委关于全省一季度经济社会发展形势的汇报。

18日 山东省地税局副局长、党组成员韩奎祥在济南参加全省科学技术奖励大会。

**18日** 山东省地税局副局长、党组成员韩奎祥在济南参加全省第二批党的群众路线教育实践活动工作推进会议。

**22日** 山东省地税局局长、党组书记张洪军主持召开第5次局长办公会议，通报了省政府党组扩大会议精神，并就山东省地方税务局领导班子谈心谈话制度等议题进行了研究。党组成员、纪检组长、监察专员王莉莉，副局长、党组成员李功、郭凤晓出席会议，副巡视员杨殿国，总会计师白洁，总经济师张荣琳列席会议。

**22日** 山东省地税局副局长、党组成员韩奎祥在济南参加省委教育实践活动办公室巡回督导组会议。

**22日** 山东省地税局党组成员、纪检组长、监察专员王莉莉在济南市地税局参加地税征管审计工作座谈会。

**22日** 山东省政府组织收看全国贯彻落实《社会救助暂行办法》电视电话会议，并召开山东省社会救助部门联席会议第一次全体会议。省地税局副巡视员李亚参加。

**23日** 山东省地税局党组成员、纪检组长、监察专员王莉莉在济南参加省政府第二次廉政工作会议重点任务分工专题会议。

**23日—25日** 山东省地税局副局长、党组成员李功在济南参加全省领导干部学习贯彻党的十八届三中全会精神和习近平总书记系列讲话精神专题培训班。

**25日** 山东省地税局在潍坊召开全省地税系统督察内审工作会议，贯彻落实税务总局督察内审工作会议和全省地税工作会议精神，总结回顾全省地税系统督察内审工作，研究部署系统2014年工作任务。省局党组成员、纪检组长、监察专员王莉莉出席会议并讲话。

**25日** 山东省地税局副巡视员杨殿国在济南参加国务院支持小微企业健康发展政策落实情况督查工作汇报会。

**25日** 山东省地税局副巡视员李亚在济南参加全省深入开展非公有制经济人士理想信念教育实践活动电视电话会议。

**25日** 山东省地税局总经济师张荣琳在济南参加国家考核淘汰落后产能工作意见反馈会。

**28日** 山东省地税局副局长、党组成员韩奎祥在济南参加全省地税系统党的群众路线教育实践活动第二次调度会议。

**28日** 山东省地税局党组成员、纪检组长、监察专员王莉莉在济南参加省文明委全委会议。

**28日** 山东省地税局副巡视员杨殿国在济南参加省委政策研究室“营改增”对财政收入影响问题座谈会。

**28日—29日** 山东省地税局总经济师张荣琳在济南参加全省行政审批制度改革工作领导干部专题培训班。

**29日** 山东省地税局党组成员、纪检组长、监察专员王莉莉，副巡视员杨殿国，总经济师张荣琳出席2014年省财税机关第七届运动会开幕式。

**29日** 山东省地税局党组成员、纪检组长、监察专员王莉莉在济南参加全省庆祝“五一”国际劳动节暨富民兴鲁劳动奖状（章）获得者表彰大会，省局机关等98个先进集体获山东省富民兴鲁劳动奖状。

30日 山东省地税局召开专题会议，听取宁阳县地税局加强国地税协作，共同做好税收征管、税源管理和纳税服务工作的汇报，省局总经济师张荣琳参加。

## 5月

5日 山东省地税局总经济师张荣琳参加省政府会议。会议专题研究讨论《关于大力推进全省民营经济科学发展的意见》（征求意见稿）。

6日—7日 山东省地税局总经济师张荣琳在东营市地税局调研税收征管改革相关工作。

7日—9日 山东省地税局副局长、党组成员韩奎祥参加省委群众路线教育巡视组，到济宁、泰安督导群众路线教育实践活动。

9日 山东省地税局局长、党组书记张洪军在济南参加省政府打击发票违法犯罪活动工作会议。

9日 山东省地税局党组成员、纪检组长、监察专员王莉莉实地观摩章丘市地税局文化建设工作。

9日 山东省地税局总会计师白洁在济南参加全省打击侵犯知识产权和制售假冒伪劣商品工作电视会议。

12—16日 山东省地税局局长、党组书记张洪军在北京参加国家税务总局举办的税务系统司局级主要领导干部专题研讨班。

13日 山东省地税局总会计师白洁在济南参加全国普通高等学校毕业生就业创业工作电视电话会议。

13日 山东省地税局总经济师张荣琳在禹城市地税局调研税收征管改革、依法行政等相关工作。

14日 山东省直机关工委来省地税局集中开展督查调研工作，省局党组成员、纪检组长、监察专员王莉莉出席有关活动。

14日 山东省地税局总经济师张荣琳在济南参加“推进国内贸易流通体制改革”重大改革举措相关部门第一次联席会议。

15日 山东省地税局总经济师张荣琳在泰安参加全省税源管理培训班。

16日 山东省地税局副局长、党组成员韩奎祥在东营市地税局进行干部管理课题调研。

16日 山东省地税局副局长、党组成员郭凤晓在泰安参加全省税源管理培训班。

19日 山东省地税局局长、党组书记张洪军在济南参加省政府第30次常务会议。会议听取省经信委关于《山东省企业技术改造促进条例（草案）》的汇报。

19日 山东省地税局党组成员、纪检组长、监察专员王莉莉在泰安出席全省地税系统党务工作培训班开班仪式并作动员讲话。

19日—24日 山东省地税局总经济师张荣琳在云南参加国家税务总局举办的税务系统分管收入规划核算业务司局级干部培训班。

20日 山东省地税局局长、党组书

记张洪军在济南参加全省党的群众路线教育实践活动视频会议。

**20日** 山东省地税局党组成员、纪检组长、监察专员王莉莉在泰安出席经济责任审计进点会议。

**20日** 山东省地税局副局长、党组成员李功在潍坊出席重点企业财务人员培训班开班仪式并作动员讲话。

**20日** 山东省地税局总会计师白洁在济南参加山东省慈善总会省直机关分会一届五次理事会2014年“慈心一日捐”活动动员大会。

**20日—27日** 山东省地税局党组成员、纪检组长、监察专员王莉莉在国家税务总局税务干部进修学院参加2014年省税务局纪检组长培训班。

**21日—23日** 山东省地税局副局长、党组成员李功在湖北省武汉市参加全国税务系统税收宣传工作会议。

**22日** 山东省地税局副局长、党组成员郭凤晓在济南参加在鲁境外非政府组织和活动情况调查摸底工作动员大会。

**23日** 山东省地税局局长、党组书记张洪军在济南参加省委理论学习辅导报告会。

**26日** 山东省地税局副局长、党组成员李功在济南参加省委群众路线教育实践活动督导组会议。

**27日** 山东省地税局局长、党组书记张洪军在济宁市地税局参加党的群众路线谈心活动。

**27日** 山东省地税局总会计师白洁在济南参加节俭养德全民节约行动电视电话会议。

**28日** 山东省地税局召开征管改革工作座谈会，省局副局长、党组成员郭凤晓，总经济师张荣琳出席会议。

**28日—29日** 山东省地税局局长、党组书记张洪军在潍坊市地税局参加党的群众路线谈心活动。

**30日** 山东省地税局局长、党组书记张洪军主持召开专题会议，研究孙伟常务副省长批示的贯彻落实意见。

**30日** 山东省地税局党组成员、纪检组长、监察专员王莉莉在济南参加党委（党组）中心组深入学习贯彻习近平总书记系列重要讲话精神座谈会。

**30日** 山东省地税局总经济师张荣琳在济南参加全面深化财税体制改革调研组成员单位第一次会议。

## 6月

**4日** 山东省地税局副局长、党组成员韩奎祥在济南参加省政府会议。会议专题研究通过提高土地使用税和耕地占用税税率，进一步促进土地节约利用，防止土地闲置、浪费问题。

**4日** 山东省地税局总经济师张荣琳在济南参加山东名嘉集团房地产开发项目业主信访案件协调处理工作组会议。

**5日** 山东省地税局副局长、党组成员李功参加省政府召开的山东省地方税务局关于开展规范进户执法和逐步清理进户执法项目工作新闻发布会。

**5日** 山东省地税局总经济师张荣琳在济南参加全省史志工作电视会议。

**6日** 山东省地税局召开全体党员干部会议，传达学习习近平总书记在中央办公厅座谈会上的重要讲话。

6日　山东省地税局党组成员、纪检组长、监察专员王莉莉在济南参加省委防范和处理邪教问题领导小组（扩大）会议。

7日　山东省委召开专题会议，传达学习习近平总书记在中央办公厅座谈会上的重要讲话，省地税局党组成员、纪检组长、监察专员王莉莉参加。

9日　山东省地税局副巡视员李亚在济南参加省民营经济促进及招商工作情况调度会。

9日　山东省地税局总经济师张荣琳在济南收看国务院稳增长促改革调结构惠民生政策措施落实情况督查动员电视电话会议。

10日　山东省地税局副巡视员李亚在济南参加“外电入鲁”协调推进座谈会。

10日　山东省地税局总经济师张荣琳在省国税局参加省政府全面深化财税体制改革调研分课题开题会。

11日—12日　山东省地税局总经济师张荣琳赴泰安、莱芜市督导山东名嘉集团房地产开发项目业主信访案件处理情况。

12日—13日　山东省地税局副局长、党组成员韩奎祥，总经济师张荣琳在济南参加全省地税收入分析会。

13日　山东省地税局局长、党组书记张洪军主持召开专题会议，研究讨论“加强财政税收监管，完善监督机制，杜绝虚假税收，依法打击涉税违法行为”专项改革方案。副局长、党组成员韩奎祥，党组成员、纪检组长、监察专员王莉莉，副局长、党组成员郭凤晓出席会议。

13日　山东省地税局副巡视员李亚在济南参加省发改委专题协调会。会议研究讨论济宁市开展资源型城市可持续发展政策试点请示的办理意见。

13日　山东省地税局总经济师张荣琳在济南收看全国依法逐级走访工作电视电话会议。

16日　山东省地税局局长、党组书记张洪军在济南参加第32次省政府常务会议。

16日　山东省地税局副局长、党组成员李功出席全省地税系统基层工作业务培训班开班仪式并作动员讲话。

16日　山东省地税局副巡视员杨殿国在济南参加山东省节能目标责任评价考核汇报会。

17日　山东省地税局副局长、党组成员郭凤晓在济南参加山东名嘉集团房地产开发项目业主信访案件处理情况汇报会。

17日　山东省地税局副巡视员李亚在济南参加省就业和农民工工作联席会议2014年第一次会议。

17日—18日　山东省地税局总经济师张荣琳在四川省参加国家税务总局召开的部分地区税收形势分析小型专题会。

18日　山东省地税局党组成员、纪检组长、监察专员王莉莉陪同国家税务总局监察局调研组到潍坊市地税局调研纪检监察工作。

18日　山东省地税局副巡视员杨殿国在济南参加山东省节能目标责任评价考核情况反馈会。

19日　山东省地税局组织收看国家

税务总局全国税务系统视频会议。会后，省局立即接续召开视频会议，全面贯彻落实总局会议精神，并对全省地税系统第二批党的群众路线教育实践活动专题民主生活会和绩效管理工作进行部署。局长、党组书记张洪军作动员部署，副局长、党组成员韩奎祥主持会议并作会议总结，省局领导，总会计师、总经济师，省局各单位主要负责同志，教育实践活动领导小组办公室和省局绩效办全体人员在省局会场，各市、县（市、区）局领导班子和中层干部，党的群众路线教育实践活动领导小组办公室全体人员，第二批教育实践活动省局督导组及各市、县（市、区）局督导组全体成员在各市分会场参加会议。

**20日** 山东省地税局总会计师白洁在济南参加全省加快养老服务业电视会议。

**21日** 山东省地税局党组成员、纪检组长、监察专员王莉莉在北京参加国家税务总局清理整顿培训中心工作专题会议。

**23日** 山东省地税局局长、党组书记张洪军在北京参加国家税务总局党组扩大会议。

**23日** 山东省地税局副巡视员李亚在济南收看全国职业教育工作会议。

**24日** 山东省地税局总会计师白洁在济南参加山东名嘉集团房地产开发项目信访案件处理工作会议。

**25日** 山东省地税局局长、党组书记张洪军在济南参加省政府第33次常务会议。

**25日** 山东省地税局局长、党组书记张洪军在济南参加省政府济青高铁工作协调会。

**25日** 山东省地税局召开全省地税系统视频会议，传达贯彻国家税务总局关于开展税务系统培训中心等相关机构清理检查的有关会议精神，研究部署全省地税系统清理检查工作。党组成员、纪检组长、监察专员王莉莉主持会议并作工作部署，副局长、党组成员郭凤晓，副巡视员杨殿国、李亚，总会计师白洁出席会议。

**25日—26日** 山东省地税局总经济师张荣琳在北京参加国家税务总局召开的业务测试用例参与单位动员会。

**26日** 山东省地税局局长、党组书记张洪军在济南参加省政府稳增长促改革调结构惠民生政策措施落实情况汇报会。

**26日** 山东省地税局党组成员、纪检组长、监察专员王莉莉在济南参加省直机关领导干部读书学习系列讲座。

**27日** 山东省地税局召开全省地税系统绩效管理动员视频会议，对2014年全省地税系统实施绩效管理进行动员和部署。局长、党组书记张洪军作重要讲话，副局长、党组成员韩奎祥主持会议，党组成员、纪检组长、监察专员王莉莉，副局长、党组成员郭凤晓，副巡视员杨殿国、李亚，总会计师白洁、总经济师张荣琳出席会议。

**30日** 山东省地税局局长、党组书记张洪军在济南参加省委常委会，会议研究加快全省民营经济发展的意见。

**30日** 山东省地税局副局长、党组成员李功出席全省高风险重点税源企业查前约谈会并讲话。

**30日** 山东省地税局副局长、党组成员李功出席全省地税稽查局长工作会议并讲话。

## 7月

**1日** 山东省地税局局长、党组书记张洪军主持召开第6次局长办公会议，就推行绩效管理工作等议题进行了研究。副局长、党组成员韩奎祥，党组成员、纪检组长、监察专员王莉莉，副局长、党组成员李功、郭凤晓，副巡视员杨殿国出席会议，总会计师白洁、总经济师张荣琳列席会议。

**1日** 山东省地税局局长、党组书记张洪军主持召开第4次局党组会议，对省局部分科级干部职务晋升问题进行了研究。副局长、党组成员韩奎祥，党组成员、纪检组长、监察专员王莉莉，副局长、党组成员李功、郭凤晓出席会议，副巡视员杨殿国，总会计师白洁、总经济师张荣琳列席会议。

**1日** 山东省地税局组织召开全省部分房地产暨餐饮业查前约谈会，省局副局长、党组成员李功出席会议并讲话。

**1日** 山东省地税局副巡视员李亚在济南参加省政府会议，专题研究济宁市采煤塌陷地治理工作。

**1日—2日** 山东省地税局副局长、党组成员韩奎祥陪同国家税务总局副局长解学智到宁阳县地税局指导领导班子专题民主生活会。

**2日** 国家税务总局召开部分定点联系企业税收风险管理工作视频会议，山东省地税局副局长、党组成员郭凤晓，总经济师张荣琳在省局分会场收看。

**4日** 山东省地税局局长、党组书记张洪军主持召开第5次局党组会议，对蔡自力同志调税务总局工作等问题进行了研究。副局长、党组成员韩奎祥，党组成员、纪检组长、监察专员王莉莉，副局长、党组成员郭凤晓出席会议，副巡视员杨殿国、李亚列席会议。

**4日—5日** 山东省地税局局长、党组书记张洪军在济南参加全省民营经济工作会议。

**7日** 山东省地税局副局长、党组成员韩奎祥在济南参加上半年全省税收及国库资金运行情况座谈会。

**10日** 山东省地税局党组成员、纪检组长、监察专员王莉莉在济南参加山东省儿童少年福利基金会第五届理事会。

**11日** 山东省地税局召开2014年执法督察工作视频会议，局长、党组书记张洪军作工作部署，副局长、党组成员韩奎祥出席会议，党组成员、纪检组长、监察专员王莉莉主持会议。

**16日** 山东省地税局局长、党组书记张洪军在济南参加省政府第35次常务会议。

**16日** 山东省地税局总经济师张荣琳在济南参加网络信息安全启动会。

**18日** 山东省地税局局长、党组书记张洪军主持召开第7次局长办公会议，就山东省地方税务局发挥税收职能作用支持民营经济加快发展的意见等议题进行了研究。副局长、党组成员韩奎祥，党组成员、纪检组长、监察专员王莉莉，副局长、党组成员郭凤晓，副巡视员杨殿国、李亚出席会议，总会计师白洁、总经济师张荣琳列席会议。

**21 日—23 日** 国家税务总局在北京召开金税三期工程试点工作会议，山东省地税局局长、党组书记张洪军参加 21 日下午会议，副局长、党组成员郭凤晓全程参加。

**22 日** 山东省地税局组织“山东地税大讲堂”第十四讲，邀请国家税务总局税务干部进修学院黄建博士作《税务绩效管理的问题与对策》专题辅导报告，省局局长、党组书记张洪军，副局长、党组成员韩奎祥，副巡视员李亚，总会计师白洁参加。

**22 日** 山东省地税局总经济师张荣琳在济南收看全国老年人优待工作（视频）会议。

**23 日** 山东省地税局局长、党组书记张洪军在德州市地税局参加指导德州市局领导班子专题民主生活会。

**23 日** 山东省地税局副局长、党组成员韩奎祥在济南参加 2014 年上半年全省地税收入情况新闻发布会。

**24 日—25 日** 山东省地税局副局长、党组成员韩奎祥陪同国家税务总局副巡视员程大群在枣庄市地税局调研工作。

**25 日** 山东省地税局总经济师张荣琳在济南参加部分税务总局定点联系企业山东成员企业税收风险管理工作动员会议。

**26 日** 广东省地税局来山东省地税局考察学习大企业个性化服务和风险管理相关工作，省局总经济师张荣琳参加活动。

**28 日** 山东省地税局副局长、党组成员郭凤晓在莱芜市地税局参加指导莱芜地税领导班子专题民主生活会。

**28 日** 山东省地税局副巡视员李亚在菏泽市地税局参加指导菏泽地税领导班子专题民主生活会。

**28 日** 山东省地税局总经济师张荣琳在济南参加国家税务总局税务审计软件使用操作培训视频会议。

**29 日** 山东省地税局副巡视员李亚在济南参加全国政协积极推进医养结合型养老护理机构建设座谈会。

**29 日** 山东省地税局总经济师张荣琳在济南参加全省军转表彰大会暨 2014 年军转安置工作会议。

**29 日—30 日** 山东省地税局局长、党组书记张洪军在枣庄市地税局参加指导枣庄地税领导班子专题民主生活会。

**29 日—30 日** 山东省地税局党组成员、纪检组长、监察专员王莉莉在临沂市地税局、蒙阴县地税局分别参加指导领导班子专题民主生活会。

**30 日—31 日** 山东省地税局副局长、党组成员郭凤晓在淄博市地税局参加指导淄博地税领导班子专题民主生活会。

**30 日—31 日** 山东省地税局副巡视员杨殿国在烟台市地税局参加指导烟台地税领导班子专题民主生活会。

**7 月 31 日—8 月 1 日** 山东省地税局党组成员、纪检组长、监察专员王莉莉在泰安市地税局参加指导泰安地税领导班子专题民主生活会。

## 8月

1日　山东省地税局副巡视员李亚在济南参加全省推行行政权力清单制度工作电视会议。

4日　山东省地税局副局长、党组成员韩奎祥在济南参加全省超职数配备干部和提前离岗问题整改工作部署会。

5日　山东省地税局局长、党组书记张洪军在禹城市地税局参加指导禹城地税领导班子专题民主生活会。

5日　山东省地税局总经济师张荣琳在济南参加推进社会组织管理暨社区网格化管理改革专题会议。

5日　山东省地税局总经济师张荣琳在济南参加全省文化体制改革工作会议。

5日—6日　山东省地税局副巡视员杨殿国在济宁市地税局参加指导济宁地税领导班子专题民主生活会。

5日—7日　山东省地税局副巡视员李亚在烟台参加全省纳税服务工作片会。

6日　山东省地税局局长、党组书记张洪军在济南参加全省党风廉政建设警示教育大会。

6日—7日　山东省地税局总经济师张荣琳赴泰安、莱芜督导山东名嘉集团房地产开发项目业主信访案件处理情况。

6日—8日　山东省地税局副局长、党组成员韩奎祥在潍坊市地税局参加指导潍坊地税领导班子专题民主生活会。

7日　山东省地税局局长、党组书记张洪军在济南参加全省金融工作会议。

7日　山东省政府在济南召开落实“一岗双责”加强党风廉政建设座谈会。省地税局局长、党组书记张洪军参加下午会议，党组成员、纪检组长、监察专员王莉莉参加上午会议。

8日　山东省地税局局长、党组书记张洪军，党组成员、纪检组长、监察专员王莉莉，副巡视员杨殿国、李亚在济南参加全省深化财政改革优化支出结构工作会议。

11日　山东省地税局印发《关于发挥税收职能作用　支持民营经济加快发展的意见》，从加大税收优惠政策落实力度、提升纳税服务水平、规范税收执法行为、强化组织领导等方面提出了支持民营经济加快发展的措施。

11日—12日　山东省地税局局长、党组书记张洪军在济南参加中共山东省委十届九次全体会议。

11日—12日　山东省地税局总经济师张荣琳陪同国家税务总局大企业税收管理司副司长赵汉臣调研大企业税收风险管理工作。

12日　山东省地税局副局长、党组成员韩奎祥在聊城市地税局参加指导聊城地税领导班子专题民主生活会。

12日—14日　山东省地税局副巡视员李亚在日照市地税局参加指导日照地税领导班子专题民主生活会。

13日　山东省地税局党组成员、纪检组长、监察专员王莉莉在济南参加全省第二批党的群众路线教育实践活动视频会议。

13日　山东省地税局总经济师张荣琳在济南参加山东省土地出让收支和耕

地保护情况审计工作协调小组成员会议。

**15日** 山东省地税局局长、党组书记张洪军在济南参加省委理论学习辅导报告会。

**16日—17日** 山东省地税局局长、党组书记张洪军，副局长、党组成员郭凤晓，总经济师张荣琳陪同国家税务总局大企业税收管理司司长王道树调研中石油天然气集团公司等8户企业集团案头审计工作。

**18日** 山东省地税局局长、党组书记张洪军主持召开第6次局党组（扩大）会议，传达学习了中共山东省委十届九次全体会议精神，并就财政部专项经费分配方案等问题进行了研究。副局长、党组成员韩奎祥，党组成员、纪检组长、监察专员王莉莉，副局长、党组成员李功、郭凤晓出席会议，副巡视员李亚，总会计师白洁、总经济师张荣琳列席会议。

**18日** 山东省地税局总经济师张荣琳在济南参加全省土地出让收支和耕地保护情况审计工作电视会议。

**19日—20日** 山东省地税局副局长、党组成员韩奎祥在宁阳县地税局参加指导宁阳地税领导班子专题民主生活会。

**20日** 山东省地税局总会计师白洁在济南参加全省实施农民工3项行动计划电视会议。

**20日—21日** 山东省地税局副局长、党组成员郭凤晓在潍坊市地税局就“一户式”数据智能评估平台等进行调研。

**22日** 山东省地税局总会计师白洁在济南参加国家发展改革委贯彻落实国发〔2014〕26号专题电视电话会议。

**24日** 山东省地税局局长、党组书记张洪军主持召开第7次局党组会议，就建议郑卫星同志任青岛市地税局局长、党委书记问题进行了研究。副局长、党组成员韩奎祥，党组成员、纪检组长、监察专员王莉莉，副局长、党组成员郭凤晓出席会议，副巡视员杨殿国、李亚列席会议。

**25日—26日** 山东省地税局总经济师张荣琳在济南参加国务院质量工作考核相关会议。

**26日** 山东省地税局副局长、党组成员韩奎祥在济南参加山东人民广播电台《阳光政务热线》直播节目。

**27日** 山东省地税局召开全省地税系统党的群众路线教育实践活动暨人事工作会议，副局长、党组成员韩奎祥出席会议。

**27日** 山东省地税局党组成员、纪检组长、监察专员王莉莉在济南参加深入落实中央八项规定精神持之以恒纠正“四风”工作电视电话会议。

**27日** 山东省地税局总会计师白洁在济南参加全省继续推进打黑除恶专项斗争电视电话会议。

**28日** 山东省地税局召开党组中心组理论学习视频会议，深入学习贯彻党的十八届三中全会和省委十届九次全体会议精神，按照中央、省委关于落实党风廉政建设责任制的新部署、新要求，进一步强化党组主体责任和纪检组监督责任，推进全省地税系统党风廉政建设和反腐败工作深入开展。省局机关副处级以上干部和纪检监察全体人员在主会场，各市、县（市、区）地税局班子成员、纪检监察全体人员在分会场参加会议。

29 日　国家税务总局在北京召开全国税务系统党的群众路线教育实践活动推进整改视频会。山东省地税局局长、党组书记张洪军在北京主会场，副局长、党组成员韩奎祥，党组成员、纪检组长、监察专员王莉莉，副局长、党组成员李功、郭凤晓，副巡视员杨殿国、李亚，总会计师白洁、总经济师张荣琳在省局分会场参加会议。

## 9 月

1 日　山东省地税局党组成员、纪检组长、监察专员王莉莉在济南参加《山东省审计监督条例》执法调研座谈会。

1 日　山东省地税局总经济师张荣琳在济南参加全国公务用车制度改革电视电话会议。

1 日—2 日　国家税务总局稽查局局长马毅民一行来山东督导成品油消费税检查、堵漏增收等稽查相关工作并召开座谈会，副局长、党组成员李功出席座谈会并汇报了 1—8 月份山东地税系统重点检查工作开展情况。

2 日　山东省地税局副巡视员李亚在济南参加省政府煤炭企业有关问题专题协调会。

4 日　山东省地税局总经济师张荣琳在济南市地税局市中分局对取消下放行政审批项目税收管理、纳税服务情况及当前税收执法中存在的问题及风险等进行调研。

4 日—5 日　山东省地税局局长、党组书记张洪军参加青岛市地税局领导干部会议。

5 日　山东省地税局副局长、党组成员韩奎祥在济南参加第一次山东省不动产登记工作部门联席会议。

5 日　山东省地税局副巡视员李亚在济南参加全省企业厚道鲁商倡树行动启动暨《“褒扬诚信　惩戒失信”合作备忘录》签署仪式。

10 日—11 日　山东省地税局党组成员、纪检组长、监察专员王莉莉在日照市地税局参加“系统党建工作指导法”理论研讨暨现场观摩会议。

11 日　山东省地税局局长、党组书记张洪军，副巡视员李亚在济南参加省政府领导干部集体学法讲座。

12 日　山东省地税局局长、党组书记张洪军在济南参加省政府第 36 次常务会议。

12 日　山东省地税局局长、党组书记张洪军在济南参加省政府解决三联彩石山庄项目问题小组会。

12 日　山东省地税局党组成员、纪检组长、监察专员王莉莉在烟台出席廉政风险防控平台优化升级培训班开班式并讲话。

12 日　山东省地税局总会计师白洁在济南参加全省继续推进打黑除恶专项斗争电视电话会议。

15 日　山东省地税局局长、党组书记张洪军在济南参加省政府第 37 次常务会议。

16 日　山东省地税局副局长、党组成员李功在潍坊出席全省地税系统办公室业务培训班开班式并讲话。

**16日** 山东省地税局副巡视员李亚在济宁参加山东省第二十三届运动会开幕式。

**17日—18日** 福建省地税局副局长汪茂昌一行来山东考察税收执法督察和税务稽查等工作，省地税局党组成员、纪检组长、监察专员王莉莉参加工作交流。

**22日** 山东省地税局召开全省地税系统学习习近平总书记重要批示和中央《2014年上半年贯彻执行中央八项规定情况报告》视频会议，省局机关副处级以上干部在主会场、各市地税局副处级以上干部在分会场参加会议。

**23日** 山东省地税局局长、党组书记张洪军在济南参加省政府第38次常务会议。

**23日** 山东省地税局副局长、党组成员韩奎祥在济南参加庆祝人民政协成立65周年大会。

**23日** 山东省地税局副局长、党组成员郭凤晓在济南参加电子政务公共服务云平台建设和应用专题报告会。

**23日—24日** 山东省地税局召开征管基础建设工作座谈会，局长、党组书记张洪军，副局长、党组成员郭凤晓，总经济师张荣琳出席会议。

**24日** 山东省地税局局长、党组书记张洪军在济南参加省政府经济形势分析座谈会。

**24日** 山东省地税局党组成员、纪检组长、监察专员王莉莉在济南参加省纪委警示教育工作调度会。

**24日** 山东省地税局副巡视员李亚在济南参加全国工商系统贯彻落实《企业信息公示暂行条例》电视电话会议。

**24日** 山东省地税局总经济师张荣琳陪同国家税务总局督办调研组在济南市地税局督导调研。

**25日** 山东省地税局局长、党组书记张洪军在济南参加省政府财税分析会。

**25日** 山东省地税局副局长、党组成员韩奎祥在北京参加国家税务总局部分地区税收形势分析会。

**28日** 山东省地税局总经济师张荣琳陪同国家税务总局督办调研组在齐河县地税局督导调研。

**29日** 山东省地税局局长、党组书记张洪军主持召开第8次局长办公会议，就进一步加强督促检查工作等问题进行了研究。副局长、党组成员韩奎祥，党组成员、纪检组长、监察专员王莉莉，副局长、党组成员郭凤晓，副巡视员杨殿国、李亚出席会议，总会计师白洁、总经济师张荣琳列席会议。

**29日** 山东省地税局局长、党组书记张洪军主持召开第8次局党组会议，就张传庭同志工作调整问题进行了研究。副局长、党组成员韩奎祥，党组成员、纪检组长、监察专员王莉莉，副局长、党组成员郭凤晓出席会议，副巡视员杨殿国、李亚，总会计师白洁、总经济师张荣琳列席会议。

**30日** 山东省地税局召开全省地税收入形势分析座谈会，传达贯彻落实省委、省政府和国家税务总局关于组织收入工作的新要求，总结今年以来的收入情况，分析当前形势，研究下一步工作措施，确保完成全年组织收入任务。局长、党组书记张洪军主持会议并讲话，各市地税局局长参加会议并汇报有关情况，省局领导、两总师，省局各单位主要负责同志参加会议。

## 10 月

8 日 山东省地税局局长、党组书记张洪军在济南收看中央党的群众路线教育实践活动总结大会。

9 日 山东省地税局局长、党组书记张洪军在济南参加省委常委会议，研究财税改革意见。

13 日 山东省地税局副巡视员李亚在济南参加山东省土地出让收支和耕地保护审计工作协调小组会议。

14 日 山东省地税局局长、党组书记张洪军，副局长、党组成员李功在济南参加山东省党的群众路线教育实践活动总结大会。

14 日 山东省地税局召开加强税收征管工作座谈会，副局长、党组成员郭凤晓，总经济师张荣琳参加。

14 日 山东省地税局总经济师张荣琳在济南参加“稳增长促改革调结构惠民生”审计工作座谈会。

15 日 山东省地税局局长、党组书记张洪军，党组成员、纪检组长、监察专员王莉莉在青岛陪同国家税务总局纪检组长冯惠敏调研。

15 日 山东省地税局副局长、党组成员李功在济南观摩山东省大学生税收辩论赛模拟对抗赛。

15 日—16 日 山东省地税局副局长、党组成员韩奎祥在北京参加全国煤炭资源税改革工作会议。

16 日 山东省地税局局长、党组书记张洪军在济南参加省政府第 40 次常务会议。会议听取省发改委《关于我省三季度经济社会发展形势及下一步工作建议的汇报》。

16 日 山东省地税局副巡视员李亚带领省局有关处室负责同志赴章丘市地税局调研《全国县级税务机关纳税服务规范》贯彻落实情况。

16 日—17 日 山东省地税局党组成员、纪检组长、监察专员王莉莉在滨州市地税局参加 2014 年度全省地税系统党建工作第二协作片组会议。

17 日 山东省地税局召开全省地税系统教育实践活动总结（视频）会议，深入学习贯彻中央、省委和国家税务总局党的群众路线教育实践活动总结大会精神，全面总结全省地税系统教育实践活动情况，对巩固扩大教育实践活动成果、加强党的作风建设、落实从严治党进行部署。局长、党组书记张洪军主持会议并讲话，省局副处级以上干部在主会场，各市局班子成员、市局各单位主要负责同志，各县（市、区）局班子成员在分会场参加会议。

17 日 山东省地税局副巡视员杨殿国在济南收看全国社会扶贫工作电视电话会议。

20 日 山东省地税局副巡视员李亚在济南参加省政府会议，专题研究关于贯彻国发〔2014〕19 号文件，进一步完善现代职业教育体系建设政策的意见。

21 日 山东省地税局副局长、党组

成员韩奎祥在济南参加全省残疾人“整体赶平均、共同奔小康”计划推进电视会议。

**21日—23日** 山东省地税局党组成员、纪检组长、监察专员王莉莉在济南参加省直部门纪检组长（纪委书记）深化“三转”、落实监督责任专题培训班。

**22日** 山东省地税局副局长、党组成员韩奎祥在济南参加全省煤炭资源税费改革工作会议。

**22日** 山东省地税局总经济师张荣琳在济南参加全省保密专题党课。

**23日** 山东省地税局副巡视员杨殿国在济南参加全省节能减排低碳发展暨大气污染防治工作电视会议。

**28日** 山东省地税局副巡视员李亚在济南收看国务院农民工工作领导小组贯彻落实《国务院关于进一步做好为农民工服务工作的意见》电视电话会议。

**28—29日** 山东省地税局副局长、党组成员韩奎祥赴临沂看望省局派驻第一书记。

**28—29日** 山东省地税局党组成员、纪检组长、监察专员王莉莉在莱芜市地税局参加2014年度全省地税系统党建工作第一协作片组会议。

**29日** 山东省地税局局长、党组书记张洪军在济南参加山东省区域发展战略推进工作领导小组扩大会议。

**30日** 山东省地税局局长、党组书记张洪军主持召开第9次局长办公会议，传达税务总局简报精神，并就进一步加强省局机关管理等议题进行了研究。副局长、党组成员韩奎祥，党组成员、纪检组长、监察专员王莉莉，副局长、党组成员李功、郭凤晓，副巡视员杨殿国、李亚出席会议，总会计师白洁、总经济师张荣琳列席会议。

**31日** 山东省地税局局长、党组书记张洪军在济南参加省政府信息技术产业转型升级座谈会。

**31日** 山东省地税局副局长、党组成员李功在济南参加省委2015年度全省重点党报党刊发行工作视频会议。

## 11月

**3日** 山东省地税局副局长、党组成员郭凤晓在济南出席全省地税系统征管业务培训班开班式并讲话。

**3日** 山东省地税局总经济师张荣琳在济南参加省委落实国务院办公厅《关于严禁在历史建筑、公园等公共资源中设立私人会所的暂行规定》专题协调会。

**4日** 山东省地税局副巡视员李亚在济南参加省政府会议，专题学习中央领导同志有关实施创新驱动发展战略问题的讲话精神。

**4日—6日** 山东省地税局副局长、党组成员韩奎祥在枣庄市地税局参加全省地税系统党建工作第三协作片组会议。

**5日** 山东省地税局局长、党组书记张洪军在济南参加省委学习贯彻党的十八届四中全会精神宣讲报告会。

**5日** 山东省地税局副局长、党组成员李功在济南参加山东省财政存量资金审计见面会。

**5日** 山东省地税局总经济师张荣琳在济南参加全省地税系统征管业务座谈会。

**6日** 山东省地税局副巡视员李亚在济南参加全省海防工作电视电话会议。

**6日** 山东省地税局总经济师张荣琳在济南为全省地税系统征管业务培训班授课。

**7日** 山东省地税局局长、党组书记张洪军陪同省领导在济南调研。

**7日** 山东省地税局副巡视员杨殿国在济南参加省委全面深化改革领导小组文化体制改革专项小组第三次会议。

**10日** 山东省地税局局长、党组书记张洪军在济南参加省政府第42次常务会议。会议听取财政厅关于《深化预算管理制度改革的实施意见（送审稿）》、发展改革委关于《贯彻落实国发〔2013〕40号文件加快我省健康服务业发展的实施意见（送审稿）》有关情况的汇报。

**10日** 山东省地税局召开2014年督导检查动员会，副局长、党组成员李功出席会议并讲话。

**10日** 山东省地税局副巡视员杨殿国在济南参加全省营业税工作会议。

**11日—12日** 山东省地税局局长、党组书记张洪军在济南参加中共山东省委十届十次全体会议。

**11日—12日** 山东省地税局副局长、党组成员李功在青岛参加青岛市委督导工作座谈会。

**13日** 山东省地税局局长、党组书记张洪军在济南参加全省人大工作会议。

**13日** 山东省地税局党组成员、纪检组长、监察专员王莉莉在济南参加中共山东省纪委十届五次全体会议。

**14日** 山东省地税局总经济师张荣琳在济南参加山东省信息网络安全大会。

**14日** 山东省地税局总经济师张荣琳在济南参加“完善地方税体系研究”研讨会。

**17日** 山东省地税局副局长、党组成员韩奎祥在青岛参加国家税务总局房地产税调研座谈会。

**17日** 山东省地税局总会计师白洁在济南收看全国进一步推进户籍制度改革工作电视电话会议。

**19日** 山东省委副书记、省长郭树清参加省地税局领导班子及成员述职述廉报告会，省局局长、党组书记张洪军代表局领导班子做述职述廉报告，并报告了个人履职尽责和党风廉政建设情况，其他班子成员分别作了发言。局领导、两总师，省局各单位主要负责同志参加会议。

**20日** 山东省地税局在济南召开全省地税系统领导干部会议，省局副处级以上干部、各市局主要负责人参加会议。

**20日** 山东省地税局局长、党组书记张洪军主持召开第9次局党组会议，就推荐省局厅级职位考察人选问题进行了专题研究。副局长、党组成员韩奎祥、李功、郭凤晓出席会议，副巡视员杨殿国列席会议。

**20日** 山东省地税局党组成员、纪检组长、监察专员王莉莉在济南参加深化省直机关住房制度改革工作会议。

**20日—21日** 山东省地税局总会计师白洁在日照参加全省培育和践行社会主义核心价值观工作经验交流会。

**21日** 山东省地税局局长、党组书记张洪军、总经济师张荣琳在济南参加深化财税体制改革课题组座谈会。

**24日—25日** 山东省副省长季缃绮带领省政府检查组来省地税局开展2014年度落实党风廉政建设责任制检查工作，省局党组成员参加有关活动。

**25日** 山东省地税局局长、党组书记张洪军在济南参加传达省委、省政府关于贯彻落实习近平总书记对山东工作的重要批示精神专题会议。

**25日** 国家税务总局召开全面推进税务系统内控机制信息化升级版建设视频会议，山东省地税局副局长、党组成员韩奎祥，副巡视员杨殿国在省局分会场参加收看。

**25日** 山东省地税局副巡视员李亚在济南参加中税协华东地区片会。

**25日** 山东省地税局总会计师白洁在济南收看国务院办公厅《建立病死畜禽无害化处理机制的意见》宣传贯彻工作电视电话会议。

**25日—26日** 山东省地税局副局长、党组成员郭凤晓在东营市地税局参加部分地市征管工作研讨会。

**26日** 山东省地税局局长、党组书记张洪军主持召开第10次局党组会议，就王莉莉等三名同志任用意见问题进行了专题研究。副局长、党组成员韩奎祥、李功出席会议，副巡视员杨殿国列席会议。

**26日** 山东省地税局召开专题会议，传达省委、省政府关于贯彻落实习近平总书记对山东工作的重要批示精神的有关要求，结合省局实际，研究具体贯彻落实意见。省局领导、总会计师，省局有关处室负责人参加会议。

**26日** 山东省地税局副巡视员李亚在济南参加省政府促进传统产业升级座谈会。

**28日** 山东省地税局局长、党组书记张洪军主持召开第10次局长办公会议，传达省委十届十次全体会议精神，并就贯彻落实省委十届十次全体会议的初步意见等议题进行了研究。副局长、党组成员韩奎祥，党组成员、纪检组长、监察专员王莉莉，副局长、党组成员李功、郭凤晓，副巡视员杨殿国、李亚出席会议，总会计师白洁列席会议。

## 12月

**1日** 山东省地税局与省宏观经济研究院在济南举行战略合作协议签订暨调研科研基地揭牌仪式，局长、党组书记张洪军，副局长、党组成员韩奎祥、李功、郭凤晓出席。

**1日** 山东省地税局召开稽查系统座谈会，征求市、县级稽查人员对省局党组、省局领导班子的意见和建议，副局长、党组成员李功参加。

**4日** 山东省地税局局长、党组书记张洪军主持召开第11次局长办公会议，就2014年税收执法督察等督导抽查情况问题进行了专题研究。副局长、党组成员韩奎祥，党组成员、纪检组长、监察专员王莉莉，副局长、党组成员李功、郭凤晓，副巡视员杨殿国、李亚出席会议，总会计师白洁列席会议。

**4日** 山东省地税局副局长、党组成员李功在济南参加全国工商联对口接待服务动员大会。

**4日** 山东省地税局副巡视员李亚在济南收看2015年全国普通高等学校毕业生就业创业工作网络视频会议。

**5日** 山东省地税局局长、党组书记张洪军在济南参加全省领导干部会议。

**5日** 山东省地税局副巡视员李亚在济南参加临沂商城国际贸易综合改革联席会议成员单位预备会议。

**8日** 山东省地税局组织“山东地税大讲堂”第十五讲，邀请山东省委党校教授、法学博士钟丽娟作党的十八届四中全会精神专题辅导报告，局长、党组书记张洪军，副局长、党组成员韩奎祥、李功、郭凤晓，副巡视员杨殿国，总会计师白洁、总经济师张荣琳参加。

**9日** 山东省地税局副巡视员李亚在临沂参加第四次临沂商城国际贸易综合改革试点联席会议。

**10日** 山东省地税局局长、党组书记张洪军主持召开第11次局党组会议，就省局机关正处级干部选拔调整方案和泰安、聊城市地税局长选拔调整方案问题进行了研究。副局长、党组成员韩奎祥，党组成员、纪检组长、监察专员王莉莉，副局长、党组成员李功、郭凤晓出席会议，副巡视员杨殿国、李亚列席会议。

**11日** 山东省地税局召开全体干部职工会议，投票推荐省局机关正处级干部。

**12日** 山东省地税局局长、党组书记张洪军在济南参加全省副省级以上党员领导干部会议。

**12日** 山东省地税局局长、党组书记张洪军主持召开第12次局党组会议，就省局正处级领导职位民主推荐情况问题进行了专题研究。副局长、党组成员韩奎祥，党组成员、纪检组长、监察专员王莉莉，副局长、党组成员李功、郭凤晓出席会议，副巡视员杨殿国、李亚列席会议。

**12日** 山东省地税局局长、党组书记张洪军主持召开第13次局党组会议，就省局调研员职位民主推荐情况问题进行了专题研究。副局长、党组成员韩奎祥，党组成员、纪检组长、监察专员王莉莉，副局长、党组成员李功、郭凤晓出席会议，副巡视员杨殿国、李亚列席会议。

**12日** 山东省地税局局长、党组书记张洪军主持召开第14次局党组会议，就省局正处级干部考察和任用意见问题进行了专题研究。副局长、党组成员韩奎祥，党组成员、纪检组长、监察专员王莉莉，副局长、党组成员李功、郭凤晓出席会议，副巡视员杨殿国、李亚列席会议。

**15日** 山东省地税局领导班子成员在济南参加省财政厅、审计厅领导班子和领导干部述职述廉会议。

**16日** 山东省地税局局长、党组书记张洪军主持召开第15次局党组会议，就泰安、聊城市局局长职位民主推荐情况问题进行了专题研究。副局长、党组成员韩奎祥，党组成员、纪检组长、监察专员王莉莉，副局长、党组成员李功、郭凤晓出席会议，副巡视员杨殿国列席会议。

**16日** 山东省地税局副局长、党组成员韩奎祥在济南参加全省煤炭资源税改革暨财产行为税工作会议。

**17 日** 山东省地税局局长、党组书记张洪军在济南参加省政府第 44 次常务会议。会议听取经济和信息化委关于推进全省电子政务建设与资源整合共享有关情况的汇报。

**17 日** 山东省地税局局长、党组书记张洪军主持召开第 16 次局党组会议，就泰安、聊城市局局长考察和任用意见问题进行了专题研究。副局长、党组成员韩奎祥，党组成员、纪检组长、监察专员王莉莉，副局长、党组成员李功、郭凤晓出席会议，副巡视员杨殿国、李亚列席会议。

**17 日** 山东省地税局副局长、党组成员郭凤晓在济南参加电子商务税收征管座谈会。

**18 日** 山东省地税局副巡视员李亚在济南收看全国融资性担保行业发展与监管经验交流电视电话会议。

**18 日—20 日** 山东省地税局总经济师张荣琳在日照市开展部分援疆企业调研工作。

**19 日** 山东省地税局局长、党组书记张洪军在济南参加省政府第 45 次常务会议。会议听取发展改革委关于 2015 年全省经济社会发展思路建议的汇报。

**19 日** 山东省地税局副局长、党组成员韩奎祥在济南收看全国机关事业单位“吃空饷”问题治理工作电视电话会议暨全省机关事业单位“吃空饷”问题治理工作电视会议。

**19 日** 山东省地税局副巡视员李亚在济南参加全省农业工作会议。

**22 日** 山东省地税局局长、党组书记张洪军在济南参加全国知名民营企业入鲁助推转调创洽谈会。

**22 日** 山东省地税局局长、党组书记张洪军主持召开第 17 次局党组会议，就省局领导工作分工问题进行了研究。副局长、党组成员韩奎祥、李功、郭凤晓、李亚出席会议，巡视员王莉莉，副巡视员杨殿国、傅廷民列席会议。

**22 日—24 日** 山东省地税局总经济师张荣琳在济宁市开展部分援疆企业调研工作。

**24 日—25 日** 山东省地税局局长、党组书记张洪军在济南参加全省经济工作会议。

**25 日—26 日** 山东省地税局总经济师张荣琳在济南市开展部分援疆企业调研工作。

**26 日** 山东省地税局副局长、党组成员李功在济南参加适应经济新常态研讨会暨省政协《联合日报》战略合作理事会 2014 年会。

**29 日** 山东省地税局局长、党组书记张洪军在济南参加省政府解决电解铝等产能瞒报问题专题会。

**29 日** 山东省地税局副巡视员傅廷民在济南参加全省自强模范暨助残先进表彰大会。

**30 日** 山东省地税局局长、党组书记张洪军在济南参加省政府第 46 次常务会议。会议听取发展改革委、人行济南分行关于全国社会信用体系建设工作会议精神和山东省贯彻落实意见的汇报，财政厅关于贯彻国发〔2014〕62 号文件全面清理规范税收等优惠政策有关情况的汇报。

**31日** 山东省地税局局长、党组书记张洪军主持召开第18次局党组会议，就李广进、傅廷民同志职务任免意见等问题进行了研究。副局长、党组成员韩奎祥、李功、郭凤晓、李亚出席会议，巡视员王莉莉，副巡视员马奎升列席会议。

**31日** 山东省地税局局长、党组书记张洪军主持召开第12次局长办公会议，传达学习了全省领导干部会议、中央经济工作会议和全省经济工作会议精神，并就深入推进税收信息化建设工作等问题进行了研究。副局长、党组成员韩奎祥，巡视员王莉莉，副局长、党组成员李功、郭凤晓、李亚，副巡视员马奎升出席会议，总经济师张荣琳列席会议。

**31日** 山东省地税局局长、党组书记张洪军主持召开第19次局党组会议，就《山东省地税系统各级党组落实党风廉政建设主体责任实施意见（试行）》等问题进行了研究。副局长、党组成员韩奎祥、李功、郭凤晓、李亚出席会议，巡视员王莉莉，副巡视员马奎升列席会议。

# 2014年度山东省地税系统
# 获得省厅级以上荣誉称号先进单位统计表

| 单位 | 称号 | 发文单位（字号） |
|---|---|---|
| 济南市地税局 | 2014年度全省税收资料调查先进单位 | 山东省地税局<br>山东省财政厅<br>鲁地税发〔2014〕52号 |
| 济南市地税局 | 省级文明单位（复查合格） | 山东省精神文明建设委员会<br>鲁文明委〔2014〕21号 |
| 济南市地税局稽查局 | 打击整治发票违法犯罪专项行动成绩突出单位 | 公安部<br>国家税务总局<br>公经〔2014〕112号 |
| 济南市地税局稽查局 | 省级文明单位（复查合格） | 山东省精神文明建设委员会<br>鲁文明委〔2014〕21号 |
| 济南市地税局直属征收局 | 省级文明单位（复查合格） | 山东省精神文明建设委员会<br>鲁文明委〔2014〕21号 |
| 济南市地税局财务管理处 | 山东省地税系统行政事业单位内部控制知识竞赛活动先进集体 | 山东省地税局<br>鲁地税函〔2014〕69号 |
| 济南市地税局高新技术产业开发区分局 | 省级文明单位（复查合格） | 山东省精神文明建设委员会<br>鲁文明委〔2014〕21号 |
| 济南市地税局历下分局 | 山东省富民兴鲁劳动奖状 | 山东省总工会<br>鲁会〔2014〕39号 |
| 济南市地税局历下分局 | 省级文明单位（复查合格） | 山东省精神文明建设委员会<br>鲁文明委〔2014〕21号 |
| 济南市地税局市中分局征收科 | 全国工人先锋号 | 全国总工会<br>总工发〔2014〕12号 |
| 济南市地税局市中分局 | 省级文明单位（复查合格） | 山东省精神文明建设委员会<br>鲁文明委〔2014〕21号 |
| 济南市地税局槐荫分局 | 省级文明单位（复查合格） | 山东省精神文明建设委员会<br>鲁文明委〔2014〕21号 |
| 济南市地税局长清分局 | 山东省财贸金融系统工会先进单位 | 山东省财贸金融工会<br>鲁财金公〔2014〕8号 |

续表

| 单位 | 称号 | 发文单位（字号） |
| --- | --- | --- |
| 济南市地税局长清分局 | 省级文明单位（复查合格） | 山东省精神文明建设委员会<br>鲁文明委〔2014〕21号 |
| 济南市地税局天桥分局 | 省级文明单位（复查合格） | 山东省精神文明建设委员会<br>鲁文明委〔2014〕21号 |
| 济南市地税局历城分局 | 省级文明单位（复查合格） | 山东省精神文明建设委员会<br>鲁文明委〔2014〕21号 |
| 平阴县地税局 | 省级文明单位（复查合格） | 山东省精神文明建设委员会<br>鲁文明委〔2014〕21号 |
| 济阳县地税局 | 省级文明单位（复查合格） | 山东省精神文明建设委员会<br>鲁文明委〔2014〕21号 |
| 商河县地税局 | 省级文明单位（复查合格） | 山东省精神文明建设委员会<br>鲁文明委〔2014〕21号 |
| 章丘市地税局 | 全国税务系统先进集体 | 人力资源和社会保障部<br>国家税务总局<br>人社部发〔2014〕10号 |
| 青岛市地税局 | 省级文明单位（复查合格） | 山东省精神文明建设委员会<br>鲁文明委〔2014〕21号 |
| 青岛市地税局 | 山东省富民兴鲁劳动奖状 | 山东省总工会 |
| 青岛市地税局纳税服务中心 | 全国示范青年文明号集体 | 全国创建青年文明号活动组委会<br>青文字〔2014〕3号 |
| 青岛市地税局纳税服务中心 | 山东省巾帼文明岗 | 山东省妇联<br>鲁妇发〔2014〕7号 |
| 青岛市地税局稽查局 | 2013年度税务系统打击整治发票犯罪违法专项行动成绩突出单位 | 公安部<br>国家税务总局<br>公经〔2014〕112号 |
| 胶南市地税局 | 三八红旗集体 | 山东省妇联<br>鲁妇发〔2014〕6号 |
| 胶南市地税局 | 省级文明单位（复查合格） | 山东省精神文明建设委员会<br>鲁文明委〔2014〕21号 |
| 青岛市地税局李沧分局 | 省级文明单位 | 山东省精神文明建设委员会<br>鲁文明委〔2014〕21号 |

续表

| 单位 | 称号 | 发文单位（字号） |
| --- | --- | --- |
| 青岛市地税局高新区分局 | 省级文明单位 | 山东省精神文明建设委员会<br>鲁文明委〔2014〕21号 |
| 青岛市地税局四方分局 | 省级文明单位（复查合格） | 山东省精神文明建设委员会<br>鲁文明委〔2014〕21号 |
| 青岛市地税局前湾保税港区分局 | 省级文明单位（复查合格） | 山东省精神文明建设委员会<br>鲁文明委〔2014〕21号 |
| 青岛市地税局崂山分局 | 省级文明单位（复查合格） | 山东省精神文明建设委员会<br>鲁文明委〔2014〕21号 |
| 青岛市地税局市南分局 | 省级文明单位（复查合格） | 山东省精神文明建设委员会<br>鲁文明委〔2014〕21号 |
| 即墨市地税局 | 省级文明单位（复查合格） | 山东省精神文明建设委员会<br>鲁文明委〔2014〕21号 |
| 胶州市地税局 | 省级文明单位（复查合格） | 山东省精神文明建设委员会<br>鲁文明委〔2014〕21号 |
| 平度市地税局 | 省级文明单位（复查合格） | 山东省精神文明建设委员会<br>鲁文明委〔2014〕21号 |
| 青岛市地税局市北分局 | 省级文明单位（复查合格） | 山东省精神文明建设委员会<br>鲁文明委〔2014〕21号 |
| 青岛市地税局城阳分局 | 省级文明单位（复查合格） | 山东省精神文明建设委员会<br>鲁文明委〔2014〕21号 |
| 青岛市地税局经济技术开发区分局 | 省级文明单位（复查合格） | 山东省精神文明建设委员会<br>鲁文明委〔2014〕21号 |
| 莱西市地税局 | 省级文明单位（复查合格） | 山东省精神文明建设委员会<br>鲁文明委〔2014〕21号 |
| 淄博市地税局 | 省级文明单位（复查合格） | 山东省文明委<br>鲁文明委〔2014〕21号 |
| 淄博市地税局 | 全国税务系统先进集体 | 国家税务总局<br>人社部发〔2014〕10号 |
| 淄博市地税局 | 目标管理考核优秀单位 | 山东省地税局<br>鲁地税〔2014〕1号 |
| 淄博市地税局张店分局 | 城乡妇女岗位建功先进集体 | 山东省妇联<br>鲁妇发〔2014〕6号 |

续表

| 单位 | 称号 | 发文单位（字号） |
| --- | --- | --- |
| 淄博市地税局淄川分局 | 幸福进家活动先进集体 | 山东省妇联 |
| 淄博市地税局淄川分局 | 省级文明单位（复查合格） | 山东省精神文明建设委员会<br>鲁文明委〔2014〕21 号 |
| 淄博市地税局博山分局 | 省级文明单位（复查合格） | 山东省精神文明建设委员会<br>鲁文明委〔2014〕21 号 |
| 淄博市地税局周村分局 | 省级文明单位（复查合格） | 山东省精神文明建设委员会<br>鲁文明委〔2014〕21 号 |
| 淄博市地税局临淄分局 | 省级文明单位（复查合格） | 山东省精神文明建设委员会<br>鲁文明委〔2014〕21 号 |
| 淄博市地税局张店分局 | 省级文明单位（复查合格） | 山东省精神文明建设委员会<br>鲁文明委〔2014〕21 号 |
| 桓台县地税局 | 省级文明单位（复查合格） | 山东省精神文明建设委员会<br>鲁文明委〔2014〕21 号 |
| 高青县地税局 | 省级文明单位（复查合格） | 山东省精神文明建设委员会<br>鲁文明委〔2014〕21 号 |
| 沂源县地税局 | 省级文明单位（复查合格） | 山东省精神文明建设委员会<br>鲁文明委〔2014〕21 号 |
| 枣庄市地税局 | 省级文明单位（复查合格） | 山东省精神文明建设委员会<br>鲁文明委〔2014〕21 号 |
| 枣庄市地税局 | 省城乡妇女岗位建功先进集体 | 山东省妇联<br>鲁妇发〔2014〕6 号 |
| 枣庄市地税局 | 目标管理考核优秀单位 | 山东省地税局<br>鲁地税〔2014〕1 号 |
| 枣庄市地税局山亭分局 | 省级工人先锋号 | 山东省总工会<br>鲁会〔2014〕39 号 |
| 枣庄市地税局山亭分局 | 省级文明单位（复查合格） | 山东省精神文明建设委员会<br>鲁文明委〔2014〕21 号 |
| 枣庄市地税局市中分局 | 省级巾帼文明岗 | 山东省妇联<br>鲁妇发〔2014〕6 号 |
| 枣庄市地税局市中分局 | 省级文明单位（复查合格） | 山东省精神文明建设委员会<br>鲁文明委〔2014〕21 号 |

续表

| 单位 | 称号 | 发文单位（字号） |
| --- | --- | --- |
| 枣庄市地税局高新区分局 | 山东省富民兴鲁劳动奖章 | 山东省总工会<br>鲁会〔2014〕39号 |
| 枣庄市地税局高新区分局 | 省级文明单位（复查合格） | 山东省精神文明建设委员会<br>鲁文明委〔2014〕21号 |
| 滕州市地税局 | 工会经费代收工作先进集体 | 山东省总工会 |
| 滕州市地税局 | 山东省富民兴鲁劳动奖章 | 山东省总工会<br>鲁会〔2014〕39号 |
| 滕州市地税局 | 省级文明单位（复查合格） | 山东省精神文明建设委员会<br>鲁文明委〔2014〕21号 |
| 滕州市地税局滨湖中心税务所 | 省级文明单位（复查合格） | 山东省精神文明建设委员会<br>鲁文明委〔2014〕21号 |
| 滕州市地税局鲍沟中心税务所 | 省级文明单位 | 山东省精神文明建设委员会<br>鲁文明委〔2014〕21号 |
| 枣庄市地税局薛城分局<br>陶庄中心税务所 | 省级文明单位 | 山东省精神文明建设委员会<br>鲁文明委〔2014〕21号 |
| 枣庄市地税局薛城分局 | 省级文明单位（复查合格） | 山东省精神文明建设委员会<br>鲁文明委〔2014〕21号 |
| 枣庄市地税局峄城分局 | 省级文明单位（复查合格） | 山东省精神文明建设委员会<br>鲁文明委〔2014〕21号 |
| 枣庄市地税局峄城分局<br>直属征收局 | 省级文明单位（复查合格） | 山东省精神文明建设委员会<br>鲁文明委〔2014〕21号 |
| 枣庄市地税局台儿庄区分局 | 省级文明单位（复查合格） | 山东省精神文明建设委员会<br>鲁文明委〔2014〕21号 |
| 东营市地税局 | 省级文明单位（复查合格） | 山东省精神文明建设委员会<br>鲁文明委〔2014〕21号 |
| 东营市地税局 | 全省地税系统目标管理考核优秀单位 | 山东省地税局<br>鲁地税发〔2014〕1号 |
| 广饶县地税局 | 省级文明单位（复查合格） | 山东省精神文明建设委员会<br>鲁文明委〔2014〕21号 |
| 垦利县地税局 | 幸福进家活动先进单位 | 山东省妇联 |
| 垦利县地税局 | 省级文明单位（复查合格） | 山东省精神文明建设委员会<br>鲁文明委〔2014〕21号 |

续表

| 单位 | 称号 | 发文单位（字号） |
| --- | --- | --- |
| 垦利县地税局胜坨中心税务所 | 山东省青年文明号示范集体 | 山东省创建青年文明号活动组委会<br>鲁创青文字〔2014〕7号 |
| 利津县地税局 | 省级文明单位（复查合格） | 山东省精神文明建设委员会<br>鲁文明委〔2014〕21号 |
| 东营市地税局油田分局 | 省级文明单位（复查合格） | 山东省精神文明建设委员会<br>鲁文明委〔2014〕21号 |
| 东营市地税局经济技术产业开发区分局 | 省级文明单位（复查合格） | 山东省精神文明建设委员会<br>鲁文明委〔2014〕21号 |
| 东营市地税局东营分局 | 省级文明单位（复查合格） | 山东省精神文明建设委员会<br>鲁文明委〔2014〕21号 |
| 东营市地税局东营分局纳税服务中心 | 山东省工人先锋号 | 山东省总工会<br>鲁会〔2014〕39号 |
| 东营市地税局河口分局 | 山东省富民兴鲁劳动奖状 | 山东省总工会<br>鲁会〔2014〕39号 |
| 东营市地税局河口分局 | 省级文明单位（复查合格） | 山东省精神文明建设委员会<br>鲁文明委〔2014〕21号 |
| 烟台市地税局 | 省级文明单位（复查合格） | 山东省精神文明建设委员会<br>鲁文明委〔2014〕21号 |
| 烟台市地税局 | 全省地税系统目标管理考核优秀单位 | 山东省地税局<br>鲁地税发〔2014〕1号 |
| 烟台市地税局稽查局 | 打击整治发票违法犯罪专项行动突出单位 | 公安部<br>国家税务总局<br>公经〔2014〕112号 |
| 烟台市地税局芝罘分局 | 省级文明单位（复查合格） | 山东省精神文明建设委员会<br>鲁文明委〔2014〕21号 |
| 烟台市地税局福山分局 | 省级文明单位（复查合格） | 山东省精神文明建设委员会<br>鲁文明委〔2014〕21号 |
| 烟台市地税局莱山分局 | 省级文明单位（复查合格） | 山东省精神文明建设委员会<br>鲁文明委〔2014〕21号 |
| 烟台市地税局经济开发区分局 | 省级文明单位（复查合格） | 山东省精神文明建设委员会<br>鲁文明委〔2014〕21号 |

续表

| 单位 | 称号 | 发文单位（字号） |
|---|---|---|
| 海阳市地税局 | 省级文明单位（复查合格） | 山东省精神文明建设委员会<br>鲁文明委〔2014〕21 号 |
| 莱阳市地税局 | 省级文明单位（复查合格） | 山东省精神文明建设委员会<br>鲁文明委〔2014〕21 号 |
| 栖霞市地税局 | 省级文明单位（复查合格） | 山东省精神文明建设委员会<br>鲁文明委〔2014〕21 号 |
| 龙口市地税局 | 省级文明单位（复查合格） | 山东省精神文明建设委员会<br>鲁文明委〔2014〕21 号 |
| 招远市地税局 | 省级文明单位（复查合格） | 山东省精神文明建设委员会<br>鲁文明委〔2014〕21 号 |
| 莱州市地税局 | 省级文明单位（复查合格） | 山东省精神文明建设委员会<br>鲁文明委〔2014〕21 号 |
| 长岛县地税局 | 省级文明单位（复查合格） | 山东省精神文明建设委员会<br>鲁文明委〔2014〕21 号 |
| 烟台市地税局纳税服务中心 | 省级文明单位（复查合格） | 山东省精神文明建设委员会<br>鲁文明委〔2014〕21 号 |
| 烟台市地税局国际税务分局 | 省级文明单位（复查合格） | 山东省精神文明建设委员会<br>鲁文明委〔2014〕21 号 |
| 潍坊市地税局 | 省级文明单位（复查合格） | 山东省精神文明建设委员会<br>鲁文明委〔2014〕21 号 |
| 潍坊市地税局 | 山东省助残先进集体 | 山东省委<br>山东省人民政府<br>鲁委〔2014〕477 号 |
| 潍坊市地税局 | 全省地方税收调查工作先进单位 | 山东省地税局<br>山东省财政厅<br>鲁地税发〔2014〕52 号 |
| 昌邑市地税局 | 省级文明单位（复查合格） | 山东省精神文明建设委员会<br>鲁文明委〔2014〕21 号 |
| 青州市地税局 | 全国助残先进集体 | 国务院残疾人工作委员会<br>残工委发〔2014〕4 号 |
| 青州市地税局 | 省级文明单位（复查合格） | 山东省精神文明建设委员会<br>鲁文明委〔2014〕21 号 |

续表

| 单位 | 称号 | 发文单位（字号） |
| --- | --- | --- |
| 寿光市地税局 | 山东省助残先进集体 | 山东省委<br>山东省人民政府<br>鲁委〔2014〕477 号 |
| 寿光市地税局 | 省级文明单位（复查合格） | 山东省文明委<br>鲁文明委〔2014〕21 号 |
| 寿光市地税局羊口中心税务所 | 山东省用户满意服务明星 | 山东省质量管理协会<br>鲁质协〔2014〕1 号 |
| 高密市地税局 | 山东省助残先进集体 | 山东省委<br>山东省人民政府<br>鲁委〔2014〕477 号 |
| 高密市地税局 | 省级文明单位（复查合格） | 山东省精神文明建设委员会<br>鲁文明委〔2014〕21 号 |
| 潍坊市地税局坊子分局工会 | 山东省模范职工之家 | 山东省总工会 |
| 潍坊市地税局坊子分局 | 省级文明单位（复查合格） | 山东省精神文明建设委员会<br>鲁文明委〔2014〕21 号 |
| 诸城市地税局工会 | 山东省模范职工之家 | 山东省总工会 |
| 诸城市地税局 | 省级文明单位（复查合格） | 山东省精神文明建设委员会<br>鲁文明委〔2014〕21 号 |
| 潍坊市地税局潍城分局直属征收局 | 山东省巾帼文明岗 | 山东省妇女联合会<br>鲁妇发〔2014〕6 号 |
| 临朐县地税局 | 富民兴鲁劳动奖状 | 山东省总工会 |
| 临朐县地税局工会 | 山东省模范职工之家 | 山东省总工会 |
| 临朐县地税局 | 省级文明单位（复查合格） | 山东省精神文明建设委员会<br>鲁文明委〔2014〕21 号 |
| 潍坊市地税局财务管理科 | 山东省地税系统行政事业单位内部控制知识竞赛活动先进集体 | 山东省地税局<br>鲁地税函〔2014〕69 号 |
| 潍坊市地税局奎文分局 | 省级文明单位（复查合格） | 山东省精神文明建设委员会<br>鲁文明委〔2014〕21 号 |
| 潍坊市地税局潍城分局 | 省级文明单位（复查合格） | 山东省精神文明建设委员会<br>鲁文明委〔2014〕21 号 |

续表

| 单位 | 称号 | 发文单位（字号） |
|---|---|---|
| 潍坊市地税局寒亭分局 | 省级文明单位（复查合格） | 山东省精神文明建设委员会<br>鲁文明委〔2014〕21号 |
| 昌乐县地税局 | 省级文明单位（复查合格） | 山东省精神文明建设委员会<br>鲁文明委〔2014〕21号 |
| 安丘市地税局 | 省级文明单位（复查合格） | 山东省精神文明建设委员会<br>鲁文明委〔2014〕21号 |
| 潍坊市地税局高新技术产业开发区分局 | 省级文明单位（复查合格） | 山东省精神文明建设委员会<br>鲁文明委〔2014〕21号 |
| 潍坊市地税局滨海经济开发区分局 | 省级文明单位（复查合格） | 山东省精神文明建设委员会<br>鲁文明委〔2014〕21号 |
| 潍坊市地税局综合保税区分局 | 省级文明单位（复查合格） | 山东省精神文明建设委员会<br>鲁文明委〔2014〕21号 |
| 潍坊市地税局农业高新技术产业开发区分局 | 省级文明单位（复查合格） | 山东省精神文明建设委员会<br>鲁文明委〔2014〕21号 |
| 济宁市地税局 | 全国五一劳动奖状 | 中华全国总工会<br>总工发〔2014〕12号 |
| 济宁市地税局 | 省级文明单位（复查合格） | 山东省精神文明建设委员会<br>鲁文明委〔2014〕21号 |
| 济宁市地税局 | 2014年度全省地方税收调查工作先进单位 | 山东省地税局<br>鲁地税发〔2014〕52号 |
| 济宁市地税局市中分局 | 山东省青年文明号20年突出贡献组织单位 | 山东省创建青年文明号活动组委会<br>鲁创青文字〔2014〕7号 |
| 济宁市地税局市中分局 | 省级文明单位（复查合格） | 山东省精神文明建设委员会<br>鲁文明委〔2014〕21号 |
| 济宁市地税局高新技术产业开发区分局 | 省级文明单位（复查合格） | 山东省精神文明建设委员会<br>鲁文明委〔2014〕21号 |
| 济宁市地税局直属征收分局 | 省级文明单位（复查合格） | 山东省精神文明建设委员会<br>鲁文明委〔2014〕21号 |
| 济宁市地税局国际税务分局 | 省级文明单位（复查合格） | 山东省精神文明建设委员会<br>鲁文明委〔2014〕21号 |
| 济宁市地税局任城分局 | 省级文明单位（复查合格） | 山东省精神文明建设委员会<br>鲁文明委〔2014〕21号 |

续表

| 单位 | 称号 | 发文单位（字号） |
|---|---|---|
| 济宁市地税局纳税服务中心 | 山东省巾帼文明岗 | 山东省妇联<br>鲁妇发〔2014〕6 号 |
| 济宁市地税局财务管理科 | 全省地税系统行政事业单位内控知识竞赛先进集体 | 山东省地税局<br>鲁地税函〔2014〕69 号 |
| 泗水县地税局 | 山东省富民兴鲁劳动奖状 | 山东省总工会<br>鲁会〔2014〕39 号 |
| 泗水县地税局 | 省级文明单位（复查合格） | 山东省精神文明建设委员会<br>鲁文明委〔2014〕21 号 |
| 微山县地税局欢城中心税务所 | 山东省工人先锋号 | 山东省总工会<br>鲁会〔2014〕39 号 |
| 微山县地税局 | 省级文明单位（复查合格） | 山东省精神文明建设委员会<br>鲁文明委〔2014〕21 号 |
| 鱼台县地税局 | 2014 年全国工会职工书屋示范点 | 中华全国总工会宣传教育部<br>工宣字〔2014〕28 号 |
| 鱼台县地税局 | 省级文明单位（复查合格） | 山东省精神文明建设委员会<br>鲁文明委〔2014〕21 号 |
| 兖州市地税局 | 省级文明单位（复查合格） | 山东省精神文明建设委员会<br>鲁文明委〔2014〕21 号 |
| 兖州市地税局新兖中心税务所 | 省级文明单位（复查合格） | 山东省精神文明建设委员会<br>鲁文明委〔2014〕21 号 |
| 曲阜市地税局 | 省级文明单位（复查合格） | 山东省精神文明建设委员会<br>鲁文明委〔2014〕21 号 |
| 邹城市地税局 | 省级文明单位（复查合格） | 山东省精神文明建设委员会<br>鲁文明委〔2014〕21 号 |
| 邹城市地税局太平中心税务所 | 省级文明单位（复查合格） | 山东省精神文明建设委员会<br>鲁文明委〔2014〕21 号 |
| 金乡县地税局 | 省级文明单位（复查合格） | 山东省精神文明建设委员会<br>鲁文明委〔2014〕21 号 |
| 嘉祥县地税局 | 省级文明单位（复查合格） | 山东省精神文明建设委员会<br>鲁文明委〔2014〕21 号 |
| 汶上县地税局 | 省级文明单位（复查合格） | 山东省精神文明建设委员会<br>鲁文明委〔2014〕21 号 |

续表

| 单位 | 称号 | 发文单位（字号） |
| --- | --- | --- |
| 梁山县地税局 | 省级文明单位（复查合格） | 山东省文明委<br>鲁文明委〔2014〕21 号 |
| 泰安市地税局 | 全省地方税收调查工作先进单位 | 山东省地税局<br>鲁地税发〔2014〕52 号 |
| 泰安市地税局 | 省级文明单位（复查合格） | 山东省精神文明建设委员会<br>鲁文明委〔2014〕21 号 |
| 泰安市地税局高新技术产业开发区分局 | 省级文明单位（复查合格） | 山东省精神文明建设委员会<br>鲁文明委〔2014〕21 号 |
| 泰安市地税局泰山分局 | 山东省城乡妇女岗位建功先进集体 | 山东省妇女联合会<br>鲁妇发〔2014〕6 号 |
| 泰安市地税局泰山分局 | 省级文明单位（复查合格） | 山东省精神文明建设委员会<br>鲁文明委〔2014〕21 号 |
| 肥城市地税局 | 山东省城乡妇女岗位建功先进集体 | 山东省妇女联合会<br>鲁妇发〔2014〕6 号 |
| 肥城市地税局 | 山东省五四红旗团支部（总支） | 共青团山东省委<br>鲁青发〔2014〕5 号 |
| 肥城市地税局 | 省级文明单位（复查合格） | 山东省精神文明建设委员会<br>鲁文明委〔2014〕21 号 |
| 新泰市地税局 | 山东省助残先进集体 | 中国共产党山东省委员会<br>鲁委〔2014〕477 号 |
| 新泰市地税局 | 省级文明单位（复查合格） | 山东省精神文明建设委员会<br>鲁文明委〔2014〕21 号 |
| 新泰市地税局新汶中心税务所 | 省级卫生先进单位 | 山东省爱国卫生运动委员会办公室<br>鲁爱卫办发〔2014〕1 号 |
| 泰安市地税局岱岳分局 | 省级文明单位（复查合格） | 山东省精神文明建设委员会<br>鲁文明委〔2014〕21 号 |
| 泰安市地税局岱岳分局天平税务所 | 山东省巾帼文明岗 | 山东省妇女联合会<br>鲁妇发〔2014〕6 号 |
| 泰安市地税局岱岳分局山口税务所 | 省级文明单位（复查合格） | 山东省精神文明建设委员会<br>鲁文明委〔2014〕21 号 |
| 宁阳县地税局 | 省级文明单位（复查合格） | 山东省精神文明建设委员会<br>鲁文明委〔2014〕21 号 |

续表

| 单位 | 称号 | 发文单位（字号） |
| --- | --- | --- |
| 东平县地税局 | 省级文明单位（复查合格） | 山东省精神文明建设委员会<br>鲁文明委〔2014〕21号 |
| 威海市地税局 | 全国税务先进集体 | 国家税务总局 |
| 威海市地税局 | 省级文明单位（复查合格） | 山东省文明委<br>鲁文明委〔2014〕21号 |
| 威海市地税局 | 2014年全省地方税收调查工作先进单位 | 山东省地税局<br>山东省财政厅<br>鲁地税发〔2014〕52号 |
| 威海市地税局财务管理科 | 山东省地税系统行政事业单位内部控制知识竞赛活动优秀组织奖 | 山东省地税局<br>鲁地税函〔2014〕69号 |
| 威海市地税局基层工作科 | 2013—2014年度理论教育工作先进单位 | 中共山东省委宣传部<br>鲁宣发〔2015〕1号 |
| 乳山市地税局 | 省级文明单位（复查合格） | 山东省精神文明建设委员会<br>鲁文明委〔2014〕21号 |
| 乳山市地税局银滩中心所 | 全省巾帼文明岗 | 山东省妇联 |
| 文登市地税局 | 省级文明单位（复查合格） | 山东省精神文明建设委员会<br>鲁文明委〔2014〕21号 |
| 威海市地税局经济技术开发区分局 | 省级文明单位（复查合格） | 山东省精神文明建设委员会<br>鲁文明委〔2014〕21号 |
| 威海市地税局环翠分局 | 省级文明单位（复查合格） | 山东省精神文明建设委员会<br>鲁文明委〔2014〕21号 |
| 威海市地税局工业园区分局 | 省级文明单位（复查合格） | 山东省精神文明建设委员会<br>鲁文明委〔2014〕21号 |
| 荣成市地税局 | 省级文明单位（复查合格） | 山东省精神文明建设委员会<br>鲁文明委〔2014〕21号 |
| 威海市地税局火炬高技术产业开发区分局 | 省级文明单位（复查合格） | 山东省精神文明建设委员会<br>鲁文明委〔2014〕21号 |
| 日照市地税局 | 省级文明单位（复查合格） | 山东省精神文明建设委员会<br>鲁文明委〔2014〕21号 |
| 日照市地税局岚山分局 | 省级文明单位（复查合格） | 山东省精神文明建设委员会<br>鲁文明委〔2014〕21号 |

续表

| 单位 | 称号 | 发文单位（字号） |
|---|---|---|
| 五莲县地税局 | 省级文明单位（复查合格） | 山东省精神文明建设委员会<br>鲁文明委〔2014〕21号 |
| 日照市地税局东港分局 | 省级文明单位（复查合格） | 山东省精神文明建设委员会<br>鲁文明委〔2014〕21号 |
| 莒县地税局 | 省级文明单位（复查合格） | 山东省精神文明建设委员会<br>鲁文明委〔2014〕21号 |
| 莒县地税局长岭中心税务所 | 省级文明单位（复查合格） | 山东省精神文明建设委员会<br>鲁文明委〔2014〕21号 |
| 日照市地税局经济开发区分局 | 省级文明单位（复查合格） | 山东省精神文明建设委员会<br>鲁文明委〔2014〕21号 |
| 莱芜市地税局 | 全省地方税收调查先进单位 | 山东省财政厅<br>山东省地税局<br>鲁地税发〔2014〕52号 |
| 莱芜市地税局 | 省级文明单位（复查合格） | 山东省精神文明建设委员会<br>鲁文明委〔2014〕21号 |
| 莱芜市地税局财务管理科 | 山东省地税系统行政事业单位内部控制知识竞赛优秀组织奖 | 山东省地税局<br>鲁地税函〔2014〕69号 |
| 莱芜市地税局莱城分局 | 省级文明单位（复查合格） | 山东省精神文明建设委员会<br>鲁文明委〔2014〕21号 |
| 莱芜市地税局莱城分局直属局 | 全省青年文明号示范集体 | 共青团山东省委 |
| 莱芜市地税局莱城分局口镇中心税务所 | 省级文明单位（复查合格） | 山东省精神文明建设委员会<br>鲁文明委〔2014〕21号 |
| 莱芜市地税局高新技术产业开发区分局 | 省级巾帼文明岗 | 山东省妇女联合会<br>鲁妇发〔2014〕6号 |
| 莱芜市地税局钢城分局 | 省级文明单位（复查合格） | 山东省精神文明建设委员会<br>鲁文明委〔2014〕21号 |
| 临沂市地税局 | 山东省助残先进集体 | 山东省委<br>山东省政府<br>鲁委〔2014〕477号 |
| 临沂市地税局 | 省级文明单位（复查合格） | 山东省精神文明建设委员会<br>鲁文明委〔2014〕21号 |

续表

| 单位 | 称号 | 发文单位（字号） |
| --- | --- | --- |
| 临沂市地税局财务科 | 山东省地税系统行政事业单位内控知识竞赛优秀组织奖 | 山东省地税局<br>鲁地税函〔2014〕69 号 |
| 临沂市地税局兰山分局 | 省级文明单位（复查合格） | 山东省精神文明建设委员会<br>鲁文明委〔2014〕21 号 |
| 临沂市地税局兰山分局<br>银雀山中心税务所 | 省级文明单位（复查合格） | 山东省精神文明建设委员会<br>鲁文明委〔2014〕21 号 |
| 临沂市地税局兰山分局<br>金雀山中心税务所 | 省级文明单位（复查合格） | 山东省精神文明建设委员会<br>鲁文明委〔2014〕21 号 |
| 临沂市地税局兰山分局<br>兰山中心税务所 | 省级文明单位（复查合格） | 山东省精神文明建设委员会<br>鲁文明委〔2014〕21 号 |
| 临沂市地税局罗庄分局 | 省级文明单位（复查合格） | 山东省精神文明建设委员会<br>鲁文明委〔2014〕21 号 |
| 临沂市地税局河东分局 | 省级文明单位（复查合格） | 山东省精神文明建设委员会<br>鲁文明委〔2014〕21 号 |
| 费县地税局 | 省级文明单位（复查合格） | 山东省精神文明建设委员会<br>鲁文明委〔2014〕21 号 |
| 临沂市地税局经济技术开发区分局 | 省级文明单位 | 山东省精神文明建设委员会<br>鲁文明委〔2014〕21 号 |
| 莒南县地税局 | 省级文明单位（复查合格） | 山东省精神文明建设委员会<br>鲁文明委〔2014〕21 号 |
| 莒南县地税局 | 山东省城乡妇女岗位建功先进单位 | 山东省妇联 |
| 蒙阴县地税局 | 省级文明单位（复查合格） | 山东省精神文明建设委员会<br>鲁文明委〔2014〕21 号 |
| 郯城县地税局 | 省级文明单位（复查合格） | 山东省精神文明建设委员会<br>鲁文明委〔2014〕21 号 |
| 兰陵县地税局 | 省级文明单位（复查合格） | 山东省精神文明建设委员会<br>鲁文明委〔2014〕21 号 |
| 沂南县地税局 | 省级文明单位（复查合格） | 山东省精神文明建设委员会<br>鲁文明委〔2014〕21 号 |
| 平邑县地税局 | 省级文明单位（复查合格） | 山东省精神文明建设委员会<br>鲁文明委〔2014〕21 号 |

续表

| 单位 | 称号 | 发文单位（字号） |
|---|---|---|
| 临沭县地税局 | 省级文明单位（复查合格） | 山东省精神文明建设委员会<br>鲁文明委〔2014〕21号 |
| 临沭县地税局 | 山东省幸福进家活动先进单位 | 山东省妇联 |
| 德州市地税局 | 全省地税系统目标管理考核优秀单位 | 山东省地税局 |
| 德州市地税局 | 省级文明单位（复查合格） | 山东省精神文明建设委员会<br>鲁文明委〔2014〕21号 |
| 德州市地税局 | 山东省助残先进集体 | 中国共产党山东省委员会<br>鲁委〔2014〕477号 |
| 德州市地税务局德城分局 | 省级文明单位（复查合格） | 山东省精神文明建设委员会<br>鲁文明委〔2014〕21号 |
| 德州市地税务局经济开发区分局 | 省级文明单位（复查合格） | 山东省精神文明建设委员会<br>鲁文明委〔2014〕21号 |
| 德州市地税局运河经济开发区分局 | 省级文明单位（复查合格） | 山东省精神文明建设委员会<br>鲁文明委〔2014〕21号 |
| 德州市地税系统廉政教育基地 | 全省廉政教育基地 | 山东省纪委<br>鲁纪办发〔2014〕3号 |
| 德州市地税局基层工作科 | 山东省青年文明号20年突出贡献组织单位 | 山东省创建青年文明号活动组委会<br>鲁创青文字〔2014〕7号 |
| 德州市地税局财务管理科 | 山东省行政事业单位内部控制知识竞赛活动先进集体 | 山东省地税局<br>鲁地税函〔2014〕69号 |
| 禹城市地税局 | 省级文明单位（复查合格） | 山东省精神文明建设委员会<br>鲁文明委〔2014〕21号 |
| 禹城市地税局税源管理科 | 全国五一巾帼标兵岗 | 中华全国总工会 |
| 乐陵市地税局 | 省级文明单位（复查合格） | 山东省精神文明建设委员会<br>鲁文明委〔2014〕21号 |
| 宁津县地税局 | 省级文明单位（复查合格） | 山东省精神文明建设委员会<br>鲁文明委〔2014〕21号 |
| 宁津县地税局工会委员会 | 山东省模范职工之家 | 山东省总工会 |
| 齐河县地税局 | 省级文明单位（复查合格） | 山东省精神文明建设委员会<br>鲁文明委〔2014〕21号 |

续表

| 单位 | 称号 | 发文单位（字号） |
|---|---|---|
| 齐河县地税局纳税服务中心 | 山东省女职工建功立业标兵岗 | 山东省总工会 |
| 陵县地税局 | 省级文明单位（复查合格） | 山东省精神文明建设委员会<br>鲁文明委〔2014〕21号 |
| 陵县地税局直属征收分局 | 山东省工人先锋号 | 山东省总工会 |
| 临邑县地税局 | 省级文明单位（复查合格） | 山东省精神文明建设委员会<br>鲁文明委〔2014〕21号 |
| 临邑县地税局稽查局 | 省级巾帼文明岗 | 山东省妇联<br>鲁妇发〔2014〕6号 |
| 临邑县地税局邢侗中心税务所 | 山东省工人先锋号 | 山东省总工会 |
| 平原县地税局 | 省级文明单位（复查合格） | 山东省精神文明建设委员会<br>鲁文明委〔2014〕21号 |
| 平原县地税局税源管理科 | 山东省女职工建功立业标兵岗 | 山东省总工会 |
| 庆云县地税局 | 山东省富民兴鲁劳动奖状 | 山东省总工会 |
| 庆云县地税局 | 省级文明单位（复查合格） | 山东省精神文明建设委员会<br>鲁文明委〔2014〕21号 |
| 武城县地税局 | 省级文明单位（复查合格） | 山东省精神文明建设委员会<br>鲁文明委〔2014〕21号 |
| 聊城市地税局 | 省级文明单位（复查合格） | 山东省精神文明建设委员会<br>鲁文明委〔2014〕21号 |
| 聊城市地税局财务管理科 | 行政事业单位内部控制知识竞赛活动 | 山东省地税局<br>鲁地税函〔2014〕69号 |
| 聊城市地税局东昌府分局 | 省级文明单位（复查合格） | 山东省精神文明建设委员会<br>鲁文明委〔2014〕21号 |
| 莘县地税局 | 山东省五四红旗团支部（总支） | 共青团山东省委<br>鲁青发〔2014〕5号 |
| 莘县地税局 | 省级文明单位（复查合格） | 山东省精神文明建设委员会<br>鲁文明委〔2014〕21号 |
| 临清市地税局 | 山东省幸福进家活动先进单位 | 山东省妇女联合会 |

续表

| 单位 | 称号 | 发文单位（字号） |
| --- | --- | --- |
| 临清市地税局 | 省级文明单位（复查合格） | 山东省精神文明建设委员会<br>鲁文明委〔2014〕21号 |
| 临清市地税局直属征收局 | 山东省青年文明号示范集体 | 山东省创建青年文明号活动组委会<br>鲁创青文字〔2014〕7号 |
| 临清市地税局直属征收局 | 省级文明单位（复查合格） | 山东省精神文明建设委员会<br>鲁文明委〔2014〕21号 |
| 临清市地税局金郝庄中心税务所 | 省级文明单位（复查合格） | 山东省精神文明建设委员会<br>鲁文明委〔2014〕21号 |
| 东阿县地税局 | 山东省幸福进家活动先进单位 | 山东省妇女联合会 |
| 东阿县地税局 | 省级文明单位（复查合格） | 山东省精神文明建设委员会<br>鲁文明委〔2014〕21号 |
| 东阿县地税局稽查局 | 山东省幸福进家活动先进单位 | 山东省妇女联合会 |
| 茌平县地税局 | 山东省幸福进家活动先进单位 | 山东省妇女联合会 |
| 茌平县地税局 | 省级文明单位（复查合格） | 山东省精神文明建设委员会<br>鲁文明委〔2014〕21号 |
| 茌平县地税局振兴中心所 | 省级巾帼文明岗 | 山东省妇女联合会 |
| 冠县地税局 | 山东省幸福进家活动先进单位 | 山东省妇女联合会 |
| 冠县地税局 | 省级文明单位（复查合格） | 山东省精神文明建设委员会<br>鲁文明委〔2014〕21号 |
| 冠县地税局团支部 | 山东省“五四”优秀团支部 | 共青团山东省委<br>鲁青发〔2014〕5号 |
| 阳谷县地税局 | 省级文明单位（复查合格） | 山东省精神文明建设委员会<br>鲁文明委〔2014〕21号 |
| 高唐县地税局 | 省级文明单位（复查合格） | 山东省精神文明建设委员会<br>鲁文明委〔2014〕21号 |
| 滨州市地税局 | 省级文明单位（复查合格） | 山东省精神文明建设委员会<br>鲁文明委〔2014〕21号 |
| 滨州市地税局 | 全省“六五”普法先进集体 | 山东省普法办公室<br>鲁普法办〔2014〕2号 |

续表

| 单位 | 称号 | 发文单位（字号） |
| --- | --- | --- |
| 滨州市地税局工会 | 山东省财贸金融系统工会工作先进单位 | 山东省财贸金融工会委员会<br>鲁财金工〔2014〕8号 |
| 滨州市地税局滨城分局 | 省级文明单位（复查合格） | 山东省精神文明建设委员会<br>鲁文明委〔2014〕21号 |
| 滨州市地税局经济开发区分局 | 省级文明单位（复查合格） | 山东省精神文明建设委员会<br>鲁文明委〔2014〕21号 |
| 邹平县地税局 | 省级文明单位（复查合格） | 山东省精神文明建设委员会<br>鲁文明委〔2014〕21号 |
| 邹平县地税局工会 | 山东省财贸金融系统工会工作先进单位 | 山东省财贸金融工会委员会<br>鲁财金工〔2014〕8号 |
| 惠民县地税局 | 省级文明单位（复查合格） | 山东省精神文明建设委员会<br>鲁文明委〔2014〕21号 |
| 阳信县地税局 | 省级文明单位（复查合格） | 山东省精神文明建设委员会<br>鲁文明委〔2014〕21号 |
| 无棣县地税局 | 省级文明单位（复查合格） | 山东省精神文明建设委员会<br>鲁文明委〔2014〕21号 |
| 沾化县地税局 | 省级文明单位（复查合格） | 山东省精神文明建设委员会<br>鲁文明委〔2014〕21号 |
| 博兴县地税局 | 省级文明单位（复查合格） | 山东省精神文明建设委员会<br>鲁文明委〔2014〕21号 |
| 菏泽市地税局 | 省级文明单位（复查合格） | 山东省精神文明建设委员会<br>鲁文明委〔2014〕21号 |
| 菏泽市地税局牡丹分局 | 省级文明单位（复查合格） | 山东省精神文明建设委员会<br>鲁文明委〔2014〕21号 |
| 菏泽市地税局牡丹分局直属征收分局 | 省级文明单位（复查合格） | 山东省精神文明建设委员会<br>鲁文明委〔2014〕21号 |
| 郓城县地税局 | 全国税务系统先进集体 | 人力资源和社会保障部<br>国家税务总局 |
| 郓城县地税局 | 城乡妇女岗位建功先进单位 | 山东省妇女联合会 |
| 郓城县地税局 | 省级文明单位（复查合格） | 山东省精神文明建设委员会<br>鲁文明委〔2014〕21号 |
| 郓城县地税局稽查局 | 省级文明单位（复查合格） | 山东省精神文明建设委员会<br>鲁文明委〔2014〕21号 |

续表

| 单位 | 称号 | 发文单位（字号） |
|---|---|---|
| 曹县地税局 | 省级文明单位（复查合格） | 山东省精神文明建设委员会<br>鲁文明委〔2014〕21号 |
| 曹县地税局稽查局 | 省级文明单位（复查合格） | 山东省精神文明建设委员会<br>鲁文明委〔2014〕21号 |
| 曹县地税局纳税服务中心 | 山东省女职工建功立业标兵岗 | 山东省总工会 |
| 单县地税局 | 城乡妇女岗位建功先进集体 | 山东省妇女联合会 |
| 单县地税局终兴中心税务所 | 省级文明单位（复查合格） | 山东省精神文明建设委员会<br>鲁文明委〔2014〕21号 |
| 单县地税局黄岗中心税务所 | 省级文明单位（复查合格） | 山东省精神文明建设委员会<br>鲁文明委〔2014〕21号 |
| 定陶县地税局 | 省级文明单位（复查合格） | 山东省精神文明建设委员会<br>鲁文明委〔2014〕21号 |
| 成武县地税局 | 省级文明单位（复查合格） | 山东省精神文明建设委员会<br>鲁文明委〔2014〕21号 |
| 成武县地税局成武中心税务所 | 省级文明单位（复查合格） | 山东省精神文明建设委员会<br>鲁文明委〔2014〕21号 |
| 巨野县地税局 | 省级文明单位（复查合格） | 山东省精神文明建设委员会<br>鲁文明委〔2014〕21号 |
| 鄄城县地税局 | 省级文明单位（复查合格） | 山东省精神文明建设委员会<br>鲁文明委〔2014〕21号 |
| 鄄城县地税局鄄城中心税务所 | 省级文明单位（复查合格） | 山东省精神文明建设委员会<br>鲁文明委〔2014〕21号 |
| 鄄城县地税局引马中心税务所 | 省级文明单位（复查合格） | 山东省精神文明建设委员会<br>鲁文明委〔2014〕21号 |
| 东明县地税局 | 省级文明单位（复查合格） | 山东省精神文明建设委员会<br>鲁文明委〔2014〕21号 |
| 东明县地税局直属征收局 | 省级文明单位（复查合格） | 山东省精神文明建设委员会<br>鲁文明委〔2014〕21号 |
| 东明县地税局陆圈中心税务所 | 省级文明单位（复查合格） | 山东省精神文明建设委员会<br>鲁文明委〔2014〕21号 |
| 东明县地税局城关中心税务所 | 省级文明单位（复查合格） | 山东省精神文明建设委员会<br>鲁文明委〔2014〕21号 |